Linguistik der Eigennamen

Linguistik – Impulse & Tendenzen

Herausgegeben von
Susanne Günthner, Klaus-Peter Konerding,
Wolf-Andreas Liebert und Thorsten Roelcke

Band 88

Linguistik der Eigennamen

Herausgegeben von
Luise Kempf, Damaris Nübling und Mirjam Schmuck

DE GRUYTER

ISBN 978-3-11-099506-0
e-ISBN (PDF) 978-3-11-068588-6
e-ISBN (EPUB) 978-3-11-068589-3
ISSN 1612-8702

Library of Congress Control Number: 2020935765

Bibliografische Information der Deutschen Nationalbibliothek
Die Deutsche Nationalbibliothek verzeichnet diese Publikation in der Deutschen Nationalbibliografie; detaillierte bibliografische Daten sind im Internet über http://dnb.dnb.de abrufbar.

© 2022 Walter de Gruyter GmbH, Berlin/Boston
Dieser Band ist text- und seitenidentisch mit der 2020 erschienenen gebundenen Ausgabe.
Einbandabbildung: Marcus Lindström/istockphoto
Druck und Bindung: CPI books GmbH, Leck

www.degruyter.com

Inhalt

Luise Kempf, Damaris Nübling & Mirjam Schmuck
Warum eine Linguistik der Eigennamen? —— 1

Phonologie und Morphologie

Michelle Waldispühl
Historische Rufnamen im Kontakt. Integration der altisländischen Pilgernamen auf der Reichenau in die mittelhochdeutsche Schreibsprache —— 21

Tanja Ackermann
Poly-, Mono-, Deflexion. Eine diachrone Korpusstudie zum Abbau des onymischen Objektmarkers -(e)n —— 43

Christian Zimmer
Wie viel Variabilität verträgt eine Flexionsklasse? Eigennamen und Deklinationsklassenzugehörigkeit im Deutschen —— 81

Kristin Kopf
Was ist so besonders an *Gott*? Ein grammatischer Abweichler im Frühneuhochdeutschen —— 113

Antje Lobin
***NATURELLA, LATTELLA, SELENELLA:* Zur modifizierenden Suffigierung in der Markennamenbildung** —— 137

Carmen Scherer
***Merkelige Putinisten obamatisieren Berlusconien.* Deonymische Wortbildung im Deutschen** —— 161

Morphosyntax

Andreas Klein
„Ist ‚geheißen' ein echtes Wort?" Entstehung und Eigenschaften einer onymischen Kopula —— 195

Javier Caro Reina
Differential Object Marking with proper names in Romance languages —— 225

Alexander Werth
Referenzkoordinatoren: Namengrammatik im Dienste des Rezipientendesigns —— 259

Ulrike Freywald, Damaris Nübling
***Die Drake, die Bergmann* und *die Karl Marx*: Straßennamen ohne Kopf oder: Zum Proprialisierungsschub urbaner Toponyme in Berlin** —— 285

Maria Thurmair
Eigennamen in Vergleichen: von der *Angela Merkel des Sports* bis zum *Mercedes unter den Bundespräsidenten* —— 305

Pragmatik

Rüdiger Harnisch
Personennamen in Anredefunktion – Vokative oder Substantive der 2. Person? —— 333

Simone Busley, Julia Fritzinger
***De Lena sein Traum* – Soziopragmatisch motivierte Genusvariabilität weiblicher Rufnamen** —— 347

Anne Rosar
Beziehung grammatikalisiert: Onymische und pronominale Referenz auf weibliche Personen im Dialekt von Idar-Oberstein —— 377

Theresa Schweden
***s Kaufmanns Ingrid* und *de Fischer Kurt*. Struktur und Soziopragmatik onymischer Genitivphrasen und Komposita im Pfälzischen** —— 397

Index —— 425

Luise Kempf, Damaris Nübling & Mirjam Schmuck
Warum eine Linguistik der Eigennamen?

1 Forschungsüberblick

Seit einigen Jahren etabliert sich eine neue Subdisziplin der Linguistik, die – vielleicht durch die Onomastik selbst verursacht – ins Abseits der system- und gebrauchslinguistischen Forschung geraten war. Grammatiker des 19. und teilweise 20. Jahrhunderts (z.B. Bauer 1830, Blatz 1900, Paul 1917) haben Eigennamen ganz selbstverständlich in ihre grammatisch-linguistischen und sprachgeschichtlichen Fragestellungen einbezogen – eben als Teil der Substantive, der sie auch noch heute sind. Später wurden sie eher in Fußnoten oder Anmerkungen verfrachtet. Adolf Bach als einer der wichtigsten Namenforscher hat schon 1952 angemahnt, dass in der Onomastik zu lange Zeit „die jenseits des etymologischen Interesses stehenden Probleme vernachlässigt worden sind" (Bach 1952a: 66), die „Namenkunde kann sich nicht in der Aufgabe erschöpfen, Einzelnamen zu deuten" (Bach 1952b: 5). Die Onomastik befasst(e) sich, betrachtet man die wichtigsten Publikationen ebenso wie die derzeitigen Projekte, fast ausschließlich mit philologischen Fragen der Etymologisierung verdunkelter Namenkörper – seien es Gewässer-, Siedlungs- oder Familiennamen. Dies gehört durchaus zu ihren genuinen Aufgaben, doch ist bei dieser Schwerpunktsetzung der Disziplin die linguistische Durchdringung ihres Gegenstands aus dem Blick geraten. Viel zu selten werden funktionale, formale oder pragmatische Fragen an diejenige sprachliche Einheit gestellt, die für den Menschen von oberster Priorität ist.

Namen gehen in aller Regel aus einstigen Appellativen (Gattungsbezeichnungen) hervor, deren wörtliche Bedeutung für die Referenz irrelevant (geworden) ist und deren materieller Wortkörper zur Monoreferenz auf einen bestimmten Gegenstand in der Welt genutzt wird. Deshalb gibt es viele transparente Namen, doch zur erfolgreichen Referenz eignet sich die Aktivierung ihrer vermeintlichen (früheren) Semantik nicht. So wundert sich niemand über einen Metzger namens *Becker*, über eine Stadt namens *Düsseldorf, Heidelberg* oder *Westerland*, und die Straße *Unter den Linden* wird auch dann ihren Namen behalten, wenn die Linden gefällt oder durch Kastanien ersetzt werden sollten. Wie diese Beispiele zeigen, muss grundsätzlich differenziert werden zwischen Namen als lexikalischer Kategorie (Nomina propria), die aus einem eigenen Paradigma schöpft, z.B. *Becker, Köln*, und Namen als semantisch-syntaktischer Kategorie

(*Unter den Linden*), die die monoreferente Funktion realisiert, ohne ein Nomen proprium enthalten zu müssen (s. dazu Schlücker & Ackermann 2017). In anderen Fällen können Namen auch kreiert werden, wie dies bspw. für Produkt- und Unternehmensnamen gilt. Für die Produktnamen liefert der Beitrag von Lobin in diesem Band ein instruktives Beispiel (zur Bildung von Unternehmensnamen s. Fahlbusch 2017).

Da die oft prekäre Nähe von Namen zum ‚Normalwortschatz' zu Missverständnissen führen kann, leistet eine spezifische **Namengrammatik**, die sich deutlich von der anderer Substantive unterscheidet, die Aufgabe, den RezipientInnen die onymische Interpretation zu erleichtern (Nübling 2017). Das Ausmaß an grammatischer Divergenz ist erst ansatzweise beschrieben und verstanden. Im Folgenden skizzieren wir einige Phänomene und bestehende Forschungen dazu, die bislang eher verstreut publiziert wurden und die dieser Band um neueste Forschungserkenntnisse erweitert. Was den Band generell von früherer Forschung, die sich meist auf Introspektion stützte, unterscheidet, ist seine konsequente Datenbasierung und die Engführung von Synchronie und Diachronie.

Für die graphematische Ebene lässt sich feststellen, dass sich Namen (nicht nur im Deutschen) prinzipiell der **Orthographie** entziehen, sie stehen jenseits der salientesten Normierungsregeln. Dass ein Homophon wie [ˈbɛkɐ] sich als Appellativ <Bäcker> und als Name <Becker> schreibt, wird oft vorausgesetzt. TrägerInnen des Familiennamens *Schwarz* oder *Elmentaler* müssen sich oft dagegen verwahren, dass man ihrem Namen ein *t* vor dem *z* (*Schwartz*) bzw. ein *h* hinter dem *t* (*Elmenthaler*) hinzufügt. Graphische Devianz wird fast erwartet. Dabei geht es nicht nur um bloße Differenz als solche, sondern um erhöhte Funktionalität: das Appellativ *Bäcker* folgt dem morphologischen Schreibprinzip der Morphemkonstanz, indem es durch das Graphem <ä> auf das Verb *backen* verweist. Genau dies ist beim Namen nicht nur nicht erforderlich – es ist sogar hinderlich, da jeglicher Bezug zum Backhandwerk in die Irre führen würde. Wenn die Namen- von der Appellativschreibung divergiert, dann in aller Regel zuungunsten des Morphemkonstanzprinzips. Historisch gehen solche im appellativischen Wortschatz marginalen (z.B. <th>-Schreibungen) oder heute ungebräuchliche Graphemkombinationen (z.B. Konsonantenhäufungen <ckh>, <gk> in Familiennamen wie *Finckh, Jungk*) auf frühneuhochdeutsche Schreibkonventionen zurück. Ihre areale Variation ist heute nur noch in der Onymik greifbar. Diese Resistenz gegen Normierung macht Namen zu einem überaus lohnenden, bislang aber kaum beachteten Gegenstand der historischen Schreibsprachenforschung. Hierzu liefert Waldispühl einen Beitrag (in diesem Band), in dem sie zeigt, wie variabel die Eigennamenschreibung historisch, zumal im Kontext von Sprachkontakt, noch war.

Bezüglich der **Phonologie** konterkarieren Eigennamen oft die üblichen phonotaktischen Regeln, was Namen wie *Mross, Pschorr* oder *Gschwendner* belegen. Rufnamen meiden tendenziell den häufigsten aller Vokale, Schwa [ə], indem sie in Nebentonsilben Vollvokale kultivieren (*Lena, Marco*). Auch Akzentregeln unterscheiden sich zwischen Onymen und Nicht-Onymen, vgl. den Familiennamen *Vómstein* vs. die PP *vom Stéin*.

Besonders weitreichend sind die Divergenzen in der **Flexions- und Wortbildungsmorphologie**, die ebenfalls funktional sind insofern, als sie den Wortkörper schonen und dadurch stabilisieren. So zeichnet sich die Flexion der Namen durch besonders sparsame Mittel aus, oft sogar durch Nullflexion da, wo vergleichbare Appellative Umlaut und Endungsreichtum aufweisen, vgl. *das Werk des Wilhelm Busch-Ø* vs. *das Laubwerk des Busch(e)s* (Nübling 2012). Auch meiden Namen Umlaute im Plural (*die Kochs, Bachs*), im Diminutiv (*Annchen, Paulchen*) und in der (heute weitgehend obsoleten) Feminin-Movierung von Familiennamen (*die Wolffin, Zimmermannin*) – allesamt Maßnahmen, die Stabilität des Namenkörpers zu gewährleisten (Schmuck 2017). Dies dient nicht nur seiner leichteren Erkennbarkeit in möglichst vielen morphologischen und syntaktischen Kontexten, sondern auch der Schonung des oft humanen Namenträgers dahinter. So stößt der Schweizer Dialektologe und Phonologe Lüssy (1974) in seiner Umlautstudie auf dieses Phänomen:

> Bei Namen und Bezeichnungen für bestimmte Personen ist offenbar das Bestreben, den Wortkörper unverändert zu erhalten, ausgesprochen stark: die Identität des Lexems muss voll bewahrt bleiben; der Name 'steht fest'. – Ein vertrauliches Sichnäherbringen eines Namens durch Diminution [...] wird ohne weiteres gestattet; doch muss der Wortkörper intakt bleiben: die Person, die Sache wird nicht angerührt. Der Name gehört zur Identität der Person, des Ortes. (Lüssy 1974: 186)

Wenn denn doch Umlaut erfolgt, dann beschädigt er auch die Integrität der dahinterstehenden Person:

> Lebendige Diminutive zu Geschlechtsnamen [Familiennamen] haben keinen Umlaut: *Schwarzli, Rōtli, Hofmeli* zu *Hofne Hofmann, Lutzli*. – Wenn hier und da ein solches Diminutiv okkasionell mit Umlaut verbunden wird, ist der Ausdruck stark gefühlsbetont und deutlich abschätzig gemeint: *ja dë Schwärzli! was dë wieder gsait hät!* (Lüssy 1974: 189)

Ebenfalls monoreferente sog. Verwandtschaftsnamen sind auch von dieser ‚Schongrammatik' betroffen (*Muttchen, Tantchen*).

Weitere Divergenzen zwischen Appellativen und Onymen betreffen die Genuszuweisung. Nur bei wenig proprialisierten, oft noch volltransparenten Eigennamen wird Genus gleich Appellativen morpholexikalisch zugewiesen (Gebäude-, Flur- und Straßennamen: <u>die</u> Goethe<u>straße</u>, <u>der</u> Birken<u>weg</u>, <u>das</u> Kirch-

gässchen). Prototypische Onymklassen sind genusfest (z.B. Wüsten → f., Städte → n., Autos → m.), andere derzeit auf dem Weg zu einem stabilen Klassengenus (z.B. Berge → Mask. produktiv: _der K2_, Zeitungen/Zeitschriften → Fem. produktiv: _die El Pais, die BILD_). D.h. Eigennamen tradieren zunächst ihr appellativisches Genus, tendieren aber langfristig zur Genusreferenzialisierung, indem Genus fest an die Objektklasse gekoppelt und morpholexikalisches Genus durch das Klassengenus überschrieben wird (*_der_ → _das schöne Nürnberg_). Neben Hinweisen auf den Namenträger (_das Adler_ → Bier, _die Adler_ → Schiff, Motorrad) bietet Genus ein weiteres wortkörperschonendes Verfahren zur Markierung des Onymstatus (zu onymischen Genera s. Fahlbusch & Nübling 2014, 2016, Nübling 2015). Wie sich die Genusreferenzialisierung im Anfangsstadium vollzieht, beschreiben Freywald & Nübling am Beispiel von urbanen Toponymen in diesem Band.

Mittlerweile sind umfangreiche korpus- und experimentbasierte Untersuchungen zur historischen und gegenwärtigen Deflexion von Namen entstanden: Ackermann (2018) dokumentiert erstmals den (personen)namengrammatischen Wandel der letzten Jahrhunderte, während Zimmer (2018) bei der Genitivmarkierung von Toponymen feststellt, dass umso mehr zur wortschonenden Null- statt _s_-Markierung gegriffen wird, je phonologisch markierter, weniger frequent und unvertrauter ein Name ist (_Hindukusch_ vs. _Engadin_). Auch interagiert dies mit Belebtheit insofern, als Personennamen früher und auch gegenwärtig öfter nullflektieren als Toponyme. Psycholinguistisch untermauert werden diese Effekte außer in Zimmer (2018) in Ackermann & Zimmer (2017), wo anhand von Self-Paced-Reading-Experimenten der Verarbeitungsvorteil flexionsloser Eigennamen durch beschleunigte Lesezeiten nachgewiesen wird. Weitere Erkenntnisse zu diesem Forschungsstrang liefert der vorliegende Band: Der empirisch basierte, diachrone Beitrag von Ackermann zum Abbau der onymischen Dativ- und Akkusativflexive _-(e)n_ erweist, dass sich dieser tiefgreifende namengrammatische Wandel erst in der jüngeren Sprachgeschichte abspielt, genauer erst im 18. und 19. Jh. seine volle Dynamik entfaltet. Anhand einer multifaktoriellen Analyse kann sie auch erstmals die Faktoren identifizieren, die diesen Prozess fördern – etwa eine bereits anderweitig geleistete (analytische) Kasusanzeige oder Onyme innerhalb präpositional regierter Nominalgruppen, wo diese Kasus nicht mit der Anzeige semantischer Rollen befrachtet sind. Nicht zuletzt bestätigt sich wieder das Gebot der Wortkörperschonung: Die Kasusmarker werden umso schneller abgebaut, je stärker sie die Grundform des Namens verändern. Aus ganz anderer Warte zeigt Klein (ebenfalls in diesem Band), dass, wie und warum sich das Verb _heißen_ im Laufe der Sprachgeschichte auf Eigennamenkomplemente spezialisiert, in der transitiven (den Akkusativ regierenden) Verwendung ausstirbt und damit seinerseits zu onymischer Markierung und Invarianz beiträgt.

Die Grenze zwischen onymischer und appellativischer Grammatik macht sich dagegen ein ganz besonderer Name zunutze, nämlich der für *Gott* als übermenschlich-transzendentes Wesen. Hier entdeckt Kopf (in diesem Band) auf Basis historischer Korpora, dass *Gott* im Frühneuhochdeutschen (um 1500) sowohl appellativische als auch onymische Grammatikprinzipien konterkariert und genau damit auf seinen referentiellen Sonderstatus verweist. Caro Reina (in diesem Band) zeigt in Bezug auf die differentielle Objektmarkierung in romanischen Sprachen, dass sich hier Götternamen morphosyntaktisch wie Personennamen verhalten bzw. diesen sogar übergeordnet sind und die Patiensmarkierung diachron am längsten aufrechterhalten. Namen für Götter und deren Grammatik liegen linguistisch bislang brach.

Speziell zu **Eigennamenkomposita** hat Schlücker mehrfach (z.B. 2017) publiziert. Anders als bei Appellativen wird ein onymisches Erstglied referentiell interpretiert. Der Schonungsbedarf äußert sich hier in weniger Fugenelementen (vgl. *Dr.-Frühling-Team* mit *Frühling+s+rolle*) und mehr Bindestrichschreibungen, abhängig vom Lexikalisierungsgrad (vgl. *Martin+s+gans* als stark lexikalisiertes Beispiel), nicht zuletzt aber auch in vermehrten Getrenntschreibungen (Vogel 2017). Als weitere syngraphemische Unterstützung onymischer Integrität sind Apostrophsetzungen zu nennen, die – abermals belebtheitsgesteuert – vor allem nach Personennamen mit einem Suffix auftreten (<Rita's Backstube>; s. Scherer 2010, Nübling 2014b). In Unternehmens- und in Produktnamen wird das Genitiv-*s* nicht selten sogar klein gedruckt, um den auf Wiedererkennbarkeit besonders stark angewiesenen Wortkörper noch besser zu schonen. In der Derivation haben sich mit adjektivbildendem *-sch* und *-er* auf onymische Basen spezialisierte Muster herausgebildet (*Maxwell'sche Gleichungen*, *Münchner Innenstadt*), die mit der Großschreibung und dem Apostrophgebrauch (vor *-sch*) weitere Besonderheiten aufweisen (Kempf 2017, 2019).

Auch in der **Syntax** lassen sich Divergenzen feststellen. Z.B. erweisen Genitivkonstruktionen, dass – wieder belebtheitsgesteuert – primär Personen- und Verwandtschaftsnamen, seltener Siedlungsnamen im Genitiv vor ihr Possessum treten (*Evas Hund, Mutters Geburtstag, Berlins Bürgermeister*). Peschke (2014) weist nach, dass hierbei Namenkomplexität und Namenauslaut hereinspielen: Je länger der Name, desto wahrscheinlicher seine Nachstellung (mit oder ohne *von* verbunden), desgleichen dann, wenn der Name schon auf -[s] endet (vgl. *Beethovens Werk – das Werk Ludwig van Beethovens* bzw. *das Werk von Ludwig van Beethoven*; selten *Hotzenplotz' Räuberhöhle*, frequenter *die Räuberhöhle von Hotzenplotz*). Umgekehrt bewirkt genau das Unterlaufen morphosyntaktischer Besonderheiten, z.B. die Verwendung des Indefinit- (*eine Merkel*) oder

Definitartikels in Kombination mit einem Genitivattribut (*die Merkel der SPD*), eine Deonymisierung (s. hierzu Thurmair in diesem Band).

Als wichtiges Ergebnis lässt sich festhalten: Untersuchungen zur Namengrammatik verweisen in vielfacher Weise auf eine **spezifische Namengrammatik**, bis zu deren vollständigem Verständnis aber noch einiges zu leisten ist. Die jüngere Forschung hat dabei Leitprinzipien wie Wortschonung, Schemakonstanz, Erkennbarkeit und Distanz zum ‚Normalwortschatz' zutage gefördert, die auch durch die Beiträge des vorliegenden Bandes konsolidiert werden.

Die **Namenpragmatik** hat ebenfalls erst in jüngster Zeit wichtige Impulse erfahren, etwa durch empirische Forschungen zum diachronen, synchronen und diatopischen Verhalten des Artikels vor Personennamen. Mittlerweile lässt sich nachzeichnen, dass und wie der Definitartikel zwischen pragmatischen und (weitgehend) grammatikalisierten Verwendungen in Raum und Zeit variiert (Schmuck & Szczepaniak 2014, Werth 2014, 2020, Schmuck 2019, 2020). Bezüglich Genus zeigt die jüngste Forschung, dass geschlechtsinkongruentes Neutrum bei Familiennamen Derogation bewirkt (*das Merkel, das Diepgen*), vor Ruf- und Verwandtschaftsnamen dagegen als Beziehungsmarker fungiert und Vertrautheit symbolisiert (*das Anna, das Mutti*). Damit wurde hier Genus resemantisiert und als soziopragmatischer Marker degrammatikalisiert (Christen 1998, Nübling, Busley & Drenda 2013, Nübling 2014a). Besonders pointiert zeigen die Beiträge von Busley & Fritzinger, Rosar und Schweden in diesem Band, wie spezifische Namengenera, aber auch Namenkonstruktionen beziehungsgestaltend wirken: Unterschiedliche Namenkonstruktionen in Dorfgemeinschaften zeigen an, wer zu wem „gehört" (Schweden). Proklitische Possessiva indizieren familiäre Zugehörigkeit (Rosar), und durch genus-sexus-inkongruente Genuszuweisungen (Neutra vs. Feminina bei Referenz auf Frauen) zeigen Busley & Fritzinger, dass und wie Genus für die Pragmatik eingesetzt werden kann; damit beschreiben sie einen bislang unbekannten Degrammatikalisierungspfad und liefern neueste Erkenntnisse aus einem laufenden DFG-Projekt.

Aus wissenschaftsgeschichtlicher Perspektive sind als wichtige Etappen der jüngeren Namenlinguistik Wimmer (1973) und Kalverkämper (1978, 1994) zu nennen, die dem funktionalen und grammatischen Sonderstatus von Onymen nachgehen. Als Überblicksartikel dienen Debus (1980) und Kolde (1995). Speziell von der „Linguistik der Familiennamen" handelt der Sammelband von Debus, Heuser & Nübling (2014). Eine erste Übersicht über die onymische Sondergrammatik des Deutschen findet sich in Nübling, Fahlbusch & Heuser (2015, 64–92), speziell zur Morphosyntax in Gallmann (1997) und Ackermann & Schlücker (2017). Ebenfalls 2017 erschien das Sonderheft „Namengrammatik" von Helmbrecht, Nübling & Schlücker (2017), das sprachtypologische Beiträge und solche zum Deutschen aus diachroner wie synchroner Perspektive vereint. Mit Dammel & Handschuh (2019) ist unlängst ein weiterer Namengrammatik-Band mit typologischem Schwerpunkt erschienen.

Die letztgenannten Bände schlagen die Brücke zu einer typologischen Perspektive, indem sie Beiträge zum Hoocak (Sioux), Rumänischen, zu mehreren mikronesischen Sprachen und zu anderen germanischen Sprachen enthalten. Hierdurch wird die sprachübergreifende Gültigkeit onymischer Prinzipien sichtbar (etwa das oben genannte Schonungsprinzip). Auch international tritt die Namengrammatik seit ca. zehn Jahren immer mehr in den Vordergrund, wenngleich die Wissensdefizite noch eklatant sind. *Das* Überblickswerk zur spezifischen Grammatik von Eigennamen existiert bis heute nicht annähernd, auch wenn Titel wie „The Grammar of Names" (Anderson 2007) dies nahelegen: Hier handelt es sich um eine (morpho-)syntaktische Beschreibung vorrangig englischer (auch griechischer) Eigennamen, die die anderen linguistischen Ebenen weitgehend übersieht. „Theory and typology of proper names" (van Langendonck 2007) beschränkt sich fast nur auf englische und niederländische Daten. Die beiden HSK-Bände „Namenforschung" (Eichler et al. 1995, 1996) enthalten Kurzartikel zu Namengrammatik, -semantik, -pragmatik und -stilistik, die den damaligen Stand der Forschung zusammenfassen. Symptomatisch ist, dass das jüngst erschienene „Oxford Handbook of Names and Naming" (Hough 2016) nur ein kleines, sehr traditionell gehaltenes und fast nur auf das Englische bezogenes Kapitel zu „Names and Grammar" enthält.

2 Die Beiträge in diesem Band

Die Palette der hier vereinigten Beiträge reicht von der Phonologie bis zur Pragmatik und deckt alle oben skizzierten Sprachbeschreibungsebenen ab. An ihnen ist die Kapitelgliederung ausgerichtet. Die Mehrheit der Beiträge weist einen germanistischen Schwerpunkt auf, während Waldispühl west- und nordgermanischen Sprachkontakt und Caro Reina sowie Lobin romanische Sprachen untersuchen. In Bezug auf unterschiedliche Varietäten wird von Dialekt (Busley & Fritzinger, Rosar, Schweden, Werth) über gesprochene Umgangssprache (Freywald & Nübling) bis hin zum geschriebenen Standard (Scherer, Thurmair) ein breites Spektrum adressiert. Sprachhistorisch ausgerichtet sind die Beiträge von Ackermann, Caro Reina, Klein, Kopf und Waldispühl. Die meisten Beiträge arbeiten empirisch – nämlich mit Korpusdaten, Namensamples oder InformantInnenbefragungen. Der Entwurf theoretischer Modelle steht vor allem bei Zimmer und Harnisch im Vordergrund, die neuen Perspektivierungen zur flexionsmorphologischen Einordnung von Namenklassen bzw. zur Bewertung bisheriger Vokative als Instanzen der 2. Person entwickeln.

Im Folgenden werden die Beiträge zunächst – wie im vorliegenden Band nach ihren zentralen Sprachebenen geordnet – vorgestellt und im Anschluss (Abschnitt 3) die wichtigsten Ergebnisse und Impulse dieses Bandes bezüglich der in Abschnitt 1 genannten Forschungsfragen herausgestellt.

Das Kapitel zu **PHONOLOGIE UND MORPHOLOGIE** beginnt mit **Michelle Waldispühls** Beitrag „Historische Rufnamen im Kontakt". Er untersucht die „Integration der altisländischen Pilgernamen auf der Reichenau in die mittelhochdeutsche Schreibsprache" auf Basis der Namen der *hiflant terra*-Liste. Diese besonderen Daten sind einerseits kontaktlinguistisch aufschlussreich, z.B. erfolgte in einigen Fällen eine Anlehnung an den nativen Namenschatz (*Vilbiǫrg* → *VVilliburg*). Zum anderen bilden die Namen – da per Diktat verschriftet – ein einzigartiges Fenster in die frühaltisländische Phonologie und die mittelhochdeutsche Phonologie und Graphematik. So lassen etwa die Schreibungen <Stenruder> und <Keiloc> für *Steinrøðr* und *Geirlaug* auf die Monophthongierung im Altisländischen schließen, die konsequenten Verschriftungen der systemfremden Laute altisl. [θ] als <z> und [ð] als <d> auf eine positionsabhängige Stimmhaftigkeitsopposition der Allophone. Die Auslautverhärtung in *Keiloc* zeugt zudem von enger Phonographie durch Nachsprechen. Hier wird besonders deutlich, wie stark Namen – mangels Anbindung an die Appellativik – historische Verhältnisse konservieren bzw. bezeugen.

Zwei Beiträge gelten der onymischen Sonderflexion. **Tanja Ackermann** widmet sich in „Poly-, Mono-, Deflexion. Eine diachrone Korpusstudie zum Abbau des onymischen Objektmarkers *-en*" dem syntagmatischen Flexionsabbau bei Onymen, der erstmalig korpusbasiert und statistisch abgesichert dokumentiert wird. Anhand von Daten des Deutschen Textarchivs zeigt die Autorin, dass der Flexionsabbau sich im Wesentlichen im 18. Jh. (Rückgang von 45% auf 27%) vollzieht. Wie eine multifaktorielle Analyse ergibt, wird dieser Abbauprozess durch phonologische, morphologische und syntagmatische Faktoren gesteuert. Syntagmatisch wirken kasusdisambiguierende Kontexte (Appositionen, Definitartikel, Beinamen, Präpositionen) begünstigend; morphologisch sind der Flexionstyp (lateinische vs. native Endungen) und überraschenderweise auch Genus entscheidend. Phonologisch wirkt sich die Auslautqualität (Schwa vs. Sonstige) aus und entscheidend das Schemakonstanzprinzip: Kasusmarker bleiben umso länger erhalten, je weniger der Namenkörper affiziert wird (länger *Anne – Annen* als *Eva – Even*).

Christian Zimmer beleuchtet daran anknüpfend den flexionsmorphologischen Sonderstatus von Eigennamen aus synchroner Perspektive. Ausgehend von der Beobachtung, dass das Flexionsverhalten deutscher Eigennamen meist nicht mit den üblichen Deklinationsklassen kompatibel ist, widmet sich sein Beitrag „Wie viel Variabilität verträgt eine Flexionsklasse? Eigennamen und ihre Deklinationsklassenzugehörigkeit" der Frage, wie bzw. ob deutsche Eigennamen sinnvollerweise in eine Beschreibung des Deklinationsklassensystems integriert werden können. Dazu wird das Flexionsverhalten von Personen- und Ortsnamen korpusbasiert untersucht. Insgesamt wird für einen originellen Ansatz argumentiert, der nominalmorphologische Variabilität im Deutschen berücksichtigt, ohne die Grenzen zwischen den Deklinationsklassen zu sehr aufzuweichen.

Ein flexionsmorphologischer Einzelgänger, das Lexem *Gott*, wird von **Kristin Kopf** thematisiert. In „Was ist so besonders an *Gott*? Ein grammatischer Abweichler im Frühneuhochdeutschen" untersucht sie das grammatische Verhalten des ‚übermenschlichen' Theonyms *Gott* auf der Basis dreier Korpora. Die Untersuchung deckt ein grammatisches Sonderverhalten im Bereich des Genitivs und der Schreibung auf: Da *Gott* im Gegensatz zu Personennamen postnominale Genitivstellung aufweist, dabei aber anders als Appellative artikellos auftritt (*der Segen Gottes*), hebt er sich von beiden Einheiten gleichermaßen ab. Dies gilt umso mehr um 1500, wo *Gott* außerdem durch die lange Genitivendung *-es* von Personennamen und strukturähnlichen Appellativen abweicht, die in dieser Zeit die kurze Endung *-s* präferieren. Graphematisch hebt sich das Theonym durch besonders frühe Majuskelschreibung, ab 1590 sogar durch Doppelmajuskel (<GOtt>) von anderen Substantivklassen ab. Die Autorin schlussfolgert, dass das grammatische Sonderverhalten die realweltliche Relevanz Gottes in der frühen Neuzeit ikonisiert. Ohne den Einbezug der Grammatik blieben solche Devianzen unerkannt.

Das Kapitel schließt mit zwei Beiträgen zur Wortbildung. **Antje Lobin** untersucht in ihrem Beitrag „*Naturella, Lattella, Selenella*. Zur modifizierenden Suffigierung in der Markennamenbildung" morphologische Prinzipien in der Bildung italienischer Markennamen. Anhand eines Namensamples aus dem Lebensmittelbereich arbeitet sie Konvergenzen und Divergenzen zwischen Markennamen- und appellativischer Wortbildung heraus. Markennamen zeigen eine hohe Affinität zu modifizierender Suffigierung (Augmentation, Diminution, Koseformbildungen). Als Basen überwiegen wie in der Appellativik Substantive, doch weisen Genuswechsel hier meist die entgegengesetzte Richtung, nämlich vom Maskulinum zum Femininum, auf. Abweichend sind z.B. auch die Nutzung des allgemeinsprachlich kaum noch produktiven Suffixes *-ell-* (*Naturella*) sowie Diminutiv- und Augmentativbildungen zu an sich nicht gradierbaren Stoffbezeichnungen (*acetelli* < *aceto* ‚Essig'). Insgesamt zeigt sich eine Fülle an morphologischen Strategien, um werbewirksame Extravaganz zu erzeugen.

Deonymische Wortbildung behandelt der Beitrag „Merkelige Putinisten obamatisieren Berlusconien. Deonymische Wortbildung im Deutschen" von **Carmen Scherer**. Hier wird die de-anthroponymische Suffixderivation anhand ausgewählter Politikernamen (im Deutschen Referenzkorpus) untersucht. Insgesamt zeigt sich: Deonymische Wortbildung nutzt prinzipiell die gleichen Wortbildungstypen wie deappellativische, aber Kurzwortbildung ist eingeschränkt und Konfixderivation ausgeschlossen. Typische Funktionen sind u.a. Bezeichnungen von Zugehörigkeiten (z.B. *Schröderin* für Doris Schröder-Köpf), Verhaltensweisen und Vergleichen (z.B. *Merkel ist die Schröderin* [der CDU]). Deutlich wird die Tendenz zu expressiven, meist pejorativen Bildungen (*Schröderling, Berlusconistan*), die nach Scherer vor allem darauf beruht, dass Derivation aus Onymen gegenüber deappellativischer Derivation der markierte Fall ist.

Den Komplex MORPHOSYNTAX eröffnet die Studie „Ist *geheißen* ein echtes Wort? – Entstehung und Eigenschaften einer onymischen Kopula" von **Andreas Klein**. Der Beitrag argumentiert für die neue Sicht, *heißen* als sog. onymische Kopula zu klassifizieren. *Heißen* zeichnet sich durch grammatisches Sonderverhalten aus, indem sein Komplement (anders als bei *nennen*) sich diachron zunehmend auf Eigennamen spezialisiert hat (*man nennt mich Peter/einen guten Mann*, aber *ich heiße Peter/*ein guter Mann*). Damit ist dieses im Urgermanischen noch transitive Verb ‚rufen, nennen' heute semantisch stark ausgeblichen und leistet als onymische Kopula nur noch die Verknüpfung von Proprium und Namenträger. Diese Entwicklung beginnt bereits in voralthochdeutscher Zeit mit der Umkategorisierung eines germanischen Medio-Passivs ‚sich heißen/geheißen werden' zu einem formal aktiven Verb. Die eigentliche Grammatikalisierung fällt nicht zufällig ins 18.–20. Jh., wo – wie der Beitrag von Ackermann aufzeigt – auch die Wortart Eigenname grammatisch konturiert wird: Indem *heißen* nur noch den Nominativ regiert, kommt dies dem Bedarf nach onymischer Schemakonstanz nach.

Javier Caro Reina legt mit „Differential Object Marking with proper names in Romance languages" einen typologischen Beitrag vor, der Sprachen untersucht, die belebte Patiensbesetzungen grammatisch hervorheben. Dabei konzentriert er sich auf zehn romanische Sprachen, anhand derer er erstmals korpusbasiert und aus diachroner Perspektive aufzeigt, dass Differentielle Objektmarkierung (DOM) nicht nur im ‚Normalwortschatz', sondern auch in verschiedenen Onymklassen greift. Maßgeblich gesteuert wird dies (gleich der Appellativik) durch die Faktoren Belebtheit und Agentivität. Auch Götternamen werden integriert (womit zum Beitrag von Kopf ein Bogen geschlagen wird), ebenso Verwandtschaftsnamen. Sowohl synchron wie diachron folgt die besondere Objektmarkierung der Hierarchie Götternamen > Personennamen >

Verwandtschaftsnamen > Tiernamen > Ortsnamen, wobei der *cut-off*-Punkt entweder bei [+menschlich], d.h. zwischen Verwandtschafts- und Tiernamen liegt (Galizisch), bei [+belebt], d.h. zwischen Tier- und Ortsnamen (Spanisch, Rumänisch, Neapolitanisch, Asturisch) oder bei [-belebt] und damit auch Ortsnamen einschließt (Sardisch, Korsisch, Sizilianisch). Diachron nimmt DOM der Hierarchie folgend z.T. zu (Sizilianisch [+belebt] > [-belebt]), z.T. auch ab (Rumänisch: [-belebt] > [+belebt]), oder sie schwankt in beide Richtungen (u.a. Portugiesisch, Spanisch).

Der Morphosyntax von Personennamen widmet sich **Alexander Werth** in „Referenzkoordinatoren. Namengrammatik im Dienste des Rezipientendesigns" und liefert damit einen innovativen Beitrag, der Namen anhand authentischer Gesprächsdaten analysiert. Referenzkoordinatoren meint grammatische (hier: morphosyntaktische) Marker, die den RezipientInnen die Referenzherstellung erleichtern. Untersucht werden derer fünf und ihre je spezifischen, teils regional begrenzten Funktionen herausgestellt. So nutzen etwa norddeutsche Varietäten den Definitartikel vor Personennamen zur Indexikalitätsmarkierung, d.h. um Aufmerksamkeit auf den referentiellen Prozess zu lenken; andere Marker erleichtern die Referenz durch Extensionsbeschränkung (so die Serialisierung von Ruf- und Familienname) oder Ingroup-Outgroup-Differenzierung (Possessivartikel – hierzu auch Rosar anhand dialektaler Daten). Die Fallstudien relativieren auf neue Weise die Annahme, dass Eigennamen inhärent definit, referentiell eindeutig und kontextunabhängig seien. Vielmehr stelle auch bei ihnen die Referenzherstellung eine interaktionale Aufgabe dar, die im Zweifelsfall besonderer Koordinatoren bedarf.

Dem primär durch die Morphosyntax geleisteten Übergang von der Appellativik zur Onymik und umgekehrt (De-/Onymisierung) widmen sich zwei weitere Beiträge. Einen aktuellen Onymisierungsprozess, nämlich die Entwicklung von Gattungseigennamen (frühnhd. *Ägyptenland*) zu reinen Eigennamen (nhd. *Ägypten*), greifen **Ulrike Freywald & Damaris Nübling** in ihrem Beitrag „*Die Drake, die Bergmann* und *die Karl Marx*. Straßennamen ohne Kopf oder: Zum Proprialisierungsschub urbaner Toponyme in Berlin" auf. An empirischem Material wird gezeigt, dass materieller Kopfverlust, wenngleich fakultativ, bereits bei Komposita (*die Drakestraße*) mit dem Kopfnomen *Straße* greift. Davon ausgeschlossen sind Straßennamen mit mask./neutr. Köpfen (wie *-damm, -ufer*) und Namen von nicht-straßenförmigen Referenten (**der Boxhagener Platz*). Letztere verfolgen im Fall von Nicht-Feminina durch Wortkürzung (*der Alexanderplatz > der Alex*) und oft zusätzliche *i*-Suffigierung (*der Boxhagener Platz > der Boxi*) eine andere Onymisierungsstrategie, die Homonymie weitgehend bannt. Zugleich sind am Beispiel dieses noch jungen, bislang unerforschten Onymisierungsprozesses Genusreferenzialisierungen (Straßen → feminin, Plätze/Sonstige → maskulin/neutral) in ihrer Genese beobachtbar.

Den umgekehrten Weg, nämlich Deonymisierungsprozesse, beleuchtet **Maria Thurmair** in „Eigennamen in Vergleichen: von der *Angela Merkel des Sports* bis zum *Mercedes unter den Bundespräsidenten*". Untersucht werden metaphorische Vergleiche (*die Angela Merkel des X*) und superlativähnliche Konstruktionen (*der Mercedes/Rolls-Royce/Steinway unter den X*), die auch namenklassenübergreifend funktionieren (*Venedig – die Marilyn Monroe unter den Städten*). Zu den morphosyntaktischen Merkmalen solcher Deonymisierungen gehören v.a. die Setzung von Definit- und Indefinitartikeln und spezielle, mit bekannten Eigenschaften des Namenträgers/der Namenträgerin in Widerspruch stehende Attribute, sog. „konterdeterminierende Kontexte" (z.B. Musik- vs. Sportwelt in *die Steffi Graf der Klarinette*). Daneben stehen auch bislang in der Forschung unbeachtete Genus-Inkongruenzen im Fokus. Diese werden überwiegend toleriert (*Toni Polster als die Heidi Klum des Fußballs*) und nur selten durch Genuswechsel (*Anselm Grün – der Margot Käßmann der Katholiken*) oder Modifikation des Namens (*Vater Teresa*) korrigiert.

Das letzte Kapitel zur **PRAGMATIK** beginnt mit dem Beitrag „Personennamen in Anredefunktion – Vokative oder Substantive der 2. Person?". Darin wirft **Rüdiger Harnisch** die Frage auf, inwiefern Vokative zu Recht als Kasus eingestuft werden, oder ob diese nicht konsequenterweise als „Substantive der 2. Person" aufzufassen sind. Für diese neue Analyse spricht neben ihrer kasusatypischen geringen syntaktischen Bindung, dass sie durch Pronomen der 2. Person ersetz- und auch ergänzbar sind (*du, komm! – Franz, komm! – Du, Franz, komm!*) und häufig mit (ebenfalls nach der 2. Person flektierenden) Imperativen stehen.

Drei Beiträge fokussieren aus soziopragmatischer Perspektive dialektale Referenzformen. Genus-Sexus-Inkongruenzen (sog. „Femineutra") widmen sich **Simone Busley & Julia Fritzinger**. In „*De Lena sein Traum* – Soziopragmatisch motivierte Genusvariabilität weiblicher Rufnamen" identifizieren sie ein soziopragmatisches Genus, das der Genusforschung bislang unbekannt war. Auf Basis deutscher Dialekte zeigen sie, dass hier (paradigmatische) Genusvariablität zwischen Femininum und Neutrum möglich ist (*die* vs. *das Lena*), aber auch funktionale (syntagmatische) Genusinkongruenzen (*die Lena – es/das Lena – sie*). Sie argumentieren bei dieser (vermutlich jungen) Entwicklung für einen Degrammatikalisierungsprozess mit neuer pragmatischer, genauer beziehungsgestaltender Funktion (Neutrum als Nähe-, Femininum als Distanzgenus). Dabei wird nicht nur die Beziehung der SprecherIn zu einer benannten Frau, sondern auch die der AdressatIn zu dieser Frau verrechnet (etwa wer wen duzt, wie lange kennt, etc.).

Genus wird dabei wortextern zugewiesen und kann, je nach den variablen Beziehungen in diesem Geflecht, schwanken.

In diese Richtung stößt auch **Anne Rosar** vor, die in „Beziehung grammatikalisiert" eine Fallstudie zu Idar-Oberstein präsentiert. Sie untersucht in ihrer Tiefenbohrung neben der neutralen Referenz auf (Namen von) Mädchen und Frauen auch das damit kongruierende ‚femineutrale' Sonderpronomen *ihnt*: Dieses nur in Dialekten vorkommende und von der Linguistik bislang kaum wahrgenommene Pronomen setzt sich formal aus dem maskulinen Pronominalstamm *ihn-* und dem (unverschobenen) Neutrummarker *-t* zusammen, erfasst referenzsemantisch nur Frauen und Mädchen und ist grammatisch neutral. Es bildet den Nominativ wie den Akkusativ (*Er war im Garte awer ihnt net* ‚Er war im Garten, aber ‚ihnt' [seine Frau im Neutrum] nicht'). Als drittes kommt das präonymische Possessivum *us* ‚uns(er)' in den Blick, das eine Beziehung als besonders eng, oft verwandtschaftlich, qualifiziert. Die Fallstudie zeigt, dass jede/r SprecherIn einer Referentin in der Regel nur eins der beiden Genera zuweist. In Ausnahmefällen kann jedoch die konkrete Gesprächssituation (Wer spricht mit wem über wen?) zu Alternanzen zwischen neutralem und femininem Genus bzw. Inkongruenzen zwischen Artikel und anaphorischem Pronomen führen (*det Heidi – die*).

Den Abschluss bildet **Theresa Schweden** mit „*s Kaufmanns Ingrid und de Fischer Kurt*. Struktur und Soziopragmatik onymischer Genitivphrasen und Komposita im Pfälzischen". Hier widmet sie sich onymischen Referenzformen mit präponiertem Familiennamen im pfälzischen Dialekt von Höringen. Dazu zählen Familienkollektiva (*s Müllers, s Schmidte*), Genitivphrasen (*s Kaufmanns Ingrid*) und Nominativ-Komposita (*de Fischer Kurt*). Da im Gegensatz zur Appellativik die Onymik sowohl pränominale Genitive als auch starke und schwache Flexion konserviert, hat sich im Dialekt ein komplexes Referenzsystem etabliert, das zur soziopragmatischen Differenzierung genutzt wird: Auf junge und weibliche Referenten wird bevorzugt mit Genitivphrasen, die die Bindung an den Vater exponieren, referiert, auf männliche dagegen eher mit Nominativ-Komposita, die die Loslösung von der väterlichen Familie leisten. Als zusätzliche Steuerungsfaktoren werden das relative Alter der Gesprächspartner sowie die Ortsgebundenheit der Referenten identifiziert.

3 Synopse: Zentrale Forschungsperspektiven dieses Bandes

Wie die vorausgehenden Abrisse zeigen, decken die Beiträge des vorliegenden Bandes eine große methodische und thematische Bandbreite ab. Diese Vielfalt ermöglicht es, die eingangs genannten zentralen Forschungsfragen aus einer umfassenden Perspektiven zu vertiefen. Wie bereits angeklungen, liefern die Beiträge zahlreiche Evidenzen und Beispiele einer **spezifischen Namengrammatik**. Diese dient einem Spektrum an Funktionen, allen voran der Konstanthaltung (bzw. Schonung) des onymischen Wortkörpers. Deutliche Bestätigungen bieten vor allem die Beiträge der Rubrik Phonologie und Morphologie (vgl. z.B. die onymische Deflexion bzw. Sparflexion bei Ackermann und Zimmer, die graphematische Konturierung <Gott, GOtt> bei Kopf).

Auch Beispiele von Durchbrechung der **Schemakonstanz** sind vertreten. Sie stellen zugleich „Bewegte Namen" dar. Unter eben diesem Titel führte die Münsteraner Tagung der Deutschen Gesellschaft für Namenforschung 2019 entsprechende Forschungsstränge zusammen. In ihrem Impulsvortrag stellten Casemir, Dammel & Roolfs (2019) heraus, dass Namenbewegtheit aus theoretischer Perspektive zunächst einen markierten Fall darstellt, da sie der Vorstellung von Namen als fixierten Zeichen („rigid designators", Kripke 1980) potentiell widerspricht. Aus den Vorträgen der Tagung sowie einigen Fallstudien im vorliegenden Band lässt sich ableiten, dass „Namenbewegungen" jeweils auf spezifische Diskurskontexte oder besondere soziale Bedingungen zurückzuführen sind. Sehr deutlich wird dies bei den z.T. stark verfremdeten isländischen Rufnamen im Reichenauer Verbrüderungsbuch (Beitrag Waldispühl), deren Veränderung auf Sprachkontakt zurückgeht. Als Verformung von Namen lassen sich auch die in Scherers Beitrag behandelten deonymischen Ableitungen bezeichnen. Sie unterliegen dem Gebrauchskontext der geschriebenen (v.a. Zeitungs-) Sprache und der Besonderheit der prominenten Referenzobjekte. Dass die Derivate auffallend häufig einen expressiven bzw. pejorativen Effekt haben, kann u.a. mit der „Beschädigung" des Namenkörpers zusammenhängen (neben der Deonymisierung z.B. auch Akzentverlagerung bei *Schröderíst*, Wortartwechsel bei *putinisch*, *merkeln*). Interessanterweise treten pejorative Effekte weniger systematisch bei den ebenfalls deonymisierenden Vergleichsbildungen (*der Ferrari unter den Uhren* – Beitrag Thurmair) auf, was einmal mehr die Bedeutung der phonologischen und morphologischen Ebene unterstreicht, die hier – sofern keine Namenmodifikationen (*Vater Teresa*) hinzukommen – genau nicht tangiert wird.

Neben Schemakonstanz soll auch die naheliegendste Funktion einer onymischen Sondergrammatik, nämlich die funktional relevante **Dissoziation** von der Appellativik nochmals adressiert werden. Neben den genannten Phänomenen tragen auch z.B. die Genusreferenzialisierungen bei kopflosen Straßennamen (Freywald & Nübling), die Genitivvoranstellung bei Personennamen oder der Gebrauch einer exklusiven Kopula (*heißen*, s. Beitrag Klein) zur Dissoziation vom appellativischen Wortschatz bei. Dass dabei keine hermetische Grenze zwischen onymischer und appellativischer Grammatik besteht, versteht sich von selbst. So stellen z.B. die von Scherer untersuchten Wortbildungsmuster oder die von Harnisch analysierte Verwendung von Substantiven in zweiter Person grammatische Verfahren dar, die prinzipiell auf Onyme wie auch Appellative anwendbar sind, allerdings von beiden Substantivklassen unterschiedlich intensiv genutzt werden.

Diese Anleihen bzw. Konvergenzen zwischen onymischer und appellativischer Grammatik verweisen auf einen letzten wichtigen Punkt, nämlich auf das prinzipiell **skalare Verhältnis** der (bisher dichotom dargestellten) appellativischen und onymischen Substantivklassen. Hier soll zum einen das intra-onymische Spektrum hervorgehoben werden, das in diesem Band neben den dominanten Personennamen auch Toponyme (Freywald & Nübling) und Markennamen (Lobin) erfasst, zum Teil werden verschiedene Onymklassen kontrastiert (insbesondere Caro Reina, aber auch Thurmair, Zimmer). Dass gerade die Beschäftigung mit onymisch-appellativischen Grenzgängern erkenntnisfördernd ist, zeigen die Analysen von *Gott* sowie von Verwandtschaftsnamen in den Beiträgen von Kopf, Caro Reina und Werth. Mit seiner empirischen Analyse realer Namenverwendungen im Diskurs widerlegt Werth den philosophisch basierten Glaubenssatz, der Eigennamen als Trias monoreferenter, inhärent definiter und kontextunabhängiger Zeichen postuliert.

Damit liefert dieser Band viel Evidenz dafür, dass empirische Forschung nicht nur neue Erkenntnisse über namengrammatisches Sonderverhalten produziert, sondern auch theoretisches Lehrbuchwissen herausfordert. Er versteht sich als Impuls zur weiteren Erforschung des lange übersehenen Spannungsverhältnisses zwischen Onymik und Appellativik auf den verschiedenen linguistischen Ebenen.

Literatur

Ackermann, Tanja (2018): *Grammatik im Wandel. Diachrone Morphosyntax der Personennamen im Deutschen.* Berlin, Boston: de Gruyter.
Ackermann, Tanja & Barbara Schlücker (Hrsg.) (2017): *The Morphosyntax of Proper Names. Special issue. Folia Linguistica* 51 (2).
Ackermann, Tanja & Christian Zimmer (2017): Morphologische Schemakonstanz – eine empirische Untersuchung zum funktionalen Vorteil nominalmorphologischer Wortschonung im Deutschen. In Nanna Fuhrhop, Renata Szczepaniak & Karsten Schmidt (Hrsg.), *Sichtbare und hörbare Morphologie*, 145–176. Berlin, Boston: de Gruyter.
Anderson, John M. (2007): *The grammar of names.* Oxford: Oxford University Press.
Bach, Adolf (1952a): Die Verbindung von Ruf- und Familiennamen in den deutschen, insbesondere den rheinischen Mundarten. *Rheinische Vierteljahrsblätter* 17, 66–88.
Bach, Adolf (1952b): *Deutsche Namenkunde I. Die deutschen Personennamen 1.* Heidelberg: Winter.
Bauer, Heinrich (1828ff.): *Vollständige Grammatik der neuhochdeutschen Sprache.* Berlin: Reimer.
Blatz, Friedrich (1900): *Neuhochdeutsche Grammatik mit Berücksichtigung der historischen Entwicklung der deutschen Sprache.* Karlsruhe: Lang.
Casemir, Kirstin, Antje Dammel & Friedel Roolfs (2019): *Bewegte Namen. Anpassungsprozesse von Eigennamen in räumlichen, zeitlichen und sozialen Spannungsfeldern.* Impulsvortrag zur gleichnamigen Tagung. Westfälische Wilhelms-Universität Münster, 11.-13.9.2019.
Christen, Helen (1998): *Die Mutti* oder *das Mutti, die Rita* oder *das Rita?* Über Besonderheiten der Genuszuweisung bei Personen- und Verwandtschaftsnamen in schweizerdeutschen Dialekten. In André Schnyder (Hrsg.), *Ist mir getroumet mîn leben? Vom Träumen und vom Anderssein*, 267–281. Göppingen: Kümmerle.
Dammel, Antje & Corinna Handschuh (2019): *Grammar of names and grammar out of names. STUF. Language typology and universals. Special Issue.* Berlin: de Gruyter.
Debus, Friedhelm (1980): Onomastik. In Hans Peter Althaus, Helmut Henne & Herbert Ernst Wiegand (Hrsg.), *Lexikon der Germanistischen Linguistik*, Bd. 1, 187–198. Tübingen: Niemeyer.
Debus, Friedhelm, Rita Heuser & Damaris Nübling (Hrsg.) (2014): *Linguistik der Familiennamen.* (Germanistische Linguistik 225–227). Hildesheim u.a.: Olms.
Eichler, Ernst, Gerold Hilty, Heinrich Löffler, Hugo Steger & Ladislav Zgusta (1995): *Namenforschung. Ein internationales Handbuch zur Onomastik.* (Handbücher zur Sprach- und Kommunikationswissenschaft 11.1). Berlin, New York: de Gruyter.
Eichler, Ernst, Gerold Hilty, Heinrich Löffler, Hugo Steger & Ladislav Zgusta (1996): *Namenforschung. Ein internationales Handbuch zur Onomastik.* (Handbücher zur Sprach- und Kommunikationswissenschaft 11.2). Berlin, New York: de Gruyter.
Fahlbusch, Fabian (2017): *Unternehmensnamen. Entwicklung – Gestaltung – Wirkung – Verwendung.* Berlin: Franke & Thimme.
Fahlbusch, Fabian & Damaris Nübling (2014): *Der Schauinsland – die Mobiliar – das Turm.* Das referentielle Genus bei Eigennamen und seine Genese. *Beiträge zur Namenforschung* 49 (3), 245–288.
Fahlbusch, Fabian & Damaris Nübling (2016): Genus unter Kontrolle: Referentielles Genus bei Eigennamen – am Beispiel der Autonamen. In Andreas Bittner & Constanze Spieß (Hrsg.),

Formen und Funktionen. Morphosemantik und grammatische Konstruktion, 103–125. Berlin, Boston: de Gruyter.

Gallmann, Peter (1997): Zur Morphosyntax der Eigennamen im Deutschen. In Elisabeth Löbel & Gisa Rauh (Hrsg.), *Lexikalische Kategorien und Merkmale*, 72–84. Tübingen: Niemeyer.

Helmbrecht, Johannes, Damaris Nübling & Barbara Schlücker (Hrsg.) (2017): *Namengrammatik.* (Linguistische Berichte Sonderheft 23). Hamburg: Buske.

Hough, Carole (Hrsg.) (2016): *The Oxford handbook of names and naming.* Oxford: Oxford University Press.

Kalverkämper, Hartwig (1978): *Textlinguistik der Eigennamen.* Stuttgart: Klett-Cotta.

Kalverkämper, Hartwig (1994): Eigennamen in Texten. In Peter Canisius, Clemens-Peter Herbermann & Gerhard Tschauder (Hrsg.), *Text und Grammatik. Festschrift für Roland Harweg zum 60. Geburtstag.* (Bochumer Beiträge zur Semiotik 43), 205–238. Bochum: Universitätsverlag.

Kempf, Luise (2017): *Engländisch, Hamburgisch, Lutherisch* – Degrees of onymicity reflected in the history of German *-isch*-derivation. In Tanja Ackermann & Barbara Schlücker (Hrsg.), *The Morphosyntax of Proper Names. Special issue. Folia Linguistica* 51 (2), 391–417.

Kempf, Luise (2019): Die Evolution des Apostrophgebrauchs – eine korpuslinguistische Untersuchung. *Jahrbuch für germanistische Sprachgeschichte* 10 (1), 119–150.

Kolde, Gerhard (1995): Grammatik der Eigennamen. In Ernst Eichler, Gerold Hilty, Heinrich Löffler, Hugo Steger & Ladislav Zgusta (Hrsg.), *Namenforschung. Ein internationales Handbuch zur Onomastik.* Bd. 1, 400–408. Berlin, New York: de Gruyter.

Kripke, Saul (1980): *Naming and necessity.* Oxford: Blackwell.

Langendonck, Willy van (2007): *Theory and typology of proper names.* Berlin, New York: de Gruyter.

Lüssy, Heinrich (1974): *Umlautprobleme im Schweizerdeutschen.* Frauenfeld: Huber.

Nübling, Damaris (2012): Auf dem Wege zu Nicht-Flektierbaren: Die Deflexion der deutschen Eigennamen diachron und synchron. In Björn Rothstein (Hrsg.), *Nicht-flektierende Wortarten*, 224–246. Berlin, Boston: de Gruyter.

Nübling, Damaris (2014a): *Das Merkel* – Das Neutrum bei weiblichen Familiennamen als derogatives Genus? In Friedhelm Debus, Rita Heuser & Damaris Nübling (Hrsg.), *Linguistik der Familiennamen.* (Germanistische Linguistik 225–227), 205–232. Hildesheim u.a.: Olms.

Nübling, Damaris (2014b): Sprachverfall? Sprachliche Evolution am Beispiel des diachronen Funktionszuwachses des Apostrophs im Deutschen. In Alexander Plewnia & Andreas Witt (Hrsg.), *Sprachverfall? Dynamik – Wandel – Variation.* Jahrbuch 2013 des IDS, 99–123. Berlin, Boston: de Gruyter.

Nübling, Damaris (2015): *Die Bismarck – der Arena – das Adler* – Vom Drei-Genus- zum Sechs-Klassen-System bei Eigennamen im Deutschen. Degrammatikalisierung und Exaptation. *Zeitschrift für Germanistische Linguistik* 43 (2), 306–344.

Nübling, Damaris (2017): The growing distance between proper names and common nouns in German. On the development of onymic schema constancy. In Tanja Ackermann & Barbara Schlücker (Hrsg.), *The Morphosyntax of Proper Names. Special issue. Folia Linguistica* 51 (2), 341–367.

Nübling, Damaris, Simone Busley & Juliane Drenda (2013): *Dat Anna und s Eva* – Neutrale Frauenrufnamen in deutschen Dialekten und im Luxemburgischen zwischen pragmatischer und semantischer Genuszuweisung. *Zeitschrift für Dialektologie und Linguistik* 80 (2), 152–196.

Nübling, Damaris, Fabian Fahlbusch & Rita Heuser (2015): *Namen. Eine Einführung in die Onomastik.* 2. Auflage. Tübingen: Narr.

Paul, Hermann (1917): *Deutsche Grammatik*, Band II, Teil III: Flexionslehre. Tübingen: Niemeyer.

Peschke, Simone (2014): *Merkels Politik* vs. *die Politik Merkels*. Eine korpusbasierte Untersuchung zur Prä- und Poststellung von Eigennamen im Genitiv. In Friedhelm Debus, Rita Heuser & Damaris Nübling (Hrsg.), *Linguistik der Familiennamen*. (Germanistische Linguistik 225–227), 233–248. Hildesheim u.a.: Olms.

Scherer, Carmen (2010): Das Deutsche und die dräuenden Apostrophe. Zur Verbreitung von 's im Gegenwartsdeutschen. *Zeitschrift für germanistische Linguistik* 38, 1–24.

Schlücker, Barbara (2017): Eigennamenkomposita im Deutschen. In Johannes Helmbrecht, Damaris Nübling & Barbara Schlücker (Hrsg.), *Namengrammatik*. (Linguistische Berichte, Sonderheft 23), 59–94. Hamburg: Buske.

Schlücker, Barbara & Tanja Ackermann (2017): The morphosyntax of proper names: An Overview. In Tanja Ackermann & Barbara Schlücker (Hrsg.), *The Morphosyntax of Proper Names. Special issue. Folia Linguistica* 51 (2), 309–339.

Schmuck, Mirjam (2017): Movierung weiblicher Familiennamen im Frühneuhochdeutschen und ihre heutigen Reflexe. In Johannes Helmbrecht, Damaris Nübling & Barbara Schlücker (Hrsg.), *Namengrammatik*. (Linguistische Berichte, Sonderheft 23), 33–58. Hamburg: Buske.

Schmuck, Mirjam (2019): Pragmatische Funktionen des Personennamenartikels in frühneuzeitlichen Hexenverhörprotokollen. Erscheint in Lisa Dücker, Stefan Hartmann & Renata Szczepaniak (Hrsg.), *Hexenverhörprotokolle als sprachhistorisches Korpus*. Berlin, Boston: de Gruyter.

Schmuck, Mirjam (2020): The Rise of the Onymic Article in Early New High German – Areal Factors and the triggering Effect of Bynames. In Renata Szczepaniak & Johanna Flick (Hrsg.), *Walking on the Grammaticalization Path of the Definite Article in German: Functional Main and Side Roads*, 220–226. Amsterdam, Philadelphia: Benjamins.

Schmuck, Mirjam & Renata Szczepaniak (2014): Der Gebrauch des Definitartikels vor Familien- und Rufnamen im Frühneuhochdeutschen aus grammatikalisierungstheoretischer Perspektive. In Friedhelm Debus, Damaris Nübling & Rita Heuser (Hrsg.), *Linguistik der Familiennamen*. (Germanistische Linguistik 225–227), 97–137. Hildesheim u.a.: Olms.

Vogel, Petra (2017): Deonymische Adjektivkomposita „Eigenname + Adjektiv" vom Typ *goethefreundlich*. In Johannes Helmbrecht, Damaris Nübling & Barbara Schlücker (Hrsg.), *Namengrammatik*. (Linguistische Berichte, Sonderheft 23), 95–120. Hamburg: Buske.

Werth, Alexander (2014): Die Funktionen des Artikels bei Personennamen im norddeutschen Raum. In Friedhelm Debus, Damaris Nübling & Rita Heuser (Hrsg.), *Linguistik der Familiennamen*. (Germanistische Linguistik 225–227), 139–174. Hildesheim u.a.: Olms.

Werth, Alexander (2020): *Morphosyntax und Pragmatik in Konkurrenz. Der Definitartikel bei Personennamen in den regionalen und historischen Varietäten des Deutschen*. Berlin, Boston: de Gruyter.

Wimmer, Rainer (1973): *Der Eigenname im Deutschen: ein Beitrag zu seiner linguistischen Beschreibung*. Tübingen: Niemeyer.

Zimmer, Christian (2018): *Die Markierung des Genitiv(s) im Deutschen*. Berlin, Boston: de Gruyter.

Phonologie und Morphologie

Michelle Waldispühl
Historische Rufnamen im Kontakt

Integration der altisländischen Pilgernamen auf der Reichenau in die mittelhochdeutsche Schreibsprache

Zusammenfassung: Dieser Beitrag diskutiert die Integration altisländischer Rufnamen ins Mittelhochdeutsche mit Schwerpunkt auf Phonologie und Graphematik. Die Untersuchung zeigt, dass auf Grund des hohen Anteils semantisch opaker Namen im hier behandelten Material die phonetische Integration überwiegt. Wo jedoch Koppelungen zum einheimischen sprachlichen Repertoire möglich sind, greift die Integration auf anderen Sprachebenen. Dies entspricht bisherigen kontaktgrammatischen Einsichten aus der Toponymie, deren Modelle gemäß vorliegender Studie auf die Anthroponymie angewandt werden können. Da die hier untersuchten Rufnamen aus einer mündlichen Sprachkontaktsituation stammen, lassen sie zusätzlich Schlüsse zu mhd. phonologischen Gegebenheiten, wie silbensprachlicher Phonotaktik oder Lenisierung, und altisländischen Lautveränderungen des 12. Jahrhunderts zu. Zudem zeigt sich ein hoher Grad an graphematischer Systemhaftigkeit seitens des Schreibers, die bei Konsonantenverschriftungen stärker ausgeprägt ist als bei Vokalen.

1 Einleitung

Adaptionen des eigenen Namens in fremdsprachigem Gebiet kennt man als mobiles Individuum heutiger Zeit nur zu gut. Das Inventar an Varianten meines eigenen Familiennamens beispielsweise ist, seit ich in Schweden lebe, um etliche Belege gewachsen. Darunter finden sich fehlerhafte Abschriften wie *Wahldispühl*, *Waldisphül*, *Waldispühl*, *Waldispule* und *Waldenspiel* oder auf Diktat beruhende Verschriftungen wie *Walspyl* oder *Wanderstyl*. Der Familienname ist nicht nur unbekannt in Schweden, sondern phonetisch und graphematisch deutsch markiert und bietet Anlass für kontaktinduzierte Neubildungen. Diese wiederum wirken befremdend, da sie entgegen namen-grammatischer Tendenzen zur

---

Danksagung: Ich danke Ivar Berg und Kevin Müller für Kommentare zu diesem Artikel. Die Verantwortung für allfällige Fehler liegt selbstverständlich allein bei mir.

https://doi.org/10.1515/9783110685886-002

Schemakonstanz (vgl. Einleitung) den Namenkörper alles andere als schonen, sondern zu diversen "bewegten" Formen führen.

Dieser Beitrag widmet sich vergleichbaren Kontaktphänomenen in mittelalterlichen Rufnamen mit einem Schwerpunkt auf phonologischer und graphematischer Integration. Gegenstand der Untersuchung sind altisländische (im Folgenden altisl.) Namen im Verbrüderungsbuch des Klosters Reichenau, die per Diktat von einem lokalen deutschsprachigen Schreiber verschriftet wurden. Vor dem Hintergrund dieser mündlichen Sprachkontaktsituation steht die Frage im Zentrum, welche kontaktgrammatischen Phänomene sich zeigen und welche mhd. graphematischen und phonologischen Gegebenheiten, bzw. welche altisl. Lautveränderungen sich in den Belegen widerspiegeln.

Die Grammatik von Namen im Sprachkontakt ist Gegenstand des noch relativ jungen Felds der Kontaktonomastik (auch Interferenz-Onomastik oder Transferonomastik genannt) (vgl. Sandnes 2016).[1] Die bisherigen Beiträge stammen fast ausschließlich aus der Namenforschung und weniger aus der Sprachkontaktforschung, wo Namen als Kategorie stark vernachlässigt sind – eine Tatsache, auf die in jüngerer Zeit mehrfach aufmerksam gemacht wurde (vgl. z.B. Petrulevich 2016: 40; Blomqvist 2017: 76f.). Zudem fußen bisherige Modelle zum Integrationsverhalten von Namen – es gibt zum einen strikt systemlinguistisch ausgerichtete (Bergmann 2011; Sandnes 2016) und zum anderen Prozessmodelle, die den Zeitfaktor und eine mögliche Schichtung von mehreren wie auch medial unterschiedlichen (mündlichen/schriftlichen) Kontaktsituationen in Betracht ziehen (Hengst 1996; Hengst 2011; Petrulevich 2016) – alle auf Ortsnamen. Für Rufnamen im Kontakt fehlen bisher vergleichbare Modelle und größer angelegte Studien. Die Namentypen auseinanderzuhalten scheint relevant, weil Rufnamen im Vergleich zu Ortsnamen weniger Überschneidungen mit der appellativischen Lexik zeigen, d.h. opaker sind und sich zudem grammatisch anders verhalten (Harweg 1999: 195; vgl. Nübling, Fahlbusch & Heuser 2015: 65), weshalb auch kontaktgrammatische Unterschiede zu erwarten sind. Ebenso vernachlässigt in der bisherigen Forschung sind Muster der graphematischen Integration. Insbesondere für die von Variation geprägten historischen Schreibsprachen stellt die eingehende Untersuchung der graphematischen Ebene nicht nur eine Voraussetzung für die Beurteilung der Integration auf anderen Sprachebenen dar, sondern verspricht auch zentrale Resultate über herrschende Schreibpraktiken und Kontaktsituation. Es gibt im Bereich der Kontaktonomastik, speziell in Bezug auf Ruf-

---

1 Altisländisch wird hier als Begriff in der Tradition der Sprachkontaktforschung verstanden und nicht wie Kalverkämper (2000: 6–9) kommunikationspragmatisch im Sinne von Kontaktaufnahme zwischen Menschen im interkulturellen Kontext.

namen, noch großen Forschungsbedarf, nicht nur um das Integrationsverhalten sowohl paradigmatisch als auch syntagmatisch, synchron und diachron zu beschreiben, sondern auch um Einflussfaktoren und Integrationsprozesse zu verstehen. Meine folgende Mikrostudie ist ein kleiner Beitrag zum Feld, der aber deshalb relevant ist, weil die Kontaktsituation und die Kontaktsprachen relativ genau bestimmt sind und die unmittelbare Verschriftung von der gesprochenen in die geschriebene Sprache im historischen Material nachvollzogen werden kann, was auf anderen Wegen kaum mögliche Rückschlüsse auf die Phonologie beider Sprachen erlaubt.

2 Nordgermanische Rufnamen im Reichenauer Verbrüderungsbuch

Das Reichenauer Verbrüderungsbuch (Zentralbibliothek Zürich, Ms. Rh. hist. 27) enthält 38.232 Rufnamenbelege und ist damit das umfangreichste Verbrüderungsbuch aus der Karolingerzeit (Geuenich in Autenrieth, Geuenich & Schmid 1979: XLIII). Es wurde Anfang des 9. Jahrhunderts planmäßig angelegt und während mehr als 400 Jahren fortlaufend mit Nameneinträgen erweitert. Während bei der ältesten Lage eine Manuskript(doppel)seite jeweils einem Konvent zugedacht und die Personennamen demgemäß nach Klosterzugehörigkeit kategorisiert und eingetragen wurden, gibt es unter den jüngeren Eintragungen Listen von Besuchern und vorbeireisenden Pilgern zumeist ohne Angabe der geographischen oder sozialen Provenienz bzw. Zugehörigkeit.

Unter diesen späteren Eintragungen finden sich auf 20 Seiten verteilt an die 740 nordgermanische Rufnamenbelege. Sie wurden im Laufe des 11.–12. Jahrhunderts notiert und erscheinen meist gehäuft in jeweils von einer Hand eingetragenen Listen. Zu diesem beträchtlichen nordgermanischen Namenkorpus gibt es bisher nur wenige Untersuchungen, wobei philologische und etymologische Aspekte (Jørgensen & Jónsson 1923; Naumann 1992) und Fragen zum Nameninventar (Naumann 2009) im Vordergrund standen. Namengrammatische Betrachtungen sind bisher nur am Rande und lediglich summarisch vorgenommen worden mit Ausnahme eines Beitrags von Fix (im Druck), der sich mit einem grammatischen, bzw. phonologischen Problem, der Nominativendung <-er> der als isländisch bestimmten Namen einer spezifischen Liste, auseinandersetzt (genauer dazu vgl. Abschnitt 4.5.). In allen bisherigen Untersuchungen kam zur Sprache, dass eine Vielzahl der nordgermanischen Namen „Verdeutschungen" aufweist und somit in einer Sprachkontaktsituation verschriftet wurde. Das Szenario lässt sich im Grundsatz so vorstellen, dass nordgermanische Sprecher ihre Namen nannten und die deutschsprachigen Schreiber sie per Diktat verschrifteten, d.h. das Gehörte in ihre Schreibsprache integrierten (vgl. auch Jørgensen & Jónsson 1923: 5; Naumann 1992: 704; Naumann 2009: 778; Fix im Druck). Die Namen sind in vielen Fällen etymologisch als nordgermanisch durchsichtig, die Reichenauer *tokens* allerdings weisen deutsche Charakteristika auf.[2] Die Integration der Namen ins Deutsche ist bisher allerdings erst in einem Teilkorpus von 87 Namenbelegen systematisch untersucht worden (Waldispühl 2017). Es konnte festgestellt werden, dass die große Mehrheit der Namen phonemisch-graphematisch ins Deutsche integriert wurde (z.B. in *Zueri* für adän. *Thori*), während Integration auf anderen Sprachebenen seltener vorkommt. Lexikalische Entsprechungen bzw. korrekte Übersetzungen treten bei Kognaten, d.h. bei sowohl im deutschen als auch im nordgermanischen Onomastikon vorkommenden Rufnamen oder Namenelementen und bei semantisch transparenten onymischen Gliedern auf. Namen mit einfacher und dem Deutschen ähnlicher Phonetik, wie z.B. *Ketil* oder *Afa* erscheinen zwar im süddeutschen Schriftstil, allerdings in einer Schreibvariante, die auch in nordischen Schriften belegt ist.

Das Korpus ist weiter stark von graphematischer Variation geprägt, was auf die Vielzahl von an den Einträgen beteiligten Schreibern und die Zeitspanne von etwa 100 Jahren zurückzuführen ist, während derer die nordischen Namen im Manuskript laufend festgehalten wurden. Für den Rufnamen altnordisch (im Folgenden an.) *Þórketil* beispielsweise sind insgesamt elf verschiedene Schreibvarianten belegt (total: 18 Einzelbelege), verteilt auf zwölf unterschiedliche Schreiber. Nur zwei Schreiber verwendeten somit dieselbe Variante. Diejenigen Schreiber, die denselben Namen mehrmals notierten, hielten sich an ihre Schreibvariante. Damit lässt sich eine interindividuelle, schreiberbedingte (engl. *dia-scribal*) graphematische Variation aufzeigen, wie sie auch für andere historische Schreibsprachen festgestellt wurde. Hinzu kommt allerdings im vorliegenden Fall noch eine Überschichtung durch die mündliche Kontaktsituation, in der die Namen verschriftet wurden, die zusätzlich als Faktor für die Variation anzusehen ist (vgl. Waldispühl 2018: 141–145).

Aus der Feststellung der primär schreiberbedingten Variation folgt für die graphematische Analyse die methodische Konsequenz einer schreiberinternen Untersuchung als ersten Schritt, bevor in einem umfassenderen Vergleich Schlüsse über die Graphematik der nordischen Namen insgesamt gezogen werden können. Im Folgenden soll die Systematik der graphematischen

---

[2] Eine kritische Diskussion zur Methodik der sprachlichen Bestimmung der nordgermanischen Namen in Kontakt mit Deutsch findet sich in Waldispühl (2018).

Integration anhand einer Liste im Detail betrachtet werden. Die Analyse aller Listen ist ein größeres Unterfangen und steht bisher noch aus.

Gegenstand der Untersuchung ist die mit der Überschrift „hiflant terra" 'Island' versehene Liste von 13 Namen, zu der auch Fix (im Druck) seine Studie durchführte. Die Liste ist auf fol. 93r (p. 159) oben links zu finden und wurde von einem einzigen Schreiber in einem Zug niedergeschrieben (vgl. Abbildung 1). Jørgensen (in Jørgensen & Jónsson 1923; vgl. auch Naumann 1992) datiert sie

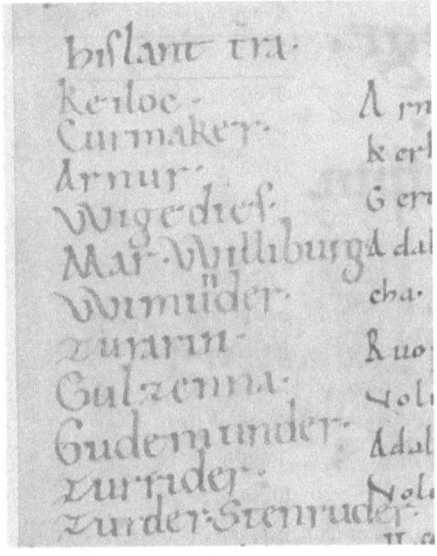

Abb. 1: hiflant terra-Liste auf fol. 93r (p. 159), Zentralbibliothek Zürich, Ms. Rh. hist. 27 fol. 93r. (www.e-codices.unifr.ch)

paläographisch in die Mitte des 12. Jahrhunderts. Dank der Überschrift können die Personen (und damit auch die Namen) sprachgeographisch verortet werden.

2.1 Die Namen der hiflant terra-Liste

Die Liste enthält folgende Belege, die alle mit zeitgenössisch belegten altisl. Rufnamen in Verbindung gesetzt werden können. In Tabelle 1 sind die Belege in der ersten Spalte in diplomatischer Umschrift und in der Reihenfolge der Nennung in der Handschrift angegeben, in der zweiten Spalte folgt das altisl. Lemma mit Genusangabe (nach Lind 1905–1915), in der dritten die häufigste

Schreibung in möglichst zeitnahen einheimischen Quellen (ebd.)[3] und in der vierten schließlich der Name im phonologischen, frühaltwestnordischen Referenzsystem (zur Rekonstruktion vgl. im Folgenden).

Tab. 1: Belege der hiflant terra-Liste

Reichenauer Beleg	Altisl.es Lemma	Häufigste altisl. Schreibung	Frühaltwestnordisch (phonologische Rekonstruktion)
hiflant terra			
Keiloc	Geirlaug, FN	Geirlaug	[geirlɔuɣ]
Curmaker	Kormakr, MN	Kormakr[4]	[korma:kr]
Arnur	Arnórr, MN	Arnorr, -R[5]	[arno:r]
VVigedief	Vígdís, FN	Vigdif	[wi:ɣdi:s]
Mar	Már, MN	Mar, -rr, -R	[ma:r]
VVilliburg	Vilbiǫrg, FN	Vilborg	[wilbiɔrg]
VVimu(n)der	Vémundr, MN	Vemundr	[we:mundr]
Zurarin	Þórarinn, MN	Þorarinn, -N	[θo:rarin:]
Gulzenna	Kolþerna, FN	Kolþerna	[kolθerna]
Gudemunder	Guðmundr, MN	Guþmundr	[guðmundr]
Zurrider	Þúríðr, FN	Þuridr, Þvridr	[θu:ri:ðr]
Zurder	Þórþr, MN	Þordr	[θo:rðr]
Stenruder	Steinrøðr, MN	Steinrodr, Steinraudr	[steinrɔuðr]

Die Anknüpfung an altisl. Namenlemmata hat Lind (1905–1915) in seinem Namenbuch zu den altwestnordischen Rufnamen vorgenommen, wo die Reichenauer Belege mitaufgenommen sind. Für die folgende Analyse, bei der es um die Beschreibung der Kontaktphänomene in den Reichenauer Namen im Vergleich mit den zeitgenössischen altisl. Formen geht, habe ich jedoch nicht die

---

[3] Allerdings wurden im Rahmen dieser Studie weder die Variantenschreibungen bei Lind in den Originaldokumenten überprüft noch Linds Datierung der isländischen Quellen mit dem aktuellen Stand der Forschung abgeglichen. Da die isländischen Schreibungen hier aber nicht im Zentrum des Interesses stehen, fallen diese methodischen Einschränkungen für vorliegende Studie nicht ins Gewicht.
[4] Auch <C, c> für <K, k> sind belegt, allerdings weniger häufig.
[5] Die Schreibung <-R> und <-N> für <-rr> und <-nn> kommt im frühen Altisl. häufig im Auslaut vor (vgl. Benediktsson 1965: 82, vgl. unten Abschnitt 4.3.).

bei Lind angegebene Zitierform des Lemmas als Vergleichsform benutzt, sondern ein frühaltwestnordisches phonologisches Rekonstrukt. Dies nicht nur, weil Lind (1915: V) „in den westnordischen Sprachen herkömmliche sogenannte Normalformen" ohne weitere methodische Bemerkungen ansetzte, sondern insbesondere deshalb, weil sich der Vergleich mit einer phonologischen Referenzform in jüngeren graphematischen Studien bewährt hat (Elmentaler 2003; Seiler 2014; Palumbo 2018). Um zu diesem Rekonstrukt zu gelangen, bin ich von den etymologischen Lemmata bei Lind ausgegangen und habe die einzelnen Phoneme, bzw. Allophone gemäß Angaben zum Altisl. des 12. Jahrhunderts bei Noreen (1923), Benediktsson (1972), Haugen (1982) und Schulte (2002) ermittelt.

Die Namen sind alle phonemisch-graphematisch ins Deutsche integriert, mit Ausnahme des Beleges *Mar*, der keine linguistische Integration zeigt, sondern in einer Schreibung erscheint, die auch in altisl. Quellen belegt ist. Bei einem Beleg (*VVilliburg* zu altisl. *Vilbiǫrg*) handelt es sich um die korrekte deutschsprachig kodierte Entsprechung desselben etymologischen Namens. *VVilliburg* ist in dieser Form im deutschen Onomastikon belegt (vgl. Förstemann 1900: 1569–1570; Socin 1903: 128), weshalb es möglich ist, dass der altisl. Name *Vilbiǫrg* ohne nordische Sprachkenntnisse ad hoc korrekt ins Deutsche übertragen wurde.[6]

3 Graphematik und Phonetik der hiflant te*rr*a-Liste

3.1 Vorgehen

Um die graphematischen und phonetischen Kontaktphänomene in den altisl. Namen systematisch zu erfassen, bin ich kontrastiv vorgegangen und habe die Reichenauer Belege ihren jeweiligen altisl. phonologischen Referenzformen (vgl. Tabelle 1) gegenübergestellt. In einem ersten Schritt wurden für jeden Beleg

---

6 Im Prinzip ist es nicht auszuschließen, dass Vilborg oder eine andere isländische Person mit Kenntnissen des deutschen Namens den Namen selber übertragen hat. Es ist gar möglich, dass ein ursprünglich deutscher Name und keine Übertragung vorliegt. Auf Grund des philologischen Kontexts von *VVilliburg* inmitten der isländischen Liste mit weiteren ins Deutsche integrierten Namen, erscheint es jedoch wahrscheinlich, dass es sich tatsächlich um eine lexikalische ad hoc Übertragung handelt (vgl. Waldispühl 2018: 145–146).

gemäß Beispiel in Tabelle 2 segmentale graphematische Einheiten definiert. Die Kognatvariante *VVilliburg* wurde von dieser Analyse ausgeschlossen.

Tab. 2: Kontrastiv ermittelte segmentale graphematische Einheiten

[w]	[iː]	[ɣ]	∅	[d]	[iː]	[s]
<VV>	<l>	<g>	<e>	<d>	<ie>	<f>

Auf der Basis des kontrastiven Vergleichs wurde das Inventar sowohl der Phonem-Graphem-Korrespondenzen als auch der Graphem-Phonem-Korrespondenzen zusammengestellt (vgl. Tabellen 3 und 4 unten).

3.2 Übersicht der Resultate

Tab. 3: Segmentales Phonem-Graphem-Inventar der hiflant *terra*-Liste

Vokalschreibungen			
Starktonige Silben		*Nebenton- und Endsilben*	
/iː/ – <i (2), ie>		/ɪ/ – <i>	
	/u(ː)/ – <u> (4)		
/eː/ – <i>	/oː/ – <u> (4)	∅ – <e> (2)	
/e/ – <e>	/o/ – <u> (2)		
	/aː/ – <a> (2)	/a/ – <a>	
	/a/ – <A, a>		
/ei/ – <e, ei>			
/au/ – <u, o>			

Konsonantenschreibungen					
/t/ – <t>	/d/ – <d> (3)	/θ ~ ð/ <þ> – <Z (3), z>; <d> (4)	/w/ – <VV> (2)	/m/ – <M, m> (3)	
/k/ – <C, k, g, G>	/g ~ ɣ/ – <K, c, G, g>	/s/ – <S, f>		/n/ – <n> (5)	
				/nː/ <N, nn> – <n>	
				/l/ – <l (2)>	
				/r/ – <r (8), n, ∅, er (6)>	
				/rː/ <rr, R> – <r> (2)	

Tabelle 3 zeigt die Reichenauer Verschriftungsvarianten für die altisl. Vokal- bzw. Konsonantenphoneme in der Übersicht. Mehrfachvorkommen einzelner Schreibungen sind in Klammern angegeben. Bei den Phonemen altisl. /n:/, /r:/ und /θ ~ ð/ habe ich die in altisl. Quellen gebräuchlichen Schreibungen ergänzt, worauf ich in den Erläuterungen unten genauer eingehen werde. Die Grauhinterlegung bezieht sich auf die Verschriftungspraxis, d.h. die Variabilität bzw. Stabilität der Phonem-Graphem-Korrespondenz. Die hellgrau markierten Exemplare sind konsequente Schreibungen, die mit zeitgenössischen altisl. Schreibungen korrespondieren. Mittelgrau markiert sind einmal vorkommende oder konsequente Schreibungen ohne Übereinstimmung mit der altisl. Überlieferung und die dunkelgrau markierten Beispiele zeigen intraindividuelle graphematische Variation. In Tabelle 4 sind die Korrespondenzen aus der Sicht des Schreibsystems als Graphem-Phonem-Korrespondenzen zusammengestellt.

Tab. 4: Segmentales Graphem-Phonem-Inventar der hiflant terra-Liste

Vokalschreibungen				
Starktonige Silben			*Nebenton- und Endsilben*	
‹i› – /iː/ (2), /eː/			‹i› – /I/	
‹u› – /u/ (3), /oː/ (4), /o/ (2), /au/				
‹e› – /e/, /ei/			‹e› – Ø (8)	
‹o› – /au/				
‹a› – /aː/, /a/			‹a› – /a/	
‹ie› – /iː/				
‹ei› – /ei/				

Konsonantenschreibungen					
‹t› – /t/	‹d› – /d/ (3), [ð] (4)	‹z› – [θ] (3)	‹vv› – /w/ (3)	‹m› – /m/ (3)	
‹k› – /k/, /g/	‹g› – /g/, [ɣ], /k/	‹s› – /s/		‹n› – /n/ (5), /nː/, /r/	
‹c› – /k/, /g/				‹l› – /l/ (2)	
				‹r› – /r/ (14), /rː/ (2)	
				Ø – /r/	

In den folgenden Analysen beziehe ich mich, wo nicht anders angemerkt, auf die einschlägigen grammatischen Referenzwerke zum Altisl. und Mhd.[7]

---

[7] Für einen noch deutlicheren Vergleich und eine exaktere Erklärung der Kontaktphänomene wäre es auf Grund der stark lokal ausgerichteten Schreibweisen im Mhd. ideal gewesen, mit

3.3 Graphetische Merkmale

Die Liste zeigt süddeutschen Schriftstil, weshalb es auch nicht überrascht, dass das spezifisch isländische Graphem <þ> und die Geminatenschreibungen im Auslaut (<-nn, -N>, <-rr, -R>) fehlen. Im Altisl. wurden geminierte Konsonanten schon in den ältesten Handschriften graphematisch von kurzen durch Doppelschreibungen unterschieden (Karlsson 2002: 835). Der Autor des Ersten Grammatischen Traktats schlägt zwar anstelle von Geminatenschreibung mit Minuskeln die Verwendung von Kapitälchen vor, allerdings wird diese Praxis, wie auch andere Schreibvorschläge im Traktat, von den zeitgenössischen isl. Schreibern nicht konsequent umgesetzt (vgl. Benediktsson 1965: 82).

Auf graphetischer Ebene fällt weiter die konsequente Großschreibung der Namenanfänge auf. Diese Praxis gibt es im Reichenauer Verbrüderungsbuch schon in der Anlageschicht des 9. Jahrhunderts (vgl. Autenrieth in Autenrieth, Geuenich & Schmid 1979: XXIV–XXVI), was jedoch bisher für genannte Quelle nicht systematisch untersucht wurde.[8] Meines Wissens fehlt es abgesehen von zwei Studien (Labs-Ehlert 1993; Ernst 1996) überhaupt an einer Verlängerung der Geschichte der Großschreibung in mittel- und althochdeutsche Zeit. Für die vorliegende Untersuchung reicht es aber festzuhalten, dass diese Schreibpraxis keine für die hiflant terra-Liste spezifische Eigenschaft darstellt. Für die folgenden Ausführungen lasse ich die Majuskelschreibungen außer Betracht, da sie als Allographe des jeweiligen Vokal- oder Konsonantengraphems angesehen werden können.

---

anderen Schriften desselben Schreibers, oder zumindest mit Charakteristika der Reichenauer Schreibsprache des 12. Jahrhunderts zu vergleichen. Eine solche Untersuchung war im Rahmen dieses Vorhabens jedoch nicht möglich.

8 Zusätzlich gibt es ganze Namen, die in Majuskeln wiedergegeben sind, was Geuenich in Autenrieth, Geuenich & Schmid (1979: LI) als Hervorhebung deutet. Diese Belege sind im lemmatisierten Namenregister der Edition (Autenrieth, Geuenich & Schmid 1979: 207–214) speziell gekennzeichnet. Die Großschreibung der Anfangsbuchstaben wird im Register allerdings gemäß heutiger Orthographie generalisiert, was Geuenich in Autenrieth, Geuenich & Schmid (1979: XLV) damit rechtfertigt, dass es sich bei der karolingischen Minuskel in Einzelfällen schwer entscheiden lasse, ob ein Groß- oder Kleinbuchstabe vorliege. In der paläographischen Untersuchung Autenrieths (1979, vgl. oben) allerdings sind für verschiedene Hände Groß- und Kleinbuchstaben auseinandergehalten.

3.4 Vokalschreibungen

Bei zahlreichen Vokalschreibungen – <i>, <u>, <e>, <a> – gibt es eine 1:1-Übereinstimmung zwischen autochthonen altisl. Schreibungen und jenen des Reichenauer Schreibers. Dabei ist auffällig, dass es sich um Grapheme handelt, für die es im Lateinischen entsprechende Phonem-Korrespondenzen gibt, was auch für die Konsonantenschreibungen <d>, <l>, <m>, <n>, <t> gilt. Da für die Verschriftung der hiflant terra-Namen von einer mündlichen Kontaktsituation ausgegangen werden kann, bedeuten die Reichenauer Schreibungen, dass die altisl. Aussprache dem Spektrum des entsprechenden deutschen Phonems entsprach, bzw. in der Wahrnehmung genügend distinkt von allen anderen Phonemen war. Ein altisl. [a(:)] wurde mit <a> verschriftet und dessen Aussprache muss deshalb phonetisch im Spektrum des mittelwestoberdeutschen Phonems /a/ gelegen haben. Aus der Schreibung <a> in Beleg 5 *Mar* lässt sich folglich schließen, dass altisl. /a:/, das im Altwestnordischen um das Jahr 1200 zu gerundetem /ɔ:/ (ǫ́) geworden ist, zur Niederschrift noch ungerundete Qualität hatte. Dies stimmt mit der auf paläographischen Beobachtungen basierenden Datierung der hiflant terra-Liste in die Mitte des 12. Jahrhunderts überein.

Bei den anderen starktonigen Vokalen stellt die Übereinstimmung der Verschriftungsweisen keine Überraschung dar. Auch die Vollvokale in den Nebenton- und Endsilben fallen vor einem anzunehmenden alemannischen Hintergrund des Schreibers nicht aus dem Rahmen – insbesondere, wenn man annimmt, dass der Schreiber die Namen sprechsprachlich wiederholte (vgl. unten), ist eine solche phonetisch akkurate Verschriftung wahrscheinlich.

Zu den konsequenten Phonem-Graphem-Entsprechungen ohne Übereinstimmung mit der gängigen isländischen Schreibung gehören die Schreibungen für altisl. starktonig /e:/, /o:/ und /o/.

Altisl. /e:/ wird <i> geschrieben, allerdings kommt dieses Phonem nur einmal, im Namen *VVimunder* – [we:mundr] vor, dessen Erstglied auf germ. *wīha-* oder *wīga-* zurückgeht (Janzén 1947: 92). Im Altisl. ist germ. *ī* vor *h* zu /e:/ gesenkt worden. Es muss allerdings hier offen bleiben, ob die Qualität des altisl. /e:/ zu der Reichenauer <i>-Verschriftung geführt hat, oder ob eine strukturell bedingte graphematische Unsicherheit zum Ausdruck kommt. Denn der phonetische Kontext für den Langvokal /e:/ in offener Tonsilbe kann für den deutschsprachigen Schreiber ungewohnt gewesen sein und die Verschriftung <i> lag deshalb vermutlich näher als das für verschiedene kurze Mittelvokale ([e], [ɛ], [ə]) reservierte Graphem <e>.

Die Verschriftung von /o(:)/ geschieht mehrmals und durchwegs mit <u>. Die /o:/ kommen in Namengliedern vor, die etymologisch alle auf *(-)þunra(-)* zurückgehen. Bei Lind (1905–1915) sind für alle drei Namen nur Formen mit altisl.

regelrecht gesenktem <o> angegeben. Da dem deutschsprachigen Schreiber das Graphem <o> jedoch auch zur Verfügung gestanden hätte, muss sich die altisl. /o(:)/-Qualität dennoch von mhd. /o/ unterschieden haben und zwar deutlich, denn der Schreiber ist hier konsequent in seiner schreibsprachlichen Integration.

Das Graphem <o> kommt hingegen in einem anderen Kontext vor – als Realisierung für den Diphthong /au/ ([geirlɔuɣ] → *Keiloc*). Derselbe Diphthong wird im Beleg [steinrɔuðr] → *Stenruder* hingegen mit <u> verschriftet. In den altisl. Belegen für [steinrɔuðr] ist die Schreibung <o> genauso vertreten wie <au> (Lind 1905–1915: 959). Eine Kontraktion /au/ > /o/ kann im Altisl. dialektal und in schwächer betonten Namenzweitgliedern vorkommen, d.h. die Kürzung kann der altisl. Form eigen gewesen sein und wie oben gesehen verschriftet der Reichenauer Schreiber altisl. /o(:)/ systematisch mit <u>. Dass im Fall von [geirlɔuɣ] → *Keiloc* <o> verwendet wird, könnte auch in der altisl. Aussprache begründet liegen, denn der phonetische Kontext vor auslautendem Velar macht eine geschlossenere Qualität des /o/ nicht unwahrscheinlich.

Der Beleg *Stenruder* ist aus skandinavistischer Sicht außerdem deshalb auffällig, weil auch im Erstglied eine monographische Schreibung <e> für den altisl. Diphthong /ei/ auftritt. Die Monophthongierung von *ei > /e:/ wie in *staina- > /ste:n/ 'Stein' und *au > /ø/ in *rauda- > /rø:d/ 'rot' ist ein Charakteristikum des Altostnordischen im Gegensatz zum Altwestnordischen, wo die alten Diphthonge *ai > /ei/ und /au/ eigentlich bewahrt sind. Jedoch gibt es ebenso wie für /au/ auch für /ei/ dialektal vorkommende kontrahierte Formen mit /e:/, bzw. konnte diese Kürzung vor Konsonantengruppen oder Geminata eintreten. Im vorliegenden Fall müsste man die Konsonantengruppe über die Morphemgrenze hinweg interpretieren (*ei* vor *n+r*). Von einer ostnordischen Form auszugehen, macht aus Sicht des Überlieferungskontexts der mit ‚Island' überschriebenen Liste zusammen mit klar als altisl. bestimmten Rufnamen wenig Sinn. Zudem ist altisl. /ei/ ein zweites Mal, hier allerdings in digraphischer Schreibweise, belegt ([geirlɔuɣ] → *Keiloc*). Der Diphthong steht hier in druckstarker Stellung gefolgt von nur einem Konsonanten. Für die monographischen Schreibungen scheint immerhin festzustehen, dass die Monophthonge nicht schlüssig als Kontaktphänomene zu erklären und deshalb eher der altisl. Phonetik zuzurechnen sind.

Für altisl. langes /i:/ kommen beide Verschriftungsvarianten <i> und <ie> im selben Beleg ([wi:ɣdi:s] → *VVigedieſ*) vor. Die Schreibung <ie> ist klar als mhd. zu klassifizieren, in altisl. Quellen kommt sie nicht vor. Im Mhd. wird für /i:/ zwar generell die Graphie <i> benutzt, <ie> war im Westoberdeutschen als Schreibung für den Diphthong /ie/ bekannt und breitet sich im 11./12. Jahrhundert im Zuge der mitteldeutschen Monophthongierung als Graphie für /i:/ aus. Um klarzustellen, ob hier wirklich eine digraphische Variante für /i:/ oder eher eine durch ein Lento-Verschriftungsverfahren verursachte Diphthongschreibung wahrscheinlich ist, müssten weitere Vergleiche mit dem zeitgenössischen schreibsprachlichen Inventar des Reichenauer Skriptoriums angestellt werden, was im Rahmen dieser Untersuchung nicht geleistet werden konnte.

3.5 Epenthetische Vokale

Ein charakteristisches phonetisches Merkmal der Reichenauer Namenbelege sind die epenthetischen Vokale. Sie kommen in zwei verschiedenen Kontexten vor: zum einen postkonsonantisch im Auslaut des Erstglieds, bzw. in der Kompositionsfuge (*Wige-dies*, *Gude-munder*) und zum andern konsequent postkonsonantisch vor auslautendem *-r* (*Curmaker*, *Vemunder*, *Gudemunder*, *Zurder*, *Zurrider*, *Stenruder*).

Was den ersten Fall, die Kompositionsfuge, betrifft, sind die entsprechenden Erstglieder *Wig-* und *Gud/god-* auch im deutschen Nameninventar vorhanden. Allerdings sind Belege mit Kompositionsfuge bei *Wig-* weder bei Förstemann (s.v.) noch bei Socin (s.v.) verzeichnet; für *God-* gibt es dagegen einige, *Gudepert*, *Gotefridus*, *Godelint*, sie sind aber deutlich seltener als jene ohne *-e-*.

Der Svarabhakti im oben genannten zweiten Kontext ist im Isländischen erst seit dem 16. Jahrhundert durchgängig bekannt, allerdings wird hier <u> verwendet, z.B. heißt ein *Guðmundr* heute *Guðmundur*. In einigen Handschriften kommt der Svarabhakti aber sporadisch auch schon vor 1300 vor.

Für die epenthetischen Vokale im zweiten Kontext gibt es drei mögliche Erklärungen: Erstens, dass der Svarabhakti im mündlichen Altisl. des 12. Jh. schon vorhanden war und deshalb vom deutschen Schreiber auch so gehört und notiert wurde. Bei dieser Erklärung läge die Annahme zu Grunde, dass es eine Diskrepanz zwischen altisl. Schreib- und gesprochener Sprache gegeben hätte. Die altisl. Schreibsprache würde sich folglich an einem konservativeren Sprachstand orientieren.

Zweitens kann davon ausgegangen werden, dass postkonsonantisches *-r* im Altisl. silbisch war und aus diesem Grund überhaupt vom deutschsprachigen Mönch wahrgenommen wurde, wie es Fix (im Druck) annimmt. Er merkt an, dass die Namen *Kormakr*, *Vemundr*, *Gudmunðr* und *Steinrøðr* nach "allgemeiner Auffassung der [...] Grammatiken" als zweisilbig und *Þorðr* als einsilbig angesehen werden aber der Schreiber die betreffenden Zweitglieder wegen des silbischen *-rs* als zweisilbig gehört und entsprechend mit Vokaleinschub notiert habe. Ich bin mit Fix soweit einig, dass das auslautende *-r* definitiv nicht geschwunden sein konnte, sonst wäre es vom deutschsprachigen Schreiber nicht notiert worden. Allerdings braucht es aus meiner Sicht nicht unbedingt silbisch gewesen zu sein.

Denn wenn man drittens von einem kontaktinduzierten Phänomen ausgeht, kann die deutsche Phonotaktik als Erklärung für die epenthetischen Vokale herangezogen werden. Das Deutsche kennt schon in ahd. Zeit epenthetische Vokale in markierten Konsonantenclustern mit Resonanten (/l/, /r/, /n/). Im Skandinavischen setzt dieser Prozess, wie erwähnt, erst um ca. 1300 ein. Sprechende Wortpaare für die ältere Zeit sind an. *gísl* – ahd. *gīsal* 'Geisel'; an. *hrafn* – ahd. *(h)raban* 'Rabe', an. *heiðr* – ahd. *heitar* (vgl. Damsma & Versloot 2015: 48f.). Für den deutschsprachigen Schreiber ist das Cluster im Auslaut bei all diesen Namen somit phonotaktisch markiert. Die Epenthese diente dazu, dieses Cluster aufzubrechen und die Silbenstruktur nach dem Muster CV(C).CVr# zu reparieren. Dafür spielt es wohl keine Rolle, ob das -r silbisch war oder nicht, solange es ausgesprochen wurde. Diese Erklärung wird einerseits dadurch gestützt, dass der silbensprachliche Charakter im frühen Mhd. noch bestand und in südalemannischen Dialekten auch bis heute vorherrscht (Szczepaniak 2007, Nübling & Schrambke 2004). Andererseits kann die silbische Verschriftungsweise auch auf die Spon-tanschreibsprache durch Nachsprechen zurückgeführt werden. In einem verlangsamten Schreibprozess werden Silben segmentiert, was das Vorkommen epenthetischer Vokale fördert (vgl. Schulte 2006). Vor diesem Hintergrund können auch die <e>-Schreibungen im oben genannten ersten Kontext erklärt werden.

3.6 Konsonantenschreibungen

In der Schreibung <VV> für konsonantisches /w/ zeigt sich deutlich eine deutsche Praxis, denn in altisl. Handschriften kommt diese Doppelschreibung nur sporadisch vor, gängiger ist <V>, insbesondere in initialer Position (Benediktsson 1965: 26). Im Altisl. entwickelt sich seit dem 11. Jahrhundert anlautendes /w/ (< germ. *w) allmählich zu labiodentalem /v/. Die konsequenten <vv>-Schreibungen in den Reichenauer Belegen lassen allerdings auf eine bilabiale /w/-Aussprache schließen, denn für ein labiodentales /v/ hätte der Schreiber das Graphem <v> (Lenisvariante von /f/, die im Mhd. noch unterschiedlich ausgesprochen wurde) in seinem Inventar zur Verfügung gehabt.

Wie oben erwähnt, fehlen die Geminatenschreibungen im Auslaut in den Reichenauer Belegen (*Arnur, Mar, Zurarin*). Im Obd. gab es die Geminaten [n:] wie auch [r:] mit Phonemstatus, die in der Schreibung auch durch Doppelung ausgedrückt vorzufinden sind, allerdings wurden Geminaten im Auslaut und vor

Konsonant seit althochdeutscher Zeit gekürzt. Die Lautposition der altisl. Geminaten war somit für den deutschen Schreiber ungewöhnlich, weshalb womöglich diese Quantität bei der Niederschrift, insbesondere wenn nachgesprochen wurde, verloren gegangen ist.

Eine interessante Konstellation ergibt sich bei den Schreibungen für altisl. /k/ und /g/. Für beide Phoneme verwendet der Reichenauer Schreiber drei verschiedene Grapheme <k>, <c> und <g>, allerdings zeigt sich in den Phonem-Korrespondenzen keine Systematik. Im Silbenanlaut vor Vokal finden sich für /k/ die Schreibungen <k> und <c> gleichermaßen in *Curmaker* (altisl. [korma:kr]), was als freie Variation zu deuten ist. <k> wird zudem neben <g> für silbenanlautendes /g ~ ɣ/ verwendet (*Keiloc*, altisl. [geirlɔuɣ]; *Gudemunder*, altisl. [guðmundr]; *VVigedieſ*, altisl. [wi:ɣdi:s]). Für denselben phonetischen Kontext gibt es zudem eine <g>-Schreibung für /k/ (*Gulzenna*, altisl. [kolθerna]). Diese freie Variation zwischen <k> und <g> könnte auf eine Unsicherheit beim Schreiber hindeuten, die entweder der Aspiration im Isländischen geschuldet oder aber auf einen einheimischen Lautwandel zurückzuführen ist. Tatsächlich ist der velare Plosiv /k/ zusammen mit /p/ und /t/ ab dem 12./13. Jahrhundert im Hochdeutschen dialektal in Halbfortes oder stimmlose Lenes übergegangen. Dies würde dann bedeuten, dass wir in der hiflant *terra*-Liste einen eher frühen Beleg für die ‚Binnendeutsche Konsonantenschwächung' vorliegen hätten.[9]

Ein weiterer mhd. Einfluss ist bei der Verschriftung von /g/ im Auslaut festzustellen. Die Schreibung <c> in *Keiloc* (altisl. [geirlɔuɣ]) könnte mhd. Auslautverhärtung wiedergeben und wäre damit als deutliches Kontaktphänomen zu sehen und würde die Annahme eines phonetischen Verschriftungsprinzips durch Nachsprechen bestätigen.

Aus mhd. Sicht von besonderem Interesse ist die Verschriftung des altisl. dentalen Frikativs [θ] (im Altisl. v.a. <þ>, gelegentlich auch <th> geschrieben). Im Lateinischen fehlen bekanntlich sowohl Phonem als auch das Graphem <þ>,[10] dasselbe gilt für das Mhd. Im Altisl. ist germ. *þ im Silbenanlaut und in Verbindung mit stimmlosen Konsonanten als stimmlos erhalten geblieben, intervokalisch, postvokalisch auslautend und in Verbindung mit stimmhaften

---

9 Für die anderen beiden betroffenen Laute gibt es leider keine Belege: /p/ kommt in den altisl. Namen nicht vor und /t/ nur in der Verbindung /st/, einem Kontext, in dem /t/ nicht von Lenisierung betroffen war.

10 Auch wenn sich die ältesten Handschriften Islands an der karolingischen Minuskel orientierten, wurde das Graphem <þ> wohl über norwegische Vermittlung aus dem Angelsächsischen, wo es aus dem runischen Schriftsystem entlehnt worden war, ins volkssprachige Inventar des lateinischen Alphabets zur Verschriftung des isländischen dentalen Frikativs eingeführt (Benediktsson 1965: 21).

Konsonanten tritt es hingegen als [ð] in Erscheinung. Der deutschsprachige Reichenauer Mönch verschriftet altisl. [θ] konsequent mit <z> (*Gul-zenna, Zurarin, Zurder, Zurrider*). Er identifizierte den systemfremden Laut somit als Phonem. Bedeutend ist die Wahl des Graphems <z> und die klare Differenzierung vom alveolaren Sibilanten /s/, den er mit <s, f> verschriftet (vgl. *Steinruder, VVigedieſ*). Diese Praxis stützt die These, dass sich das Lautverschiebungs-/s/ (< germ. *t) und das /s/ aus altem germ. *s in mhd. Zeit artikulatorisch noch unterschieden und erst im Frühneuhochdeutschen zusammengefallen sind. Das Graphem <z> wird im Ahd. und Mhd. zur Verschriftung der aus der zweiten Lautverschiebung entstandenen Affrikate /ts/ sowie des Lautverschiebungs-*s* verwendet. Letzteres wäre somit als näher bei [θ] zu deuten, was mit der Annahme, dessen Aussprache sei dorsal, jene des alten /s/ jedoch artikulatorisch zwischen [s] und [ʃ] anzusehen, vereinbar ist. Allerdings muss hier bedacht werden, dass das Graphem <z> im Mhd. polyvalent war: Neben dem Lautverschiebungs-*s* gab <z> auch die Affrikate /ts/ wieder, <s> hingegen wurde eineindeutiger verwendet. Das könnte bedeuten, dass <z> in der Anwendung mehr Spielraum bot und deshalb für einen aus deutscher Sicht systemfremden Laut eher in Betracht kam als <s> (vgl. dazu auch Waldispühl 2017).

Aus skandinavistischer Sicht bedeutend hingegen ist die konsequente Verschriftung des in altisl. nicht-initialer Position stimmhaften Allophons [ð] mit <d> (*Zurder, Gudemunder, Zurrider, Stenruder*). Auch dieser Frikativ war für den Reichenauer Schreiber systemfremd und in seiner Rezeption der Namen erscheint [ð] wegen der Reparatur der Silbenstruktur (vgl. Abschnitt 4.5) jeweils silbenanlautend. Dass er dennoch konsequent <d> verwendet und nicht <z> wie für den stimmlosen dentalen Frikativ, muss somit in der isländischen Aussprache begründet liegen und kann auf die Stimmhaftigkeit des Lautes zurückgeführt werden.

Ein letztes auffälliges Phänomen ist die Verschriftung von /rn/ als <nn> in [kolθerna] → *Gulzenna* und die Auslassung von /r/ in [geirlɔuγ] → *Keiloc*. Im ersten Fall liegt wahrscheinlich eine Assimilation im Altisl. vor, denn die Lautkombination /rn/ ist für das Mhd. nicht ungewöhnlich. Noreen (1923: §272.2) erwähnt, dass die Assimilation im Altnorwegischen vor 1300 eingetreten, besonders bei Personennamen häufig ist und in schwachtoniger Silbe früher vorkommt als in starktoniger. Obwohl man für das Altisl. annimmt, dass die Assimilation etwas später als im Altnorwegischen eingetreten ist, scheint der Beleg [kolθerna] → *Gulzenna* für den Kontext einer schwachtonigen Silbe in einem Personennamen allerdings für ein ebenso frühes Vorkommen zu sprechen. Die Geminate muss für den deutschsprachigen Schreiber hörbar gewesen sein. Für den Fall [geirlɔuγ] → *Keiloc* kann von einer altisl. Form mit *r*-Schwund ausgegangen werden, da Formen desselben Rufnamens ohne *r* auch in autochthonen Quellen belegt sind.

3.7 Zusammenfassung: Einzelsprachgrammatische Erkenntnisse

Die Mikrountersuchung leistet sowohl für die frühaltisl. Phonologie als auch für die mhd. Phonologie und Graphematik einen Beitrag. Für das Altisl. konnte festgestellt werden, dass langes /a:/ zur Zeit der Niederschrift der Namen vermutlich noch ungerundete Qualität hatte und bestätigt somit die paläographische Datierung der Liste in die Mitte des 12. Jahrhunderts. Weiter wurden die monographischen Schreibungen in den Personennamen *Stenruder* und *Keiloc* als Ausdruck von kontrahierten altisl. Diphthongen (*ei* und *au*) vor Konsonantengruppe bzw. in druckschwacher Silbe interpretiert, was auch in isländischen Quellen auffindbar und vor dem Hintergrund der hier untersuchten Daten möglicherweise als Charakteristikum der Mündlichkeit gedeutet werden kann. Für den Konsonantismus aufschlussreich sind die Feststellungen, dass /w/ bilabial gesprochen und somit noch nicht zu /v/ übergegangen war, dass der dentale Frikativ [ð] stimmhafte Qualität hatte und in klarer Abgrenzung zu initialem [θ] stand und dass die Assimilation /rn/ > /nn/ in einem Personennamen schon im 12. Jahrhundert auftrat.

Als Kontaktphänomene bestimmt und deshalb aus mhd. Sicht bemerkenswert sind der Niederschlag der silbensprachlichen Phonotaktik in den epenthetischen Vokalen und der Rückschluss auf sowohl Lenisierung, den phonemischen Unterschied von Lautverschiebungs-*s* und altem, germanischem /s/ und die Auslautverhärtung.

Es gilt allerdings auch festzuhalten, dass insbesondere bei den Vokalschreibungen einige Fälle auftraten, die weder eindeutig auf altisl. Verhältnisse noch als Kontaktphänomen zu interpretieren waren. Dies beruht sicherlich zum einen auf der begrenzten Datenmenge dieser Mikrostudie, die eine Aussage über generelle Muster nicht zulässt. Zum andern wurde kein weiteres zeitgenössisches Vergleichsmaterial aus dem Reichenauer Skriptorium hinzugezogen. Diese Vergleichsdaten würden ein klareres Bild über einheimische Schreibpraktiken in Abgrenzung zu den kontaktinduzierten Schreibungen aufzeigen können.

4 Fazit und Ausblick: Verschriftungspraxis und Integration der fremdsprachigen Namen

Neben den einzelsprachgrammatischen Gegebenheiten hat die graphematische Analyse auch zu Erkenntnissen in Bezug auf Verschriftungs- und Integrationspraxis der fremdsprachigen Namen geführt.

Bezüglich der graphematischen Praxis bemerkenswert ist der hohe Grad an Systemhaftigkeit in der Wiedergabe der altisl. Namen. Dies kann zwar zum Teil auf die sprachliche Verwandtschaft des Deutschen und Isländischen und den Übereinstimmungen mit der mittellateinischen Schreibsprache zurückgeführt werden, allerdings zeigt sich auch eine konsequente Verschriftung bei den für das Deutsche fremden Lauten [θ] und [ð]. Die stabilen Schreibungen lassen auf eine ausgeprägte phonologische Bewusstheit und graphematische Reflektiertheit seitens des Reichenauer Schreibers schließen und unterstreichen den hohen Spezialisierungsgrad mittelalterlicher Schreiber dieser Zeit. Auffällig ist, dass der Differenzierungsgrad bei den Konsonantenschreibungen insgesamt ausgeprägter ist als bei den Vokalschreibungen, was möglicherweise darauf zurückzuführen ist, dass die Vokalspektra in der Sprechdynamik als weniger distinkt wahrgenommen werden als die der Konsonanten. Bei der Konsonantenverschriftung gibt es nur für die Velare unsystematische Variation, was mit Unsicherheiten im Zusammenhang mit der Lenisierung, einem Lautwandelprozess im Mhd., in Verbindung gebracht werden konnte.

Bei der Mehrheit der Namen lässt sich eine segmentale Schreibweise nach phonetischem Prinzip feststellen, was aus zwei Gründen wenig überraschend ist: Zum einen ist dieses Prinzip in den historischen Schreibsprachen vor dem Buchdruck das verbreitetste und zum andern handelt es sich zum größten Teil um unbekannte Namen mit semantisch opaken Gliedern, so dass das lautierende Verfahren überhaupt die einzige Möglichkeit ist, die Namen schriftlich adäquat wiederzugeben. Wo allerdings eine Koppelung zum einheimischen Onomastikon möglich war ([wilbiɔrg] → *VVilliburg*), wog dies schwerer und eine lexikalische Adaption wurde dem schlichten phonetischen Verschriften vorgezogen. Dieselben Prozesse lassen sich auch in Ortsnamen im Sprachkontakt feststellen, wo phonologische Integration jeweils obligatorisch eintritt, morphologische und semantische jedoch vom Grad der Opakheit bzw. Transparenz der Namenform abhängt (Sandnes 2016: 545–547). Es wird sich in weiteren Studien noch zeigen müssen, ob sich Namen besonders gut für das Studium von Kontaktphänomenen eignen, da zu erwarten ist, dass sie aufgrund ihrer Opakheit und (möglichen)

Dissoziation von der Appellativik (vgl. Einleitung) besonders phonologische Verhältnisse adäquater konservieren.

Aus der graphematischen Wiedergabe der Namen geht weiter hervor, dass die Verschriftung nicht nur über das Gehör, d.h. per Diktat, sondern durch Nachsprechen erfolgt ist. Reflexe mhd. Phonetik wie die Wiedergabe der Auslautverhärtung sowie die epenthetische Reparatur der Silbenstruktur sind Ausdruck dafür. Die Verschriftung der fremden Namen erfolgte somit in einem dreistufigen Verfahren von der Mündlichkeit in die Schriftlichkeit entsprechend dem, wie es Hengst (1996: 1007-1008; Hengst 2011: 353-354) für die Entlehnung slawischer Ortsnamen ins Deutsche beschreibt: Ein/e isländische/r Sprecher/in verliest oder diktiert die Namen, der deutschsprachige Schreiber spricht sie nach (Transsumt, Stufe 1) und notiert sie nach eigener Aussprache unter Anwendung des einheimischen Grapheminventars (Transsponat, Stufe 2). Es zeigt sich im hier diskutierten Material auch, dass Transponate – je nach Grad der Transparenz des fremden Namens – auch schon formal adaptierte Integrate (Stufe 3) sein können, d.h. dass diese beiden Integrationsschritte nicht zwingend sukzessiv, sondern simultan geschehen können (vgl. Hengst 1996: 1008). Zudem kommt im Kontaktmaterial ein Name vor, der mit dem ursprünglichen Namen formgleich ist (*Mar*). Allerdings handelt es sich eher um ein Pseudoreplikat als um ein echtes, da es auf phonographematische Übereinstimmung der beiden Kontaktsprachen zurückzuführen ist. Insgesamt kann konstatiert werden, dass das hier diskutierte Material aus der Anthroponymie an Kontaktmodelle aus der Toponomastik angeschlossen werden kann. In breiter angelegten und komplexeren Studien wird sich zeigen, inwiefern bestehende Modelle korrigiert oder ergänzt werden müssen.

Literatur

Autenrieth, Johanne, Dieter Geuenich & Karl Schmid (Hrsg.) (1979): *Das Verbrüderungsbuch der Abtei Reichenau*. Hannover: Hahnsche Buchhandlung.

Benediktsson, Hreinn (1965): Early Icelandic script as illustrated in vernacular texts from 12. and 13. centuries. Reykjavík: Handritastofnun Íslands.

Benediktsson, Hreinn (1972): The first grammatical treatise. Introduction, text, notes, translation, vocabulary, facsimiles. Reykjavík: Institute of Nordic Linguistics.

Bergmann, Rolf (2011): Das methodische Dilemma der Interferenz-Onomastik oder: Ist *Altmühl* ein deutscher Name?, In Wolfgang Haubrichs (Hrsg.), *Interferenz-Onomastik. Namen in Grenz- und Begegnungsräumen in Geschichte und Gegenwart*, 29–44. Saarbrücken: Kommission für Saarländische Landesgeschichte und Volksforschung.

Blomqvist, Carl Oliver (2017): *Flerspråkighet eller språkförbistring? Finska segment i svenska medeltidsbrev*

1350https://www.youtube.com/watch?reload=9&reload=9&v=ddmNBrraQT81526 (Dissertation). Uppsala: Institutionen för nordiska språk, Uppsala universitet.

Damsma, Levi & Arjen Versloot (2015): Vowel epenthesis in Early Germanic runic inscriptions. *Futhark: International Journal of Runic Studies* 6, 21–64.

Elmentaler, Michael (2003): *Struktur und Wandel vormoderner Schreibsprachen*. Berlin, New York: de Gruyter.

Ernst, Peter (1996): Beobachtungen zur Großschreibung in den deutschsprachigen Wiener Ratsurkunden des Spätmittelalters. In Heiner Eichner, Peter Ernst & Sergios Katsikas (Hrsg.), *Sprachnormung und Sprachplanung. Festschrift für Otto Back zum 70. Geburtstag*, 393–403. Wien: Edition Praesens.

Fix, Hans (im Druck): Die isländischen Pilger auf der Reichenau und der Nominativ Singular. In Hubert Seelow (Hrsg). *Altnordische Tradition und christliches Mittelalter: Begegnungen mit dem Fremden*.

Förstemann, Ernst (1900): *Altdeutsches Namenbuch. I: Personennamen*. 2., völlig umgearb. Aufl. Bonn: Hanstein.

Harweg, Roland (1999): *Studien zu Eigennamen*. Aachen: Shaker.

Haugen, Einar (1982): *Scandinavian language structures. A comparative historical survey*. Tübingen: Niemeyer.

Hengst, Karl-Heinz (1996): Namen im Sprachaustausch: Slawisch. In Ernst Eichler et al. (Hrsg.), *Namenforschung: ein internationales Handbuch zur Onomastik* Bd. 2, 1007–1011. Berlin, New York: de Gruyter.

Hengst, Karl-Heinz (2011): Sprachliche Zeugnisse aus dem mittelalterlichen deutschslawischen Kontaktraum zwischen Saale und Mulde ab dem zehnten Jahrhundert und ihre Interpretation. In Wolfgang Haubrichs (Hrsg.), *Interferenz-Onomastik. Namen in Grenz- und Begegnungsräumen in Geschichte und Gegenwart*, 347–366. Saarbrücken: Kommission für Saarländische Landesgeschichte und Volksforschung.

Janzén, Assar (1947): De fornvästnordiska personnamnen. In Assar Janzén (Hrsg.), *Personnamn*, 22–141. Stockholm: Bonniers.

Jørgensen, Ellen & Jónsson, Finnur (1923): Nordiske Pilegrimsnavne i Broderskabsbogen fra Reichenau. *Aarbøger for nordisk Oldkyndighed og Historie*, 1–36.

Lind, Erik Henrik (1905–1915): *Norsk-isländska dopnamn ock fingerade namn från medeltiden*. Uppsala, Leipzig: Lundequist, Harrassowitz.

Labs-Ehlert, Brigitte (1993): *Versalschreibung in althochdeutschen Sprachdenkmälern. Ein Beitrag über die Anfänge der Grossschreibung im Deutschen unter Berücksichtigung der Schriftgeschichte*. Göppingen: Kümmerle.

Kalverkämper, Hartwig (2000): Kontaktonomastik – Namen als Brücken in der Begegnung von Menschen und Kulturen. In Dieter Kremer (Hrsg.) in Zusammenarbeit mit Rudolf Šrámek, *Onomastik. Akten des 18. Internationalen Kongresses für Namenforschung Trier, 12.–17. April 1993. Band II: Namensysteme im interkulturellen Vergleich*, 6–20. Tübingen: Niemeyer.

Karlsson, Stefán (2002): The development of Latin script II: in Iceland. In Oskar Bandle (Hrsg.), *The Nordic languages. An international handbook of the history of the North Germanic languages* Bd. 1, 832–840. Berlin, New York: de Gruyter.

Naumann, Hans-Peter (1992): Die altnordischen Personennamen im Verbrüderungsbuch der Abtei Reichenau. In Harald Burger, Alois M. Haas & Peter von Matt (Hrsg.), *Verborum Amor. Studien zur Geschichte und Kunst der deutschen Sprache. Festschrift für Stefan Sonderegger zum 65. Geburtstag*, 701–730. Berlin, New York: de Gruyter.

Naumann, Hans-Peter (2009): Die nordischen Pilgernamen von der Reichenau im Kontext der Runennamenüberlieferung. In Wilhelm Heizmann & Kurt Schier (Hrsg.), *Analecta Septentrionalia. Beiträge zur nordgermanischen Kultur- und Literaturgeschichte*, 776–800. Berlin, New York: de Gruyter.

Noreen, Adolf (1923): Altnordische Grammatik I: Altisländische und altnorwegische Grammatik (Laut- und Flexionslehre) unter Berücksichtigung des Urnordischen. 4., vollst. umgearb. Aufl. Halle: Niemeyer.

Nübling, Damaris, Fabian Fahlbusch & Rita Heuser (2012): *Namen. Eine Einführung in die Onomastik*. Tübingen: Narr.

Nübling, Damaris, & Schrambke, Renate (2004): Silben- versus akzentsprachliche Züge in germanischen Sprachen und im Alemannischen. In Elvira Glaser, Peter Ott & Ruedi Schwarzenbach (Hrsg.), *Alemannisch im Sprachvergleich. Beiträge zur 14. Arbeitstagung für alemannische Dialektologie in Männedorf (Zürich) vom 16.-18.9.2002*, 281–320. Wiesbaden: Franz Steiner Verlag.

Petrulevich, Alexandra (2016): *Ortnamnsanpassning som process. En undersökning av vendiska ortnamn och ortnamsvarianter i Knýtlinga saga* (Dissertation). Uppsala: Institutionen för nordiska språk, Uppsala universitet.

Palumbo, Alessandro (2018): *Skriftsystem i förändring. En grafematisk och paleografisk studie av de svenska medeltida runinskrifterna* (Dissertation). Uppsala: Institutionen för nordiska språk, Uppsala universitet.

Sandnes, Berit (2016): Names in language contact. In Carole Hough (Hrsg.), *The Oxford Handbook of Names and Naming*, 540–553. Oxford: University Press.

Szczepaniak, Renata (2007): *Der phonologisch-typologische Wandel des Deutschen von einer Silben- zu einer Wortsprache*. Berlin: de Gruyter.

Seiler, Annina (2014): *The scripting of the Germanic languages. A comparative study of "spelling difficulties" in Old English, Old High German and Old Saxon*. Zürich: Chronos.

Schulte, Michael (2002): The phonological systems of Old Nordic I: Old Icelandic and Old Norwegian. In: Oskar Bandle (Hrsg.), *The Nordic languages. An international handbook of the history of the North Germanic languages* Bd. 1, 882–895. Berlin, New York: de Gruyter.

Schulte, Michael (2006): Oral Traces in Runic Epigraphy: Evidence from Older and Younger Inscriptions. *Journal of Germanic Linguistics* 18 (2), 117–151.

Socin, Adolf (1903): *Mittelhochdeutsches Namenbuch nach oberrheinischen Quellen des zwölften und dreizehnten Jahrhunderts*. Basel: Verlag von Helbing & Lichtenhahn.

Waldispühl, Michelle (2017): Flerspråkiga pilgrimer? En kontaktonomastisk pilotstudie av de nordiska namnen från Reichenau. In Tom Schmidt & Inge Serheim (Hrsg.), *Namn som kjelder*, 261–276. Uppsala: NORNA-förlaget.

Waldispühl, Michelle (2018): ‚Deutsch' oder ‚nordgermanisch'? Sprachliche Bestimmung von Personennamen vor dem Hintergrund von Sprachkontakt und Mehrsprachigkeit. In: Benjamin Scheller & Christian Hoffarth (Hrsg.), *Ambiguität und die Ordnungen des Sozialen im Mittelalter*, 129–150. Berlin, Boston: de Gruyter.

Tanja Ackermann
Poly-, Mono-, Deflexion

Eine diachrone Korpusstudie zum Abbau des onymischen Objektmarkers -(e)n

Zusammenfassung: Flexionsarmut ist im Gegenwartsdeutschen ein charakteristisches grammatisches Merkmal von Namen. Allerdings wurden Dativ und Akkusativ Singular am Personennamen bis ins Neuhochdeutsche hinein noch frequent durch den (zunehmend) flexionsklassenübergreifenden Objektmarker -(e)n markiert, was Belege wie *mit Alexandern / durch Charlotten* verdeutlichen. Erst in der jüngeren Sprachgeschichte setzt sich also die Vermeidung von Flexiven und somit die Konstanthaltung des onymischen Wortkörpers durch. Dieser Prozess wird in diesem Beitrag korpusbasiert in den Blick genommen. Dabei soll anhand mono- sowie multifaktorieller Analysen gezeigt werden, in welchem zeitlichen Rahmen die syntagmatische Namendeflexion im Akkusativ und Dativ Singular konkret abgelaufen ist und durch welche Faktoren, wie z.B. Namenauslaut, sie gesteuert wurde. Außergrammatische Faktoren wie die Textsorte werden dabei ebenfalls thematisiert.

1 Einleitung

Im Gegenwartsdeutschen zeichnen sich Eigennamen im Allgemeinen und die sich am progressivsten verhaltenden Personennamen – denen in diesem Beitrag besonderes Augenmerk geschenkt wird – im Speziellen durch Flexionsarmut aus. Während die im Sinne von Bybee (1994; siehe auch Dammel & Gillmann 2014: 216–217) für das Substantiv relevantere Kategorie Numerus defaultmäßig noch durch uniformes -s am Namen markiert wird, lassen sich für die nominale Kategorie Kasus höchstens flexivische Reste feststellen. Wir haben es dabei sowohl auf paradigmatischer Seite (keine Allomorphie) als auch auf syntagmatischer Seite (Null-Markierung am Namen) mit flexivischer Armut zu tun.

Die durch die Vermeidung von Flexiven erzielte Konstanthaltung des onymischen Wortkörpers im gegenwärtigen Standarddeutschen hat sich jedoch erst in der jüngeren Sprachgeschichte vollzogen, was anhand prominenter Beispiele wie in Goethes Wahlverwandtschaften (*mit Charlotten* [goethe_wahlverw01_1809: 134]) ersichtlich wird. Noch gegen Ende des Frühneuhochdeutschen wurden Dativ und Akkusativ via -(e)n frequent am Personennamen markiert (vgl. 1)

– wenn auch schon nicht mehr obligatorisch – und auch Polyflexion innerhalb der Nominalgruppe war bis ins 17. Jahrhundert hinein keine Seltenheit, wie Beispiel (2) zeigt.[1,2]

(1) von Bischof Albert**en** [peckenstein_theatri02_1608: 30]
(2) **den** Hochwolgebor**nen** vndt werth**en** Held**en** Hans**en** Vlrich**en** von Schaffgotsch [opitz_schaefferey_1630: 63]

Die Tatsache, dass diese Abbauprozesse stattgefunden haben, ist bereits bekannt (vgl. Fuß 2011, Plank 2011, und Nübling 2012, 2017). In diesem Beitrag soll nun datenbasiert nachgezeichnet werden, in welchem zeitlichen Rahmen diese Deflexion konkret abgelaufen ist und durch welche Faktoren sie gesteuert wurde.

Zunächst wird in Abschnitt 2 knapp – und im Vergleich zum nicht-onymischen Bereich – die flexivische Situation im Gegenwartsdeutschen dargestellt, woraufhin anschließend die Entwicklung der onymischen Deklination vom Althochdeutschen bis zum Frühneuhochdeutschen nachgezeichnet wird. Besonderes Augenmerk gilt dabei der in Abschnitt 3 zugrundeliegenden Ausgangssituation im späten Frühneuhochdeutschen. Abschnitt 3 widmet sich dann einer datenbasierten Beschreibung und Analyse des Flexivabbaus im Akkusativ und Dativ in der wesentlichen Umbruchperiode, dem 17. – 19. Jahrhundert. Zunächst werden hier der zeitliche Rahmen sowie morphologische, phonologische, syntaktische und außergrammatische Faktoren auf ihren Einfluss hinsichtlich der onymischen Deflexion untersucht. Anschließend wird in Abschnitt 4 mithilfe eines multifaktoriellen Modells gezeigt, welche Faktoren bei der Deflexion eine statistisch signifikante Rolle spielen und wie sie gewichtet sind. Abschließend wird ein Fazit gezogen.

---

[1] Die Entwicklung im (bei Eigennamen fast ausschließlich vorkommenden) adnominalen Genitiv hinkt der im Dativ und Akkusativ etwas hinterher. Hier war die Wortgruppenflexion, die heute nur noch selten zu finden ist, sogar bis zum Ende des 18. Jahrhunderts der Default und statt heute gültigem uniformem -s findet sich bis ins 19. Jahrhundert noch Allomorphie. Da die Entwicklungen im Akkusativ/Dativ und im Genitiv zwar nach ähnlichen Prinzipien verlaufen, sie aufgrund erheblicher struktureller Unterschiede jedoch nicht gemeinsam betrachtet werden können, soll letztgenannter Kasus hier ausgeklammert werden. Hierfür sei auf Ackermann (2018: 161–186) verwiesen.

[2] Alle Beispiele stammen aus dem historischen Referenzkorpus *Deutsches Textarchiv* (DTA). Eine genauere Beschreibung des Korpus erfolgt in Abschnitt 3.1.

2 Die onymische Flexion gestern und heute

2.1 Die Deklination der Eigennamen im Gegenwartsdeutschen

Das onymische Flexionsverhalten im Gegenwartsdeutschen – das von Nübling (2012) als ‚Sparflexion' bezeichnet wird – ist schnell beschrieben: Artikellose Eigennamen weisen als adnominale Possessoren unabhängig von ihrem Genus den invarianten unsilbischen s-Marker auf (*Julias Bruder, Martins Bruder*); gleiches gilt für den Plural, der marginal jedoch auch Flexivlosigkeit und die Allomorphe -*e* und -*n* zulässt (*zwei Nina(-s), zwei Matthias(-se), zwei Susanne-(n)*; vgl. Ackermann 2018: 205–210). Kookkurriert der Eigenname im Genitiv mit einem primären oder sekundären Artikel, kann an maskuline und neutrale Namen das -*s* treten (*die Geburt des kleinen Jonathan(-s)*); je nach Namenklasse dominiert hier Flexivlosigkeit, die bei Feminina obligatorisch ist (*die Geburt der kleinen Clara*). Fasst man das überstabile Possessiv-*s* – wie von Ackermann (2018: 238–322) vorgeschlagen – nicht mehr als einen Exponenten des Genitivs auf, so lässt sich die onymische Deklination wie in Tabelle 1 (linke Spalte) zusammenfassen:[3]

Tab. 1: Die gegenwartssprachliche onymische und appellativische Deklination im Singular

	Eigennamen			Appellative			
	F.	M.	N.	F.	M. stark	M. schwach	N.
Nom.	-ø	-ø	-ø	-ø	-ø	-ø	-ø
Akk.	-ø	-ø	-ø	-ø	-ø	-(e)n	-ø
Dat.	-ø	-ø	-ø	-ø	-ø/(-e)	-(e)n	-ø/(-e)
Gen.	-ø	-ø/-s	-ø/-s	-ø	-(e)s	-(e)n(s)	-(e)s

Ein Vergleich mit der appellativischen Deklination im Gegenwartsdeutschen (vgl. Tabelle 1, rechte Spalte) zeigt, warum bei der Namendeklination höchstens von Minimalflexion gesprochen werden kann. Zwar ist auch der nicht-onymische Bereich diachron durch Flexivabbau gekennzeichnet, doch hat sich die synthetische Kasusanzeige hier in einigen Fällen gehalten. Bei den starken (und gemischten) Maskulina und Neutra ist das Genitiv-(*e*)*s* zu nennen, das Dativ-*e* kann

---

[3] Für eine Diskussion zur Deklinationsklassenzugehörigkeit von Eigennamen vgl. Zimmer in diesem Band.

weitestgehend als abgebaut gelten. Eine interessante Vergleichsklasse zu den Eigennamen stellen vor allem die schwachen Maskulina dar, bei denen alle obliquen Kasus via *-(e)n* markiert sind (vgl. *der Prinz – den Prinz-en, dem Prinz-en, des Prinz-en*). Der Prototyp dieser Deklinationsklasse ist semantisch durch das Merkmal [+ menschlich] gekennzeichnet (vgl. Köpcke 1995). Durch die flexivische Markierung des Nicht-Nominativs wird bei den auf belebte Entitäten referierenden Maskulina die vom Default-Agens abweichende Patiensrolle, die im Deutschen stark mit der syntaktischen Funktion des direkten Objekts bzw. dem morphologischen Kasus Akkusativ korreliert (vgl. z. B. Primus 2009), explizit hervorgehoben. Diachron gesehen sind es diejenigen Vertreter mit dem semantischen Merkmal [+ menschlich], die Flexive für alle obliquen Kasus konservieren und durch ihre hohe Belebtheit – so argumentieren Dammel & Gillmann (2014: 222) – die ansonsten im nominalen Bereich gültigen Relevanzverhältnisse ‚Numerusprofilierung vs. Kasusnivellierung' außer Kraft setzen. Was die nicht-menschlichen und v.a. unbelebten Vertreter der schwachen Maskulina betrifft, so vollziehen sie diachron häufig einen Deklinationsklassenwechsel (vgl. schwach: *der Garte, des Garte-n* > stark: *der Garten, des Garten-s*) oder wechseln sogar ihr Genus wie **der** *Made* > **die** *Made* und verzichten damit auf Kasusflexion (vgl. Köpcke 2000).[4] Was nun verwundert, ist die Tatsache, dass sich gerade Personennamen, die am Pol maximaler Belebtheit stehen und somit prädestiniert für differentielle Objektmarkierung wären, diametral zu den schwachen Maskulina verhalten, indem sie vergleichsweise wenig Flexive aufweisen (siehe zu DOM auch Caro Reina in diesem Band). Hinzu kommt, dass die Objektmarkierung im heutigen Standarddeutschen weder flexivisch am Namen selbst noch an einem Artikelwort erfolgt (vgl. *der Prinz kennt _ Peter-ø* vs. *Peter kennt **den** Prinz-en*).[5] Wie in Abschnitt 3 thematisiert wird, konfligiert die overte Kasusmarkierung bei belebten Entitäten im onymischen Bereich ab dem 18. Jahrhundert zunehmend mit dem Streben nach Schemakonstanz, das bei Eigennamen nicht zuletzt

---

4 Mit Dammel & Gillmann (2014: 212) ist einschränkend jedoch anzumerken, „[d]ass auch Belebtheit langfristig nicht vor Kasusabbau schützt", da die Flexive bei endbetonten (belebten) schwachen Maskulina (wie z.B. *Mensch, Soldat*) im Akkusativ und Dativ aktuell dazu tendieren, weggelassen zu werden. Schäfer (2016) zeigt korpusbasiert, dass im Gegenwartsdeutschen die phonotaktischen Eigenschaften eine wesentlichere Rolle bei der flexivischen (Nicht-)Markierung der schwachen Maskulina spielen als die semantischen.

5 Bei Werth (in diesem Band) wird die in norddeutschen Varietäten gängige Objektflexion bei den als Namen verwendeten Verwandtschaftsbezeichnungen *Mutter* und *Vater* besprochen. Wie in Ackermann (2018: 56, 148) diskutiert wird, ist die alte Namenflexion, die durch die overte Kasusmarkierung gewährleistet ist, auch in anderen deutschen Varietäten noch zu beobachten.

aufgrund ihres semiotischen Sonderstatus eine große Rolle spielt: Die funktionale Rigidität spiegelt sich formal in der invariablen Struktur des Namens wider. Zuvor zeichnen sich Eigennamen jedoch erwartungsgemäß durch reichere Flexivik aus, was im nächsten Abschnitt kurz skizziert werden soll.

2.2 Die Deklination der Eigennamen vom Alt- bis zum Frühneuhochdeutschen

Im Althochdeutschen flektieren maskuline und feminine Eigennamen noch in diversen onymischen Deklinationsklassen (vgl. z.B. Steche 1927: 63, 140). Für die Flexionsklassenzugehörigkeit ist hier das Letztglied des Namens verantwortlich. Grob gesagt gilt, dass vokalisch auslautende Namen der schwachen, konsonantisch auslautende Namen der starken Deklination folgen (vgl. Nübling 2012: 229). Die älteste deutsche Sprachstufe zeichnet sich aber nicht nur durch Allomorphie, sondern auch durch die syntagmatische Markierung aller obliquen Kasus am Namen selbst aus. Gerade was Letzteres betrifft, übertreffen die Eigennamen sogar den appellativischen Bereich, indem bei den starken Maskulina die Akkusativendung *-an* (z.B. *Hartmuot-an*) auftritt, die sich bei maskulinen Appellativen in keiner Zeitstufe findet.[6]

Tab. 2: Die starke und schwache Deklination maskuliner und femininer Personennamen im Althochdeutschen (vgl. Steche 1927: 140, Nübling 2012: 229–230 und Ackermann 2018: 125)

	Starke Deklination			Schwache Deklination	
	Maskulina (im Sg. *a*=*i*-Kl.)	Feminina ((*j*)*ō*-St.)	Feminina (*i*-Kl.)	Maskulina	Feminina
Nom.	Hartmuot	Gudrūn	Hiltigart	Brūn-o	Mari-a
Akk.	Hartmuot-an	Gudrūn-a	Hiltigart	Brūn-un/-on	Mari-ūn
Dat.	Hartmuot-e	Gudrūn-u	Hiltigart-ī	Brūn-in/-en	Mari-ūn
Gen.	Hartmuot-es	Gudrūn-a	Hiltigart-ī	Brūn-in/-en	Mari-ūn

Da die Eigennamen nicht von der sich zum Mittelhochdeutschen hin vollziehenden Nebensilbenreduktion aller unbetonten Vollvokale zu Schwa bzw. -ø ausge-

---

6 Siehe für eine detaillierte Beschreibung der althochdeutschen onymischen Deklination Fuß (2011: 27–28), Nübling (2012: 230) und Ackermann (2018: 124–126).

nommen sind, kommt es zu einigen Synkretismen im Kasusparadigma.[7] Im Mittelhochdeutschen sind vor allem Ausgleichstendenzen zwischen der starken und der schwachen Deklination zu beobachten, wobei sich -(e)n – ausgehend vom Dativ und Akkusativ der schwachen Deklination und dem Akkusativ der starken Maskulina – zum klassenübergreifenden Objektmarker entwickelt. Die starken Feminina nehmen hier eine Sonderrolle ein, indem sie laut Schötensack (1856: 114) außer im Nominativ uniformes -e aufweisen. Steche (1927: 141) und Paul (1917: 154) weisen daneben auf eine starke feminine Deklinationsklasse ohne -e im Akkusativ hin – wohl als Fortführung der ahd. *i*-Klasse.

Tab. 3: Die Akkusativ-/Dativ-Deklination maskuliner und femininer Personennamen im Mittelhochdeutschen (vgl. Schötensack 1856: 114, Steche 1927: 141, Blatz 1900: 338 und Ackermann 2018: 126–127)

	Starke Feminina	Starke Maskulina	Schwache Deklination	
Akk.	Hiltegart-e / -ø	Hartmuot-en / (-ø)	Brūne-n	Marie-n
Dat.	Hiltegard-e	Hartmuot-e / -en / (-ø)	Brūne-n	Marie-n

Zum Frühneuhochdeutschen hin findet weitere paradigmatische Deflexion statt und -(e)n setzt sich nun endgültig als Objektmarker durch – auch bei den einst starken Feminina (vgl. Tabelle 4). Wir haben es hier also mit einem prototypischen überstabilen Marker nach Dammel & Nübling (2006) zu tun.

Tab. 4: Die Uniformierung des Markers -(e)n im Akkusativ und Dativ in den Deklinationsklassen der Personennamen

	Starke Feminina	Starke Maskulina	Schwache Deklination	
Akk.	Hiltegart > -en	Hartmuot-en (> -e)[8]	Brun-en	Mari-en
Dat.	Hiltegard-e > -(e)n	Hartmuot-e > -en	Brun-en	Mari-en

---

7 Bemerkenswerterweise werden bei einigen Namen wie *Huge* > *Hugo* die im Zuge der Nebensilbenabschwächung zentralisierten Endvokale im Frühneuhochdeutschen wiederhergestellt (vgl. Steche 1927: 141). Zur Wiederherstellung der damit erzielten Geschlechterpolarität siehe Nübling (2018).

8 Zeitweise wurde das Dativ-*e* der starken Maskulina auch auf den Akkusativ übertragen. Dies hat sich allerdings nicht durchgesetzt.

Wie für überstabile Marker üblich, weisen sie auf die Schwäche und nicht auf die Stabilität der Kategorienmarkierung hin – wie noch von Wurzel (1987) bzw. (²2001) angenommen wurde, auf den die Terminologie zurückgeht. Denn bereits im Frühneuhochdeutschen lassen sich Eigennamen finden, die im Dativ und Akkusativ syntagmatischer Deflexion unterliegen. Hier bahnt sich also bereits der spätere Verlust der flexivischen Markierung an. Zum Ende des Frühneuhochdeutschen liegt nun also ein Stadium vor, in dem Akkusativ und Dativ am Eigennamen im Wesentlichen via -(e)n (teils im Dativ auch noch -e) oder – nicht selten – via Null markiert sind. Hinzu kommen in allen obliquen Kasus lateinische Deklinationsendungen, die vor allem im 17. Jahrhundert – was das (medial und konzeptionell) geschriebene Deutsch angeht – einen beträchtlichen Anteil haben.

Tab. 5: Die anthroponymische Akkusativ-/Dativ-Deklination im geschriebenen späten Frühneuhochdeutschen

	Deutsche Deklination		Lateinische Deklination	
	Feminina	Maskulina	Feminina	Maskulina
Akk.	-(e)n / -ø	-(e)n / -ø	-am	-um / -em
Dat	-(e)n / -ø	-(e)n / -ø / -e	(-ae)	-o / -i

Wie sich die nun einsetzende syntagmatische Deflexion in Dativ und Akkusativ vollzieht und welche Variablen dabei eine Rolle spielen, soll im nächsten Abschnitt datenbasiert gezeigt werden.

3 Flexivischer Umbau im (Früh)Neuhochdeutschen

3.1 Korpus, Namensample und Stichprobe

Um den flexionsmorphologischen Umbau im (Früh)Neuhochdeutschen empirisch untersuchen zu können, wurde das *Deutsche Textarchiv* (DTA) als Korpus herangezogen. Es stellt ein im Wesentlichen das 17. bis 19. Jahrhundert umfassendes Referenzkorpus des Deutschen dar und enthält die Genres Belletristik, Wissenschaft, Gebrauchsliteratur und Zeitungen. Das DTA kann als ein die Periode des frühen Neuhochdeutschen abdeckendes Pendant zu gegenwartssprachlichen Referenzkorpora wie dem DWDS-Kernkorpus oder DeReKo angesehen werden. Indem das DTA vorrangig Texte des 17. bis 19. Jahrhunderts bereitstellt, umfasst es genau die entscheidende Phase der syntagmatischen Deflexion in Akkusativ und Dativ. Zum Ende der Datenerhebung (02/2016) enthielt das sich noch im Aufbau befindliche Korpus in etwa 130 Millionen Tokens in ca. 2.402 Werken.[9] Da es sich bei den Rufnamen um die prototypischste Namenklasse handelt (vgl. Ackermann 2018: 61–65), bei der ein exklusives, sich von der Appellativik unterscheidendes Inventar an Namen – sprich die lexikalische Klasse ‚Nomen Proprium' – vorliegt, wurde nach diesen gesucht.[10] Obwohl die Unterscheidung zwischen Namen und sonstigen Substantiven hier am eindeutigsten ist, erweist sich das POS-Tagging selbst bei dieser onymischen Klasse als sehr fehlerhaft, weshalb mit einer Namenstichprobe gearbeitet wurde. Insgesamt 13 weibliche und 14 männliche Rufnamen-Types, die sich in Silbenzahl (1–4), Qualität des Namenauslauts (Vokal, Sonorant, Sibilant, Obstruent) und der Namenherkunft (fremde vs. germanische Namen) unterscheiden, sind in die Untersuchung eingegangen.[11] Die so generierten 18.019 Rufnamen-Belege aus insgesamt 1.018 verschiedenen Werken von 569 Autoren wurden manuell nach Kasus, Flexiv, syntaktischer Funktion, Artikelhaltigkeit (primär und sekundär), Genre, Vorhandensein eines Beinamens sowie dem Vorkommen in appositiven Syntagmen annotiert. Insgesamt konnten 4.793 Rufnamen-Belege in einem Objektkasus extrahiert werden, die sich wie in Tabelle 6 dargestellt auf Akkusativ und Dativ sowie die vier Zeitabschnitte verteilen.[12]

---

9 Informationen zum Korpus wie z.B. eine Liste aller aktuell eingepflegten Werke oder Angaben zur Textsortenverteilung finden sich unter http://deutschestextarchiv.de; letzter Zugriff am 28.11.2018.
10 Für die Unterscheidung zwischen Nomina Propria und Eigennamen siehe Schlücker & Ackermann (2017: 311–312).
11 Es handelt sich um die folgenden Namen: *Jost, Hans, Carl, Albert, Moritz, Wilhelm, Hugo, Ferdinand, Johannes, Michael, Balt(h)asar, Hieronymus, Sebastian, Alexander, Ruth, Gertrud, Agnes, Rahel, Anna/e, Eva/e, Hildegard, Isabel/la/le, Charlotte, Julia/e, Elisabeth, C/Katharina/e, Margarethe/a*. Es wurden nur Rufnamen aufgenommen, die mindestens 100 Treffer erzielten. Bei hochfrequenten Namen, wie z.B. *Johannes*, wurde eine randomisierte Stichprobe von 1.000 Belegen gezogen. Gesamtnamen-Belege (wie z.B. Hans Müller) wurden aus der Stichprobe entfernt.
12 Wie bereits erwähnt, umfasst das DTA im Wesentlichen das 17. bis 19. Jahrhundert, weshalb für das (frühe) 20. Jahrhundert nur vergleichsweise wenige Belege vorhanden sind. Aus diesem Grund wird dieser Zeitabschnitt auch nicht in das statistische Modell (siehe Abschnitt 4) integriert.

Tab. 6: Anzahl und Verteilung der Rufnamenbelege nach Kasus, Genus und Zeitabschnitt

Kasus / Zeitschnitt	Akkusativ		Dativ		gesamt
	m	w	m	w	
17. Jh. (1597–1699)	199	246	332	282	1.059
18. Jh. (1700–1799)	330	248	469	344	1.391
19. Jh. (1800–1899)	436	454	721	606	2.217
20. Jh. (1900–1925)	16	28	34	48	126
gesamt	1.957		2.836		4.793

3.2 Zeitlicher Umfang und potentielle Einflussfaktoren der Deflexion

Auf Basis der Korpusbefunde sollen in diesem Abschnitt einige Faktoren in monofaktoriellen Analysen auf ihren Einfluss hinsichtlich der Personennamendeflexion untersucht werden. Zur Hypothesenbildung werden dabei vorrangig Urteile von zeitgenössischen Grammatikern herangezogen, die die Eigennamenflexion im 18., 19. und frühen 20. Jahrhundert rege diskutieren. Dabei wird zunächst thematisiert, in welchem zeitlichen Rahmen die Deflexion im Akkusativ und Dativ vonstattenging. Anschließend werden morphologische (Genus, Kasus und Flexivtyp), phonologische (Qualität des Namenauslauts), syntaktische (Struktur der DP/NP und Rektion) und außergrammatische Faktoren (Genre) in den Blick genommen.

3.2.1 Zeitlicher Ablauf des Flexivwegfalls

Aus der Literatur ist bekannt, dass die Namendeflexion im frühen Neuhochdeutschen stattgefunden hat (vgl. z.B. Nübling 2012 und 2017). Auch in historischen zeitgenössischen Grammatiken wird dieser nominalmorphologische Fall intensiv und kontrovers diskutiert, was auf einen Umbruch zu dieser Zeit hindeutet. Dabei lassen sich mitunter auch konkrete Urteile zum Durchsetzungsgrad des Flexivabbaus im Dativ und Akkusativ finden (vgl. z.B. Heynatz 1785: 179, Hünerkoch 1805: 142 und Paul 1917: 157), der zwischen dem späten 18. und dem frühen 19. Jahrhundert zum Abschluss gekommen sein soll. Anhand der DTA-Daten lässt sich dieser Rückgang nachweisen, auch wenn das Bild etwas weniger progressiv ist, als in den historischen Grammatiken beschrieben. Interessanterweise lässt sich erkennen, dass der wesentliche Umbruch im frühen 18. Jahrhundert stattfindet – hier ist ein Rückgang flexivisch markierter Personennamen von 45 % auf 27 % zu verzeichnen (18/1 vs. 18/2: $\chi^2 = 48{,}43$, p < 0,001***, $\phi = 0{,}19$).[13] Gänzlich schwindet die Namenflexion im Geschriebenen aber erst in der zweiten Hälfte des 19. Jahrhunderts – und somit etwas später als erwartet. Dieser Rückgang ist in Abbildung 1 visualisiert.

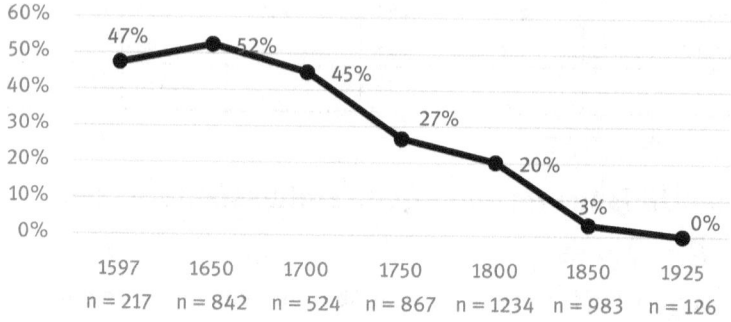

Abb. 1: Der Rückgang der flexivischen Objektmarkierung am Personennamen zwischen 1597 und 1925

3.2.2 Morphologische Faktoren: Genus, Kasus und Flexivtyp

Im letzten Abschnitt wurde der Abbau der Objektmarkierung zunächst aggregiert dargestellt. Hier soll nun diskutiert werden, ob sich Unterschiede hinsichtlich Genus, Kasus oder des Flexivs ausmachen lassen. Was den Flexivtyp betrifft, so zeigt ein Blick in die Daten, dass der native Objektmarker -(e)n in der betrachteten Periode nicht das einzige Allomorph ist. Neben diesem deutschen Flexiv, das sich tatsächlich weitestgehend durchgesetzt hat, finden sich in den (auch konzeptionell) schriftsprachlichen Quellen vor allem im 17. und 18. Jahrhundert zahlreiche lateinische Flexive. Diese können sowohl an lateinische Namen wie *Hieronymus* als auch an germanische Namen wie *Wilhelm* treten. Das Vorkommen dieser Flexive richtet sich dabei entsprechend der lateinischen Vorlage nach dem Genus –

---

13 Auch wenn Abbildung 1 dies suggeriert, gibt es zwischen 1597 und 1649 keinen signifikanten Anstieg der Flexion (17/1 vs. 17/2: $\chi^2 = 1{,}47$, p = 0,22). Der Rückgang der flexivischen Markierung von 1650 bis 1700 ist zwar signifikant, die Effektstärke ist jedoch sehr gering (17/2 vs. 18/1: $\chi^2 = 7{,}02$, p = 0,008*, $\phi = 0{,}07$).

und bedingt auch Auslaut – des Namens. Demnach finden sich bei den Maskulina die Akkusativflexive -*um* (o-Deklination) und – seltener – -*em* (konsonantische Deklination) (vgl. 3) und das Dativflexiv -*o* der o-Deklination, seltener auch das -*i* der konsonantischen Deklination (vgl. 4). Bei den Feminina findet sich im Akkusativ entsprechend der a-Deklination -*am* (vgl. 5), der lateinische Dativmarker -*ae* kommt hier so gut wie gar nicht vor.

(3) a. *durch Hertzog Ernsten vnd Albertum* [peckenstein_theatri02_1608: 27]
     b. *welcher Johannem den Täuffer getödtet* [sandrart_academie0202_1679: 52]
(4) a. *dem König Ferdinando* [arnold_ketzerhistorie02_1700: 378]
     b. *dem Johanni* [bauller_lasterspiegel_1681: 817]
(5) *heyrathete er Annam* [gessner_buchdruckerkunst01_1740: 151]

Sütterlin (1924: 352) führt diese lateinische Namendeklination auf den Humanisteneinfluss zurück, der zu Beginn des Neuhochdeutschen dafür gesorgt haben soll, dass die ursprünglich deutsch flektierten Fremdnamen wieder lateinische Endungen bekamen. Einen Gelehrteneinfluss erwähnt auch Adelung (1782: 516), demzufolge dieses Flexionsmuster soziopragmatisch aufgeladen war, indem es zur Ehrerbietung genutzt wurde. In seiner Sprachlehre aus dem 18. Jahrhundert empfiehlt er:

> Die Wahl Franzens zum Kaiser, verrät Mangel an Feinheit, und Geringschätzung; nicht viel besser ist die Wahl des Kaisers Franz; schon edler ist, die Wahl Francisci, und noch ehrerbiethiger die Beifügung eines Ehrenwortes, da denn der eigene Nahme unverändert bleiben kann, die Wahl des Kaisers Franciscus. (Adelung 1782: 516)

Bereits im 19. Jahrhundert gilt diese temporäre lateinische Deklination laut Blatz (1900: 336) als veraltet, was sich so auch in den DTA-Daten widerspiegelt (vgl. Abbildung 2 und 3).

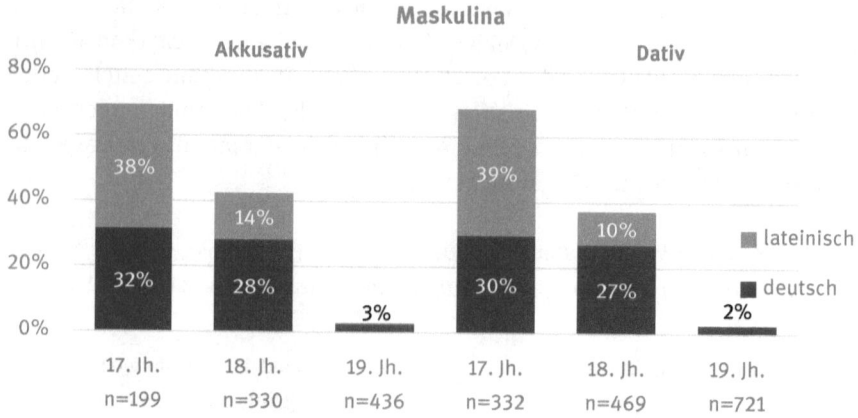

Abb. 2: Lateinische und deutsche Flexive im Akkusativ und Dativ der Maskulina nach Jahrhundert

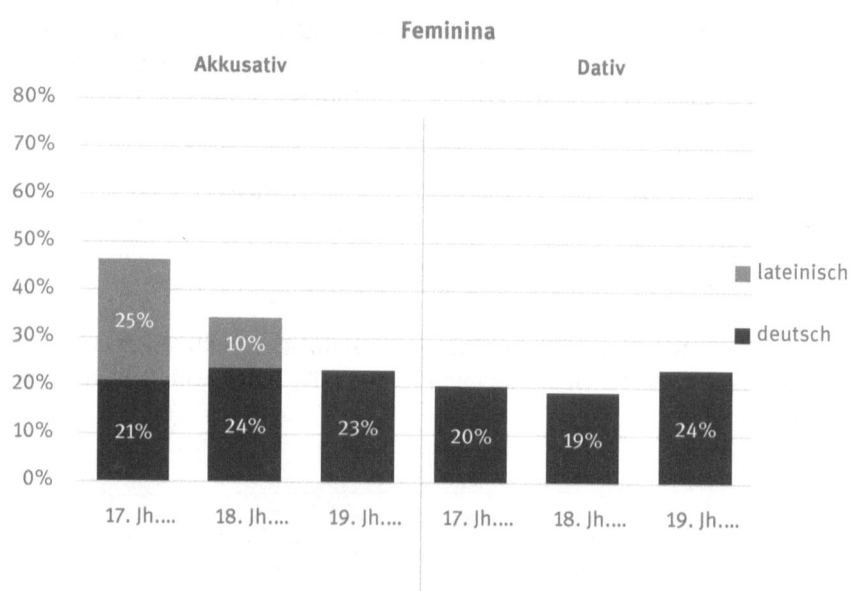

Abb. 3: Lateinische und deutsche Flexive im Akkusativ und Dativ der Feminina nach Jahrhundert

Was die Maskulina betrifft, so ergeben sich hinsichtlich der beiden betrachteten Kasus keinerlei nennenswerte Frequenzunterschiede bei der flexivischen

Markierung; auch die Verhältnisse zwischen deutschen und lateinischen Flexiven sind im Dativ und Akkusativ über die drei betrachteten Zeitabschnitte identisch (vgl. Abbildung 2). Im 17. Jahrhundert kommen maskuline Namen noch zu 70 % flektiert vor; dabei sind lateinische Flexive häufiger als deutsche. Der Rückgang der synthetischen Objektmarkierung im 18. Jahrhundert auf ca. 40 % ist im Wesentlichen auf den Abbau der lateinischen Flexive zurückzuführen.[14] Im 19. Jahrhundert gehen schließlich auch die nativen Flexive von knapp 30 % auf nahezu 0 % zurück.

Ein Vergleich der Maskulina mit den Feminina in Abbildung 3 zeigt nun, dass das Namengenus einen Einfluss auf die Deflexion hat. Bei den Feminia bleibt die Flexion via nativem -(e)n in Dativ und Akkusativ über die drei beobachteten Jahrhunderte erstaunlich stabil bei 19 – 24 %. Die flexivische Markierung ist bei femininen Namen somit im 17. und 18. Jahrhundert niedriger als bei maskulinen, im 19. Jahrhundert hingegen deutlich höher.[15] Ein signifikanter Unterschied zwischen weiblichen und männlichen Namen ist auch hinsichtlich der lateinischen Marker auszumachen (χ^2 = 96,27, p < 0,001***, ϕ = 0,28); diese spielen bei den Feminina insgesamt eine geringere Rolle als bei den Maskulina, was teils soziopragmatisch zu erklären sein könnte: Ehrerbietung gegenüber Frauen ist in patriarchalischen Gesellschaften weniger relevant als gegenüber Männern. Ein weiterer pragmatischer Faktor, der diesen Unterschied mitbedingt, dürfte die unterschiedliche Textsortenverteilung weiblicher und männlicher Rufnamen sein. Während Frauen mehr in belletristischen Werken thematisiert werden (53,2%) als in der Wissenschafts- oder Gebrauchsliteratur (26,0 % bzw. 20,2 %), finden sich die männlichen Rufnamen häufiger in wissenschaftlichen Texten (54,2 %) als in der Belletristik oder der Gebrauchsliteratur (27,7 % bzw. 16,0 %). Wie in Abschnitt 3.2.6 noch thematisiert wird, treten lateinische Flexive vor allem in der Gebrauchs-, aber auch in der Wissenschaftsliteratur frequent auf. In der Belletristik dominieren ganz klar die deutschen Flexive.

---

14 Für eine Diskussion der Gründe für den Rückgang der lateinischen Flexive siehe Ackermann (2018: 142–143).
15 Während der morphographische Apostroph, der hinsichtlich der Namenkörperschonung eine Alternative zwischen kompletter Konstanthaltung durch Flexivauslassung und Namenkörperffizierung durch Flexion darstellt (vgl. Zimmer 2018: 106–114), im Genitiv bei weiblichen und männlichen Rufnamen eine beträchtliche Rolle spielt, ist er in den DTA-Daten im Akkusativ/Dativ mit insgesamt 8 Instanzen kaum zu finden (fünfmal *Carl'n*, je einmal *Alexander'n*, *Julie'n* und *Anna'n*; alle 19. Jh.) und wurde daher nicht gesondert berücksichtigt. Nüblings (2017) Beobachtung – die sich auf die Einschätzung des zeitgenössischen Grammatikers Bauer (1828: 281–282) bezieht –, dass *-n* graphisch via Apostroph abgegrenzt wurde, bevor es verloren ging, kann anhand der Daten nicht bestätigt werden.

Neben dem Unterschied zu den Maskulina ist innerhalb der Feminina auch ein Unterschied zwischen Akkusativ und Dativ zu erkennen. Dieser ist im Wesentlichen auf das Ausbleiben lateinischer Flexive bei Letzterem zurückzuführen, was nach Ackermann (2018: 141–142) mit der Vermeidung von Synkretismen mit dem Genitiv – der nach der lateinischen *a*-Deklination auch via -*ae* markiert wird – erklärbar ist. Neben (sozio)pragmatischen Gründen für die unterschiedliche Frequenz lateinischer Marker bei Maskulina und Feminina sind also auch grammatische Gründe verantwortlich.

Ein Chi-Quadrat-Test zeigt nun, dass sich, über alle Zeitschabschnitte betrachtet, ein signifikanter Unterschied – allerdings mit sehr niedriger Effektstärke – zwischen Dativ und Akkusativ ergibt, der auf die Kasusunterschiede bei den Feminina zurückgeführt werden kann: $\chi^2 = 20{,}68$, $p < 0{,}001^{***}$, $\phi = 0{,}07$. Dem Faktor Genus kommt bei aggregierter Betrachtung über alle Zeitstufen und die beiden Kasus hinweg kein signifikanter Einfluss hinsichtlich der Namenflexion zu. Betrachtet man die drei untersuchten Jahrhunderte einzeln, erweist sich der Faktor Genus jedoch als signifikante Einflussgröße. Der Einfluss dieses Faktors ist dabei im 17. und 19. Jahrhundert größter als im 18. Im ersten Zeitabschnitt ist vorrangig die ausbleibende lateinische Flexion im Dativ der Feminina für den Unterschied zwischen den Genera verantwortlich, der im 18. Jahrhundert durch den allgemeinen Abbau der lateinischen Deklinationsendungen reduziert wird. Im 19. Jahrhundert macht die konservierte native Feminin-Flexion den Unterschied zu den stark der Deflexion unterliegenden Maskulina.

Tab. 7: Der Einfluss des Faktors Genus auf die Flexion der Personennamen im 17. – 19. Jahrhundert

	Maskulina		Feminina		Chi-Quadrat-Test		
	flektiert	unflektiert	flektiert	unflektiert	χ^2	p	ϕ
17. Jh.	365	166	179	349	127,22	<0,001***	0,35
18. Jh.	315	484	150	442	29,69	<0,001***	0,15
19. Jh.	30	1127	249	811	199,94	<0,001***	0,30

Um den Gründen für die hier nachgewiesenen Unterschiede zwischen femininen und maskulinen Rufnamen weiter nachzugehen, soll im Folgenden der Einfluss des Namenauslauts auf die Deklination untersucht werden, der als struktureller Faktor stark mit dem Genus bzw. Sexus zusammenhängt.

3.2.3 Der phonologische Faktor Auslautqualität

Ein Blick auf die DTA-Daten in Abbildung 4 zeigt, dass nicht alle Namentypes gleichermaßen der Deflexion unterliegen.[16] Über alle Zeitstufen aggregiert zeigt sich, dass die auf Schwa auslautenden Namen am frequentesten den nativen Objektmarker -n tragen (53 %); auf Obstruent auslautende Namen erhalten am seltensten das deutsche -(e)n (8 %, lateinische Flexive: 10 %), jene Rufnamen auf Sonorant weisen mit 15 % insgesamt am wenigsten flexivische Markierung im Dativ und Akkusativ auf. Auffällig ist dabei auch, dass lediglich die Rufnamen auf /ə/ nie mit lateinischen Deklinationsendungen versehen werden. Die variierende Stabilität der flexivischen Markierung lässt sich dabei weder komplett durch das Genus erklären (alle auf Schwa endenden Namen sind zwar Feminina, dies trifft aber auch auf 96 % der auf Vollvokal endenden Namen zu, die insgesamt signifikant stärker zur Null-Markierung tendieren)[17] noch durch die alte Deklinationsklassenzugehörigkeit, die nach dem Namenauslaut organisiert war und somit gleiche Werte für vokalisch endende Rufnamen einerseits und konsonantisch endende Namen andererseits erwarten lassen würde.

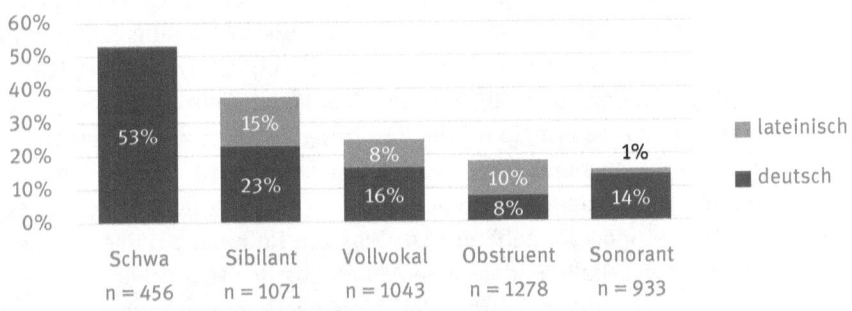

Abb. 4: Die Dativ-/Akkusativ-Markierung via -(e)n und lateinischem Flexiv nach Auslaut

Eine Erklärung für die unterschiedlich frequent auftretende flexivische Markierung liefert der Grad an Stammaffizierung, der je nach Auslaut unterschiedlich stark ist. Im Wesentlichen kann gesagt werden, dass durch die Affigierung des Objektmarkers -n auf /ə/ auslautende Rufnamen nur minimal affiziert werden: Es

---

16 Die wenigen Namenbelege, bei denen die Stammform nicht klar bestimmt werden konnte (*Margarethen* = *Margaretha* oder *Margarethe*), wurden hier nicht berücksichtigt.
17 $\chi^2 = 112,55$, $p < 0,001$***, $\phi = 0,28$.

erfolgt weder eine Stammmodulation, noch ändert sich die Silbenzahl oder die Silbenstruktur und auch der finale Laut unterliegt keinen phonologischen Prozessen wie der Palatalisierung oder der Aufhebung der Auslautneutralisierung; es ändert sich lediglich die Koda der letzten Silbe (vgl. /ˈaṇə/ vs. /ˈaṇən/). Demgegenüber führt die Dativ-/Akkusativmarkierung via -(e)n bei (fast) allen nicht auf /ə/ auslautenden Namen zu einer zum Teil deutlich stärkeren Affizierung des Namenkörpers. Bei Namen auf Vollvokal wird durch den nativen Marker beispielsweise der Stamm moduliert, sodass Rückschlüsse auf die Grundform erschwert werden (vgl. /ˈeː.fa/ vs. /ˈeː.fən/); hier erweist sich der lateinische Akkusativmarker der a-Deklination bei den Feminina als strukturbewahrender (vgl. /ˈeː.fa/ vs. /ˈeː.fam/). Bei Namen auf Sonorant, Sibilant oder Obstruent ändert sich durch die flexivische Markierung zum Teil die Silbenstruktur und -anzahl, auch die Aufhebung der Auslautneutralisierung kommt (bei stimmhaften Lauten) vor (vgl. ˈfeɐ̯.di.nant vs. ˈfeɐ̯.di.nan.dən). Die flexivische Markierung nach Auslautqualität spricht nun dafür, dass Affixe eher dann vermieden werden, wenn sie zu einer Modulation des Stamms führen. Dieses Streben nach Konstanthaltung des onymischen Wortkörpers wird in diversen neueren Studien zur Grammatik von Eigennamen als morphologische oder onymische Schemakonstanz bezeichnet (siehe hierzu auch die Einleitung in diesem Sammelband sowie den Überblick in Ackermann & Zimmer 2017). Untersuchungen wie die in Nübling & Schmuck (2010), Ackermann & Zimmer (2017), Nowak & Nübling (2017), Nübling (2017), Schlücker (2017), Ackermann (2018), Zimmer (2018) oder Klein (in diesem Band) zeigen, wie wichtig dieses Prinzip für die Erklärung synchroner und diachroner Variation im peripheren nominalen Bereich (zu dem neben den Eigennamen auch Kurzwörter, nicht-integrierte Fremdwörter, metasprachliche Substantivierungen und Onomatopoetika gehören) ist. Was die Rufnamen-Daten aus dem DTA betrifft, so zeigt Tabelle 8, dass eine Affizierung des Namenkörpers durch Flexionssuffixe noch bis ins 18. Jahrhundert hinein vorkommen kann.

Tab. 8: Deutsche, lateinische und anteilige flexivische Markierung nach Auslaut und Jahrhundert

Jh. Auslaut	17. Jh. Flexion			18. Jh. Flexion			19. Jh. Flexion		
	-(e)n	lateinisch	Anteil	-(e)n	lateinisch	Anteil	-(e)n	lateinisch	Anteil
Schwa	14	0	70%	60	1	48%	167	0	56%
Sibilant	107	102	85%	77	54	48%	62	1	12%
Vollvokal	79	63	49%	60	24	29%	31	0	7%
Obstruent	39	96	53%	55	36	22%	5	0	1%
Sonorant	28	6	14%	92	6	35%	11	0	3%

Das 19. Jahrhundert stellt insofern einen Umbruch dar, als das deutsche Flexiv -(e)n – außer bei auf /ə/ auslautenden Namen – drastisch zurückgeht. Die noch im 19. Jahrhundert bei den Feminina zu findende Dativ- und Akkusativmarkierung ist also weniger durch das Genus als durch die Qualität des Auslauts zu begründen. Dies deckt sich auch mit der Aussage in Steche (1927: 142–143), der den Flexivabbau im 19. Jahrhundert als funktional erachtet, da so die Grundform des Namens erkennbar bleibe:[18]

> Solange es, wie im Mittelalter, nur eine kleine Zahl von Eigennamen gab, war die Verwechslungsmöglichkeit ungefährlich [gemeint ist hier die Möglichkeit, Teile des Flexivs als zum Stamm gehörend anzusehen oder umgekehrt – TA]; das wurde anders, als die Familiennamen häufiger gebraucht wurden und der Verkehr sich mehr ausdehnte. Im Mittelalter konnte man zumeist damit rechnen, daß der Eigenname dem Leser oder Hörer bekannt sei; seit dem 18. und 19. Jahrhundert muß man das Gegenteil annehmen.
> (Steche 1927: 142)

Mit Beckers (1994: 59) Worten gesagt, kommt der flexivisch nicht markierten Variante ein Selektionsvorteil zu, der sich aus deren „paradigmatische[r] Durchsichtigkeit" ergibt und somit zum Zusammenbruch des onymischen Deklinationssystems geführt hat.

---

[18] Steche bezieht sich hier zwar auf die Familiennamen; dasselbe gilt jedoch auch für die Rufnamen, die infolge einer im 19. Jahrhundert zunehmend individualisierten Vergabe auch diverser wurden (vgl. Seibicke 2008: 140).

3.2.4 Syntaktische Einbettung: Artikel, Appositionen und Beinamen

Bislang wurden mit phonologischen und morphologischen Faktoren lediglich nameninhärente Faktoren in den Blick genommen. In diesem und dem nächsten Abschnitt soll nun auch der syntaktische Kontext betrachtet werden, in dem der Rufname auftritt. Hierbei spielen drei Parameter eine Rolle, die nicht gänzlich unabhängig voneinander betrachtet werden können: das Vorhandensein eines Determinierers (z.B. *die (heilige) Anna*), die Erweiterung des Namens um ein substantivisches Begleitwort (z.B. *Feldherr Karl*)[19] oder die Postmodifikation durch einen Beinamen (z.B. *Karl der Große*).

Richten wir unseren Blick zunächst auf den Artikelgebrauch. Was den nicht-onymischen Bereich betrifft, so ist über die Sprachstufen hinweg auch hier flexivischer Abbau am Substantiv zu beobachten. Die Anzeige von Kasus innerhalb der Nominalgruppe erfolgt jedoch defaultmäßig prädeterminierend via Artikelwort – eine Option, die bei DPs/NPs mit onymischem Kopf im Standarddeutschen nicht gegeben ist. Ein Blick in historische Grammatiken zeigt, dass die schwindende Kasusanzeige via Flexiv am Namen die Grammatiker des 18. und 19. Jahrhunderts tatsächlich in ein normatives Dilemma gestürzt hat: Der onymische Objektmarker *-(e)n* gilt langsam als veraltet und unschicklich, die durch den Abbau der Endungen entstehende Ambiguität wird jedoch auch nicht begrüßt (vgl. z.B. Schötensack 1856: 113). Diese als nicht funktional eingestufte Ambiguität veranlasste laut Steche (1927: 143) sogar einige Sprachlehrer dazu, die Wiedereinführung des Objektmarkers zu fordern. Andere empfahlen, die schwindende Postdetermination durch Prädetermination via Artikelwort zu kompensieren (so z.B. Gottsched 1751: 233–235) – ein Vorschlag, der nicht überall auf Zustimmung stieß (vgl. z.B. Heynatz 1785: 179). Die teils gegensätzlichen Einschätzungen und Empfehlungen, die sich in den historischen Grammatiken des 18. – 20. Jahrhunderts finden lassen, deuten bereits darauf hin, dass in der Umbruchphase starke Variation geherrscht haben muss. Ein Blick in die Daten zeigt nun, dass die kombinierte *-(e)n*-Endungs- und Artikellosigkeit, wie wir sie heute im Standard kennen, nicht abrupt eingetreten ist. Potentiell stehen den SchreiberInnen im Beobachtungszeitraum vier Verfahren der (Nicht-)Markierung von Dativ und Akkusativ zur Auswahl: Die Polyflexion (Markierung an Artikel und Namen, vgl. (6)), zwei monoflexivische Strategien (Markierung via Namenflexion (7a) **oder** via Determinierer (7b)) oder die Deflexion (keine Artikel, keine Namenflexion, vgl. (8)).

---

[19] Lockere Appositionen vom Typ *Jost, der Hausmeister* wurden nicht einbezogen.

(6) Da schärfft er allererst **der** Even den [hoffmannswaldau_gedichte01_1695: 158]
verstand
(7) a. da keine Gründe bey Juli**en** anschlagen [lessing_dramaturgie01_1767: 83]
b. Lukas führte **den** Albert zu einem Ruhebette [tieck_sternbald01_1798: 253]
(8) Lukas erschien neben Albert noch kleiner [tieck_sternbald01_1798: 215]

Um die Rolle des onymischen Artikels beim Flexivabbau zu untersuchen, wird dieser primäre Artikelgebrauch zunächst gesondert vom syntaktisch geforderten, sekundären Artikelgebrauch (z.B. *mit der heiligen Maria*) behandelt.[20] Schaut man sich das Auftreten der Namenflexion über alle Jahrhunderte hinweg in Abhängigkeit des Determinierer(typ)s an, so fällt auf, dass der Objektmarker signifikant häufiger konserviert wird, wenn Kasus nicht prädeterminierend via Artikelwort angezeigt wird (vgl. Tabelle 9).[21]

Tab. 9: Die Namenflexion in Abhängigkeit vom Auftreten eines Determinierers über alle Jahrhunderte

	Primärer Artikel	**Sekundärer Artikel**	**Kein Artikel**	
Namenflexion	9%	17%	37%	$\chi^2(2) = 340{,}02$, $p < 0{,}001$***, Cramér's $V = 0{,}27$
n	987	1029	2777	

Hier wird bereits ersichtlich, dass dem Determinierer eine besondere Rolle zukommt, da er die Flexion des Namens nicht unbeeinflusst lässt.

---

20 Zum ,onymischen Artikel' wurden hier auch (niederfrequent auftretende) Possessiv- und Demonstrativartikel gezählt, da sie nicht – wie beispielsweise durch Attribuierung – syntaktisch gefordert sind und sie adjazent zum Namen auftreten. Eine Ausnahme zur strikten Adjazenz von Artikel und proprialem Lemma bei gleichzeitiger Weglassbarkeit stellen mehrteilige Namen dar, die aus einem (appellativischen) Titel und einem Rufnamen bestehen (z.B. *der König Ferdinand*). Es ist durchaus strittig, hier von primärem Artikelgebrauch auszugehen, da sich der Status solcher Mehrworteinheiten im Gegenwartsdeutschen gerade mit dem Vorkommen (= linksköpfige Juxtaposition) bzw. Ausbleiben eines Determinierers (= rechtsköpfiger mehrteiliger Name) ändert (vgl. zu diesem Komplex Ackermann 2018 und Werth 2017). Lässt man alle Belege mit Juxtapositionen außen vor, ändert sich jedoch nichts am Ergebnis (statt 9% flektierter Namen mit onymischem Artikel sind es 10 %).
21 Bei größeren Tabellen als 2x2 wird als Effektstärkemaß für gewöhnlich Cramér's V angegeben (vgl. Levshina 2015: 217). Der Wert von 0,27 zeigt, dass eine geringe Effektstärke gegeben ist.

Ein weiterer Faktor, der einen Einfluss auf die Namenflexion hat, ist das Auftreten weiterer substantivischer Begleitwörter in der Nominalgruppe. Hier können zum einen Titel, Berufs- oder Verwandtschaftsbezeichnungen zum Namen treten (z.B. *(der) König Ferdinand*), zum anderen kann der Rufname durch einen Beinamen Postmodifikation erfahren (z.B. *Wilhelm von Oranien, Carl II., Alexander der Große*). Namen in Juxtapositionen machen mit 31 % fast ein Drittel der Belege aus; das Vorkommen von Beinamen ist mit 15 % eher selten. Ein Vergleich von Namen mit und ohne substantivisches Begleitwort (Belege mit zusätzlichem Beinamen ausgeschlossen) zeigt nun, dass sich die Kasusanzeige innerhalb der Nominalgruppe unterschiedlich verhält (vgl. Abbildung 5 und 6). Was die Anzeige von Kasus innerhalb einer DP/NP mit bloßem Rufnamen betrifft (Abbildung 5), so zeigt sich, dass vom 17. zum 18. Jahrhundert kaum ein Rückgang in der monoflexivischen Kasusanzeige zu verzeichnen ist; lediglich die Polyflexion nimmt ab. Zum 19. Jahrhundert hin setzt sich schließlich Deflexion durch – in 60 % der Fälle wird Kasus nicht mehr overt innerhalb der Nominalgruppe ausgewiesen.

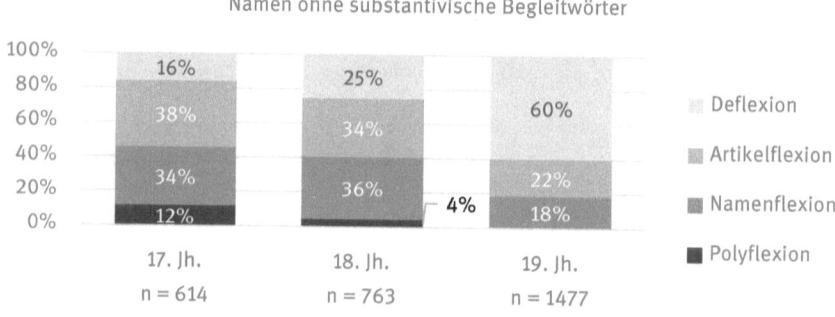

Abb. 5: Die Entwicklung der Dativ- und Akkusativmarkierung via Namen- und Artikelflexion innerhalb einer Nominalgruppe mit bloßem Rufnamen

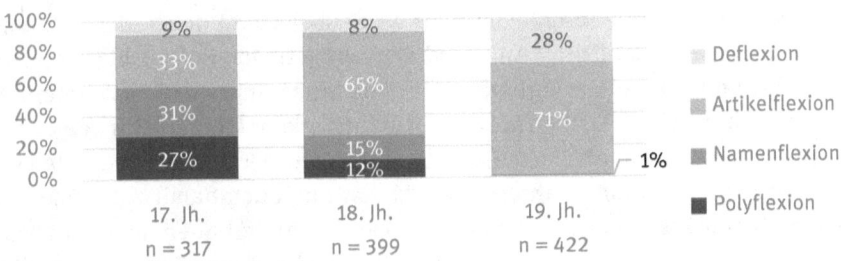

Abb. 6: Die Entwicklung der Dativ- und Akkusativmarkierung via Namen- und Artikelflexion innerhalb einer Nominalgruppe mit dem Rufnamen als Teil einer Juxtaposition

Bei Rufnamen, die mit substantivischem Begleitwort auftreten (Abbildung 6), finden sich im 17. Jahrhundert ebenfalls noch alle Optionen der Kasusanzeige; nur Polyflexion tritt hier vergleichsweise häufig auf. Ab dem 18. Jahrhundert trennen sich die Wege zwischen DPs/NPs mit bloßen Rufnamen und solchen mit Namen in Juxtapositionen. Bei Letzteren geht die flexivische Markierung am Namen stark zurück, wobei der Artikel nun die Kasusanzeige in fast zwei Drittel der Fälle übernimmt. Im 19. Jahrhundert ist die Namenflexion in Juxtapositionen komplett abgebaut. Kasus wird nur noch über den Artikel angezeigt, wobei komplette Deflexion viel seltener ist als in DPs/NPs mit bloßem Rufnamen.[22]

Der bedeutendste Unterschied zwischen Rufnamen in Juxtapositionen und solchen, die keinen substantivischen Begleiter haben, liegt ab dem 18. Jahrhundert in der Kasusanzeige via Determinierer. Während die Kombinationen aus Titel, Verwandtschafts- oder Berufsbezeichnung + Name noch heute mit Artikelwort auftreten können (*(die) Kanzlerin Angela Merkel*), ist der primäre Artikelgebrauch mit bloßen Namen im Standard nicht normkonform, wodurch

---

22 Die Unterschiede hinsichtlich der Kasusmarkierungsverfahren zwischen Phrasen mit bloßen Rufnamen und solchen mit Namen in einem Juxtapositionsverhältnis sind in allen drei Zeitstufen signifikant. Die standardisierten Residuen zeigen, dass im 17. Jahrhundert vor allem der Unterschied bei der Polyflexion maßgeblich ist (+/- 6,04); im 19. Jahrhundert hat der Unterschied bei der monoflexivischen Artikelflexion den größten Effekt (+/- 18, 86). Die Effektstärke ist erwartungsgemäß im 19. Jahrhundert am größten: 17. Jh.: $\chi^2(3) = 40{,}98$, $p < 0{,}001$***, Cramér's V = 0,21; 18. Jh.: $\chi^2(3) = 111{,}32$, $p < 0{,}001$***, Cramér's V = 0,32; 19. Jh.: $\chi^2(2) = 369{,}06$, $p < 0{,}001$***, Cramér's V = 0,44 (im 19. Jahrhundert wurde die nicht mehr auftretende Polyflexion nicht miteinbezogen).

der Rückgang dieser monoflexivischen Variante bei zunehmender Standardisierung der Schriftsprache im 19. Jahrhundert zu erklären ist.

Betrachten wir nun abschließend die Namenbelege, in denen der Rufname mit einem Beinamen auftritt.[23] Aufgrund der sehr geringen Belegzahl (vor allem im 17. Jahrhundert) sind die Verhältnisse in Abbildung 7 mit Vorsicht zu interpretieren. Eine allgemeine Tendenz lässt sich jedoch erkennen und zwar zeigt sich, dass Rufnamen, die mit einem Beinamen vorkommen, vergleichsweise selten via Artikel Prädetermination erfahren. Dies scheint nun auch damit zusammenzuhängen, dass manche Beinamentypen ein Artikelwort enthalten, an dem Kasus bereits markiert wird (z.B. *Alexander **der** Große*). Ein Fisher-Exakt-Test ergibt, dass sich Nominalgruppen mit diesem Beinamentyp hinsichtlich der Kasusmarkierungsverfahren tatsächlich signifikant von jenen mit einem anderen Beinamentyp (z.B. Präpositionalnamen wie *von Oranien* oder direkt nachgestellte Numeralia wie *Carl II.*) unterscheiden (p = 0,0012**, df = 3, Cramérs *V* = 0,2). Der Unterschied basiert vor allem auf der Artikelflexion: Wenn der Beiname einen Determinierer enthält, ist das Auftreten eines zusätzlichen Determinierers vor dem Rufnamen unwahrscheinlicher.[24]

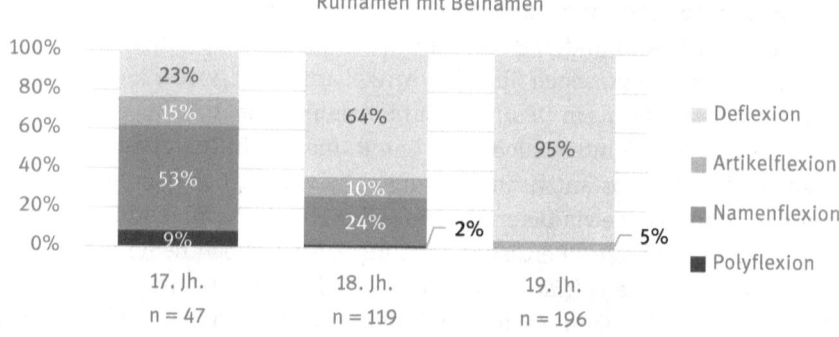

Abb. 7: Die Entwicklung der Dativ- und Akkusativmarkierung via Namen- und Artikelflexion innerhalb einer Nominalgruppe mit Rufname + Beiname

---

23 Belege, bei denen der Rufname sowohl mit substantivischem Begleitwort als auch mit Beiname auftritt, wurden hier nicht berücksichtigt.
24 Wie Schmuck (im Druck) zeigt, hängen eben diese Determinierer-Beinamen mit der Herausbildung des onymischen Artikels zusammen.

Wie die Diskussion der syntaktischen Faktoren gezeigt hat, wirken sich ‚Artikel', ‚Juxtaposition' und ‚Beiname' separat betrachtet signifikant auf die Flexion eines Namens aus, kommen jedoch nicht unabhängig voneinander vor und können kombiniert auftreten. In Abschnitt 4 wird gezeigt, welcher Einfluss diesen syntaktischen Faktoren in einem multifaktoriellen Modell zukommt. Zunächst wird aber als weiterer syntaktischer Faktor noch untersucht, ob sich bei präpositional versus verbal regierten Nominalgruppen mit Rufnamen ein Unterschied hinsichtlich der Namenflexion ergibt

3.2.5 Syntaktische Rektion: präpositional vs. verbal

Ein Blick auf die Rektion zeigt, dass Rufnamen im Akkusativ und Dativ insgesamt etwas häufiger in Komplementen von Präpositionen (58 %) als in verbal regierten DPs/NPs (42 %) auftreten.[25] Was die Kasusverteilung betrifft, so dominiert bei präpositionaler Rektion – ganz entsprechend den Erwartungen – der Dativ mit 75 %, bei verbaler Rektion dominieren erwartungsgemäß direkte Objekte und somit der Akkusativ (62 %). Vergleicht man nun die Entwicklung der flexivischen Kasusmarkierung am Rufnamen in Abhängigkeit der Rektion, so zeigt sich, dass über alle Jahrhunderte hinweg flektierte Namen signifikant häufiger in Objekt-NPs/DPs als in PPs vorkommen (35 % vs. 21 %; χ^2 = 101,96, p < 0,001***, ϕ = 0,15).[26] Berücksichtigt man nicht nur die Kasusmarkierung via Namenflexion, sondern – wie bereits im vergangenen Abschnitt – auch die Kasusmarkierung via Artikelwort in der Nominalgruppe, so verstärkt sich der Effekt (vgl. Abbildung 8, linke Säule): In nur 20 % der verbal regierten DPs/NPs mit Rufname wird über alle Jahrhunderte hinweg auf die Kasusanzeige komplett verzichtet (z.B. *Sie liebt Hans*). Mit 46 % wird in den meisten Fällen am onymischen (z.B. *sie liebt den Hans*) oder syntaktischen Artikel (*sie liebt den alten Hans*) markiert, um welchen Kasus es sich handelt. Die aufgrund des Akkusativ-/Dativ-Synkretismus weniger differenzierte Objektanzeige via Namenflexion wird in 26 % der Fälle gewählt (*sie liebt/hilft Hansen*). Polyflexion (z.B. *sie liebt den Hansen*), die nur im 17. und 18. Jahrhundert eine Rolle spielt, kommt insgesamt am seltensten vor (9 %). Ganz andere Verhältnisse herrschen bei präpositional regierten Nominalgruppen mit

---

[25] Die syntaktische Funktion der PP (Präpositionalobjekt, -adverbiale oder -attribut) bleibt unberücksichtigt.
[26] Klein (in diesem Band) macht auf die Sonderstellung von Bennenungsverben aufmerksam, wo Kasusabbau bei zur Argumentstruktur gehörenden Namen schon im Althochdeutschen zu beobachten ist.

Rufname (vgl. Abbildung 8, rechte Säule). Hier dominiert mit 49 % der komplette Verzicht auf eine Kasusanzeige. Wird der Kasus in der DP/NP overt markiert, dann auch hier häufiger am Artikelwort als am Namen selbst. Polyflexion kommt hier schon im 17. und 18. Jahrhundert nur marginal und insgesamt bei lediglich 3 % der Belege vor.

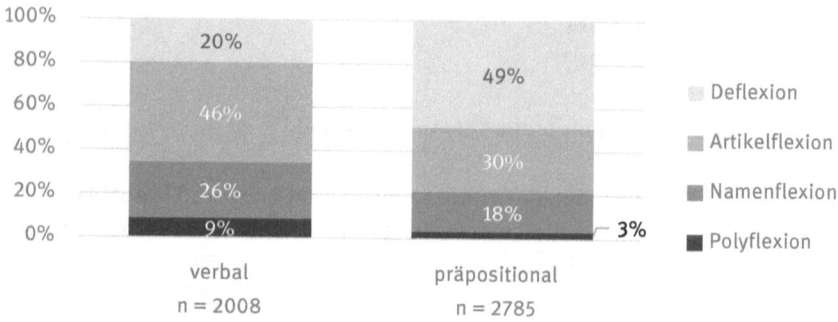

Abb. 8: Akkusativ- und Dativmarkierung bei verbal und präpositional regierten Nominalgruppen mit Rufnamen über alle Jahrhunderte ($\chi^2(3) = 457{,}11$, $p < 0{,}001$***, Cramér's $V = 0{,}31$)[27]

Dass präpositional regierte DPs/NPs eher zur Deflexion neigen, verwundert nicht, da die overte Anzeige von Kasus zuerst dort abgebaut wird, wo sie keinen funktionalen Nutzen hat. Defaultmäßig regieren Präpositionen einen festen Kasus und zwar ohne eindeutige Beziehung zwischen der Semantik der Präposition und dem regierten Kasus.[28] Diese arbiträre, aber feste Zuordnung von Präposition und Kasus führt dazu, dass auch nicht-onymische Substantive, die im Singular

---

27 Ein Blick auf die standardisierten Residuen (alle größer bzw. kleiner als 6 bzw. -6) zeigt, dass alle flexivischen Optionen signifikant zum berechneten χ^2-Statistik-Wert beitragen.
28 Abweichungen von diesem Default stellen Wechselpräpositionen und Präpositionen mit schwankender Kasusrektion dar. Bei ersteren ist die Selektion von Dativ und Akkusativ semantisch gesteuert, bei letzteren hat die Dativ- vs. Genitivrektion indexikalische Funktion. Die Durchsicht einer Stichprobe von 500 präpositional regierten Namen zeigt, dass Wechselpräpositionen nur ein Viertel der Präpositionen ausmachen (128 Token) und somit verhältnismäßig selten in Kombination mit Rufnamen vorkommen. Schaut man sich diese Belege genauer an, so zeigt sich, dass die Kasusselektion auch hier recht fest ist. Nur *an* (mit 52 Token die dritthäufigste Präposition nach *mit* (113 Token) und *von* (112 Token)) regiert semantisch gesteuert sowohl Namenphrasen im Akkusativ und im Dativ; bei allen anderen im Sample befindlichen Präpositionen ist die Kasusselektion stabil.

defaultmäßig mit kasusanzeigendem Determinierer auftreten, in Präpositionalphrasen ohne Begleitwörter – und ohne Flexive – vorkommen (z.B. *mit Vergnügen, Orchester ohne Dirigent*, vgl. Dürscheid 2007: 99–101). Bei verbaler Rektion hingegen ist Kasus funktional, da er mit der semantischen Rolle verknüpft ist, die die entsprechende Phrase einnimmt. Synkretismus ist gerade bei den auf menschliche Entitäten referierenden Rufnamen afunktional und eine Markierung gerade dann relevant, wenn sie nicht in der für sie prototypischen Agensrolle sondern als Patiens oder Rezipient auftreten. Infolge des Flexivabbaus am Namen kommt dem onymischen Artikel, der bei inhärent definiten Namen nicht der Definitheitsanzeige dienen kann, noch heute – vor allem in der Regionalsprache – die Rolle der Kasusanzeige zu (vgl. hierzu Werth 2015). Wie Schmuck & Szczepaniak (2014) zeigen, hat sich der onymische Artikel, der heute im Oberdeutschen vollgrammatikalisiert ist, zuerst im Dativ und Akkusativ herausgebildet, bevor er auf den Nominativ übergegangen ist. Dies deckt sich mit der Aussage Gottscheds, der bemängelt, dass obliquer Kasus bei lateinischen Namen nach dem Abbau der lateinischen Deklinationsendungen im frühen Neuhochdeutschen nicht mehr angezeigt werden kann:

> [I]n der ersten Endung, oder im Nennfalle [ist] kein Geschlechtswort nöthig [...]. Hergegen in den anderen Fällen würde es wunderlich klingen, wenn man sagen wollte, Phyllis Hand, an Phyllis, gib es Phyllis, von oder mit Phyllis; wie einige neuere so verstümmelt schreiben wollen. Hier fehlen überall die Artikel zur Deutlichkeit. (Gottsched 1751: 235)

3.2.6 Genre

Als außergrammatischer Faktor soll in diesem Abschnitt abschließend noch die Textsorte untersucht werden. Wie bereits gesagt, besteht das DTA im Wesentlichen aus Belletristik, wissenschaftlichen Texten, Gebrauchsliteratur und Zeitungstexten.[29] Wie die beiden Graphiken in Abbildung 9 zeigen, verteilen sich die Namenbelege nicht gleichermaßen auf diese vier Textsorten. Während Belletristik, Wissenschaft und Gebrauchsliteratur gut vertreten sind, liegen kaum Namenbelege aus Zeitungstexten vor (was aufgrund der Unterrepräsentiertheit dieses Genres zum Erhebungszeitraum und der Tatsache, dass sich nur Rufnamen und

---

29 Zur Zeit der Datenerhebung war die Genre-Verteilung noch nicht so ausgewogen wie dies aktuell der Fall ist (vgl. http://deutschestextarchiv.de/doku/textauswahl, letzter Zugriff 19.02.2018). Dafür war die Verteilung der Genres über die Dekaden ausgeglichener als aktuell (01/2018), wo im 17. Jahrhundert die Gebrauchsliteratur überwiegt.

keine Familiennamen im Sample befinden, nicht verwundert); weswegen keine Aussagen über diese Textsorte getroffen werden können. Die rechte Graphik in Abbildung 9 zeigt, dass die Verteilung der Namenbelege auf die drei im Korpus ausreichend stark vertretenen Textsorten über die Jahrhunderte nicht konstant ist. Im 17. Jahrhundert ist die Verteilung am ausgewogensten, wobei mit 41 % die Gebrauchsliteratur überwiegt (Wissenschaft: 32 %, Belletristik 24 %). Zum 19. Jahrhundert hin nehmen die Namenbelege in dieser Textsorte jedoch stark ab, während Namenbelege in Belletristik und Wissenschaftsliteratur vergleichbar stark zunehmen.

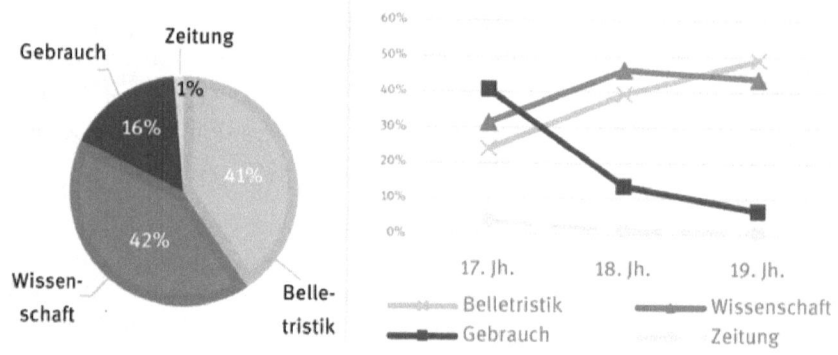

Abb. 9: Verteilung der Rufnamenbelege in Dativ und Akkusativ auf die verschiedenen Textsorten; links: prozentuale Anteile, rechts: Entwicklung über die drei Jahrhunderte

Da die Anteile der Textsorten – ebenso wie die Namenflexion – nicht über die Zeit stabil sind, wird das Verhältnis flektierter vs. unflektierter Namen nach Genre für die einzelnen Jahrhunderte dargestellt. Die Ergebnisse lassen sich Abbildung 10 entnehmen. Ein Blick auf die Graphik zeigt, dass das Vorkommen flektierter Rufnamen nicht in allen Zeitstufen unabhängig von der Textsorte ist, in der sie zu finden sind. Im 17. Jahrhundert spielt der Faktor noch keine Rolle bei der Namenflexion ($\chi^2(2) = 3{,}26$, $p = 0{,}19$). Im darauffolgenden 18. Jahrhundert kann ein signifikanter Einfluss der Textsorte nachgewiesen werden, wenn auch mit geringer Effektstärke ($\chi^2(2) = 7{,}17$, $p = 0{,}028^*$, Cramér's $V = 0{,}07$). Ausschlaggebend für diesen signifikanten Einfluss sind lediglich die Werte für Gebrauchsliteratur, da hier mehr flektierte Namen vorliegen als erwartet (der Wert für die standardisierten Residuen liegt hier bei +/- 2,53). Ein signifikanter Einfluss der Textsorte mit moderater Effektstärke ergibt sich schließlich im 19. Jahrhundert ($\chi^2(2) = 250$, $p < 0{,}001^{***}$, Cramér's $V = 0{,}34$): Während in der Gebrauchs- und Wissenschaftsliteratur mehr Namen mit Flexionsendungen zu erwarten wären als beobachtet, kommen Namen in belletristischen Werken weitaus häufiger flektiert vor als vorhergesagt.

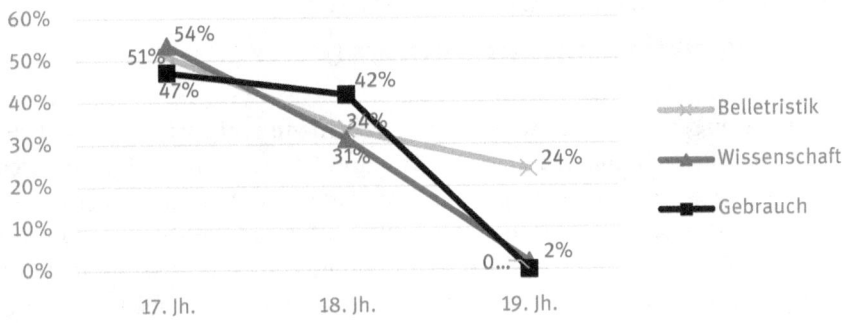

Abb. 10: Die Entwicklung der Dativ-/Akkusativflexion nach Textsorte und Jahrhundert

Diese konservierte Flexion in belletristischen Werken deckt sich mit der Aussage des Grammatikers Matthias (1897: 50), der zufolge Romanschriftsteller wie Schiller oder Goethe die flexivische Markierung von Namen im Akkusativ und Dativ im Geschriebenen neu belebt haben, was in der übrigen Schriftsprache weniger gebräuchlich gewesen sein soll. Im mündlichen Sprachgebrauch soll zu dieser Zeit laut Matthias (1897: 50) die Namendeklination, die einen „etwas volks- und altertümlichen Klange" hatte, noch gegolten haben. Dafür spricht auch Pauls (1917: 157) normatives Urteil, dass flektierte Namen im späten 19. Jahrhundert als veraltet und „vulgär klingend" galten und somit wohl noch präsent gewesen sein mussten.[30] Dafür, dass die belletristischen Texte insgesamt konzeptionell näher am mündlichen Sprachgebrauch anzusiedeln sind, spricht auch, dass hier mit 95% fast ausschließlich deutsche Flexive zu finden sind, während in der Gebrauchsliteratur lateinische Deklinationsendungen, die im (medial und konzeptionell) gesprochenen Deutsch wohl kaum eine Rolle gespielt haben, überwiegen

---

[30] Hier haben wir es offenbar nicht mit einer „Ästhetisierung und Aufwertung des Archaischen" – einem häufig realisierten Topos der Sprachkritik – zu tun (vgl. Dammel 2014: 53). Die Konservierung der Namenflexion in der weniger prestigeträchtigen gesprochenen Sprache hat wahrscheinlich zu der Stigmatisierung als volkstümlich und vulgär geführt.

(62 %). Die wissenschaftlichen Werke, bei denen das Verhältnis ausgeglichen ist (54 % deutsche Flexive), nehmen eine Zwischenposition ein.

4 Determinanten der Deflexion – eine multifaktorielle Analyse

Im vorangegangenen Abschnitt wurden verschiedene Einflussfaktoren auf die Deflexion der Personennamen im Akkusativ und Dativ diskutiert. Um nun den Einfluss der einzelnen Prädiktoren sowie ihre Stärke zu untersuchen, werden die Daten mit einer binären logistischen Regression analysiert.[31] Die in das multifaktorielle Modell integrierten Variablen ‚Jahrhundert', ‚Artikel', ‚Auslautqualität', ‚Rektion', ‚Genus', ‚Genre', ‚Beiname' und ‚Apposition' ermöglichen es, 55 % der Varianz der abhängigen Variable (Namenflexion) zu erklären (Nagelkerke Pseudo-R^2 = 0,552).[32] Unabhängige Variablen, die keinen signifikanten Einfluss haben, wurden in einem Step-Down-Verfahren basierend auf dem *Akaike Information Criterion* (AIC) aus dem Modell entfernt. Dabei wurde allein ‚Kasus' als nicht signifikant zur Verbesserung der Modellgüte beitragender Faktor eliminiert.

Tabelle 7 gibt einen Überblick über die in das Modell integrierten signifikanten Variablen und ihre Merkmalsausprägungen. Daneben sind Standardfehler, die p-Werte, die anzeigen, ob die Variable einen signifikanten Einfluss hat, und die Effektkoeffizienten (odds ratios) samt 95 %-Konfidenzintervallen aufgeführt. An den Effektkoeffizienten kann – im Gegensatz zum p-Wert – nicht nur abgelesen werden, ob ein Einfluss gegeben ist, sondern auch, in welche Richtung dieser geht (d.h. ob die Merkmalsausprägung gegen oder für das Vorhandensein eines flexivischen Objektmarkers spricht) und wie stark er, auch im Vergleich zu den anderen Ausprägungen, ist. Ein Effektkoeffizient von 1 bedeutet dabei, dass die Merkmalsausprägung keinen Einfluss hat. Koeffizienten größer als 1 zeigen hier an, dass die Wahrscheinlichkeit eines unflektierten Namens bei dieser Merkmals-

---

31 Für alle Kalkulationen wurde die R-Statistik-Software genutzt (R Core Team 2017), besonders die *lrm*- und *glm*-Funktion.

32 Dieser Wert ist laut Levshina (2015) bei logistischen Regressionen für gewöhnlich niedriger als bei linearen Regressionen; zudem sei das R^2 konzeptuell weniger klar als bei linearen Regressionen, weshalb dieser Wert hier eher mit Vorsicht zu genießen ist. Als weitere Modellgüte-Kriterien können der Konkordanzindex C und Somers' Dx,y herangezogen werden. Mit C = 0,901 und Dx,y = 0,802 fallen beide Maße sehr hoch aus, was darauf hindeutet, dass das Modell eine hohe Vorhersagegenauigkeit hat.

ausprägung größer ist als beim Referenzlevel. Dabei gilt: Je größer der Wert, desto stärker seine Wirkung. Effektkoeffizienten zwischen 0 und 1 zeigen an, dass bei der entsprechenden Merkmalsausprägung die Wahrscheinlichkeit größer ist, dass ein flektierter Name vorliegt. Je näher der Wert gegen 0 geht, desto stärker ist der Effekt. Veranschaulicht an den Daten bedeutet dies, dass bei Vorhandensein eines onymischen Artikels die Chance 15-mal höher ist, einen unflektierten Namen anzutreffen als bei Artikellosigkeit.

In der letzten Spalte sind schließlich die *Variance Inflation Factors* (VIF) angegeben. Diese zeigen an, dass keine kritische Multikollinearität zwischen den Faktoren vorliegt.[33] Zudem wurde via Bootstrapping getestet, ob das Modell übergeneralisiert, was jedoch nicht der Fall ist.

Tab. 10: In das Modell integrierte (signifikante) Prädiktoren und Modellgüte

Variable & Wert	Effektkoeffizient	Standardfehler	Sig.	95% Konfidenzintervalle		VIF
Intercept	0,002	0,3489	<0,001***	0,001	0,003	
Jahrhundert (default: 17/1)			<0,001***			
17/2	1,150	0,2249	0,5346	0,740	1,788	5,04
18/1	1,375	0,2367	0,1784	0,865	2,189	4,07
18/2	8,124	0,2386	<0,001	5,100	13,004	4,89
19/1	25,425	0,2459	<0,001	15,759	41,334	5,83
19/2	158,148	0,3079	<0,001	87,428	292,704	2,24
Artikel (default: kein Artikel)			<0,001***			
onymischer Artikel	15,366	0,1443	<0,001	11,639	20,496	1,22
syntaktischer Artikel	9,002	0,1330	<0,001	6,958	11,720	1,46
Auslautqualität (default: Schwa)			< 0,001***			
Sonorant	50,900	0,2112	<0,001	33,821	77,407	3,11
Obstruent	33,689	0,2027	<0,001	22,756	50,377	3,57

---

[33] Es gibt verschiedene Faustregeln, die besagen, dass die VIFs einen Wert von 5 oder 10 nicht übersteigen dürfen. Insgesamt ist die logistische Regression laut Levshina (2015: 272) recht robust in Hinblick auf Korrelation zwischen den Prädiktoren.

Variable & Wert	Effektko-effizient	Standard-fehler	Sig.	95% Konfidenzintervalle		VIF
Sibilant	11,696	0,2011	<0,001	7,920	17,426	4,06
Vollvokal	10,886	0,1698	<0,001	7,823	15,226	2,51
Rektion (default: verbal regiert)			< 0,001***			
präpositional regiert	2,584	0,0936	<0,001	2,154	3,108	1,12
Genus (default: maskulin)			< 0,001***			
feminin	4,262	0,1517	<0,001	3,178	5,761	2,93
Genre (default: Belletristik)			< 0,001***			
Wissenschaft	2,965	0,1180	<0,001	2,356	3,741	1,65
Gebrauchsliteratur	1,833	0,1424	<0,001	1,388	2,426	1,57
Zeitung	1,481	0,3694	0,2550	0,722	3,080	1,21
Beiname (default: −)			0,0007***			
vorhanden	1,676	0,1518	0,0007	1,248	2,264	1,15
Juxtaposition (default: +)			0,0090**			
nicht vorhanden	1,342	0,1126	0,0090	1,076	1,673	1,33
Nagelkerke Pseudo-R^2: 0,552; C = 0,901; $D_{x,y}$= 0,802						

Die Ergebnisse der logistischen Regression zeigen nun, dass – mit Ausnahme des Kasus – alle in Abschnitt 3 diskutierten Prädiktoren zur Erklärung des Markerabbaus beitragen. Was die sprachinternen Faktoren betrifft, so kommt der Auslautqualität eine besondere Rolle zu. Verglichen mit auf Schwa auslautenden Namen bleiben die Flexive am ehesten bei auf Sonorant endenden Namen aus. Die Effektkoeffizienten zeigen, dass auch die übrigen konsonantisch oder vollvokalisch auslautenden Namen stark von den auf Schwa endenden Namen abweichen. Auch das Vorhandensein eines Determinierers schlägt sich deutlich auf das Ausbleiben des Objektmarkers nieder: Mehr noch als beim syntaktisch geforderten Artikel bleibt die Namenflexion beim Vorhandensein eines onymischen Artikels aus. Daneben zeigt sich, dass feminine und maskuline Namen nicht gleich stark dem Markerschwund unterliegen. Erwartungsgemäß sind es die Feminina, bei denen die Objektmarkierung am Namen eher ausbleibt.[34] Wie in Abschnitt 3.2.2 dargelegt, ist der Grund hierfür nicht nur sprachintern (Ausbleiben des lateinischen Dativflexivs *-ae*, das zur eindeutigen Genitiv-Markierung genutzt wird), sondern auch durch nicht-grammatische Faktoren motiviert: Frauennamen werden insgesamt seltener mit dem lateinischen Edelsuffix versehen als Männernamen, was soziopragmatische Ursachen haben mag. Eine detaillierte Studie hierzu wäre sicher lohnenswert. Die syntaktischen Faktoren ‚Rektion', ‚Beiname' und ‚Juxtaposition' haben einen vergleichbaren, weniger starken Effekt. Gemäß den Erwartungen fehlt der flexivische Objektmarker eher bei Namen die präpositional regiert werden und einen Beinamen mit sich führen. Entgegen der Erwartungen deflektieren Namen eher, wenn sie ohne substantivisches Begleitwort wie z.B. einen Titel vorkommen. Der Effekt ist jedoch insgesamt am schwächsten und der Faktor ‚Juxtaposition' interagiert signifikant mit ‚Jahrhundert'. Ein Blick auf die Interaktion (siehe Anhang) zeigt, dass Namen in Juxtapositionen zwar zu Beginn des 17. Jahrhunderts eher flektieren als bloße Rufnamen, es sich im 19. Jahrhundert jedoch genau andersherum verhält.

Was die sprachexternen Faktoren ‚Jahrhundert' und ‚Genre' betrifft, so zeigt sich, dass beide Variablen insgesamt signifikant sind, jedoch nicht alle Ausprägungen dazu beitragen. Was den Faktor ‚Zeit' angeht, so kommen erst ab der Mitte des 18. Jahrhunderts unflektierte Namen signifikant häufiger vor als in der ersten Hälfte des 17. Jahrhunderts – am stärksten ist natürlich der Unterschied zwischen dem frühen 17. und dem späten 19. Jahrhundert, was an dem sehr hohen Effektkoeffizienten abgelesen werden kann. Die Effektkoeffizienten für die Ausprägungen des Faktors ‚Genre' zeigen, dass die Namenflexion in wissenschaftlichen Texten und in der Gebrauchsliteratur im Vergleich zur Belletristik weniger wahrscheinlich ist. Der Unterschied zwischen Zeitungstexten und Belletristik ist nicht signifikant, was aber hauptsächlich auf die zu geringen Beobachtungen zurückzuführen ist.

Letztendlich wurde noch ein komplexeres Modell gerechnet, das neben den Haupteffekten auch Interaktionen zwischen einigen der in das erste Modell integrierten Faktoren und dem Faktor ‚Jahrhundert' enthält (siehe Anhang).[35] Der bereits in Abschnitt 3 thematisierten Tatsache, dass manche Variablen bzw. ihre

---

[34] Ein Blick auf die Interaktion von ‚Genus' und ‚Jahrhundert' im Anhang zeigt, dass dies nicht für alle Zeitabschnitte gleichermaßen gilt: Entsprechend der Darstellung in Abschnitt 3.2.2 werden die Flexive bei Feminina im 19. Jahrhundert eher konserviert.

[35] Interaktionen mit den Faktoren ‚Artikel', ‚BeiN' und ‚Genre' konnten nicht in das Modell aufgenommen werden, da eine Integration zu quasi-vollständiger Separation führt; d.h. die Werte ‚+ onymischer Artikel', ‚+ Beiname' und ‚+ Gebrauchsliteratur' sagen für das 19. Jahrhundert perfekt voraus, dass in diesen Kontexten keine Namenflexion zu finden ist.

Ausprägungen nicht in allen betrachteten Zeitabschnitten einen gleichermaßen signifikanten Einfluss haben oder in die gleiche Richtung deuten (siehe z.B. ‚Genus' oder ‚Juxtaposition'), soll somit Rechnung getragen werden. Neben den Haupteffekten erweisen sich in dem komplexeren Modell alle Interaktionen als signifikant und der Nagelkerke Pseudo-R^2-Wert steigt leicht an auf 0,571.

5 Zusammenfassung und Fazit

Die Analyse der Korpusdaten hat gezeigt, dass der flexionsmorphologische Wandel im onymischen Bereich einen komplexen Prozess darstellt. Anhand mono- sowie multifaktorieller Analysen konnte nicht nur gezeigt werden, dass sich die syntagmatische Deflexion im Wesentlichen im 18. Jahrhundert vollzog und erst im 19. Jahrhundert zum Abschluss gekommen ist, sondern es wurde auch ein Beitrag zu der Frage geleistet, welche Faktoren den Flexivwegfall begünstigen bzw. hemmen. So verläuft der Markerabbau keinesfalls unsystematisch und abrupt, sondern schwindet der Marker erst in Kontexten, in denen die Kasusanzeige innerhalb der Nominalgruppe analytisch erfolgt – z.B. via onymischem, syntaktischem oder Beinamen-Determinierer. Grammatische Ambiguität durch kombinierte Flexiv- und Artikellosigkeit setzt sich erwartungsgemäß zuerst in präpositional regierten Nominalgruppen durch, in denen Dativ und Akkusativ nicht mit semantischen Rollen verknüpft sind. Die Ergebnisse stützen somit die These, dass die Herausbildung des onymischen Artikels in engem Zusammenhang mit der Deflexion steht. Hier wären weitere Untersuchungen, die auch die regionale Staffelung der Namendeflexion in den Blick nehmen, sicherlich ertragreich.

Als nameninhärenter Faktor steuert vor allem auch der Auslaut den Flexivwegfall entscheidend. Es konnte gezeigt werden, dass sich der Objektmarker am längsten bei Namen hält, deren Namenkörper er am geringfügigsten affiziert, was wiederum die Relevanz der Schemakonstanz als Sprachwandelfaktor unterstreicht. Künftige Studien, die weitere, strukturell verschiedene Namentypen in den Blick nehmen, müssen klären, inwiefern ‚Fremdheit' einen Einfluss auf die Deflexion hat. Wie Zimmer (2018) an synchronen Daten zeigt, trägt dieses Faktorengeflecht – u.a. operationalisiert durch geringe Frequenz und phonologisch nicht-native Strukturen – heute signifikant zum Genitiv-*s*-Wegfall bei Toponymen bei (*des Orinoko* vs. *des Rhein-s*). Es scheint plausibel, diese Erklärung auf die diachronen Daten zu übertragen.

Literatur

Ackermann, Tanja (2018): *Grammatik der Namen im Wandel. Diachrone Morphosyntax der Personennamen im Deutschen*. (Studia Linguistica Germanica). Berlin, Boston: de Gruyter.

Ackermann, Tanja & Christian Zimmer (2017): Morphologische Schemakonstanz – eine empirische Untersuchung zum funktionalen Vorteil nominalmorphologischer Wortschonung im Deutschen. In Nanna Fuhrhop, Karsten Schmidt & Renata Szczepaniak (Hrsg.), *Sichtbare und hörbare Morphologie* (Linguistische Arbeiten 565), 145–176. Berlin, Boston: de Gruyter.

Adelung, Johann Christoph (1782): *Umständliches Lehrgebäude der Deutschen Sprache, zur Erläuterung der Deutschen Sprachlehre für Schulen*. Leipzig: Breitkopf.

Becker, Thomas (1994): Die Erklärung von Sprachwandel durch Sprachverwendung am Beispiel der deutschen Substantivflexion. In Klaus-Michael Köpcke (Hrsg.), *Funktionale Untersuchungen zur deutschen Nominalmorphologie* (Linguistische Arbeiten 319), 45–63. Tübingen: Niemeyer.

Blatz, Friedrich (1900): *Neuhochdeutsche Grammatik mit Berücksichtigung der hist. Entwicklung der deutschen Sprache*. 3. Aufl. Karlsruhe: Lang.

Bybee, Joan (1994): Morphological universals and change. In Ronald E. Asher (Hrsg.), *The Encyclopedia of Language and Linguistics 5*, 2557–2562. Oxford: Pergamon.

Dammel, Antje (2014): *Die schönen alten Formen ...* Grammatischer Wandel der deutschen Verbalflexion – Verfall oder Reorganisation? In Albrecht Plewnia & Andreas Witt (Hrsg.), *Sprachverfall? Dynamik – Wandel – Variation* (Jahrbuch des Instituts Für Deutsche Sprache 2013), 51–70. Berlin, Boston: de Gruyter.

Dammel, Antje & Melitta Gillmann (2014): Relevanzgesteuerter Umbau der Substantivflexion im Deutschen. *Beiträge zur Geschichte der deutschen Sprache und Literatur* 136. 173–229.

Dammel, Antje & Damaris Nübling (2006): The superstable marker as an indicator of categorial weakness? *Folia Linguistica* 40. 97–113.

Dürscheid, Christa (2007): Quo vadis, Casus? Zur Entwicklung der Kasusmarkierung im Deutschen. In Hartmut E. H. Lenk & Maik Walter (Hrsg.), *Wahlverwandtschaften. Valenzen – Verben – Varietäten. Festschrift für Klaus Welke zum 70. Geburtstag* (Germanistische Linguistik), 89–112. Hildesheim u.a.: Olms.

Fuß, Eric (2011): Eigennamen und adnominaler Genitiv im Deutschen. *Linguistische Berichte* 225. 19–42.

Gottsched, Johann Christoph (1751): *Versuch einer Critischen Dichtkunst durchgehends mit den Exempeln unserer besten Dichter erläutert. Anstatt einer Einleitung ist Horazens Dichtkunst übersetzt, und mit Anmerkungen erläutert*. 4. Aufl. Leipzig: Breitkopf.

Heynatz, Johann Friedrich (1785): *Anweisung zur deutschen Sprache*. Zum Gebrauch beim Unterricht der ersten Anfänger. Berlin: Mylius.

Hünerkoch, Ludwig (1805): *Theoretische und praktische Anweisung zur Erlernung der deutschen Sprache für Stadt- und Landschulen und zum Selbstunterricht*. 2. Aufl. Bremen: Selbstverlag.

Köpcke, Klaus-Michael (1995): Die Klassifikation der schwachen Maskulina in der deutschen Gegenwartssprache. Ein Beispiel für die Leistungsfähigkeit der Prototypentheorie. *Zeitschrift für Sprachwissenschaft* 14. 159–180.

Köpcke, Klaus-Michael (2000): Chaos und Ordnung – Zur semantischen Remotivierung einer Deklinationsklasse im Übergang vom Mhd. zum Nhd. In Andreas Bittner, Dagmar Bittner &

Klaus-Michael Köpcke (Hrsg.), *Angemessene Strukturen: Systemorganisation in Phonologie, Morphologie und Syntax*, 107–122. Hildesheim u.a.: Olms.

Levshina, Natalia (2015): *How to do Linguistics with R. Data exploration and statistical analysis*. Amsterdam, Philadelphia: Benjamins.

Matthias, Theodor (1897): *Sprachleben und Sprachschäden*. Ein Führer durch die Schwankungen und Schwierigkeiten des deutschen Sprachgebrauchs. 2. Aufl. Leipzig: Brandstetter.

Nowak, Jessica & Damaris Nübling. (2017): Schwierige Lexeme und ihre Flexive im Konflikt: Hör- und sichtbare Wortschonungsstrategien. In Nanna Fuhrhop, Renata Szczepaniak & Karsten Schmidt (Hrsg.), *Sichtbare und hörbare Morphologie* (Linguistische Arbeiten 565), 113–144. Berlin, Boston: de Gruyter.

Nübling, Damaris (2012): Auf dem Weg zu Nicht-Flektierbaren: Die Deflexion der deutschen Eigennamen diachron und synchron. In Björn Rothstein (Hrsg.), *Nicht-flektierte und nicht-flektierbare Wortarten* (Linguistik – Impulse Und Tendenzen 47), 224–246. Berlin, New York: de Gruyter.

Nübling, Damaris (2017): The growing distance between proper names and common nouns in German. On the development of onymic schema constancy. In Tanja Ackermann & Barbara Schlücker (Hrsg.), The Morphosyntax of Proper Names. Special issue *Folia Linguistica* 51 (2). 341–367.

Nübling, Damaris (2018): *Luca und Noah* – Das phonologische Degendering von Jungennamen seit der Jahrtausendwende. In Damaris Nübling & Stefan Hirschauer (Hrsg.), *Namen und Geschlechter: Studien zum onymischen un/doing Gender* (Linguistik : Impulse & Tendenzen Band 76), 239–270. Boston: de Gruyter.

Nübling, Damaris & Mirjam Schmuck (2010): Die Entstehung des s-Plurals bei Eigennamen als Reanalyse vom Kasus- zum Numerusmarker. Evidenzen aus der deutschen und niederländischen Dialektologie. *Zeitschrift für Dialektologie und Linguistik* 77. 145–182.

Paul, Hermann (1917): *Deutsche Grammatik*. Band II. Teil III: Flexionslehre. Halle (Saale): Niemeyer.

Plank, Frans (2011): Differential time stability in categorial change. Family names from nouns and adjectives, illustrated from German. *Journal of Historical Linguistics* 1(2). 269–292.

Primus, Beatrice (2009): Case, Grammatical Relations, and Semantic Roles. In Andrej L. L. Malchukov & Andrew Spencer (Hrsg.), *The Oxford Handbook of Case*, 261–275. Oxford: Oxford University Press.

R Core Team (2017): *R: A language and environment for statistical computing*. Vienna: R Foundation for Statistical Computing. https://www.R-project.org/

Schäfer, Roland (2016 aop): Prototype-driven alternations: The case of German weak nouns. *Corpus Linguistics and Linguistic Theory*.

Schlücker, Barbara (2017): Eigennamenkomposita im Deutschen. In Johannes Helmbrecht, Damaris Nübling & Barbara Schlücker (Hrsg.), *Namengrammatik* (Linguistische Berichte Sonderheft 23), 59–93. Hamburg: Buske.

Schlücker, Barbara & Tanja Ackermann (2017): The morphosyntax of proper names: An overview. In Tanja Ackermann & Barbara Schlücker (Hrsg.), The Morphosyntax of Proper names. Special Issue *Folia Linguistica* 51(2). 309–339.

Schmuck, Mirjam (im Druck): The rise of the onymic article in Early New High German and the triggering effect of bynames. In Johanna Flick & Renata Szczepaniak (Hrsg.), *Walking on the Grammaticalization Path of the Definite Article in german: Functional Main and Side Roads*. (Studies in Language Variation). Amsterdam, Philadelphia: Benjamins.

Schmuck, Mirjam & Renata Szczepaniak (2014): Der Gebrauch des Definitartikels vor Familien- und Rufnamen im Frühneuhochdeutschen aus grammatikalisierungstheoretischer Perspektive. In Friedhelm Debus, Rita Heuser & Damaris Nübling (Hrsg.), *Linguistik der Familiennamen* (Germanistische Linguistik 225–227), 97–137. Hildesheim u.a.: Olms.

Schötensack, Heinrich August (1856): *Grammatik der neuhochdeutschen Sprache mit besonderer Berücksichtigung ihrer historischen Entwickelung.* Erlangen: Ferdinand Enke.

Seibicke, Wilfried (2008): *Die Personennamen im Deutschen: eine Einführung.* 2. Aufl. Berlin: de Gruyter.

Steche, Theodor (1927): *Die neuhochdeutsche Wortbiegung unter besonderer Berücksichtigung der Sprachentwicklung im 19. Jahrhundert.* Breslau: Hirt.

Sütterlin, Ludwig (1924): *Neuhochdeutsche Grammatik mit besonderer Berücksichtigung der neuhochdeutschen Mundarten.* Erste Hälfte. München: Oskar Beck.

Werth, Alexander (2015): Kasusmarkierung bei Personennamen in deutschen Regionalsprachen. In Alexandra Lenz & Franz Patocka (Hrsg.), *Syntaktische Variation – areallinguistische Perspektiven* (Wiener Arbeiten Zur Linguistik 2), 199–218. Wien: V & R Academic.

Werth, Alexander (2017): Von *Schaukelsyntagmen* und *umkippenden Konstruktionen*: Der Artikelgebrauch bei Personennamen in der Juxtaposition. In Johannes Helmbrecht, Damaris Nübling & Barbara Schlücker (Hrsg.), *Namengrammatik* (Linguistische Berichte Sonderheft 23), 147–172. Hamburg: Buske.

Wurzel, Wolfgang Ullrich (1987): System-dependent morphological naturalness in inflection. In Wolfgang Dressler, Willi Mayerthaler, Oswald Panagl & Wolfgang Ullrich Wurzel (Hrsg.), *Leitmotifs in Natural Morphology* (Studies in Language Companion Series 10), 59–96. Amsterdam, Philadelphia: Benjamins.

Wurzel, Wolfgang Ullrich (2001): *Flexionsmorphologie und Natürlichkeit.* 2. Aufl. Berlin: Akademie-Verlag.

Zimmer, Christian (2018): *Die Markierung des Genitiv(s) im Deutschen.* Empirie und theoretische Implikationen von morphologischer Variation. (Reihe Germanistische Linguistik). Berlin, Boston: de Gruyter.

Anhang

Dem folgenden Modell liegt derselbe Datensatz zugrunde wie den anderen Auswertungen in dieser Studie. Lediglich die kategoriale Variable ‚Jahrhundert' wurde umkodiert, um quasi-vollständige Separation zu vermeiden. Hierzu wurden größere Zeitabschnitte von je 100 Jahren statt der ursprünglich angesetzten 50 Jahre veranschlagt. Zudem wurden die Zeitungs-Belege aufgrund der sehr geringen Belegzahl aus dem Datensatz entfernt. Wie die Werte der letzten Spalte zeigen, sind die *Variance Inflation Factors* extrem hoch. Diese hohen Werte ergeben sich hier durch die Datenstruktur mit ausschließlich kategorialen Variablen und deren Interaktion, machen das Modell aber nicht grundsätzlich unzuverlässig.

Tab. 11: In das Modell integrierte (signifikante) Prädiktoren samt Interaktionen und Modellgüte

Variable/Interaktion & Wert	Effektkoeffizient	Standardfehler	Sig.	95% Konfidenzintervalle		VIF
Jahrhundert (default: 17. Jh.)			<0,001***			
18. Jh.	9,872	0,7794	0,0033	2,201	47,325	73,51
19. Jh.	1210,448	0,8444	<0,001	242,330	6715,298	70,87
Artikel (default: kein Artikel)			<0,001***			
onymischer Artikel	14,967	0,1543	<0,001	11,128	20,381	1,25
syntaktischer Artikel	9,516	0,1417	<0,001	7,237	12,614	1,51
Auslautquali. (default: Schwa)			<0,001***			
Sonorant	77,700	0,6886	<0,001	21,033	317,470	30,86
Obstruent	13,283	0,6573	<0,001	3,806	50,948	32,28
Sibilant	4,356	0,6888	0,0327	1,167	17,662	42,64
Vollvokal	1,690	0,5775	0,3634	0,565	5,570	31,38
Rektion (default: verbal regiert)			<0,001***			
präpositional regiert	3,423	0,1784	<0,001	2,418	4,869	3,88
Genus (default: maskulin)			<0,001***			
feminin	18,756	0,3567	<0,001	9,593	39,134	15,59
Genre (default: Belletristik)			<0,001***			
Wissenschaft	1,422	0,1172	0,0026	1,131	1,790	1,55

Variable/Interaktion & Wert	Effektko-effizient	Standard-fehler	Sig.	95% Konfidenzintervalle		VIF
Gebrauchsliteratur	0,897	0,1458	0,4537	0,674	1,194	1,46
Beiname (default: −)			<0,001***			
vorhanden	2,187	0,1574	<0,001	1,611	2,986	1,23
Juxtaposition (default: +)			<0,001***			
nicht vorhanden	2,176	0,1912	<0,001	1,499	3,174	3,40
Jahrhundert*Genus			<0,001***			
18*feminin	0,338	0,4504	0,0160	0,137	0,809	13,01
19*feminin	0,013	0,4420	<0,001	0,005	0,031	16,81
Jahrhundert*Auslautqualität			<0,001***			
18*Sonorant	0,161	0,7843	0,0199	0,033	0,728	27,19
19*Sonorant	0,195	0,7783	0,0356	0,041	0,876	5,88
18*Obstruent	0,789	0,7413	0,7486	0,177	3,286	25,45
19*Obstruent	4,604	0,8150	0,0610	0,926	23,342	3,18
18*Sibilant	1,146	0,7824	0,8617	0,239	5,194	27,04
19*Sibilant	0,976	0,7296	0,9734	0,224	3,963	21,85
18*Vollvokal	1,756	0,6332	0,3741	0,483	5,898	16,45
19*Vollvokal	8,074	0,6233	<0,001	2,262	26,603	10,12
Jahrhundert*Juxtaposition			<0,001***			
18*nein	0,707	0,2394	0,1478	0,442	1,130	5,97
19*nein	0,120	0,4789	<0,001	0,044	0,290	22,24
Jahrhundert*Rektion			0,0026**			
18*präpositional	0,488	0,2214	0,0012	0,316	0,752	4,43
19*präpositional	0,812	0,2466	0,3988	0,500	1,316	3,97

Nagelkerke Pseudo-R^2=0,571; C=0,909; $D_{x,y}$=0,817

Christian Zimmer
Wie viel Variabilität verträgt eine Flexionsklasse?

Eigennamen und ihre Deklinationsklassenzugehörigkeit im Deutschen

Zusammenfassung: Ausgehend von der Beobachtung, dass das Flexionsverhalten von Eigennamen in aller Regel nicht mit den üblicherweise für das Deutsche veranschlagten Deklinationsklassen kompatibel ist, widmet sich dieser Beitrag der Frage, wie bzw. ob Eigennamen sinnvollerweise in eine Beschreibung des deutschen Deklinationsklassensystems integriert werden können. Dazu wird zunächst das Flexionsverhalten von Personen- und Ortsnamen anhand von Korpusdaten beleuchtet. Die empirischen Erkenntnisse werden anschließend in Bezug zu verschiedenen Beschreibungen der Deklination im Deutschen gesetzt. Daran anknüpfend werden verschiedene Definitionen des Konzepts Flexionsklasse diskutiert, die sich hinsichtlich des Umgangs mit deklinationsklasseninterner Variation unterscheiden. Abschließend wird für eine Beschreibung argumentiert, die versucht, die nominalmorphologische Variabilität im Deutschen zu berücksichtigen, ohne gleichzeitig die Grenzen zwischen verschiedenen Deklinationsklassen allzu sehr aufzuweichen.

1 Einleitung

Obwohl Eigennamen in aller Regel zur Klasse der Substantive gezählt werden und man Substantive üblicherweise in Deklinationsklassen einteilt, sucht man Eigennamen (bzw. deren Flexionsmuster) in Übersichten zum Deklinationsklassensystem des Deutschen meist vergeblich (vgl. z.B. Wurzel 1994: 34, Simmler 1998: 218, Thieroff & Vogel 2008: 44–45, Eisenberg 2013: 162).[1] Bei näherer

---

[1] Ich verwende den Begriff *Deklinationsklasse* hier mit der Bedeutung ‚Flexionsklasse eines Substantivs'. Davon abweichend verwenden einige AutorInnen den Begriff, um auf eine nominale Klasse zu referieren, die mehrere *Deklinationstypen* vereint. So fassen z.B. Thieroff & Vogel (2008: 44) verschiedene stark flektierende Maskulina und Neutra ungeachtet der unterschiedlichen (zum Teil nicht phonologisch determinierten) Plural-Realisierungen zu einer Deklinationsklasse zusammen: *Männ-er*, *Berg-e*, *Gäst-e*, *Segel-Ø* usw. (vgl. hierzu auch Thieroff 2016: 4–8). Dieser Begriffsverwendung schließe ich mich hier nicht an.

https://doi.org/10.1515/9783110685886-004

Betrachtung vieler Vorschläge zur Beschreibung des deutschen Deklinationsklassensystems zeigt sich darüber hinaus, dass Eigennamen auch nicht ohne Weiteres integriert werden können, da sie nicht mit einer grundlegenden deskriptiven Verallgemeinerung kompatibel sind, die sich viele Beschreibungen zunutze machen. Sowohl bei femininen als auch bei neutralen und maskulinen Eigennamen ist nämlich das Flexionsmuster mit Ø im Genitiv Singular und -s im Plural (auf das im Folgenden mit Ø |s referiert wird) dominant (vgl. (1) bis (3)). Dies entspricht (zumindest auf den ersten Blick) nicht der „+/-Feminin-Schranke" (oder Genus-Schranke), die ansonsten ein ganz wesentliches Charakteristikum der deutschen Flexionsmorphologie darstellt (vgl. z.B. Nübling 2008).

(1) Feminina: *das Fahrrad der kleinen Julia-Ø* | *viele Julia-s*

(2) Maskulina: *der Geburtstag des keinen Michael-Ø* | *zwei Michael*-s

(3) Neutra: *die Zukunft des geteilten Korea-Ø* | *die beiden Korea-s*

In diesem Beitrag möchte ich mich (primär aus synchroner Perspektive) den Fragen widmen, ob es zweckmäßig wäre, Eigennamen in eine Beschreibung des Deklinationssystems des Deutschen zu integrieren, wie dies sinnvollerweise geschehen sollte und was das für Verallgemeinerungen wie die Genus-Schranke bedeuten würde. Dazu wird zunächst das Flexionsverhalten von Personen- und Ortsnamen beschrieben und analysiert (Abschnitt 2), woraufhin aufgezeigt wird, inwiefern diese empirischen Befunde nicht kompatibel sind mit Beschreibungen des deutschen Deklinationssystems (Abschnitt 3). Von dieser empirischen Basis ausgehend werden dann verschiedene Aspekte besprochen, die für oder gegen eine Integration der Eigennamen sprechen bzw. für oder gegen eine bestimmte Art und Weise der Integration. Dabei kommen unterschiedliche Deklinationsklassendefinitionen zur Sprache. Schließlich wird ein Vorschlag zur Integration der Eigennamen vorgestellt (Abschnitt 4).

2 Wie flektieren Eigennamen?

Um die Deklinationsklassenzugehörigkeit von Eigennamen zu klären, muss zunächst einmal deren Flexionsverhalten analysiert werden. Dabei sind zwei morphologische Slots entscheidend, nämlich der Genitiv Singular und der Nominativ Plural. Bei diesen Formen handelt es sich um die Kennformen der Paradigmen, aus denen alle anderen Wortformen abgeleitet werden können. Im Singular gibt es bei Eigennamen im Gegenwartsdeutschen außer dem Genitiv keine flektierten Formen. Nominativ, Akkusativ und Dativ Singular werden ohne nominalen Kasusmarker realisiert. Damit heben sich Eigennamen von Appellativen ab, die zum Teil noch immer flektierte Formen in Akkusativ und Dativ Singular aufweisen können. Zumindest in der kleinen Deklinationsklasse der schwachen Maskulina gibt es eine flexivische Unterscheidung der obliquen Kasus und des Nominativs (z.B. *der Mensch* vs. *den/dem/des Menschen*). Auch gibt es meines Wissens keine onymischen Wortformen mit Dativ-*e*, das im appellativischen Bereich zumindest noch in Resten vorhanden ist (*im Falle, dem Manne*; vgl. hierzu Eichinger 2013). Im Plural gibt es im Deutschen (bei Eigennamen und Appellativen) keine Kasusanzeige im Nominativ, Akkusativ und Genitiv.[2] Ob ein Dativ-Plural-*n* realisiert wird, hängt von der phonologischen Form des Pluralmorphems ab. Da Eigennamen in aller Regel mit *-s* pluralisieren (s. Abschnitt 2.1), erhalten sie keine Kasuskennzeichnung im Dativ Plural. Bei zahlreichen Appellativen wird das Kasusmorphem hingegen realisiert, und zwar bei *e*-Plural (*Boot-e-n, Künst-e-n*), Ø-Plural (*Lehrer-n*) und *er*-Plural (*Wört-er-n*).

Die hier kurz angesprochenen Unterschiede zwischen Eigennamen und Appellativen gehören, wie auch die weiter unten thematisierte Tendenz zur Auslassung des Genitiv-*s*, zu denjenigen Merkmalen, die mit dem Schlagwort „Sparflexion von EN" (Nübling 2005: 37) und der bei Eigennamen stark gewichteten morphologischen oder onymischen Schemakonstanz zusammengefasst werden können (vgl. z.B. Nübling 2005, 2012, 2017, Ackermann & Zimmer 2017, Nowak & Nübling 2017, Ackermann 2018a, Zimmer 2018a). Diese Sparflexion ist das Resultat verschiedener Prozesse. Sie hat sich erst im Laufe der Zeit herausgebildet, sodass sich die Flexion der Eigennamen im Gegenwartsdeutschen nicht nur von großen Teilen des appellativischen Bereichs abhebt, sondern auch von der onymischen Flexion in der Geschichte des Deutschen. So waren z.B. Personennamen im Althochdeutschen durch besonders stark ausgeprägte Allomorphie und wenige Synkretismen gekennzeichnet (vgl. Nübling 2012: 229–230). Selbst die Eigennamen-Flexion des Frühneuhochdeutschen unterscheidet sich erheblich von ihrem gegenwartssprachlichen Pendant. Die Flexionseigenschaften der Eigennamen waren in der Geschichte des Deutschen zahlreichen Wandelprozessen unterworfen (vgl. zu Personennamen ausführlich Ackermann 2018a). Deshalb beanspruchen die nun folgenden Ausführungen, die auf Daten zum Gegenwartsdeutschen basieren, ausschließlich für diese Sprachstufe Relevanz.

---

2 Eine Ausnahme stellen hier substantivierte Adjektive dar (*Jugendliche, Jugendliche, Jugendlichen, Jugendlicher*).

Die Daten sind DECOW2012 entnommen. Hierbei handelt es sich um ein Webkorpus, das verschiedene Textsorten abdeckt und mit ca. 9 Milliarden Tokens über eine ausreichende Größe verfügt, um auch weniger frequente Phänomene zu untersuchen (Schäfer & Bildhauer 2012). Zu diesen weniger frequenten Phänomenen zählen Eigennamen im Plural. Diese für die Deklinations-klassenfrage bedeutsamen Formen werden in Abschnitt 2.1 untersucht. Der Genitiv Singular ist Gegenstand von Abschnitt 2.2.

2.1 Die Pluralmarkierung bei Eigennamen

Die niedrige Wortformfrequenz von pluralischen Eigennamen ist in deren semiotischen Eigenschaften begründet: Anders als Appellative haben Eigennamen keine lexikalische Bedeutung. Sie referieren nicht auf eine Klasse von Objekten, sondern auf ein einzelnes, spezifisches Denotat (Direkt- und Monoreferenz, s. hierzu auch Kempf, Nübling & Schmuck in diesem Band). Die Zuordnung zu einem Eigennamen muss bei jedem Denotat einzeln erlernt werden. Wenn zwei Entitäten denselben Namen erhalten, ist das nicht auf eine Ähnlichkeit der beiden Denotate zurückzuführen. „Hier liegt bloße Eigennamen-Homonymie vor, eine Klasse einander ähnlicher Mitglieder entsteht dadurch mitnichten" (Nübling, Fahlbusch & Heuser 2015: 73). Deshalb kann man aufgrund der Namensvergabe nicht darauf schließen, dass zwei Christians sich ähnlicher sind als ein Thomas und ein Christian.[3]

Während es nun häufig ein kommunikatives Bedürfnis gibt, auf Objekte zu referieren, die sich ein im Kommunikationszusammenhang relevantes Merkmal teilen (z.B. *die beiden Spieler*), gibt es selten Anlass, über eine Gruppe von Entitäten zu sprechen, die nur zufällig denselben Namen tragen. Dies kann aber geschehen, z.B. wenn zwei gleich benannte Personen Teil einer kleineren Gruppe sind, wie das Beispiel in (4) zeigt, das einen **Rufnamen** im Plural enthält.

---

[3] Rufnamen enthalten im Deutschen (in der Regel) lediglich eine Information zum Sexus einer Person (Nübling, Fahlbusch & Heuser 2015: 128). Darüber hinaus sind natürlich auch (überindividuelle) Konnotationen möglich. So werden viele SprecherInnen aufgrund von Erfahrungswerten annehmen, dass zwei Christians sich hinsichtlich ihres Alters ähnlicher sind als ein Christian und ein Manfred (vgl. hierzu Nübling, Fahlbusch & Heuser 2015: 34).

(4) Trainer Eric Abel hofft, dass er bis auf **die beiden Michaels** (Collignon und Krieg) wieder auf alle Mann zurückgreifen kann.

<http://www.sabcom.de/phbs/presse2001/fro01/presfro01.htm>

In solchen Fällen wird in der Regel ein Plural-*s* verwendet. Dies verdeutlicht Tab. 1, die Ackermann (2018a: 207) entnommen ist.[4] Neben dem *s*-Plural ist hier auch der Ø-Plural von Relevanz. Auch UL + *-e* und *-n* sind belegt. Diese Pluralmarker sind aber auf einzelne Auslaute beschränkt und können zum größten Teil als phonologisch determiniert gelten, z.B. bei auf *s* auslautenden Eigennamen (z.B. *zwei Mathiasse*).[5]

Tab. 1: Rufnamen im Plural (aus Ackermann 2018a: 207)

Auslaut	Flexiv	-s (inkl. -'s & ')	Ø	(UL) -e	-n
Vollvokal	z.B. *Alexandra*	21,1%	0,3%	0,0%	0,0%
/ə/	z.B. *Charlotte*	4,0%	0,5%	0,0%	1,2%
/ɐ/	z.B. *Peter*	2,3%	2,1%	0,0%	0,0%
Sonorant	z.B. *Benjamin*	40,3%	1,1%	1,3%	0,0%
/s/	z.B. *Matthias*	0,9%	5,1%	3,5%	0,0%
Obstruent	z.B. *Judith*	14,4%	1,1%	1,1%	0,0%
gesamt (n = 1108)		82,9%	10,1%	5,9%	1,2%

Bei **Familiennamen** gibt es darüber hinaus die Besonderheit, dass auf zwei oder mehr Familienmitglieder mit dem gemeinsamen Familiennamen referiert werden kann, was in Beispiel (5) anhand der handballspielenden Zwillingsbrüder Philipp und Michael Müller veranschaulicht wird. Dass beide Personen den gleichen

---

4 Die zugrunde liegenden Daten stammen aus DECOW2012. Gesucht wurde mithilfe eines hinsichtlich Auslaut, Silbenzahl, Sexus und Frequenz ausgewogenen Samples von 132 Rufnamen. Diese Rufnamen wurden in verschiedenen pluralischen Kontexten abgefragt. In Tab. 1 sind diese Namen auf der Basis ihres Auslauts zu Gruppen zusammengefasst, da sich dieses Merkmal als wichtigster Einflussfaktor für die Flexivwahl herausgestellt hat.
5 Ein deskriptiver Überblick über das Flexionsverhalten soll an dieser Stelle genügen. Für eine eingehendere Analyse vgl. Ackermann (2018a).

Namen tragen, ist in diesem Fall kein Zufall. Zufällige Namensübereinstimmungen können darüber hinaus aber natürlich auch vorkommen.

(5) **Die beiden Müllers** waren jedenfalls am späten Freitagabend froh, dass die Partie vorbei war.

<http://www.mittelhessen.de/sport/sport_aus_der_region/big_player/hsg_wetzlar/620662_der_abstiegskampf_beginnt.html>

Auch bei Familiennamen spielen *s*-Plurale eine wichtige Rolle, was Tab. 2 veranschaulicht, die Ackermann (2018a: 209) entnommen ist. Bei den hier dargestellten Daten handelt es sich nicht um ein systematisch zusammengestelltes Sample, sondern um ein Nebenprodukt der Korpusrecherche zur Flexion von Rufnamen. Dennoch zeigt die Übersicht, dass sich zumindest für *s*- und Ø-Plurale problemlos zahlreiche Belege finden lassen.[6]

Tab. 2: Familiennamen im Plural (aus Ackermann 2018a: 209)

Auslaut	Flexiv	*s* (inkl. 's)	Ø	(UL+) -*e*
Vollvokal	z.B. *Jacobi*	7,5%	2,5%	0,0%
/ə/	z.B. *Lange*	2,5%	2,5%	0,0%
Reduktionssilbe	z.B. *Müller*	22,0%	18,2%	0,0%
Sonorant	z.B. *Klein*	16,4%	5,0%	0,6%
/s/	z.B. *Kraus*	1,3%	3,8%	0,6%
Obstruent	z.B. *Schmidt*	12,6%	2,5%	0,0%
Abkürzung	z.B. *M.*	0,6%	1,3%	0,0%
gesamt (n = 159)		62,9%	35,8%	1,3%

Sonderfälle der Namensdopplung kann es auch im Bereich der **Toponyme** geben. Wenn Entitäten geteilt werden, behalten z.B. häufig beide aus der Teilung hervorgegangenen Denotate den ursprünglich vergebenen Namen bei, der dann

---

[6] In den hier analysierten Belegen wurden die Familiennamen in Kombination mit einem Rufnamen verwendet. Seit dem 18. Jahrhundert flektiert bei einer solchen Kombination – dem Gesamtnamen – nur noch das Letztglied, also der Familienname (vgl. hierzu Ackermann 2014). Die Anwesenheit des Rufnamens wirkt sich nicht auf das Flexionsverhalten aus.

mit einer Spezifizierung versehen wird (z.B. *Nordkorea* und *Südkorea*, *Ostberlin* und *Westberlin* usw.). Auf diese Denotate gemeinsam wird dann häufig auch mit pluralisiertem Eigennamen referiert (vgl. (6)). Auch hier kann es darüber hinaus zufällige Namenübereinstimmungen geben (z.B. *Frankfurt am Main* bzw. *an der Oder*).

(6) Wie vor vier Jahren betreten **beide Koreas** unter einer Fahne das Oval.

<https://www.abendblatt.de/sport/article108795397/
Athen-bittet-zur-flammenden-Eroeffnung.html>

Wie bei den Personennamen dominiert auch hier der *s*-Plural. Tab. 3 zeigt die Verteilung der Wortformen bei Toponymen, die im Plural belegt sind. Gesucht wurde nach Belegen, in denen eines dieser Onyme auf *beide* oder *beiden* folgt. Zu berücksichtigen sind die teilweise geringen Belegzahlen. Die exakten Prozentzahlen sollten demnach nicht überbewertet werden. Man kann aber erkennen, dass es generell eine Tendenz zu *-s* gibt und auch Ø eine vergleichsweise frequente Option ist, während andere Pluralformen auf einzelne Onyme beschränkt und auch bei diesen in der Minderzahl sind.[7]

Tab. 3: Toponyme im Plural (nach *beide/beiden*; Daten aus DECOW 2012)

Toponym	n	Anteil *s*-Plural	Anteil Ø-Plural	Sonstige
Amerika	175	76,6%	23,4%	–
Berlin	5	40,0%	60,0%	–
China	17	82,4%	17,6%	–
Deutschland	132	55,3%	31,1%	*Deutschländer*: 12,1%, *Deutschlande*: 1,5%
Frankfurt	7	71,4%	14,3%	*Frankfurte* 14,3%
Kongo	16	68,8%	31,2%	–
Korea	122	91,0%	9,0%	–
Sudan	8	87,5%	12,5%	–
Vietnam	5	100,0%	–	–

---

[7] Berücksichtigt wurden hier nur Toponyme. Belege, bei denen z.B. *Deutschländer* auf Personen referiert, wurden aussortiert.

2.2 Die Genitivmarkierung bei Eigennamen

Während es vergleichsweise unproblematisch ist, die für die Deklinationsklassenzugehörigkeit relevanten Pluralformen zu identifizieren, müssen beim Genitiv zunächst verschiedene Konstruktionen differenziert werden. Am wichtigsten ist die Unterscheidung zwischen artikelhaltigem und artikellosem Eigennamengebrauch. Die An- bzw. Abwesenheit eines Artikels wirkt sich auf das onymische Flexionsverhalten aus. So ist bei Maskulina und Neutra Nullmarkierung nur bei realisiertem Artikel eine Option im Genitiv (7a). Der Kasusausdruck wird hier innerhalb der Nominalgruppe durch den Artikel gewährleistet. Kongruenz ist ebenfalls möglich (7b).

(7) a. *Die Sehenswürdigkeiten des wiedervereinigten Berlin*

b. **Die Sehenswürdigkeiten des wiedervereinigten Berlins*

Im Gegensatz dazu sind ohne Artikel ausschließlich Formen mit *-s* möglich (vgl. (8)).

(8) a. *Berlins Sehenswürdigkeiten*

b. **Berlin Sehenswürdigkeiten*

Bei den Feminina divergiert das Flexionsverhalten je nach An- bzw. Abwesenheit eines Artikels noch deutlicher. Mit Artikel ist Ø, ohne Artikel ist *-s* obligatorisch.

(9) a. *Der Geburtstag der kleinen Monika*

b. **Der Geburtstag der kleinen Monikas*

(10) a. *Monikas Geburtstag*

b. ** Monika Geburtstag*

Hinsichtlich der Deklinationsklassenzugehörigkeit von Eigennamen liefern die beiden Konstruktionen demnach widersprüchliche Evidenz. Dieses Dilemma lässt sich auflösen, indem entweder für ein und dasselbe Onym zwei Deklinationsklassen je nach syntaktischer Umgebung (oder syntaktisch gesteuerte Allomorphie innerhalb einer Klasse) angenommen werden oder indem man nur eine der beiden Konstruktionen für die Frage der Deklinationsklassenzugehörigkeit heranzieht. Für letztere Option spricht, dass in der jüngeren Vergangenheit zahlreiche Argumente dafür vorgebracht wurden, dass es sich bei Strukturen wie *Monikas Geburtstag* und *Berlins Sehenswürdigkeiten* nicht um einen Genitiv handelt (vgl. z.B. Fuß 2011, Scott 2014, Ackermann 2018a, 2018b), während die Analyse als Genitiv bei Strukturen des Typs *der Geburtstag der kleinen Monika* und *die Sehenswürdigkeiten des wiedervereinigten Berlin(s)* vollkommen unstrittig ist.

So nimmt z.B. Ackermann (2018a) an, dass sich der invariante *s*-Marker, der an artikellose Eigennamen tritt (das *possessive* -s) gegenwärtig zu einem Phrasenmarker mit flexivischen Eigenschaften entwickelt und schon heute nicht mehr als eindeutig genitivischer Marker analysiert werden kann. Somit befände sich das possessive -*s* auf dem Weg zu Stufe zwei (Phrasenmarker, der nur an nominale Köpfe treten kann) von drei Entwicklungsstufen, die aus anderen germanischen Sprachen bekannt sind. Den Endpunkt stellt dabei der Status eines Phrasenmarkers dar, der an alle Wortarten treten kann.

Dafür, dass das possessive -*s* im Deutschen bereits eine gewisse Strecke auf diesem Entwicklungspfad zurückgelegt hat, sprechen die Genusunabhängigkeit des Markers, die nicht mehr gegebene Kongruenz in mehrteiligen (teilonymischen) Eigennamen (*Bundespräsident Steinmeiers erste Reise*), die Option, zwei koordinierte Eigennamen-Possessoren nur einmal zu markieren (*William und Kates Deutschland-Besuch*), die Markierung von komplexen Personennamen (*Hartmann von Aues Erec*) sowie aktuell zu beobachtende substandardsprachlich erweiterte possessive *s*-Konstruktionen, bei denen der Kopf kein Eigenname mehr sein muss (*mein Vaters Zigaretten, irgendwems Geschmack*). Diese Beobachtungen sind allesamt Anzeichen sich weiter verstärkender morphologischer Ungebundenheit des possessiven -*s* und sprechen somit gegen den Status als Kasusmarker (Ackermann 2018a). Deshalb schließe ich mich hier den Analysen von Fuß (2011), Scott (2014) und Ackermann (2018a, 2018b) an, erachte das -*s* in artikellosen Konstruktionen demnach nicht als vollwertigen Genitivmarker und begründe die Deklinationsklassenzugehörigkeit der Eigennamen nicht auf den entsprechenden Wortformen. Die Möglichkeit, das possessive -*s* als Kasusmarker zu interpretieren, wird im Folgenden aber ebenfalls mitberücksichtigt.

Bei den „echten" Genitivbelegen muss man nun zwischen primärem (vgl. (11)) und sekundärem Artikelgebrauch (vgl. (12)) unterscheiden. Im Gegensatz zu primären Artikeln treten sekundäre Artikel nur dann auf, wenn es der syntaktische Kontext fordert. Dies ist z.B. der Fall, wenn der Eigenname attribuiert ist (vgl. Duden-Grammatik 2016: 301).

(11) a. *Die Nationalhymne der Türkei*

b. *Die Nationalhymne des Iran*(s)

(12) a. *Der Geburtstag der kleinen Monika*

b. *Der Geburtstag des kleinen Michael*(s)

Es ist nicht auszuschließen, dass diese Unterscheidung relevant ist hinsichtlich der Schwankung zwischen Ø und -s bei Maskulina und Neutra und z.B. primärer Artikelgebrauch zu einem höheren Anteil an Ø führt. Einen kategorialen Unterschied hinsichtlich der möglichen Realisierungsformen gibt es bei diesen beiden Typen allerdings nicht. Bei beiden Typen ist Ø bei Feminina obligatorisch, während Maskulina und Neutra zwischen Ø und -s schwanken. Für die hier behandelte Frage nach der Deklinationsklassenzugehörigkeit von Eigennamen ist die Unterscheidung von primärem und sekundärem Artikelgebrauch deshalb von untergeordneter Bedeutung.

Nach diesen notwendigen Vorbemerkungen wird nun das Flexionsverhalten von verschiedenen Eigennamen-Typen in Konstruktionen mit Artikel – die als relevant für die Deklinationsklassenzuteilung erachtet werden – dargestellt.

Mithilfe eines hinsichtlich der Merkmale Sexus, Silbenzahl, Auslaut und Frequenz ausgewogenen Samples von 120 **Rufnamen** ermittelte Ackermann (2018a: 249) 533 Belege.[8] Die Mehrheit dieser Belege (auch unter den männlichen Rufnamen) enthält einen unflektierten Eigennamen (z.B. *des kleinen Michael-Ø*).

Tab. 4: Rufnamenflexion im Genitiv mit Artikel und Attribut (Daten aus Ackermann 2018a: 249)

Genus/Sexus	-s	Ø
mask./männlich	26 | 6,6%	369 | 93,4%
fem./weiblich	0	138 | 100%

Insgesamt sind solche Konstruktionen aber eher selten. Zum Vergleich: Mit demselben Rufnamensample ermittelte Ackermann (2018a: 249) 16.326 Belege für Possessivkonstruktionen des Typs *Michaels Geburtstag*.

Noch seltener sind **Familiennamen** im Genitiv, weshalb eine quantitative Analyse hier nicht sinnvoll ist. Die Beispiele in (13) und (14) zeigen aber, dass auch hier sowohl Belege mit Ø als auch solche mit -s vorkommen.

---

[8] Im Gegensatz zum Sample, das bei der Untersuchung der Rufnamenplurale verwendet wurde (vgl. Abschnitt 2.1), wurden hier auf *s* auslautende Rufnamen ausgeschlossen.

(13) Je länger man den neuen James am Samstag im Schatten **des alten Müller**

spielen sah, desto mehr Mitleid kam auf.

<https://www.welt.de/sport/article166703287/Luecken-Mueller-sendet-klare-Botschaft-an-James-Rodriguez.html>

(14) Wer hat da noch Lust den Trainer zu fragen, warum er Stepanovic anstelle **des humpelnden Müllers** ausgewechselt hat?

<http://www.eintracht-archiv.de/1976/1976-10-30st.html>

Ergiebiger sind in dieser Hinsicht Toponyme. Deren Flexionsverhalten im Genitiv ist in Tab. 5 dargestellt.[9] Gesucht wurde nach vergleichsweise frequenten Toponymen, die auf *des* und ein Adjektiv folgen. Es wurden also auch Toponyme berücksichtigt, die nur mit sekundärem Artikel im Genitiv verwendet werden (für eine umfangreiche Analyse des Flexionsverhaltens von Toponymen mit primärem Artikel vgl. Zimmer 2018a: 137–176).

Hier zeigt sich ein außerordentlich hohes Maß an Variation. Die Mehrheit der untersuchten Onyme schwankt stark und weist einen Anteil zwischen 40% und 60% pro Variante auf.

Tab. 5: Toponyme im Genitiv (Daten aus DECOW2012)

Toponym	n	Anteil Ø	Toponym	n	Anteil Ø	Toponym	n	Anteil Ø
Asien	156	34,6%	München	63	49,2%	Kanada	94	60,6%
Irland	133	36,8%	Indien	583	49,2%	Köln	184	62,0%
Argentinien	48	39,6%	Berlin	868	49,9%	Österreich	258	62,8%
Griechenland	929	40,4%	Frankreich	575	49,9%	Frankfurt	106	64,2%
England	289	40,5%	Japan	483	52,6%	Peking	35	65,7%
Spanien	342	40,6%	Brasilien	106	52,8%	Brüssel	9	66,7%
Europa	5379	42,7%	Belgien	85	52,9%	Athen	172	67,4%
Hamburg	51	43,1%	Moskau	49	53,1%	China	1130	67,5%
Russland	693	44,4%	Korea	88	55,7%	Warschau	25	68,0%
Deutschland	4990	45,6%	Vietnam	71	56,3%	Guinea	10	70,0%

---

9 Die hier dargestellten Daten werden auch kurz in Zimmer (2018a: 226–228) besprochen.

Toponym	n	Anteil Ø	Toponym	n	Anteil Ø	Toponym	n	Anteil Ø
Australien	64	46,9%	London	200	56,5%	Washington	20	70,0%
Zypern	32	46,9%	Prag	53	58,5%	Kopenhagen	7	71,4%
Bern	17	47,1%	Madrid	10	60,0%	Luxemburg	12	75,0%
Rom	1234	47,4%	Amerika	796	60,2%	Jemen	46	76,1%
Italien	455	48,8%	Wien	171	60,2%	Kongo	59	79,7%
Afrika	1239	48,8%	Tschechien	58	60,3%	Sudan	101	82,2%
Polen	419	49,2%	Dänemark	33	60,6%	Amsterdam	23	91,3%

Das Flexionsverhalten von Eigennamen lässt sich auf der Grundlage der hier besprochenen Daten nun folgendermaßen zusammenfassen: Zunächst ist Variation ein wichtiges Kennzeichen aller hier thematisierten Onyme. Dabei halten sich zwei Varianten oft mehr oder weniger die Waage (s. z.B. Tab. 5). Schwankendes Flexionsverhalten ist demnach nicht die Ausnahme, sondern die Regel bei Eigennamen. Die in Genitiv und Plural zur Verfügung stehenden Varianten sind Ø und -s. Im Plural überwiegt -s, im Genitiv Singular dominiert Ø.[10] Bei mit Artikel verwendeten Feminina ist Ø im Genitiv Singular obligatorisch. Schematisch lässt sich das onymische Flexionsverhalten mithilfe der beiden relevanten Kennformen folgendermaßen schematisch darstellen:

(15) Feminina: Ø | s bzw. Ø | Ø
      Nicht-Feminina: Ø | s bzw. Ø | Ø bzw. s | Ø bzw. s | s

Im Folgenden wird nun überprüft, inwiefern das so zu charakterisierende Flexionsverhalten der Eigennamen mit bisherigen Vorschlägen zur Beschreibung des deutschen Deklinationsklassensystems kompatibel ist.[11] Aus der Vielzahl an

---

10 Dass -s im Plural häufiger verwendet wird als im Genitiv Singular, kann mit Bybees Relevanzprinzip (Bybee 1985, 1994) erklärt werden, demzufolge relevantere Kategorien (z.B. Numerus) näher am Stamm ausgedrückt werden als weniger relevante Kategorien (z.B. Kasus; vgl. hierzu Zimmer 2018a: 176–192, s. auch Dammel & Gillmann 2014).
11 Die schematische Darstellung in (15) hat nicht nur für die hier thematisierten Eigennamen-Typen Geltung. So kann auf diese Weise auch das Flexionsverhalten der Warennamen charakterisiert werden, deren Einstufung als Eigennamen allerdings umstritten ist (vgl. Zimmer 2018a: 223).

Vorschlägen werden hier diejenigen herausgegriffen und etwas ausführlicher thematisiert, die in gewisser Hinsicht als exemplarisch für einen Beschreibungstyp (z.B. angestrebte Beschreibungsökonomie vs. größtmögliche Differenzierung) gelten können oder aufgrund der expliziten Thematisierung von Eigennamen besonders relevant sind.

3 Eigennamen und das Deklinationsklassensystem des Deutschen

Viele Beschreibungen des deutschen Deklinationsklassensystems machen sich mit der „+/-Feminin-Schranke" (oder Genus-Schranke Mittelhochdeutsch) eine deskriptive Verallgemeinerung zunutze, die ein ganz wesentliches Charakteristikum der deutschen Flexionsmorphologie darstellt (vgl. z.B. Nübling 2008). Diese besagt, dass es im Deutschen keine Deklinationsklasse gibt, die sich Nichtfeminina und Feminina teilen. Die Trennung zwischen Maskulina und Neutra auf der einen Seite und den Feminina auf der anderen Seite zeigt sich dabei auch bei kongruierenden Wortarten: Maskuline Formen sind zum Teil identisch mit neutralen Formen, heben sich aber von femininen Formen ab, z.B. beim Genitivartikel (mask./neut.: *des* vs. fem.: *der*).

Eine solche Darstellung, die Genus und Deklinationsklasse kreuzklassifiziert, ist die von Zifonun et al. (1997: 30), vgl. Tab. 6.

Tab. 6: Flexionstypen nach Zifonun et al. (1997: 30)

Kasus \ Plural	1 (UL)	2 -(e)n	3 -s	4 (UL) + -e	5 UL + -er	Genus
A Gen.: Ø	Mutter	Frau	Mama	Hand	–	Femininum
B Gen.: -(e)n	–	Rabe	–	–	–	Maskulinum
C Gen.: -(e)s	Koffer Land	Muskel Bett	Opa Hotel	Arzt Bein	Mund Amt	Maskulinum/ Neutrum

Stellt man nun diese Systematisierung der schematischen Beschreibung des onymischen Flexionsverhaltens (vgl. (15)) gegenüber, so zeigt sich, dass die Eigennamen nicht mit der hier dargestellten Systematisierung kompatibel sind. Während Ø|s (Fem.) und s|s (Mask./Neut.) problemlos integriert werden können (Typen A3 und C3), gilt dies nicht für Ø|s (Mask./Neut.) und Ø|Ø (Mask./Neut.).

Eigennamen mit dem Flexionsmuster Ø|Ø (Fem.) wären die einzigen Substantive ohne Plural-Umlaut in Klasse A1, die nur *Mutter* und *Tochter* beinhaltet. Ein grundlegendes Problem ist das Flexionsverhalten, das sowohl Feminina als auch Nicht-Feminina an den Tag legen können (Ø|s, Ø|Ø). Dies widerspricht der Genus-Schranke.

Während Zifonun et al. (1997: 30) sich um eine gewisse Beschreibungsökonomie bemühen, strebt Simmler (1998) „eine maximale Differenzierung [an], die einer ökonomischen Systematisierung widerstrebt" (Harnisch & Koch 2009: 398). Er listet 13 Deklinationsklassen auf, darunter auch eine nur einfach besetzte Klasse (*Herz*), und setzt darüber hinaus 72 verschiedene Subgruppen an. Ø|s wird explizit als eine Deklinationsklasse genannt, die nur Feminina enthält (Simmler 1998: 218). „Insgesamt gibt es keine Klasse, in der alle drei Genera des Deutschen enthalten sind" (Simmler 1998: 217). Somit ist auch bei Simmler (1998) trotz seines Anspruchs, möglichst alle Ausnahmen und Einzelfälle zu berücksichtigen, das onymische Flexionsverhalten zu großen Teilen nicht abgedeckt, z.B. Ø|s (Mask./Neut.) sowie Ø|Ø (Mask./Neut.) und Ø|Ø (Fem.).

In der Duden-Grammatik (2016: 195–196) werden Eigennamen im Zusammenhang mit der Deklinationsklassensystematik des Deutschen explizit thematisiert. Hier wird eine eigene Flexionsklasse für artikellos verwendete Eigennamen veranschlagt (vgl. Tab. 7).

Tab. 7: Kasusformen im Deutschen nach Duden-Grammatik (2016: 195–196)

	Kasusformen (Singular)				Kasusformen (Plural)
	I endungslos	II stark	III stark EN-Deklination	IV schwach	V
	Fem.	Mask./Neut.	Artikellos verwendete EN	Belebte Mask. mit *n*-Plural	Plural
Nom.	die Zahl	der Raum	Anna	der Prinz	die Leute
Akk.	die Zahl	den Raum	Anna	den Prinzen	die Leute
Dat.	der Zahl	dem Raum(e)	Anna	dem Prinzen	den Leuten
Gen.	der Zahl	des Raum(e)s	Annas	des Prinzen	der Leute

„Flexionsklasse III kommt wirklich nur artikellosen Eigennamen im Singular zu. Sobald der Eigenname mit einem Artikelwort verbunden wird [...], wechselt das

Wort zu einem anderen Flexionsmuster" (Duden-Grammatik 2016: 207). Hier wird das possessive -s als Kasusmarker analysiert und dementsprechend als relevant für die Deklinationsklassenzuteilung erachtet. Für ein und dasselbe Onym werden je nach syntaktischer Umgebung (+/- Artikel) unterschiedliche Deklinationsklassen angesetzt.[12]

Auf diese Weise lässt sich die Tatsache abbilden, dass artikelhaltiger und artikelloser Gebrauch von Eigennamen mit unterschiedlichen Flexionsformen einhergehen können. Die Einführung einer eigenen Flexionsklasse und die Annahme syntaktisch determinierter Deklinationsklassenzugehörigkeit können aber nicht alle Probleme hinsichtlich der Zuordnung von Eigennamen lösen. So stellt sich bei der Systematik der Duden-Grammatik (2016: 207) die Frage: In welches Flexionsmuster wechselt ein Eigenname, wenn er mit einem Artikelwort verbunden wird? Hier zeigen sich dann die aus der Variation resultierenden Schwierigkeiten. So erscheint bei vielen maskulinen und neutralen Eigennamen aufgrund des Flexionsverhaltens eine Einordnung in Klasse I ebenso gerechtfertigt wie eine Einordnung in Klasse II.[13] Geht man von Schwankungen zwischen Flexionsklassen aus, müssten maskuline Eigennamen Mitglieder von drei verschiedenen Klassen sein (*des wiedervereinten Berlin*, *des wiedervereinten Berlins*, *Berlins Sehenswürdigkeiten*). Dabei wäre die Zuordnung zu Klasse I nicht mit der Genus-Schranke vereinbar, die auch in der Duden-Grammatik (2016: 195–196) zur Kreuzklassifikation von Flexionsklasse und Genus genutzt wird. Noch komplexer wird die Situation, wenn man auch die Schwankung der Pluralkennzeichnung berücksichtigt, die in der Übersicht der Duden-Grammatik (2016: 195–196), die sich ausschließlich auf die Kasusformen bezieht, ausgeblendet wurde.

Hinzu kommt, dass es gute Argumente dafür gibt, das possessive -s nicht als Kasusmarker und somit auch nicht als relevant für die Deklinationsklassenzugehörigkeit zu analysieren (s. oben). Die sich aus der Variation der Eigennamen-Flexion ergebenden Probleme für die Klassifikation der Duden-Grammatik (2016: 195–196) gelten aber auch unabhängig von der Frage, ob eine solche Analyse

---

12 Dies ähnelt in gewisser Weise dem Vorschlag von Neef (2006), der ebenfalls das possessive -s (z.B. in *Julias Buch*) als Genitivmarker analysiert und von einer syntaktisch determinierten Ausprägung der Wortformen ausgeht (je nach Anwesenheit oder Abwesenheit eines Artikels -s vs. Ø wie in *das Buch der klugen Julia*), das Auftreten der verschiedenen Varianten aber als klasseninterne Allomorphie einstuft.
13 In der Duden-Grammatik (2016: 196) wird die Zuordnung zu Klasse I allerdings nicht in Erwägung gezogen. Ø bei Maskulina und Neutra wird neben -*es* als mögliche Variante der Genitivmarkierung mit -*s* eingestuft und somit der Klasse II zugeordnet. Genus ist hier demzufolge das entscheidende Kriterium für die Zuordnung zu einer Deklinationsklasse, nicht die Ausprägung einer konkreten Wortform.

tragfähig ist und ob hier syntaktisch determinierte Deklinationsklassenzugehörigkeit sowie eine eigene Klasse für artikellos verwendete Eigennamen angenommen werden sollten.

Neben den hier stellvertretend besprochenen Vorschlägen zur Beschreibung des Deklinationsklassensystems des Deutschen gibt es eine Reihe weiterer Vorschläge, die onymisches Flexionsverhalten nicht abdecken und in die sich Eigennamen zum Teil nicht ohne Weiteres integrieren lassen. Dazu zählen unter anderem die Systematiken in Bittner (1994), Wurzel (1994), Wiese (2000, 2006), Nübling (2008), Thieroff & Vogel (2008) sowie Thieroff (2016). Diese Beobachtung wirft nun zwei Fragen auf: 1) Ist es sinnvoll, Eigennamen bei einer Darstellung des deutschen Deklinationssystems zu berücksichtigen? 2) Auf welche Weise könnten Eigennamen angemessen integriert werden?

Die erste Frage lässt sich meines Erachtens relativ eindeutig mit Ja beantworten. Eigennamen weisen zwar eine eindeutige diachrone Tendenz in Richtung Unflektierbarkeit auf (vgl. Nübling 2012, Ackermann 2018a, s. auch Ackermann in diesem Band), im Gegenwartsdeutschen gibt es – wie in Abschnitt 2 gezeigt wurde – aber Wortformen, die eindeutig als Genitiv (*des heutigen Berlins*) oder Plural (*die beiden Michaels*) zu analysieren sind und (noch?) einen nominalen Kasus- oder Numerusmarker enthalten. Während bei einigen Strukturen die Verwendung eines nominalen Kasusmarkers zwar eher die Ausnahme ist, z.B. bei artikelhaltigen Genitivkonstruktionen mit Rufnamen, bei denen Ø deutlich häufiger zu beobachten ist (z.B. *der Geburtstag des kleinen Michael*), stellt *-s* z.B. bei Toponymen eine frequente Option dar (vgl. Tab. 5 auf S. 91). Im Plural dominiert *-s* sogar gegenüber Ø (vgl. Abschnitt 2.1). Diese Formen zu ignorieren und eine deskriptive Beschreibung des morphologischen Verhaltens von Eigennamen auf den antizipierten Wandel in Richtung gänzlicher Unflektierbarkeit zu stützen, wäre unangemessen. Darüber hinaus ist auch die geringe Wortformfrequenz von (artikelhaltigen) Genitiv- und Pluralkonstruktionen kein valides Gegenargument gegen die Integration der Eigennamen in eine Beschreibung des Deklinationsklassensystems des Deutschen: Strukturen wie *des heutigen Berlin(s)* und *die beiden Berlin(s)* sind zwar vergleichsweise selten, aber zweifelsfrei grammatisch und deshalb bei einer Beschreibung der Deklination des Deutschen zu berücksichtigen.

Die Frage nach der Art und Weise, wie Eigennamen integriert werden sollten, erfordert eine etwas ausführlichere Diskussion. Diese ist Gegenstand des folgenden Abschnitts.

4 Wie können Eigennamen integriert werden?

Es ergeben sich verschiedene theoretisch denkbare Optionen, wie sich Eigennamen in das Deklinationsklassensystem des Deutschen integrieren lassen. Diesen Möglichkeiten liegen unterschiedliche Definitionen des Konzepts Deklinationsklasse zugrunde. Zu unterscheiden sind „enge" und „weite" Definitionen. Im Folgenden werden nun die Vor- und Nachteile zweier theoretisch möglicher Optionen, Eigennamen in die Beschreibung des deutschen Deklinationsklassensystems zu integrieren, besprochen, wobei sich die beiden Möglichkeiten hinsichtlich der zugrunde liegenden Deklinationsklassendefinition unterscheiden.[14]

4.1 Eigene Klassen

Wie im vorigen Abschnitt gezeigt wurde, sind (unter anderem) die Flexionsmuster Ø|s und Ø|Ø der Maskulina und Neutra sowie das Flexionsmuster Ø|Ø der Feminina nicht kompatibel mit Beschreibungen des deutschen Deklinationsklassensystems. Nun wäre es eine theoretisch denkbare Option, das Deklinationsklassensystem um diese Muster zu ergänzen, indem drei neue Klassen veranschlagt werden. Die Kriterien, die üblicherweise diskutiert werden, wenn geprüft wird, ob dem Flexionsmuster eines Wortes oder einer Gruppe von Wörtern Flexionsklassenstatus zugesprochen wird, sprechen zunächst einmal nicht gegen diese Lösung. Zu diesen Kriterien zählen in erster Linie die Typenfrequenz sowie darüber hinaus auch die Produktivität und die Tokenfrequenz eines Musters.

Hinsichtlich einer Untergrenze für die Mitgliederanzahl einer zu veranschlagenden Flexionsklasse gibt es keinen Konsens. Häufig werden zwei Mitglieder als Minimum genannt (vgl. Enger 1998: 155–156, Wurzel 2001: 67, Haspelmath 2002: 116), aber zum Teil werden auch Klassen mit nur einem Mitglied angenommen (z.B. eine Klasse für das Flexionsmuster von *Herz* bei Simmler 1998: 218). Die Typenfrequenz der EN, die (auch oder überwiegend) nach einem der oben genannten Muster flektieren, liegt deutlich über diesen Untergrenzen. Auch wenn man die Typenfrequenz kleinerer Deklinationsklassen betrachtet (vgl. Tab. 8), zeigt sich relativ eindeutig, dass mangelnde Typenfrequenz kein Argument gegen die Veranschlagung eigener Deklinationsklassen für die Flexionsmuster von Eigennamen sein kann, da auch Klassen, die von zahlreichen AutorInnen angenommen werden, eine geringere Typenfrequenz aufweisen als die hier diskutierten

---

[14] Für eine Diskussion weiterer theoretisch möglicher Optionen, die Flexion peripherer Substantive (dort mit Fokus auf Fremd- und Kurzwörtern) zu integrieren, s. Zimmer (2018a: 221–252).

onymischen Flexionsmuster. Allein mit der Zufallsauswahl an Rufnamen, die Ackermann (2018a) für ihre Studie zur Pluralallomorphie verwendet hat, kommt man auf über 50 männliche/maskuline Rufnamen, die nach den Mustern Ø|s und Ø|Ø flektieren und ebenfalls über 50 weibliche/feminine Rufnamen, bei denen auch Ø|Ø eine Rolle spielt (vgl. Abschnitt 2). Hinzu kommen Toponyme, Familiennamen und auch Warennamen (z.B. *die Fahrerin des Mitsubishi, viele Mitsubishi(s) wurden gekauft, die Yamaha waren schnell*) sowie weitere periphere Substantivgruppen wie Kurzwörter (*der Betreiber des AKW, einige AKW(s) wurden bereits geschlossen, viele GmbH sind betroffen*) und Fremdwörter (*die Auswirkungen des Tsunami, viele Tsunami(s) haben das Land bereits heimgesucht*). Zu diesen weiteren Substantivgruppen s. Zimmer (2018a: 93–192) und auch Abschnitt 4.

Tab. 8: Die Typenfrequenz kleiner Deklinationsklassen im Deutschen

Flexive	Genus	Beispiele	Typen	Flexionsklassen-Status bei
ens | en	Neut.	*Herz*	1	Simmler 1998
Ø | UL	Fem.	*Mutter, Tochter*	2	u.a. Duden 2009
ns | n	Mask.	*Name, Gedanke*	6	u.a. Wurzel 1994
(e)s | UL	Mask./Neut.	*Bruder, Kloster*	29	u.a. Nübling 2008
Ø | UL + e	Fem.	*Kunst, Stadt*	52	u.a. Nübling 2008
(e)s | UL + er	Mask./Neut.	*Mann, Kalb*	108	u.a. Duden 2009

Auch mangelnde Tokenfrequenz spricht nicht gegen die Einführung der hier zur Debatte stehenden Deklinationsklassen, da auch sehr frequente Eigennamen nach den entsprechenden Mustern flektieren, man denke etwa an wichtige Toponyme (*Deutschland*) und frequente Rufnamen (*Anna*). Außerdem weisen die Muster eine gewisse Produktivität auf. So flektieren beispielsweise maskuline und neutrale Neuzugänge zum Onomastikon häufig nach dem Muster Ø|s, vgl. z.B. den Genitiv-Singular-Beleg in (16) und die (deonymische) Pluralform in (17) als Hinweise auf die Produktivität des Musters Ø|s (Mask./Neut.).

(16) Seit dem Ausbruch **des Eyjafjallajökull** sind die Fluggastrechte wieder in

aller Munde. <http://bundestube.de/protokoll/17/49/>

(17) Und die kleinen Stäublinge sind **die Eyjafjallajökulls** des Waldes.

<http://www.zeit.de/2011/48/Pilzhauptstadt-Berlin/seite-2>

Allerdings muss berücksichtigt werden, dass kein Substantiv ausschließlich nach einem der Muster Ø|s (Mask./Neut.), Ø|Ø (Mask./Neut.) oder Ø|Ø (Fem.) flektiert. Substantive, die (auch) auf diese Weise verwendet werden, unterliegen immer einer gewissen Variation. Bei den Maskulina und Neutra sind davon in der Regel beide Kennformen betroffen. Würde man also neue Deklinationsklassen einführen, um das Flexionsverhalten von Eigennamen abdecken zu können, müsste man annehmen, dass ein Wort wie *Deutschland* zwischen vier Deklinationsklassen schwankt (vgl. Tab. 9). Alternativ könnte man sich für die Zuordnung zu einer dieser Klassen entscheiden, wodurch dann aber zwangsläufig wieder ein beträchtlicher Teil der zu beobachtenden Flexionsformen unberücksichtigt bliebe.

Tab. 9: Hypothetische Deklinationsklassen von *Deutschland*

	Traditionelle Deklinationsklasse	Hypothetische Deklinationsklassen		
Nom. Sg.	*Deutschland*	*Deutschland*	*Deutschland*	*Deutschland*
Akk. Sg.	*Deutschland*	*Deutschland*	*Deutschland*	*Deutschland*
Dat. Sg.	*Deutschland*	*Deutschland*	*Deutschland*	*Deutschland*
Gen. Sg.	*Deutschlands*	*Deutschland*	*Deutschlands*	*Deutschland*
Nom. Pl.	*Deutschlands*	*Deutschlands*	*Deutschland*	*Deutschland*
Akk. Pl.	*Deutschlands*	*Deutschlands*	*Deutschland*	*Deutschland*
Dat. Pl.	*Deutschlands*	*Deutschlands*	*Deutschland*	*Deutschland*
Gen. Pl.	*Deutschlands*	*Deutschlands*	*Deutschland*	*Deutschland*

Bei allen diesen hypothetischen Deklinationsklassen handelt es sich um idealisierte Konstrukte, da z.B. Ø im Singular immer mit Ø und -s im Plural einhergehen kann, sodass selbst ein konkreter Beleg nicht zweifelsfrei einer Deklinationsklasse zugeordnet werden könnte.[15]

---

15 Aus diesem Grund ist auch die Notation mithilfe der Kennformen (z.B. Ø|s) problematisch, da auf diese Weise eine Pluralform einer Genitivform zugeordnet wird (oder eine Genitivform einer Pluralform), wobei diese Zuordnung zu einem gewissen Grad arbiträr ist, da statt -s immer auch Ø für die jeweils andere Kategorie gewählt werden könnte (und -s statt Ø). Sinnvoller erscheint hier eine Notation mit Klammern, die der Variation gerecht wird, z.B. (s)|(s) (s. hierzu Abschnitt 4.2).

Darüber hinaus müssten bei einem solchen Vorgehen konsequenterweise weitere kleinere Deklinationsklassen veranschlagt werden, um anderen Schwankungsfällen der deutschen Nominalmorphologie gerecht zu werden, z.B. der Variation im Bereich der Kasusmarkierung schwacher Maskulina (vgl. die Paradigmen für *Bär* in Tab. 10; zum Phänomen s. z.B. Köpcke 1995, Thieroff 2003 und Schäfer 2019) oder der Variation zwischen silbischer und unsilbischer Genitivendung (vgl. die Paradigmen für *Beruf* und *Huhn* in Tab. 10; zum Phänomen s. Szczepaniak 2010, 2014, Bubenhofer, Hansen-Morath & Konopka 2014, Konopka & Fuß 2016, Dammel & Gillmann 2014: 178, 215 und Zimmer 2018b).

Tab. 10: Weitere hypothetische Deklinationsklassen

	Traditionelle Deklinationsklassen			Hypothetische Deklinationsklassen			
Nom. Sg.	*Bär*	*Beruf*	*Huhn*	*Bär*	*Bär*	*Beruf*	*Huhn*
Akk. Sg.	*Bär-en*	*Beruf*	*Huhn*	*Bär*	*Bär*	*Beruf*	*Huhn*
Dat. Sg.	*Bär-en*	*Beruf*	*Huhn*	*Bär*	*Bär-en*	*Beruf*	*Huhn*
Gen. Sg.	*Bär-en*	*Beruf-s*	*Huhn-s*	*Bär-en*	*Bär-en*	*Beruf-es*	*Huhn-es*
Nom. Pl.	*Bär-en*	*Beruf-e*	*H**ü**hn-er*	*Bär-en*	*Bär-en*	*Beruf-e*	*H**ü**hn-er*
Akk. Pl.	*Bär-en*	*Beruf-e*	*H**ü**hn-er*	*Bär-en*	*Bär-en*	*Beruf-e*	*H**ü**hn-er*
Dat. Pl.	*Bär-en*	*Beruf-e*	*H**ü**hn-er*	*Bär-en*	*Bär-en*	*Beruf-e*	*H**ü**hn-er*
Gen. Pl.	*Bär-en*	*Beruf-e*	*H**ü**hn-er*	*Bär-en*	*Bär-en*	*Beruf-e*	*H**ü**hn-er*

Viele AutorInnen sind sich dieser Schwankungsfälle bewusst und integrieren die Varianten mithilfe von Klammernotationen, z.B. *dem Bär(-en)* (vgl. z.B. Eisenberg 2013: 154) oder *des Beruf-(e)s* (vgl. z.B. Nübling 2008: 298). Die zu beobachtende Variation wird dort als klasseninterne Variation eingestuft. Ein solches Vorgehen ist nicht mit den klassischen Definitionen des Konzepts *Flexionsklasse* kompatibel, die als „strenge" oder „enge" Definitionen klassifiziert werden können und keine Variabilität innerhalb einer Klasse zulassen. Hierzu zählt z.B. die Definition von Wurzel (2001: 66–67):[16]

> Eine Sprache [...] hat eine Flexionsklasse [...] wenn für eine Gruppe von Wörtern jede abgeleitete morphologische Kategorie [...] **in formal einheitlicher Weise** symbolisiert wird und

---

16 Kurze Überblicke über verschiedene Typen von Flexionsklassendefinitionen finden sich bei Kürschner (2008: 21–23) und Dammel (2010: 23–30).

die Gesamtheit der abgeleiteten Flexionsformen von der Gesamtheit der abgeleiteten Flexionsformen aller anderen Wortgruppen formal distinkt ist. (meine Hervorhebung, CZ)

Entsprechend einer solchen „engen" Definition müsste pro Variante eine eigene Klasse angenommen werden – besonders wenn die Ausprägung einer Wortform nicht durch Merkmale wie Genus oder phonologische Merkmale determiniert ist.[17] Da es gute Argumente gegen ein solches Vorgehen im Falle der Eigennamen gibt (wie in diesem Abschnitt gezeigt), wird im Anschluss geprüft, inwiefern ein alternatives Deklinationsklassenkonzept tragfähig ist und mit Blick auf die Integration der Eigennamen von Nutzen sein kann.

4.2 Klasseninterne Variation

Im Gegensatz zu „engen" Flexionsklassendefinitionen beharren „weite" Definitionen nicht auf dem Merkmal der formalen Einheitlichkeit, so z.B. der Vorschlag von Enger (1998: 140): „An inflection class is defined as a group of words that inflect **in the same or a similar fashion** [...]." (meine Hervorhebung, CZ). An die Stelle der formalen Einheitlichkeit tritt hier Ähnlichkeit als hinreichende Bedingung (für ähnliche Vorschläge vgl. Dammel 2010: 29 und Werner 1994: 13). Der Vorteil eines solchen Konzepts liegt darin, dass flexionsmorphologische Varianten berücksichtigt werden können, ohne dass dafür Kleinstklassen veranschlagt werden müssen, die sich häufig als idealisierte Konstrukte entpuppen (vgl. Abschnitt 4.1).

Der Nachteil von „weiten" Flexionsklassendefinitionen liegt in deren Vagheit. Im Gegensatz zu engen Definitionen wie der von Wurzel (2001: 66–67) liefern sie kein eindeutiges Kriterium, anhand dessen zwischen flexionsklasseninterner und flexionsklassenkonstituierender Variation unterschieden werden kann. „The question is how to delimit similarity. Where does similarity stop? The question is in one way unanswerable, since the concept is fuzzy" (Enger 1998: 144). Insofern sind sowohl „enge" als auch „weite" Definitionen problembehaftet:

> Die Definition von Flexionsklassen weist Schwierigkeiten auf, so lange sie entweder zu streng ist und die „natürliche" Neigung der Sprache zur Variation unberücksichtigt lässt,

---

[17] Zu diesen (dort als „außermorphologisch" klassifizierten) Merkmalen s. Wurzel (2001: 117–119).

oder so lange sie zu weit ist und kaum Kriterien für das Erkennen von Grenzen der Zusammengehörigkeit von Flexionsklassen gibt.

(Kürschner 2008: 23)

Aus diesem Grund soll hier eine Kompromisslösung vorgeschlagen werden, indem die „weiten" Definitionen um ein Kriterium ergänzt werden, mithilfe dessen die von Enger (1998: 140) herangezogene „Ähnlichkeit" genauer gefasst werden kann. Meines Erachtens ist es sinnvoll, klasseninterne Variation zuzulassen und gleichzeitig klar von klassenübergreifender Variation abzugrenzen, indem man folgende Annahme zugrunde legt: Alle Mitglieder einer Klasse können, aber müssen nicht auf formal einheitliche Weise flektiert werden. Das bedeutet, dass es pro Klasse eine Kasus- und eine Pluralmarkierung geben muss, die alle Klassenmitglieder selegieren können. Davon ausgenommen sind lediglich phonologisch konditionierte Allomorphe, die hier (in Übereinstimmung mit weiten Teilen der Literatur, vgl. z.B. Haspelmath 2002: 116, Dammel 2010: 17) als nicht klassenkonstituierend angesehen werden. Als klasseninterne Variation wird demnach z.B. die Wahl von entweder -en oder -n je nach Auslaut der schwachen Maskulina eingestuft (z.B. *Mensch-en* vs. *Affe-n*). Das Flexionsverhalten von Mitgliedern einer Klasse muss also nicht komplett deckungsgleich sein, Unterschiede müssen aber entweder phonologisch konditioniert sein oder das Flexionsverhalten der Klassenmitglieder muss überlappen. Ein solches überlappendes Flexionsverhalten ist in Abb. 1 veranschaulicht. Sowohl im Genitiv Singular als auch im Plural ist für beide Lexeme -s möglich. Für *Berlin* ist darüber hinaus auch Ø in beiden morphologischen Slots eine Option (vgl. (18) bis (21)). Diese Variation wird als klassenintern eingestuft.[18]

---

[18] Anders als bei Eigennamen ist die Nullmarkierung des Plurals bei nichtfemininen Appellativen mit finalem [ɐ], [əl] oder [ən] (z.B. *Muster, Löffel, Brunnen*) phonologisch konditioniert, weshalb die Zusammenführung dieser beiden Typen in eine Deklinationsklasse nicht infrage kommt. Wenn man phonologisch konditionierte Allomorphie konsequent als klassenintern einstuft, müssen Wörter wie *Muster* und mit -e pluralisierende Substantive (z.B. *Boot*) nämlich zu einer Klasse zusammengefasst werden (vgl. z.B. Carstairs 1987: 237–238, Eisenberg 2013: 153; s. auch Nübling 2008: 299). Eigennamen sind mit dieser Klasse nicht kompatibel, da es keine Pluralmarkierung gibt, die für alle hier relevanten Substantivtypen (*Berlin*: -s vs. -Ø; *Muster*: Ø; *Boot*: -e) verwendet werden kann und nur die Unterschiede zwischen *Muster* und *Boot* phonologisch konditioniert sind (Nullplural nur bei auslautender Reduktionssilbe).

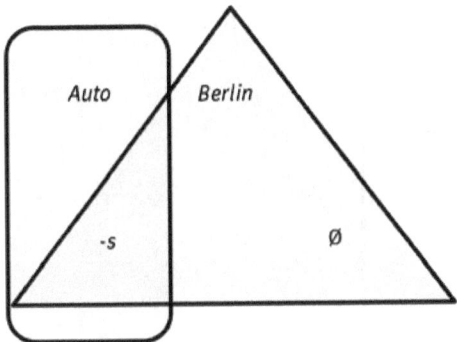

Abb. 1: Überlappendes Flexionsverhalten von *Auto* und *Berlin* (Genitiv und Plural)

(18) a. *die Fahrerin des blauen Autos*
 b. **die Fahrerin des blauen Auto*
(19) a. *das Gebiet des heutigen Berlins*
 b. *das Gebiet des heutigen Berlin*
(20) a. *beide Autos waren blau*
 b. **beide Auto waren blau*
(21) a. *die beiden Berlins sind wieder vereint*
 b. *die beiden Berlin sind wieder vereint*

Als nicht klassenintern werden hingegen die Flexionsunterschiede zwischen Feminina und Nicht-Feminina eingestuft. Eine solche Kreuzklassifikation von Genus und Deklinationsklasse ist gerechtfertigt, da Genus-Unterschiede mit flexionsmorphologischen Eigenschaften einhergehen, die (nach dem hier vor-gestellten Konzept) relevant für die Klasseneinteilung sind: Während Feminina (bei Artikelgebrauch) im Genitiv nie -s aufweisen, ist -s eine grammatische Option für Maskulina und Neutra. Bei nativen maskulinen und neutralen Appellativen, bei denen es sich nicht um ein Kurzwort handelt, ist -s in der Regel sogar die einzige grammatische und bei einigen maskulinen oder neutralen Eigennamen zumindest die frequentere Variante (z.B. *China*, vgl. Tab. 5). Diese flexionsmorphologischen Unterschiede zwischen Feminina und Nichtfeminina illustriert Abb. 2. Es gibt im Genitiv Singular keine gemeinsame Variante für *Airline* und *Auto* (vgl. (22)

und (23)).[19] Dementsprechend gehören Feminina und Nichtfeminina mit *s*-Plural nicht derselben Deklinationsklasse an.

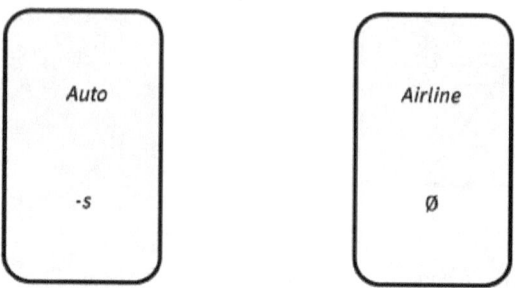

Abb. 2: Nicht überlappendes Flexionsverhalten von *Auto* und *Airline* (Genitiv)

(22) *die Größe des Autos*   aber   **die Größe des Auto*
(23) **die Größe der Airlines* aber *die Größe der Airline* (Singular)

Eigennamen gehören demnach zwei Deklinationsklassen an: Die beiden für Eigennamen relevanten Deklinationsklassen sind (s)|(s) für Maskulina und Neutra sowie Ø|(s) für Feminina.[20] Das aktuell zu beobachtende Flexionsverhalten der Eigennamen spricht demnach dafür, dass die Genus-Schranke im Deutschen (noch) ausnahmslos Gültigkeit besitzt. Allerdings ist die Deflexion von einigen Eigennamen schon weit vorangeschritten. Man kann annehmen, dass Ø im Genitiv Singular der Personennamen bald obligatorisch werden könnte. Genitiv-*s* ist zwar (noch?) eine zu beobachtende Variante, schon heute überwiegt Ø aber sehr deutlich. Würde Ø obligatorisch, läge nach der hier vertretenen Auffassung ein Deklinationsklassenwechsel vor, und zwar von (s)|(s) zu Ø|(s). In diesem Falle läge mit Ø|(s) dann tatsächlich eine genusübergreifende Deklinationsklasse vor, wodurch die Genus-Schranke als eine wichtige deskriptive Regel obsolet würde bzw. nicht mehr ausnahmslos gelten würde.[21]

---

19 Zum Flexionsverhalten von *Auto* s. Zimmer (2018a: 179).
20 Theoretisch ließe sich bei den Maskulina und Neutra auch die silbische Genitivendung integrieren (*-es*), sodass die Klasse mit ((e)s)|(s) gekennzeichnet werden könnte. Allerdings bilden Substantive mit *s*-Plural ihren Genitiv in aller Regel unsilbisch. *-es* ist entweder aus phonologischen Gründen ausgeschlossen (z.B. **des Auto-es*) oder wird dispräferiert, da Schemakonstanz angestrebt wird (?*des Punk-es*).
21 Würde man das possessive *-s* als Kasusmarker analysieren, hätten wir eine genusübergreifende Deklinationsklasse bereits heute. Einer solchen Analyse folgend müssten entsprechend

Neben den flexionsmorphologischen Unterschieden von Nichtfeminina und Feminina werden auch verschiedene Schwankungsfälle der Pluralmarkierung nicht als klassenintern eingestuft, z.B. bei *Magnet* (*Magnet-e* vs. *Magnet-en*). Der Grund dafür ist, dass es keine Klasse gibt, für die gilt, dass alle ihre Mitglieder im Plural entweder *-e* oder *-en* aufweisen. So überlappt z.B. das Flexionsverhalten von *Staat* und *Rohr* im Plural nicht (vgl. (24) und (26) sowie Abb 3.): Es gibt keine Pluralmarkierung, die für beide Lexeme möglich ist. Darüber hinaus sind diese flexionsmorphologischen Unterschiede nicht phonologisch determiniert. Deshalb können diese Lexeme nicht der gleichen Deklinationsklasse zugerechnet werden. *Magnet* hingegen kann beiden Klassen zugerechnet werden, da sowohl *-en* als auch *-e* mögliche Varianten sind. Die Variation (vgl. (25)) ist demnach als Schwankung zwischen zwei Deklinationsklassen und nicht als klasseninterne Variation zu analysieren. Starke und schwache bzw. gemischte Deklination bleiben nach dem hier vorgeschlagenen Konzept also getrennte Klassen.

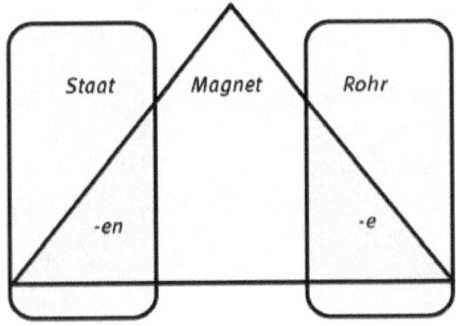

Abb. 3: Nicht überlappendes Flexionsverhalten von *Staat* und *Rohr* (Plural)

(24) *beide Staaten*   aber   **beide Staate*
(25) *beide Magneten*   und   *beide Magnete*
(26) **beide Rohren*   aber   *beide Rohre*

---

dem hier vorgeschlagenen Konzept alle Eigennamen der Deklinationsklasse (s)|(s) zugeordnet werden, wobei die Allomorphie im Genitiv Singular unter anderem syntaktisch gesteuert würde (z.B. im Sinne von Neef 2006). Die Deklinationsklasse ∅|(s) der Feminina wäre dennoch nicht obsolet, da sie das Flexionsverhalten von femininen Kurzwörtern wie *GmbH* und Fremdwörtern wie *Avocado* abbildet.

Dies gilt auch für weitere Klassen, z.B. mit -(e)n-Plural (inklusive dem stammflektierenden Verfahren, vgl. hierzu Eisenberg 2011: 224–225 sowie Harnisch 2001: 266–275) vs. s-Plural.

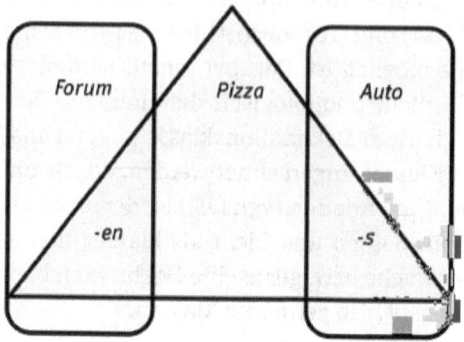

Abb. 4: Nicht überlappendes Flexionsverhalten von *Forum* und *Auto* (Plural)

(27) beide Foren   aber   *beide Forums
(28) beide Pizzen   und   beide Pizzas
(29) *beide Auten   aber   beide Autos

5 Fazit

Im Zentrum dieses Beitrags stand mit den Eigennamen eine Gruppe von Substantiven, die weder aufgrund ihrer Typen- noch aufgrund ihrer Tokenfrequenz als marginal gelten kann, aber dennoch bei der Beschreibung des deutschen Deklinationsklassensystems bisher weitgehend vernachlässigt wurde. Das gilt entweder für das gesamte Deklinationsverhalten der Eigennamen (vgl. z.B. Simmler 1998) oder einzelne morphologische Slots (z.B. frequentes Ø im Genitiv Singular der Maskulina und Neutra mit Artikel, vgl. z.B. Duden-Grammatik 2016: 195–196).

Die hier vorgeschlagene leichte Anpassung der Beschreibung des deutschen Deklinationsklassensystems stellt einen Versuch dar, der Variabilität in der deutschen Nominalmorphologie gerecht zu werden, ohne gleichzeitig die Grenzen zwischen Deklinationsklassen allzu sehr aufzuweichen oder die Beschreibung des Systems um zahlreiche idealisierte Kleinstklassen zu erweitern. Dabei greife ich auf ein Verständnis von klasseninterner Variation zurück, das zwar nicht den klassischen „engen" Deklinationsklassendefinitionen entspricht, aber vielen Beschreibungen implizit zugrunde liegt (und sich dort in Klammernotationen wie *des Beruf(e)s* äußert). Durch das Kriterium des überlappenden Flexionsverhaltens wird klasseninterne klar von klassenkonstituierender Variation abgegrenzt. Ein wichtiger Vorteil dieses Konzepts liegt darin, dass auch die mitunter vergleichsweise frequenten Varianten im Genitiv Singular (mit Artikel) berücksichtigt werden, z.B. Formen wie *des Iran* oder *des heutigen Berlin*.

Das hier vorgeschlagene Konzept ermöglicht es, neben den in diesem Beitrag prominent thematisierten Eigennamen auch weitere periphere Substantivgruppen zu integrieren, deren Flexionsverhalten bislang weitgehend unberücksichtigt geblieben ist. Dazu zählen z.B. Kurzwörter (wie *AKW, BH, CT, FÖJ, FSJ, IC, ICE, IM, KFZ, KO, KZ, LKW, MB, MG, MRT, OB, PC, PKW, TV, WC*) und (noch) nicht integrierte Fremdwörter (wie *Anime, Buddha, Burnout, Chateau, Flamenco, Manga, Muezzin, Punk, Rabbi, Samurai, Shaolin, Sumo, Tango, Triathlon, Tsunami, Vietcong/Vietkong*), die maskulines oder neutrales Genus aufweisen, aber dennoch im Genitiv Singular häufig unflektiert bleiben (sowie *-s* oder Ø im Plural aufweisen) und insofern nicht kompatibel sind mit der großen Mehrheit der Beschreibungen des deutschen Deklinationsklassensystems (vgl. hierzu auch Zimmer 2018a: 194–203).

Vor allem die Klasse (s)|(s) der Maskulina und Neutra ist deshalb durchaus heterogen besetzt – auch was die Flexionsklassenzugehörigkeit ihrer Mitglieder aus diachroner Perspektive betrifft. Das aktuelle Flexionsverhalten der **Eigennamen** und die insgesamt starke Tendenz zu Ø können durchaus als Anzeichen einer bevorstehenden Unflektierbarkeit der Eigennamen gedeutet werden (wobei die Deflexion bei verschiedenen Eigennamen-Typen aktuell unterschiedlich weit vorangeschritten ist). Darauf deuten die onymischen Deflexionstendenzen in der deutschen Sprachgeschichte hin. Die Zugehörigkeit der Eigennamen zu ihren aktuellen Deklinationsklassen wäre demnach nur als ein Übergangsstadium zwischen der einst reichen Flexion in der Geschichte des Deutschen und der möglicherweise bevorstehenden Unflektierbarkeit zu interpretieren. Die Zugehörigkeit der **Kurzwörter** zu den beiden Klassen (s)|(s) und Ø|(s) ist demgegenüber durch Stabilität gekennzeichnet. Hier können sich zwar diachron je nach Lexem durchaus die Tendenzen zugunsten einer Variante verschieben, Hinweise darauf, dass eine Variante sich lexemübergreifend durchsetzt, gibt es aber nicht (vgl. hierzu Zimmer 2018b: 176–192). **Fremdwörter** ändern ihr Flexionsverhalten im Zuge ihrer morphologischen Integration. Je etablierter und bekannter ein Fremdwort ist, desto größer ist prinzipiell die Wahrscheinlichkeit, dass es sich flexionsmorphologisch wie ein natives Appellativ verhält. So geht bei hochfrequenten Entlehnungen im Laufe der Zeit üblicherweise die Variante Ø im Genitiv Singular verloren (vgl. hierzu Zimmer 2018a, 2018b, 2019). Hier haben wir es mit lexemspezifischen Wandelprozessen einzelner Mitglieder der Substantivgruppe zu tun.

Insgesamt sind die beiden hier thematisierten Klassen also durch ein hohes Maß an Dynamik gekennzeichnet. Bei allen drei Gruppen spielen Varianten eine bedeutende Rolle, die nicht mit Beschreibungen des deutschen Deklinationsklassensystems kompatibel sind, so z.B. Ø im Genitiv Singular bei Maskulina und Neutra. Hierbei handelt es sich nicht ausschließlich um temporäre Varianten. Insofern scheint es gerechtfertigt, die damit zusammenhängende synchrone Variation in einer Beschreibung der deutschen Deklination zu berücksichtigen, auch wenn weitere diachrone Entwicklungen bereits absehbar sind, die zumindest die Zusammensetzung der hier veranschlagten Klassen verändern würden.

Literatur

Ackermann, Tanja (2014): Vom Syntagma zum Kompositum? Der grammatische Status komplexer Personennamen im Deutschen. *Linguistik der Familiennamen* (Germanistische Linguistik 225–227), 11–38. Hildesheim u.a.: Olms.

Ackermann, Tanja (2018a): *Grammatik der Namen im Wandel. Diachrone Morphosyntax der Personennamen im Deutschen.* (Studia Linguistica Germanica 134). Berlin, Boston: de Gruyter.

Ackermann, Tanja (2018b): From genitive inflection to possessive marker? – The development of German possessive -s with personal names. In Tanja Ackermann, Horst J. Simon & Christian Zimmer (Hrsg.), *Germanic Genitives* (Studies in Language Companion Series 193), 189–230. Amsterdam, Philadelphia: Benjamins.

Ackermann, Tanja & Christian Zimmer (2017): Morphologische Schemakonstanz – eine empirische Untersuchung zum funktionalen Vorteil nominalmorphologischer Wortschonung im Deutschen. In Nanna Fuhrhop, Renata Szczepaniak & Karsten Schmidt (Hrsg.), *Sichtbare und hörbare Morphologie* (Linguistische Arbeiten 565), 145–176. Boston, Berlin: de Gruyter.

Bittner, Dagmar (1994): Die Bedeutung der Genusklassifikation für die Organisation der deutschen Substantivflexion. In Klaus-Michael Köpcke (Hrsg.), *Funktionale Untersuchungen zur deutschen Nominal- und Verbalmorphologie* (Linguistische Arbeiten 319), 65–80. Tübingen: Niemeyer.

Bubenhofer, Noah, Sandra Hansen-Morath & Marek Konopka (2014): Korpusbasierte Exploration der Variation der nominalen Genitivmarkierung. *Zeitschrift für germanistische Linguistik* 42, 379–419.

Bybee, Joan L. (1985): *Morphology: a Study of the Relation between Meaning and Form.* (Typological Studies in Language 9). Amsterdam, Philadelphia: Benjamins.

Bybee, Joan L. (1994): Morphological universals and change. In Ron E. Asher (Hrsg.), *The Encyclopedia of Language and Linguistics*, 2557–2562. Oxford u.a.: Pergamon Press.

Carstairs, Andrew (1987): *Allomorphy in Inflexion.* London: Croom Helm.

Dammel, Antje (2010): *Konjugationsklassenwandel: Prinzipien des Ab-, Um- und Ausbaus verbalflexivischer Allomorphie in germanischen Sprachen.* (Studia Linguistica Germanica 103). Berlin, New York: de Gruyter.

Dammel, Antje & Melitta Gillmann (2014): Relevanzgesteuerter Umbau der Substantivflexion im Deutschen. *Beiträge zur Geschichte der deutschen Sprache und Literatur (PBB)* 136, 173–229.

Duden-Grammatik (2009): *Die Grammatik.* 8. Aufl. (Duden 4). Mannheim, Zürich: Dudenverlag.

Duden-Grammatik (2016): *Die Grammatik.* 9. Aufl. (Duden 4). Berlin: Dudenverlag.

Eichinger, Ludwig M. (2013): Die Entwicklung der Flexion: Gebrauchsverschiebungen, systematischer Wandel und die Stabilität der Grammatik. In Deutsche Akademie für Sprache und Dichtung & Union der deutschen Akademien der Wissenschaften (Hrsg.), *Reichtum und Armut der deutschen Sprache.* Berlin, Boston: de Gruyter.

Eisenberg, Peter (2011): *Das Fremdwort im Deutschen.* Berlin & New York: de Gruyter.

Eisenberg, Peter (2013): *Grundriss der deutschen Grammatik. Band 1: Das Wort.* 4. Aufl. Stuttgart, Weimar: Metzler.

Enger, Hans-Olav (1998): *The Classification of Strong Verbs in Norwegian with Special Reference to the Oslo Dialect: a Study in Inflectional Morphology.* Oslo: Scandinavian University Press.

Fuß, Eric (2011): Eigennamen und adnominaler Genitiv im Deutschen. *Linguistische Berichte* 225, 19–42.

Harnisch, Rüdiger (2001): *Grundform- und Stamm-Prinzip in Substantivmorphologie des Deutschen: synchronische und diachronische Untersuchung eines typologischen Parameters.* (Germanistische Bibliothek 10). Heidelberg: Winter.

Harnisch, Rüdiger & Günter Koch (2009): Substantiv. In Elke Hentschel & Petra M. Vogel (Hrsg.), *Deutsche Morphologie,* 389–424. Berlin, New York: de Gruyter.

Haspelmath, Martin (2002): *Understanding Morphology.* London: Arnold.

Konopka, Marek & Eric Fuß (2016): *Genitiv im Korpus. Untersuchungen zur starken Flexion des Nomens im Deutschen.* (Studien zur deutschen Sprache 70). Tübingen: Narr/Francke/Attempto.

Köpcke, Klaus-Michael (1995): Die Klassifikation der schwachen Maskulina in der deutschen Gegenwartssprache. Ein Beispiel für die Leistungsfähigkeit der Prototypentheorie. *Zeitschrift für Sprachwissenschaft* 14, 159–180.

Kürschner, Sebastian (2008): *Deklinationsklassen-Wandel: eine diachron-kontrastive Studie zur Entwicklung der Pluralallomorphie im Deutschen, Niederländischen, Schwedischen und Dänischen.* (Studia Linguistica Germanica 92). Berlin, New York: de Gruyter.

Neef, Martin (2006): Die Genitivflexion von artikellos verwendbaren Eigennamen als syntaktisch konditionierte Allomorphie. *Zeitschrift für Sprachwissenschaft* 25, 273–299.

Nowak, Jessica & Damaris Nübling (2017): Schwierige Lexeme und ihre Flexive im Konflikt: Hör- und sichtbare Wortschonungsstrategien. In Nanna Fuhrhop, Renata Szczepaniak & Karsten Schmidt (Hrsg.), *Sichtbare und hörbare Morphologie* (Linguistische Arbeiten 565), 113–144. Berlin, Boston: de Gruyter.

Nübling, Damaris (2005): Zwischen Syntagmatik und Paradigmatik: Grammatische Eigennamenmarker und ihre Typologie. *Zeitschrift für germanistische Linguistik* 33, 25–56.

Nübling, Damaris (2008): Was tun mit Flexionsklassen? Deklinationsklassen und ihr Wandel im Deutschen und seinen Dialekten. *Zeitschrift für Dialektologie und Linguistik* 75, 282–330.

Nübling, Damaris (2012): Auf dem Wege zu Nicht-Flektierbaren: Die Deflexion der deutschen Eigennamen diachron und synchron. In Björn Rothstein (Hrsg.), *Nicht-flektierende Wortarten* (Linguistik – Impulse und Tendenzen 47), 224–246. Berlin, New York: de Gruyter.

Nübling, Damaris (2017): The growing distance between proper names and common nouns in German: On the way to onymic schema constancy. In Barbara Schlücker & Tanja Ackermann (Hrsg.), *The Morphosyntax of Proper Names* (Folia Linguistica, Special Issue 51), 341–367. Berlin, Boston: de Gruyter Mouton.

Nübling, Damaris, Fabian Fahlbusch & Rita Heuser (2015): *Namen. Eine Einführung in die Onomastik.* 2. Aufl. Tübingen: Narr.

Schäfer, Roland (2019): Prototype-driven alternations: the case of German weak nouns. *Corpus Linguistics and Linguistic Theory 15, 383–417.*

Schäfer, Roland & Felix Bildhauer (2012): Building large corpora from the web using a new efficient tool chain. *Proceedings of the LREC 2012, 20 – 27 May 2012,* 486–493. Istanbul.

Scott, Alan K. (2014): *The Genitive Case in Dutch and German. A Study of Morphosyntactic Change in Codified Languages.* (Brill's Studies in Historical Linguistics 2). Leiden, Boston: Brill.

Simmler, Franz (1998): *Morphologie des Deutschen. Flexions- und Wortbildungsmorphologie.* (Germanistische Lehrbuchsammlung 4). Berlin: Weidler.

Szczepaniak, Renata (2010): *Während des Flug(e)s/des Ausflug(e)s*: German short and long genitive endings between norm and variation. In Alexandra N. Lenz & Albrecht Plewnia (Hrsg.), *Grammar between Norm and Variation* (VarioLingua 40), 103–126. Frankfurt am Main: Lang.

Szczepaniak, Renata (2014): Sprachwandel und sprachliche Unsicherheit. Der formale und funktionale Wandel des Genitivs seit dem Frühneuhochdeutschen. In Albrecht Plewnia & Andreas Witt (Hrsg.), *Sprachverfall? Dynamik – Wandel – Variation* (Institut für Deutsche Sprache Jahrbuch 2013), 33–49. Berlin, Boston: de Gruyter.

Thieroff, Rolf (2003): *Die Bedienung des Automatens durch den Mensch.* Deklination der schwachen Maskulina als Zweifelsfall. In Wolf Peter Klein (Hrsg.), *Sprachliche Zweifelsfälle. Theorie und Empirie* (Linguistik online 16), 105–117.

Thieroff, Rolf (2016): Deklinationsklassen und Distinktionsklassen. In Andreas Bittner & Constanze Spieß (Hrsg.), *Formen und Funktionen* (Lingua Historica Germanica 12), 1–20. Berlin, Boston: de Gruyter.

Thieroff, Rolf & Petra M. Vogel (2008): *Flexion.* (Kurze Einführungen in die germanistische Linguistik 7). Heidelberg: Winter.

Werner, Ottmar (1994): Auch Paradigmen entstehen und vergehen. In Klaus-Michael Köpcke (Hrsg.), *Funktionale Untersuchungen zur deutschen Nominal- und Verbalmorphologie,* 5–28. Tübingen: Niemeyer.

Wiese, Bernd (2000): Warum Flexionsklassen? Über die deutsche Substantivdeklination. In Rolf Thieroff, Matthias Tamrat, Nanna Fuhrhop & Oliver Teuber (Hrsg.), *Deutsche Grammatik in Theorie und Praxis,* 139–153. Tübingen: Niemeyer.

Wiese, Bernd (2006): Zum Problem des Formensynkretismus: Nominalparadigmen des Gegenwartsdeutschen. In Eva Breindl, Lutz Gunkel & Bruno Strecker (Hrsg.), *Grammatische Untersuchungen. Analysen und Reflexionen* (Studien zur deutschen Grammatik 36), 15–31. Tübingen: Narr.

Wurzel, Wolfgang Ullrich (1994): Gibt es im Deutschen noch eine einheitliche Substantivflexion? oder: Auf welche Weise ist die deutsche Substantivflexion möglichst angemessen zu erfassen? In Klaus-Michael Köpcke (Hrsg.), *Funktionale Untersuchungen zur deutschen*

Nominal- und Verbalmorphologie (Linguistische Arbeiten 319), 29–44. Tübingen: Niemeyer.

Wurzel, Wolfgang Ullrich (2001): *Flexionsmorphologie und Natürlichkeit: Ein Beitrag zur morphologischen Theoriebildung.* 2. Aufl. (Studia Grammatica 21). Berlin, Boston: de Gruyter.

Zifonun, Gisela, Ludger Hoffmann, Bruno Strecker, Joachim Ballweg, Ursula Brauße, Eva Breindl, Ulrich Engel, Helmut Frosch, Ursula Hoberg & Klaus Vorderwülbecke (1997): *Grammatik der deutschen Sprache.* (Schriften des Instituts für Deutsche Sprache 7). Berlin, New York: de Gruyter.

Zimmer, Christian (2018a): *Die Markierung des Genitiv(s). Empirie und theoretische Implikationen von morphologischer Variation.* (Reihe Germanistische Linguistik 315). Berlin, Boston: de Gruyter.

Zimmer, Christian (2018b): On the motivation of genitive-s omission in Contemporary German. In Tanja Ackermann, Horst J. Simon & Christian Zimmer (Hrsg.), *Germanic Genitives* (Studies in Language Companion Series 193), 65–89. Amsterdam, Philadelphia: Benjamins.

Zimmer, Christian (2019): Zweifel bei der Flexion von Fremdwörtern: Morphologische Integration und Variation. In Renata Szczepaniak, Eleonore Schmitt & Annika Vieregge (Hrsg.), *Zweifelsfälle: Definition, Erforschung, Implementierung* (Germanistische Linguistik 244–245), 137–180. Hildesheim u.a.: Olms.

Kristin Kopf
Was ist so besonders an *Gott*?

Ein grammatischer Abweichler im Frühneuhochdeutschen

Zusammenfassung: Das Theonym *Gott* für den christlichen Gott weist im Frühneuhochdeutschen eine Reihe ungewöhnlicher grammatischer Eigenschaften auf, die in diesem Beitrag korpusbasiert untersucht werden. Zum einen hat es sich von seiner appellativischen Herkunft emanzipiert, wie beispielsweise am fehlenden Artikel deutlich wird, zum anderen nutzt es aber das für einen Namen ungewöhnliche *es*-Flexiv im Genitiv (*Pauls*, *Gottes*) und tritt, wie unbelebte Appellative, als Genitivattribut dominant nachgestellt auf (*Haus __ Gottes*). In der Schreibung bildet sich die Doppelmajuskel <GOtt> heraus, die es bis ins 18. Jh. visuell von der übrigen Lexik abhebt. Damit weist das Theonym im Frühneuhochdeutschen eine Sondergrammatik auf, in abgeschwächter Form besteht sie bis heute fort. Der Beitrag argumentiert dafür, dass es sich um ein Resultat besonderer kommunikativer Relevanz handelt.

1 Einleitung

Wie Kempf et al. (in diesem Band: 1–2) in der Einleitung dieses Bandes hervorheben, sind Eigennamen i. D. R. appellativischer Herkunft, haben aber ihre Semantik verloren und werden monoreferent eingesetzt. Dabei bewahren sie allerdings oft eine „prekäre Nähe [...] zum ‚Normalwortschatz'". Das gilt in besonderm Maße für das Theonym *Gott*: Anders als bei Familiennamen, wo das häufig zu beobachten ist (Kempf et al. in diesem Band: 2–3), divergieren phonologische Struktur und Grapheme zwischen dem Appellativ und dem Eigennamen *Gott* nicht. Man könnte also auf den ersten Blick davon ausgehen, dass keine formale Onymisierung stattgefunden hat. Das ist allerdings nicht der Fall und war es früher noch weniger als heute: Die Verwendung des Theonyms *Gott* (vgl. z. B. Benner 2001: 84–85, Greule 2012/2013) erscheint in frühneuhochdeutschen Texten in Bezug auf eine Reihe von morphologischen, syntaktischen und graphematischen

---

Danksagung: Herzlichen Dank an die Teilnehmenden der GGSG 2017, die Mitglieder des Mainzer germanistisch-anglistischen Kolloquiums, Anna Balbach (Münster) und Javier Caro Reina (Köln) für zahlreiche wertvolle Anregungen zum Thema.

https://doi.org/10.1515/9783110685886-005

Merkmalen ungewöhnlich. Dabei verhält sich das Lexem bei onymischem Gebrauch eben nicht exakt wie ein Eigenname, es handelt sich um einen „onymisch-appellativischen Grenzgänger" (Kempf et al. in diesem Band: 15). Im Folgenden werden vier Phänomene herausgegriffen, in denen sich *Gott* deutlich von Eigennamen und/oder Appellativen absetzt: Der Artikelgebrauch (Kap. 3), die Genitivstellung (Kap. 4), die Form des Genitivflexivs (Kap. 5) und die Schreibung (Kap. 6). Bis auf die Schreibung lassen sich alle Beobachtungen, teilweise in abgeschwächter Form, auf die Gegenwartssprache übertragen. Einige der grammatischen Abweichungen sind zwar als Reflex der appellativischen Herkunft erklärbar, in den meisten Fällen entwickelt *Gott* jedoch eine Art „Sondergrammatik", die in einem gewissen ikonischen Verhältnis zur Wichtigkeit Gottes in der frühen Neuzeit steht.

2 Grundlagen

2.1 *Gott* als Eigenname

Im Fall von *Gott* wird ein Appellativ als Eigenname gebraucht. Solche Übergänge lassen sich im Deutschen insbesondere im Bereich der Verwandtschaftsnamen (*Mama*, *Mutter*) beobachten. Der Unterschied zwischen Name und Appellativ ist hier anhand grammatischer Strukturen im Neuhochdeutschen gut erkennbar: Durch seine Verwendung in pränominaler Stellung verhält sich z. B. *Oma* als Genitivattribut so wie Eigennamen, die ausschließlich dem Onomastikon angehören: Sie stellen die einzige Gruppe von Substantiven dar, die heute noch ihrem Bezugsnomen vorangestellt werden können (*Das ist* **Mutters/Antjes** *Wunsch*). Appellative werden im Nhd. dagegen ausschließlich nachgestellt (*Das ist der Wunsch* **deiner Mutter/der Lehrerin**).

Auch *Gott* lässt sich als Genitivattribut seinem Bezugsnomen voranstellen (*Gottes Wunsch*), und zwar immer dann, wenn Bezug auf den jüdisch-christlichen Gott genommen wird. Hinzu kommt, dass *Gott* keinen Definitartikel aufweist (*Antje/Mutter/Gott wartet*), und zwar sogar konsequenter als die Personennamen (s. Kap. 3). Als Theonym verfügt *Gott*, im Gegensatz zu seiner appellativischen Verwendung, nicht über eine Pluralform (Tab. 1). Das geht direkt daraus hervor, dass Eigennamen per Definition monoreferent und entsprechend nicht pluralisierbar sind. Pluralformen sind zwar bildbar, vervielfältigen aber kein Konzept, sondern beziehen sich auf eine Menge i.d.R. zufällig gleich benannter Referenten (vgl. Nübling et al. 2015: 73).

Sauter & Stock (1976: 132) bezeichnen die onymische Nutzung von *Gott* als „monotheistische[n] Normierung des Sprachgebrauchs". „[D]as Appellativ *Gott* und seine Entsprechungen in anderen Sprachen [wurden] zum Namen, zu *dem* Theonym schlechthin („dem Namen Gottes")" (Greule 2012/2013: 11–12).

Das Phänomen ist nicht spezifisch deutsch: Auch in anderen Sprachen weist eine Bezeichnung für den jüdisch-christlichen Gott (z. B. port. *Deus*, frz. *Dieu*) grammatisch typisches Personennamenverhalten auf: So zeigt Caro Reina (in diesem Band) Namenverhalten bezüglich differenzieller Objektmarkierung in den romanischen Sprachen. Op den Brouw (1994) diskutiert verschiedene Einschätzungen des Namenstatus v.a. im Zusammenhang mit der Artikellosigkeit von englischem *God*. Van den Berg & Bachet (2006: 29) zeigen für *Deo* in Vitu (Ozeanisch) Verwendung des Eigennamenartikels *a* statt des appellativischen Artikels *na*.

Tab. 1: Flexionsparadigmen von Theonym vs. Appellativ.

	Theonym		Appellativ	
	SG	PL	SG	PL
NOM	Gott		Gott	Götter
GEN	Gottes	(Monoreferenz)	Gottes	Götter
DAT	Gott		Gott	Göttern
AKK	Gott		Gott	Götter

2.2 Verwendete Korpora

Je nach Fragestellung werden im Folgenden verschiedene Korpora benutzt bzw. aus ihnen bereits erhobene Daten nachgenutzt. Das Mainzer (Früh-)Neuhochdeutschkorpus basiert auf dem Großschreibungskorpus von Bergmann & Nerius (1998), wurde aber stark modifiziert (Kopf 2018). Es beinhaltet acht Zeitschnitte (Kernjahre ±5 in Dreißigjahresabständen), zwei Themenbereiche (Sachtexte und religiöse Texte) und fünf Regionen (Ostoberdeutsch, Westoberdeutsch, Nordoberdeutsch, Ostmitteldeutsch, Westmitteldeutsch). Das Korpus liegt in maschinenlesbarer Form vor, enthält aber keine Annotationen und ist derzeit noch nicht öffentlich zugänglich. Das Deutsche Textarchiv (DTA) ist eine im Aufbau begriffene Volltextsammlung, die sich aktuell von Ende des 15. bis Anfang des 20. Jh. erstreckt, wobei in den frühen Jahren bedeutend weniger Textwörter enthalten sind. Es ist unter deutschestextarchiv.de bzw. über die Suchoberfläche von dwds.de abrufbar. Es wird hier insbesondere für Recherchen eingesetzt, die auf Lemma- oder Wortartinformationen angewiesen sind, der Zeitraum wird auf 1500 bis 1899 eingeschränkt. Das Bonner Frühneuhochdeutschkorpus wird nur zur Ermittlung frequenter Genitivformen herangezogen, es ist unter korpora.zim.uni-duisburg-essen.de/FnhdC abrufbar.

Tab. 2: Überblick über verwendete Korpora.

Zeit	Korpus	Zusammensetzung	Tokens	Annotation	Beschreibung
1500–1710	Mainzer (Früh-)Neuhochdeutschkorpus	8 Zeitschnitte, 2 thematische Bereiche, 5 Regionen	ca. 320.000	keine	Kopf (2018)
1500–1899	Deutsches Textarchiv (DTA)	im Aufbau, keine repräsentative Zusammensetzung	ca. 200 Mio.	Lemmatisierung, Wortarten	z.B. Haaf & Thomas (2016)
1350–1700	Bonner Frühneuhochdeutschkorpus	4 Zeitschnitte, 10 Dialekträume, keine repräsentative Verteilung auf Textsorten	ca. 600.000	Lemmatisierung, Wortarten, Flexion	korpora.zim.uni-duisburg-essen.de/FnhdC/Dokumentation.html

3 Morphosyntax I: Artikelgebrauch

3.1 Forschungsstand Artikelgebrauch

Um 1500 ist die Ausbreitung des Definit- und Indefinitartikels bereits weit vorangeschritten (zur Vorgeschichte vgl. Oubouzar 1997, Szczepaniak 2013: 104–105, Szczepaniak & Flick 2015). Der Indefinitartikel ist weniger stark verbreitet als der Definitartikel, auch der Definitartikel hat aber z. B. in Präpositionalphrasen noch nicht den heutigen Stand erreicht (Pavlov 1983: 35–50, van der Elst 1988, Szczepaniak 2013: 104–105). Entsprechend ist die generelle Artikellosigkeit des Lexems *Gott* im Untersuchungszeitraum etwas weniger auffällig als heute: Je größer die Ausdehnung des Artikels, desto deutlicher hebt sich die Artikellosigkeit des Theonyms von den Appellativen (nicht aber den Eigennamen) ab.

Im Folgenden soll es jedoch nicht um den generellen Artikelgebrauch gehen, sondern um die Artikelnutzung in postnominalen Genitivkonstruktionen (*der Zorn Gottes*). Wie sich in Kap. 4 zeigen wird, tritt das Theonym als Genitivattribut in fast allen Verwendungen postnominal auf, und zwar stets artikellos. Ob und wie es sich in dieser Artikellosigkeit von Personennamen und Appellativen unterscheidet, gilt es zu ermitteln.

3.2 Korpusuntersuchung

Postnominale Genitivkonstruktionen wurden bereits von Kopf (2018) für Appellative und *Gott* in nachanalysierbarer Form erhoben. *Gottes* wird im Mainzer Korpus nie mit primärem Definitartikel verwendet.[1] Im Gegensatz dazu sind Appellative postnominal immer mindestens mit Artikel versehen (vgl. Tab. 3) – selbst bei indefinit pluralischer Verwendung steht ein Artikelersatz.

Tab. 3: Determinierer und Modifikatoren vor postnominalem Genitivattribut bei Appellativen in vier Zeitschnitten (1500, 1560, 1650 und 1710) des Mainzer Korpus (n=1.231).

	Belege	Prozent
artikellos	0	0,0%
Indefinitartikel	22	1,8%
Definitartikel	655	53,2%
Adjektive, Possessiva, Demonstrativa, …	554	45,0%

Systematisch vergleichbare Daten zu Personennamen liegen nicht vor. Sie sind insofern auch weniger interessant, als die Personennamen im Untersuchungszeitraum fast ausnahmslos vorangestellt werden (Kap. 4), die Entscheidung für oder gegen einen Artikel also fast nie getroffen werden muss. Um dennoch eine Einordnung des Theonymverhaltens in Bezug auf Appellative und Personennamen zu ermöglichen, wurden im DTA für das 16. Jh. Abfolgen von Substantiv und

---

1 Insgesamt 9 Belege weisen einen sekundären Definitartikel (d.h. einen Artikel mit adjektivischer Modifikation) auf (a, b), 6 ein Possessivum (c); n=341):
a. von der gütigkait **des allmechtigen gottes** (1500)
b. mit dem reinen Ebenbild **des vollkommenen Gottes** (1710)
c. seye auffmercksamb auff den Willen/ und auff die Güte **deines Gottes** (1710)
Beide Phänomene treten im Deutschen auch mit Personennamen auf: *Der **35jährige** Franz, Welche Augenfarbe hat denn **dein** Benno?* (via DWDS).

Personenname auf -s überprüft. Hier treten, im Gegensatz zu *Gott*, Artikel auf, allerdings nur in 17 von 92 Fällen, z. B.:[2]

(1) a. Wie aus den begrebnussen der Sara/ **des Abrahams**/ Jsaac/ Jacobs/ vnd anderer/ zusehen ist.[3]

b. Darauff haben die Zürcher alle vngehewre Bücher **deß Zwingels** zusammen bracht / vnd was Teutsch von jm geschrieben / in Latein vbersetzen / vnd drucken lassen.[4]

3.3 Interpretation

Durch die bereits im späten Althochdeutschen einsetzende Ausbreitung des Artikels auf beinahe sämtliche substantivische Singularverwendungen in allen Kontexten hebt sich das artikellose Theonym im Frühneuhochdeutschen und Neuhochdeutschen deutlich von den Appellativen ab. Es gleicht damit den Personennamen, auf die sich der Artikelgebrauch allerdings im Neuhochdeutschen umgangssprachlich ebenfalls ausdehnt (Bellmann 1990, Schmuck & Szczepaniak 2014, Werth 2014). Hier bliebe zu überprüfen, wie die umgangssprachlichen oder dialektalen Verhältnisse bei *Gott* sind.

In postnominalen Genitivkonstruktionen verhält sich *Gott* im Untersuchungszeitraum ähnlich wie, aber konsequenter als die Eigennamen: Während sie mitunter auch mit Artikel auftreten können, ist das bei *Gott* nie der Fall. Grund dafür ist möglicherweise die appellativische Herkunft des Theonyms: Bei Artikelverwendung würde der Referent ambig, es könnte sich sowohl um den christlichen Gott als auch um eine Gottheit handeln. Die Problemlage ähnelt der deappellativischer Familiennamen: *die Entscheidung Kochs* ist nicht *die Entscheidung des Kochs*. Zusätzlich bildet die Artikellosigkeit gemeinsam mit der Nachstellung des Theonyms eine Sonderkonstruktion, die *Gott* formal abhebt (vgl. Kap. 4.3).

---

2 Genitive mit lateinischer Flexion wurden ausgeschlossen. Abfrage artikellos: "$p=NN $p=NE with *s"; Abfrage mit Artikel: "$p=NN der $p=NE" (DTA, 30.1.2018). Artikellose Fälle ohne s-Flexiv (möglicher Typ *der Tod Katharinen*) wurden demnach nicht erfasst, die Zahl unterschätzt die Artikellosigkeit also sogar noch. Das POS-Tagging für Eigennamen ist sehr schlecht, weshalb zusätzlich zu unerwünschten Konstruktionen (Typ *Herr Peters*) große Mengen falsch positive Belege aussortiert werden mussten. Es ist umgekehrt möglich, dass fälschlicherweise nicht als Eigennamen getaggte Namen fehlen.
3 Leyser, Polycarp: Ein Christliche Leichpredigt. Wittenberg, 1583.
4 Kirchner, Timotheus: Histori deß Sacramentstreits. [s. l.], 1591.

4 Morphosyntax II: Genitivstellung

4.1 Forschungsstand Genitivstellung

Der Genitivstellungswandel im Frühneuhochdeutschen ist umfangreich erforscht. Für einen umfassenden Literaturüberblick und -vergleich s. Kopf (2018: 85–107) und Pickl (2019). Bei Kopf (2018) wird auch an Daten des Mainzer Korpus gezeigt, dass sich *Gott* als Genitivattribut semantisch unerwartet verhält (Abb. 1): Während Personenbezeichnungen und Eigennamen im Untersuchungszeitraum noch Voranstellung wahren, wird *Gott* fast vollständig nachgestellt (zwischen 90,2% und 100%) – wie nichtmenschliche Konkreta und Abstrakta (zwischen 84,8% und 98,5%).

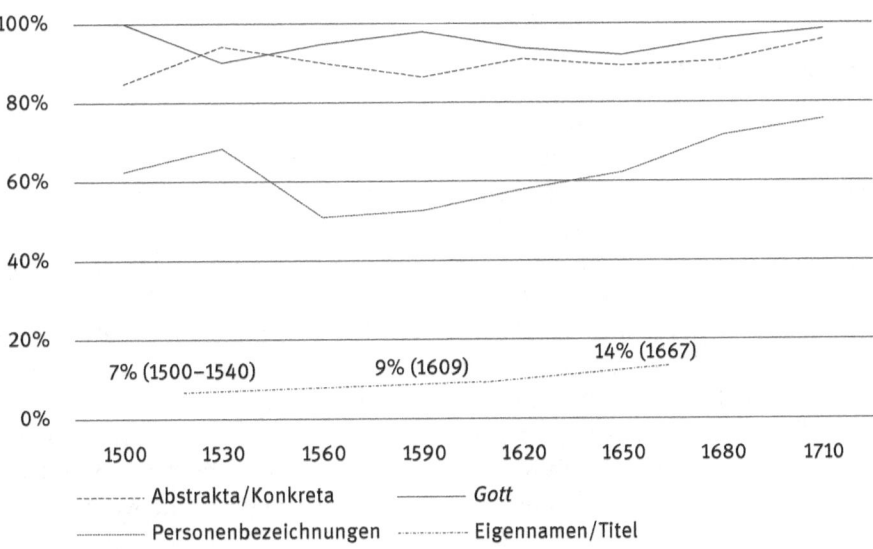

Abb. 1: Nachstellungsanteile im Mainzer Korpus (n=4.267, modifiziert nach Kopf 2018: 97) verglichen mit Nachstellungsanteilen von Eigennamen (Zahlen nach Ebert 1988: 36, Demske 2001: 218–220).

Die Verhältnisse sind zunächst unerwartet, da *Gott* ein Name und semantisch eher den Menschen zuzurechnen ist als Tieren, Unbelebtem oder Abstraktem. Entsprechend wäre eigentlich mit Nachstellungswerten zwischen den Personenbezeichnungen und den Eigennamen zu rechnen.

Behaghel (1932: 183) erklärt die Tendenz zur Nachstellung bereits für das Althochdeutsche mit lateinischem Vorbild:

> Bei Isidor stehen die Personenbezeichnungen fast durchweg vor. [...] [S]iebenmal erscheint gotes nachgestellt [...]. Das findet seine Erklärung in der Tatsache, daß in der lateinischen Vorlage der Genitiv dei, domini fast ausnahmslos nachsteht (wenn auch nicht an den genannten Stellen).

Reichmann & Wegera (1993: 337) sehen die Nachstellung von *Gott* im Frühneuhochdeutschen ebenfalls als Resultat lateinischen Sprachkontakts, auch sie mit Verweis auf die frequente Nachstellung von *dei* ‚Gottes' und *domini* ‚des Herrn'. Im Folgenden gilt es die Plausibilität dieser Sprachkontakterklärung zu prüfen und möglicherweise weitere Einflussfaktoren ausfindig zu machen, die das atypische Stellungsverhalten von *Gott* steuern.

4.2 Datenanalyse

Behaghels (1932) Einordnung der Nachstellung *Gottes* als althochdeutsche Lehnsyntax erscheint in Anbetracht des Zusatzes „wenn auch nicht an den genannten Stellen" überprüfungswürdig. Eine Analyse aller relevanten Stellen im Isidor zeigt ein ganz anderes Bild (Tab. 4): Zwar findet sich im Lateinischen vor allem Nachstellung (27 vs. 5); von den 20 übersetzten postnominalen Genitivkonstruktionen werden allerdings 16 im Althochdeutschen pränominal realisiert. Die Differenzbelege im auszugsweise untersuchten Tatian sprechen eine noch deutlichere Sprache: Die 38 Konstruktionen sind im Lateinischen ausnahmslos postnominal, im Althochdeutschen werden aber 35 von ihnen pränominal übersetzt. Bei der frühneuhochdeutschen Tendenz zur Nachstellung *Gottes* handelt es sich damit wahrscheinlich nicht um ein tradiertes Muster aus althochdeutscher Zeit, sondern um eine mittel- oder frühneuhochdeutsche Innovation.

Tab. 4: Übersetzung lateinischer Genitivkonstruktionen mit *dei/domini*, die im Althochdeutschen *gotes* enthalten. (NA: Lateinische Konstruktion wurde nicht oder nicht genitivisch übersetzt.)

		Althochdeutsch (Isidor)			Althochdeutsch (Tatian, auszugsw.)		
		NA	post	prä	NA	post	prä
Lateinisch	post	(9)	4	16	(1)	2	35
	prä	(2)	0	3	0	0	0

Die Annahme lateinischen Einflusses im Frühneuhochdeutschen basiert auf der Prämisse, dass lateinische Texte der damaligen Zeit ebenfalls Unterschiede in der Genitivstellung aufweisen. Wenn der Genitiv generell nachgestellt ist (wie das im klassischen Lateinischen der Fall ist), müsste erst plausibel gemacht werden, warum ausgerechnet *Gott* dem lateinischen Muster folgt, während es z. B. die Eigennamen nicht tun. Außerdem müsste sich zeigen, dass SchreiberInnen mit höherer Bildung (und damit intensiverem Sprachkontakt) stärker zur Nachstellung tendieren.

Ebert (1988) analysiert Texte verschiedener sozialer Gruppen aus der ersten Hälfte des 16. Jh. Er stellt fest, dass Männer mit Universitätsausbildung und Verwaltungsberufen sowie Schreiber der Nürnberger Stadtkanzlei Namen etwas häufiger nachstellen als die weniger gebildeten Schreibenden (Ebert 1988: 37). Hier wäre also ein Einfluss des Lateinischen prinzipiell denkbar (und dafür argumentiert z. B. auch Ackermann 2018: 181–182 überzeugend). Umgekehrt geht aber aus seiner tabellarischen Übersicht (Ebert 1988: 36) hervor, dass die Gruppen mit weniger Bildung die Nomina sacra konsequenter nachstellen als die Gruppen mit mehr Bildung (100%, 77% vs. 70%, 69%). Das macht eine reine Sprachkontakterklärung wenig plausibel.

4.3 Interpretation

Die postnominale Stellung des Genitivattributs *Gottes* entspricht der nicht-menschlicher Substantive, obwohl es semantisch den Personennamen oder zumindest den Menschen zugerechnet werden müsste. Der Unterschied kann über lateinischen Sprachkontakt nicht zufriedenstellend erklärt werden. Daher soll hier ein Vorschlag gemacht werden, der die Besonderheit des Referenten als ausschlaggebenden Faktor annimmt (vgl. auch Kopf 2018: 102–103): Bei der Nachstellung *Gottes* handelt es sich möglicherweise um eine grammatische Differenzierungs- und Distanzierungsstrategie, die das Theonym so deutlich wie möglich von den Menschen abhebt, mit denen es nicht gemein gemacht werden soll. *Gott* wird wie Unbelebtes und Abstraktes nachgestellt, eben weil mit dieser Gruppe keinerlei Verwechslung droht. Je unähnlicher die Substantive sind, die sich die Position mit *Gott* teilen, desto deutlicher tritt es hervor. Hinzu kommt mit der Artikellosigkeit (Kap. 3) auch eine formale Differenzierung von postnominalen Konkreta und Abstrakta.

5 Phonologie: Von *gots* zu *Gottes*

5.1 Forschungsstand *(e)s*-Variation

Gott zeigt diachron, wie andere Einsilber auch, Allomorphie im Genitivsuffix (*-es* vs. *-s*). Daten zum (aus Flexion hervorgegangenen) Verfugungsverhalten in Komposita (Kopf 2018: 219–221, s.u.) legen nahe, dass *Gott* im Frühneuhochdeutschen und frühen Neuhochdeutschen hier in phonologischer Hinsicht Abweichungen von vergleichbaren Appellativen zeigt – was allerdings nicht dazu führt, dass das Theonym sich personennamenartig verhält.

Der *s*-haltige, starke Genitiv ist im Althochdeutschen stets silbisch (Braune 2004, Szczepaniak 2010: 103–104). In der Eigennamenflexion wechselt er vom Mittel- zum Frühneuhochdeutschen zur unsilbischen Form (vgl. Tab. 5) und wird zum überstabilen Marker für Maskulina wie Feminina (vgl. Ackermann 2018: 181–185).

Tab. 5: Genitivflexion von Eigennamen diachron (Ackermann 2018: 125, 127, 128, 130) vs. Appellative.

	Ahd.	Mhd.	Fnhd.	Fnhd. Appellative
NOM	Hartmuot	Hartmuot	Hartmut	Mut
AKK	Hartmuot-an	Hartmuot-en/(-Ø)	Hartmut-en	Mut
DAT	Hartmuot-e	Hartmuot-e/-en/(-Ø)	Hartmut-en	Mut-e
GEN	**Hartmuot-es**	**Hartmuot-es**	**Hartmut-(en)s**	**Mut-s/-es**

Im Gegensatz dazu bildet sich bei den Appellativen eine Zweiteilung heraus. Zu Beginn der frühneuhochdeutschen Zeit ist die kurze Genitivform bei Mehrsilbern auf Nasal oder Liquid bereits die Norm geworden, lediglich 1350–1400 sind noch einzelne Langformen belegt (Wegera 1987: 64). Szczepaniak (2010) argumentiert, dass die bei Einsilbern schon im Mittelhochdeutschen auftretenden Kurzformen silbenphonologisch bedingt sind: Wo die Kurzform die Sonoritätskurve der Silbe nicht stört, d. h. nach Liquid, kann sie auftreten (z. B. *spi.les* > *spils*; dazu passen auch die frühneuhochdeutschen Tendenzen bei Wegera 1987: 64). Nach Obstruenten und insbesondere bei Konsonantenclustern wird die Kurzform erst im Frühneuhochdeutschen möglich (z. B. *Kru.ges* > *Krugs*). Es spricht allerdings einiges gegen eine lineare Entwicklung von *es*- zu *s*-Genitiv im Frühneuhochdeutschen. So stellt Kopf (2018: 220) für das Mainzer Korpus bei Komposita fest, dass Einsilber, die heute (auch) *es*-verfugen (z. B. *Geist, Kind, Mann*), im Korpus deutlich die s-Fuge präferieren. Da es sich dabei um einen Reflex der Genitivflexion handelt, liegt die Vermutung nahe, dass bestimmte Einsilber heute wieder stärker zum es-Genitiv tendieren als um 1500. In den Kompositumsdaten auffällig ist das Erstglied *Gott*, das im Mainzer Korpus ohne diachronen Wandel zu 91,2% es-verfugt. Wegera (1987: 65) zeigt an frühneuhochdeutschen Korpusdaten eine Tendenz zur silbischen Genitivform bei Dentalauslaut, in manchen Texten sogar alternativlos. Es gilt also zu überprüfen, in welche Richtung die Genitivvariation sich im Frühneuhochdeutschen und im frühen Neuhochdeutschen entwickelt und ob *Gott* hier systematisch anders flektiert als vergleichbare Einsilber.

5.2 Korpusuntersuchung

Zum Vergleich werden die Genitivflexion von *Gott* und die einsilbiger starker Maskulina und Neutra mit identischem bzw. ähnlichem Auslaut (/t/, /d/) gegenübergestellt. Die hierfür getesteten Lexeme wurden zunächst im Bonner-Fnhd.-Korpus erhoben. Alle Lemmata, die dort mit starkem Genitiv belegt sind, wurden in einem zweiten Schritt im Deutschen Textarchiv auf ihr Flexionsverhalten überprüft, wobei eine Zusammenfassung in Fünfzigjahresschritte erfolgte.[5]

Für die Appellative erfolgt eine Trennung nach Stimmhaftigkeit (2).[6] Während Wegera (1987: 64) keine diesbezüglichen Unterschiede bemerkt, lassen die Daten von Kopf (2018: 219–221) mehr es-Genitive nach /d/ vermuten. Das legt eine (anfangs) phonologische Steuerung nahe, die die Auslautverhärtung unterbindet.[7]

---

[5] Der Zweischritt war notwendig, da im DTA, im Gegensatz zum Bonner Fnhd.-Korpus keine Flexionsinformationen enthalten sind. Zudem gewährleistet das Vorkommen im kleineren Bonner Fnhd.-Korpus eine gewisse Frequenz der Genitivformen im DTA.
[6] Die beiden Gruppen unterscheiden sich nicht nur im Auslaut, sondern auch in ihrer phonologischen Struktur. Lediglich das gefettete Lemma, *Bett*, weist wie *Gott* einen Kurzvokal und einen einfachen Kodakonsonanten auf. Auch hier liegen die es-Anteile allerdings weit unter denen von *Gott*. Die Werte sind, beginnend mit 1600: 33,33% (n=12), 83,67% (49), 82,86% (35), 88,46% (52), 92,31% (91), 94,57% (92). Sie steigen also früher an als die Gesamtgruppe, beginnen aber ebenso niedrig wie sie.
Die *d*-auslautenden Lemmata zeigen bei Konsonantenclustern nur Verbindungen mit Nasalen und Liquiden. Bei den *t*-Auslauten finden sich viele Obstruenten, die assimilationsbedingt ebenfalls stimmlos artikuliert werden. Dass die Gruppen phonologisch nicht genau vergleichbar sind, liegt also daran, dass im fnhd. Wortschatz bestimmte Silbenstruktureigenschaften mit stimmhaftem bzw. stimmlosem Auslaut korrelieren.
[7] Die Opposition der übrigen Plosive ist im fnhd. Wortschatz nicht bzw. wenig belastet: Auslautendes /p/ wurde in der 2. Lautverschiebung affriziert oder spirantisiert und tritt entsprechend

(2) *t*-Auslaut: Abt, Amt, Arzt, **Bett**, Brot, Dienst, Gast, Gift, Haupt, Knecht, Kraut, Last, Licht, Mist, Mut, Papst, Schwert, Streit, Text, Trost, Vogt, Wirt, Wort, Zeit[8]

d-Auslaut: Bad, Bild, Eid, Feind, Feld, Freund, Geld, Glied, Gold, Grund, Kind, Land, Leid, Mond, Mord, Mund, Neid, Pferd, Sand, Stand, Tod, Wald, Wind

Verhält sich *Gott* appellativtypisch, so sollte seine Genitivflexion den Appellativen, insbesondere denen auf /t/, gleichen. Tatsächlich tritt *Gott* allerdings bereits Anfang des 16. Jh. dominant mit *es*-Genitiv auf (Abb. 2). Die vergleichbaren, *t*-auslautenden Appellative übersteigen beim *es*-Anteil erst Anfang des 19. Jh. die 50%-Marke und erreichen bis Anfang des 20. Jh. nur 82,3%. Selbst die unähnlicheren *d*-Auslaute, die erwartungsgemäß von Beginn an mehr *es*-Genitive aufweisen, bleiben hinter *Gott* zurück.

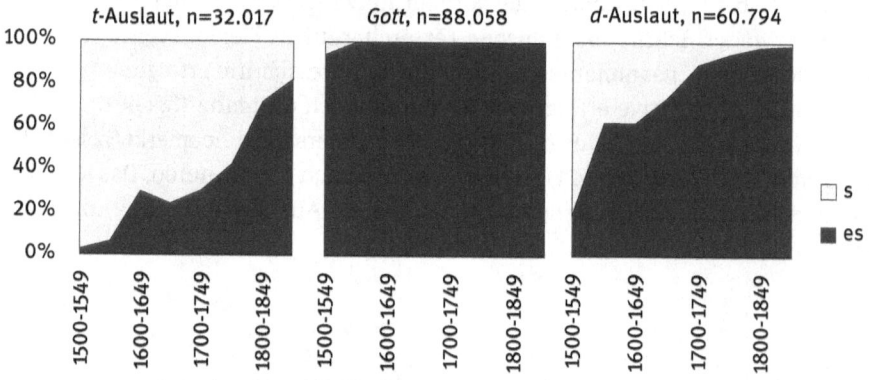

Abb. 2: *es*- vs. *s*-Genitiv bei einsilbigen starken Maskulina und Neutra (DTA).[9]

---

nicht auf. Auslautendes /k/ blieb postkonsonantisch und bei wg. Geminate erhalten. Hier zeigt sich ein Effekt in den (geringen) Daten des Bonner Fnhd.-Korpus (1350–1700): *es*-Anteil /k/: 18,3% (n=82); *es*-Anteil /g/: 46,7% (n=152). Eine Überprüfung anhand des DTA erfolgte nicht, da jeweils nur 6 Typen mit den entsprechenden Auslauten ermittelt werden konnten.

8 *Zeit* ist meist feminin, hier sind naturgemäß nur maskuline Belege enthalten.

9 Abfrage: $l=___ with /[^ei][ßsz]$/ bzw. $l=___ with /[ei][ßsz]$/, wobei bei ___ das entsprechende Lemma eingesetzt wurde. Die Recherche wurde 2017 von den Mainzer Hilfskräften Katja Burger und Katharina Schelp durchgeführt. Dafür herzlichen Dank!

5.3 Interpretation

Zusammengefasst zeigen sich also die folgenden Zustände: Anthroponyme werden bereits im Fnhd. invariant mit -s markiert, unabhängig von ihrer phonologischen Struktur. Einsilbige Appellative weisen dagegen *(e)s*-Variation auf, wobei sich die Verhältnisse zugunsten von -*es* verschieben. Der Prozess vollzieht sich bei *d*-Auslaut schneller und konsequenter als bei *t*-Auslaut. Daraus lässt sich schließen, dass die silbische Form bei Appellativen dort bevorzugt wird, wo sie die Auslautverhärtung verhindert. Das Theonym *Gott* ist schon 1500 quasi invariant mit -*es* markiert. Damit ist es sprachlich sowohl von Personennamen als auch von Appellativen abgegrenzt:

Gott verhält sich eigennamenatypisch, hier wäre ein invarianter *s*-Genitiv zu erwarten. Es verhält sich auch appellativatypisch, da dort bei gleichem Auslaut bis Ende des 17. Jh. der unsilbische Genitiv dominiert. *Gott* besitzt damit durch die Zweisilbigkeit mehr phonologisches Gewicht, eine ikonische Abbildung seiner realweltlichen Wichtigkeit im Untersuchungszeitraum. Vergleichbare Effekte entstehen auch durch Verstärkungsprozesse mittels Komposition wie *Herrgott* oder Attributsetzung wie *der allmächtige Gott*. Für die Langform des Genitivs dürfte die Tokenfrequenz des Theonyms – die wiederum seine Relevanz widerspiegelt – eine wichtige Rolle spielen: Es ist im Korpus über zehnmal häufiger als das frequenteste Appellativ, *Wort* (7.818). Die Langform des Genitivs ist der alt- und mittelhochdeutsche Default. *Gott* hat also das silbische Flexiv nicht angenommen, sondern beibehalten, während die Appellative es um 1500 praktisch abgelegt hatten (nur um es im frühen Neuhochdeutschen wieder anzunehmen). Dass hochfrequente Wörter sich konservativer verhalten ist gut belegt. Bei *Gott* kommt noch hinzu, dass es besonders häufig in Zitaten und formelhaften Wendungen verwendet wird, was der Beibehaltung des *es*-Genitivs weiteren Vorschub leistet. Damit zeigt sich hier ein ähnlicher Effekt wie z. B. bei den deutschen Familiennamen: Die Namen konservieren frühere Merkmale (bei Familiennamen oft Schreibungen), während die Appellative, aus denen die Namen hervorgegangen sind, sich verändern (Nübling et al. 2015: 50). Der so entstehende Abstand erzeugt eine Hervorhebung des Namens.

6 Graphematik: ‹got›, ‹Gott›, ‹GOtt›

6.1 Forschungsstand Großschreibung

Mit Bergmann & Nerius (1998) ist die Herausbildung der Großschreibung im Deutschen korpuslinguistisch gut erforscht. Der Substantivgroßschreibung gehen textuell (Überschriften, Absatzanfänge) und syntaktisch (v.a. Satzanfänge) gesteuerte Großschreibungen voraus. Bereits 1500, zu Beginn des Untersuchungszeitraums, werden Eigennamen zu zwei Dritteln großgeschrieben, 1530 dann dominant (96%). Bei dieser Entwicklung gehen die geografischen Namen den Personennamen voraus. Die Großschreibung der Nomina sacra, darunter *Gott*, ist 1560 weitgehend durchgesetzt (90%), die der appellativischen Personenbezeichnungen 1590 (91%), später kommen zunächst Konkreta und schließlich Abstrakta hinzu (s.u. Abb. 3). Damit lässt sich die Individuiertheit der Referenten als steuernder Faktor ausmachen (vgl. auch Bergmann & Nerius 1998: 872, detaillierter Szczepaniak 2011): Namen sind per Definition monoreferent und damit hochgradig individuell. Geografische Namen unterscheiden sich von Personennamen dadurch, dass sie wesentlich seltener doppelt vergeben werden, sie sind also eindeutiger individuell als Personennamen (insbesondere, wenn letztere nicht in Kombination von Ruf- und Familienname auftreten). Nomina sacra sind hier nicht sinnvoll einzuordnen, da sowohl individuelle Referenten (z. B. *Gott*) als auch appellativische (z. B. *Engel*) enthalten sind. Hier gilt es genauer zu prüfen, wie sich *Gott* in die Entwicklung einfügt.

Von besonderem Interesse für die vorliegende Untersuchung sind Doppelmajuskelschreibungen bei Nomina sacra. Ein früher, isolierter Fall findet sich schon im althochdeutschen Georgslied.[10] Dazu bemerkt Tschirch (1951: 412):

> In der ersten Zeile der S. II hatte Wisolf seine mönchische Ehrfurcht vor der Erhabenheit Gottes dadurch bekundet, daß er die ahd. Bezeichnung für den Christengott *druhtin* durch die Majuskelierung ihrer beiden Anfangsbuchstaben aus der Gleichförmigkeit der durchgängigen Minuskelschreibung graphisch herausgehoben hatte.

Der ab 1523 zu beobachtende Gebrauch setzt das jedoch nicht fort. Er basiert höchstwahrscheinlich auf Luthers Übersetzungspraxis, wie sie im Vorwort seines Alten Testaments erläutert wird (vgl. auch Traube 1907: 285–286):

---

10 ‹georio dodi gita ina[n] **DRuhtin** al geuuereta des gorio› (Cod. Pal. lat. 52, UB Heidelberg, 201 r).

> Es soll auch wissen/ wer diße Bibel lyßet/ das ich mich geflissen habe/ den namen Gottes den die Juden/ tetragramaton haissen/ mit grossen büchstaben auß zůschreiben/ nemlich also/ HERRE/ vnd den andern/ den sye haissen/ Adonai/ halb mit grossen büchstaben/nemlich also/ HErr/ denn vnder allen namen Gottes/ werden dise zwen allain/ dem rechten waren Gott in der schrifftt [sic!] zůgeeygnet/ die andern aber werden offt auch den engeln vnnd hailigen zůgschryben.

Die Doppelmajuskeln werden in der Folge auch in autochthonen Texten gebraucht und auf weitere Nomina sacra übertragen, bei denen sie keinen semantischen Unterschied markieren (insbes. *Gott*, aber auch weitere Theonyme wie *Jesus* und *Christus*, s.u.).

Dass Luther zur Hervorhebung neben der Gesamtgroßschreibung ausgerechnet Doppelmajuskeln wählt, dürfte kein Zufall sein: Zur textuellen Gliederung werden sie, ungeachtet der Wortart, mitunter schon in mittelhochdeutschen Handschriften an Kapitel- oder Absatzanfängen eingesetzt,[11] die Praxis setzt sich auch im Buchdruck fort. Dabei ist die erste Majuskel i.d.R. als Schmuckinitiale ausgeführt. Bergmann & Nerius (1998: 779–780) beobachten das Verfahren nach Überschriften in 122 von 127 Texten (1500–1710), wobei sich keine diachrone Veränderung zeigt. Luther selbst nutzt die Doppelmajuskel schon 1522 im Septembertestament intensiv (290 Mal auf 439 Druckseiten).[12] Hier ist also, wie bei der einfachen Großschreibung (Nübling et al. 2017: 262–267), ein Übergang von textualem zu lexikalisch-semantischem Prinzip zu beobachten.

6.2 Korpusuntersuchung

Aus den Nomina sacra soll nun das Lexem *Gott* herausgegriffen und auf seine relative Position in der Entwicklung der Substantivgroßschreibung hin untersucht werden: Da es sich um einen Eigennamen handelt, ist anzunehmen, dass es, wie die Personennamen, früher zur Großschreibung wechselt als die Sammelgruppe der Nomina sacra, die ja auch Appellative enthält. Entsprechend wurde das Theonym im Mainzer Korpus nacherhoben.[13] Ordnet man es statt der Nomina

---

11 Z. B. mehrfach in der Donaueschinger Handschrift des Nibelungenlieds, 2. Hälfte des 13. Jh., vgl.: <IN Disen hohen eren. trvmte Chriemilde> (Landesbibliothek Karlsruhe, Cod. Donaueschingen 63, 1v).
12 Das Newe Testament Deutzsch. [Septembertestament.] Übersetzt von Martin Luther. Wittenberg, 1522. (Via DTA)
13 Da das Mainzer (Früh-)Neuhochdeutschkorpus auf dem Korpus von Bergmann & Nerius (1998) basiert, ist es chronologisch gut vergleichbar, ein großer Teil der analysierten

sacra in die Daten von Bergmann & Nerius (1998) ein (Abb. 3), so zeigt sich, wie erwartet, ein deutlicheres Bild: *Gott* weist bereits 1530 über 80% Großschreibung auf, nicht erst 1560, wie die Nomina sacra gesamt.[14] Damit wird *Gott* ähnlich wie die Personennamen behandelt, aber nicht vollkommen gleich: Die etwas geringeren Großschreibungswerte sind wahrscheinlich der appellativischen Herkunft des Theonyms geschuldet.

	Individuiert				Nicht individuiert			
	Eigennamen				Appellative			
	Orte	Personen	*Gott*	Konkreta/Abstr.[15]	Personen	EN-ähnlich[16]	Konkreta	Abstrakta
1500	80,3%	64,0%	3,0%	47,0%	11,3%	10,3%	3,8%	1,7%
1530	98,1%	99,3%	84,0%	82,8%	33,5%	33,6%	7,7%	5,1%
1560	99,5%	99,9%	99,0%	88,2%	71,7%	76,7%	39,9%	17,5%
1590	98,3%	100,0%	100,0%	92,5%	91,0%	84,9%	83,7%	49,5%
1620	99,9%	100,0%	100,0%	96,9%	95,9%	90,6%	90,7%	66,3%
1650	99,4%	100,0%	100,0%	98,2%	93,1%	95,3%	93,2%	71,6%
1680	99,7%	100,0%	100,0%	94,3%	95,5%	99,2%	98,5%	86,6%
1710	99,9%	99,9%	100,0%	93,4%	97,8%	98,1%	93,8%	88,2%

Abb. 3: Herausbildung der Substantivgroßschreibung anhand der Daten von Bergmann & Nerius (1998: 829–875); statt der Mischkategorie der Nomina sacra hier nur Daten zu *Gott* aus dem Mainzer Korpus.

Im Anschluss stellt sich nun die Frage nach der chronologischen Einordnung der Doppelmajuskelschreibungen und ihrer Funktion für das Theonym. Die ersten Doppelmajuskelschreibungen sind im Mainzer Korpus 1590 belegt. Sie lösen die

---

Textausschnitte ist identisch. Zu den Unterschieden im Korpusaufbau vgl. Kopf (2018: 18–21). Appellativische Verwendungen von *Gott* sind marginal und wurden ausgeschlossen.

14 Die Werte der Nomina sacra sind in chronologisch aufsteigender Reihenfolge: 0,40% – 67,90% – 90,10% – 98,40% – 99,30% – 99,50% – 99,80% – 100%.

15 Mischkategorie für Sterne/Sternbilder/Himmelskörper, Bauwerke, Ereignisse, Vereinigungen, Institutionen, Behörden, Druckerzeugnisse (Bergmann & Nerius 1998: 837, dort als „Sachnamen" geführt).

16 Z. B. Monatsbezeichnungen, Pflanzenbezeichnungen (d.h. Konkreta, vgl. Bergmann & Nerius 1998: 53, 72, 837), wahrscheinlich auch Völkerbezeichnungen (d.h. Personen, vgl. Bergmann & Nerius 1998: 53), was die Position zwischen den beiden Gruppen erklären könnte.

einfache Großschreibung schnell ab, 1680 sind sie bereits bei gut zwei Drittel *Gott*-Vorkommen zu finden.

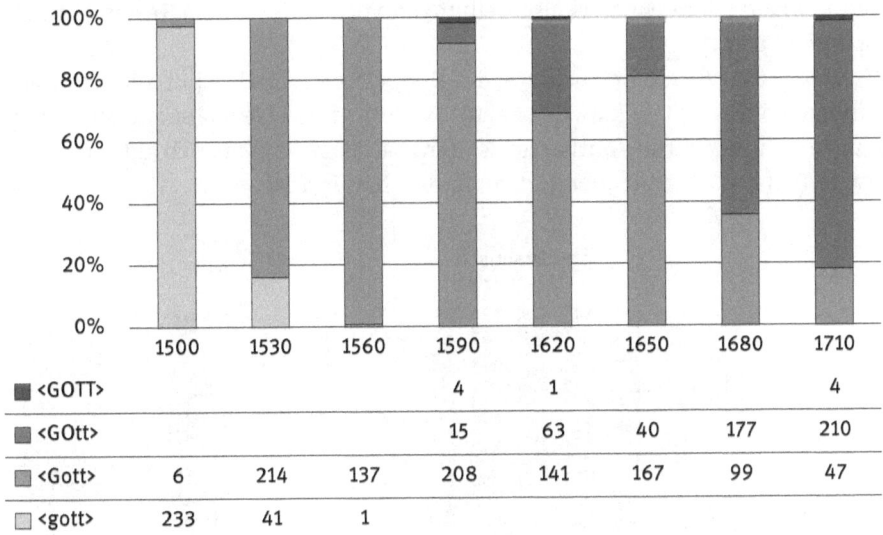

	1500	1530	1560	1590	1620	1650	1680	1710
■ <GOTT>				4	1			4
■ <GOtt>				15	63	40	177	210
■ <Gott>	6	214	137	208	141	167	99	47
□ <gott>	233	41	1					

Abb. 4: Schreibungen von *Gott* im Mainzer Korpus (n=1.808).

Für eine feinere chronologische Einordnung bieten sich die DTA-Daten an: Die erste *Gott*-Doppelmajuskelschreibung ist hier 1531 in einem Herbarium belegt. Sie findet sich an einem Absatzanfang und ist auch typographisch hervorgehoben: Das <G> ist in übergroßer Antiqua gesetzt (einer Schmuckinitiale vergleichbar), das <O> in normalgroßer gebrochener Schrift. Die anderen Absätze beginnen lediglich mit normaler Großschreibung. Die übrigen beiden Vorkommen von *Gott* in diesem Werk weisen ebenfalls normale Großschreibung auf.[17] Auch bei den nächsten relevanten DTA-Belegen ist die typografische Hervorhebung nicht die Regel: In einer protestantischen Lüneburger Kirchenordnung von 1564[18] finden

---

[17] Es sind für 1531 eigentlich zwei Schreibungen zu finden, allerdings handelt es sich bei einer um einen Kapitelanfang. Da Kapitelanfänge im entsprechenden Werk immer Doppelmajuskeln aufweisen, bleibt der Beleg hier unberücksichtigt. Er verweist aber, neben der lutherschen <HErr>-Schreibung, auf eine zweite potenzielle Quelle für die Doppelmajuskel. (Crosner, Alexius. 1531. Ein Sermon von der heiligen Christlichen Kirchen: Durch Alexium Crosner von Colditz auff dem Schlos zu Dresden jnn Meissen/ gepredigt. Mit einer vorrede Mart. Luther. 11.)

[18] Braunschweig-Lüneburg, Herzog Heinrich von. 1564. Kirchenordnung: wie es mit Christlicher Lere, reichung der Sacrament, Ordination der Diener des Evangelij, Ordentlichen

sich neben dominierender Einfachgroßschreibung (238) auch Gesamtgroßschreibung (7) und einmal die Mischform <GOTtes>. Daneben werden *Jesus* (5 von 98) und *Christus* (1 von 91) vereinzelt durch Großschreibung der ersten drei Buchstaben markiert. Doppelmajuskelschreibungen vor Luthers Altem Testament 1523 sind nicht belegt.

Bevor die weitere Entwicklung der Doppelmajuskelschreibung in den Blick genommen wird, gilt es kurz den Faktor Konfession zu beleuchten: Da die Schreibung auf Luther zurückführbar ist, ist denkbar, dass sie sich auch auf protestantische Texte beschränkt oder dort zumindest häufiger ist.

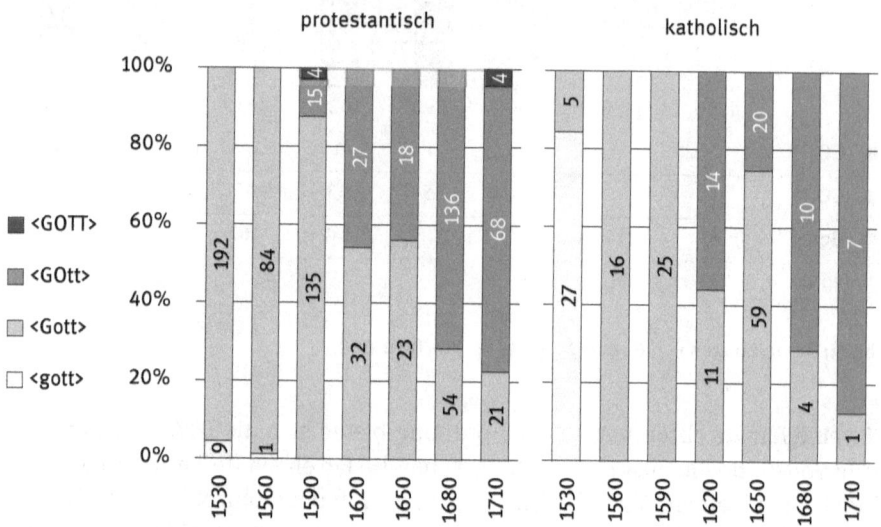

Abb. 5: Schreibungen von *Gott* im Mainzer Korpus nach Konfession der AutorInnen (n=1.022).[19]

Eine nachträgliche Ermittlung der Konfession der EinzelautorInnen zeigt jedoch kaum Unterschiede (Abb. 5): Katholische Texte (die aber insgesamt wesentlich schwächer vertreten sind) weisen ab 1620 Doppelmajuskeln auf, ab dann werden

---

Ceremonien, Visitation, Consistorio und Schulen, Im Hertzogthumb Lünenburg gehalten wird. Wittenberg. (Volltextzugriff via DTAQ)

19 Die Recherche der jeweiligen Konfession wurde von der Münsteraner Hilfskraft Emely Otto durchgeführt, herzlichen Dank! Alle Belege des ersten Zeitschnitts sowie diejenigen späterer, bei denen für die AutorInnen keine Konfession festgestellt werden konnte, bleiben unberücksichtigt, so erklärt sich die Differenz zu Abb. 4.

die Doppelmajuskeln (mit Ausnahme von 1650) ähnlich häufig gebraucht wie in den protestantischen Texten. Damit handelt es sich nicht um eine protestantische Sondergraphie.

Um die maximale Ausdehnung und den Rückgang der Doppelmajuskel zu ermitteln, wurden zusätzlich die DTA-Genitivbelege aus Kap. 5 für das 18. Jh. ausgewertet. Sie schließen nahtlos an die Verhältnisse des Mainzer Korpus an. Die maximale Ausdehnung erfährt die Doppelmajuskelschreibung in den 1730ern, dann geht sie zugunsten der einfachen Großschreibung wieder zurück, ab 1760 wird sie kaum mehr genutzt.

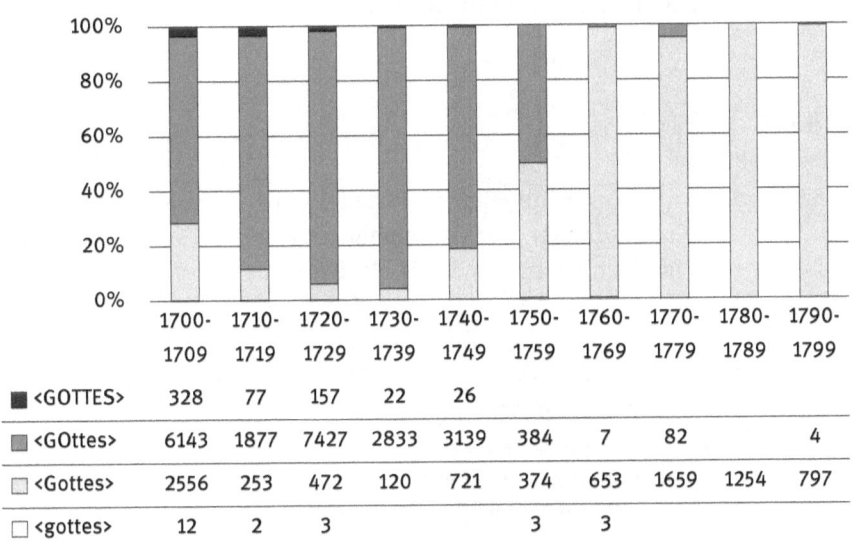

Abb. 6: Schreibungen von *Gottes* im DTA (n=31.388).

Die Hoch-Zeit der Doppelmajuskel deckt sich interessanterweise größtenteils mit der Hoch-Zeit der Bindestrichschreibungen in NN-Komposita (1650–1750, Kopf 2017). Es scheint sich um eine Periode zu handeln, in der Extravaganz in der Schreibung geschätzt wird.

6.3 Interpretation

Dass die Ausbreitung der Substantivschreibung im Deutschen semantisch gesteuert ist, ist unbestritten. *Gott* verhält sich in diesem Zusammenhang zunächst namenartig (frühere Durchsetzung der Großschreibung als bei Nomina sacra), entwickelt dann jedoch, befördert durch die luthersche Schreibpraxis, eine Sonderschreibung mit Doppelmajuskel. Dadurch hebt sich das Lexem sowohl von den Eigennamen als auch von den Appellativen typographisch ab.

Auffällig ist, dass sich die Doppelmajuskelschreibung im Mainzer Korpus ab 1590 ausbreitet – also genau dem Kernjahr, ab dem die appellativischen Personenbezeichnungen dominant großgeschrieben werden. Ein Zusammenhang liegt nahe: Das Theonym wird dann zusätzlich graphisch hervorgehoben, wenn die einfache Großschreibung kein Alleinstellungsmerkmal für Namen mehr ist. Die Personennamen bleiben bei der Großschreibung, während der wichtigere Gottesname sich von allen übrigen Substantiven abhebt.

7 Fazit

Das Theonym *Gott* nutzt im Frühneuhochdeutschen – trotz der starken Parallelen zu den Anthroponymen – immer wieder grammatisch mögliche, sonst jedoch seltener begangene Pfade, und hebt sich damit subtil ab.

Für die **Morphosyntax** konnte gezeigt werden, dass *Gott* als Genitivattribut fast ausnahmslos postnominal erscheint, es erreicht Werte wie die Konkreta und Abstrakta. Die Eigennamen werden dagegen sehr konsequent vorangestellt. Appellativische Personenbezeichnungen werden im Untersuchungszeitraum noch gut zur Hälfte vorangestellt. *Gott* unterscheidet sich damit deutlich von der Gruppe, der es tatsächlich angehört (Eigennamen) und, etwas weniger deutlich, von der Gruppe, der sein homonymes Appellativ noch am ehesten angehört. Hier wirkt die konsequente Artikellosigkeit des postnominalen Theonyms disambiguierend. Das Zusammenspiel von Genitivstellung und Artikellosigkeit erzeugt eine einmalige grammatische Konstruktion, mit der *Gott* hervorgehoben wird:

	Personennamen	Gott	Konkreta/Abstrakta
Morphosyntax: Genitivstellung	pränominal	postnominal	postnominal

	Personennamen	Gott	Appellative
Morphosyntax: postnominaler Artikelgebrauch	weitgehend artikellos	immer artikellos	immer Artikel

Die Konstruktion besteht auch im Neuhochdeutschen noch, wobei die mittlerweile konsequent durchgeführte Nachstellung von Personenbezeichnungen die starken Kontraste etwas reduziert. Die ungewöhnliche Kombination gewöhnlicher Verfahren erweist sich damit im Nachhinein als prekäres Mischverhältnis.

Die **phonologische** Auffälligkeit von *Gott* ist insbesondere zu Beginn des Untersuchungszeitraums zu verorten: Das hochfrequente Theonym wahrt die lange Genitivform und damit stärkeres phonologisches Gewicht, während die vergleichbaren Appellative temporär zu kurzen Genitivflexiven übergegangen sind. Sie ist auch bis heute der Regelfall bei den Eigennamen. *Gott* hebt sich hier also nicht nur von den Appellativen, sondern auch von den Personennamen ab. Ähnlich wie bei der Genitivstellung ist ein Sonderverhalten zu beobachten, das allerdings zum Gegenwartsdeutschen hin schwächer wird, da *t*-auslautende Einsilber wieder zur Langform übergehen – bis heute aber Variation mit der Kurzform erlauben, was bei *Gott* nicht möglich ist.

Phonologie: Genitivflexiv	Personennamen	*Gott*	Strukturähnliche Appellative
1500	-s	-es	-s
nach 1800	-s	-es	-es

Bei der Durchsetzung der Substantivgroß**schreibung** folgt *Gott* zunächst den Personennamen, bei beiden dominiert schon 1530 die Majuskel. Als auch die Personenbezeichnungen um 1590 überwiegend großgeschrieben werden, intensiviert *Gott* die Hervorhebung für ungefähr 150 Jahre durch Doppelmajuskelschreibung. Das Vorbild ist Luthers Übersetzungspraxis, bei der das Wort *Herr* je nach Original mit unterschiedlichen Schreibungen wiedergegeben wird. Dabei handelt es sich wahrscheinlich um die Ausweitung einer textualen Markierungspraxis auf das Wort, das in der damaligen Zeit den wichtigsten Referenten hat.

Graphematik	Personennamen	*Gott*	Personenbezeichnungen
1530	Majuskel	Majuskel	Minuskel
1590	Majuskel	Doppelmajuskel	Majuskel
nach 1760	Majuskel	Majuskel	Majuskel

Es wurde also gezeigt, dass *Gott* im Frühneuhochdeutschen eine grammatische Sonderstellung einnimmt und dafür argumentiert, dass das seine Sonderstellung in der zeitgenössischen christlichen Vorstellungswelt abbildet.

Die vorliegende Untersuchung ist allerdings auf ein Lexem beschränkt. Weiterführende Studien müssten auch andere Theonyme (*Jesus*, *Christus*) und appellativische Substantive mit Gottesreferenz (insbesondere *Herr*) in den Blick nehmen:[20] So ist die Frage, warum *Gott* onymisch, *Herr* aber (grammatisch) appellativisch ist, wenn doch beide den gleichen Referenten haben, noch ungeklärt. Hier würde sich auch ein sprachvergleichender Blick lohnen (s. z. B. Caro Reina in diesem Band für ähnliche Verhältnisse im Korsischen und Portugiesischen). Auch darüber hinaus versprechen sie sowohl an sich (z. B. Wahrung der lateinischen Flexion) als auch im Kontrast zu *Gott* interessante Erkenntnisse. Auf einer so geschaffenen Basis könnte schließlich beurteilt werden, ob die Mischklasse der Nomina sacra, auf die in der Forschung häufig kritiklos Bezug genommen wird, überhaupt zu rechtfertigen ist und falls ja, welche Mitglieder ihr zugerechnet werden sollten.

Literatur

Ackermann, Tanja (2018): *Grammatik der Namen im Wandel* (Studia linguistica Germanica 134). Berlin, Boston: de Gruyter.
Behaghel, Otto (1932): *Deutsche Syntax. Eine geschichtliche Darstellung: Band IV: Wortstellung, Periodenbau*. Heidelberg: Winter.
Bellmann, Günter (1990): *Pronomen und Korrektur: Zur Pragmalinguistik der persönlichen Referenzformen*. Berlin: de Gruyter.
Benner, Thomas (2001): *Gottes Namen anrufen im Gebet: Studien zur Acclamatio Nominis Dei und zur Konstituierung religiöser Subjektivität* (Paderborner theologische Studien 26). Paderborn, München: Schöningh.
Bergmann, Rolf & Dieter Nerius (1998): *Die Entwicklung der Großschreibung im Deutschen von 1500 bis 1700*. Heidelberg: Winter.
Braune, Wilhelm (2004): *Althochdeutsche Grammatik I: Laut- und Formenlehre*. Bearbeitet von Ingo Reiffenstein, 15. Aufl. Tübingen: Niemeyer.
Demske, Ulrike (2001): *Merkmale und Relationen. Diachrone Studien zur Nominalphrase des Deutschen*. Berlin, New York: de Gruyter.
Ebert, Robert P. (1988): Variation in the Position of the Attributive Genitive in Sixteenth Century German. *Monatshefte für deutschen Unterricht, deutsche Sprache und Literatur* 80(1). 32–49.
Greule, Albrecht (2012/2013): Theonyme. *Namenkundliche Informationen 101/102*. 11–21.
Haaf, Susanne & Christian Thomas (2016): Die historischen Korpora des Deutschen Textarchivs als Grundlage für sprachgeschichtliche Forschungen. In Volker Harm, Holger Runow & Leevke Schiwek (Hrsg.), *Sprachgeschichte des Deutschen: Positionierungen in Forschung, Studium, Unterricht* (Germanistik), 217–234. Stuttgart: Hirzel.

---

20 Caro Reina (in diesem Band) unterscheidet hier terminologisch in *deity names* (Theonyme) und *deity nouns* (appellativische Gottesbezeichnungen).

Kopf, Kristin (2017): Fugenelement und Bindestrich in der Compositions-Fuge. Zur Herausbildung phonologischer und graphematischer Grenzmarkierungen in (früh)neuhochdeutschen N+N-Komposita. In Renata Szczepaniak, Nanna Fuhrhop & Karsten Schmidt (Hrsg.), *Sichtbare und hörbare Morphologie*, 177–204. Berlin, New York: de Gruyter.

Kopf, Kristin (2018): *Fugenelemente diachron. Eine Korpusuntersuchung zu Entstehung und Ausbreitung der verfugenden N+N-Komposita*. Berlin: de Gruyter.

Nübling, Damaris, Antje Dammel, Janet Duke & Renata Szczepaniak (2017): *Historische Sprachwissenschaft des Deutschen: Eine Einführung in die Prinzipien des Sprachwandels*, 5. Aufl. Tübingen: Narr.

Nübling, Damaris, Fabian Fahlbusch & Rita Heuser (2015): *Namen. Eine Einführung in die Onomastik*, 2. Aufl. Tübingen: Narr.

Op den Brouw, Rien (1994): The problem of the missing article in the use of 'God'. *Religious Studies* 30(1). 17–27.

Oubouzar, Erika (1997): Zur Frage der Herausbildung eines bestimmten und eines unbestimmten Artikels im Althochdeutschen. *Cahiers d'études germaniques* 32. 161–175.

Pavlov, Vladimir M. (1983): *Von der Wortgruppe zur substantivischen Zusammensetzung* (Zur Ausbildung der Norm der deutschen Literatursprache (1470-1730) 4). Berlin: Akademie-Verlag.

Pickl, Simon (2019): Wandel und Variation der Genitivstellung in einem diachronen Predigten-Korpus. *Jahrbuch für Germanistische Sprachgeschichte* 10(1). 176–197.

Reichmann, Oskar & Klaus-Peter Wegera (Hrsg.) (1993): *Frühneuhochdeutsche Grammatik*. Tübingen: Niemeyer.

Sauter, Gerhard & Alex Stock (1976): *Arbeitsweisen systematischer Theologie: Eine Anleitung* (Studium Theologie 2). München: Kaiser.

Schmuck, Mirjam & Renata Szczepaniak (2014): Der Gebrauch des Definitartikels vor Familien- und Rufnamen im Frühneuhochdeutschen aus grammatikalisierungstheoretischer Perspektive. In Friedhelm Debus, Rita Heuser & Damaris Nübling (Hrsg.), *Linguistik der Familiennamen* (Germanistische Linguistik 225/227), 97–137. Hildesheim: Olms.

Szczepaniak, Renata (2010): Während des Flug(e)s/des Ausflug(e)s: German Short and Long Genitive Endings between Norm and Variation. In Alexandra N. Lenz & Albrecht Plewnia (Hrsg.), *Grammar between norm and variation* (VarioLingua Bd. 40), 103–126. Frankfurt a.M.: Lang.

Szczepaniak, Renata (2011): Gemeinsame Entwicklungspfade im Spracherwerb und im Sprachwandel? Kognitive Grundlagen der onto- und historiogenetischen Entwicklung der satzinternen Großschreibung. In Klaus-Michael Köpcke & Arne Ziegler (Hrsg.), *Grammatik – Lehren, Lernen, Verstehen: Zugänge zur Grammatik des Gegenwartsdeutschen* (Reihe Germanistische Linguistik 293), 341–359. Berlin, Boston: de Gruyter.

Szczepaniak, Renata (2013): *Grammatikalisierung im Deutschen: Eine Einführung*, 2. Aufl. Tübingen: Narr.

Szczepaniak, Renata & Johanna Flick (2015): Zwischen Expliziteit und Ökonomie. Der emergierende Definitartikel in der althochdeutschen Isidor-Übersetzung. In Delphine Pasques & Franz Simmler (Hrsg.), *Komplexität und Emergenz in der deutschen Syntax (9. - 17. Jahrhundert): Akten zum Internationalen Kongress an der Universität Paris-Sorbonne vom 26. bis 28.09.2013* (Berliner sprachwissenschaftliche Studien Bd. 30), 187–206. Berlin: Weidler.

Traube, Ludwig (1907): *Nomina sacra: Versuch einer Geschichte der christlichen Kürzung*. München: Beck.

Tschirch, Fritz (1951): Wisolf – Eine mittelalterliche Schreiberpersönlichkeit. *Beiträge zur Geschichte der deutschen Sprache und Literatur* (PBB) 1951(73). 387–422.
Van den Berg, René & Peter Bachet (2006): *Vitu Grammar Sketch. Data Papers on Papua New Guinea Languages*. Ukarumpa, EHP: Summer Institute of Linguistics.
Van der Elst, Gaston (1988): Zur syntaktischen Struktur der Substantivgruppe im Frühneuhochdeutschen, am Beispiel Nürnberger Texte. In Peter Wiesinger (Hrsg.), *Studien zum Frühneuhochdeutschen: Emil Skála zum 60. Geburtstag am 20. November 1988* (Göppinger Arbeiten zur Germanistik 476), 193–217. Göppingen: Kümmerle.
Wegera, Klaus-Peter (1987): *Grammatik des Frühneuhochdeutschen. Beiträge zur Laut- und Formenlehre: Bd. III: Flexion der Substantive*. Heidelberg: Winter.
Werth, Alexander (2014): Die Funktion des Artikels bei Personennamen im norddeutschen Sprachraum. In Friedhelm Debus, Rita Heuser & Damaris Nübling (Hrsg.), *Linguistik der Familiennamen* (Germanistische Linguistik 225/227), 139–174. Hildesheim: Olms.

Antje Lobin
NATURELLA, LATTELLA, SELENELLA: Zur modifizierenden Suffigierung in der Markennamenbildung

Zusammenfassung: Im Bereich der morphologischen Struktur italienischer Markennamen kommt den modifizierenden Suffixen, mittels derer einem Substantiv oder Adjektiv eine bestimmte Färbung verliehen werden kann, zentrale Bedeutung zu. Von besonderer Relevanz sind (neben Bildungen, die einem Lemma im einsprachigen Wörterbuch entsprechen, und Bildungen, die als Verkleinerungs- oder Koseform eines Lemmas lediglich unter diesem im Wörterbuch erfasst werden) die sog. Kreationen der Werbesprache. Hierbei handelt es sich um Markennamen, bei denen nur die Derivationsbasis im Wörterbuch eingetragen ist, nicht ein etwaiges Derivat. In Bezug auf diese Kategorie wird ermittelt, ob Parallelen zwischen standardsprachlicher und werbesprachlicher Produktivität bestimmter Suffixe aufgedeckt werden können, ob Semantik oder phonotaktische Struktur des jeweiligen Basislexems mit bestimmten Suffixen korrelieren und ob eine Regelmäßigkeit zwischen Referent(enklasse) und Wahl des Suffixes besteht.

1 Einleitung

Im Zentrum des vorliegenden Beitrags stehen Namen für wirtschaftliche Erzeugnisse, die ein fester Bestandteil unserer alltäglichen Sprachumgebung sind und als Neuschöpfungen unseres eigenen Zeitalters bestimmte gesellschaftliche und wirtschaftliche Bedingungen widerspiegeln (Lötscher 1992: 323).[1] Innerhalb der Onomastik wurde diesen Namen lange Zeit nur eine marginale Beachtung geschenkt. Inzwischen konnte sich ihre Erforschung allerdings als eigenständiger Zweig etablieren.[2] In terminologischer Hinsicht bestehen unterschiedliche

---

[1] Im romanischsprachigen Kontext zeigt sich z.B. der Trend zum Gesundheitsbewusstsein in Namen wie *fitness* (it.), *más sanas* (span.), *santé & saveur* (fr.), der Trend zu *Convenience*-Produkten in den Namen *mare pronto* (it.), *cocina practica* (span.) und *c' prêt* (fr.) oder auch der Trend zur Hervorhebung der Herkunft in Namen wie *ital nature* (it.), *espanut* (sp.) und *l'œuf de france* (fr.). (Zilg 2013: 396).
[2] Für die romanischen Sprachen wurden ausgehend von einer synchronischen Analyse der graphischen, lautlichen, morphologischen, semantischen und lexikalischen Struktur von Markennamen des italienischen Lebensmittelmarktes (Zilg 2006) in der Folge semantische und

Begrifflichkeiten zur Erfassung dieser Namenart(en). So wird von Markennamen, Produktnamen, Ergonymen, Chrematonymen u.a. gesprochen.³ In diesem Artikel werden die Begriffe „Markennamen" und alternativ hierzu „Warenname" verwendet.⁴ Als Namen, die nach Platen (1997: 30) stets auf einen beliebig oft reproduzierbaren Produkttyp bzw. eine Produktpalette referieren und sich auf eine Klasse von Gegenständen beziehen, die durch gemeinsame Merkmale charakterisiert sind und im Hinblick auf Herstellungsverfahren, Qualität und Produktbeschaffenheit identisch sind, werden hinsichtlich der lexikalischen Bestimmung von Warennamen in der Onomastik unterschiedliche Positionen vertreten. Teils werden sie zu den Eigennamen, teils zu den Appellativa gezählt oder aber in eine Zwischenkategorie eingeordnet.⁵

Wenn auch in neuerer Zeit eine Hinwendung zu Aspekten der konkreten Verwendung und vor allem der Wirkung von Namen zu verzeichnen ist, wie dies beispielsweise bei Fahlbusch (2017) mit Blick auf Unternehmensnamen erfolgt, gilt für Markennamen doch, was Fleischer (1970: 43–44) bereits im Jahr 1970 für die Onomastik insgesamt beklagte, dass sie sich wie kaum eine andere linguistische Disziplin bisher in fast ausschließlicher Weise mit diachronen Aspekten, v.a. mit der Etymologie, befasst habe (vgl. den Forschungsüberblick in der Einleitung dieses Bandes). Diese Fokussierung auf die Entstehungsgeschichte zeigt sich beispielsweise in den lexikographischen Arbeiten von Room (1982) und Lötscher

---

morphologische Detailanalysen von italienischen, französischen und spanischen Markennamen durchgeführt, die auch kontrastiv ausgerichtet sind. Diese nehmen neben Klassifikationsansätzen (Zilg 2014) oder der Aufdeckung von Regelmäßigkeiten in der Benennungsstruktur bestimmter Warenkategorien (Zilg 2009b) etwa die Wechselbeziehungen zwischen der Bezeichnung von Wirtschaftsgütern und aktuellen sozioökonomischen Bedingungen in den Blick (Zilg 2008, 2013b) und sind auf die Vermittlung von Lokalität (Zilg 2013c), von Aspekten der Interaktion und der Identifikation (Zilg 2013a) oder auch von Kulturspezifika (Zilg 2009a) gerichtet. In morphologischer Perspektive wurde die Elativsuffigierung in der Markennamenbildung (Lobin 2019) fokussiert, der morphologische Status von Bildungselementen zwischen Affix und freiem Morphem näher bestimmt (Zilg 2012b) sowie die Integration bestehender Namen in neue Namen (Zilg 2012a) sowie in den Werbetext (Lobin 2018) untersucht.

3 Für eine diesbezüglich Diskussion sei auf Koß (1996) verwiesen.
4 Innerhalb des Bereichs der kommerziellen Namen umfassen „Markennamen" streng genommen nur die geschützten Bezeichnungen. Ungeachtet dessen erscheint es - nicht zuletzt mit Blick auf die Beziehung zwischen Name und Referent - grundsätzlich sinnvoller, zwischen Namen, die eine Firma bezeichnen (Firmenname), und Produktnamen zu unterscheiden, die sich auf ein einzelnes Produkt (Produktname), auf eine homogene Gruppe von Produkten (Linienname) oder auch auf eine heterogene Gruppe von Produkten (Sortimentsname) beziehen können. In ihrer Gesamtheit konstituieren diese Untertypen das hier betrachtete Feld der Warennamen bzw. im Fall eingetragener Namen der Markennamen.
5 Zur Diskussion des onymischen Status von Warennamen s. Zilg (2006: 56–60).

(1992). Im *Dictionary of Trade Name Origins* beschreibt Room (1982) die Entstehung ausgewählter Produktnamen als Teil der Firmengeschichte. Auch das *Lexikon der Produktenamen* von Lötscher (1992) stellt eine Sammlung mit Hintergrundinformationen zur Entstehungsgeschichte von Markennamen dar. Lötscher (1992) geht hierin primär wortexegetisch vor, wie folgende Einträge zu *rivella* (1992: 209) und *chiquita* (1992: 49) verdeutlichen:

> *Rivella.* Süßgetränk. Zur Entstehung dieses Wortes berichtet die Firma: «Bei der Suche nach einem in allen Schweizer Landessprachen gut aussprechbaren und verständlichen Namen wurde, nach vielen ergebnislosen Versuchen, ein Verzeichnis der damaligen Ortsnamen konsultiert. Dabei stieß man auf die Ortschaft Riva San Vitale (TI). Daraus wurde alsdann der Begriff «Rivellazione» (‚die Offenbarung') abgeleitet, woraus schlußendlich der heute allseits bekannte Markennamen [sic!] «Rivella» entstand.»
> *Chiquita.* Bananen. Das Wort ist eine Art weibliche Verkleinerungsform zu span. «chico» «klein» und besagt also etwa so viel wie «Knirps». Das Besondere an diesem Namen ist [...], dass er für eine Frucht steht. Früchte erhalten sonst prinzipiell keine Warennamen, da es sich [...] nicht um industriell hergestellte Markenartikel von immer gleichbleibender Qualität, Form und Größe handeln kann [...]. Im Fall der Chiquita-Banane wird allerdings von der Produzentenfirma tatsächlich auf ein möglichst immer gleichbleibendes Aussehen geachtet; z.B. wird nur ein bestimmter Grad der Krümmung zugelassen [...].

In nicht ausreichender Weise beleuchtet wurde bisher die onymische Morphologie, die nach Harnisch & Nübling (2004: 1902) zwei Domänen umfasst: 1. die interne Morphologie, die die Binnenstruktur des Onyms selbst betrifft bzw. die Markierung der Proprialität, 2. die externe Morphologie, die die spezifisch onymische Flexion und Wortbildung zum Gegenstand hat. Bezüglich der internen morphologischen Strukturen onymischer Einheiten stellen Harnisch & Nübling (2004: 1902) fest, dass diese sowohl von der Onomastik als auch von der Morphologie lange Zeit vernachlässigt worden seien. Im Feld der Warennamen scheint es sich umgekehrt zu verhalten. Während vor allem mit den Arbeiten von Ronneberger-Sibold (2004: 2015) eine umfassende Klassifikation der internen morphologischen Strukturen von Warennamen vorliegt, besteht dringender Forschungsbedarf im Bereich der externen Morphologie. Für romanische Sprachen sei an dieser Stelle auf Lobin (2018) verwiesen, die auf der Grundlage einer Sammlung von italienischen, französischen und spanischen Newsletterausgaben der Marke *nivea* aus den Jahren 2010–2013 die morphologische und syntaktische Einbettung des Markennamens untersucht. So dient der Markenname *nivea* etwa als Determinans in Nominalkomposita oder ist Bestandteil von Koordinationen wie in *nivea & moi*. Eine deonomastische Ableitung (vgl. Scherer in diesem Band) mit anschließender Bildung der reflexiven Imperativform der 2. Person Singular stellt das span. *nivéate* in folgendem reihenartig aufgebauten Werbetext dar: *Diviértete, mímate, relájate, sorpréndete, nivéate!* (‚Vergnüge Dich, verwöhne Dich, entspanne Dich, überrasche Dich, *nivea* Dich!'). Ebenfalls zu erwähnen ist eine Untersuchung von Janner (2012), in deren Zentrum die Determination und syntaktische Einbettung von Markennamen im Italienischen steht.

Das Feld der Markennamen in seiner Gesamtheit siedelt sich zwischen Wortbildung und Wortschöpfung an. Im Rahmen der Betrachtung der inneren morphologischen Struktur von Markennamen besteht eine zentrale Aufgabe darin zu ermitteln, ob und inwieweit diese Namen auf der Grundlage regulärer Wortbildungsverfahren geschaffen worden sind und welche Verfahren bzw. Wortbildungselemente produktiv sind.[6] In diesem Zusammenhang hebt De Mauro (1987: 54) hervor:

> la formula deve avere apparenza nuova conforme alla novità del prodotto, ma, come lo stesso prodotto pubblicizzato per essere venduto, così la formula deve linguisticamente essere soggetta alle tendenze e capacità linguistiche già stabilmente acquisite.[7]

Im Folgenden soll zunächst die Wortbildung, wie sie im Feld italienischer Markennamen zum Einsatz kommt, in ihren Grundzügen skizziert werden, bevor die Ergebnisse einer samplebasierten Studie vorgestellt werden, in der das werbesprachliche Innovationspotenzial von Markennamen beleuchtet wird. Der Fokus liegt hierbei auf der modifizierenden Suffigierung, für die es zu klären gilt, ob sie in der Markennamenbildung nach bestimmten Gesetzmäßigkeiten erfolgt. Damit verbundene Fragestellungen sind z.B. diejenigen, ob es Parallelen zwischen der standardsprachlichen und der werbesprachlichen Produktivität bestimmter Suffixe gibt, ob die phonotaktische Struktur oder die Semantik des jeweiligen Basislexems mit bestimmten Suffixen korrelieren oder auch, ob eine Regelmäßigkeit zwischen Referent oder Referentenklasse und Wahl des modifizierenden Suffixes besteht.

Im Zentrum dieser Studie stehen 46 Namen aus einer 950 Belege umfassenden Sammlung von Namen der Lebensmittelindustrie, die im Jahr 2003 durch

---

[6] Wortbildung wird hier mit Fleischer (2000: 886) von Wortschöpfung abgegrenzt, bei der „Wörter als Lautkomplexe geschaffen werden, die in der Sprache (noch) nicht als Minimalzeichen vorhanden und auch nicht aus einer anderen Sprache entlehnt sind." Beispiele für derart gebildete Namen sind die arbiträren Phantasienamen *jocca* oder *yuma*.

[7] Entsprechend der Neuheit des Produkts muss auch die sprachliche Formel neu aussehen. Aber, ebenso wie es für das beworbene Produkt gilt, damit es sich verkaufen lässt, muss auch die sprachliche Formel den Tendenzen und Fertigkeiten unterworfen sein, die bereits fest etabliert sind. [meine Übersetzung, A.L.]

Feldforschung in Italien zusammen getragen wurden (Zilg 2006). Nahrungsmittel gelten nach Müller (1997: 14) in besonderer Weise als kulturgebundene Produkte, die eine lange Tradition innerhalb einer Kultur haben, traditionellen Gebrauchs- und Verbrauchsmustern unterliegen und von einem kulturellen Verwendungskontext umgeben sind. In diesem Sinne stellt der Lebensmittelmarkt im Rahmen der Beschäftigung mit der italienischen Gegenwartssprache dahingehend ein geeignetes Untersuchungsgebiet dar, dass er zahlreiche originär italienische Namen enthält, die noch nicht der Globalisierung zum Opfer gefallen sind und die Benennungspraxis in Italien modellhaft veranschaulichen können (Zilg 2006: 5–6). Die Notwendigkeit der Feldforschung – gegenüber einer Zusammenstellung von Namen aus veröffentlichten Listen registrierter Marken – ergibt sich aus der Referenzleistung von Markennamen. Anders als es für Eigennamen i.e.S. gilt (Harnisch & Nübling 2004: 1902), nutzen Markennamen durchaus ihr semantisches Potenzial und entfalten ihre Funktion oftmals auf der Basis semantischer Merkmale. Für die Frage der Motiviertheit oder Opakheit ist es somit unerlässlich, den Referenten eines Namens zu kennen.

2 Wortbildungsmuster italienischer Markennamen

Die wichtigsten materiellen Verfahren der Wortbildung im Italienischen sind, wie auch in den anderen romanischen Sprachen, die Derivation und die Komposition. Über deren Verhältnis zueinander schreibt Rainer (2016: 2714):

> Italian word-formation shows the same overall picture as that of the other Romance standard languages. Affixation, especially suffixation, continues to be by far the most important device, even though the productivity of compounding has increased remarkably since the 19th century.

Als Ausgangsgrößen der Wortbildung kommen grundsätzlich wortfähige wie nichtwortfähige (gebundene) Stämme in Frage (Fleischer 2000: 889). Im Bereich der Markennamen sind die Basis oder einer der Stämme allerdings oftmals so stark gekürzt oder verfremdet, dass eine lexikalische Bedeutung gar nicht (z.B. *vanetta*) oder nicht mehr unmittelbar erkennbar ist (z.B. *fruttapec* > *frutta* ‚Frucht' + *pec(tina)* ‚Pektin').

Die von Rainer (2016) genannte Dominanz der Suffigierung bestätigt sich auch im Bereich italienischer Markennamen.[8] In der o.g. Studie von Zilg (2006) konnten 116 Suffigierungen gegenüber 86 Komposita ermittelt werden. In Tabelle 1 werden die Derivationsmuster, in Tabelle 2 die regulären Kompositionsmuster des Italienischen an je einem Beispiel aus der Markennamensammlung veranschaulicht.

Tab. 1: Derivationsmuster italienischer Markennamen

Suffixe	Funktion	Beispiel
-aio / -aro	Beruf / Tätigkeit	*il pastaio* (*pastaio* ‚Teigwarenhändler')
-ata	Kollektive Bedeutung	*misto per spaghettata* (*spaghettata* ‚Spaghettiessen')
-eria	Ort der Herstellung; Vertrieb	*la cremeria* (*cremeria* ‚Molkerei, Eiscafé')
-ale	Eigenschaft, Zugehörigkeit	*piùintegrali* (*più* ‚mehr', *integrale* ‚Vollkorn')
-ano		*emiliane* (*emiliano* ‚emilianisch')
-are		*polare* (*polare* ‚polar')
-oso		*cremoso* (*cremoso* ‚cremig')

Tab. 2: Kompositionsmuster italienischer Markennamen

Suffixe	Werbesprachliche Kreationen auf Basis regulärer Wortbildungsmuster
N+N	*gocciamenta* (*goccia* ‚Tropfen', *menta* ‚Minze')
N+A	*mare aperto* (*mare* ‚Meer', *aperto* ‚offen')
A+N	*dolceneve* (*dolce* ‚süß', *neve* ‚Schnee')
V+N	*scottadito* (*scottare* ‚(ver-)brennen', *dito* ‚Finger')
N+Präp+N	*camoscio d'oro* (*camoscio* ‚Gämsbock', *oro* ‚goldfarben')
A+A	*fresco tenero* (*fresco* ‚frisch', *tenero* ‚zart')
N+Adv	*polpa più* (*polpa* ‚Fruchtfleisch', *più* ‚mehr')
Adv+N	*più gusto* (*più* ‚mehr', *gusto* ‚Geschmack')

---

8 Nur verwiesen sei an dieser Stelle auf die empirische Studie zur Frequenz italienischer Suffixe, die Gaeta & Ricca (2003) auf der Grundlage eines 75 000 000 Tokens umfassenden Zeitungskorpus durchgeführt haben. Die Autoren weisen hierin die Relevanz korpusbasierter Quantifizierungen gegenüber solchen, die von der Lexikographie vorgenommen werden, nach.

Die standardsprachliche Produktivität der im Markennamensample vorkommenden Suffixe deckt sich in Einzelfällen mit der werbesprachlichen. Das Suffix *-aio*, das auf lat. *-arius* zurückgeht, ist nach Rainer (2016: 2720) zwar in vielen Bildungen vorhanden, mit der Zeit ist es jedoch nahezu unproduktiv geworden. In der Namensammlung taucht es viermal auf. Unter den Suffixen zur Angabe des Ortes ist *-eria* heutzutage das produktivste (Rainer 2016: 2720). Diese Beliebtheit spiegelt sich auch bei den Markennamen wider. Nicht nur, dass andere Suffixe wie z.B. *-ificio* oder *-ile* fehlen, das Suffix *-eria* ist zudem in 8 Bildungen vorhanden. Das Suffix *-ata* wiederum fällt durch seine Vielseitigkeit auf. Neben der kollektiven Bedeutung dient es zum Ausdruck der Handlung (*telefonata* ‚Telefongespräch'), des Inhalts (*cucchiaiata* ‚Löffel(voll)'), eines Schlags (*manata* ‚Schlag mit der Hand', *bastonata* ‚Schlag mit dem Stock'), der Verstärkung (*fiammata* ‚Flamme / Feuer') und der Dauer (*annata* ‚Jahresdauer') (Reumuth & Winkelmann 2012: 495). Im Sample ist es lediglich zweimal belegt.

Unter den Substantivkomposita ist im Italienischen der Typus des Determinativkompositums aus N+N mit Kopf in Erststellung am produktivsten (Rainer 2016: 2714). Demgegenüber dominiert in werbesprachlicher Hinsicht die Kombination aus einem Substantiv und einem Adjektiv (N+A oder A+N), gefolgt vom Typus N+Präp+N. Die Beliebtheit der Adjektive ist insgesamt mit ihrer Eignung zu erklären, Charakterisierungen und Wertungen zu vermitteln. Die Verbindung zweier Substantive ist zwar auch im Bereich der Markennamen sehr beliebt, oftmals ist jedoch kein klares Determinationsverhältnis erkennbar. Dies ist mitunter durchaus beabsichtigt, wie Mundt (1981: 88) erläutert:

> Diese Substantiv-Substantiv-Komposita [...] legen den Schluss nahe, dass nicht der Ausdruck einer Beziehung, die sich durch einen logisch aufgebauten Satz umschreiben lässt, das Ziel solcher Markennamen ist. Es geht häufig vielmehr um die Evozierung von Konnotationen zweier Substantive, die in einer nur sehr lockeren grammatischen Beziehung zueinander stehen.

Als spezielle Art der Derivation gilt, insbesondere für das Italienische, die modifizierende Suffigierung, mittels derer vor allem Substantiven und Adjektiven eine bestimmte Färbung verliehen werden kann.[9] Über das Vorkommen dieser Suffixe im Italienischen ist Rainer (2016: 2721) zu entnehmen:

---

[9] Auch Verben, Adverbien und Vornamen können modifiziert werden, z.B. *bene* ‚gut': *benino* ‚ganz gut', *benone* ‚ausgezeichnet'; *cantare* ‚singen': *canterellare, canticchiare* ‚summen, vor sich hin trällern'; *Carlo*: *Carlino, Carletto* und *Lina*: *Linetta, Linuccia* (Lepschy & Lepschy 1986: 220–221).

As most other southern Romance languages, Italian is renowned for the exuberance of its evaluative suffixation. [...] The exact range has to be stated separately for each suffix, all of which are subjected to complicated formal, semantic, and partly also geographic restrictions, even within one and the same part of speech.

Was die Bedeutung dieser Wortbildungselemente betrifft, wird vielfach eine Klassifikation vorgeschlagen, die folgende vier Kategorien umfasst: 1. Vergrößerungsformen (*accrescitivi*), 2. Verkleinerungsformen (*diminutivi*), 2. Koseformen (*vezzeggiativi*) und 4. Suffixe mit abwertendem Sinn (*peggiorativi*)[10] (Lepschy & Lepschy 1986: 216). Zu beachten ist, dass die Zuordnung eines Suffixes zu einer dieser Gruppen oftmals schwierig ist, da die Bedeutung einer Ableitung auch von der Bedeutung des Grundwortes beeinflusst wird (Reumuth & Winkelmann 2012: 499). Lepschy & Lepschy (1986: 216) nennen als Beispiel *poverello* von *povero* ‚arm', das als Diminutiv- und Koseform zu werten ist, wohingegen *miserello* von *misero* ‚elend' eher als Diminutiv- und Pejorativform zu interpretieren ist. Zu berücksichtigen ist ferner die Tatsache, dass die modifizierenden Suffixe den Basen eine breite Palette an konnotativen Bedeutungen hinzufügen, die auch in Abhängigkeit von der Kommunikationssituation variieren können (Merlini Barbaresi 2004: 265).[11] So entscheidet Lepschy & Lepschy (1986: 216) zufolge der Kontext darüber, ob z.B. *alberello* von *albero* ‚Baum' Diminutiv- und Koseform oder aber Diminutiv- und Pejorativform ist. Mitunter dienen die Ableitungen auch lediglich zum Ausdruck der emotionalen Anteilnahme des Sprechers und nehmen keine der oben aufgeführten Bedeutungen an. Sie sind dann vielmehr als Affektiva zu betrachten, z.B. *cenetta* von *cena* ‚Abendessen' oder *vestitino* von *vestito* ‚Kleid' (Lepschy & Lepschy 1986: 217). Auch Bakema & Geeraerts (2000: 1050) zufolge werden Diminutiva zuweilen zum Ausdruck der Zuneigung eingesetzt. Nach Necker (2006: 225) erfüllen die modifizierenden Suffixe v.a. eine pragmatische Funktion und stehen im Dienste der Schaffung von Vertrauen und der Signalisierung von Sympathie – Aspekte, die im werblichen Kontext in hohem Maße relevant sind.

Tabelle 3 veranschaulicht, wie sich die 116 Suffigierungen des Samples (Zilg 2006) auf die einzelnen Typen verteilen. Es wird deutlich, dass der weitaus größte Anteil mit 66,4% auf die modifizierende Suffigierung entfällt. Substantiv- und

---

10 Während die pejorative Bedeutung im vorliegenden Kontext selbstverständlich ausgeschlossen ist, spielt sie in anderen Diskurskontexten, z.B. bei der deonymischen Ableitung von Politikernamen mittels modifizierender Suffixe, durchaus eine wichtige Rolle (s. Beitrag Scherer in diesem Band).
11 Gerade diese Vielfalt an Konnotationen führt zu Schwierigkeiten hinsichtlich der Übersetzbarkeit von Bildungen, die modifizierende Suffixe enthalten (Rainer 2016: 2725).

Adjektivsuffixe sind in gleichem Umfang und mit deutlich geringerer Häufigkeit vertreten. Bemerkenswert im Bereich der Superlativsuffigierung und zugleich charakteristisch für die Werbesprache ist die Tatsache, dass das Suffix *-issimo/a*, das i.d.R. zum Ausdruck des sehr hohen Grades einer Eigenschaft an ein Adjektiv angefügt wird, hier zumeist mit einem Substantiv zusammentritt: *conissimo* (*cono* ‚Tüte, Kegel'), *cubissimo* (*cubo* ‚Würfel'), *pomodorissimi* (*pomodoro* ‚Tomate'). Mitunter findet sogar ein Genuswechsel statt, wie in *fagiolissima* (f) aus *fagiolo* (m) ‚Bohne'. Dass Suffix *-issimo/a* kann ebenfalls an einen etablierten Markennamen angefügt werden, z.B. *danissimo* (*danone*).

Tab. 3: Die Suffigierung in der italienischen Markennamengebung

Suffigierungen	Beispiel	Frequenz
Insgesamt:		(116)
Modifizierende Suffixe	*le nuvolette* (*-ette*) (*nuvola* ‚Wolke')	77 (66,4%)
Substantivsuffixe	*la cremeria* (*-eria*) (*crema* ‚Creme')	14 (12,1%)
Adjektivsuffixe	*le veneziane* (*-iane*) (*veneziano* ‚venezianisch')	14 (12,1%)
Superlativsuffix	*levissima* (*-issima*) (*lieve* ‚leicht')	11 (9,5%)

In der italienischen Markennamengebung kann beobachtet werden, dass einzelne Suffixe sehr produktiv sind, in dem Sinne, dass sie verstärkt zur Namensbildung eingesetzt werden und sich an eine Vielzahl von Basen anfügen lassen. Das genannte Produktivitätsphänomen offenbart sich im Bereich der modifizierenden Suffixe in besonderem Maße, ist aber, wie folgende Belege zeigen, nicht hierauf beschränkt: *-ata: vongolata pronta* (*vongola* ‚Venusmuschel'); *-eria: nuova forneria* (*forno* ‚Ofen'); *-issimo/a* (Plural *-i/-e*)*: insalatissime* (*insalata* ‚Salat').

Zur Ermittlung der Produktivität der einzelnen Suffixe und zur Beantwortung der Frage der Kreativität, die in den einzelnen Bildungen zum Ausdruck kommt, d.h. der Frage, ob jeweils die Bildungsregeln und Gesetzmäßigkeiten des Italienischen beachtet wurden, empfiehlt sich folgende Abgrenzung und Kategorisierung auf der Grundlage eines einsprachigen Wörterbuchs, im vorliegenden Fall des *Zingarelli. Vocabolario della lingua italiana* (2013):

(1) Markennamen(bestandteile), die einem Lemma im einsprachigen Wörterbuch entsprechen (z.B. *granello* ‚Samenkorn', *le nuvolette* ‚Wölkchen');[12]
(2) Markennamen(bestandteile), die als Verkleinerungs- oder Koseform eines Lemmas lediglich unter diesem im Wörterbuch erfasst werden (z.B. *fiorello* s.v. *fiore* ‚Blume', *magretti* s.v. *magro* ‚mager');
(3) Markennamen(bestandteile), bei denen lediglich die Derivationsbasis im Wörterbuch eingetragen ist, z.B. **naturella* s.v. *natura* ‚Natur', **nastrine* s.v. *nastro* ‚Schleife'.

Die Fälle der dritten Kategorie zählen zur werbesprachlichen Kreation im engeren Sinne, wie sie von Merlini Barbaresi (2004: 281) erfasst wird.

> Con il termine creatività si vuole indicare l'abilità di produrre nuove formazioni, spesso per analogia. Il risultato è una parola analizzabile morfologicamente e plausibile dai punti di vista fonematico, semantico e pragmatico, ma non in uso comune e sentito come ludico, idiosincratico, difficilmente imitabile e occasionale.[13]

Im Fokus der folgenden Ausführungen stehen allein die Bildungen der dritten Kategorie.

3 Markennamen und modifizierende Suffigierung

Von den 77 Warennamen, die mittels eines oder mehrerer modifizierender Suffixe gebildet wurden, zählen 46 Belege zur Kategorie der werbesprachlichen Kreation i.e.S., wie sie oben definiert wurde.[14] Dies entspricht einem Anteil von ca. 60%.

---

12 Dardano & Trifone (1985: 335) sprechen im Falle lexikalisierter Ableitungen, die im Laufe der Zeit eine spezifische Bedeutung angenommen haben, von *alterati falsi*. Als Beispiel führen sie *fioretto* an, das die spezifischen Bedeutungen ‚opera buona' (barmherzige Tat) und ‚tipo di spada' (Florett) trägt, jedoch auch in der Bedeutung ‚piccolo fiore' (kleine Blume) verwendet werden kann.
13 Mit dem Begriff der Kreativität soll die Fähigkeit bezeichnet werden, häufig über Analogien, neue Bildungen hervorzubringen. Das Ergebnis ist ein Wort, das morphologisch analysierbar und in phonematischer, semantischer und pragmatischer Hinsicht schlüssig ist, jedoch nicht im alltäglichen Sprachgebrauch verwendet wird und als spielerisch, idiosynkratisch und schwer nachzuahmen sowie als Gelegenheitsbildung wahrgenommen wird. [meine Übersetzung, A.L.]
14 Ebenfalls in den Bereich der werbesprachlichen Kreation aber (aufgrund der fehlenden lexikalischen Basis) an dieser Stelle unberücksichtigt bleiben Namen, die mittels Derivation aus

Die Verteilung auf die unterschiedlichen Typen wird in Tabelle 4 veranschaulicht, die einzelnen Bildungen enthält Tabelle 5.

Tab. 4: Die werbesprachliche modifizierende Suffigierung in quantitativer Hinsicht

Modifizierende Suffixe	Anzahl gesamt	Davon Kreationen i.e.S.
Einfach		
-ello	19	11
-etto	18	9
-ino	21	13
-olo	7	5
-otto	2	2
-one	2	0
Zusammengesetzt		
-ello + -ino	1	1
-otto + -ino	1	1
-otto + -ello	1	1
Nominalisierung von Verben[15]		
-ino, -ello	5	3
Gesamt	77	46 (= 59,7%)

---

bereits bestehenden Markennamen abgeleitet wurden, z.B. *biraghette* > *biraghi*, *vitessino* > *vitessa*, *wüberone* > *wüber* (zu deonymischen Ableitungen s. Scherer in diesem Band).

15 Über die Erfassung dieser Kategorie kann diskutiert werden, da durch die Suffigierung zunächst und vor allem ein Wortartwechsel erreicht wird. Allerdings kann eine semantische Affinität zwischen nominalen und (durchaus seltenen) verbalen Ableitungen, die mittels modifizierender Suffixe entstanden sind, nach Lo Duca (2004: 373) nicht bestritten werden. Lexeme wie etwa *girella* ‚Rolle' (> *girare* ‚drehen') und *ritornello* ‚Refrain' (> *ritornare* ‚zurückkehren'), die Ausgangspunkt der Namen *girella* und *ritornelli* sind, werden in der einsprachigen Lexikographie erfasst. Die Namen *scottarelle* (> *scottare* ‚anbraten') und *le rosoline* (> *rosolare* ‚anschmoren') sowie der auf dem frz. Verb *fourrer* ‚füllen' basierende Name *furrini* haben keine Korrelate in der Lexikographie. Sie gelten daher als Kreationen der Werbesprache, die mittels solcher Suffixe entstanden sind, die üblicherweise im Rahmen der nominalen modifizierenden Suffigierung eingesetzt werden.

Tab. 5: Italienische werbesprachliche Kreationen i.e.S. mittels modifizierender Suffixe

Suffixe[16]	Belege	Werbesprachliche Kreationen i.e.S.
-ello	11	acetelli, bruschelle, cruschelle, lattella, le patatelle, naturella, nostranelle, nutella, prealpinella, selenella, spuntinelle
-etto	9	ciuffetti, le fusette, nussettos, polaretti, provoletti, sofficette, tagliette, trancetto, vanetta
-ino	13	croissini, filatino, ghiacciolini, le panatine (auch: le baby panatine, le panatine stick), le prosciuttine, nastrine, nidina, sofficini, tegolino, trancino, vipino
-olo	5	cremolo, fruttolo (auch: fruttolo drink), ghiottoli, toccoli
-otto	2	gocciolotti, il tonnotto
-ello + -ino	1	bruschelline
-otto + -ino	1	saccottino
-otto + -ello	1	pizzottella
-ino, -ello	3	furrini; le rosoline, scottarelle

3.1 Modifizierende Suffigierung standard- und werbesprachlich

Nachdem die werbesprachlichen Kreationen i.e.S. identifiziert wurden, gilt es zunächst, eventuelle Parallelen zwischen standard- und werbesprachlichen Bildungen zu ermitteln. Im Standarditalienischen überwiegen im Bereich der modifizierenden Suffigierung die nominalen Basen, gefolgt von den Adjektiven und den Verben (Merlini Barbaresi 2004: 267). Diese Dominanz kann im Bereich der 40 werbesprachlichen Bildungen mit einfachem modifizierendem Suffix eindeutig bestätigt werden. Die Gruppe der nominalen Basen umfasst doppelt so viele Belege wie die Gruppe der adjektivischen Stämme.

---

16 Hier wird nur die kanonische Form der jeweiligen Suffixe aufgeführt. In den Bildungen, in denen sie vorkommen, können sie sowohl im Maskulinum als auch im Femininum im Singular (-o, -a) oder Plural (-i, -e) stehen.

Tab. 6: Werbesprachliche modifizierende Suffigierung und Derivationsbasen nach Wortart

Suffix	Stamm Substantiv	Stamm Adjektiv	Andere
-*ino* (13)	7 (Genuswechsel 3)	5	1
-*ello* (11)	7 (Genuswechsel 3)	2	2
-*etto* (9)	3 (Genuswechsel 1)	3	3
-*olo* (5)	4 (Genuswechsel 1)	1	/
-*otto* (2)	2 (Genuswechsel 0)	/	/
Gesamt	23	11	6

Ein Spezifikum der modifizierenden Suffigierung im Italienischen liegt darin, dass das Genus bei der Derivation wechseln kann. Hier offenbart sich eine Verschränkung von Flexion und Wortbildung, die mitunter Anlass dazu gibt, die modifizierenden Suffixe in eine Sonderkategorie neben den Wortbildungs- und den Flexionsmorphemen einzuordnen. Scalise (1986: 131) spricht in diesem Kontext von „Borderline Cases". Für das Suffix -*ino* liefert das Sample folgende Belege: *le prosciuttine* (f) (*prosciutto* (m) ‚Schinken'), *nastrine* (f) (*nastro* (m) ‚Schleife') und *nidina* (f) (*nido* (m) ‚Nest'), für das Suffix -*ello* die Belege *lattella* (f) (*latte* (m) ‚Milch'), *selenella* (f) (*selenio* (m) ‚Selen') und *spuntinelle* (f) (*spuntino* (m) ‚Imbiss'), für das Suffix -*etto* die Form *tagliette* (f) (*taglio* (m) ‚Schnitt') und schließlich für das Suffix -*olo* die Bildung *cremolo* (m) (*crema* (f) ‚Creme'). Bezüglich der Richtung des Wechsels im Standarditalienischen und der Suffixe, bei denen der Genuswechsel überhaupt möglich ist, schreibt Merlini Barbaresi (2004: 273–274):

> Tranne che per pochi casi, peraltro non esclusivi, come *sigaro* → *sigaretta* [...], il cambio avviene dal femminile al maschile. Il cambio di genere si attua ad opera dei suffissi -*ino*, -*one*, -*etto*, -*otto* ed -*ello*, talvolta -*olo* [...], mai con -*uccio* e raramente con -*accio* [...] e ancor più raramente con gli altri suffissi meno produttivi.[17]

Zwar findet der Genuswechsel im werbesprachlichen Bereich bei den Suffixen statt, die Merlini Barbaresi (2004) für das Standarditalienische aufführt, allerdings ist bemerkenswert, dass er in sieben von acht Fällen vom Maskulinum zum Femininum erfolgt, d.h. in umgekehrter und nicht entsprechend der in der

---

17 Außer für wenige Fälle, die im Übrigen nicht exklusiv zu sehen sind, wie *Zigarre* → *Zigarette*, vollzieht sich der Wechsel vom Femininum zum Maskulinum. Der Genuswechsel erfolgt durch die Suffixe -*ino*, -*one*, -*etto*, -*otto* und -*ello*, manchmal -*olo* [...], nie durch -*uccio* und selten durch -*accio* [...] und noch seltener mit den anderen weniger produktiven Suffixen. [meine Übersetzung, A.L.]

Standardsprache üblichen Richtung vorgenommen wurde. Das Spektrum der bezeichneten Produkte ist vielfältig und reicht von einem Fruchtmolkegetränk über Pommes Frites zu einer Gebäckschnitte oder auch Brotscheiben. Für eine referentenbezogene Zuordnung wäre eine größere Datenbasis erforderlich. Grundsätzlich wäre unter Berücksichtigung eines größeren Samples auch zu prüfen, wie sich im Bereich der Warennamen die femininen Formen zu den maskulinen verhalten. Dies könnte zur Beantwortung der Frage beitragen, ob im Falle des Genuswechsels grundsätzlich und im Einklang mit einer generellen Tendenz feminine Formen angestrebt werden oder ob, z.B. aus Gründen der Aufmerksamkeitsgewinnung, lediglich ein Bruch gegenüber der standardsprachlichen Norm beabsichtigt ist.

In der weiteren Betrachtung erfolgt eine Konzentration auf die Suffixe *-ino*, *-etto* und *-ello*, die in dieser Reihenfolge zu den produktivsten italienischen Diminutivsuffixen zählen (Rainer 2016: 2721). Das Suffix *-ino* ist im Standarditalienischen das häufigste und produktivste und bezeichnet grundsätzlich zwei Bewertungen auf einmal: 1. die Bewertung hinsichtlich der Größe, 2. die Bewertung hinsichtlich der emotiven Qualität, wobei je nach pragmatischem Kontext eine der beiden Bewertungen in den Hintergrund treten kann (Schwarze 1995: 511). Das Suffix *-etto* ist ebenfalls sehr produktiv, es hat nach Schwarze (1995: 511) dieselbe semantische Funktion wie das Suffix *-ino*, namentlich die Bewertung von Größe oder emotiver Qualität, und verbindet sich mit Basen derselben semantischen Kategorien.[18] Die Suffixe *-ino* und *-etto* können auch in Kombination miteinander auftreten. Sie sind dann allerdings nicht frei kombinierbar. Vielmehr wird die Diminutivregel auf ein bereits lexikalisiertes Diminutiv angewandt. Als Beispiel sei angeführt: *scala* ‚Leiter' → *scaletta* ‚Trittleiter' → *scalettina* ‚Trittleiterchen'. Das Suffix *-ello* konkurriert semantisch mit *-ino* und *-etto*, ist jedoch kaum noch produktiv (Schwarze 1995: 513).

Im vorliegenden Sample kommt das Suffix *-ino* mit 21 Belegen nicht nur absolut gesehen am häufigsten vor, mit 13 werbesprachlichen Kreationen dominiert es auch in dieser Kategorie. Zur hohen Frequenz von *-ino* tragen möglicherweise auch lautsymbolische Faktoren bei (Merlini Barbaresi 2004: 282). So verweist der Klang des Vokals <i> international auf etwas Kleines und Leichtes. Dogana schreibt dem Phonem /i/ folgende Bedeutung zu:

---

18 Es sei angemerkt, dass die Frage umstritten ist, inwiefern sich die einzelnen Suffixe synonym zueinander verhalten. So sieht Rohlfs (1969: § 1094, zit. n. Rainer 1990: 208–209) beispielsweise in seiner frühen Darstellung das Suffix *-ino* gegenüber *-ello*, *-etto* und *-otto* eher als Koseform denn als Verkleinerungsform an.

L'evocazione delle emozioni piacevoli di gioia e di allegria, veicolata dalle vocali anteriori, ed in particolare da I, rende espressivi nomi e slogan [...].

(Dogana 1991: 40)[19]

Gefolgt wird das Suffix *-ino* von *-ello*, das standardsprachlich kaum noch produktiv ist. Schwarze (1995: 514) spricht von einer „etwas bukolisch-veralteten Wirkung" der mittels *-ello* gebildeten Derivate. Diese standardsprachlich geringere Geläufigkeit könnte den Einsatz des Suffixes in der Werbesprache, die um Außergewöhnlichkeit bemüht ist, begünstigen. Neben den einfachen modifizierenden Suffixen erscheinen in der Namensammlung auch Belege zusammengesetzter Formen. In *bruschelline* und *saccottino* wird deutlich, was Merlini Barbaresi (2004: 281) für die Standardsprache über das Suffix *-ino* feststellt, nämlich dass es bei Kombination mit einem anderen Suffix bevorzugt in Endstellung erscheint.

Zu beachten ist ferner, dass die modifizierenden Suffixe in der Markennamenbildung nicht ausschließlich zur Derivation eingesetzt werden. Teilweise substituiert ein solches Suffix ein anderes, das in einer bereits lexikalisierten Derivation vorkommt: *bruscare* (‚rösten') → *bruschetta* (lexikalisiertes Substantiv; geröstete Weißbrotscheibe mit Knoblauch, Öl und Tomaten) → *bruschelle* (Bezeichnung des Produkts Brotscheiben für Bruschetta); *provola* (eine Büffelkäsesorte) → *provolone* (eine Käsesorte) → *provoletti* (Bezeichnung des Produkts Provolone-Käsewürfel). In dem Markennamen *croissini* wurde die Endung des französischen Partizip Präsens *-ant* durch das italienische Suffix *-ini* substituiert. Ebenso werden Nominalisierungen auf der Basis von Verben gebildet: *furrini* (fr. *fourrer* ‚füllen'), *le rosoline* (*rosolare* ‚anschmoren') oder auch *scottarelle* (*scottare* ‚anbraten').

3.2 Phonotaktische Struktur und Semantik

Die Verbindbarkeit lexikalischer Basen mit modifizierenden Suffixen unterliegt im Italienischen bestimmten Restriktionen. Eine Regel bei der Wahl des Suffixes

---

[19] Die Evokation der angenehmen Gefühle von Freude und Fröhlichkeit, die durch die vorderen Vokale, und vor allem durch I, übertragen wird, erhöht die Ausdruckskraft von Slogans und Namen. [meine Übersetzung, A.L.] Nur am Rande sei an dieser Stelle auf die hohe Zahl der Markennamen hingewiesen, die auf *-i* auslauten. Sie entstehen z.B. durch apokopierte Substantive wie *budì* (*budino* ‚Pudding'), *mirtì* (*mirtillo* ‚Blaubeere') und *pomì* (*pomidoro* ‚Tomate'), durch den Ersatz von Lauten wie *noccioli* (*nocciola* ‚Haselnuss'), *salsì* (*salsa* ‚Sauce') und *vongolì* (*vongola* ‚Venusmuschel'), oder indem bestehende Markennamen modifiziert werden wie *fiorì* und *galbi* von *galbani* und *fiorucci* (Zilg 2006: 77).

besagt, dass Stammvokal der Basis und Vokal des Suffixes nicht identisch sein sollten (Dardano & Trifone 1985: 335). Exemplarisch für diese dissimilatorische Regel führt Schwarze (1995: 512–513) die Formen *lettetto ‚Bettchen' oder *vinino ‚Weinchen' an, die konsequent vermieden werden sollten. Gegen diese Regel wird nun im Falle von nido ‚Nest'→ nidina verstoßen. Gegen diese Regel wird auch in den beiden mittels -otto gebildeten Namen gocciolotti (gocciolo ‚Tröpfchen') und il tonnotto (tonno ‚Thunfisch') verstoßen.[20]

Rainer (1990: 213–214) stellte in einer Untersuchung fest, dass bei der Verteilung der beiden Suffixe -ino und -etto, die auf den ersten Blick unsystematisch anmutet, bei genauerer Betrachtung jedoch formale und semantische Mechanismen ineinandergreifen. Auch die diatopische Dimension spielt eine wichtige Rolle. So ist man in der Toskana geneigter, -ino zu verwenden, in Venetien wird hingegen -etto bevorzugt (Rainer 1990: 207). Die phonetischen Restriktionen zwischen Basis und Suffix nach Rainer (1990: 215) werden in Tabelle 7 vorgestellt.

Betrachten wir das Tableau, fällt auf, dass die Markennamen fast ausnahmslos den standardsprachlichen Distributionsregeln entsprechen. Einzig die Namen vipino, sofficini und trancini durchbrechen sie auf den ersten Blick. Bei näherer Betrachtung lässt sich jedoch auch hierfür eine Erklärung finden. Im Falle von vipino treffen zwei Regeln aufeinander. Zwar begünstigt der Auslaut [p] die Kombination mit -etto, gleichzeitig aber vermag es das Suffix -ino am besten, sich mit fremdsprachlichen Stämmen zu verbinden, z.B. puzzleino, scoutine (Merlini Barbaresi 2004: 282). Auch im Falle von nidina treffen zwei Regeln aufeinander: Die Vermeidung der Vokalgleichheit zwischen Stamm und Suffix zum einen, das Suffix -ino nach Auslaut [d] zum anderen. In diesen beiden Fällen wären umfangreichere Untersuchungen dahingehend erforderlich, welche Regel sich unter welchen Bedingungen durchsetzt.

Tab. 7: Phonetische Restriktionen zwischen Basis und Affix

Laut	Suffix	Belege (-etto)	Belege (-ino)
[d]	begünstigt -ino		nidina (nido ‚Nest')
[l]	beides möglich	provoletti (provola ‚Hartkäse')	ghiacciolini (ghiacciolo ‚Eiszapfen') tegolino (tegolo ‚Ziegel')
[n]	beides möglich	vanetta (*van)	

---

[20] Derartige Verstöße gegen Wortbildungsbeschränkungen stehen u.a. im Dienste der Expressivität (s. Scherer in diesem Band).

Laut	Suffix	Belege (-etto)	Belege (-ino)
[p]	begünstigt -etto		vipino (vip ‚Vip')
[r]	beides möglich	polaretti (polare ‚polar')	
[s]	beides möglich	nussettos (dt. Nuss)	croissini (croissant ‚Croissant')
[t(r)]	begünstigt -ino verhindert -etto		filatino (filato ‚fädig') le panatine (panato ‚paniert') le prosciuttine (prosciutto ‚Schinken') nastrine (nastro ‚Schleife')
[tʃ]	begünstigt -etto	sofficette (soffice ‚weich') trancette (trancio ‚Stück')	sofficini (soffice ‚weich') trancini (trancio ‚Stück')
[z]	begünstigt -etto	le fusette (fuso ‚geschmolzen')	
[ʎ]	begünstigt -etto	tagliette (taglio ‚Schnitt')	

Am Beispiel von -ino sei nun die von Rainer (1990: 215) angesprochene Verschränkung von formalen und semantischen Mechanismen dargestellt. Über dieses modifizierende Suffix schreibt er, es werde jedes Mal dann bevorzugt, wenn ein Referent aus einem bestimmten semantischen Bereich benannt werden solle. Zu diesen Bereichen zählen unter anderem die Welt der Kinder und der Kleintiere, das Feld der weiblichen Garderobe sowie der Küche. In den Fällen, in denen nun in phonetischer Sicht -etto gefordert würde, -ino jedoch zum Einsatz kommt, haben wir es oft mit Referenten aus einem der genannten Bereiche zu tun, und semantische Prinzipien gewinnen die Oberhand. Exemplarisch führt Rainer (1990: 216) nach [tʃ] an: focaccia ‚Fladen', goccia ‚Tropfen', ponce ‚Punsch'. Rainer (1990: 217) erachtet -etto als default case, während -ino im Falle bestimmter semantischer Felder aktiviert werde. So lassen sich vielleicht auch die Bildungen mittels -ino im Falle der Dubletten sofficette -sofficini (soffice ‚weich') und trancette -trancini (trancio ‚Stück') erklären.

In semantischer Perspektive gilt als Voraussetzung dafür, dass eine Basis sich mit einem Diminutiv- oder Augmentativsuffix verbinden kann, oftmals die Graduierbarkeit, die auf unterschiedliche Skalen bezogen sein kann (Dressler & Merlini Barbaresi 1994: 120–132; Rainer 1990: 209–210). Unter Anwendung dieses Kriteriums wären Stoffnamen nicht graduierbar (Rainer 1990: 210). Die Markennamensammlung enthält allerdings die Belege acetelli (aceto ‚Essig'), cruschelle (crusca ‚Kleie'), lattella (latte ‚Milch'), naturella (natura ‚Natur'), selenella (selenio ‚Selen'), le prosciuttine (prosciutto ‚Schinken'). Hier zeigt sich eine deutliche Affinität zwischen nicht steigerbaren Basen und dem standardsprachlich nicht sehr produktiven Suffix -ello. Mit Blick auf die standardsprachliche Wortbildung werden die Erwartungen hier in zweifacher Hinsicht durchbrochen. Dies steht in Einklang mit der zentralen Funktion von Werbesprache, Aufmerksamkeit zu erwecken und die Erinnerbarkeit zu steigern.

3.3 Zur Beziehung zwischen Referent(enklasse) und modifizierendem Suffix

Im Rahmen der Erforschung von Markennamen wurden früh wiederkehrende Elemente und Strukturen im Sinne von Regelmäßigkeiten und Mustern der Benennung in den Blick genommen. Die Untersuchungen von Benennungsmodi sind hierbei v.a. semantisch, lexikalisch oder morphologisch perspektiviert.[21] In semantischer Hinsicht besteht z.B. für persönliche Ausstattungsgegenstände wie Schreibgeräte eine Regularität darin, dass sie oftmals mit Prestigewörtern sowie Orts- oder Personennamen bezeichnet werden (Lötscher 1992: 345). Die lexikalische Dimension kommt zum Tragen, wenn z.B. zur Benennung von Parfums überwiegend die französische oder englische Sprache eingesetzt werden (Lötscher 1992: 345). Was die Morphologie betrifft, so konnte Sialm-Bossard bereits im Jahr 1975 für Namen von Chemiefasern eine Tendenz zur Serienbildung produktiver Konstruktionselemente (z.B. *cel*, *cord*, *flex*, *lon*, *tex*) nachweisen (Sialm-Bossard 1975: 272). Aus den 1980er Jahren stammen die Untersuchungen zur Morphologie von Kunststoff-Markennamen von Voigt (1982) sowie diejenige zu deutschen und pharmakologischen Produktnamen von Wehking (1984) (produktive Konstruktionselemente sind etwa *cyclo*, *tri*, *pan*).[22]

Aus einer Untersuchung von Markennamen des italienischen Lebensmittelmarktes von Zilg (2009b) ist hervorgegangen, dass Regelmäßigkeiten auf sämtlichen linguistischen Beschreibungsebenen bestehen. So verweist das Graphem <w>, das im Italienischen lediglich in Fremdwörtern vorkommt, zum Beispiel in *wuoi?*, *wulevù* und *wudy* auf die Produktart *würstel*. Die Ausnutzung der mimetischen Eigenschaften des Hauchlautes <h> (Dogana 1991: 39) wird wiederum in folgender Reihe von Namen deutlich, die sämtlich zur Bezeichnung von Sahne dienen: *halta*, *hoplá*, *hulalà*.

---

[21] Die Dimensionen können auch ineinandergreifen, wie anhand der von Lötscher (1992: 345) für Automobile getroffenen Aussage deutlich wird, wonach es sich bei deren Bezeichnungen oftmals um zweisilbige, wenn möglich klangvolle, oft leicht literarisch klingende Substantive handelt, die bevorzugt aus dem Englischen, Spanischen oder Italienischen stammen.
[22] Zu den Konnotationswerten ethnokulturell markierter Formen und den Domänen, denen sie zugeordnet werden können, sei auf Platen (1997) verwiesen.

Auf morphologischer Ebene ist auf das im Kontext der Markennamen konstitutive Bauprinzip der analogischen Reihenbildung hinzuweisen. Bestandteile vieler Namen sind Elemente, die sich an Vollformen von Substantiven und Adjektiven anlehnen, ebenso serienbildend sind wie Affixe, im Unterschied zu diesen jedoch eine lexikalische Bedeutung tragen (z.B. *latte* ‚Milch': *bonlat* (*bon* < *buono* ‚gut'), *chiccolat* (*chicco* ‚Korn'), *privolat* (*privo* ‚los'), *parmalat* (Stadt Parma), *pavilát* (Stadt Pavia)). In einer weiteren Gruppe von Namen sind substantivische, adjektivische, präpositionale oder adverbiale Vollformen reihenbildend, z.B. *mare* ‚Meer': *mare aperto* ‚offenes Meer', *mare fresco* ‚frisches Meer', *mare pronto* ‚bereitetes Meer', *mareblu* ‚blaues Meer', *maredelicato* ‚zartes Meer', *alto mare* ‚Hochsee', *ortomare* ‚Gemüsegarten + Meer'. Dieses Phänomen der Serienbildung ausgewählter Elemente, das im Übrigen eine Herausforderung für die klare Abgrenzung zwischen Derivation und Komposition darstellt, zeigt sich auch im Zusammenhang mit Benennungsregelmäßigkeiten. So wird das Adverb *più* ‚mehr' wiederholt zur Bezeichnung von Eiern eingesetzt: *natura più*, *oropiù*, *ovitopiù*.

Lexikalisch betrachtet fällt der hohe Anteil an Namen auf, die zur Bezeichnung von Gebäck aus dem semantischen Feld der Zärtlichkeit schöpfen: *abbracci* ‚Umarmungen', *coccole* ‚Liebkosungen', *sorrisi* ‚Lächeln', *tenerezze* ‚Zärtlichkeiten'. Interessant ist, dass dieses Feld auch im Falle der Benennung zahlreicher Wurstwaren aktiviert wird: *le voglie* ‚die Gelüste', *sofficette* ‚Weiche', *tenerino* ‚Zart(er)'. In lexikalischer Hinsicht ist weiterhin die Tatsache auffällig, dass das Französische regelmäßig zur Bezeichnung von süßem Gebäck verwendet wird (z.B. *caprice*, *doré*, *tresor*), das Englische wiederum zur Bezeichnung von Fleisch- und Wurstwaren oder Snacks (z.B. *hot one*, *six appeal*, *time out*).

Hinsichtlich einer möglichen Zuordnung der Bildungen mittels modifizierender Suffixe zu bestimmten Referenten(kategorien) ergibt sich folgendes Tableau. Von den 46 betrachteten Namen haben 11 Namen ihren Referenten in der Kategorie „Gebäck süß" (z.B. *cruschelle*, *nastrine*, *trancetto*), weitere 15 Namen verteilen sich in der Kategorie Milchprodukte wie folgt: sieben Namen bezeichnen Käseprodukte (z.B. *filatino*, *le fusette*, *prealpinella*), vier Namen dienen der Bezeichnung von Milchprodukten der Kategorie „Joghurt, Quark, Pudding" (z.B. *cremolo*, *vipino*), und vier Belege referieren auf Milchprodukte „Trinkjoghurt" (z.B. *fruttolo drinki*, *lattella*). Es zeigt sich somit eine eindeutige Korrelation zwischen den Referentenkategorien „Gebäck süß" und „Milchprodukte" und der Dichte der modifizierenden Suffigierung.

4 Ausblick

Für die linguistische Forschung stellen Markennamen aufgrund der Vielfalt des verwendeten sprachlichen Materials eine wesentliche Bereicherung dar. Bei der Bildung von Markennamen wird z.T. auf standardsprachliche Wortbildungsmuster zurückgegriffen, z.T. folgt ihre Bildung jedoch eigenen Regeln. In diesem Sinne unterliegen auch Markennamen einer spezifischen Grammatik (s. Einleitung dieses Bandes). Die Distanz zum "Normalwortschatz" ist in hohem Maße funktional und lässt sich vor allem mit der Aufmerksamkeitserzeugung, aber auch mit der Abgrenzung von der Konkurrenz und der Wiedererkennung begründen. Im vorliegenden Kontext ist eine ausgeprägte Bindungsfreudigkeit modifizierender Suffixe an eine Vielzahl von Basen auffällig. Zwar haben wir es hier mit hoher Produktivität zu tun, von Kreativität kann jedoch nur eingeschränkt gesprochen werden. Als Abweichungen von der standardsprachlichen Wortbildung konnten die Richtung des Genuswechsels ausgemacht werden sowie die Nicht-Einhaltung der Regel, wonach Vokal der Basis und Vokal des Suffixes nicht identisch sein sollten. In semantischer Hinsicht zeigt sich eine Affinität zwischen nicht steigerbaren Basen und dem standardsprachlich nicht sehr produktiven Suffix *-ello* sowie eine gewisse Beliebtheit modifizierender Suffixe in den Produktkategorien „Gebäck süß" und „Milchprodukte". Aus morphologischer Sicht ebenfalls bemerkenswert ist die in der Werbesprache gegenüber der Standardsprache ermittelte starke Präsenz von Komposita, die mittels Adjektiven gebildet wurden. Die für die Werbesprache kennzeichnende Tendenz zur Charakterisierung und Wertung findet hier ihren Niederschlag.

Ergänzend zu den hier angeführten Beobachtungen sollten auch die Fälle näher untersucht werden, in denen fremdsprachige modifizierende Suffixe eingesetzt werden, z.B. in *ovito*, *danito*, *banita* und *corito*. In diesem Zusammenhang bilden auch Paare oder Reihen von Namen, deren Bildung in auffälliger Weise eine strukturelle Ähnlichkeit aufweist wie *nutella* und *nussettos*, einen Aspekt, der Vertiefung verdient. Aufschlussreich wäre schließlich eine gesamtromanische kontrastive Analyse, die qualitative und quantitative Unterschiede in den Blick nimmt. Gemäß Wierzbicka (1991: 53) korrelieren Letztere mit kulturellen Unterschieden, die es aufzudecken gelten würde.

Literatur

Bakema, Peter & Dirk Geeraerts (2000): Diminution and augmentation. In Geert Booij, Christian Lehmann & Joachim Mugdan (Hrsg.), *Morphology. An International Handbook on Inflection and Word-Formation*, Vol. 1, 1045–1052. Berlin, New York: de Gruyter.
Bellino, Franco et al. (1991): *Il linguaggio della pubblicità*. Mailand: Mursia.
Dardano, Maurizio & Pietro Trifone (1985): *La lingua italiana*. Bologna: Zanichelli.
De Mauro, Tullio (1987): Un linguaggio subalterno. In Massimo Baldini (Hrsg.), *Le Fantaparole. Il linguaggio della pubblicità*, 51–55. Rom: Armando.
Dogana, Fernando (1991): Iconismi verbali nel linguaggio della pubblicità. In Franco Bellino et al.: *Il linguaggio della pubblicità*, 23–41. Mailand: Mursia.
Dressler, Wolfgang U. & Lavinia Merlini Barbaresi (1994): *Morphopragmatics. Diminutives and Intensifiers in Italian, German, and Other Languages*. Berlin, New York: Mouton de Gruyter.
Fahlbusch, Fabian (2017): *Unternehmensnamen: Entwicklung, Gestaltung, Wirkung, Verwendung*. Berlin: Frank & Timme.
Fleischer, Wolfgang (2000): Die Klassifikation von Wortbildungsprozessen. In Geert Booij, Christian Lehmann & Joachim Mugdan (Hrsg.), *Morphology. An International Handbook on Inflection and Word-Formation*, Vol. 1, 886–897. Berlin, New York: de Gruyter.
Fleischer, Wolfgang (1970): Onomastische Strukturen in der deutschen Sprache der Gegenwart. *Onomastica Slavogermanica* V, 35–44.
Gaeta, Livio & Davide Ricca (2003): Frequency and productivity in Italian derivation: A comparison between corpus-based and lexicographical data. *Italian Journal of Linguistics* 15 (1), 63–98.
Harnisch, Rüdiger & Damaris Nübling (2004): Namenkunde. In Geert Booij, Christian Lehmann, Joachim Mugdan & Stavros Skopeteas (Hrsg.), *Morphology. An International Handbook on Inflection and Word-Formation*, Vol. 2, 1901–1910. Berlin, New York: de Gruyter.
Janner, Maria Chiara (2012): Sintassi dei nomi di marca in italiano. Note sulla determinazione. In Paola Cotticelli Kurras, Elke Ronneberger-Sibold & Sabine Wahl (Hrsg.), *Il linguaggio della pubblicità italiano e tedesco: teoria e prassi. Italienische und deutsche Werbesprache: Theorie und Praxis*, 157–175. Alessandria: Edizioni dell'Orso.
Koß, Gerhard (1996): Warennamen. In Ernst Eichler, Gerold Hilty, Heinrich Löffler, Hugo Steger & Ladislav Zgusta (Hrsg.), *Namenforschung: ein internationales Handbuch zur Onomastik*, Vol. 2, 1642–1648. Berlin, Boston: De Gruyter Mouton.
Lepschy, Anna L. & Giulio Lepschy (1986): *Die italienische Sprache*. Tübingen: Francke.
Lobin, Antje (2019): Elativsuffigierung und Intensivierung in der Markennamenbildung. In Marietta Calderón & Sandra Herling (Hrsg.), *Namenmoden syn- und diachron*, 173–181. Stuttgart: Ibidem.
Lobin, Antje (2018): The integration of the brand name in the advertising text. In Paola Cotticelli Kurras & Alberto Rizza (Hrsg.), *Language, Media and Economy in Virtual and Real Life: New Perspectives*, 61–70. Newcastle upon Tyne: Cambridge Scholars Publishing.
Lo Duca, Maria G. (2004): Nomi di strumento. Altri tipi. In Maria Grossmann & Franz Rainer (Hrsg.), *La formazione delle parole in italiano*, 373–374. Tübingen: Max Niemeyer.
Lötscher, Andreas (1992): *Von Ajax bis Xerox. Ein Lexikon der Produktenamen*, 2. Auflage. Düsseldorf, Zürich: Artemis und Winkler.

Merlini Barbaresi, Lavinia (2004): Alterazione. In Maria Grossmann & Franz Rainer (Hrsg.), *La formazione delle parole in italiano*, 264–292. Tübingen: Max Niemeyer.
Müller, Wendelin G. (1997): *Interkulturelle Werbung*. Heidelberg: Physica-Verlag.
Mundt, Wolf-Rüdiger (1981): *Wortbildungstendenzen im modernen Französischen, untersucht an den «Noms de marques déposés»*. Dissertation, Berlin.
Necker, Heike (2006): *Modifizierende Suffixe und Adjektive im Italienischen*. Dissertation, Konstanz.
Platen, Christoph (1997): *«Ökonymie». Zur Produktnamen-Linguistik im Europäischen Binnenmarkt*. Tübingen: Max Niemeyer.
Rainer, Franz (2016): Italian. In Peter O. Müller, Ingeborg Ohnheiser, Susan Olsen & Franz Rainer (Hrsg.), *Word-Formation. An International Handbook of the Languages of Europe*, Vol. 4, 2712–2731. Berlin, Boston: De Gruyter Mouton.
Rainer, Franz (1990): Appunti sui diminutivi in *-etto* e *-ino*. In Monica Berretta, Piera Molinelli & Ada Valentini (Hrsg.), Parallela 4. Morfologia, 207–218. Tübingen: Narr.
Reumuth, Wolfgang & Otto Winkelmann (2012): *Praktische Grammatik der italienischen Sprache*, 6. Auflage. Wilhelmsfeld: Gottfried Egert.
Rohlfs, Gerhard (1969): *Grammatica storica della lingua italiana e dei suoi dialetti*, Vol. 3. Turin: Einaudi.
Ronneberger-Sibold, Elke (2015): Word-formation and brand names. In Peter O. Müller, Ingeborg Ohnheiser, Susan Olsen & Franz Rainer (Hrsg.), *Word-Formation. An International Handbook of the Languages of Europe*, Vol. 3, 2192–2210. Berlin, Boston: De Gruyter Mouton.
Ronneberger-Sibold, Elke (2004): Warennamen. In Andrea Brendler & Silvio Brendler (Hrsg.), *Namenarten und ihre Erforschung. Ein Lehrbuch für das Studium der Onomastik*, 557–603. Hamburg: Baar.
Room, Adrian (1982): *Dictionary of Trade Name Origins*. London: Routledge & Kegan Paul.
Scalise, Sergio (1986): *Generative Morphology*, 2. Auflage. Dordrecht, Cinnaminson (NJ): Foris.
Schwarze, Christoph (1995): *Grammatik der italienischen Sprache*, 2. Auflage. Tübingen: Niemeyer.
Sialm-Bossard, Victor (1975): *Sprachliche Untersuchungen zu den Chemiefaser-Namen. Ein Beitrag zur Beschreibung der deutschen Gegenwartssprache*. Bern, Frankfurt am Main: Lang.
Voigt, Gerhard (1982): *Bezeichnungen für Kunststoffe im heutigen Deutsch. Eine Untersuchung zur Morphologie des Markennamen*. Hamburg: Helmut Buske.
Wehking, Erwin (1984): *Produktnamen für Arzneimittel: Wortbildung, Wortbedeutung, Werbewirksamkeit*. Hamburg: Hamburger Buchagentur.
Wierzbicka, Anna (1991): *Cross-cultural Pragmatics: The Semantics of Human Interaction*. Berlin, New York: de Gruyter.
Zilg [Lobin], Antje (2014): Namen in der Wirtschaft – Entwurf einer Klassifikation auf der Basis des Referenten. In Joan Tort i Donada & Montserrat Montagut i Montagut (Hrsg.), *Els noms en la vida quotidiana. Actes del XXIV Congrés Internacional d'ICOS sobre Ciències Onomàstiques, Annex Secció 1. (Names in daily life. Proceedings of the XXIV ICOS International Congress of Onomastic Sciences)*, 107–118. Generalitat de Catalunya: Departament de Cultura.
Zilg [Lobin], Antje (2013a): *tu y yo* – Aspects of Brand Names Related to Interaction and Identification. In Paula Sjöblom, Terhi Ainiala & Ulla Hakala (Hrsg.), *Names in the*

Economy: Cultural Prospects, 269–281. Newcastle upon Tyne: Cambridge Scholars Publishing.
Zilg [Lobin], Antje (2013b): *tu y yo, prendi e vai, saveurs d'ici* – How brand names mirror socioeconomic conditions in Romance languages. In Oliviu Felecan & Alina Bughesiu (Hrsg.), *Onomastics in Contemporary Public Space*, 391–404. Newcastle upon Tyne: Cambridge Scholars Publishing.
Zilg [Lobin], Antje (2013c): *secrets de chez nous*: Die Vermittlung von Lokalität in Markennamen. In Christopher M. Schmidt, Ainars Dimants, Jaakko Lehtonen & Martin Nielsen (Hrsg.), *Kulturspezifik in der europäischen Wirtschaftskommunikation*, 33–46. Wiesbaden: Springer VS.
Zilg [Lobin], Antje (2012a): The Remains of the Name – How Existing Brand Names are Used in the Formation of New Names. In Reina Boerrigter & Harm Nijboer (Hrsg.), *Names as Language and Capital. Proceedings Names in the Economy III, Amsterdam, 11–13 June 2009*, 111–123. Amsterdam: Meertens Instituut.
Zilg [Lobin], Antje (2012b): Italian brand names – morphological categorisation and the Autonomy of Morphology. In Sascha Gaglia & Marc-Olivier Hinzelin (Hrsg.), *Inflection and Word Formation in Romance Languages*, 369–383. Amsterdam: John Benjamins Publishing Company.
Zilg [Lobin], Antje (2009a): *mamma antonia, mama maria, mama mia* – Kulturspezifika in der italienischen Markennamengebung. In Nina Janich (Hrsg.), *Marke und Gesellschaft. Markenkommunikation im Spannungsfeld von Werbung und Public Relations*, 123–136. Wiesbaden: Verlag für Sozialwissenschaften.
Zilg [Lobin], Antje (2009b): *wulevù* würstel? Eine Darstellung produktgruppenspezifischer Aspekte italienischer Markennamen des Lebensmittelmarktes. In Wolfgang Ahrens, Sheila Embleton & André Lapierre (Hrsg.), *Names in Multi-Lingual, Multi-Cultural and Multi-Ethnic Contact. Proceedings of the 23rd International Congress of Onomastic Sciences (17.-22. August 2008)*, 1088–1096. Toronto: York University.
Zilg [Lobin], Antje (2008): *pronti per voi* – Was Markennamen über Trends im Lebensmittelmarkt verraten. In Angelika Bergien, Ludger Kremer & Antje Zilg (Hrsg.), *Onoma 43. Commercial Names*, 277–298. Leuven: Peeters.
Zilg [Lobin], Antje (2006): *Markennamen im italienischen Lebensmittelmarkt*. Wilhelmsfeld: Gottfried Egert.
Zingarelli, Nicola (2013): *Lo Zingarelli. Vocabolario della lingua italiana*. Bologna: Zanichelli.

Carmen Scherer
Merkelige Putinisten obamatisieren Berlusconien

Deonymische Wortbildung im Deutschen

Zusammenfassung: Ziel dieses Beitrags ist eine systematische theoretisch und empirisch fundierte Analyse deanthroponymischer Suffixderivate im Deutschen. Auf der Grundlage bisheriger Forschungsergebnisse werden zunächst Parallelen und Unterschiede zwischen deappellativischer und deonymischer Wortbildung eruiert sowie produktive deonymische Derivationsmuster identifiziert. Eine anschließende empirische Untersuchung zur Wortbildung von zehn Politikernamen kommt zu dem Ergebnis, dass die deanthroponymische Suffixderivation deutlich stärker ausgebaut ist als anhand der Literatur zu erwarten. Dies betrifft in formaler Hinsicht sowohl die Vielfalt der belegten Suffixe als auch die Wortart bzw. Wortklasse der Derivate. In semantischer Hinsicht ist festzustellen, dass bestimmte Funktionen wie Abstrakta und Personenbezeichnungen, die auf Theorien oder Verhaltensweisen des Politikers bzw. auf dessen Anhänger referieren, zu allen Politikernamen belegt sind. Es zeigt sich zudem, dass deanthroponymische Suffixderivate auffällig häufig expressiv sind.

1 Einleitung

Im Rahmen einer diachronen Studie zur nominalen *-er*-Derivation im Deutschen stieß ich vor rund 15 Jahren auf folgende Passage in einer der beiden ersten Zeitungen im deutschsprachigen Raum, dem Aviso von 1609:

> Es wollen auch zwischen den Herrn Directorn / ein Confusion / wegē der Kirchenordnung / und Ceremonien / einfallen: sintemal theils (welche den Piccardern / Calvinern / Wiederteuffern / Arrianern und den weinenden Brüdern anhengig) wollen alle Crucifix / Altär / Wachsliechter / und anders aus den Kirchen / den Communion Kuchen auff den Tisch gelegt haben (Aviso 1609/30: 6)

Dieser kurze Abschnitt enthält vier Belege, die für meine damalige Untersuchung relevant waren, nämlich *Piccardern, Calvinern, Wiederteuffern* und *Arrianern*. Erstaunlicher noch als die hohe Dichte nominaler *-er*-Derivate war jedoch, dass sich lediglich eines dieser vier Derivate auf eine appellativische Basis zurückführen lässt (*Wiederteuffer*), wohingegen die restlichen drei eine onymische Basis, entweder einen Personennamen (*Calviner, Arianer*) oder ein Toponym (*Piccarder*), aufweisen. Insgesamt fanden sich im ersten Jahrgang des Aviso 52 nominale -*er*-Derivate (Typen) mit onymischer Basis, davon sechs mit anthroponymischer Basis. Das gesamte Mainzer Zeitungskorpus[1] enthielt 15 Typen mit anthroponymischer und 224 mit toponymischer Basis, was einem Anteil von 3,8% bzw. 28,9% der untersuchten Derivate im Aviso und 0,7% bzw. 10,8% im Gesamtkorpus entspricht (Scherer 2005: 153–158, 189, 196).[2]

Aber nicht nur nominale -*er*-Derivate, sondern auch zahlreiche andere Wortbildungsprodukte ausgehend von Eigennamen lassen sich finden, wie folgende Beispiele zum Eigennamen *Merkel* aus dem Deutschen Referenzkorpus (DeReKo) zeigen:

(1) a. Merkel-Berater, Super-Merkel, Maximerkel, Merkelist, Merkelburger, Ziehamerkel
    b. merkeltreu, anti-Merkel, merkelesk, merkelwürdig
    c. merkelisieren, merkeln, herummerkeln

Ziel dieses Beitrags ist es, einen systematischen theoretisch und empirisch fundierten Überblick über ein Teilgebiet der deonymischen Wortbildung, die Suffixderivation anthroponymischer Basen, zu erarbeiten. Dabei soll zunächst das Verhältnis zwischen deappellativischer und deonymischer Wortbildung geklärt und ein kurzer Überblick über den Forschungsstand zur deonymischen Wortbildung im Allgemeinen gegeben werden (Kap. 2), bevor in Kap. 3 der Fokus auf die deonymische Suffixderivation gelegt wird. Im Anschluss daran werde ich exemplarisch anhand einer Stichprobe von zehn Politikernamen (u.a. *Merkel, Obama*) überprüfen, welche der beschriebenen Muster produktiv verwendet werden und welche weiteren Muster sich darüber hinaus feststellen lassen (Kap. 4). Die Untersuchung schließt mit einem Fazit zur deanthroponymischen Wortbildung ab (Kap. 5).

---

[1] Das Mainzer Zeitungskorpus umfasst in neun Teilkorpora rund eine Million Textwörter aus überregionalen Zeitungen aus dem Zeitraum von 1609 bis 2000. Eine detaillierte Beschreibung des Korpus findet sich in Scherer (2005).
[2] Bei den angegebenen Zahlen handelt es sich um Typenfrequenzen. Für die Tokens ergibt sich folgendes Bild: Aviso (1609): 191 Tokens mit onymischer Basis, davon neun deanthroponymische und 182 detoponymische, Mainzer Zeitungskorpus (gesamt): 40 deanthroponymische und 1.014 detoponymische Tokens. Diese Zahlen entsprechen einem Anteil von 1,3% bzw. 26,3% aller -*er*-Derivate im Aviso und 0,4% bzw. 11,3% im Gesamtkorpus (Scherer 2005: 190, 196).

2 Deonymische Wortbildung

Als Haupttypen der deutschen Wortbildung gelten gemeinhin Komposition, Derivation und Konversion. Daneben werden als weitere Wortbildungstypen unter anderem Kurzwortbildung, Kontamination sowie Rückbildung und Reduplikation genannt (Barz 2016), wobei die beiden Letzteren im Deutschen nur schwach ausgeprägt sind.[3] Laut Bishkenova (2000) operieren die meisten deutschen Wortbildungsprozesse, insbesondere Komposition und Derivation, nicht nur auf der Grundlage von Appellativen, sondern auch von Eigennamen. Wörter wie *merkelig*, *obamatisieren* oder *Putinist* in (2) sind genau wie die Beispiele in (3) das Ergebnis produktiver Wortbildungsprozesse des Deutschen. Sie entstehen durch die Kombination eines freien Wortstamms mit einem gebundenen Morphem, bei dem es sich um ein Affix (*-ig*, *-isier*, *-ist*) oder ein Konfix (*-loge*) handeln kann.

(2) merkelig, obamatisieren, Putinist, Chiracologe
(3) bärtig, hügelig, dramatisieren, kritisieren, Germanist, Realist, Astrologe, Morphologe

Entsprechend werden Eigennamen in Darstellungen zur Wortbildung üblicherweise explizit oder implizit zusammen mit den Appellativen als nominale Konstituenten in Kompositions-, Derivations- und anderen Wortbildungsprozessen behandelt, wenn sie denn überhaupt thematisiert werden. Ob sich Eigennamen in der Wortbildung aber tatsächlich wie substantivische Appellative verhalten, wird erst seit Kurzem erforscht, vgl. Schlücker (2017) zu Nominalkomposita, Vogel (2017) zu Adjektivkomposita und Kempf (2017) zu adjektivischen *-isch*-Derivaten.[4]

Laut Nübling, Fahlbusch & Heuser (2015: 28) stellen Eigennamen eine semantische Teilklasse der Substantive dar, die einerseits typische Charakteristika

---

[3] Nicht einig ist sich die Forschung darüber, ob im Fall der Wortbildung mit sog. Konfixen wie *therm*, *thek* und *stief* ein eigener Wortbildungstyp Konfixbildung vorliegt oder ob es sich bei Bildungen wie *thermisch*, *Bibliothek* und *Stiefvater* um Konfixkomposita bzw. Konfixderivate handelt. Entsprechende Bildungen werden im Folgenden in Anlehnung an Fleischer & Barz (2012: 63) dem Wortbildungstyp der Komposition (*Bibliothek*, *Stiefvater*) bzw. Derivation (*thermisch*) zugeordnet.
[4] Dieser Aufsatz basiert auf einem Vortrag, den ich im Oktober 2016 im Rahmen der Tagung zur „Linguistik der Eigennamen" in Mainz gehalten habe. Zum Zeitpunkt des Vortrags und der Manuskripterstellung lag mir keine der drei Publikationen vor; sie konnten erst im Rahmen der Überarbeitung berücksichtigt werden.

von Konkreta aufweist, sich andererseits aber in ihrer Funktion und grammatischen Eigenschaften so stark von Appellativen unterscheidet, „dass schon nahegelegt wurde, EN [Eigennamen] und APP[ellative] als zwei verschiedene Wortarten zu begreifen" (Nübling, Fahlbusch & Heuser 2015: 31).[5] Bei Eigennamen handelt es sich somit, wenn nicht um eine eigene Wortart, so doch zumindest um eine semantische Teilklasse der Substantive mit ganz spezifischen Eigenschaften wie z.B. Monoreferenzialität.

Die Relevanz formaler und semantischer Merkmale für die Wortbildung, z.B. in Form von Beschränkungen bei Derivationsprozessen, ist in der Forschung seit Langem bekannt. So bevorzugen beispielsweise Präfixe wie *ver-* und *zer-* verbale Basen, das Movierungssuffix *-in* verbindet sich nur mit Maskulina, die belebte, bevorzugt menschliche Referenten bezeichnen, und das Adjektiv-Suffix *-bar* leitet ausschließlich transitive Verben ab. Aufgrund ihrer spezifischen Eigenschaften, die Nübling, Fahlbusch & Heuser (2015: 31–92) ausführlich darstellen, ist insofern anzunehmen, dass sich Eigennamen in der Wortbildung von Appellativen unterscheiden. Aktuelle Untersuchungen zum Deutschen scheinen dies zu bestätigen. So sprechen etwa die Ergebnisse von Schlückers Studie zu Eigennamenkomposita dafür, „dass die Eigennamenkomposition als eigenständiger Subtyp der nominalen Komposition klassifiziert werden sollte." (Schlücker 2017: 89–90)

Eine systematische Untersuchung der deonymischen Wortbildung ist umso wichtiger, als es sich keineswegs um ein peripheres Phänomen handelt: Laut Fleischer & Barz (1992: 47) ist insbesondere „die deonymische Derivation (Eigennamen in Wortstruktur als Derivationsbasis) reich entwickelt"[6]. In der germanistischen Forschung spiegelte sich dies im Gegensatz zur romanistischen (z.B. La Stella 1982, Schweickard 1992, 1995, Kremer (Hrsg.) 2002) jedoch lange Zeit kaum wieder. Erst seit Kurzem liegen mit Kempf (2017), Schlücker (2017) und Vogel (2017) drei Studien zur deonymischen Wortbildung des Deutschen vor.

Ein erster wichtiger Schritt hin zu einer systematischen Analyse ist die Eingrenzung des zu betrachtenden Phänomens. Dabei geht es insbesondere darum, die Dichotomie von Onymisierung (bzw. Proprialisierung) und Deonymisierung (bzw. Appellativierung) zu erweitern, da sie lediglich den Übergang von einer Wortklasse in die andere erfasst. Wie Tabelle 1 zeigt, bestehen im Rahmen der Wortbildung aber prinzipiell vier Möglichkeiten:

---

5 Zur Abgrenzung von Eigennamen und Appellativen vgl. auch Berger (1976), Fleischer (1964), Leys (1966), Werner (1974).
6 In der überabeiteten 4. Auflage heißt es weniger prägnant: „Doch ist die Derivation von Eigennamen in Wortstruktur (wie *Engländer* aus *England*; *Erzgebirger/Erzgebirgler* aus *Erzgebirge*) reich entwickelt." (Fleischer & Barz 2012: 87)

Tab. 1: Appellative und Eigennamen in der Wortbildung

Ausgangs-konstituente(n)	Wortbildungs-produkt	Beispiel	
Appellativ	Appellativ	*Haus + Tür > Haustür*	
	Eigenname	*Müller > Müller*	(Onymisierung)
Eigenname	Appellativ	*Röntgen > röntgen*	(Deonymisierung)
	Eigenname	*Michael > Micha*	

Den größten Teil der deutschen Wortbildung macht sicherlich die deappellativische Bildung von Appellativen (*Haustür*) aus. Gegenstand der Deonymisierung oder Deonomastik[7] sind laut Schweickard (1995: 431) appellativische Lexeme, die auf der Basis von Eigennamen gebildet sind, wie beispielsweise *Marxismus* oder *röntgen*. Im Gegensatz dazu entstehen im Rahmen der Onymisierung aus Appellativen wie *Müller*, *schwarz* und *Wald* Eigennamen wie *Müller*, *Schwarz* oder *Schwarzwald*. Die vierte Variante der Wortbildung schließlich stellt die Bildung von Eigennamen auf der Grundlage bereits existierender Eigennamen dar, wie im Fall von *Micha* zu *Michael*.

Bevor ich mich im Folgenden auf die deonymische Derivation, insbesondere die Bildung von Appellativen, konzentriere, möchte ich abschließend Bishkenovas (2000) Aussage aufgreifen, dass die meisten deutschen Wortbildungsprozesse auf der Grundlage von Eigennamen operieren können. In Tabelle 2 findet sich eine Gegenüberstellung von Beispielen deappellativisch und deonymisch gebildeter Wortbildungsprodukte. Diese zeigt, dass sich mit Ausnahme der Konfixderivation in der deonymischen Wortbildung Beispiele für dieselben Wortbildungstypen wie in der deappellativischen Wortbildung finden lassen.

Tab. 2: Deappellativische und deonymische Wortbildungsprozesse

	Deappellativische Wortbildung	Deonymische Wortbildung
Komposition	Haus + Tür > Haustür	Rhein + Brücke > Rheinbrücke
mit Präkonfix	stief + Vater > Stiefvater	astro + Alex > Astro-Alex
mit Postkonfix	Haus + wart > Hauswart	Sorbonne + phob > sorbonnophob

---

[7] Während in der germanistischen Tradition bevorzugt der Ausdruck Deonymisierung verwendet wird, wird in der romanistischen Forschung üblicherweise von Deonomastik gesprochen (La Stella 1982 etc.).

	Deappellativische Wortbildung	Deonymische Wortbildung
mit zwei Konfixen	Biblio + thek > Bibliothek	--
Derivation		
Präfigierung	un + klar > unklar	ex + DDR > Ex-DDR
Suffigierung	schön + heit > Schönheit	Marx + ist > Marxist
Konfixderivation	therm + isch > thermisch	--
Konversion	Fisch > fischen	Röntgen > röntgen
Kurzwortbildung	Universität > Uni	Theodore (Roosevelt) > Teddy
Kontamination	ja + nein > jein	Phänomen + Merkel > Phänomerkel

Während das Fehlen von deonymischen Konfixderivaten sowie Konfixkomposita mit zwei Konfixen seine Erklärung darin hat, dass schlicht keine onymischen Konfixe existieren (können), zeigt die Existenz von Konfixkomposita mit appellativischen Konfixen wie *Astro-Alex* oder *sorbonnophob*[8], dass hier keine generelle Kombinationsrestriktion vorliegt, sondern dass die Verbindung von Namen mit Konfixen prinzipiell möglich ist.

Anzumerken ist, dass deonymische Kurzwörter insgesamt eher selten sind. Zwar können durch die Kürzung von Eigennamen neue Namen gebildet werden (*Michael > Micha, Adi [=Adolf] Dassler > Adidas*), eine Deonymisierung scheint durch Wortkürzung hingegen nur in Ausnahmefällen möglich zu sein (*Theodore (Roosevelt) > Teddy*). Dies gilt im Übrigen auch umgekehrt: Die Kürzung eines Appellativs resultiert in einem neuen Appellativ (*Universität > Uni, Omnibus > Bus*) und nicht in einem Eigennamen.[9] Eine Erklärung für die stark eingeschränkte Möglichkeit der Deonymisierung bzw. Onymisierung durch Kurzwortbildung liegt möglicherweise darin, dass Kurzwörter häufig durch ihre Vollform ersetzt werden können.

Hinzuweisen ist schließlich darauf, dass die bloße Existenz von deonymisch gebildeten Belegen allein noch keine Aussagen über die Produktivität deonymischer Wortbildungstypen oder -muster erlaubt.

---

8 Beide Beispiele entstammen dem Deutschen Referenzkorpus (DeReKo).
9 Einen – wenn auch seltenen – Ausnahmefall scheint die Bildung von Produktnamen darzustellen, bei der durch die Kürzung einer appellativischen Vollform ein nicht transparenter Eigenname gebildet wird, z.B. *Rei* aus *Reinigungsmittel* oder *Fewa* aus *Feinwaschmittel* (vgl. Ronneberger-Sibold 2015).

3 Deonymische Derivation

Den Gegenstand der deonymischen Derivation definiert Fleischer (1980: 15) wie folgt: „Ist die Basis eines Derivats ein Onym, das Derivat aber ein Appellativum, sprechen wir von <u>deonymischer</u> Derivation." Dies bedeutet, dass Derivate, bei denen sowohl die Basis als auch das abgeleitete Derivat Eigennamen darstellen, nach Fleischer nicht unter deonymische Derivation fallen. Betroffen sind hier insbesondere Diminutiv- und Movierungsbildungen mit onymischer Basis wie *Mäxchen*, *Gretel* oder *die Gottschedin*, da „[d]ie Modifikationssuffixe [...] die Bezeichnungsklasse ebensowenig zu verändern [vermögen] wie die Wortklasse." (Fleischer 1980: 18) Jedoch gibt es auch Fälle, bei denen sowohl Basis als auch Derivat Eigennamen sind und diese dennoch in unterschiedliche Bezeichnungs- oder Begriffsklassen fallen. Dies gilt beispielsweise bei deanthroponymischen Toponymen, wie sie sich etwa zu Politikernamen wie *Berlusconi* (*Berlusconia*, *Berlusconien*, *Berlusconistan*) finden lassen. Ich werde insofern im Folgenden den Ausdruck deonymisch in einem weiteren Sinn verwenden und – unabhängig von der Wortklasse des entstehenden Wortbildungsprodukts – von deonymischer Derivation sprechen, wenn die Basis ein Eigenname ist. Somit umfasst die deonymische Derivation neben appellativischen Derivaten auch Eigennamen, die von Eigennamen abgeleitet wurden.

Die Basis eines deonymischen Derivats kann dabei einer beliebigen Namenklasse wie beispielsweise der Klasse der Anthroponyme oder der Toponyme angehören, allerdings scheinen Derivate zu anderen Namenklassen wie den Ergonymen (*SPDler*) oder Chrononymen (*kambrisch*) eher selten zu sein, vgl. Tabelle 3.

Tab. 3: Namenklassen als Basen deonymischer Derivation

Personennamen	Ortsnamen	Sonstige Namen
Anthroponyme	Toponyme	Ergonyme, Praxonyme, Chrononyme, Phänonyme ...
Marx > Marxist	Mainz > Mainzer	SPD > SPDler
Kafka > kafkaesk	Polen > polnisch	Kambrium > kambrisch

Die folgenden Abschnitte bieten einen Überblick über den gegenwärtigen Forschungsstand zur deonymischen Derivation. Systematisch ausgewertet wurden hierfür die Wortbildungslehre von Fleischer & Barz (2012), das mehrbändige Werk der Innsbrucker Forschungsstelle des Instituts für Deutsche Sprache (Teil I

Verb: Kühnhold & Wellmann 1973, Teil II Substantiv: Wellmann 1975, Teil III Adjektiv: Kühnhold, Putzer & Wellmann 1978) sowie die Literatur zur deonymischen Wortbildung im Deutschen (Bishkenova 2000, Bruderer 1976, Fleischer 1980, Sugarewa 1974).

Zwar handelt es sich bei der Mehrheit der deonymischen Derivate um Substantive (*Marxismus, Luthertum*, Kap. 3.1), jedoch können viele Eigennamen, insbesondere Anthroponyme, auch als Basis für deonymische Adjektive (*elisabethanisch, kafkaesk*, Kap. 3.2) und Verben (*pasteurisieren*, Kap. 3.3) dienen. Einen besonderen Fall stellt die deonymische Ableitung von Personen- und Ländernamen dar (*Karlchen, Berlusconien*, Kap. 3.4). Der Fokus der folgenden Darstellung liegt auf der Suffixderivation.

3.1 Deonymische Derivation von Substantiven

Das Deutsche verfügt über zahlreiche Suffixe, die zur Ableitung von Appellativen verwendet werden, wie die auf der Wortbildungslehre von Fleischer & Barz (2012) basierende Zusammenstellung nativer und entlehnter Suffixe in (4) zeigt.[10]

(4) a. -e, -ei/-erei, -el, -er, -heit/-keit/-igkeit, -i, -icht, -ler, -ling, -ner, -nis, -s, -sal, -schaft, -sel, -tel, -tum, -ung, -werk, -wesen
b. -ade/-iade, -age, -aille, -al, -alien, -ament/-ement, -an, -and, -ant/-ent, -ante/-ente, -anz/-enz, -ar, -är, -arium, -ast, -at, -ee, -erie, -esse, -eur, -ie, -ier, -iere, -ik, -ing, -ion, -ismus/-asmus, -ist, -it, -ität, -itis, -or/-ator/-itor, -ose, -ur

Allerdings finden sich in den Wortbildungslehren nur für einige wenige Suffixe Hinweise darauf, dass sie auch onymische Basen ableiten. Fleischer & Barz (2012) verweisen bei den Suffixen *-e, -ei/-erei, -er, -ler, -tum, -ade/-iade, -ismus/-asmus* und *-it* auf deonymische Bildungen, in der Darstellung von Wellmann (1975) werden außer beim Suffix *-er* auch bei den Suffixen *-ianer* und *-ist* deonymische Bildungen angeführt. In der Literatur zur deonymischen Wortbildung werden Derivate zu den Suffixen *-e, -er, -(i)ade, -ismus, -it, -ium* (Fleischer 1980: 15–18)[11] sowie *-er, -tum, -(i)ade, -ia, -id/-it, -ie, -ismus, -ist, -ium, -(i)ose* (Bishkenova 2000:

---

10 In (4) sind lediglich die transponierenden Suffixe aufgeführt, die modifizierenden Suffixe werden zusammen mit den sog. „Länderendungen" in Kap. 3.4 behandelt.
11 Fleischer (1980) führt zudem das Suffix *-tum* wie in *Griechen-* oder *Germanentum* an. Dies sind keine Belege für deonymische Bildungen, insofern es sich bei den Basen nicht um Eigennamen, sondern um Volksbezeichnungen (*Griechen, Germanen*), also Appellative, handelt.

26–27)[12] genannt. Beispiele für deonymische Substantive finden sich in (5) und (6), wobei viele der Derivate stark fachsprachlichen Charakter aufweisen, vgl. (6).

(5) Schwede, Eulenspiegelei, Berliner, Freudianer, Erzgebirgler, Luthertum, Robinsonade, Darwinismus, Marxist, Hussit
(6) Rudbeckia, Magnolie, Bäumlerit, Einsteinium, Leishmaniose

Speziell zur Bildung deonymischer Bewohnerbezeichnungen auf der Grundlage von Länder- und Städtenamen dienen laut Fuhrhop (1998: 148–159) die Suffixe -er, -es(e), -e, -it, -er, -i, wobei insbesondere bei -er das Suffix um die Segmente -n-, -an- oder -ian- erweitert werden kann (*Amerikaner, Ecuadorianer*).[13]

Wie die Studie von Stricker (2000) zur Ableitung von Personenbezeichnungen bei Goethe zeigt, nehmen neun der 31 untersuchten Suffixe auch onymische Basen: -er, -ist, -aner/-iner, -iker/-ikus, -it, -eser, -enser, -ese/-iese sowie das Movierungssuffix -in, vgl. Kap. 3.4. Die Basen sind dabei meist Toponyme, seltener auch Anthroponyme. Bei -it finden sich unter den onymischen Basen überwiegend, bei -in, -ist und -iker ausschließlich anthroponymische Basen, vgl. Tabelle 4.

Tab. 4: Personenbezeichnungen bei Goethe (Stricker 2000)

Suffix	Beispiele	Typen gesamt	Basen davon:	
			Name	Personenname
-er	Amsterdamer, Berliner, Berner…	1.011	9,2%	0,9%
-in	Meyerin, Schillerin, Seidlerin…	468	0,9%	0,9%
-ist	Gluckist, Jansenist, Kalvinist…	155	5,2%	4,5%
-aner/-iner	Arianer, Benediktiner, Egeraner…	57	91,2%	33,3%
-iker/-ikus	Aristoteliker, Platoniker…	36	5,6%	5,6%
-it	Israelit, Jakobit, Jesuit…	9	66,7%	44,4%
-eser	Bologneser, Chineser, Ferrareser…	9	100,0%	0,0%

---

12 Bishkenova (2000: 26) nennt zudem *Pasteurisation* oder *Merzerisation* als deonymische Derivate mit dem Suffix -tion. Hier scheint mir jedoch eher eine deverbale Ableitung zu den deonymischen Verben *pasteurisieren*, *merzerisieren* vorzuliegen.
13 Das betrifft auch die von Wellmann (1975) dem Suffix -ner zugeordneten detoponymischen Bildungen wie *Andorraner*, *Afrikaner* und *Koreaner*.

Suffix	Beispiele	Typen gesamt	Basen davon:	
			Name	Personenname
-enser	Albigenser, Athenienser, Badenser...	8	100,0%	0,0%
-ese/-iese	Albanese, Bengalese, Chinese...	6	100,0%	0,0%

Anders als Stricker und ähnlich wie Fuhrhop (1998) sehe ich die Formen -*aner/-ianer*, -*iker*, -*eser* und -*enser* aber nicht als eigenständige Suffixe, sondern als erweiterte Varianten des Suffixes -*er* an. Deonymische Bildungen mit den entsprechenden Suffixerweiterungen werden im Folgenden als Varianten der -*er*-Derivate diskutiert.[14] Dies gilt analog auch für andere erweiterte Formen wie -*anismus/-ianismus* oder -*anist/-ianist*.

Zusammenfassend lässt sich sagen, dass gemäß der Forschungsliteratur aktuell bei folgenden Suffixen deonymische Derivation zu erwarten ist:

(7) -(i)ade, -e, -(er)ei, -er, -ese/-iese, -ia, -id/-it, -ie, -ikus, -ismus/-asmus, -ist, -it, -ium, -tum, -(i)ose

3.2 Deonymische Derivation von Adjektiven

Die Zahl der nativen und entlehnten Suffixe, die laut Fleischer & Barz (2012) in der deutschen Wortbildung zur Ableitung von Adjektiven zur Verfügung steht, ist deutlich kleiner als in der nominalen Suffixderivation, vgl. (8), wobei das -*isch*-Suffix eine große Variation aufweist. So finden sich neben der reduzierten Form des Suffixes (-*sch*) zahlreiche erweiterte Formen wie z.B. -*nisch* oder -*ianisch* (*amerikanisch, cicerioianisch*) (Kühnhold, Putzer & Wellmann 1978: 28–35).

(8) a. -bar, -en/-ern/-n, -er, -fach, -haft, -ig, -isch, -lich, -los, -mäßig, -sam
    b. -abel/-ibel, -al, -ant/-ent, -ar/-är, -ell, -esk, -iv/-ativ, -oid, -os/-ös

Von den Adjektivsuffixen verbinden sich laut Kühnhold, Putzer & Wellmann (1978) -*er*, -*esk*, -*haft*, -*isch* mit onymischen Basen. Fleischer & Barz (2012: 317–319) führen darüber hinaus Derivate mit den Suffixen -*en/-ern/-n*, -*mäßig* und

---

14 Dies gilt auch für Bildungen mit den von Fleischer & Barz (2012) angeführten Suffixen -*ner* und -*ler* (Scherer 2005: 51–56).

-os/-ös an.[15] In der Literatur zur deonymischen Wortbildung (Fleischer 1980, Bishkenova 2000, Sugarewa 1974) wird auf die insgesamt geringe Zahl an deonymischen Adjektivsuffixen verwiesen. Genannt werden hier die Suffixe *-er*, *-esk*, *-haft*, *-isch/-sch*, *-mäßig*, *-oid* und *-ös*[16]. In (9) finden sich Beispiele für deonymische Adjektive.

(9) Schweizer, chaplinesk, lessinghaft, babylonisch, Klopstocksch[es Gedicht], barlachen, labanmäßig, xanthippoid, kilimandscharös

Als onymische Basen kommen sowohl Toponyme als auch Anthroponyme sowie vereinzelt andere Namenklassen (*11.-September-mäßig*, *documenta-haft*[17]) infrage, wobei das Suffix *-er* nicht an Personennamen antritt (Fleischer 1980: 19) und sich bei anthroponymischen Basen eine Präferenz für die reduzierte Suffixvariante *-sch* gegenüber der Vollform *-isch* erkennen lässt (Fleischer & Barz 2012: 318). Rufnamen als Basis sind in der Regel nicht möglich (**die Annesche Idee*), Ausnahmen bestehen jedoch bei Personen, die wie Herrscher oder Künstler unter ihrem Rufnamen bekannt sind, etwa *das Elisabethanische Zeitalter, die Rem-brandtsche Schule* (Sugarewa 1974: 202).

Bei folgenden Adjektiv-Suffixen erscheint nach der Literatur insofern eine deonymische Derivation möglich:

(10) -en/-ern/-n, -er, -esk, -haft, -isch/-sch, -mäßig, -oid, -os/-ös

3.3 Deonymische Derivation von Verben

Anders als die Präfigierung ist die Suffigierung im verbalen Bereich im Deutschen kaum ausgebildet. Fleischer & Barz (2012) nennen lediglich die nativen Suffixe

---

15 Anzumerken ist, dass Fleischer & Barz (1992: 239–240) in der ersten Auflage ihrer Wortbildungslehre bei deonymischen Adjektiven wie *Berliner* in *Berliner Bevölkerung* von einer Derivation mit dem Suffix *-er* ausgehen, wohingegen sie dieselben Bildungen in der aktuellen Auflage als Konversion vom Typ N > A analysieren (Fleischer & Barz 2012: 319).
16 Laut Bishkenova (2000: 36) leiten auch *-ig* und *-en* onymische Basen ab. Bei den Beispielen *argusäugig, tantalhaltig* oder *tüllartig* handelt es sich jedoch um dreigliedrige Wortbildungsprodukte der Struktur X + X + ig, deren erste Konstituente ein Eigenname ist. Unabhängig davon, wie man diese sog. Zusammenbildungen strukturell analysiert, liegt keine unmittelbare deonymische Derivation mit *-ig* vor. Auch bei *musselinen < Musselin* (zur irakischen Stadt Mosul) handelt es sich nicht um eine unmittelbare deonymische Ableitung.
17 Beide Beispiele entstammen dem Deutschen Referenzkorpus (DeReKo).

-(e)l(n), *-er(n)/-r(n)* und *-ig(en)*, die kaum noch produktiv sind, sowie das entlehnte, aber stark produktive Suffix *-ier(en)* mit seinen beiden Allomorphen *-isier(en)* und *-ifizier(en)*, von denen laut Eisenberg (2011: 291–292) aktuell vor allem *-isier(en)* produktiv ist. Neben der Präfigierung steht für die verbale Wortbildung zudem das Mittel der Konversion zur Verfügung, die insbesondere in älteren Darstellungen (so Fleischer 1980) gemeinsam mit der Suffixderivation behandelt wird.

Da die verbale Suffigierung mit Ausnahme des *-ier(en)*-Suffixes aktuell kaum produktiv ist, verwundert es wenig, dass sich bei Fleischer & Barz (2012) außer dem demotivierten *hänseln* kein Hinweis auf deonymische Suffixverben findet. Kühnhold & Wellmann (1973: 45–49, 55–56) nennen immerhin einzelne deonymische Derivate mit dem Suffix *-ier(en)* sowie Beispiele für deonymische Konversionen. Während Fleischer (1980: 22) deonymische Verben mit den Suffixen *-(e)l(n)* und *-ier(en)* sowie verbale Konversionsprodukte anführt, liefert Bishkenova (2000) keine Beispiele für deonymische Suffixverben. Beispiele für deonymische verbale Derivate und Konversionen finden sich in (11) bzw. (12).

(11) hänseln; amerikanisieren, europäisieren, gödelisieren, pasteurisieren
(12) fuggern, hegeln, kneippen, lynchen, morsen, mosern, röntgen

Bemerkenswerterweise dominieren unter den deonymischen Verben laut Fleischer (1980: 22–23) die deanthroponymisch gebildeten. In einem Aufsatz, der sich speziell mit deanthroponymischen Verben befasst, listet Bruderer (1976) zahlreiche Verben mit dem Suffix *-ier(en)* und dessen Allomorph *-isier(en)* auf, daneben auch etliche Konversionen, Präfix- sowie Präfix-Suffixderivate, vgl. Tabelle 5. Unter diesen findet sich laut Bruderer (1976: 358) „eine große Zahl von Augenblicksbildungen, die jeweils bei einer bestimmten Gelegenheit entstehen."

Tab. 5: Deanthroponymische Verben bei Bruderer (1976)

-ieren	algorithmieren, bakelitieren, boykottieren, onanieren, silhouettieren
-isieren	amerikanisieren, bakelisieren, ballhornisisren, bramarbasieren, chaptalisieren, christianisieren, galvanisieren, guillotinieren, hypnotisieren, makadamisieren, merzerisieren/mercerisieren, mesmerisieren, pasteurisieren, röntgenisieren, sanforisieren, sherardisieren, taylorisisieren, vulkanisieren; gödelisieren, trubenisieren
Konversion	beckmessern, bessemern, dieseln, fletschern, kaspern, kneippen, lumbecken, lynchen, mendeln, morsen, müllern, pökeln, politzern, röntgen, uzen, (sich) verfranzen

Präfigierung	bezirzen/becircen, einpökeln, einwecken, nachdieseln, verballhornen, verdieseln, vernickeln
Präfix-Suffix-Derivation	entstalinisieren, vergallupieren

Wie die Literatur, insbesondere Bruderer (1976), zeigt, ist die deonymische Bildung von Verben prinzipiell möglich. Insgesamt ist die deonymische Ableitung von Suffixverben laut Fleischer (1980: 23) aber ebenso wie die deappellativische „nur sehr schwach entwickelt".

Aufgrund der insgesamt stark eingeschränkten Produktivität verbaler Suffixe ist vor allem beim stark produktiven -ier(en)-Suffix mit Derivaten zu rechnen.

3.4 Deonymische Derivation von Eigennamen

Obwohl es sich bei der Ableitung von Eigennamen auf der Basis eines Eigennamens nicht um eine Deonymisierung im Sinne von Fleischer (1980) oder Schweickard (1995) handelt, so findet zweifellos die Derivation einer onymischen Basis statt, vgl. Kap. 3. Diese kann ohne eine Veränderung der Namenklasse erfolgen, wie dies bei Diminutiv- und Movierungsbildungen der Fall ist, sie kann aber auch einen Wechsel der Namenklasse zur Folge haben, was sich bei der Ableitung von Ländernamen aus Anthroponymen beobachten lässt.

Für Diminution und Movierung stehen im Deutschen nach Fleischer & Barz (2012: 231–238) folgende nativen und entlehnten Suffixen zur Verfügung, vgl. (13).

(13) a. -chen, -el, -i[18], -ke, -l, -le, -lein; -er, -rich/-erich, -in, -sche
     b. -ine, -ette, -it; -ess/-esse/-isse, -euse, -ine, -ice

Im Unterschied zu den transponierenden Suffixen in (4), bei denen mit der Derivation eine Veränderung der Wortklasse einhergeht, handelt es sich bei den Suffixen in (13) um modifizierende Suffixe, d.h. Basis und Derivat gehören derselben Begriffs- und Namenklasse an.

---

18 Interessanterweise diente das Suffix -i „zunächst bevorzugt zur Bildung hypokoristischer Formen von Personenbezeichnungen (*Hansi, Hanni, Opi, Mutti*; [...]), hat sich inzwischen jedoch zu einem Suffix außerhalb der Onomastik entwickelt" (Fleischer & Barz 2012: 215). Neben hypokoristischen Eigennamen (*Hans > Hansi*), bildet es auch movierte Vornamen (*Max > Maxi*) (Fleischer & Barz 2012: 251).

In der Literatur werden jedoch nur bei wenigen Suffixen Belege mit onymischer Basis genannt. Fleischer & Barz (2012: 233, 215) etwa führen Beispiele für Derivate mit den Suffixen *-chen* und *-i* an, Wellmann (1975) für die Suffixe *-in* und *-sche*. Fleischer (1980: 18) verweist in seinem Aufsatz zur deonymischen Derivation darauf, dass die Suffixe *-chen, -el, -lein* und *-in* onymische Basen ableiten, vgl. die Beispiele zur Diminution in (14) und zur Movierung in (15). Die genannten Suffixe verbinden sich laut Fleischer (1980) überwiegend mit Personennamen, in Strickers (2000) Studie basieren sogar alle deonymischen *-in*-Derivate auf Anthroponymen, vgl. Tabelle 4.

(14) Karlchen, Hansi, Gretel
(15) Müllersche, Neuberin

Da die Movierung bei Personennamen eher veraltet und allenfalls noch regional verbreitet ist (Schmuck 2017), ist am ehesten bei den Diminutivsuffixen *-chen, -i* und *-lein* mit deonymischen Derivaten zu rechnen.

Im Gegensatz zu Diminution und Movierung stellt die Ableitung von Ländernamen zwar kein zentrales Thema der Wortbildung dar, sie lässt sich aber bei zahlreichen Anthroponymen beobachten. In einer Studie zu Ländernamen verzeichnet Fuhrhop (1998) neun „Länderendungen", die charakteristisch für Ländernamen sind, vgl. Tab. 6: , wobei *-ien* die häufigste darstellt.

Tab. 6: Länderendungen bei Fuhrhop (1998: 160–170)

-ien	Albanien, Australien, Brasilien, Italien, Indien, Kroatien, Tschechien…
-en	Ägypten, Hessen, Litauen, Libyen, Malediven, Norwegen, Polen…
-ia	Gambia, Kenia, Liberia, Malaysia, Namibia, Nigeria, Somalia…
-ei	Lombardei, Mongolei, Slowakei, Türkei
-istan	Afghanistan, Kasachstan, Kurdistan, Pakistan, Usbekistan…
-a	Afrika, Amerika, Angola, China, Jamaika, Korea, Kuba, Panama…
-u	Nauru, Palau, Tuvalu
-o	Kongo, Lesotho, Marokko, Mexiko, Monaco, Togo, Puertorico…
-i	Bali, Burundi, Fidschi, Haiti, Malawi, Mali, Tahiti

Zwar liegt Fuhrhops Studie die Annahme zugrunde, dass die Ländernamen primär sind und somit zwar den Ausgangspunkt, nicht aber das Ziel eines Wortbildungsprozesses darstellen können, dennoch schreibt Fuhrhop (1998: 169) den Länderendungen einen bestimmten Grad an „Suffixhaftigkeit" zu. Dieser ist bei den Endungen -*i* und -*u* am geringsten ausgeprägt und steigt über -*o*, -*a*, -*en*, -*ia* hin zu -*ien*, -*ei* und -*istan* an. Dass diese Einschätzung korrekt ist, bestätigen zahlreiche fiktive – deappellativische – Ländernamen wie *Balkonien*, *Phantásien* oder *Absurdistan*, die unter Verwendung entsprechender Länderendungen gebildet wurden.

Zu erwarten sind vor allem Neubildungen mit häufigen und besonders salienten Endungen wie -*ien* und -*istan*.

4 Studie zu Politikernamen

In diesem Kapitel werde ich die Ergebnisse einer korpusbasierten Studie zur deanthroponymischen Wortbildung präsentieren, für die für eine Stichprobe von zehn Politikernamen alle deonymischen Bildungen aus dem Deutschen Referenzkorpus (DeReKo) des Instituts für Deutsche Sprache (IDS) in Mannheim extrahiert wurden[19]. Ausgewertet wurden alle Belege, die einen der folgenden Eigennamen enthalten:

(16) Berlusconi, Blair, Chirac, Clinton, Lafontaine, Merkel, Obama, Putin, Sarkozy, Schröder

Ein Überblick über die gefundenen deanthroponymischen Suffixderivate findet sich im Anhang.

Politikernamen wurden aus mehreren Gründen gewählt:
- Zunächst war es wichtig, die Eigennamen so auszuwählen, dass sich im öffentlichen Sprachgebrauch – und insbesondere in Zeitungstexten, die einen Großteil des Materials im Deutschen Referenzkorpus (DeReKo) darstellen – deonymische Wortbildungsprodukte finden lassen. Hier bietet es sich an, auf die Namen von prominenten Politikern zurückzugreifen, die regelmäßig Gegenstand der Berichterstattung sind.
- Sodann sollte der gewählte Eigenname als solcher erkennbar sein, d.h. er sollte nicht wie etwa *Kohl* oder *Fischer* – um zwei Namen prominenter deutscher Politiker zu nennen – homonyme Appellative besitzen.

---

[19] Grundlage der Erhebung bildet das *Deutsche Referenzkorpus / Archiv der Korpora geschriebener Gegenwartssprache 2015-I* (Release vom 25.03.2015) mit einem Umfang von ca. 25 Mrd. Textwörtern. Stand der Erhebung ist April 2015. Spätere Belege wurden nicht berücksichtigt.

- Schließlich sollte der gewählte Eigenname möglichst nicht aufgrund formaler Eigenschaften in seiner Wortbildung eingeschränkt sein. Dieses Kriterium wird von jenen Eigennamen am besten erfüllt, die wie *Merkel*, *Schröder* oder *Blair* die Struktur nativer Appellative, d.h. Einsilbigkeit oder Trochäus mit Reduktionssilbe, aufweisen. Als unproblematisch in der Wortbildung erweisen sich zudem trochäische Namen mit zwei Vollsilben (*Clinton*, *Putin*). Etwas größer sind die Herausforderungen bei der Ableitung von Jamben (*Chirac*) sowie von drei- und mehrsilbigen Eigennamen wie *Lafontaine*, insbesondere dann, wenn sie wie *Berlusconi*, *Obama* und *Sarkozy* auf einen Vollvokal enden. Wie die folgenden Kapitel jedoch zeigen, existieren zu allen Politikernamen zahlreiche nominale und adjektivische sowie auch verbale Bildungen.

4.1 Deonymische Substantive

In der Literatur finden sich Hinweise darauf, dass mindestens 15 native und entlehnte Suffixe appellativische Substantive aus onymischen Basen ableiten, vgl. (7). Die Auswertung des Deutschen Referenzkorpus (DeReKo) zeigte, dass insgesamt 13 Suffixe zur Ableitung der Politikernamen verwendet wurden, vgl. Tabelle 7, die sich aber nur zum Teil mit den in der Literatur genannten decken (zu Diminutiv- und Movierungsbildungen sowie Ländernamen vgl. Kap. 4.4.).

Tab. 7: Anzahl der substantivischen Derivate zu Politikernamen im DeReKo (Typen)

Nativ					Entlehnt							
-(er)ei	-er	-heit/ -(ig)keit	-ling	-schaft	-(i)ade	-ia	-ismus	-ist	-itis	-ment	-(at)or	-(at)ur
2	8	1	1	1	3	1	10	9	5	1	2	1

Lediglich sechs der in der Literatur genannten Suffixe, zwei native (*-(er)ei*, *-er*) und vier entlehnte Suffixe (*-(i)ade*, *-ia*, *-ismus*, *-ist*), finden sich bei den untersuchten Politikernamen. Andererseits wurden sieben native und entlehnte Nominalsuffixe verwendet, zu denen sich in der Literatur keine Hinweise auf deonymische Derivate finden, vgl. (17). Einen Überblick über die gefundenen nominalen Suffixderivate bietet Tabelle 8.

(17) a. -heit/-(ig)keit, -ling, -schaft
     b. -itis, -ment, -(at)or, -(at)ur

Tab. 8: Belegte substantivische Derivate zu Politikernamen im DeReKo (Typen)

Name	Typen	Derivate[20]
Berlusconi	3	Berlusconier/Berlusconianer, Berlusconismus/Berlusconianismus, Berlusconitis
Blair	3	Blairismus, Blairist, Blairitis
Chirac	3	Chiracianer, Chiracismus, Chiracist
Clinton	4	Clintonia, Clintonianer, Clintonismus/Clintonianismus, Clintonist
Lafontaine	5	Lafontaineiade/Lafontainiade, Lafontainer/Lafontaineianer/Lafontainianer, Lafontainement, Lafontainismus/Lafontaineismus/Lafontainenismus, Lafontainist/Lafontaineist
Merkel	8	Merkeliade, Merkelei, Merkelaner/Merkelianer, Merkeligkeit, Merkelismus/Merkelanismus, Merkelist, Merkelitis, Merkelator
Obama	4	Obamaner/Obamianer, Obamaismus/Obamismus/Obamanismus, Obamaist/Obamist/Obamanist/Obamarist, Obamitis
Putin	5	Putinade/Putiniade, Putinismus, Putinist, Putinitis, Putinator
Sarkozy	3	Sarkozianer/Sarkozyaner, Sarkozysmus/Sarkozismus/Sarkozyismus, Sarkozyist/Sarkozyst/Sarkozist
Schröder	7	Schröderei, Schröderianer, Schröderismus/Schröderianismus, Schröderist, Schröderling, Schröderschaft, Schröderatur

Besonders häufig zu verzeichnen sind deonymische Bildungen mit den Suffixen -ismus (10 Typen) und -ist (9 Typen), vgl. Tabelle 7. Dies ist wenig verwunderlich, da Derivate mit dem Suffix -ismus nach Fleischer & Barz (2012: 246) u.a. politische Theorien und Richtungen sowie damit zusammenhängende Verhaltensweisen bezeichnen und die Derivate auf -ist die entsprechenden Personenbezeichnungen ableiten (Fleischer & Barz 2012: 246). Fleischer & Barz (2012: 246) verweisen zudem darauf, dass die Basis von -ismus-Derivaten in vielen Fällen ein Personenname ist. Auch Derivate mit dem Suffix -er finden sich in acht von zehn Fällen, wobei abgesehen von Berlusconier und Lafontainer in allen Fällen eine erweiterte Suffixvariante (-aner, -ianer) verwendet wird:

(18) a. Berlusconier, Lafontainer
b. Berlusconianer, Chiracianer, Clintonianer, Lafontain(e)ianer, Merkel(i)aner, Obam(i)aner, Sarkozianer/Sarkozyaner, Schröderianer

---

20 Enthalten Derivate Suffixerweiterungen, so sind diese unterstrichen. Existieren Derivate mit und ohne Erweiterung, so werden die Varianten durch Schrägstriche getrennt angeführt.

Auch bei den -er-Derivaten handelt es sich wie bei jenen mit dem Suffix -ist um Bezeichnungen für Anhänger oder Unterstützer der in der Basis genannten Person und/oder ihrer Positionen. Insbesondere für die Derivate mit den Suffix-erweiterungen -an- und -ian- sind zahlreiche historische Vorbilder wie *Lutheraner*, *Hegelianer*, *Kantianer* belegt (Wellmann 1975: 405, Stricker 2000: 349).

Zu fünf der Politikernamen (*Berlusconi*, *Blair*, *Merkel*, *Obama*, *Putin*) fanden sich Derivate auf -*itis*. Während Fleischer & Barz (2012: 244) nur knapp auf das Suffix -*itis* eingehen, wird es bei Lüdeling & Evert (2005) ausführlich behandelt, die interessanterweise auch auf onymische Basen (*Wehneritis*) verweisen. Neben der ursprünglichen medizinischen Bedeutung, die eine entzündliche Erkrankung bezeichnet, stellen sie auf der Grundlage einer Korpusstudie eine weitere Bedeutung fest, die ein Übermaß oder übermäßiges Tun beschreibt und der als Reminiszenz an das medizinische -*itis* die Konnotation ‚krankhaft' anhaftet. Auch die -*itis*-Derivate zu Politikernamen weisen Aspekte eines ungesunden Übermaßes auf und schließen zum Teil sprachlich eng an die ursprüngliche medizinische Bedeutung an, wie die Beispiele in (19) zeigen:

(19) a. Akut erkrankt an Putinitis sind auch die Heimatforscher von Stary Isborsk. (DeReKo 2000)
b. Viren der „Berlusconitis" haben damit auch Europa erfasst (DeReKo 2002)

Für drei der Politikernamen finden sich zudem Derivate mit dem Suffix -*(i)ade*. Derivate mit diesem Suffix bezeichnen laut Fleischer & Barz (2012: 240–241) sportliche und künstlerische Wettbewerbe (*Putiniade*) oder Handlungen bzw. Verhaltensweisen der Personen (*Lafontain(e)iade*, *Merkeliade*, *Putin(i)ade*). Dabei scheinen -*(i)ade*-Derivate zu Politikernamen häufig über eine ironische Komponente zu verfügen wie beispielsweise die als *Putiniade* bezeichneten Olympischen Winterspiele von Sotschi, die in subtropischem Klima stattfanden.

Die beiden Derivate mit dem Suffix -*ei*, die sich im Deutschen Referenzkorpus (DeReKo) finden, *Merkelei* und *Schröderei*, beziehen sich ebenfalls auf Verhaltensweisen der in der Basis genannten Personen und schließen semantisch an die von Fleischer & Barz (2012: 198) benannte Bedeutung „'Art und Weise des Verhaltens (auch Ergebnis solchen Verhaltens); wie die durch das Substantiv bezeichnete Person'" an (zum Toponym *Merkelei* vgl. Kap. 4.4). Auch hier findet sich häufig eine negative Bedeutungskomponente, insbesondere bei Formen im Plural:

(20) a. Die jüngsten Schrödereien (nicht abgesprochene Ernennung Bodo Hombachs, schwache Kommissars-Kandidaten, sabotierte Altauto-Verordnung) haben viel Schaden angerichtet. (DeReKo 1999)
b. „Das wird aber verschwiegen im Zuge der Merkeleien", sagt Steinbrück. (DeReKo 2013)

Die Derivate *Merkelator* und *Putinator* sind unter die insgesamt seltenen denominalen Derivate mit *-or*-Suffix einzuordnen. Beide sind mit dem erweiterten Suffix *-ator* gebildet und müssen in Beziehung zum Wort *Terminator* interpretiert werden, das im Korpus zum Teil explizit als Vorlage genannt wird, vgl. (21). Insofern ist fraglich, ob es sich bei *Merkelator* und *Putinator* um deonymische Derivate oder Kontaminationen aus einem Personennamen und dem Wort *Terminator* handelt.

(21) Das Blatt nennt die Kanzlerin in Anlehnung an Arnold Schwarzeneggers Terminator gern "Merkelator" (DeReKo 2012)

Die Suffixe *-heit/-(ig)keit, -ling, -schaft, -ia, -ment, -(at)ur* sind jeweils nur bei einem einzigen Politikernamen belegt. Semantisch scheint das Derivat *Merkeligkeit* den deadjektivischen Bildungen, die laut Fleischer & Barz (2012: 212) Eigenschaften, aber auch Verhaltensweisen und Handlungen von Menschen bezeichnen, näher zu stehen als den denominalen Bildungen, vgl. (22).

(22) Doch im Angesicht dieser ganzen unfassbaren *Merkeligkeit*, dem leicht verflusten Mantel, der lila Bluse, den etwas verstruwwelten Haaren und dem aschfarbenen Gesicht, war ich plötzlich unfähig zu handeln. (DeReKo 2012)

Schröderling bezeichnet, ähnlich wie *Schröderianer* oder *Schröderist* einen Anhänger des Politikers Schröder, wobei hier vermutlich die pejorative Konnotation zutage tritt, die dem *-ling*-Suffix generell zugeschrieben wird (Fleischer & Barz 2012: 217). Die Derivate *Schröderschaft* und *Schröderatur* beziehen sich beide auf die Regierungszeiten Schröders als Bundeskanzler und weichen semantisch von den für die Derivationsmuster charakteristischen Bedeutungen ab. Sowohl das Suffix *-schaft* als auch das Suffix *-(at)ur* leiten bei nominalen Basis üblicherweise Kollektiva (*Lehrerschaft, Muskulatur*) oder Zustandsbezeichnungen (*Freundschaft*) ab (Fleischer & Barz 2012: 221, 244). Möglicherweise liegt hier, ähnlich wie bei *Merkelator* und *Putinator*, aber ein Einfluss anderer Wörter wie *Kanzlerschaft* oder *Diktatur* vor. Für eine eindeutige Klärung, ob es sich um deonymische Derivate oder Kontaminationen handelt, ist die Datenlage jedoch zu gering.

Mit *Clintonia* ‚Pflanzengattung innerhalb der Liliengewächse' liegt ein fachsprachlicher Ausdruck vor[21]. Das Suffix *-ia* (auch *-ie*) wird in der Botanik regelmäßig zur Bildung von Pflanzengattungen und -arten verwendet. *Lafontainement* schließlich ist aufgrund von begrenzter Belegzahl und Kontext semantisch schwer zu fassen. Das Suffix *-ment* bildet üblicherweise Sach- oder Vorgangsbezeichnungen zu verbalen Basen. Auch hier ist unklar, ob es sich um eine deonymische Derivation handelt oder ob die Bildung nach einem Vorbild wie etwa *Entertainment* erfolgt ist, vgl. (23).

(23) Obwohl seiner frei gehaltenen Rede die amerikanische Mischung aus Humor, Sentimentalität und patriotischem Stolz fehlt, wirkt der SPD-Kanzlerkandidat in spe engagiert und konzentriert, eher staatsmännisch als von leichtem *Lafontainement* beeinflußt. (DeReKo 1998)

Festzuhalten ist, dass für alle Politikernamen Derivate belegt sind, die die Theorie bzw. Verhaltensweisen des Politikers (*-ismus*) sowie Personen, die diese vertreten (*-er, -ist, -ling*), bezeichnen. Zudem finden sich häufig Derivate, die ähnlich wie die *-ismus*-Derivate auf Verhaltensweisen referieren, im Gegensatz zu diesen jedoch stärker expressiv oder sogar pejorativ sind (*-ei, -itis, -(i)ade*). Darüber hinaus existieren einzelne Bildungen mit weiteren, zum Teil in der Literatur nicht als deonymisch beschriebenen Suffixen wie *-schaft* oder *-ment*, die aufgrund der geringen Datenbasis nicht immer zweifelsfrei als Derivate klassifiziert werden können.

4.2 Deonymische Adjektive

In der Literatur werden für insgesamt acht Suffixe deonymische Derivate beschrieben, vgl. (10). Bei meiner Untersuchung zur Derivation von Politikernamen konnte ich Derivate zu ebenfalls acht Suffixen, davon fünf native und drei entlehnte, nachweisen, vgl. Tabelle 9. Für zwei der in der Literatur genannten Suffixe, *-en/-ern/-n* und *-er*, fanden sich keine Belege, dafür treten aber Bildungen mit den Suffixen *-ig* und *-los* auf.

---

21 Die Bezeichnung geht allerdings nicht auf den ehemaligen US-Präsidenten Bill Clinton, sondern auf den amerikanischen Politiker DeWitt Clinton (1769–1828) zurück.

Tab. 9: Anzahl der adjektivischen Derivate zu Politikernamen im DeReKo (Typen)

Nativ					Entlehnt		
-haft	-ig	-isch /-sch	-los	-mäßig	-esk	-oid	-ös
7	1	10 /10	4	6	8	1	1

Ein Überblick über die belegten adjektivischen Suffixderivate findet sich in Tabelle 10.

Tab. 10: Belegte adjektivische Derivate zu Politikernamen im DeReKo (Typen)

Name	Typen	Derivate
Berlusconi	4	berlusconiesk, berlusconihaft, berlusconisch/berlusconiansch/berlusconistisch, berlusconimäßig
Blair	2	blairhaft, blairisch/blairsch/blairistisch/blairitisch
Chirac	1	chiracsch/chiracquistisch
Clinton	4	clintonesk, clintonisch/clintonsch/clintonianisch/clintonistisch, Clinton-los, clintonmäßig
Lafontaine	4	lafontainesk, lafontainisch/lafontain(e)sch/lafontainistisch, Lafontaine-los, lafontainemäßig
Merkel	8	merkelesk, merkelhaft, merkelig, merkelisch/merkelsch/merkelianisch/merkelistisch, merkellos, merkelmäßig, merkeloid, merkelös
Obama	5	obamaesk, obamahaft, obamisch/obamasch, Obama-los, obamamäßig
Putin	3	putinesk, putinhaft, putinsch/putinesisch/putinistisch
Sarkozy	3	sakozyesk, sarkozyhaft, sarkozysch/sarkozystisch/sarkozistisch
Schröder	4	schröderesk/schröderesque, schröderhaft, schröderisch/schrödersch/ schröderianisch/ schröderistisch, schrödermäßig

Alle zehn der untersuchten Politikernamen bilden Adjektive mit dem Suffix -isch/-sch, wie die Derivate zu den Eigennamen *Clinton* und *Merkel* in (24) illustrieren. Interessant dabei ist, dass alle zehn mit der reduzierten Suffixform -sch auftreten, die Vollform -isch aber häufig, bei einigen Namen, z.B. *Chirac* und *Putin*, sogar ausschließlich in erweiterter Form auftritt (Fleischer & Barz 2012: 318). Bei Namen, die auf einen Vokal enden, fällt dieser häufig aus (*obamisch*) oder erfordert die Einfügung einer Suffixerweiterung (*berlusconianisch*), sodass bei Eigennamen mit finalem /i/ nicht abschließend geklärt werden kann, ob ein -*isch*-Derivat mit Vokaltilgung (*Berluscon-* + *isch*) oder ein Derivat mit der Reduktionsform -*sch* (*Berlusconi* + *sch*) vorliegt.[22] Das Prinzip der Schemakonstanz, das bei Eigennamen von besonderer Bedeutung ist, legt jedoch die zweite Analyse nahe.

(24) a. clintonsch; clintonisch, clintonianisch, clintonistisch
    b. merkelsch; merkelisch, merkelianisch, merkelistisch

Die große Zahl an Bildungen mit dem Suffix -*isch/-sch* zu Politikernamen ist kaum verwunderlich, da durch -*isch/-sch*-Derivate gleich zwei zentrale semantische Relationen in Hinblick auf Personen ausgedrückt werden können. Zum einen bildet -*isch/-sch* nach Fleischer & Barz (2012: 317) ausgehend von Eigennamen Zugehörigkeitsadjektive, und Zugehörigkeit stellt im Hinblick auf Politiker sicherlich eine der wichtigsten Relationen dar. Zum anderen leitet das Suffix vergleichende Adjektive ab.

Zu den Suffixen, die Vergleichsbildungen hervorbringen, zählen laut Fleischer & Barz (2012: 315–316) neben -*isch/-sch* die nativen Suffxe -*haft*, -*ig*, -*mäßig*, selten auch -*lich* sowie die entlehnten Suffixe -*al*, -*esk* und -*os/-ös*. Als Basen dieser Suffixe werden überwiegend Personenbezeichnungen (-*haft*, -*ig*, -*isch/-sch*, -*lich*, -*mäßig*) oder speziell Eigennamen (-*esk*) angegeben (Fleischer & Barz 2012: 336–350). Bis auf -*lich* und -*al* finden sich alle dieser Suffixe bei den untersuchten Politikernamen. Zum Teil sind sie wie -*isch/-sch* (10 Typen), -*esk* (8 Typen), -*haft* (7 Typen) und -*mäßig* (6 Typen) stark vertreten, andere wie -*ig* (*merkelig*) und -*os/-ös* (*merkelös*) liegen nur zu einem Politikernamen vor. Obwohl die Suffixe semantisch konkurrieren, finden sie sich zum Teil mit derselben Basis, vgl. (25).

(25) merkelhaft, merkelig, merkelisch/merkelsch, merkelmäßig, merkelesk, merkelös

Eine den Vergleichsadjektiven ähnliche Bedeutung, nämlich die der Annäherung oder Ähnlichkeit, drücken Derivate mit dem Suffix -*oid* aus. Sie sind in der Stichprobe aber nur bei einem Eigennamen (*merkeloid*) vertreten. Privative Adjektive mit dem Suffix -*los* schließlich finden sich zu vier der zehn Politikernamen (*Clinton*, *Lafontaine*, *Merkel*, *Obama*).

---

22 Dies ist aufgrund der Schreibung bedingt beim Eigennamen *Sarkozy* möglich, wo die ungekürzte Basis mit dem Graphem ⟨y⟩ auftritt wie in *sarkozysch, sarkozystisch*, wohingegen bei Tilgung des finalen Vokals das Graphem ⟨i⟩ geschrieben wird wie in *sarkozistisch*.

Zentral im Hinblick auf die Ableitung von Adjektiven aus Politikernamen scheinen die semantischen Relationen der Zugehörigkeit (-*isch/-sch*) und des Vergleichs (-*haft, -ig, -isch/-sch, -mäßig, -esk*) zu sein, vgl. auch die syntaktischen Vergleichskonstruktionen mit Eigennamen in Thurmaier (in diesem Band). Zugehörigkeits- und Vergleichsadjektive finden sich zu allen Politikernamen, wobei abhängig vom Suffix eine negative Konnotation auftreten kann (-*esk, -os/-ös*). Auch privative Adjektive finden sich zu mehreren Politikernamen, andere semantische Relationen wie die der Annäherung finden sich hingegen nur vereinzelt (*merkeloid*).

4.3 Deonymische Verben

Suffixverben sind im Deutschen prinzipiell selten. Das einzige produktive Verbalsuffix ist das Suffix *-ier(en)* mit seinen Varianten *-isier(en)* und *-ifizier(en)*. Dass dieses Suffix stark produktiv und hinsichtlich seiner Basen sehr flexibel ist, belegen die Ergebnisse zur Suffigierung der Politikernamen. Für alle zehn Politikernamen existieren entsprechende Verben mit dem Suffixallomorph *-isier(en)*:

(26) berlusconisieren, blairisieren, chiracisieren, clintonisieren, lafontainisieren, merkelisieren, obama(t)isieren, putinisieren, sarkozysieren, schröderisieren

Da *-isier(en)* über eine „hohe prosodische Flexibilität" und die damit abgeleiteten Derivate über „eine hohe grammatische Einheitlichkeit und Flexibilität" verfügen (Eisenberg 2011: 292), ist dieses Ergebnis in formaler Hinsicht nicht weiter verwunderlich. In semantischer Hinsicht schließen sich die deonymischen *-ier(en)*-Verben zudem an mehrere zentrale Bedeutungsaspekte an, die in Bezug auf Politiker relevant sind, insbesondere agentiv („sich verhalten wie'), aber auch ingressiv („zu etwas werden') oder kausativ („zu etwas machen') (Fleischer & Barz 2012: 432–433), vgl. die Beispiele in (27).

(27) a. Irgendwann zwischen dem 45. und dem 55. Lebensjahr hat der sogenannte „erfolgreiche Mann" seine Gattin nebst Kindern verlassen, ist mit einer 10 bis 15 Jahre Jüngeren liiert, fährt einen Roadster und stöhnt über den Spitzensteuersatz. Er ist schröderisiert und fühlt sich, roher Geselle, der er ist, wohl dabei. (DeReKo 1997)
b. Hollande sei sozialliberal geworden und «schröderisiere» oder «blairisiere» sich (DeReKo 2014)

c. Was Schlingensief über Bayreuth denkt, wen Westerwelle zum Traumpartner erklärt und wie man Steinmeier satirisch obamaisierte (DeReKo 2009)

Deonymische Verben mit anderen Suffixen finden sich zu den Politikernamen nicht und nur zu vier der Namen werden Verben durch Konversion gebildet (*blairen, lafontainen, merkeln, schrödern*).

4.4 Deonymische Derivation von Eigennamen

In der Literatur finden sich nur wenige Hinweise auf Suffixe, die zur deonymischen Bildung von Eigennamen verwendet werden. Zu nennen sind hier insbesondere die Diminutivsuffixe *-chen*, *-i* und *-lein*, mit deren Hilfe Personennamen gebildet werden, sowie die Länderendungen *-ien* und *-istan*. Diskutiert werden darüber hinaus die Movierungssuffixe *-in*, *-ette* und *-ine*.

Im Bereich der Personennamen fanden sich insgesamt vier Diminutivbildungen mit dem Suffix *-chen* und zwei mit dem Suffix *-lein*, vgl. Tabelle 11.

Tab. 11: Belegte Diminutiv- und Movierungsbildungen zu Politikernamen im DeReKo (Typen)

	Suffix	Typen	Personennamen
Diminution	*-chen*	4	Blairchen, Lafontainchen, Merkel(in)chen, Schröderchen
	-lein	2	Merkelein, Schröderlein
Movierung	*-in*	3	Lafontainin, Merkelin, Schröderin
	-ette	2	Berlusconette, Sarkozette
	-ine	1	Merkeline

Mit Ausnahme von *Blairchen*, das auf Blairs während seiner Amtszeit geborenen Sohn verweist, sind die Referenten von Basis und Derivat in allen Fällen identisch. Allen Diminutivbildungen gemein ist, dass sie eine despektierliche oder zumindest informelle Konnotation beinhalten. Über eine ähnliche Konnotation verfügen auch einige der Movierungsbildungen mit den Suffixen *-in*, *-ette* und *-ine*. Während *Schröderin* einerseits auf die Frau des Politikers, Doris Schröder-Köpf, referiert, vgl. (28a), leitet das *-in*-Suffix in (28b) ein appellativisches Substantiv mit der Bedeutung ‚weibliche Person, die Ähnlichkeiten mit dem Politiker Schröder aufweist' ab. Ähnlich scheint auch das Derivat *Lafontainin* zu funktionieren, das allerdings auf den französischen Fabeldichter Jean de La Fontaine zurückgeht.

(28) a. Denn einer nach dem anderen bekommt von der First Gattin nun den Kopf gewaschen. [...] Alles „Hetze", watschte die Schröderin das allgemeine Gemecker ab. (DeReKo 2002)
b. Koch ist der Lafontaine der Union. Und Angela Merkel ist die Schröderin, die auf die Neue Mitte schielt. (DeReKo 2004)

Als pleonastisch und insofern markiert ist das Suffix -*in* bei *Merkelin* und das Suffix -*ine* bei *Merkeline* anzusehen, da der Politikername *Merkel* bereits auf eine weibliche Person, und zwar auf dieselbe wie die Basis des Derivats, referiert. Während -*in* und -*ine* in diesem Fall somit keine Veränderung in der Referenz vornehmen, so fügen beide ähnlich wie im Fall von *Schröderin* eine despektierliche Konnotation hinzu, vgl. (29).

(29) a. Auf der Wellnesswelle schwimmt zumindest die CDU mit der stets frisch geföhnten Merkelin und ihren drolligen Stellvertretern. (DeReKo 2008)
b. Er glossiert scharfzüngig-treffend Politiker jeder Couleur, nimmt Mappus wie Kretschmann auf die Schippe, scheut auch vor „Merkeline", Bundespräsident und Papst nicht zurück und spricht oft den Bürgern aus dem Herzen, wenn er kritisiert: „Wer so das Geld verplempert, ihr Leut, dem gehört auf die Schnut!" (DeReKo 2012)

Die beiden Derivate *Berlusconette* und *Sarkozette*[23] schließlich verweisen auf weibliche Personen, die von den in der Basis genannten Politikern profitiert haben, insofern liegen hier wie bei *Schröderin* in (28b) keine onymischen, sondern appellativische Derivate vor. Bei den -*ette*-Derivaten handelt sich dabei insbesondere um Ministerinnen, die Berlusconi bzw. Sarkozy in ihr Kabinett berufen haben.

Zusammenfassend lässt sich sagen, dass die untersuchten Diminutiv- und Movierungsbildungen zu Politikernamen alle in größerem oder kleinerem Umfang pejorativ konnotiert sind.

Was die Bildung von Ländernamen aus Politikernamen anbelangt, so finden sich Ländernamen mit den Suffixen -*ei*, -*ia*, -*ien* und -*istan*, vgl. Tabelle 12.

---

23 *Sarkozette* kann zudem eine von Sarkozy initiierte Form der Steuererleichterung bezeichnen. Hierbei scheint es sich jedoch um eine semantisch nicht analysierbare Entlehnung zu handeln, die sich inhaltlich nicht zu anderen -*ette*-Derivaten des Deutschen stellen lässt.

Tab. 12: Deanthroponymische Ländernamen im DeReKo (Typen)

Suffix	Typen	Ländernamen
-ei	1	Merkelei
-ia	1	Berlusconia
-(i)en	3	Berlusconien, Lafontainien, Sarkozien
-istan	4	Berlusconistan, Blairistan, Putin(i)stan/Putinostan, Sarkozystan

Auch diese Ländernamen sind nicht als semantisch neutral einzustufen. Vielmehr haftet den deonymischen Ländernamen eine negative Konnotation an, die von undemokratischen, feudalistischen oder gar absolutistischen Zuständen bis hin zu offener Korruption reicht, wie die Ländernamen-Belege zum Eigennamen *Berlusconi* in (30) verdeutlichen.

(30) a. In 'Berlusconia', wie kritische Stimmen Italien inzwischen umgetauft haben, sind die Meinungen sehr gespalten. (DeReKo 1994)
   b. Verfassungsmässige Vergünstigungen jeglicher Art, für ausgewählte Volksgruppen, entsprechen der Mentalität in Berlusconien und Bananenrepubliken. (DeReKo 2012)
   c. Italiener beziehen, verglichen mit anderen Europäern, überdurchschnittlich viele Informationen aus dem Fernsehen. Die Qualität des Fernsehens in Berlusconistan wiederum ist überdurchschnittlich lausig. (DeReKo 2011)

Abschließend lässt sich sagen, dass alle Eigennamen, die ausgehend von Politikernamen gebildet wurden, eine Bedeutungsverschlechterung erfahren haben, unabhängig davon, ob ein Wechsel in der Namenklasse stattfindet (Ländernamen) oder nicht (Diminution, Movierung).

Hinzuweisen ist zudem darauf, dass sich Diminution und Movierung nicht zwangsläufig auf die Modifikation der Basis beschränkt, sondern dass auch hier ein Referentenwechsel erfolgen kann. Insbesondere die Movierungssuffixe können dazu verwendet werden, auf weibliche Personen referierende Appellative abzuleiten.

5 Fazit

Wie der Vergleich der deonymischen und der deappellativischen Wortbildung in Kap. 2 gezeigt hat, umfasst die deonymische Wortbildung dieselben Typen wie die deappellativische Wortbildung. So sind nicht nur deonymische Komposita und Derivate belegt, sondern auch deonymische Konversionen, Konfixkomposita und Kontaminationen. Lediglich die Bildung von deonymischen Kurzwörtern scheint stark eingeschränkt, die von deonymischen Konfixderivaten ausgeschlossen zu sein.

Die Auswertung der bisherigen Forschung in Kap. 3 ergab, dass die deonymische Derivation in der Literatur insgesamt zwar nur selten explizit behandelt wird (eine Ausnahme bildet hier Kempf 2017), dass sich aber in Darstellungen zur Wortbildung und hier insbesondere zur deonymischen Wortbildung zahlreiche Hinweise auf Derivationsmuster finden, die ausgehend von Eigennamen nicht nur appellativische Substantive, Adjektive und Verben ableiten, sondern aus onymischen Basen auch wiederum Eigennamen bilden können.

Die korpusbasierte Studie zur Suffixderivation von Politikernamen schließlich kam zu dem Ergebnis, dass ausgehend von Politikernamen sowohl (appellativische) Substantive, Adjektive und Verben als auch Personen- und Ländernamen gebildet werden. Zwar sind nicht für alle in der Literatur genannten Suffixe auch Bildungen zu Politikernamen belegt, dafür finden sich aber auch Derivate zu Suffixen, die in der Literatur nicht aufgeführt wurden. Ein wichtiges Ergebnis ist, dass bestimmte semantische Funktionen bei allen Politikernamen abgedeckt sind: So finden sich zu allen Politikernamen Abstrakta, die auf die Theorien bzw. Verhaltensweisen des Politikers referieren, sowie Personenbezeichnungen, die deren Vertreter bzw. Anhänger bezeichnen. Für alle Politikernamen sind zudem Zugehörigkeits- und Vergleichsadjektive belegt sowie Suffixverben. Daneben sind unter anderem Bezeichnungen für übertriebene Verhaltensweisen, privative Adjektive sowie Diminutiva und Ländernamen belegt. Auch was die verwendeten Suffixe angeht, finden sich Tendenzen. Bestimmte Suffixe wie *-er, -ismus, -ist, -esk, -isch/-sch* und *-isier(en)* sind bei (fast) allen Politikernamen belegt, andere wie *-ling, -schaft* oder *-ig* nur vereinzelt, selbst wenn sie dieselbe semantische Funktion erfüllen können.

Auffällig ist, dass viele Derivate pejorativ (*Schröderling, Berlusconistan*) oder zumindest expressiv (*merkelös, Lafontainiade*) wirken, selbst dann, wenn weder mit dem Eigennamen noch mit dem Suffix eine negative Konnotation verbunden ist (*merkelig, putinisieren, Schröderchen*). Expressive Bedeutung kann aber nicht nur dann entstehen, wenn eine der Konstituenten über eine entsprechende lexikalische Bedeutung verfügt. Vielmehr kann Expressivität bei Wortbildungsprodukten auch struktureller Art sein, dann nämlich, wenn die gebildeten Wörter wie *unkaputtbar* gegen Wortbildungsbeschränkungen verstoßen oder wie *Witzothek* von prototypischen Mustern abweichen (Scherer 2019). Im Fall denominaler Derivationsmuster ist die Basis typischerweise appellativisch. Wird stattdessen eine onymische Basis verwendet, hat dies eine expressive – häufig pejorative – Wirkung zur Folge (Scherer 2019: 69). Derselbe Effekt lässt sich auch bei deonymischen Konversionen wie *merkeln* und *schrödern* beobachten.

Leider nicht berücksichtigt werden konnte im Rahmen dieser Untersuchung ein Vergleich zwischen deanthroponymischer und detoponymischer Derivation. Beobachtungen im Vorfeld dieser Studie legen aber nahe, dass die detoponymische Derivation systematischer und tokenfrequenter erfolgt als die deanthroponymische, wohingegen im Rahmen der deanthroponymischen Derivation mehr Suffixe zur Verfügung zu stehen scheinen als für die detoponymische.

Literatur

Aviso = Aviso *Relation oder Zeitung*. Wolfenbüttel 1609–1624. [Abdruck in: Schöne, Walter (1939): *Der Aviso des Jahres 1609. In Faksimiledruck*. Leipzig: Harrassowitz.]

Barz, Irmhild (2016): German. In Peter O. Müller, Ingeborg Ohnheiser, Susan Olsen & Franz Rainer (Hrsg.), *Word Formation. An International Handbook of the Languages of Europe*. Bd. 4, 2387–2410. Berlin: de Gruyter.

Berger, Dieter (1976): Zur Abgrenzung der Eigennamen von den Appellativen. *Beiträge zur Namenforschung. Neue Folge* 11, 375–387.

Bishkenova, Aigul (2000): Zum Problem der Entstehung von Gattungswörtern auf der Grundlage von Eigennamen im gegenwärtigen Deutsch. *Sprachwissenschaft* 25, 21–62.

Bruderer, Herbert (1976): Von Personennamen abgeleitete Verben. *Folia Linguistica* 9, 349–363.

Eisenberg, Peter (2011): *Das Fremdwort im Deutschen*. Berlin: de Gruyter.

Fleischer, Wolfgang (1964): Zum Verhältnis von Name und Appellativum im Deutschen. *Wissenschaftliche Zeitschrift der Karl-Marx-Universität Leipzig* 13, 369–378.

Fleischer, Wolfgang (1980): Deonymische Derivation. *Studia Onomastica* 1, 15–24.

Fleischer, Wolfgang & Irmhild Barz (1992): *Wortbildung der deutschen Gegenwartssprache*. Tübingen: Niemeyer.

Fleischer, Wolfgang & Irmhild Barz (2012): *Wortbildung der deutschen Gegenwartssprache*. 4., völlig neu bearb. Aufl. Berlin: de Gruyter.

Fuhrhop, Nanna (1998): *Grenzfälle morphologischer Einheiten*. Tübingen: Stauffenburg.

Kempf, Luise (2017): *Engländisch, Hamburgisch, Lutherisch* – Degrees of onymicity reflected in the history of German *-isch*-derivation. *Folia Linguistica* 51, 391–417.

Kremer, Dieter (Hrsg.) (2002): *Onomastik. Akten des 18. Internationalen Kongresses für Namenforschung. Trier, 12.–17. April 1993. Bd. V: Onomastik und Lexikographie/Deonomastik*. Tübingen: Niemeyer.

Kühnhold, Ingeburg & Hans Wellmann (1973): *Deutsche Wortbildung. Typen und Tendenzen in der Gegenwartssprache. Eine Bestandsaufnahme des Instituts für Deutsche Sprache, Forschungsstelle Innsbruck. Erster Hauptteil: Das Verb.* Düsseldorf: Schwann.
Kühnhold, Ingeburg, Oskar Putzer & Hans Wellmann (1978): *Deutsche Wortbildung. Typen und Tendenzen in der Gegenwartssprache. Eine Bestandsaufnahme des Instituts für Deutsche Sprache, Forschungsstelle Innsbruck. Dritter Hauptteil: Das Adjektiv.* Düsseldorf: Schwann.
La Stella, Enzo (1982): Deonomastica. Lo studio dei vocaboli derivati da nomi propri. *Le lingue del mondo* 47, 13–18.
Leys, Odo (1966): Der Eigenname in seinem formalen Verhältnis zum Appellativ. *Beiträge zur Namenforschung. Neue Folge* 1, 26–38.
Lüdeling, Anke & Evert, Stefan (2005): The Emergence of Productive Non-Medical *-itis*: Corpus Evidence and Qualitative Analysis. In Stephan Kepser & Marga Reis (Hrsg.): *Linguistic Evidence. Empirical, Theoretical ans Computational Perspectives*, 351–370. Berlin: Mouton de Gruyter.
Nübling, Damaris, Fabian Fahlbusch & Rita Heuser (2015): *Namen. Eine Einführung in die Onomastik.* 2., überarb. und erw. Aufl. Tübingen: Narr.
Ronneberger-Sibold, Elke (2015): Word-Formation and Brand Names. In Peter O.Müller, Ingeborg Ohnheiser, Susan Olsen & Franz Rainer (Hrsg.), *Word Formation. An International Handbook of the Languages of Europe.* Bd. 3, 2192–2210. Berlin: de Gruyter.
Scherer, Carmen (2005): *Wortbildungswandel und Produktivität. Eine empirische Studie zur nominalen -er-Derivation im Deutschen.* Tübingen: Niemeyer.
Scherer, Carmen (2019): Expressivität in der Wortbildung. Ein Überblick. In Franz d'Avis & Rita Finkbeiner (Hrsg.): *Expressivität im Deutschen.* Berlin: de Gruyter, 49–74.
Schlücker, Barbara (2017): Eigennamenkomposita im Deutschen. In Johannes Helmbrecht, Damaris Nübling & Barbara Schlücker (Hrsg.), *Namengrammatik*, 59–93. Hamburg: Buske.
Schmuck, Mirjam (2017): Movierung weiblicher Familiennamen im Frühneuhochdeutschen und ihre heutigen Reflexe. In Johannes Helmbrecht, Damaris Nübling & Barbara Schlücker (Hrsg.), *Namengrammatik*, 33–58. Hamburg: Buske.
Schweickard, Wolfgang (1992): "Deonomastik". Ableitungen auf der Basis von Eigennamen im Französischen (unter vergleichender Berücksichtigung des Italienischen, Rumänischen und Spanischen). Tübingen: Niemeyer.
Schweickard, Wolfgang (1995): Morphologie der Namen: Ableitungen auf der Basis von Eigennamen. In Ernst Eichler (Hrsg.), *Namenforschung. Ein internationales Handbuch zur Onomastik*, 431–435. Berlin: de Gruyter.
Stricker, Stefanie (2000): *Substantivbildung durch Suffixableitung um 1800. Untersucht an Personenbezeichnungen in der Sprache Goethes.* Heidelberg: Winter.
Sugarewa, Tekla (1974): Adjektivderivate zu Eigennamen und ihre Konkurrenz mit Substantivkomposita und syntaktischen Wortverbindungen. *Beiträge zur Geschichte der deutschen Sprache und Literatur (Halle)* 94, 199–256.
Vogel, Petra M. (2017): Deonymische Adjektivkomposita 'Eigenname + Adjektiv' vom Typ *goethefreundlich*. In Johannes Helmbrecht, Damaris Nübling & Barbara Schlücker (Hrsg.), *Namengrammatik*, 95–120. Hamburg: Buske.
Wellmann, Hans (1975): *Deutsche Wortbildung. Typen und Tendenzen in der Gegenwartssprache. Eine Bestandsaufnahme des Instituts für Deutsche Sprache, Forschungsstelle Innsbruck. Zweiter Hauptteil: Das Substantiv.* Düsseldorf: Schwann.

Werner, Otmar (1974): Appellativa – Nomina Propria. Wie kann man mit einem begrenzten Vokabular über unbegrenzt viele Gegenstände sprechen? In Luigi Heilmann (Hrsg.), *Proceedings of the Eleventh International Congress of Linguists, Bologna, Florence, 28 Aug.–02. Sept. 1972. Bd. 2*, 173–187. Bologna: Il Mulino.

Anhang

Tab. 13: Anhang 1: Deanthroponymische Substantive im Korpus (Appellative)

Suffix	Berlusconi	Blair	Chirac	Clinton	Lafontaine	Merkel	Obama	Putin	Sarkozy	Schröder
-(i)ade	3				-iade	-iade	-ade/-iade			
-ei	2					-ei				-ei
-er	8	-er/-ianer		-ianer	-ianer	-er/-ianer	-aner/-ianer	-aner/-ianer		-aner/-ianer	-ianer
-heit/-(ig)keit	1					-igkeit				
-ling	1									-ling
-schaft	1									-schaft
-ia	1				-ia					
-ismus	10	-ismus/-ianismus	-ismus	-ismus	-ismus/-ianismus	-ismus	-ismus/-ianismus	-ismus	-ismus	-ismus/-ianismus
-ist	9		-ist	-ist	-ist	-ist	-ist	-ist/-nist/-rist	-ist	-ist	-ist
-itis	5	-itis	-itis			-itis	-itis	-itis		
-ment	1				-ment					
-(at)or	2					-ator		-ator		
-(at)ur	1									-atur

Tab. 14: Anhang 2: Deanthroponymische Substantive im Korpus (Eigennamen)

Suffix	Ber-lusconi	Blair	Chirac	Clinton	Lafon-taine	Merkel	Obama	Putin	Sarkozy	Schrö-der
-chen	4		-chen		-chen	-chen/ -inchen				-chen
-lein	2					-lein				-lein
-in	3				-in	-in				-in
-ette	2 -ette								-ette	
-ine	1					-ine				
-ei	1					-ei				
-ia	1 -ia									
-(i)en	3 -ien				-ien				-ien	
-istan	4 -istan		-istan				-stan/ -istan/ -ostan		-stan	

Tab. 15: Anhang 3: Deanthroponymische Adjektive im Korpus

Suffix	Ber-lusconi	Blair	Chirac	Clinton	Lafon-taine	Merkel	Oba-ma	Putin	Sarkozy	Schröder
-esk	8 -esk			-esk	-esk	-esk	-esk	-esk	-esk	-esk
-haft	7 -haft	-haft				-haft	-haft	-haft	haft	-haft
-ig	1					-ig				
-isch/ -istisch	10 -ia-nisch/ -istisch	-isch/ -is-tisch/ -itisch	-istisch	-isch/ -ia-nisch/ -istisch	-isch/ -istisch	-isch/ -ia-nisch/ -istisch	-isch	-esisch/ -istisch	-stisch/ -istisch	-isch/ -ia-nisch/ -istisch
-sch	10 -sch	-sch	-sch	-sch	-sch	-sch	-sch	-sch	-sch	-sch
-los	4			-los	-los	-los		-los		
-mäßig	6 -mäßig			-mäßig	-mäßig	-mäßig	-mäßig			-mäßig
-oid	1					-oid				
-ös	1					-ös				

Morphosyntax

Andreas Klein
„Ist ‚geheißen' ein echtes Wort?"
Entstehung und Eigenschaften einer onymischen Kopula

Zusammenfassung: Das Verb *heißen* zeichnet sich in der Gegenwartssprache durch ein grammatisches Sonderverhalten aus. Sein Komplement ist (anders als bei vergleichbaren Verben wie *nennen*) erstens stark auf Eigennamen spezialisiert, z.B. *man nennt mich Peter/einen guten Mann*, aber *ich heiße Peter/*ein guter Mann* und zweitens situationslos, z.B. *ich höre, wie sie Petra genannt wird*, aber **ich höre, wie sie Petra heißt*. Damit ist das im Urgermanischen noch transitive Verb ‚rufen, nennen' semantisch stark ausgeblichen und leistet als „onymische Kopula" nur noch die Verknüpfung von Proprium und Namenträger. Diese Entwicklung ist langandauernd und beginnt bereits in voralthochdeutscher Zeit mit der Umkategorisierung eines germanischen Medio-Passivs ‚sich heißen/geheißen werden' zu einem formal aktiven Verb. Die eigentliche Spezialisierung fällt nicht zufällig ins 18.–20. Jh., wo auch die Wortart Eigenname selbst grammatisch konturiert wird. Denn indem *heißen* den Nominativ regiert, kommt es dem Bedarf nach onymischer Schemakonstanz besser nach als andere Benennungsverben. Damit eröffnet der Aufsatz die Einblicke in eine Namengrammatik jenseits der Nominalphrase, die ebenfalls onymische Eindeutigkeit leistet.

1 Einleitung

Die grammatische Sonderstellung von Eigennamen erfährt seit einigen Jahren verstärkte (und verdiente) Aufmerksamkeit. In der Folge wird zunehmend von „peripheren Substantiven" (Ackermann 2018) gesprochen oder sogar eine eigene Wortart angedeutet (s. Nübling 2012). Kaum behandelt sind in der Forschung allerdings Einheiten, die solche onymischen Komplemente regieren. Wie etwa die folgende Internetdiskussion um das Verb *heißen* zeigt, gibt es auch hier grammatische Auffälligkeiten, die in den Bereich der Onomastik fallen:

> ist "geheißen" ein echtes wort? ich war mir nicht ganz sicher ob es grammatikalisch richtig ist und hab es so oft gesagt, dass es sich nicht mehr richtig anhört...stimmt es wenn ich sage: "er hat max geheißen"? ich bin mir jetzt echt nicht mehr sicher.
>   a. Das ist eher umgangssprachlich, wenn du das also zu jemandem sagst, ist das schon in Ordnung.
>   b. ist aber SEHR unüblich. er hieß max - oder er wurde max genannt [...]

  c. Dieser Satz bedeutet: Jemand (Er) hat Max angewiesen, etwas zu tun. [...] Wenn nach dem Namen von Max gefragt wird, müsste es "Er hieß Max" heissen.
  d. Geheißen = befehl, Anordnung, Anweisung, verordnen usw.
  e. er hieß[.] "geheisen" gibts nicht
  f. Eigentlich ist dieses Wort sinnlos, weil er immer so heißt. Deswegen würde ich schreiben er hieß Max.
    i. Hieß wäre dann genauso falsch, wenn er sich bis heute nicht hat umtaufen lassen. Hieß hört sich nur besser an.
    ii. [AutorIn von f.:] Wenn er tot ist...[1]

Fragwürdig erscheint den Diskutierenden in diesen Beiträgen das Perfekt *hat geheißen*, das es entweder selten (a, b), gar nicht (e) oder zumindest nicht mit Bezug auf Namen geben soll (c, d).[2] Im Folgenden wird dafür argumentiert, dass es sich bei dieser Unsicherheit um das jüngste Symptom einer langen Entwicklung von einem transitiven Verb ‚nennen' zu einer semantisch stark entleerten Kopula handelt, die sich zunehmend auf Eigennamenkomplemente spezialisiert hat.

Der erste Abschnitt dieses Aufsatzes beschäftigt sich mit den Eigenschaften dieser Kopula in der Gegenwartssprache und grenzt sie semantisch sowie syntaktisch von anderen Lesarten des Verbs *heißen* ab. Ihre Diachronie bildet den Schwerpunkt des zweiten Teils. Hier wird gezeigt, dass die heutigen Eigenschaften Resultat verschiedener morphologischer, syntaktischer und semantischer Entwicklungen sind, die zu einer starken Spezialisierung des Verbs und seinem heutigen Kopulastatus geführt haben. So etabliert sich nicht nur für die Gruppe der Eigennamen eine Sondergrammatik innerhalb der Substantive, sondern auch für das Verb, das sie typischerweise in den Diskurs einführt.

2 *heißen* in der Gegenwartssprache

Das Verb *heißen* ist im heutigen Deutschen hochgradig polysem. Das Duden-Universalwörterbuch (2015) etwa zählt sieben Lesarten, das Valenzwörterbuch des IDS (Schumacher et al. 2010) sogar neun. Im Gesamtspektrum lassen sich neben Verwendungen wie (1), in denen *heißen*$_1$ im prototypischen Fall dazu dient, einem Referenten einen Eigennamen zuzuordnen, grob vier weitere Haupttypen

---

[1] https://www.gutefrage.net/frage/ist-geheissen-ein-echtes-wort (abgerufen am 10.04.2018).
[2] Die sprachliche Unsicherheit ist also nicht auf die regionale Variante *gehießen* zurückzuführen, die in der Diskussion keine Erwähnung findet.

(2–5) unterscheiden.³ Durch den genaueren Blick auf diese übrigen Verwendungsweisen wird der Sonderstatus von (1) überdeutlich.

(1) *Diese Person heißt₁ Katja.*
(2) *Das Ziel heißt₂ Expansion.*
(3) *Dieses Verhalten heißt₃ nichts.*
(4) *Sie heißen₄ sie Maria.*   } transitiv } veraltet/
(5) *Sie heißen₅ ihn die Blumen gießen.* }   } gehoben

Vergleicht man zunächst nur die Typen (1) und (2), die hier grob mit der Kopula *sein* äquivalent sind, lässt sich zwischen den beiden Lesarten eine klare Domänenteilung feststellen. Nur sehr abstrakte Konzepte, die sich (aus)formulieren lassen – also einem Wortlaut entsprechen – erlauben die Konstruktion in (2). Ähnlich dem Prädikativ von (1) lässt sich das zweite Argument hier mit *wie* erfragen (das erste allerdings nicht ohne Weiteres). Es ist in beiden Fällen zitatähnlich und trägt keinen sichtbaren Kasus. In Kontexten mit der Lesart (2) ist *heißen* allerdings durch *lauten* ersetzbar, z.B. *Der Grund/Die Parole/Regel/Abmachung heißt/lautet X* (aber nicht im Sinne von (1): *Sie heißt/*lautet Sabine*). Um die Beschränkungen von *heißen₂* sichtbar zu machen, lohnt es sich, dieses *lauten* in den Blick zu nehmen. Denn die beiden Verben sind nicht reziprok austauschbar, der Anwendungsbereich von *heißen₂* ist also kleiner als der von *lauten*. So kann schon ein Konkretum wie *Schreiben* ‚Brief, Mitteilung' besser „Guten Tag..." *lauten* als *heißen₂*. Hier liegt vermutlich Abgrenzungsbedarf gegenüber *heißen₁* vor: Je konkreter und individueller ein Konzept ist, desto eher wird es als Subjekt von *heißen₁* (also als Namenträger) gelesen. Deshalb sind die Verwendungskontexte von *heißen₂* sehr stark auf Abstrakta bzw. periphere Konkreta – die untypischsten Namenträger (vgl. Nübling, Fahlbusch & Heuser 2015: 30) – verengt.

Doch selbst in diesem Randbereich verliert *heißen₂* auf spannende Weise an Kontexten: Ein Konzept, das (seit jüngster Zeit!⁴) nur noch *lauten* und nicht mehr *heißen₂* kann, ist bezeichnenderweise *Name*. Unter Comedians wie Martin Klempnow oder Johann König gilt die Vorstellung mit „Mein Name heißt..." als Garant für erste Lacher. Eine Kritik bezeichnet diese bewusst gewählte Formulierung als „Wortfehler":

---

3 Zusätzlich könnte man noch die beiden festen, unpersönlichen Wendungen *es heißt* ‚man sagt' und *(nun) heißt es* ‚es gilt' ansetzen.
4 Auf die zeitliche Einordnung geht Abschnitt 3 genauer ein.

„Mein Name heißt Johann König und ich freu mich - auf halb elf": Einen Wortfehler und eine erste Unlustbekundung, mehr brauchte der Komiker nicht, um zu begeistern.[5]

Auch in diesem Fall steckt *heißen*$_1$ seinen Geltungsbereich ab und blockiert. Grund dafür ist diesmal (anders als bei *Schreiben*) nicht die Überschneidung im Subjektsbereich, sondern die im Prädikativ. Die Nennung eines Namens als Prädikativ erzwingt die Lesart *heißen*$_1$ und damit die Interpretation des Subjekts, hier *Name*, als Namenträger.[6] Obwohl sich *heißen*$_2$ und *heißen*$_1$ syntaktisch sehr ähneln, sind ihre Domänen heute also klar und zugunsten von *heißen*$_1$ getrennt.

Die übrigen Lesarten sind syntaktisch deutlich von (1–2) unterscheidbar. Dazu gehört auch die Verwendung in (3) im Sinne von ‚bedeuten, zur Folge haben', die zwar ebenfalls zweistellig, doch eindeutig transitiv ist.[7] Die dreistelligen Konstruktionen (*heißen*$_4$ ‚nennen' und das AcI-Verb *heißen*$_5$ ‚befehlen') werden in den Nachschlagewerken heute als veraltet oder gehoben ausgewiesen.

Ein genauerer Blick auf den aussterbenden Typ in (4) ‚nennen' (z.B. *sie heißen sie Maria*) lohnt sich besonders, könnte man hier doch zunächst ein transitives Pendant zu (1) vermuten. Solche Dubletten treten im Deutschen auch anderweitig auf (vgl. z.B. *er zerreißt das Hemd* vs. *Das Hemd zerreißt*). In diesem Fall unterscheidet sich das Paar allerdings nicht nur im Valenzrahmen: Die in Tabelle 1 dargestellten Restriktionen, die für *heißen*$_1$ im Prädikativ gelten, zeigen einen Teil der Kontexte, die für dieses Verb im Unterschied zu *heißen*$_4$ nicht (mehr) möglich sind.

---

5 http://www.maerkzettel.de/kultur/news/koenigliche-unlust-sorgt-fuer-hochstimung/?tx_news_pi1%5Bcontroller%5D=News&tx_news_pi1%5Baction%5D=detail&cHash=02c7c80ec8d3b9b3696cbee3635085bb

6 Diese Prädikativ-Blockade veranschaulicht der folgende (sich ironisch belustigende) Dialog in den Kommentaren zu einem Auftritt der Kunstfigur Dennis (= Kandidat), gespielt von Martin Klempnow:
A: Mein Name heißt Dennis [Zitat aus dem Auftritt] *lachsmiley*
B: Nur die Frage ist, wie heißt der Kandidat?
C: [adressiert an den Beitrag B] Peter oder etwa nicht?
D: Meiner wird Denis geschrieben *lachsmiley* *lachsmiley*
 (https://www.youtube.com/watch?v=pVJ3KaGXyiY&lc=Ugx-rVZ5UqHZqFpYpZB4AaABAg)
B und C machen sich hier darüber lustig, dass der Kandidat die Frage nach seinem Namen mit *Mein Name heißt Dennis* ihrer Meinung nach noch nicht beantwortet hat.

7 Belege wie der folgende lassen den mit *was* erfragbaren Akkusativ zutage treten: *Das eine hieße einen Anstieg des Meeresspiegels um sechs Zentimeter...* (Der Tagesspiegel, 09.08.2013). Alternativ kann hier auch ein Objektsatz stehen (z.B. *das heißt, dass...*).

Tab. 1: Besetzungsmöglichkeiten von *heißen₄* vs. *heißen₁*

Prädikativ	a. (*heißen₄*)	b. (*heißen₁*)
Appellativ	(6) *Sie hieß mich **Dummkopf**.*	**Ich heiße Dummkopf.*
Ausdruck von (In-)Definitheit (+ Kasusmarkierung)	(7) *Er heißt ihn **einen** netten Menschen.* (8) *Andreas Papandreou hatte Helmut Kohl **den** größten Europäer geheißen.*[8]	**Er heißt ein netter Mensch.* **Helmut Kohl*[Subjekt] *heißt der größte Europäer.*
Adjektiv	(9) *Ich heiße sie **willkommen**.* (10) *Das heiße ich **sehr mutig**.*	**Sie heißt willkommen.* **Das heißt sehr mutig.*

Obschon die Sätze in Spalte a (mit Ausnahme des Idioms *willkommen heißen*) alle gleichermaßen archaisch klingen mögen, dürften sie (auch heute noch) deutlich akzeptabler sein als ihre Varianten in Spalte b.[9] So erlaubt *heißen₄* (wie *nennen*) nicht nur Appellativa uneingeschränkt in der Prädikativposition, sondern auch syntaktisch integrierte phrasale Kategorien wie Nominalphrasen mit Definitheits- sowie Kasusmarkern (7a–8a) und Adjektivphrasen (10a).[10]

Bei *heißen₁* handelt es sich also gleichermaßen um ein raumgreifendes Verb, das den Geltungsbereich anderer Lesarten einschränkt (?*Mein Name heißt Anna*, ?*Das Schreiben heißt „Guten Tag..."*), und um ein stark spezialisiertes Verb, das nur ganz bestimmte Komplemente (in erster Linie Namen) zulässt.

Obwohl man aufgrund dieser Beobachtungen nun vorschnell versucht sein könnte, in *heißen* (womit im Folgenden nur noch *heißen₁* gemeint ist) eine streng „onymische Kopula" zu sehen, ist noch nicht hinreichend geklärt, welcher genaue Zusammenhang zwischen dem Verb *heißen* und der grammatischen Klasse Eigenname eigentlich besteht. Dieser Frage wird in 2.1 nachgegangen. Dabei wird dafür argumentiert, dass Namen nicht ausschließliche, aber prototypische

---

[8] Spiegel 44/1993, zitiert nach Schumacher et al. (2010 s.v. *heißen*).
[9] Möglicherweise ist Consten (2004: 93) von solchen transitiven Verwendungen inspiriert, wenn er in einem Beispielsatz für *heißen₁* den Akkusativ konstruiert (auf den sich das folgende Grammatikalitätsurteil nicht bezieht): „Zur Argumentstruktur von *heißen* [Hervorhebung AK] gehört zwar ein Eigenname, nicht aber die Bezeichnung Name [...] *Ich heiße Fritz*/*Ich heiße einen Künstlernamen*)." Dieser Fehlgriff zeigt deutlich, dass der sog. „Gleichsetzungsnominativ" von *heißen₁* aufgrund der eingeschränkten Besetzungsmöglichkeiten gegenwartssprachlich unsichtbar geworden ist. (Zu den historischen Kasusverhältnissen s. Absatz 3.2.)
[10] Auch an anderen Positionen gibt es, wie bereits angedeutet, deutliche Beschränkungen, auf die wir noch zurückkommen werden. Beispielsweise sind Namen wie *Helmut Kohl* (8) ohne adverbiale Einschränkungen (wie *eigentlich, mit gebürtigem Namen* etc.) als Subjekt von *heißen₁* undenkbar, als Objekt von *heißen₄* jedoch vollkommen unmarkiert.

Komplemente von *heißen* sind, und aufgezeigt, unter welchen Umständen unprototypische Appellative auftreten können. In 2.2 schließt sich eine Analyse der Verbsemantik an. Auf dieser Basis wird schließlich dafür plädiert, dem Verb in der Gegenwartssprache einen ganz speziellen Kopulastatus zuzusprechen.

2.1 Wie namenspezifisch ist *heißen*?

Das Prädikativ von *heißen* ist trotz seiner Beschränktheit nicht exklusiv proprial, wie etwa dieser Beleg veranschaulicht:

(11) *Diese Informationsquellen heißen Seitenkanäle.* (Berl. Zeitung, 30.12.2005)

Oft werden solche „unscharfen" Verwendungen (Nübling, Fahlbusch & Heuser 2015: 17) von der Literatur entweder übergeneralisiert, sodass bei *heißen* nur von einem Verb mit substantivischem Komplement gesprochen wird (z.B. von Eisenberg 2013: 80), oder sie werden völlig ausgeblendet und es fällt nur der Begriff „(Eigen-)Name" (z.B. Cloutier 2013: 18, Consten 2004: 93). Diese Pauschalisierungen ergeben sich daraus, dass die Grammatik dieses Verbs allenfalls en passant erwähnt wird.

Kalverkämper (1978: 136) setzt sich als einer der wenigen genauer mit der Frage nach dem Komplement auseinander und spricht in Anlehnung an Harweg (1970) von „namenverleihenden Prädikaten":

> Die fast absolute Sicherheit der Determination liegt darin begründet, daß es sich bei den namenverleihenden Prädikaten um metasprachliche Aussagen handelt, die angeben, wie das folgende Sprachzeichen interpretiert werden soll; sie signalisieren für das Folgemonem proprialen Status, fungieren also als metakommunikative Instruktion für eine bestimmte, vom Sender intendierte Decodierung.
> Mit solchen Transponenten erhält jedes beliebige Appellativ und jedes Monem jeder anderen Formenklasse proprialen Status, und damit den Formenklassen-Status ‚Substantiv'.

Hier wird eine Art syntaktischer Konversionsmechanismus beschrieben, der von Verben wie *heißen* ausgelöst werden soll, wodurch schließlich jedes Prädikativ als Eigenname zu betrachten wäre.[11] Obwohl diese Beobachtung auf bestimmte Fälle zutrifft, berücksichtigt sie nicht den oben angesprochenen Fall (11), in dem

---

[11] Ein passendes Beispiel für einen solchen Vorgang liefert das Rheinische Wörterbuch (s.v. *heißen*) mit einem Kinderscherz: „Wie häscht dei Vadder? fragen die Kinder u. kneifen ein anderes in den Arm; sagt es autsch! dann: o, dem sei V. häscht Autsch!" (Man beachte zusätzlich die vom Autor vorgenommene Großschreibung in der Wiedergabe.)

man es auch im syntaktischen Kontext noch mit einem Appellativ zu tun hat. Erkennbar ist das z.B. an der Pluralisierung beider Komplemente (*Informationsquellen – Seitenkanäle*), die hier eine Monoreferenz ausschließt. So könnte man die obige Äußerung mit *ein/der Seitenkanal ...* fortführen und damit einen Gattungsvertreter isolieren. Kalverkämper (1978: 134) erwähnt solche Kontexte zwar eingangs, behandelt sie allerdings rein normativ:

> Der Grund [für solche appellativischen Verwendungen] liegt darin, daß dem normalen Sprachbenutzer die semantischen Distributionen von *s'appeler* (*se nommer*) und *être* und *signifier* (*être signifié*), bzw. von *heißen*, *sein* und *bezeichnen* (*bezeichnet sein*) nicht klar sind. Selbst wissenschaftliche Arbeiten sprechen von *Name*, wenn es um Bezeichnung geht, von *heißen*, wenn *bezeichnet sein* gemeint ist.[12]

Wären unsystematische Verwechslungen der einzige Grund für dieses Phänomen, bliebe zu erklären, warum zwar Sätze wie *diese Pflanze heißt Maiglöckchen* üblich sind, während aber solche wie *diese Frau heißt Japanerin* auch von „normalen Sprachbenutzern" selten geäußert werden dürften.

Bei genauerem Hinsehen funktioniert *heißen* alles andere als unscharf. Das propriale Komplement ist nur dort streng obligatorisch, wo sich das Subjekt durch eine entsprechend hohe Individualität als Namenträger qualifiziert. In solchen Fällen, die vor allem konkrete Einzelpersonen umfassen, wird das Prädikativ unweigerlich onymisch interpretiert (Typ: *Ich*$_{[+individuell]}$ *heiße* [+Name]).

In allen anderen Kontexten weist das Verb einem Konzept seine spezifischste Bezeichnung zu. Dann muss das Subjekt umgekehrt auch als Definiens für diese Bezeichnung herhalten können. Es gilt also vor allem der Anspruch darauf, dass das Subjekt die Extension des Prädikativs ausschöpft. So dürfen *die Einwohner Großbritanniens* zwar *Briten heißen* (Typ: [–individuell] *heißen* [–Name]), *dieser Mensch* aber nicht *Brite*. Denn *dieser Mensch* kann nicht allein für das Konzept von *Brite* Pate stehen, es gibt auch andere Menschen, die unter diesen Begriff fallen und sich von ihm zu stark unterscheiden. In der Folge wird eine spezifischere Bezeichnung, ein Name, erwartet.

Doch wann genau „zu stark" beginnt, ist keine grammatisch bestimmbare Grenze. Bei einzelnen Subjekten, die sich in unserer Wahrnehmung nicht merklich von anderen Vertretern ihrer Gattung unterscheiden, ist auch die Prädikation

---

12 Deutlich wird hier, dass es sich nicht, wie Nübling, Fahlbusch & Heuser (2015: 17) annehmen, lediglich um ein umgangssprachliches, sondern um ein registerunabhängiges Phänomen handelt. Gerade dieser Umstand wirft jedoch umso mehr die Frage nach der Systematik auf, mit der gegen die von Kalverkämper konstatierte Norm verstoßen wird.

mit *heißen* und einem Appellativ möglich, wie die folgenden Beispiele (12–15) illustrieren:

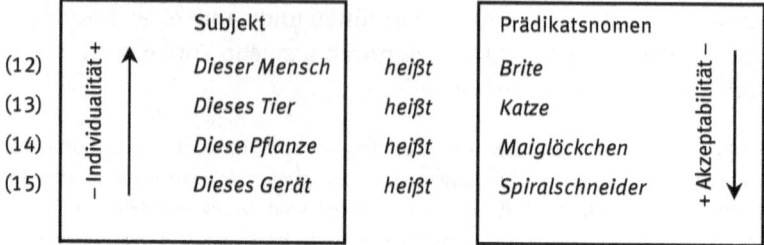

Während (12) nahezu ungrammatisch ist, dürfte die Akzeptabilität von (13) bereits interindividuell variieren, je nachdem, ob *Katzen* als unterscheidbare Individuen wahrgenommen werden oder nicht. Die Extension der Prädikatsnomina in (13–15) muss für die Sprechenden also aus einer homogenen Menge an Denotaten bestehen, damit die Akzeptabilität der Sätze gewährleistet ist. Auf sprachlicher Ebene äußert sich diese Homogenität darin, dass der äußernden Person keine Hyponyme zu dem jeweiligen Begriff bekannt sind. Äußerungen wie ?*dieses Lebewesen heißt Tier* sind folglich aufgrund der Hyperonymie von *Tier* wenig akzeptabel, es handelt sich dabei nicht um die spezifischste Bezeichnung.

Es lässt sich also festhalten, dass die protypischen Prädikativ-Komplemente von *heißen* gegenwartssprachlich Onyme sind. An stark individuelle Subjekte angeschlossen kann das Verb sogar den Namenstatus herbeiführen. So lässt sich die Frage *Wer heißt X?* nur mit einem Eigennamen stellen und nur mit einem Namenträger beantworten.[13] Personennamen sind damit die prototypischen *heißen*-Komplemente. Appellativische Komplemente sind nur bei wenig individuellen Subjekten möglich und auch nur dann, wenn es sich um sehr spezifische (im Kontext hyponymfreie) Bezeichnungen handelt. Diese Funktionsweise erklärt, warum Wörterbücher wie etwa das Duden-Universalwörterbuch (2015) das Verb häufig doppelt als ‚genannt werden' und ‚einen Namen tragen' paraphrasieren.

Die Frage nach dem genauen Bedeutungsgehalt von *heißen* ist vor diesem Hintergrund nicht banal. Denn auf den ersten Blick scheint er maßgeblich von

---

13 Hier sind klare Grenzen gezogen: Jenseits der Personennamen lässt sich der Namen- oder Bezeichnungsträger kaum mehr erfragen. Die Frage *was heißt* X? dürfte eher im Sinne von ‚bedeuten' und damit *heißen* als Transitivum und X als Subjekt verstanden werden. So sind Frage-Antwort-Sequenzen wie *Wer heißt Patrick? – Dieser Junge hier* unproblematisch, *Was heißt Big Ben? – Dieses Gebäude hier* aber sehr fraglich. In solchen Fällen ist vielleicht eher mit *Was nennt sich Big Ben/Rhein/München/Island?* zu rechnen.

dem Konzept abzuhängen, über das prädiziert wird. Im Folgenden soll noch einen Schritt weiter gegangen und schließlich die Ansicht vertreten werden, dass das Verb selbst kaum mehr eine Semantik besitzt, sondern im Wesentlichen nur noch als Kopula mit engen Wortartrestriktionen funktioniert.

2.2 Wie semantisch ist *heißen*?

Das Verb *heißen* gilt in der Semantik als ein typischer Vertreter der sog. Individuenprädikate (s. einführend z.B. Steinbach 2015: 198). Diese Klassifikation fußt im Wesentlichen auf den Arbeiten von Carlson (1977) und Kratzer (1995), die mit Individuenprädikaten solche Verbgefüge bezeichnen, die permanente Eigenschaften des Subjekts zum Ausdruck bringen (z.B. *männlich/weiblich sein, lange/kurze Arme haben*). Davon zu unterscheiden sind die sog. Stadienprädikate: temporäre Zustände und Aktivitäten (z.B. *krank/müde sein, arbeiten*).[14]

Ein wichtiges Merkmal von Individuenprädikaten wie *heißen* ist ihr nahezu uneingeschränkter Geltungsbereich, der verschiedene Effekte nach sich zieht: So sind beispielsweise adverbiale Gültigkeitsbedingungen temporaler sowie lokaler Art (**ich heiße immer/ständig/auf dem Weg Julia*) markiert und auch der ugs. am-Progressiv ebenso untypisch (**ich bin am Walter heißen*) wie der gleichzeitige Anschluss an Perzeptionsverben (**Ich höre, wie sie Franziska heißt*). In all diesen Fällen würde die Gültigkeit des Prädikats auf eine Situation einschränkt.

Bemerkenswert ist, dass die häufige Wörterbuchparaphrase ,genannt werden' für *heißen* diese Eigenschaften nicht in vollem Maße teilt (*ich werde auf dem Weg immer so genannt; ich höre, wie sie Franziska genannt wird*). Dies mag allein schon daran liegen, dass passivische Formulierungen stets ein Agens (*von jmd.*) implizieren, wodurch die Prädikation per se von äußeren Umständen abhängig und damit nicht permanent, sondern episodisch ist. Komplemente von *heißen* werden hingegen agenslos als inhärente Merkmale des Subjekts ausgewiesen.[15]

---

14 Das Spanische ist eine Sprache, von der oft gesagt wird, dass sie diese Unterscheidung in unterschiedlichen Kopulas systematisiert hat. Hier werden Individuenprädikate wie Persönlichkeitsmerkmale, Herkunft/Nationalität und Berufe – aber auch Namen – mit *ser* ,sein' angeschlossen (*Soy Ana/de Madrid/vendedor* ,Ich bin Ana/aus Madrid/Verkäufer'), Progressivformen und vergängliche Zustände mit *estar* (ebenfalls) ,sein' (*Estoy cansado/bien/tomando un café* ,Ich bin müde/wohlauf/dabei einen Kaffee zu trinken').

15 Dass man zumindest grammatisch *heißen* kann, ohne genannt zu werden, verdeutlichen beispielsweise vollkommen unproblematische Sätze wie *Ich heiße Katharina, werde aber Kathi genannt* oder auch der berühmte Reim aus dem grimmschen Märchen „Rumpelstilzchen": *Ach, wie*

Sie erheben damit einen Anspruch auf Korrektheit (den Status als allein- und allgemeingültiger Referenzausdruck). Das Verb beschreibt einen reinen Zustand. Der mit *heißen* einhergehende Name verhält sich hierbei quasi wie ein Körperteil, andere Bezeichnungen (wie die in der passivischen *nennen*-Umschreibung) hingegen nur wie austauschbare Kleidungsstücke.[16] Eine ganz ähnliche Metapher findet sich in Dialekten wieder. So dokumentiert etwa das Rheinische Wörterbuch (s.v. *heißen*) eine Korrekturformel für die Verwendung von Kurzformen:

> redet man eine Person nicht mit dem vollen Vornamen an, sondern nur mit der Kurzform (Kätt statt Katharina), so erhält man zur Antw.: Ech h. [=heiße] nit su, su hässt mei Himd (Hemd) [‚ich heiße nicht so, so heißt mein Hemd']

Das Beispiel macht deutlich, dass zwar mehrere Referenzausdrücke parallel existieren, im Regelfall jedoch nur ein einziger die Kombination mit *heißen* für sich beanspruchen kann. In den Dialekten ist das häufig der Rufname bzw. der sog. Hausname (Typ: *Schmitte Karl*, s. dazu den Beitrag von Schweden in diesem Band). So weisen etwa das Rheinische und das Pfälzische Wörterbuch, aber auch das Schweizerische Idiotikon und weitere explizit auf diese Besonderheit hin, z.B.:

> Wie haaschde (auch: haasche) dann?, Frage nach dem Rufnamen (nach dem Familiennamen fragt man: Wie schreibschde dich?) (PfWB)

> doch nur hinsichtl. des Vor- oder Ruf- (Haus-) namens; hinsichtl. des FN heisst es sich schreiwen; z. B. wie heschte? Antw.: Ech h. Pitter on schrif mech Schmitz; ech h. Drickesse Antun on schrif mech Schm. (RhWB)

Die Trias von *genannt werden*, *heißen* und *schreiben* unterscheidet sich also darin, wie stark die jeweilige Namenart kodifiziert ist. Das Verb *heißen* wird in beide Richtungen abgegrenzt: Erstens von Spitz-, Spott- und Kosenamen, die womöglich von der Gesprächssituation abhängig und variabel sind, und zweitens von einer schriftlich fest fixierten Kennung, die aber als Anrede und Referenzform in der Community keine Verwendung findet. Dazwischen dürfte als Komplement von *heißen* diejenige Namenart mit dem größten Identifikationspotential liegen.

---

gut, dass niemand weiß, dass ich Rumpelstilzchen heiß! In diesem Zusammenhang wäre die Paraphrase mit *genannt werden* absurd.

16 Es sei hier weiterführend erwähnt, dass eine grammatische Gleichsetzung des Lexems *Name* mit anderen (physischen) Körperteilen in verschiedenen Sprachen der Welt auftaucht (vgl. Lehmann i.E.). Sie liefert weiteren Grund zur Annahme, dass das mit *mein Name* bezeichnete (und dann auch mit *ich heiße* angeschlossene) Proprium zu den Inalienabla gehört.

Die enge Bindung, die *heißen* (im Dialekt wie im Standard) zwischen diesem Namen und dem Namenträger konstruiert, schlägt sich in einem für Individuenprädikate typischen Lebenszeit-Effekt nieder, wenn das Verb in ein Vergangenheitstempus tritt:

(16) a. *Er ist hier gewesen.*
 b. *Sie hat leere Taschen gehabt.*
 c. *Er ist Dummkopf genannt worden*
 Stadienprädikate (–lifetime-effect, Eigenschaft abwesend)

(17) a. *Er ist Kroate gewesen.*
 b. *Sie hat lange Arme gehabt.*
 c. *Sie hat Maria geheißen.*
 Individuenprädikate (+lifetime-effect, Eigenschaftsträger abwesend)

Während bei den Stadienprädikaten in (16) lediglich die Verbalhandlung als abgeschlossen interpretiert und damit für die Gegenwart negiert wird, wird die Abgeschlossenheit für die in (17) aufgeführten Individuenprädikate auch auf die Eigenschaftsträger übertragen. Die Subjekte in (17) sind somit entweder tot oder haben einen vergleichbaren Abwesenheitsgrad in der Gegenwart. Ihre Prädikation bleibt in jedem Fall zeitlich stabil, sodass auch in (17c) mit dem Verb gleichzeitig der gesamte Namenträger in der Vergangenheit verortet wird.

Diesen Effekt beschreiben auch die Teilnehmenden der eingangs erwähnten Internetdiskusssion um die fragliche Partizipialform *geheißen* (Abs. 1), an die hier noch einmal erinnert sei:

> Eigentlich ist dieses Wort sinnlos, weil er immer so heißt. Deswegen würde ich schreiben er hieß Max. [...] Wenn er tot ist...

Hier wird ebenfalls explizit gemacht, dass für einen Namen, der von *heißen* regiert wird, Permanenz präsupponiert wird. Zu klären bleibt allerdings, warum die Diskutierenden das Präteritum dem Perfekt vorziehen.[17] Trotz weitgehend funktionsgleicher Verwendung der beiden Tempora gelten für das Standarddeutsche einige distributionelle Besonderheiten (vgl. insb. Latzel 1977: 81–197 und Forschungsüberblick bei Fischer 2018: 133–147), die hier relevant werden:

---

[17] Genaugenommen monieren sie das Partizip per se und nicht nur das Perfekt. Dazu muss man sagen, dass besonders ein adjektivischer Gebrauch des Partizips (?*Sie ist Sabine geheißen*/?*die Sabine geheißene Frau*) heute unüblich zu sein scheint. Im DWDS-Kernkorpus des 21. Jh. findet sich zumindest kein derartiger Beleg mehr. Mehr zur diesen Formen in Absatz 3.1.

- Die Präferenz von Präteritum gegenüber Perfekt weist die folgende Staffelung bezüglich der Person auf: 3.Ps. > 1.Ps. > 2.Ps.[18]
- Das Perfekt bezeichnet ein Geschehen, das zum Orientierungszeitpunkt abgeschlossen ist. Dieser Orientierungszeitpunkt kann auch vor oder nach der Sprechzeit liegen (*Jetzt/gestern/in zwei Stunden ist er eingetroffen*.)
- Das Präteritum bezeichnet Vorgänge in der Vergangenheit. Diese können auch für die Orientierungszeit noch gültig sein. „Das Präteritum ist [also] obligatorisch, wenn eine Abgeschlossenheitsrelation zum Orientierungspunkt keinen Sinn macht. (z. B. *Sie fürchtete, dass er jeden Augenblick gekommen ist.* ✓*Sie fürchtete, dass er jeden Augenblick kam.*)" (Fischer 2018: 135)

Wenn man nun davon ausgeht, dass *heißen* als Individuenprädikat mit den zuvor beschriebenen Eigenschaften verstanden wird, sind sämtliche Kontexte, in denen das Perfekt obligatorisch oder präferiert ist, markiert:

Sätze, die wie in (17) den Eigenschaftsträger abwesend setzen, sollten nicht auf Gesprächsteilnehmende anwendbar sein. Insbesondere die zweite Person (Typ *du hast Maria geheißen*) dürfte aus pragmatischen Gründen selten auftreten. Die dritte Person (das Sprechen über Verstorbene) ist dagegen ein gut vorstellbarer Kontext. Damit entspricht die Frequenzstufung von *heißen* in der Vergangenheit bzgl. der Person mit hoher Wahrscheinlichkeit genau der des Präteritums (d.h. 3.Ps. > 1.Ps. > 2.Ps.).

Eine Situationsverortung, die nicht mit dem Präteritum synonym ist, kommt kaum infrage (**Du hast morgen Schneider geheißen*) und die Abgeschlossenheitsrelation des Perfekts verbietet die Einbettung in Sätzen wie: **Er wollte, dass das Kind Lisa geheißen hat.* (Aber: *Er wollte, dass das Kind Lisa hieß*.) Schließlich verwundert es auch nicht, dass *heißen* sich damit der Tendenz von (anderen) Kopulaverben anschließt (sich aber aus den genannten Gründen noch drastischer verhält). Latzel (1977: 87) stellt fest, dass die Distribution „der beiden Tempora stark lexemspezifisch ist, generalisiert für diejenigen, die das Perfekt meiden, aber:

---

[18] Latzel trägt hier mehrere Studien zusammen, die alle diese Tendenzen zeigen. In Romandialogen überwiegt in der 3.Ps. das Präteritum mit ca. 60%, in der 2.Ps. das Perfekt mit 80%. Das hat teils euphonische Gründe (?*du genossest*), teils pragmatische (häufigerer Bezug auf die Sprechzeit bei Äußerungen über Anwesende).

Die aufgelisteten Verben aus den verschiedenen Corpora sind überwiegend Kopula-Verben, Modalverben, modal gebrauchte Verben, oder auch andere Verben, die keine Veränderung bezeichnen.[19]

Dazu gehört auch *heißen*, das von Latzel als präteritumaffin gelistet wird. Diese Tendenzen in der Formbildung sind eventuelle Hinweise auf die Dekategorialisierung eines ehemaligen Vollverbs.

Das gegenwartssprachliche *heißen* leistet, wie gezeigt, im Gegensatz zu anderen Benennungsverben, die nur episodische Stadienqualität haben, die absolute Verknüpfung von Benennung zu Benanntem. Damit ist es zwar spezifischer in seiner Argumentselektion, aber gleichzeitig desemantisierter als vergleichbare Verben wie *nennen*. Denn die beschriebenen Effekte eines Individuenprädikats werden nicht vom Verb selbst, sondern von der selegierten Namenart erzeugt. Dabei liegt die Besonderheit von *heißen* gerade darin, dass es keine weitere Semantik beisteuert, die den Geltungsbereich der Bezeichnung relativiert. Es sprechen somit gute Gründe dafür, in diesem Verb heute nur ein grammatisches Bindeglied (also eine Kopula im engeren Sinne) zu sehen, die einer Benennung Finitheit verleiht, und es nicht bloß als ein „kopulaähnliches" Vollverb zu analysieren (wie vielfach z.B. bei Zifonum, Hoffmann & Strecker 2011: 1106 oder Eisenberg 2013: 80 zu lesen).[20]

Dieser gegenwartssprachliche Zustand mit all seinen Komponenten ist allerdings relativ jung. Tatsächlich gab es auch einen Sprachstand, in dem *heißen* kein einziges der bisher geschilderten Alleinstellungsmerkmale besaß. Die Entwicklung des Verbs scheint überdies, wie an der interindividuellen Perfektdefektivität gezeigt, auch heute noch Reflexe zu zeigen. Sie erstreckt sich in ihrer Gänze über die gesamte deutsche Sprachgeschichte und betrifft Morphologie, Syntax und Semantik gleichermaßen. Vor der Folie des bisher beschriebenen heutigen Zustands werden im Folgenden die ineinandergreifenden Prozesse analysiert, die schließlich im spezialisierten Kopulastatus von *heißen* münden.

---

19 Kopula und Modalverben machen je nach Textsorte 2–5% der Perfektvorkommen aus, dafür aber bis zu 83% der Tokens im Präteritum (vgl. Gegenüberstellung von acht Korpusstudien bei Latzel 1977: 83–85).
20 Dabei darf man sich an der kategorialen Zuspitzung auf Namen nicht stören. Wie schon in Fußnote 14 am Beispiel des Spanischen veranschaulicht, gibt es auch andere Sprachen, die für die Kopula ‚sein' ein kategorial aufgespaltetes System entwickelt haben.

3 Historiogenese

Dass *heißen* sich früher entscheidend anders verhielt als heute, zeigt besonders eindrücklich die folgende Passage aus dem Iwein (Entstehung um 1200), die in der Literaturwissenschaft als „âventiure-Definition" (z.B. Peil 1988) bekannt ist:

nû sich wie ich gewâfent bin	[Freie Übersetzung AK:]
ich heiȝe ein rîter und hân den sin	Nun sieh, wie ich ausgerüstet bin.
daȝ ich suochende rîte	Ich heiße ein Ritter und habe die Absicht,
einen man der mit mir strîte,	auszureiten, um einen ebenso ausgerüste-
der gewâfent sî als ich.	ten Mann zu suchen, der mit mir kämpft.

Genau genommen handelt es sich dabei jedoch um eine „Ritter-Definition", denn es wird eher beschrieben, was ein Ritter tut. Der Gebrauch von *heißen* in diesem Kontext verstößt gegen sämtliche Regularitäten aus Absatz 2.1: Das maximal individuelle Subjekt *ich* ist als Definiens zur indefiniten Nominalphrase *ein rîter* aus heutiger Sicht undenkbar. Die Definition der NP erfolgt stattdessen im Anschluss. Sie wird dadurch überdeutlich als nicht-onymisch ausgewiesen, indem ihr sowohl eine Semantik zugewiesen wird (durch Aufzählung rittertypischer Eigenschaften/Tätigkeiten) als auch darauf hingewiesen wird, dass es mehrere Vertreter der Gattung gibt (*einen man ... als ich*). Was an dieser Stelle ausgedrückt ist, entspräche gegenwartssprachlich wohl eher der Formulierung *Man nennt mich* X (hier: *einen Ritter*), die tatsächlich relativ nah an die Ursprungsbedeutung des heutigen *heißen* herankommt.

Dieses Beispiel dokumentiert also noch ein frühes semantisches (und auch syntaktisches) Stadium des Verbs. Die Einschränkung des prototypischen Komplements von *heißen* auf Eigennamen erfolgt erst in nhd. Zeit und steht im Bezug zur Etablierung der Sonderklasse „Eigennamen" ab dem 18. Jh., wie in 3.2 gezeigt wird. Die morphologische Entwicklung beginnt bedeutend früher. Um auch sie vollständig nachvollziehen zu können, setzt der folgende Absatz 3.1 bereits im Urgermanischen an, wo das Verb erstmals rekonstruierbar ist: Die intransitive Struktur mit Prädikativ geht indirekt auf eine voralthochdeutsche (flexivische) Sekundärbildung zurück, deren Eigenschaften auf die Formen des Ursprungsverbs übertragen wurden.

3.1 Morphologie

Obwohl die Kopula *heißen* in nahezu allen modernen Varietäten des Germanischen (bis auf das Englische) auftritt, lässt sich für das Urgermanische ausschließlich das transitive Verb ‚nennen, rufen, auffordern' rekonstruieren (vgl. Cloutier 2013: 17, Green 1985: 425, Pfeifer 1993). Grund dafür ist, wie bereits die Grimms im DWB annehmen, dass sich hinter der (heute) morphologisch aktiven Kopula *heißen* eigentlich ein synthetisches Medio-Passiv (vgl. got. *haitada*, grob: ‚ich werde genannt' zu *haita* ‚ich nenne') verbirgt. Die aus dem Indogermanischen ererbte und im Germanischen noch vorhandene Möglichkeit, solche Formen flexivisch zu bilden, ist nur im Gotischen systematisch sichtbar.[21] Das Wissen um diese Diathese in der übrigen Germania speist sich tatsächlich aus einem einzigarten Überrest, nämlich dem Verb *heißen*:

> In the North and West Germanic languages traces of the Indo-European medio-passive inflection are only found in the intransitive verb ‚to be called':
> (2) Old West Norse *heite*, Runic *ha[i]te-ka*, *haite*, *haitika*, Old Swedish *hæti*, Old English 1.3.sg.ind.pres.pret. *hātte* 3.pl.ind.pres.pret. *hātton*, Middle Dutch, Middle Low German *hette* ‚is called', ‚are called', ‚was called', ‚were called'
>
> Lühr (2008: 319)

Die erstaunliche Persistenz dieser Formen lässt sich nur durch eine hohe Frequenz erklären und somit schlussendlich dadurch, dass sie ein elementares Bedürfnis auf ökonomische Weise decken: Die Topikalisierung des Benannten in der Subjektsposition ermöglicht seine bloße Zuordnung zu einer Benennung. Diejenige Prädikation, die im Aktiv nur sekundär ist, wird damit zur alleinigen hochgestuft, während die prominente Prädikation des Aktivs (die über das benennende Agens) zum fakultativen Bestandteil des Topikkommentars degradiert wird.[22]

---

[21] Das in nordgermanischen Sprachen auftauchende Medio-Passiv ist eine dort entstandene und von den ererbten Formen zu unterscheidende Neuerung, die im Urnordischen noch nicht belegt ist (s. z.B. Noreen 2011: 368).

[22] Lühr (2008: 322ff.) nimmt an, dass das germ. Medio-Passiv eine unakkusativische Funktion fortsetzte, d.h. nicht notwendigerweise ein Agens implizierte und damit semantisch transitive und intransitive Lesarten erlaubte wie bspw. altgr. δάμεν$_{\text{(medium/passiv)}}$, was sowohl ‚sie wurden getötet (von jmd.)' als auch (agenslos) ‚sie gingen zugrunde' bedeuten kann.

Tab. 2: Aktiv („sie nennt die Stadt Nazareth') und Medio-Passiv („die Stadt heißt Nazareth') im Gotischen

	Topik		Bezeichnung	
aktiv	*si* ‚sie' Nom. (Agens)	*baúrg* ‚Stadt' Akk. (Thema)	*Nazaraiþ* ‚Nazareth'	*haitiþ*
medio-passiv	*baúrgs* ‚Stadt' Nom. (Thema)	*haitada*	*Nazaraiþ* ‚Nazareth'	

Wer benennt, ist weniger relevant als das Verhältnis zwischen Benanntem und Benennung selbst. Das zeigt sich auch im Gotischen, wo *haitan* in der Bedeutung ‚nennen' in 33 von 40 Belegen (also zu 83%) im (Medio-)Passiv steht (vgl. Cloutier 2013: 22).[23]

Nun sind die obengenannten Formen weit mehr als versteinerte Relikte. Sie haben sich nach dem Untergang des Medio-Passivs in das veränderte morphologische System der jeweiligen Sprache integriert und bilden den Ausgangspunkt ganzer innovativer Paradigmen, was an den folgenden urgermanischen Sprachen veranschaulicht werden soll:

Tab. 3: Präsens von HEIßEN im Gotischen, Altenglischen und Altnordischen in Anlehnung an Braune ([20]2004), Brunner ([3]1965) und Noreen ([5]2011)

Diathese	Person	Singular			Plural		
		1.	2.	3.	1.	2.	3.
aktiv	got.	*haita*	*haitis*	*haitiþ*	*haitam*	*haitiþ*	*haitand*
	aengl.	*hāte*	*hǣtst*	*hǣtt*	*hātað*	*hātað*	*hātað*
	anord.	*heit*	*heitr*	*heitr*	*heitum*	*heitið*	*heita*
(urgerm.) medio-passiv	got.	*haitada*	*haitaza*	*haitada*	*haitanda*	*haitanda*	*haitanda*
	aengl.	*hātte*	(*hǣtst*)	*hātte*	*hātton*	(*hātað*)	*hātton*
	anord.	*heiti*	*heitir*	*heitir*	*heitum*	*heitið*	*heita*

Das Gotische dokumentiert, dass im Gemeingermanischen noch zwei formal vollständig distinkte Paradigmen für die beiden Diathesen anzunehmen sind.

---

23 Andere Sprachen manipulieren den Valenzrahmen bei Benennungsverben auf ähnliche Art. So topikalisieren etwa romanische Sprachen den Benennungsträger durch reflexive Konstruktionen (z.B. frz. *je m'appelle*, ital. *mi chiamo* ‚ich nenne mich' usw.).

Obwohl sich die intransitive Funktion der medio-passivischen Reihe (‚eine Bezeichnung tragen') auch im Altenglischen und Altnordischen mit teilweise exklusiven Formen finden lässt, ist jeweils nur eine Form (aengl. *hatte* resp. anord. *heiti*) direkt auf das germ. Paradigma zurückzuführen. Die übrigen (grau hinterlegten) Zellen sind auf Basis der ererbten Formen neu gebildet.

Insbesondere die aengl. Pluralformen sind erklärungsbedürftig. Hier ist ein Phänomen eingetreten, das man ansonsten ähnlich von hochfrequenten Modal(- und teilweise Kopula-)verben kennt: *hātton* ‚wir/sie heißen' ist in gewisser Hinsicht ein Präterito-Präsens. Auf Basis der alten Form *hātte*, die im Altenglischen die phonologische Struktur eines schwachen Präteritums hat, ist die im übrigen Paradigma des starken *hātan* nicht vorkommende Pluralform *hātton* (analog nach dem Muster der schwachen Präterita) entstanden (s. z.B. Brunner ³1965: 282; Lühr 1978: 115). Damit erfährt das germanischen Erbgut nicht nur eine formale Extension, sondern auch eine funktionale: Während man für das Medio-Passiv im Germanischen nur ein Präsensparadigma annehmen kann, tragen aengl. *hātte* und *hātton* keine eindeutige Tempusinformation, können also je nach Kontext sowohl ‚heißt/heiße(n)' als auch ‚hieß(en)' bedeuten. Im späten Altenglischen (950–1050) bemächtigt sich die Semantik dann allmählich auch bestehender Aktivformen.[24] Cloutier (2013: 28) beobachtet bei 7% der in diesem Zeitraum insgesamt hundertmal belegten medio-passivischen Bedeutung aktive Flexion, sodass man schließlich auch von einem invertierten Deponens (einem „Activo-Passivum") sprechen könnte.

Ebenfalls nachvollziehbar ist die Entwicklung im Altnordischen, wo sich die ererbte Form relativ unauffällig integriert hat. So reicht in den Grammatiken oft ein Hinweis wie, „[heita] geht in der bedeutung 'rufen, versprechen' regelmässig, aber in der bedeutung 'genannt werden' [...] wie ein schwaches verb der 3., 4. konj." (Noreen 2011: 359, ähnlich z.B. bei Seebold 1970: 246: „in der Bedeutung 'genannt werden' in der Regel sw flektiert"). Grund dafür ist auch hier die Camouflage der Form *heiti*, deren Auslaut sie wie die 1.Sg. eines schwachen *i*-Verbs erscheinen lässt. Sie bildet analoge schwache Formen aus (grau hinterlegt), was sie ebenfalls (im Unterschied zum Gotischen) zur Bildung eines Präteritums qualifiziert. Von hier aus ist der Sprung auf das starke Paradigma des transitiven Aktivs, mit dem sich *heiti* bereits mehrere Formen durch Homophonie teilt (Pl.Ind.Präs. und auch den gesamten Konj.Präs.), nicht mehr weit. Im Schwedischen der Gegenwart hat sich das Verb in einer Mischflexion zweier schwacher Klassen, im Isländischen als stark-schwaches Hybrid festgesetzt.

---

[24] Formen wie die in Tab. 2 eingeklammerten werden sukzessive aus dem Bestand des Aktivs entlehnt.

Beide Entwicklungen bezeugen die einzigartige Hartnäckigkeit einer Bedeutung, die sich im Englischen zwar nicht mit diesem Verb erhalten, in den nordgermanischen Sprachen allerdings bis heute festen Bestand hat. Einen vergleichbaren Weg muss das deutsche *heißen* schon wesentlich früher beschritten haben. Bereits in den ältesten ahd. Zeugnissen taucht das formal aktive Intransitivum ohne flexivische Besonderheiten auf, so etwa im Ludwigs- und auch dem Hildebrandslied (beide 9. Jh., zitiert nach ReA [=Referenzkorpus Altdeutsch], Hervorhebungen und Klammerung AK):

(18) (*Einan kuning uueiz ih*) **heizsit** *her Hluduig*   ,er heißt Ludwig'
(19) *ih* **heittu** *Hadubrant*   ,ich heiße Hadubrant'

Ob man für eine Frühphase des Althochdeutschen ebenfalls eine Paradigmenspaltung wie im Altnordischen und Altenglischen annehmen muss oder ob sich dieser Zustand durch einen direkten Synkretismus der beiden Diathesen eingestellt hat, muss offenbleiben. Um diese möglichen Werdegänge zu veranschaulichen, sind alle morphologischen Hauptstadien des Verbs, die sich in den einzelnen Sprachen nachweisen lassen, in Tab. 4 zusammengefasst. Im Falle eines Übergangs von Stadium I zu II liegt Paradigmenspaltung vor, folgt auf Stadium I sofort Stadium III, ist Synkretismus anzunehmen.

Tab. 4: Morphologische Hauptstadien von HEIẞEN in Abgrenzung zum urspr. germanischen Verb (Die 3.Sg. vertritt jeweils das Gesamtparadigma.)

Stadium	Trennung	Bsp.	(urspr.) Aktiv	(urspr.) Medio-passiv
I	Wortform	flexivisch	Got.	*haitiþ*[3.Sg.Aktiv]	*haitada*[3.Sg.Medio-Passiv]
II	Lexem	lexikalisch	Anord.	*heitr*[3.Sg.Aktiv]	*heitir*[3.Sg.Aktiv]
III	(Neben-)Lesart	-	Ahd.	*heizit*[3.Sg.Aktiv]	*heizit*[3.Sg.Aktiv]
IV	(Haupt-)Lesart	-	Nhd.	†	*heißt*[3.Sg.Aktiv]

Im Althochdeutschen hat das ursprüngliche Medio-Passiv den Status einer intransitiven Nebenlesart, die im Tatian ein Drittel der Belege (9 von 26) für HEIẞEN ausmacht. 16-mal ist dort das transitive Benennungsverb, d.h. die Bedeutung, die dem ursprünglichen Aktiv entspricht, belegt.[25] Obwohl das Intransitivum damit noch eine der selteneren Lesarten ist, zeichnet sich sein großes Potential bereits

---

25 Ein einziges Mal liest sich *heizan* als ,befehlen' mit AcI.

ab. Denn es gilt zu berücksichtigen, dass 14 der 16 transitiven Belege im Passiv stehen, z.B.:

(20)   thie burg thiu **ist giheizan** Naim
(21)   thes namo **uuas gihezzan** Simeon
(22)   theru burgi thiu thar **ist giheizzan** Nazareth
(23)   inti Simonem thie thar **ist giheizan** Zelotes

Tatsächlich bringen damit insgesamt 23 der 26 Vorkommen von HEIẞEN eine agenslose Verbindung von Benennung und Benanntem zum Ausdruck. Diese Funktion erfüllt bloßes *heißen* allerdings ökonomischer (d.h. sowohl kürzer als auch weniger komplex) als die Passivperiphrasen in (20–23), wodurch eine Konkurrenz um die Hauptverwendungskontexte des Verbs gegeben ist.

Für die Frage nach der genaueren historischen Semantik von *heißen* sind solche Passivfunde ebenfalls aufschlussreich. Entsprechende Belege für *sein* + Partizip II finden sich in allen älteren Sprachstufen des Deutschen. Schon Grimm (1837: 156) wundert sich dabei über die eingeschränkte Verwendung:

> Da unser heißen medialpassiver Bedeutung fähig ist [...], so dürfte *ich bin geheißen* für beides, das prät. act. oder pass. gelten können; es bezeichnet uns aber mehr *vocor* als *vocatus sum*, was durch *ich bin geheißen worden* [Kursivierung AK] auszudrücken wäre.

Die Beobachtung ist also, dass das oben genannte Schema nur als reines Passiv (d.h. als das heutige Zustandspassiv des Transitivums) auftaucht, nicht aber als Perfekt Aktiv des intransitiven Verbs. Dieses bildet sein Perfekt mit *haben*, genau wie das transitive Gegenstück. Nun wäre es verfehlt, mit Grimm immer *sein* als Hilfsverb intransitiver Verben zu erwarten, trotzdem gibt es bei ähnlichen Verbdubletten in dieser Hinsicht eine gewisse Regelmäßigkeit, vgl. z.B. Tabelle 5.

Tab. 5: Auxiliarselektion bei transitiv/intransitiv-Verbdubletten

Beispiel	zerbrechen	entzweireißen	verderben	usw...
transitiv	Sie hat den Krug gestern zerbrochen	X hat Y entzweigerissen	X hat y verdorben	usw...
intransitiv	Der Krug ist gestern zerbrochen	Y ist entzweigerissen	Y ist verdorben	usw...

Der Grund für die Distribution der Auxiliare (transitiv + *haben*, intransitiv + *sein*) ist hier allerdings, dass es sich bei beiden Varianten jeweils um telische Verben handelt. Auch die intransitiven Verwendungen bringen Zustandswechsel für das

Thema zum Ausdruck. Solche telischen Intransitiva sind heute ebenso wie historisch der Prototyp des *sein*-Perfekts, vgl. X *ist gestern eingeschlafen, gesunken, aufgestanden* usw. (s. genauer Gillmann 2016).

Was *heißen* angeht, lassen sich also umgekehrt aufgrund der Formbildung keine Hinweise auf eine entsprechende telische Lesart finden. Obgleich das Transitivum in der Bedeutung ‚(be)nennen/eine Bezeichnung geben' eine telische Komponente besitzt, weist das *haben*-Perfekt das Intransitivum als atelisch aus, das bedeutet, nicht als einen Benennungsprozess, der eine Namenträgerschaft erst zum Resultat hat.

Das erklärt auch, warum das Partizip II in adjektivischer Verwendung, die atelischen Intransitiva verwehrt ist (**das geschlafene Kind*, nicht aber telischen: *das gesunkene Schiff*), zusammen mit dem transitiven *heißen* ausstirbt (?*der Peter geheißene Junge*, ?*die Katze ist Lilli geheißen*).[26] Solche Bildungen tragen eine resultative Bedeutung, die von dem vorgangslosen *heißen* nicht abgeleitet werden kann.

Damit lässt sich festhalten, dass der wichtigste Faktor in der Diachronie des Formenbestands das Streben nach einem kurzen Ausdruck für eine hochrelevante Bedeutung ist. Dazu werden zunächst auch extrem irreguläre Paradigmen in Kauf genommen (wie für das Altenglische nachweisbar). Gegenwartssprachlich setzt sich diese Tendenz fort, indem das kürzere Präteritum gegenüber dem periphrastischen Perfekt deutlich bevorzugt wird (vgl. Abs. 2.2).

3.2 Syntax

Dass die morphologische Entwicklung auch heute noch andauert, verwundert umso weniger, wenn man sich die (z.T. sehr jungen) syntaktischen Etappen in der Diachronie von *heißen* vor Augen führt. Im Althochdeutschen ist das Prädikativ kategoriell noch nahezu uneingeschränkt, sodass (nebst Nominalphrasen) selbst Adjektive in diese Position treten können, wie etwa die folgenden exemplarischen Belege bei Notker (ca. 950–1022) zeigen (zitiert nach ReA, Hervorhebungen und Übersetzungen AK):

(24)   *Álsô hónang* **sûeze héizet**. *Uuánda diu sûezi ín imo íst* […] *Únde álsô snê uuîzer héizet. Uuánda ér dia uuîzi án imo habit.* ‚So wie man Honig süß nennt, weil die Süße in ihm ist […] Und so wie man Schnee weiß nennt, weil er das Weiße an sich hat.'

---

26 Dieses Phänomen wurde in Abs. 2.2 bereits angesprochen.

(25) *Únde dóh **nehéizent zánelôs nóh plínt***. ‚Und trotzdem nennt man sie weder zahnlos noch blind.'
(26) *díu nóh tánne uuás tíu **hîez stárh únde máhtig*** ‚die (letzte Frau in der Aufzählung), die es dann noch gab, nannte man stark und mächtig.'

Das bedeutet, dass sich das intransitive *heißen* zu dieser Zeit ausschließlich in seinem Valenzrahmen von dem transitiven Verb *heißen* unterscheidet und noch keineswegs darin, wie die gemeinsamen Valenzstellen (Benanntes und Benennung) besetzt werden können. (Für den gegenwartssprachlich großen Unterschied sei an Absatz 2, Tab. 1 erinnert.) Es ist nur grob abzuschätzen, ab wann die heute bestehenden Restriktionen gegolten haben mögen. Adjektivische Prädikativa werden bereits von mittelhochdeutschen Nachschlagewerken in den einschlägigen Artikeln zu *heißen* nicht mehr erwähnt, während appellativische Nominalphrasen in dieser Position erst im 19. Jh. zu verschwinden scheinen. So stammen jüngere Belege aus dem Deutschen Textarchiv (DTA, 1473–1927) für eine solche Konstruktion vor allem aus dem ausgehenden 18. Jh. (hier die drei jüngsten):

(27) *Er heisst ein guter Mann, und giebt zu lachen, wenn er in die Schlinge der Intrigue und Weltpolitik gerathen ist.* (1803)
(28) *Wer [...] eine Gesellschaft unterhalten kann, [...] der heißt ein offner Mensch.* (1798)
(29) *Wer eine Perücke und einen Mantel trägt, heißt ein Reicher; Mütze und Ueberschlag sind das Zeichen eines Armen.* (1789)[27]

Noch Blatz (1880: 557) zitiert in seiner Grammatik kommentarlos einen Satz von Schiller (*Ich heiße der reichste Mann in der getauften Welt*, 1787) als Beispiel für den doppelten Nominativ. Diese Indizien legen nahe, dass die Fokussierung auf Eigennamenkomplemente gestaffelt verlief und diejenige Kategorie zuerst und schon sehr früh ausschloss, die von der Zielkategorie (Eigenname) am weitesten entfernt ist: das Adjektiv. Nominalphrasen folgten wahrscheinlich erst Jahrhunderte später und blanke Appellativa sind in sehr eingeschränktem Maße bis heute möglich (s. Absatz 2.1).

---

[27] Die Suche beschränkte sich auf indefinite Nominalphrasen, die starke Adjektivflexion enthalten. Die exemplarischen Belege attestieren nur, dass solche Verwendungen mindestens bis ins frühe 19. Jh. möglich waren und damit erst seit vergleichsweise kurzer Zeit unüblich sein können.

Ein Grund für die vergleichsweise späte Zuspitzung im Nominalbereich könnte darin liegen, dass auch das wichtigste Komplement selbst (der Personenname) im 18.–20. Jh. bedeutende morphosyntaktische Entwicklungen durchläuft (s. Ackermann 2018), die die scharfe Grenze zu den Appellativa erst hervorbringen.

Es spricht tatsächlich einiges dafür, die grammatische Diachronie von Eigennamen und Benennungsverben im Zusammenhang zu betrachten. Denn ein gemeinsamer (und der wohl wichtigste) Determinant beider Entwicklungen liegt in der onymischen Wortkörperschonung. Für Personennamen belegt der Beitrag von Ackermann in diesem Band (s. auch Ackermann 2018: 111–237, Nübling 2012) einen (im Vergleich zu belebten Appellativen) stark progressiven Abbau von Kasusflexion. Während Dativ und Akkusativ im Frühneuhochdeutschen noch überstabil (bei allen Personennamenklassen) mit -(e)n markiert sind (z.B. *Hartmut-en*, *Lotte-n* wie noch heute überwiegend *einen/m Mensch-en*), gilt für diese Kasus im 20. Jh. die ausnahmslose Nullflexion (*mit Hartmut-Ø*).[28] Diese „Deflexion" setzte sich bei Namen umso schneller durch, je stärker das alte Flexiv ihre Lautstruktur affizierte (etwa durch Vermehrung der Silben, Verschiebung der Silbengrenze oder Rücknahme einer Auslautverhärtung, vgl. Ackermann 2018: 145). Hieran zeigt sich, wie wichtig es ist, dass das Namenschema in jeder syntaktischen Umgebung unmissverständlich bleibt und von einer einzelnen Form auf die korrekte Anrede geschlossen werden kann.

Ackermann (2018: 149–160) zeigt überdies, dass die Deflexion von Akkusativ und Dativ zuerst (zum 19. Jh. hin) nach Präposition einsetzt und erst dann (mit Ende des 20. Jh.) bei verbal regiertem Kasus (der genaue Ablauf dieses Flexionsmorphologischen Wandels ist im Beitrag von Ackermann in diesem Band nachzuvollziehen). Auf eine interessante Ausnahme muss jedoch aufmerksam gemacht werden: Den frühen Kasusverlust von Namen, die zur Argumentstruktur von Benennungsverben gehören. So weisen zahlreiche Grammatiker des 19./20. Jh. darauf hin, dass nicht nur das transitive *heißen*, sondern auch funktionsähnliche Verben insbesondere bei Personennamen, aber auch anderen zur Anrede gebräuchlichen Bezeichnungen, schon seit althochdeutscher Zeit dazu neigen, die Akkusativflexion zu unterbinden (z.B. Blatz 1880: 566, Mensing 1898: 113, Purtscher 1902: 89). Mensing thematisiert bereits in einem eigenen Kapitel „Der Nominativ statt des Akkusativs bei Verben des Nennens", dass das Ahd. in diesen

---

28 So findet sich etwa bei Schiller z.B. nicht nur ein früheres Stadium von *heißen* (wie weiter oben erwähnt), sondern auch eine ältere Namenflexion, wenn er in „Kabale und Liebe" (1784) schreibt, dass Ferdinand *auf Luisen* zueilt.

Kontexten regelmäßig gegen das lateinische Vorbild verstößt, so etwa im Tatian (zitiert nach ReA, Hervorhebung, Klammerung und Übersetzung AK):

(30) a. ahd. *Ir heizzet mih **meistar inti hérro*** [statt *hérron*$_{Akk}$]
b. lat. *Vos vocatis me **magistrum et dominum**$_{[Akk]}$*
,Ihr nennt mich Meister und Herr' (bzw. ,Herrn' im Lat.)[29]

Auf einen regelrechten Zweifelsfall lassen die Beobachtungen Mensings (1898: 113f.) zum Mittelhochdeutschen schließen:

> Mhd. Es herrscht Schwanken zwischen Nominativ und Accusativ, und nicht selten bieten die Handschriften zu derselben Stelle verschiedene Lesarten; z. B. Parz. 12, 21 *daz man in hiez den baruc* (D: *der baruc*). An vielen Stellen aber ist der Nominativ unzweifelhaft; z. B. Parz. 276, 21 *der nennet sich der rîter rôt*. Türlin Wh. 18 b *daz man in der rasper hiez*. [...]

Strenggenommen handelt es sich hierbei zwar weniger um einen Abbau der Kasusmarkierung als vielmehr um einen Wechsel des regierten Kasus. Beide Tendenzen laufen jedoch auf das gleiche Prinzip hinaus: Der Name wird in die Form des Anredekasus gebracht. Dabei wäre es verfehlt, Nominalphrasen wie *der rîter rot* schlicht als syntaktisch desintegrierte Zitate zu analysieren, wie es etwa das Valenzwörterbuch des IDS (Schumacher et al. 2010) für das heutige Komplement des intransitiven *heißen* annimmt, das dort nicht als Prädikativ, sondern als „Zeichenkette" ausgewiesen wird. So sind die hier enthaltenen Artikel keine Bestandteile der Anrede, sondern im weiteren Diskurs klar flektierbare Determinierer.[30]

Ein gewisses Bestreben nach Schemakonstanz ist also im Syntagma aus Benennung und Benennungsverb schon sehr früh gegeben – aus gutem Grund: Gerade bei der Erstnennung eines Namens würde eine flektierte Form das größte Potential zur Fehlanalyse bergen. Deshalb erstaunt es umso weniger, dass sich in der Zeitspanne, in der die Schemakonstanz zum relevantesten Wandelprinzip der onymischen Grammatik wird, dasjenige Benennungsverb auf Eigennamen-

---

29 Eine Ausnahme scheinen allerdings lateinische Eigennamen zu bilden, die (wie für Namen typisch) unübersetzt aus der Gebersprache übernommen werden und im Akkusativ stehen (ebenfalls aus dem Tatian stammend): *then her andaremo namen hiez **Petrum*** (lat. *quem cognominavit **Petrum***, wörtl. ,den er Petrum beibenannte'), Notker schreibt ähnlich: *Historici héizent in **perseum*** (,Die Historiker heißen ihn **Perseum**', Nom. *Perseus*).
30 Es handelt sich hierbei also um einen echten Kasuswechsel. Einen typologischen Überblick zu Komplementen von Benennungsverben hinsichtlich der Frage nach ihrer syntaktischen Integration (ob Objekt, Prädikativ oder Phonemkette) bietet Matushansky (2008) ebenso wie vertiefende Literaturhinweise zu den sog. „Quotation Theories".

komplemente spezialisiert, das den Wortkörper am besten schont: Das intransitive *heißen*. Es ist von den oben dargestellten Kasusschwankungen nicht betroffen, da es den Nominativ schon von jeher regiert. Dieses weitere Alleinstellungsmerkmal hebt das Verb entscheidend von der transitiven Konkurrenz ab. Damit lässt sich vielleicht zusätzlich erklären, warum sich eine im Prinzip funktionsgleiche Reflexivkonstruktion (Typ: *ich heiße mich* X) nicht durchgesetzt hat. Adelung (1793–1801 s.v. *heißen*) schreibt zu dieser (durchaus belegten) Verwendung:

> In Gestalt eines Reciproci, ich heiße mich Orest, Schleg. [=Schlegel] anstatt des Neutrius, ich heiße Orest, ist es im Hochdeutschen ungewöhnlich.

Nach Ausweis des DWB (s.v. *heißen*) gibt oder gab es eine regionale Verbreitung ähnlichen Gebrauchs:

> für persönliches ich heisze werde genannt, steht in Hessen unpersönliches wie heiszt dich? es heiszt mich Johannes; nur auf den taufnamen bezogen, da der zuname ausschlieszlich durch sich schreiben eingeführt wird.

Bei anderen Verben haben sich solche Konstruktionen erhalten (z.B. *Du schimpfst dich Schneider/einen Tierfreund* usw.). Bei strenger Kongruenz zum akkusativischen Reflexivum könnte allerdings eine unerwünschte (oblique) Wortform zutage treten, was wahrscheinlich der Grund ist, warum diese Verwendung gar nicht erst ernsthaft mit dem intransitiven Verb rivalisieren konnte.

Die im 18.–20. Jh. neu konturierte Namenart vereinnahmt das optimal auf sie zugeschnittene *heißen* nun nicht nur dadurch, dass potentielle Namenträger ein onymisches Prädikativum erzwingen, sondern umgekehrt auch dadurch, dass ein Name nun einen Namenträger als Subjekt obligatorisiert. Die seit dem Ahd. belegte und mindestens bis zum Ende des 19. Jh. unmarkierte Konstruktion *mein Name heißt X* muss ebenfalls genau in diesem Zeitraum abgebaut worden sein. Im DTA finden sich noch zahlreiche entsprechende Verwendungen z.B.:

(31) *War einst ein Mann: sein Name hieß Alcest.* (DTA, 1797)
(32) *Sein ganzer Name heißt Michael Angelo Amerigi* (DTA, 1787)
(33) *mein Name hieß Anna Maria.* (DTA, 1884)[31]

---

31 Vgl. Abs. 2 zur heutigen Situation.

3.3 Zusammenfassung der Entwicklungsstränge

Das ehemalige germanische Medio-Passiv hat in dem neuhochdeutschen Verb *heißen* einen enormen Prozess durchlaufen, der seinen Höhepunkt erst in jüngster Zeit erreicht hat. Tab. 6 stellt die einzelnen Etappen auf dem Weg des Verbs von einer flexivischen Sekundärbildung zur heutigen Kopula verknappt dar.

Tab. 6: Etappen in der Entwicklung von *heißen* vom Germanischen bis in die Gegenwart

HEIßEN	Eigenschaften	Stadium
Germ. > Ahd.	Identisch mit Transitivum/Unterschied nur im Valenzrahmen. Neben Bezeichnungsträger kann auch *Name* heißen. *Álsô hónang sûeze héizet* neben *tíe sie suárze héizent* 'Wie Honig süß heißt' neben 'die sie schwarz nennen'	Umkategorisierung
Ahd. > Fnhd.	Einschränkung auf nominales Prädikativum. *ich heize ein rîter / der erst kunig Egbant*	Grammatikalisierung
19.–20. Jh.	Spezialisierung auf Namen als Prädikativa. Wegfall von Definitheitsausdruck in der NP. Zunehmend können nur noch Bezeichnungsträger *heißen*. ?*mein Name hieß Anna Maria* ?*Er heisst ein guter Mann*	
21. Jh.	Aussterben des Transitivums, Partizip II als Zweifelsfall ?*Sie heißen ihn Schmitt* / ?*Er hat Schmitt geheißen*	

Ich schlage hier zwei aufeinanderfolgende Prozesse zur Diskussion vor, und zwar eine Umkategorisierung, gefolgt von verschiedenen Teilstadien einer (im Prozess befindlichen?) Grammatikalisierung.
– **Umkategorisierung:** Dieser Schritt ist sprachökonomisch bedingt und findet in sämtlichen germanischen Sprachen (unabhängig!) statt. Das germanische Medio-Passiv übernimmt aktive Formen und bildet dabei z.T. irreguläre Paradigmen aus. Die kurze, agenslose *heißen*-Prädikation kann so auch nach dem Untergang der Diathese ein elementares Bedürfnis der Sprachnutzenden weiterhin abdecken.
– **Grammatikalisierung:** Die Teilprozesse, die hierhergehören, lassen sich mit der Grammatikalisierungsterminologie von Heine (2003) diskutieren:
Desemantisierung und Extension: Diese beiden Stadien gehören zusammen: In vielen anderen Fällen von Grammatikalisierung lässt eine Kontextgeneralisierung (Extension) auf die semantische Ausbleichung der Konstruktion schließen. Die Extension ist damit nur ein empirisches Mittel, um eine Desemantisierung zu diagnostizieren. Bei der vorliegenden Konstruktion eignet sie sich dazu nicht. Vielmehr ist das Gegenteil der Fall: Durch die sukzessive Einschränkung des Prädikativs von allen nominalen Einheiten,

über substantivische Phrasen bis hin zum Namenprototyp – also durch eine deutliche Kontextspezialisierung – tritt der Bedeutungsverlust des verbalen Bestandteils zutage. Die Semantik wird immer stärker auf das Nominal verlagert und das Verb schließlich von ihm abhängig. Die Allgemeingültigkeit des Namenkomplements wird von *heißen* absorbiert und mit Effekten assoziiert, die nur der Namenart geschuldet sind (Lebenszeiteffekt, Ausschluss von temporaler und lokaler Verortung der Prädikation). *Heißen* entwickelt sich von ‚genannt werden' zum finiten Bestandteil eines Namenprädikats.

Dekategorialisierung: Dieses Stadium ist im Deutschen (noch?) schwach ausgeprägt. Der Erhalt der starken Verbflexion (ehemalige Ablautreihe VII) birgt mit einer heute einzigartigen Ablautalternanz zwar schon eine gewisse Distanz zu den meisten Vollverben, er erreicht allerdings nicht den Suppletionsgrad der Paradigmen von Kopulas wie *sein* und *werden* (wohl aber den von *bleiben*). Bemerkenswerter ist es (insbesondere vor dem Hintergrund des vorangeschrittenen Präteritumschwunds), dass *heißen* eine interindividuelle Perfektdefektivität aufweist. Letztere kann als Verlust der morphosyntaktischen Autonomie des Verbs interpretiert werden. Die präsupponierte Permanenz des Namenkomplements schränkt das Tempusinventar ein, wodurch *heißen* zu einem defektiven Verb mit einem stark synthetischen Paradigma wird.

Das resultierende Verb weist mehrere für Kopulaverben klassentypische Eigenschaften auf, wie sie bspw. Geist & Rothstein (2012) zusammenfassen. Zu ihnen zählt neben dem schwachen semantischen Gehalt und dem irregulären Paradigma von *heißen* auch die eingangs dargestellte Polysemie (das Bestehen „formgleicher Varianten" und die „kategorielle Mehrdeutigkeit"). So existieren neben der Kopula zahlreiche homophone Vollverbvarianten.

Abschließend soll noch auf die enge Nähe zum prototypischsten Kopulaverb, SEIN, hingewiesen werden. Besonders im 17. Jh. scheint die tautologische Paarformel *sein und heißen* zur Herstellung eindeutiger Identität verbreitet gewesen zu sein, z.B.:

(34) *Sonst könte die Jungfraw Maria keine Mutter sein vnd heissen* (DTA 1654)
(35) *JESVS ist vnnd heisset von Rechts wegen HErr.* (DTA 1645)
(36) *Es ist vnd heisset dieses wie der Prophet Daniel spriche...* (DTA 1618)

In dieser Verwendung sind die beiden Verben gleichrangig. Weitestgehend synonym sind sie heute in der Verbindung mit einem Eigennamen (*ich bin Peter = ich heiße Peter*). Und z.T. entsprechen nhd. Verwendungen von *heißen* parallelen

Konstruktionen mit SEIN in anderen Sprachen (z.B. lat. *id est*/engl. *that is* ‚das heißt').

4 Fazit und Ausblick: Syntax im Dienste der Wortkörperschonung?

Dieser Beitrag hat Evidenz dafür geliefert, nhd. *heißen* als onymische Kopula zu klassifizieren – onymisch deshalb, weil im Prädikativum, wann immer möglich, ein Proprium erzwungen wird. Dieses inalienable Proprium erhält durch *heißen* nicht mehr als bloße Finitheit, was sich durch verschiedene Effekte im Kopulasatz bemerkbar macht (Situationslosigkeit, Lebenszeiteffekt).

Dieses grammatische Sonderverhalten ist das Resultat einer langandauernden Entwicklung, deren Ursprünge sich in allen urgermanischen Sprachen unabhängig voneinander beobachten lassen. Der vorliegende Beitrag hat sich dabei auf das Deutsche konzentriert. Die weitere Verfolgung und vor allem die vergleichende Gegenüberstellung der Pfade in anderen germanischen Varietäten, die in Abs. 3.1 nur angerissen wurden, stellen ebenso wie umfassende Korpusrecherchen ein Desiderat dar.

Für das Deutsche hat sich herausgestellt, dass die wesentliche Spezialisierung auf Namenkomplemente erst im Neuhochdeutschen stattfindet – also in beträchtlichem Abstand zum ersten Schritt der Entwicklung, der Umkategorisierung des germ. Medio-Passivs zu einem formal aktiven Verb, die bereits vor der Überlieferung des Althochdeutschen abgeschlossen ist. Die verzögerte Eingrenzung auf Namen lässt sich damit plausibilisieren, dass die Herausbildung der grammatischen Klasse Eigenname selbst erst im frühen Neuhochdeutschen stattfindet: Das Verb *heißen* reagiert auf diese Entwicklung, da es dem Bedarf nach onymischer Schemakonstanz, dem wichtigsten Steuerungsfaktor im Eigennamenwandel, in besonderem Maße nachkommt und sich damit zum onymischen Ausbau eignet.

Heute interagieren Kopula und Onym auf interessante Weise miteinander, indem erstere zur onymischen Konversion fähig ist (*die Person heißt* X_{Name}) und letzteres einen Namenträger in die Subjektsposition zwingt (**mein Name heißt Johann*). Die Entstehung eines solchen Zusammenspiels von Benennungsverb und Onym im „onymischen Satz" ist, wie sich gezeigt hat, ein lohnenwertes Forschungsthema, das gewiss auch typologische, über das Germanische hinausgehende, Aufmerksamkeit verdient. Der Mehrwert einer eigenen Kopula innerhalb der Namengrammatik ist offensichtlich und macht ihre Herausbildung nahezu erwartbar: Sie erfüllt die zentrale „Aufgabe, den RezipientInnen die onymische Interpretation zu erleichtern" (Kempf, Nübling & Schmuck einleitend in diesem Band) auf zweifache Weise, indem sie den Namen erstens als solchen markiert und ihn zweitens in seiner Reinform einführt.

Solche Syntax in onymischem Dienste kann auch in anderen Kontexten beobachtet werden: Denn auf gleiche Weise lässt sich etwa das idiosynkratische Verhalten der Präposition *namens* erklären, die i.d.R. zu Unrecht als Adverb klassifiziert oder von den Grammatiken gar vollkommen ausgeblendet wird, weil sie atypischerweise den (wortkörperschonenden!) Nominativ regiert (dazu Smailagić 2010, 2011). Für ihr Komplement gelten ebenfalls genau diejenigen semantischen Einschränkungen, die in Kapitel 2.1. beschrieben wurden. Die onomastische Beschäftigung mit Einheiten jenseits der Nominalphrase ist damit nicht nur fruchtbar für die Namengrammatik selbst, sondern vermag es z.T. auch, grammatische Problemfälle sinnvoll zu verorten.

Literatur

Ackermann, Tanja (2018): *Grammatik der Namen im Wandel*. Berlin, Boston: de Gruyter.
Adelung, Johann Christoph (1793–1801): *Grammatisch-kritisches Wörterbuch der Hochdeutschen Mundart. Mit beständiger Vergleichung der übrigen Mundarten, besonders aber der Oberdeutschen*. 2. Auflage. Leipzig: Breitkopf.
Blatz, Friedrich (1880): *Neuhochdeutsche Grammatik. Mit Berücksichtigung der historischen Entwickelung der Deutschen Sprache*. 2. Auflage. Tauberbischofsheim: Lang.
Braune, Wilhelm (2004): *Gotische Grammatik. Mit Lesestücken und Wörterverzeichnis*. 20. Auflage. Berlin: de Gruyter.
Brunner, Karl (1965): *Altenglische Grammatik. Nach der angelsächsischen Grammatik von Eduard Sievers*. 3. Auflage. Berlin, Boston: de Gruyter.
Carlson, Gregory Norman (1977): *Reference to Kinds in English*. New York: Garland.
Cloutier, Robert (2013): *haitan in Gothic and Old English. In Gabriele Diewald, Leena Kahlas-Tarkka & Ilse Wischer (Hrsg.), *Comparative studies in early Germanic languages. With a focus on verbal categories*, 17–40. Amsterdam: Benjamins.
Consten, Manfred (2004): *Anaphorisch oder deiktisch? Zu einem integrativen Modell domänengebundener Referenz*. Tübingen: Niemeyer.
DTA = *Deutsches Textarchiv*. Berlin-Brandenburgische Akademie der Wissenschaften. Zugriff via www.dwds.de oder www.deutschestextarchiv.de.
DWB = Grimm, Jacob & Wilhelm Grimm (Hrsg.) (1854–1961): *Deutsches Wörterbuch*. Leipzig: Hir-zel.

Danksagung: Für die Lektüre dieses Textes, hilfreiche Anmerkungen und wichtige Hinweise möchte ich mich bei Kristin Kopf, Damaris Nübling und Simone Busley bedanken.

Eisenberg, Peter (2013): *Grundriss der deutschen Grammatik. Band 2: Der Satz*. 4. Auflage. Stuttgart, Weimar: Verlag J.B. Metzler.
Fischer, Hanna (2018): *Präteritumschwund im Deutschen. Dokumentation und Erklärung eines Verdrängungsprozesses* (Studia linguistica Germanica 132). Berlin, Boston: de Gruyter.
Geist, Ljudmila & Björn Rothstein (2012): Einleitung: Kopulaverben und Kopulasätze. In Ljudmila Geist & Björn Rothstein (Hrsg.), *Kopulaverben und Kopulasätze. Intersprachliche und intrasprachliche Aspekte* (Linguistische Arbeiten 512), 1–18. Berlin, Boston: de Gruyter.
Gillmann, Melitta (2016): *Perfektkonstruktionen mit ›haben‹ und ›sein‹. Eine Korpusuntersuchung im Althochdeutschen, Altsächsischen und Neuhochdeutschen* (Studia Linguistica Germanica 128). Berlin, Boston: de Gruyter.
Green, Eugene (1985): On Early Germanic *hai-t-a. *International Journal of American Linguistics* 51 (4): 425–427.
Grimm, Jacob & Wilhelm Grimm (Hrsg.) (1854–1961): *Deutsches Wörterbuch*. Leipzig: Hirzel.
Harweg, Roland (1970): Zur Textologie des Vornamens: Perspektiven einer Großraum-Textologie. *Linguistics* 61, 12–28.
Kalverkämper, Hartwig (1987): *Textlinguistik der Eigennamen*. Stuttgart: Klett-Cotta.
Kratzer, Angelika (1995): Stage-level and individual-level predicates. In Gregory Norman Carlson & Francis Jeffry Pelletier (Hrsg.), *The generic book*, 125–175. Chicago: The University of Chicago Press.
Latzel, Sigbert (1977): *Die deutschen Tempora Perfekt und Präteritum: eine Darstellung mit Bezug auf Erfordernisse des Faches "Deutsch als Fremdsprache"*. München: Hueber.
Lehmann, Christian (i.E): Foundations of body-part grammar. In Roberto Zariquiey & Pilar Valenzuela (Hrsg.), *Body-part expressions*.
Lühr, Rosemarie (1978): Die Kontinuante der urindogermanischen Medialflexion im Germanischen. *Münchener Studien zur Sprachwissenschaft* 37, 109–120.
Lühr, Rosemarie (2008): Loss and emergence of grammatical categories. *Sprachwissenschaft* 33 (3), 317–349.
Matushansky, Ora (2008): On the linguistic complexity of proper names. *Linguistics and Philosophy* 12, 573–627.
Mensing, Otto (1898): *Grundzüge der deutschen Syntax nach ihrer geschichtlichen Entwicklung dargestellt*. Stuttgart.
Noreen, Adolf (1970): *Altisländische und altnorwegische Grammatik (Laut- und Flexionslehre) unter Berücksichtigung des Urnordischen*. 5. Auflage. Berlin: de Gruyter.
Nübling, Damaris (2012): Auf dem Wege zu Nicht-Flektierbaren. Die Deflexion der deutschen Eigennamen diachron und synchron. In Björn Rothstein (Hrsg.), *Nicht-flektierende Wortarten*, 224–246. Berlin, Boston: de Gruyter.
Nübling, Damaris, Fabian Fahlbusch & Rita Heuser (2015): *Namen. Eine Einführung in die Onomastik*. 2. Auflage. Tübingen: Narr.
Peil, Dietmar (1988): Aventiure, waz ist daz? Überlegungen zur aventiure-Definition des Kalogrenant. In Hans-Joachim Althof (Hrsg.), *Deutsch-französisches Germanistentreffen*, 55–77. Berlin, 30.9 - 4.10.1987. Bonn: DAAD.
Pfeifer, Wolfgang (1993): *Etymologisches Wörterbuch des Deutschen*. Ergänzte Online-Version. 2. Auflage. Berlin: Akademie-Verlag.
Purtscher, Fridolin (1902): *Die untrennbaren Partikeln im althochdeutschen Tatian*. Leipzig, Univ., Diss., 1902. Chur: Casanova.

ReA = *Referenzkorpus Altdeutsch*. HU Berlin, Universität Frankfurt a.M., Universität Jena; Donhauser, Karin, Jost Gippert & Rosemarie Lühr. Zugriff via http://www.deutschdiachrondigital.de.

Scholze-Stubenrecht, Werner & Ilka Peschek (Hrsg.) (2015): *Duden. Deutsches Universalwörterbuch*. 8. Auflage. Berlin: Dudenverlag.

Schumacher, Helmut, Jacqueline Kubczak, Renate Schmidt & Vera de Ruiter (2010*): E-VALBU. Das elektronische Valenzwörterbuch deutscher Verben*. Mannheim: IDS.

Seebold, Elmar (1970): *Vergleichendes und etymologisches Wörterbuch der germanischen starken Verben*. Den Haag, Paris: Mouton.

Smailagič, Vedad (2011): „Ein Roßhändler, namens Michael Kohlhaas ..." Was ist *namens*? *Sprachreport* 26 (2/2010), 6–9.

Smailagič, Vedad (2011): Die Besonderheiten im Gebrauch von sekundären Präpositionen. *Muttersprache* 1, 35–48.

Steinbach, Markus (2015): Semantik. In Jörg Meibauer et al.: *Einführung in die Germanistische Linguistik*, 3. Aufl. 164–211. Stuttgart, Weimar: J.B. Metzler.

Zifonun, Gisela, Ludger Hoffmann & Bruno Strecker (2011): *Grammatik der deutschen Sprache* (Schriften des Instituts für Deutsche Sprache 7). Berlin, Boston: de Gruyter.

Javier Caro Reina
Differential Object Marking with proper names in Romance languages

Abstract: This article reports on the occurrence of Differential Object Marking (DOM) with proper names in selected Romance languages. The analysis reveals that proper names do not constitute a homogeneous group. More precisely, a distinction of proper names comprised of deity names, personal names, kinship names, animal names, and place names contributes to a better understanding of the synchronic and diachronic variation within Romance languages. In the languages surveyed, animacy and definiteness condition the occurrence of DOM with common nouns. However, animacy seems to pattern differently with proper names than with common nouns, thereby supporting evidence for a grammar of names. In some languages DOM is found with human and animate names (Spanish) while in others it is found with human, animate, and inanimate names (Sardinian). Additionally, the diachronic analysis sheds light on the patterns of DOM expansion and retraction with proper names.

1 Introduction

In linguistic typology, proper names have been traditionally associated with the extended animacy hierarchy, where they occupy an intermediate position between pronouns and common nouns with human referents, as illustrated in (1) (see Comrie 1989: 185–200, Croft 2003: 130–132, and Whaley 1997: 172–179 for details). Other terms employed in the literature include activity scale, empathy hierarchy, indexability hierarchy, nominal hierarchy, and referential hierarchy (see Haude & Witzlack-Makarevich 2016: 433 for references).

(1) Extended animacy hierarchy:
first/second-person pronoun > third-person pronoun > proper name > human common noun > non-human animate common noun > inanimate common noun

---

Javier Caro Reina: Romanisches Seminar, Universität zu Köln, Albertus-Magnus-Platz, D-50923 Köln, +49(0)221-470-2831, javier.caroreina@uni-koeln.de

The extended animacy hierarchy is comprised of at least three different hierarchies: person, referentiality, and animacy proper, as shown in (2) (Croft 2003: 130).[1] Let us illustrate this hierarchy with the proper names *Marco* and *Madrid* and the common nouns *man* and *city*. The personal name *Marco* is not higher in animacy than the common noun *man* since both are animate. However, the personal name ranks higher on the referentiality scale. Similarly, the proper name *Madrid* is not higher in animacy than the common noun *city* since both are inanimate. However, the place name ranks higher on the referentiality scale. Further, the personal name *Marco* is higher in animacy than the place name *Madrid*. In the same vein, the common noun *man* is higher in animacy than the common noun *city*. Thus, referentiality allows for a distinction between noun classes (proper name vs. common noun) while animacy allows for a distinction within the noun classes (human vs. inanimate).

(2)   Person: first, second > third
      Referentiality: pronoun > proper name > common noun
      Animacy: human > animate > inanimate

The extended animacy hierarchy helps to explain cross-linguistically recurrent patterns involving morphosyntactic phenomena. These include plural marking, split ergative case marking, differential object marking, scrambling of definite NPs, etc. (see Bickel, Witzlack-Makarevich & Zakharko 2015). The first version of the extended animacy hierarchy, the so-called hierarchy of inherent lexical content, was put forward by Silverstein (1976: 167) in order to capture the patterns of split ergative case marking in Australian aboriginal languages such as Aranda, Bandjalang, Dalabon, Diyari, and Gumbaynggirr. Interestingly, proper names and kinship terms are only relevant for the split ergative system of Gumbaynggirr. In addition to Gumbaynggirr, split ergative languages such as Chukchee, Kala Lagaw Ya, and Warungu provide evidence for the cut-off point between proper names and common nouns (Comrie 1979; 1981; 1989).

Notwithstanding the prominence of proper names in the extended animacy hierarchy, little is known about their morphosyntactic properties. Remarkably, in recent work on hierarchies (Bornkessel-Schlesewsky, Malchukov & Richards 2015) and differential argument marking (Seržant & Witzlack-Makarevich 2018),

---

[1] With regard to the animacy hierarchy, Comrie (1989: 197–199) distinguishes between animacy in the strict sense, definiteness, singularity, concreteness, and assignability of a proper name while Whaley (1997: 172–174) distinguishes between sociocentric orientation, empathy, and definiteness.

proper names did not receive much attention. A possible explanation is that reference grammars seldom contain descriptions of proper names, as pointed out by scholars such as Croft (1995: 268).

Let us take a closer look at the morphosyntactic patterns of proper names in two genetically unrelated languages with split case marking: Gumbaynggirr and Chuckchee. In Gumbaynggirr, a Pama-Nyungan language spoken in New South Wales, there are two noun classes: proper names ("kin and section nouns") and common nouns ("ordinary nouns"), which exhibit different case systems (Eades 1979: 272–273). With regard to case marking, personal names and kinship terms behave similarly as opposed to animal names and place names. In Chukchee, a Chukotko-Kamchatkan language spoken in Siberia, the extended animacy scale captures the patterns of plural and case marking (Comrie 1979: 327; 1989: 189–190). With regard to plural marking, pronouns and proper names have a singular-plural distinction in the absolutive and oblique case while common nouns only have a singular-plural distinction in the oblique case.[2] Interestingly, a closer look at proper names reveals that personal names, kinship terms, and animal names behave similarly as opposed to place names. In sum, the morphosyntactic patterns of proper names in Gumbaynggirr and Chuckchee show that proper names do not behave homogeneously. First, place names do not pattern morphosyntactically with other proper name classes. A possible explanation is that in ergative languages place names cannot occur in the A argument role since they are low in agentivity. Second, in Gumbaynggirr animal names behave like common nouns while in Chukchee they behave like personal names. Third, kinship terms behave as personal names in both languages. In sum, a fine-grained classification is needed in order to account for the morphosyntactic properties of proper names.

In addition to numeral marking and case split marking, the morphosyntactic patterns of proper names may contribute to a better understanding of differential object marking (DOM). In Romance linguistics, DOM has attracted the attention of scholars working on linguistic typology, historical linguistics and language variation (among others: Bossong 1991; 1998; Mardale 2008; García García 2018). However, the cross-linguistic patterns of DOM with proper names are still poorly understood. This paper is the first to examine the patterns of DOM with proper names in Romance languages. It will be shown that DOM can be described in a

---

2 Note that the plural form of the personal name *Rintin* is *Rintinti* with the meanings 'men called Rintin' and 'Rintin and his associates' (see Corbett 2000: 101–111, Dahl & Koptjevskaja-Tamm 2001: 207–208, and Daniel & Moravcsik 2013 for associative plural with proper names and kinship terms).

more satisfactory way when breaking up the category of proper names into deity names, personal names, kinship names, animal names, and place names.

The paper is structured as follows. Section 2 briefly describes DOM. Section 3 presents a classification of proper names. Section 4 gives a synchronic and diachronic account of DOM in Romance languages and language varieties according to proper name classes. Section 5 discusses the implications derived from the patterns of DOM with proper names.

2 Differential Object Marking

The term *Differential Object Marking* (DOM) was coined by Bossong (1982; 1985) in order to describe the differential marking of patient arguments in Romance and Iranian languages. Cross-linguistically, patient arguments may be coded differently according to inherent and non-inherent argument properties. Inherent argument properties can be lexical (person, animacy, uniqueness, discreteness, and number) or morphological (part-of-speech and gender/inflectional-class distinction). Non-inherent argument properties include definiteness, specificity, and topicality (see Witzlack-Makarevich & Seržant 2018 for details). The extended animacy hierarchy only captures instances of DOM triggered by inherent lexical argument properties. This is the case in Russian (Croft 2003: 131). In some languages, however, DOM is triggered by non-inherent argument properties such as definiteness. This is the case in Turkish, where DOM obeys the definiteness hierarchy, as given in (3) (Croft 2003: 132).

(3) Definiteness hierarchy:
definite > specific > non-specific

In other languages, DOM results from the interaction between the extended animacy and the definiteness hierarchies. Such is the case in Spanish (see García García 2018 for details). In this respect, Aissen (2003: 449–472) makes a distinction between one-dimensional and two-dimensional DOM. One-dimensional DOM follows either the extended animacy hierarchy or the definiteness hierarchy. In contrast, two-dimensional DOM combines both of them. Different models have been proposed in order to capture two dimensional DOM. These include the harmonic alignment (Aissen 2003), the semantic map (Croft 2003: 168), and the cross-classification (von Heusinger & Kaiser 2005: 40).

Let us examine the patterns of DOM with proper names in Turkish and European Spanish. Note that the direct object is differentially marked by means of the case ending *-(y)I* in Turkish and the preposition *a* in European Spanish. In

Turkish, DOM occurs with personal names and place names, as illustrated in (4). This is due to the fact that DOM is triggered by the definiteness hierarchy. As a result, proper names are differentially marked regardless of animacy. By contrast, in European Spanish DOM occurs with personal names but not with place names, as shown in (5).

(4) Turkish
ben Kaan-ı gör-dü-m / ben İstanbul-u gör-dü-m
1SG Kaan-ACC see-PST-1SG / 1SG Istanbul-ACC see-PST-1SG
'I saw Kaan / I saw Istanbul.'

(5) Spanish
yo vi a Marco / yo vi Madrid
1SG see.PST[1SG] ACC Marco / 1SG see.PST[1SG] Madrid
'I saw Marco / I saw Madrid.'

In Modern European Spanish, animacy patterns similarly with proper names and common nouns since both human names and human definite nouns are *a*-marked (*Vi a Marco* 'I saw Marco', *Vi al hombre* 'I saw the man'). By contrast, in Old Spanish we find DOM with place names (see Section 4.5). As a consequence, proper names differ from common nouns with respect to animacy since inanimate names are *a*-marked as opposed to inanimate definite nouns (*Vi a Madrid* 'I saw Madrid' vs. *Vi la ciudad* 'I saw the city'). Romance languages typically have two-dimensional DOM, which enables us to compare the patterns of animacy with proper names and common nouns. Additionally, in Spanish the development of DOM was triggered by affectedness such that high affected human direct objects are differentially marked prior to low affected human direct objects (von Heusinger & Kaiser 2005; García García 2018: 222–225). Crucially, only definite human nouns are sensitive to affectedness while human names are always *a*-marked (see von Heusinger & Kaiser 2011 for details). For example, in twelfth-century Spanish DOM occurs with human names and definite human nouns with a frequency of 96% (25/26) and 36% (13/36), respectively (Laca 2006: 442–443). Thus, evidence from the patterns of animacy and affectedness support the notion of a grammar of names (see Schlücker & Ackermann 2017 for further examples).

Within the Romance language family, there are languages with DOM such as Spanish and languages without DOM such as French and Italian (see Rohlfs 1971: 55–59 and Bossong 1998: 218–230; 2008: 286–288 for a comprehensive overview). In Allerese and Roussillon Catalan, there is a split between first/second-person and third-person strong pronouns referring to humans (see D'Alessandro 2017: 8

for Allerese). In Central Catalan we find DOM with strong personal pronouns regardless of person (GIEC 2016: §19.3.2.1). In Corsican, Galician, and Portuguese DOM occurs with strong personal pronouns and proper names but not with common nouns. In Asturian, Neapolitan, Romanian, Sardinian, Sicilian, and Spanish there is DOM with strong personal pronouns, proper names, and definite human nouns. However, definite human nouns are optionally marked in Asturian, Neapolitan, Sardinian, and Sicilian while they are obligatorily marked in Romanian and Spanish (ALLA 2001: 352; Jones 1995: 39; 2003: 69; Ledgeway 2009: 838–839; Prieto 2010: 26).[3] Table 1 gives an overview of the extent of DOM in selected Romance languages. Interestingly, we find examples that run counter to the implicational hierarchy. This is the case in Old Sardinian, where proper names are differentially marked as opposed to strong human pronouns (Putzu 2008: 415–416). However, this counterexample does not invalidate the extended animacy hierarchy (see Whaley 1997: 178–179 and Helmbrecht et al. 2018 for discussion).

Tab. 1: DOM according to the extended animacy hierarchy in Romance languages

Language	1st/2nd pers. pronoun	3rd pers. pronoun	Proper name	NP (definite and human)
French, Italian	–	–	–	–
Allerese, Roussillon Catalan	+	–	–	–
Central Catalan	+	+	–	–
Corsican, Galician, Portuguese	+	+	+	–
Asturian, Neapolitan, Sardinian, Sicilian	+	+	+	±
Romanian, Spanish	+	+	+	+

In Romance linguistics, research on DOM has revolved around the question of how nominal and verbal features condition the occurrence of DOM, especially with common nouns (see García García 2018 for Spanish). However, the patterns of DOM with proper names are still poorly understood. In addition, descriptions

---

[3] In Romanian, DOM is obligatory with definite human objects when combined with clitic doubling. Compare *L-am văzut pe copil* 'I have seen the child', where the *pe*-marker is coupled with clitic doubling, and *Am văzut copilul*, where the definite human object *copilul* 'the child' is not differentially marked (see von Heusinger & Gáspár 2008: 18–74 for an overview). Note that the occurrence of the definite article *-ul* blocks the occurrence of the *pe*-marker. This syntactic constraint, however, does not apply to personal names and kinship names, as we will see in Sections 4.2 and 4.3, respectively.

of DOM involving proper names poses some problems. First, the term proper name has been widely used as a synonym for personal name. Second, there is not always a clear distinction between proper names and common nouns. Such is the case with some kinship terms and deity terms which may constitute kinship names and deity names, respectively. This issue will be discussed in more detail in Section 3. Third, proper names have been often viewed as a homogeneous group. For example, López (1993) does not distinguish between deity names and personal names although in Portuguese deity names differ from personal names with respect to DOM. In contrast, scholars such as Rohlfs (1971), Monedero (1983), and Cabanes (1995) make more fine-grained distinctions. For example, Rohlfs (1971; 1973) examines DOM in Balearic Catalan, Corsican, southern Italian dialects, Ladin, Occitan, and Sardinian according to deity names, personal names, animal names, city names, and country names. Similarly, Monedero (1983) and Cabanes (1995) study DOM in Spanish and Catalan respectively according to deity names and personal names. Notwithstanding, DOM has not been systematically studied according to different proper name classes. This issue will be explored in Section 4.

It will be shown that a classification of proper names comprised of deity names, personal names, kinship names, animal names, and place names grasps the synchronic and diachronic variation found among Romance languages. The analysis will concentrate on SVO structures. Topicalising constructions involving clitic dislocations will not be considered. With regard to clitic left-dislocations, DOM is optional in Balearic Catalan, but categorical in Galician, Asturian, Sardinian, Neapolitan, and northern Italian dialects. With regard to clitic right-dislocations, DOM is obligatory in Balearic Catalan and some varieties of French (Jones 1995: 44; 2003: 69; ALLA 2001: 353; Berretta 2003; Cidrás 2006: 162–163; Escandell-Vidal 2009: 846; Ledgeway 2009: 839; Fagard & Mardale 2014).

3 Proper name classes

This section presents a classification of proper names based on animacy, agentivity, and identifiability that will be applied to the synchronic and diachronic patterns of DOM in Romance languages (Section 3.1). It further discusses the differences between deity names and deity nouns (Section 3.2) as well as between kinship names and kinship nouns (Section 3.3).

3.1 Classification of proper names

There have been a number of classifications of proper names in the literature (among others: Bauer 1985: 50–57; Bajo 2002: 173–209; Leroy 2004: 33–35; Van Langendonck 2007: 183–255). For example, Nübling, Fahlbusch & Heuser (2015: 101–106) put forward a classification of proper names based on animacy, agentivity, and contour, thereby distinguishing between personal names (anthroponyms), animal names (zoonyms), place names (toponyms), brand names (ergonyms), event names (praxonyms), and weather names (phenonyms).

Previous classifications have not included deity names and kinship names, which are relevant for the present investigation. As we will see in Section 4, the patterns of DOM with proper names in Romance languages can be grasped by means of a classification of proper names comprised of deity names, personal names, kinship names, animal names, and place names. In what follows, I will put forward a classification of proper names based on animacy (Croft 2003: 130), agentivity (Dowty 1991), and identifiability (Lyons 1999: 8, 21–22).

(6) Classification of proper names:
 deity name > personal name, kinship name > animal name > place name

Animacy allows for a distinction between personal/kinship names, animal names, and place names, since they are human, animate, and inanimate, respectively (see Table 2). However, animacy does not allow for a distinction between deity names and personal/kinship names since animacy does not apply for deity names.[4] As for agentivity, I will talk about potential (or inherent) agentivity rather than relational agentivity. The notion of potential agentivity is based on Dowty's (1991) proto-agent properties (Primus 2012; García García 2014: 133). An advantage of potential agentivity is that it can be disentangled from argument realization. That is, it can be applied to other morphosyntactic phenomena. The agentivity features include volition (or control), sentience, causation, movement, and independent existence. Volition enables us to distinguish deity names and personal/kinship names from animal names and place names while sentience, causation, and movement enable us to distinguish animal names from place names. The agentivity-based classification reinforces the animacy-based classification. However, an additional feature is needed in order to characterize deity names. Identifiability allows us to distinguish deity names from other proper

---

[4] Note that some scholars such as Barteld, Hartmann & Szczepaniak (2016) speak of "superhuman" when referring to entities such as *God*.

name classes since only deity names denote unique entities. As a consequence, context is not important for the identification of the referent.

Tab. 2: Classification of proper names according to animacy, potential agentivity, and identifiability (Caro Reina & Mürmann 2018)

	Deity name	Personal name, kinship name	Animal name	Place name
Animacy		+ human	+ animate	– animate
Potential agentivity	+ volition + sentience + causation + movement + independent existence	+ volition + sentience + causation + movement + independent existence	+ sentience + causation + movement + independent existence	+ independent existence
Identifiability	+ context independent	– context independent	– context independent	– context independent

Personal names do not differ from kinship names with respect to animacy, agentivity, and identifiability. Although scholars such as Bajo (2002: 173) and Nübling, Fahlbusch & Heuser (2015: 51–52) view kinship names as instances of personal names, there is evidence supporting a division between personal names and kinship names. This is the case in Tati, a Northwestern Iranian dialect group spoken in Iran. In these dialects, the singular oblique of kinship terms is formed by adding the suffix *-(a)r*. Interestingly, this ending has expanded to definite human nouns. As a consequence, personal names have a different ending to kinship names and definite human nouns (Yarshater 1969: 73–74, 86–95; Bossong 1985: 23, 130). Examples from Chāli are *Hasan-e* 'Hasan-ACC', *pia-r* 'father-ACC', and *cupun-ar* 'shepherd-ACC' (Yarshater 1969: 87–90).

The classification of proper names put forward in (6) may help to grasp morphosyntactic differences between proper names classes. For example, the grammaticalization of the onymic markers *en* and *na* in Catalan was sensitive to this classification since it expanded from personal names to animal names and finally to place names (Caro Reina 2014: 198). As we will see in Section 4, DOM expansion (and retraction) is also sensitive to this classification.

3.2 Deity names vs. deity nouns

The distinction between deity names and deity nouns is not straightforward in the literature. For example, in their analysis of capitalization in Early New High German, Bergmann & Nerius (1998: 56) classified *Gott* 'God', *der Herr* 'the Lord', *der Heilige Geist* 'the Holy Ghost', etc. as nomina sacra, although *Gott* 'God' is a deity name while *der Herr* 'the Lord' and *der Heilige Geist* 'the Holy Ghost' are deity nouns (see Bauer 1985: 56 for discussion). Different lines of evidence show the (non-)proprial status of deity terms when accompanied by definite or possessive articles. First, in late fifteenth-century Portuguese DOM occurs with the deity name *Deus* 'God', but not with deity nouns, as in *nosso Senhor* 'our Lord', *o Salvador* 'the Saviour', etc (Delille 1970: 43–44). Second, in Vitu, an Austronesian language spoken in Papua New Guinea, proper names and common nouns are assigned different definite articles (*a* vs. *na*), possessive articles (*-dolu* vs. *kadolu* 'our'), and prepositions (*ni* vs. *na* 'LOC'). The deity term *Deo* occurs with the definite article *a* (*a Deo*) and the preposition *ni* (*ni Deo* 'to God'). That is, *Deo* is a proper name. However, it takes the possessive article *kadolu* (*kadolu Deo* 'our Lord') rather than *-dolu*. This implies that *Deo* behaves like a common noun with the possessive article (Berg & Bachet 2006: 28–29). Thus, the absence of DOM with *nosso Senhor* 'our Lord' in Portuguese and the presence of a possessive article *kadolu Deo* 'our Lord' in Vitu involve instances of common nouns.

The lack of a clear distinction between deity names and deity nouns led to false interpretations of the syntactic patterns of DOM in languages such as Corsican, where DOM is restricted to proper names (see Table 1). For example, Marcellesi (1986) assumed that the *a*-marker and the definite article are in complementary distribution. More specifically, the occurrence of the *a*-marker implies the absence of the definite article, as in *Temu à Dio* 'I fear God'. Conversely, the absence of the *a*-marker implies the occurrence of the definite article, as in *Temu u Signori* 'I fear the Lord'. This assumption, however, can be challenged arguing that in Corsican DOM is found with proper names but not with definite human nouns since *Dio* 'God' (without definite article) is a proper name while *Signori* 'Lord' (with the definite article *u*) is a common noun. In other words, they constitute a deity name and a deity noun, respectively.

Cross-linguistically, deity terms may resemble personal names (and not personal nouns) with respect to morphosyntactic phenomena such as absence/presence of definite articles (as in Corsican), different definite articles (as in Vitu), and possessive constructions (see Kopf this volume for *Gott* 'God' in Early New High German). With regard to possessive constructions, an example of deity terms patterning with personal names comes from Old French, where there is juxtaposition with deity names (*Dieu* 'God') and personal names (*Girart*), but preposition (*de/à*) with common nouns (*sa seror* 'his sister'), as shown in (7) (Hall & Clair-Sobell 1954: 199; Palm 1977; Buridant 2000: 99–100).

(7) Possessive constructions in Old French (taken from Palm 1977)
li filz Ø Dieu 'the son of God'
fils Ø Girart 'son of Girart'
fils de sa seror 'son of his sister'

3.3 Kinship names vs. kinship nouns

In language typology, research on kinship terms (or kin terms) has mainly revolved around possessive constructions (alienable vs. inalienable, obligatory vs. optional) and taxonomy (ascending, descending, and horizontal) (Greenberg 1980; Jonsson 2001; Moravcsik 2013: 34–39). Recent work has focused on the grammatical properties of kinship terms (Dahl & Koptjevskaja-Tamm 2001: 205–213). However, a clear distinction between kinship names and kinship nouns based on morphosyntactic phenomena has not been made in the literature.

The onymic status of kinship terms leads to a revision of previous analyses. This issue will be illustrated with the languages Yiddish and Ikema. Aissen (2003: 456) points out that Yiddish has one-dimensional DOM since case marking is restricted to human referents (see Section 2 for one-dimensional DOM). These include personal pronouns, personal names, and human common nouns. However, a closer look at these human common nouns reveals that they are mostly kinship terms such as *mame* 'mother', *tate* 'father', etc. (see Katz 1987: 97–99 for details). The occurrence of DOM with kinship names forces us to classify Yiddish as a language with two-dimensional DOM where the cut-off point is between human proper names and common nouns. Another example comes from Ikema, a dialect of Mikayo spoken in Japan. Ikema exhibits Differential Subject Marking (DSM). More specifically, we find *ga* with personal names and *nu* with place names as well as with human and inanimate common nouns. Iwasaki (2015: 761, 767–770) observes that personal names take *ga* while human nouns such as *bikidun* 'man', *midun* 'woman', and *uibitu* 'old person' take *nu*. The author indicates that there are exceptions, which include human nouns such as *zza* 'father', *mma* 'mother', *obaa* 'grandma', and *ozii* 'grandpa', since they may take either *ga* or *nu*. These human nouns constitute instances of kinship terms that behave like personal names. This is a prime example of the intermediate position that kinship terms have between personal names and human nouns. Similar to Yiddish, Ikema has two-dimensional DOM.

Cross-linguistically, there is a substantial amount of evidence that kinship terms may pattern morphosyntactically with personal names. For example, Nübling, Fahlbusch & Heuser (2015: 51–52) observe that in standard German kinship terms such as *Mutter* 'mother' und *Vater* 'father' resemble personal names with respect to the absence of determiner (*Mutter/Maria kommt nachher* 'Mom/Mary is arriving later'), prenominal genitive constructions (*Vaters/Peters Geburtstag* 'Dad's/Peter's birthday'), and genitive *-s* with feminine nouns (*Mutters/Marias Geburtstag* 'Mom's/Mary's birthday') (see Koptjevskaja-Tamm 2003 for examples from European languages).

Morphosyntactic evidence that kinship terms pattern with personal names includes verbal agreement, gender assignment, possessive constructions, and determiners. In Hungarian, for example, the objective conjugation (*-om/-em/-öm* '1SG.OBJ') is employed with definite direct objects while the subjective conjugation (*-ok/-ek/-ök* '1SG.SUBJ') is employed with indefinite direct objects. In this respect, Bárány (2012) explains this instance of verbal agreement in terms of differential object marking. In addition to definite noun phrases, personal names, place names, and kinship terms trigger the objective conjugation, as illustrated in (8).

(8)　　Objective conjugation in Hungarian
　　　　lát-om　　　　　　*Máriá-t/*　　　　　*Budapest-et/*　　　*apu-t*
　　　　see-1SG.OBJ　　　　Maria-ACC/　　　　Budapest-ACC/　　　father-ACC
　　　　'I see Maria / Budapest / dad.'

In languages with non-sex-based gender systems (especially the Niger-Congo family), proper names and kinship terms may be assigned to the same noun class. This is the case in Eton, a Bantu language spoken in Cameroon, where proper names and kinship terms belong to noun class 1a (Van de Velde 2006: 205–209). In Romanian, the possessive marker *lui* is restricted to personal names such as *Ion* as opposed to common nouns such as *băiat* 'boy'. In addition to personal names, it occurs with kinship terms such as *tata* 'dad', as shown in (9) (see Miron-Fulea, Dobrovie-Sorin & Giurgea 2013: 724–725 for details).

(9)　　Genitive marker *lui* in Romanian
　　　　carte-a　　　　*băiat-ului*　　　/ *lui　Ion*　　　/ *lui tata*
　　　　book-DEF.F　　　boy-GEN.SG　　　/ POSS　John　　/ POSS　dad
　　　　'The boy's / John's / dad's book'

Further evidence that kinship terms behave like proper names comes from Austronesian languages where proper names and common nouns are accompanied by different determiners. This is the case in Vitu, an Austronesian language spoken in Papua New Guinea, where the definite article *a* occurs with proper names such as deity names (*a Deu* 'God'), personal names (*a Kalago* 'Kalago'), and place names (*a Lama* 'Lama') while the definite article *na* occurs with common nouns (*na tamohane* 'the man', *na malala* 'the village'). Importantly, the definite article *a* also occurs with kinship terms (*a tama-na* 'his/her father') (Berg & Bachet 2006: 27–30, 33–35).

In light of the morphosyntactic similarities between proper names and kinship terms, we have to distinguish between kinship names and kinship nouns. Interestingly, kinship term doublets may reflect this differentiation (see Dahl & Koptjevskaja-Tamm 2001: 217 for examples of doublets). In European Spanish, for example, *mamá* 'mom' is a kinship name while *madre* 'mother' is a kinship noun. Compare *Mamá/María trabaja hoy* 'Mom/Mary is working today', where the kinship term *mamá* 'mom' resembles the personal name *María* with respect to the absence of the determiner, and *Mi madre/Mi mujer trabaja hoy* 'My mother/My wife is working today', where the kinship term *madre* 'mother' resembles the common noun *mujer* 'wife' with respect to the presence of the determiner (see Bajo 2002: 117, 123 for details).

Crucially, not all kinship terms may behave like proper names. For example, in German, the kinship term *Tante* 'aunt' differs from kinship terms such as *Mutter* 'mother' in that the absence of determiner, prenominal genitive constructions, and genitive -s would result in ungrammatical sentences. Similarly, in Spanish the kinship term *tía* 'aunt' requires the determiner. In contrast to German and Spanish, the kinship term *tía* 'aunt' is a proper name in Asturian owing to the absence of determiner and the occurrence of DOM. In Section 4.3, I will discuss the proprial status of kinship terms in selected Romance languages.

4 DOM with proper names in Romance languages

In this section, I will give a synchronic and diachronic account of the patterns of DOM in Romance languages with deity names (Section 4.1), personal names (Section 4.2), kinship names (Section 4.3), animal names (Section 4.4), and place names (Section 4.5). Further proper name classes such as plant names (phytonyms) and object names (ergonyms) will not be considered.[5] The languages

---

5 DOM is attested with plant names in Sardinian (Jones 2003: 69) while it is attested with object names in Old Spanish. In Old Spanish, DOM occurs with sword names, as in *Dar uos he dos*

selected are Galician, Portuguese, Asturian, Spanish, Catalan, Corsican, Sardinian, Sicilian, Neapolitan, and Romanian. The sources include reference grammars, dialect descriptions, and selected diachronic studies (see Appendix). Additionally, I used the corpora *Corpus Informatitzat del Català Antic* (CICA), *Corpus diacrónico del español* (CORDE), and *Tesouro informatizado da lingua galega* (TILG). The diachronic analysis will allow us to detect DOM expansion and retraction (Section 4.6). Note that the diachronic analysis is restricted to deity names, personal names, and place names since animal names and kinship names are scarcely attested in historical records. For example, in Laca's (2006) diachronic study of Spanish animal names were only found in the seventeenth century.

4.1 Deity names

Deity names (theonyms) include names of gods, saints, devils, etc.[6] Among Romance languages, DOM is attested in all languages surveyed: Galician, Portuguese, Asturian, Spanish, Corsican, Sardinian, Sicilian, Neapolitan, and Romanian (Rohlfs 1971: 314, 317–318; 1973: 619; Pittau 1972: 129; Marcellesi 1986: 132; Guardiano 2000: 22; Perini 2002: 444; Cidrás 2006: 157; Ledgeway 2009: 837–838).[7] Note that deity names are not confined to gods from Christianity, as illustrated by the example from Galician *Entre os que a Cristo adoran, a Osiris e a Adonai* 'Among those who adore Christ, Osiris, and Adonai'.

Portuguese is the only Romance language where DOM is confined to deity names (*a Deus* 'ACC God'). Although the occurrence of DOM with *Deus* 'God' is described in grammars of Brazilian and European Portuguese (among others: Thomas 1969: 256; Perini 2002: 444; Hundertmark-Santos 2014: 122), it has never been explained in terms of the extended animacy hierarchy. That is, DOM occurs with strong personal pronouns and deity names. Examples from Corsican are

---

espadas, a Colada e a Tizon 'I will give you two swords, Colada and Tizon' (Mio Cid). Scholars such as Jacob (2011: 602) explains instances of DOM with sword names (and place names) in terms of personification. However, DOM does not occur with the common noun *espada* 'sword', as in *el espada Coladal dio* 'He gave the sword Colada to him'.

6 According to Bajo (2002: 184, 194–195), saint names constitute personal names while names of gods, demigods, devils, etc. constitute names of supernatural and fantastic beings.

7 ALLA (2003) and Prieto (2010) do not present instances of DOM with deity names. An example from Asturian is *Tuvo mentando a Dios/a Xesucristo/a San Antón* 'S/he was mentioning God/Jesus/Saint Anthony' (Prieto, p.c.). An example from Romanian is *Îl adorăm pe Dumnezeu* 'We adore God' (Tigău, p.c.). Note that in contrast to other Romance languages the human direct object is differentially marked by means of the preposition *pe*.

given in (10), where the deity names are differentially marked while the corresponding deity nouns are not. Note that in Corsican, DOM does not occur with definite human nouns (see Table 1).

(10) Corsican (Marcellesi 1986: 137)
    a. *Tem-u à Diu*   / *à Satanassu*   / *à Sampetru*
        fear-1SG ACC God   / ACC Satan   / ACC Saint Peter
        'I fear God / Satan / Saint Peter.'
    b. *Tem-u u Signori*   / *u diauli*   / *u santu*
        fear-1SG DEF.M Lord   / DEF.M Devil   / DEF.M saint
        'I fear the Lord / the Devil / the saint.'

In historical linguistics, the presence of DOM with deity names in Portuguese, Spanish, and Catalan has been traditionally termed "prepositional accusative of deity" (Meier 1947: 244–246; Delille 1970: 43–44; Monedero 1983: 266–273). This is due to the fact that deity names and deity nouns have not been treated separately. In other words, the onymic status of deity terms remained obscure. In late fifteenth-century Portuguese, DOM is first attested with the deity name *Deus* 'God'. Interestingly, it does not occur with *Jesucristo* 'Jesus Christ' (Delille 1970: 43–44). These findings suggest that DOM occurs with deity names prior to personal names. This issue will be discussed in more detail in Section 4.6. Recall from Section 2 that in Catalan DOM is restricted to strong personal pronouns. However, in earlier stages DOM is attested with deity names with a relative frequency of 0% (0/5), 26% (19/74), and 83% (20/24) in the fourteenth, fifteenth, and sixteenth centuries, respectively (Cabanes 1995; see also Pineda forthcoming).

4.2 Personal names

Personal names include first names, family names, etc. (see Nübling, Fahlbusch & Heuser 2015: 107–110 for a classification). Note that personal names may be combined with terms of address (*Mister*, *Miss*) and titles (*Doctor*). DOM occurs with personal names in Galician, Asturian, Spanish, Corsican, Sardinian, Sicilian, Neapolitan, and Romanian (Rohlfs 1971: 314, 317–318; 1973: 619; Pittau 1972: 129; Marcellesi 1986: 131; Jones 1995: 38; 2003: 68–69; López 1995: 555–556; Torrego 1999: 1799; Guardiano 2000: 21; ALLA 2001: 352; Putzu 2005: 234; Cidrás

2006: 156–160; Iemmolo 2007: 343; Ledgeway 2009: 837–838; Prieto 2010: 25; Tigău 2011: 35; Neuburger & Stark 2014: 374).[8]

In Galician, the use of determiners such as definite articles and possessive articles with personal names favours the absence of DOM, as in *Eu xa non amaba o Queitán* 'I did not love Queitán any more' and *Cando vexo o meu Antonio* 'When I annoy Antonio', respectively (López 1995: 556; Cidrás 2006: 157). In Section 2, Catalan was characterized as a language where DOM is restricted to strong personal pronouns. However, in earlier stages DOM is attested with personal names with a relative frequency of 8% (26/325), 52% (222/430), 78% (108/138) in the fourteenth, fifteenth, and sixteenth centuries, respectively (Cabanes 1995; see also Pineda forthcoming).

4.3 Kinship names

DOM may help to determine the proprial status of kinship terms in languages where the cut-off point is between proper names and common nouns. This is the case in Galician, Asturian, Corsican, Sardinian, Sicilian, and Neapolitan (see Table 1). Among Romance languages, we can distinguish between the following morphosyntactic structures depending on whether kinship terms are heads of NPs (without determiner) or DPs (with determiner): (1) kinship term, (2) possessive article + kinship term (or kinship term + possessive article), (3) definite article + kinship term, and (4) definite article + possessive article + kinship term. Let us take a look at these structures. Kinship terms as heads of NPs morphosyntactically resemble personal names (as long as personal names are not employed with a definite article). Kinship terms accompanied by possessive articles have proprial status in Galician, Corsican, Sardinian, and Sicilian, but not in Asturian and Spanish.[9] In this respect, kinship names differ from deity names since deity names do not occur with possessive articles, as in fifteenth-century Portuguese (*nosso Senhor* 'our Lord'). Interestingly, the possessive article does not occur with

---

8 López (1995: 556) observes that in central and eastern areas of A Coruña Galician DOM is absent from personal names, as in *Onte vin Pepe no bar* 'Yesterday I saw Pepe in the bar'. In this respect, this variety resembles Portuguese.
9 Examples from Sardinian and Sicilian are *Appo vistu a frate tuo* 'I saw your brother' and *Arrubbaru a so cuscinu* 'They kidnapped his/her cousin', respectively (Jones 1995: 38; Iemmolo 2007: 344). Note that kinship terms behave like nouns when modified by a prepositional phrase or when employed in plural. In these cases, the kinship noun is optionally marked as in Sardinian *Appo vistu (a) su frate de Lidia* 'I saw Lucy's brother' and Sicilian *Arrubbaru (a) i so cuscinu* 'They kidnapped his/her cousins' (Jones 1995: 42; Iemmolo 2007: 344).

all kinship terms. For example, in Corsican possessive articles are not possible with ascending kinship terms involving lineal relatives such as *mamma* 'mother', *babbu* 'father', etc., as in *Andate à vede à mamma* 'Go and see my mother'. However, they may occur with kinship terms such as *figliolo* 'son', *figliola* 'daughter', etc., as in *Piengu à me figliola* 'I mourn after my daughter' (Giancarli 2014: 203). Further, kinship terms accompanied by definite articles (and additionally with possessive adjectives) behave like common nouns in all Romance languages.[10] Certainly, the morphosyntactic properties determining the proprial status of kinship terms are still poorly understood and deserve a cross-linguistic study. In the following, I will concentrate on the proprial status of kinship terms in nominal phrases and in definite phrases with possessive articles.

DOM occurs with kinship names in Galician, Asturian, Spanish, Corsican, Sardinian, Sicilian, Neapolitan, and Romanian (Pittau 1972: 129; Marcellesi 1986: 131; Jones 1995: 38; 2003: 68–69; Guardiano 2000: 22–23, 29; ALLA 2001: 352–353; Putzu 2005: 234; Cidrás 2006: 160–161; Iemmolo 2007: 344; Ledgeway 2009: 837–838; Prieto 2010: 25–26; Giancarli 2014: 203–204; Neuburger & Stark 2014: 377–378). In Romanian, kinship terms resemble personal names with respect to their endings, as illustrated in (11). Note that the common noun *fată* 'girl' cannot occur with the marker *pe* when followed by the definite article *-a*. However, this restriction does not apply for personal names such as *Alina*. Interestingly, the kinship term *mamă* 'mother' patterns with the personal name *Alina*. In contrast to the common noun *fată* 'girl', the kinship term occurs with the definite article (see Miron-Fulea, Dobrovie-Sorin & Giurgea 2013: 721–725 for discussion).

(11) Romanian
 a. *o iub-eşte pe fată / pe *fat-a*
    CL.ACC love-2SG ACC girl / ACC girl-DEF.F
    'S/he loves the girl.'
 b. *o iub-eşte pe Alina*
    CL.ACC love-2SG ACC Alina
    'S/he loves Alina.'
 c. *o iub-eşte pe mama / pe *mamă*

---

10 In Asturian, for example, kinship terms may be optionally marked when accompanied by a definite article, as in *La neña quier el ~ al (a+el) padre* 'The girl loves her father' (Prieto 2010: 26). In this respect, they behave like common nouns since DOM is obligatory with proper names but optional with common nouns (see Table 1). In Corsican, the structure definite article + possessive article + kinship term involves a common noun, as in *Aghju vistu u meu ziu* 'I saw my uncle' (without DOM) vs. *Aghju vistu à meu ziu* 'I saw my uncle' (with DOM) (Marcellesi 1986: 131, 137).

CL.ACC love-2SG ACC mom / ACC mom
'S/he loves mom.'

Table 3 contains the kinship terms with proprial status in Asturian, Spanish, Corsican, and Sicilian. Interestingly, the number of kinship terms with proprial status varies cross-linguistically.[11] The examples involve ascending kinship terms. Note that the referent of a kinship name may vary from language to language. For example, in Asturian kinship names do not necessarily refer to the speaker's relatives, as in ¿Quies mucho a güelu? 'Do you love your grandfather a lot?'. In Corsican, babbà 'father' and mammà 'mother' refer to the speaker's relatives while bâbbitu 'father' and mâmmata 'mother' refer to the hearer's relatives (see Marcellesi 1986: 131 for details).

Tab. 3: Proprial status of kinship terms in selected Romance languages

Language	Kinship names
Asturian	ma 'mother', pá 'father', güela 'grandmother', güelo 'grandfather', madrina 'godmother', padrín 'godfather', tía 'aunt', tíu 'uncle'
Spanish	mamá 'mother', papá 'father'
Corsican	mamma 'mother', babba 'father', caccara 'grandmother', caccaru 'grandfather', missiavonu 'great-grandfather', minnannona 'great-grandmother'
Sicilian	mama 'mother', papá 'father', nonna 'grandmother', nonnu 'grandfather'

Crucially, kinship terms constitute the bridge between personal names and human common nouns. This is the case when kinship terms can behave like kinship names and common nouns at the same time. That is, when the distinction is not lexically coded by means of doublets. Note that in Corsican the kinship term zio 'uncle' may behave like both a proper name and a common noun (see example in Footnote 10). From this intermediate status we can deduce that expansion of DOM from proper names to common nouns occurs via kinship names. In this respect, Bossong (1985: 130) observes that in twelfth-century Spanish DOM is obligatory with kinship terms while it is optional with other human nouns (see Reichenkron 1951: 359–360 for details). One word of caution, however, is that the examples include left dislocations and kinship terms in plural, as in A las sues fijas en braço las prendía 'His daughters, he embraced them'. On the one hand,

---

[11] Compare the grammaticality in the following examples: a) Spanish Vi a mamá/a papá/*a abuela/*a abuelo/*a tía/*a tía 'I saw mom, etc.'; b) Asturian Vi a ma/a pá/a güela/a güelo/a tía/a tío; and c) Sicilian Viristi a mamma/a papà/a nonna/a nonnu/*a ziu/*a zia.

in Old Spanish definite human nouns are optionally marked when dislocated (García García 2018: 212–215). On the other hand, kinship terms cannot behave like proper names when they occur in plural (see Footnote 9 for examples). Note that appellatives can be pluralized, but not proper names (Van Langendonck 2007: 152). Therefore, the first attested forms of DOM with human direct objects should be carefully examined with respect to sentence structure and proprial status.

4.4 Animal names

Animal names include names of companion, farm, and zoo animals (see Nübling, Fahlbusch & Heuser 2015: 191–193 for a classification). DOM is attested with cow names, dog names, and horse names in Asturian, Spanish, Corsican, Sardinian, Sicilian, Neapolitan, and Romanian (Rohlfs 1971: 314, 317–318; 1973: 620; Marcellesi 1986: 131; Jones 1995: 40; 2003: 69; Torrego 1999: 1799; Guardiano 2000: 21; Putzu 2005: 234; Ledgeway 2009: 839–840; Prieto 2010: 25; Tigău 2011: 35–36).[12] In Asturian, DOM is only attested with animal names when employed without definite articles (*Lluis quier a Micifú* 'Luis loves Micifú'). In Galician, animal names are not differentially marked. The absence of DOM is syntactically constrained since animal names mostly occur with definite articles, as in *Alindar a Xovenca i a Marela* 'to pasture Xovenca and Marela' (taken from TILG).[13] Note that these patterns mirror personal names, which are mostly employed without definite articles. In Corsican, DOM was reported for dog names but not for horse names, as in *Fighjolgu à Lionu* 'I observe Lionu' and *Ha purtatu u Sciroccu* 'S/he has ridden Siroco', respectively (Marcellesi 1986: 137). In this respect, familiarity and empathy may influence the occurrence of DOM.

Animal names do not differ from common nouns denoting animals (and even persons) with respect to animacy but rather with respect to definiteness (see Comrie 1989: 196 for discussion). As a consequence, DOM may occur with animal names and not with common nouns. This is the case in Asturian, Corsican, and Spanish. In Asturian we find DOM with animal names but not with common nouns (regardless of animacy), as in *Lluis quier a Micifú* 'Luis loves Micifú' vs.

---

[12] In contrast to scholars such as Rohlfs (1971: 317), Jones (1995: 40; 2003: 69) and Putzu (2005: 234), Pittau (1972: 129) observes that in Nuorese Sardinian DOM is absent from animal names.
[13] Note that the singular definite feminine article is homophonous with the case marker. In the agent argument, animal names also exhibit the definite article, as in *A Marela i a Xovenca pacían os gromos tenros* 'Marela and Xovenca browsed the tender shoots'. Animal names are derived from nouns such as *xovenca* 'calf' and adjectives such as *marela* 'yellow'.

Lluis quier el perru 'Luis loves the dog' (Prieto 2010: 25–26). In Corsican, dog names are accompanied by DOM as opposed to definite noun phrases containing a dog noun, as in *Fighjolgu à Lionu* 'I observe Lionu' and *A vittura hà sfracicatu u ghjâcaru* 'The car ran over the dog', respectively (Marcellesi 1986: 137). Note that in Asturian definite human nouns may be differentially marked while in Corsican they are not differentially marked (see Table 1). Another example comes from twelfth and seventeenth-century Spanish. In *Cantar de Mio Cid* (ca. 1140), the horse name *Bavieca* is always differentially marked, as in *Ensiéllanle a Bavieca* 'They saddle Bavieca for him' (taken from CORDE) while the common noun *cavallo* 'horse' is never differentially marked. In Cervantes' (1605) *Don Quijote de la Mancha*, the horse name *Rocinante* occurs 28 times as a direct object and is always differentially marked, as in *Ensillar a Rocinante* 'to saddle Rocinante' (taken from CORDE). In contrast, definite noun phrases containing an animal noun (*caballo* 'horse', *rocín* 'old horse', *asno* 'donkey', and *mula* 'mule') occur 7 times with DOM and 11 times without DOM (39% vs. 61%) (see Reichenkron 1951: 370–371 for discussion). Moreover, DOM occurs more frequently with animal names than with human definite nouns both in the twelfth century (100% vs. 36%) and the seventeenth century (100% vs. 86%) (Laca 2006: 442–443).

4.5 Place names

Place names (toponyms) include names of countries, cities, villages, etc. (see Van Langendonck 2007: 207–210 and Nübling, Fahlbusch & Heuser 2015: 206–208 for a classification). In this section, I will mainly concentrate on city names. DOM occurs with city names in Corsican, Sardinian, and Sicilian (Rohlfs 1971: 315, 319; Marcellesi 1986: 131; Jones 1995: 38; 2003: 69; Neuburger & Stark 2014: 376).[14] An example from Sardinian is given in (12). Otherwise, DOM with place names is absent from Galician, Portuguese, Asturian, Spanish, Neapolitan, and Romanian (López 1995: 557; Cidrás 2006: 160; Ledgeway 2009: 840; Prieto 2010: 25; Tigău

---

[14] Rohlfs (1971: 315) gives examples of DOM with city names and country names in Sicilian such as *A Ttrápani unni lu canúsciu* 'I do not know Trapani' and *st'òmu arruvinà all'Italia* 'This man ruined Italy', respectively. Follow-up work on Sardinian and Sicilian reveals that DOM is no longer attested with city names (Pittau 1972: 129; Guardiano 2000; Putzu 2005: 234–235). This points to DOM retraction (see Section 4.6 for discussion). Guardiano (2000: 22) observes variation in Ragusa Sicilian, where city names may be differentially marked, as in *Vitti (a) Napuli* 'I saw Naples'.

2011: 36).¹⁵ However, in some varieties of Spanish DOM is also attested with city names, albeit in varying degrees (De Mello 2000; Kock 1997).¹⁶

(12)   Sardinian (Jones 1995: 38)
        app-o vistu a Nápoli
        AUX-1SG see.PTCP ACC Naples
        'I saw Naples.'

In Romanian, the absence of DOM results from a syntactic constraint. Since place names are employed with definite articles (Miron-Fulea, Dobrovie-Sorin & Giurgea 2013: 726), they cannot be differentially marked. That is, in contrast to Galician, the absence of DOM in Romanian cannot be explained in terms of animacy.

(13)   Romanian
        am văz-ut București-ul / oraș-ul
        AUX.1SG see-PTCP Bucharest-DEF.M / city-DEF.M
        'I saw Bucharest / the city.'

Interestingly, DOM used to occur with place names in Galician, Portuguese, Spanish, Catalan, and Romanian (Sáenz 1936; Reichenkron 1951: 371–380; Delille 1970: 114; Martín 1976: 559; Monedero 1978; 1983; Folgar 1988; López 1993: 241–247; Tigău 2011: 53).¹⁷

---

15 However, DOM has been documented in Sobrescobio Asturian, as in *Nun konozía nin a Jijón ni a Ubieu* 'S/he did not know either Gijón or Oviedo' (Prieto 2010: 25). The question remains open as to whether this is an innovation or, rather, a retention of a previous language stage. In this respect, the historical evidence supported by Prieto (2010: 28) is not conclusive.
16 On the basis of the *Habla Culta* project, De Mello (2000: 302) observes that DOM is employed in varieties of European and Latin American Spanish, albeit to different degrees: La Paz 10 (63%) vs. 6 (37%), Bogotá 10 (59%) vs. 7 (41%), Habana 9 (50%) vs. 9 (50%), San Juan 3 (43%) vs. 4 (57%), Madrid 5 (38%) vs. 8 (62%), Caracas 5 (31%) vs. 11 (69%), San José 5 (31%) vs. 11 (69%), México 6 (29%) vs. 15 (71%), Sevilla 3 (25%) vs. 9 (75%), Santiago 3 (14%) vs. 25 (86%), Buenos Aires 3 (12%) vs. 23 (88%), and Lima 3 (7%) vs. 38 (93%).
17 In nineteenth-century European Spanish, DOM is also attested with country names, mountain names, and river names. Examples are *Conocía a Inglaterra y a Francia* 'S/he knew England and France', *No basta haber visto a Sierra Nevada* 'It is not enough to have seen Sierra Nevada', and *[...] ver, no ya al Manzanares, pero ni tampoco al Tajo* 'to see neither the Manzanares nor the Tajo' (taken from CORDE). An example from sixteenth-century Romanian is *Au lovit pre Sneatin* 'They hit Sneatin' (Tigău 2011: 53). Note that the city name is not accompanied by the definite article. In sixteenth-century Valencian, DOM is attested with place names, as in *Aprés de haver*

The occurrence of DOM with place names has mainly been explained in terms of definiteness and metonymy (see Monedero 1978: 260–261 for Spanish).[18] Definiteness implies the use of DOM with proper names regardless of animacy – that is, both with human, animate, and inanimate names. With regard to metonymy, the PLACE FOR PEOPLE metonymy conceptualizes the referenced object (the inhabitants of the city) with the associated concept (the city name), which enables DOM to occur with city names. A word of caution, however, is that cross-linguistically metonymy is not always possible with city names owing to conceptual, discourse-pragmatic, and grammatical factors (Brdar & Brdar-Szabó 2009). This, however, does not seem to apply in Romance languages. Certainly, metonymy is always given when place names occur in the A (transitive or ditransitive subject) participant role, but not necessarily when they occur in the S (intransitive subject) or P (transitive direct object) participant roles.[19]

Let us take a look at nineteenth-century Spanish and Galician, where DOM is triggered by definiteness and metonymy, respectively. In nineteenth-century Spanish we find DOM with place names. Metonymy can be excluded for the following reasons. First, notwithstanding the presence of metonymy in cases such as *No había visto a Madrid tan agitado* 'I had never seen Madrid so agitated' (taken from CORDE), there are a series of examples that cannot be associated with metonymy.[20] Second, the use of DOM is not confined to city names. Interestingly, it is also attested with mountain names and river names (see Footnote 14 for examples). Third, DOM does not occur also with the common nouns *país* 'country', *ciudad* 'city', *pueblo* 'village', where metonymy would have been possible (see Floricic 2003: 269–270 for a discussion on Sardinian). Thus, in nineteenth-century Spanish the occurrence of DOM with place names is triggered by definiteness. By contrast, in Galician DOM is exclusively associated with metonymy, as in *A Xunta critica a Madrid* 'The Government of Galicia criticizes Madrid' (Cidrás 2006: 160). Note that metonymy is not necessarily coupled with DOM. In

---

saquejat a Gandia a Gandia ý Oliva 'After plundering Gandia and Oliva' (taken from CICA). Examples of DOM with place names involve verbs such as *cobrar* 'to retake', *fundar* 'to found', *edificar* 'to build', *sitiar* 'to besiege', etc., which exclude a metonymic interpretation.

[18] Scholars such as Lapesa (1964: 82), Jacob (2011: 601–602), and Fábregas (2013: 41) talk about "personification". Following Lakoff & Johnson (1980: 35), who distinguish between personification and metonymy, I will talk about "metonymy".

[19] The capacity of place names to occur in the A argument role in ergative languages has remained obscure in the literature. Additional research would be needed to clear up this matter.

[20] Examples from nineteenth-century Spanish are *Todos vosotros habéis visto a Cádiz desde el mar* 'You have all seen Cadiz from the sea' and *Esa mujer [...] conocía a Madrid palmo a palmo* 'That woman knew Madrid like the back of her hand' (taken from CORDE).

Neapolitan, for example, DOM does not occur with place names (Ledgeway 2009: 840). However, the PLACE FOR PEOPLE metonymy is possible.

With regard to languages where DOM is triggered by definiteness, the question remains open as to why DOM mostly occurs with city names rather than with other place names such as mountain names and river names. A possible explanation is that city names are more prominent in terms of animacy and agentivity (see Schmidely 1986: 118 and Fraurud 2000: 199–204 for animacy and Brauns 1908: 16–17 for agentivity).

4.6 Summary

The results obtained from the synchronic and diachronic patterns of DOM with proper names are summarized in Table 4 and Table 5, respectively. Table 4 shows that the Romance languages surveyed differ with respect to the occurrence of DOM with proper names. That is, proper names do not constitute a homogeneous group. For example, Catalan lacks DOM with proper names while Corsican, Sardinian, and Sicilian always exhibit DOM. The patterns found in Galician, Neapolitan, Portuguese, Romanian, and Spanish can be explained in a more satisfactory way applying a classification of proper names based on animacy, agentivity, and identifiability. The patterns of DOM reveal unidirectional implications. For example, DOM with personal names and kinship names implies DOM with deity names (as in Galician, Asturian, Spanish, Corsican, Sardinian, Sicilian, Neapolitan, and Romanian). Similarly, DOM with place names implies DOM with all other classes (as in Corsican, Sardinian, and Sicilian). Conversely, DOM with deity names does not necessarily imply DOM with personal names and kinship names (as in Portuguese). In general, the occurrence of DOM with place names is rare among Romance languages.

Tab. 4: Synchronic patterns of DOM with proper name classes in Romance languages

Language	Deity name	Personal name	Kinship name	Animal name	Place name
Catalan	−	−	−	−	−
Portuguese	+	−	−	−	−
Galician	+	+	+	−	−
Asturian	+	+	+	+	−
Neapolitan	+	+	+	+	−
Romanian	+	+	+	+	−
Spanish	+	+	+	+	−
Corsican	+	+	+	+	+
Sardinian	+	+	+	+	+
Sicilian	+	+	+	+	+

The diachronic analysis offers a window on language change involving DOM expansion and retraction. DOM expansion has been widely studied for Romanian and Spanish (Laca 2006; von Heusinger & Gáspár 2008; von Heusinger & Kaiser 2011). However, these studies have mainly concentrated on DOM with common nouns. In contrast to DOM expansion, the patterns of DOM retraction are still poorly understood (see Delille 1970 for Portuguese and Dalrymple & Nikolaeva 2011: 212 for Catalan). In the following, I will give an account of DOM expansion and retraction with proper names. Expansion is expected to proceed from the more prominent categories to the less prominent ones. Conversely, retraction is expected to proceed from the less prominent categories to the more prominent ones. In this sense, more prominent categories such as personal names are higher in agentivity and animacy than less prominent categories such as place names. With the exception of Neapolitan, which did not undergo substantial changes since the eighteenth century, we find expansion in Sicilian, retraction in Romanian, and both expansion and retraction in Galician, Portuguese, Spanish, and Catalan (see Table 5). The findings support evidence that DOM expansion and retraction are in line with a classification of proper names based on animacy, agentivity, and identifiability.

Tab. 5: Diachronic patterns of DOM with proper name classes in Romance languages

Language	Deity name	Personal name	Place name
Galician			
13th-century Galician	±	±	–
14th-century Galician	+	+	±
Modern Galician	+	+	–
European Portuguese			
15th-century Portuguese	+	–	–
16th-century Portuguese	+	±	–
17th-century Portuguese	+	+	±
18th-century Portuguese	+	–	–
Modern Portuguese	+	–	–
European Spanish			
12th-century Spanish	+	+	±
19th-century Spanish	+	+	+
Modern Spanish	+	+	–
Catalan			
14th-century Catalan	–	–	–
15th-century Catalan	+	+	–
16th-century Catalan	+	+	±
Modern Catalan	–	–	–
Sardinian			
Old Sardinian	+	+	±
Modern Sardinian	+	+	+
Sicilian			
14th-century Sicilian		+	–
Modern Sicilian	+	+	+
Neapolitan			
18th-century Neapolitan	±	±	–
Modern Neapolitan	+	+	–
Romanian			
16th-century Romanian	+	+	±
Modern Romanian	+	+	–

In Section 4.1, I hypothesized that DOM is more prone to occur with deity names than with personal names. This hypothesis is borne out for Old Sicilian, where deity names were always differentially marked while personal names were differentially marked in 70% (358/506) of the cases (Iemmolo 2009: 201–202). However, the hypothesis is not borne out for Old Catalan, where in the fifteenth century DOM had a relative frequency of 26% (19/74) with deity names and 52% (222/430) with personal names. This implies that in Old Catalan deity names are not ranked higher than personal names. In other words, identifiability is not relevant. As for other Romance languages, the hypothesis cannot be tested for the following reasons. First, in the earliest historical records DOM is already compulsory with deity names and personal names, as in Old Spanish (Monedero 1983: 255–263, 266–268). Second, scholars such as López (1993) do not distinguish between deity names and personal names. And third, deity names are seldom attested in historical records examined for Asturian (Prieto 2010: 28).

5 Conclusions and discussion

The results obtained from the synchronic and diachronic analysis of DOM with proper names in Romance languages force us to revise the extended animacy hierarchy presented in (1), thereby decomposing the category of proper names into different classes according to animacy, agentivity, and identifiability, as shown in (14). As a result, the category of proper names is comprised of deity names, personal names, kinship names, animal names, and place names. This revised version of the extended animacy hierarchy contributes to a better understanding of language variation and change. With regard to language variation, we found unidirectional implications. For example, DOM with personal names implies DOM with deity names. With regard to language change, expansion and retraction obeys this scale. The centrality of proper names results from the intermediate position they occupy between pronouns and common nouns. In this respect, deity names constitute the bridge for DOM expansion from strong personal pronouns to personal names. In the same vein, kinship names constitute the bridge for DOM expansion from personal names to human nouns.

(14) Extended animacy hierarchy (revised):
first/second-person pronoun > third-person pronoun > deity name > personal/kinship name > animal name > place name > human common noun > non-human animate common noun > inanimate common noun

In contrast to languages with one-dimensional DOM, languages with two-dimensional DOM allow us to examine the interaction between definiteness and animacy with proper names and common nouns, as illustrated in Table 6. For example, in Corsican, Sardinian, Sicilian, and earlier stages of Spanish proper names are differentially marked regardless of animacy (both personal names and place names) while only human nouns are differentially marked. That is, in these languages animacy patterns differently with proper names and common nouns. By contrast, in Asturian, Neapolitan, and Modern European Spanish, personal names are obligatorily marked and human nouns are either obligatorily or optionally marked. That is, in these languages animacy patterns similarly with proper names and common nouns. These findings support the notion of a grammar of names since proper names may grammatically deviate from common nouns with respect to DOM.

Tab. 6: Impact of definiteness and animacy on DOM with proper names and definite common nouns

	Proper name		Common noun	
	human	inanimate	human	inanimate
Corsican, Sardinian, Sicilian, Old Spanish	+	+	±	−
19th-century Spanish	+	+	+	−
Asturian, Neapolitan	+	−	±	−
20th-century Spanish	+	−	+	−

Acknowledgments

The research for this paper has been funded by the German Research Foundation (DFG) as part of the SFB 1252 "Prominence in Language" in the project B04 "Interaction of nominal and verbal features for Differential Object Marking" at the University of Cologne. I would like to thank Marco García García and Klaus von Heusinger for insightful comments on a previous version of this paper. My thanks also go to Stephen Morelli, Francisco Cidrás, Clara Elena Prieto, Alina Tigău, and Alessia Cassarà for discussion on data from Gumbaynggirr, Galician, Asturian, Romanian, and Sicilian, respectively.

Corpora

CICA = Torruella, Joan, Manel Pérez Saldanya & Josep Martines (eds.) (2009): *Corpus Informatitzat del Català Antic*. http://www.cica.cat (01.05.2019).

CORDE = Real Academia Española: *Banco de datos (CORDE) [en línea]. Corpus diacrónico del español*. http://www.rae.es (01.05.2019).

TILG = Santamarina, Antón (ed.): *Tesouro informatizado da lingua galega*. Santiago de Compostela: Instituto da Lingua Galega. http://ilg.usc.es/TILG (01.05.2019).

References

ALLA = Academia de la Llingua Asturiana (ed.) (2001): *Gramática de la llingua asturiana*. 3rd edn. Uviéu: Academia de la Llingua Asturiana.

Aissen, Judith (2003): Differential Object Marking: Iconicity vs. Economy. *Natural Language & Linguistic Theory* 21 (3), 435–483.

Bajo Pérez, Elena (2002): La caracterización morfosintáctica del nombre propio. Noia: Toxosoutos.

Bárány, András (2012): Hungarian conjugations and differential object marking. In Balázs Surányi & Diána Varga (eds.), *Proceedings of the First Central European Conference of Postgraduate Students*, 3–25. Piliscsaba: Pázmány Péter Catholic University.

Barteld, Fabian, Stefan Hartmann & Renata Szczepaniak (2016): The usage and spread of sentence-internal capitalization in Early New High German: A multifactorial approach. *Folia Linguistica* 50 (2), 385–412.

Bauer, Gerhard (1985): *Namenkunde des Deutschen*. Bern: Lang.

Berg, René van den & Peter Bachet (2006): *Vitu grammar sketch*. Ukarumpa, EHP: SIL Printing Press.

Bergmann, Rolf & Dieter Nerius (1998): Die Entwicklung der Großschreibung im Deutschen von 1500 bis 1700. Heidelberg: Winter.

Berretta, Monica (2003): Sulla presenza dell'accusativo preposizionale in italiano settentrionale: note tipologiche. *Vox Romanica* 48, 13–37.

Bickel, Balthasar, Alena Witzlack-Makarevich & Taras Zakharko (2015): Typological evidence against universal effects of referential scales on case alignment. In Ina Bornkessel-Schlesewsky, Andrej L. Malchukov & Marc D. Richards (eds.), *Scales and hierarchies: A cross-disciplinary perspective*, 7–44. Berlin, Boston, New York: De Gruyter.

Bornkessel-Schlesewsky, Ina, Andrej L. Malchukov & Marc D. Richards (eds.) (2015): *Scales and hierarchies: A cross-disciplinary perspective*. Berlin, Boston, New York: De Gruyter.

Bossong, Georg (1982): Historische Sprachwissenschaft und empirische Universalienforschung. *Romanistisches Jahrbuch* 33, 17–51.

Bossong, Georg (1985): Empirische Universalienforschung: differentielle Objektmarkierung in den neuiranischen Sprachen. Tübingen: Narr.

Bossong, Georg (1991): Differential object marking in Romance and beyond. In Dieter Wanner & Douglas Kibbee (eds.), *New analyses in Romance linguistics: Selected papers from the linguistic symposium on Romance Languages XVIII, Urbana-Champaign, April 7–9, 1988*, 143–170. Amsterdam, Philadelphia: Benjamins.

Bossong, Georg (1998): Le marquage différentiel de l'objet dans les langues d'Europe. In Jack Feuillet (ed.), *Actance et valence*, 193–258. Berlin, Boston, New York: De Gruyter.

Bossong, Georg (2008): *Die romanischen Sprachen: Eine vergleichende Einführung*. Hamburg: Buske.

Brauns, Julius (1908): *Über den präpositionalen Accusativ im spanischen mit gelegentlicher Berücksichtigung anderer sprachen*. Hamburg: Lütcke & Wulff.

Brdar, Mario & Rita Brdar-Szabó (2009): The (non-)metonymic use of place names in English, German, Hungarian, and Croatian. In Klaus-Uwe Panther, Linda Thornburg & Antonio Barcelona (eds.), *Metonymy and metaphor in grammar*, 229–257. Amsterdam, Philadelphia: John.

Buridant, Claude (2000): *Grammaire nouvelle de l'ancien français*. Paris: SEDES.

Cabanes Fitor, Vicent (1995): Anàlisi de la construcció d'objecte directe de persona en català (segles XIII–XVI). Estudi del nom propi. *A Sol Post* 3, 47–89.
Caro Reina, Javier (2014): The grammaticalization of the terms of address *en* and *na* as onymic markers in Catalan. In Friedhelm Debus, Rita Heuser & Damaris Nübling (eds.), *Linguistik der Familiennamen*, 175–204. Hildesheim: Olms.
Caro Reina, Javier & Sophie Mürmann (2018): *The prominence of proper names in the extended animacy hierarchy*. Paper presented at the 2nd International Conference Prominence in Language. University of Cologne.
Cidrás Escáneo, Francisco Antonio (2006): Sobre o uso da preposición "a" con OD en galego. *Verba: Anuario galego de filoloxia* 33, 147–174.
Comrie, Bernard (1979): The animacy hierarchy in Chukchee. In Paul Clyne, William Hanks & Carol Hofbauer (eds.), *The elements: A parasession on linguistic units and levels*, 322–329. Chicago: Chicago Linguistic Society.
Comrie, Bernard (1981): Ergativity and grammatical relations in Kalaw Lagaw Ya (Saibai dialect). *Australian Journal of Linguistics* 1 (1), 1–42.
Comrie, Bernard (1989): *Language universals and linguistic typology: Syntax and morphology*. 2nd edn. Oxford: Blackwell.
Corbett, Greville G. (2000): *Number*. Cambridge: Cambridge University Press.
Croft, William (1995): *Typology and universals*. 1st edn. Cambridge: Cambridge University Press.
Croft, William (2003): *Typology and universals*. 2nd edn. Cambridge: Cambridge University Press.
D'Alessandro, Roberta (2017): When you have too many features: Auxiliaries, agreement and clitics in Italian varieties. *Glossa: a journal of general linguistics* 2 (1), 1–36.
Dahl, Östen & Maria Koptjevskaja-Tamm (2001): Kinship in grammar. In Irène Baron, Michael Herslund & Finn Sørensen (eds.), *Dimensions of possession*, 201–225. Amsterdam, Philadelphia: Benjamins.
Dalrymple, Mary & Irina Nikolaeva (2011): *Objects and information structure*. Cambridge: Cambridge University Press.
Daniel, Michael & Edith Moravcsik (2013): The associative plural. In Matthew S. Dryer & Martin Haspelmath (eds.), *The world atlas of language structures online*. Munich: Max Planck Digital Library.
Delille, Karl Heinz (1970): *Die geschichtliche Entwicklung des präpositionalen Akkusativs im Portugiesischen*. Bonn: Universität Bonn.
DeMello, George (2000): "A" de acusativo con nombre propio geográfico. *Hispania* 83 (2), 301–312.
Dowty, David (1991): Thematic proto-roles and argument selection. *Language* 67, 547–619.
Eades, Diana (1979): Gumbaynggir. In Robert M. W. Dixon & Barry Blake (eds.), *Handbook of Australian languages*, vol. 1, 245–361. Amsterdam, Philadelphia: Benjamins.
Escandell-Vidal, Victoria (2009): Differential object marking and topicality: The case of Balearic Catalan. *Studies in Language* 33 (4), 832–884.
Fábregas, Antonio (2013): Differential Object Marking in Spanish: state of the art. *Borealis* 2 (2), 1–80.
Fagard, Benjamin & Alexandru Mardale (2014): Non, mais tu l'as vu à lui? Analyse(s) du marquage différentiel de l'objet en français. *Verbum* 36 (1), 143–168.
Floricic, Franck (2003): Notes sur l' 'accusatif prépositionnel' en sarde. *Bulletin de la Société de linguistique de Paris* 98 (1), 247–303.

Folgar Fariña, Carlos (1988): A + topónimo objeto directo en español arcaico. *Verba* 15, 403–420.

Fraurud, Kari (2000): Proper names and gender in Swedish. In Barbara Unterbeck & Matti Rissanen (eds.), *Gender in grammar and cognition*, 167–219. Berlin, Boston, New York: De Gruyter.

García García, Marco (2014): Differentielle Objektmarkierung bei unbelebten Objekten im Spanischen. Berlin, Boston, New York: De Gruyter.

García García, Marco (2018): Nominal and verbal parameters in the diachrony of differential object marking in Spanish. In Ilja A. Seržant & Alena Witzlack-Makarevich (eds.), *Diachrony of differential argument marking*, 209–242. Berlin: Language Science Press.

Giancarli, Pierre-Don (2014): L'accusatif prépositionnel en corse. *Faits de langues* 43 (1), 197–212.

GIEC = Institut d'Estudis Catalans (2016): *Gramàtica de la llengua catalana*. Barcelona: Institut d'Estudis Catalans.

Greenberg, Joseph H. (1980): Universals of kinship terminology: Their nature and the problem of their explanation. In Jacques Maquet (ed.), *On linguistic anthropology: Essays in honor of Harry Hoijer*, 9–32. Malibu: Udena.

Guardiano, Cristina (2000): Note sull'oggetto diretto preposizionale nel siciliano. *L'Italia Dialettale* 61, 7–41.

Hall, Geoffrey L. & James St. Clair-Sobell (1954): Animate gender in Slavonic and Romance languages. *Lingua* 4, 194–206.

Haude, Katharina & Alena Witzlack-Makarevich (2016): Referential hierarchies and alignment: An overview. *Linguistics* 54 (3), 433–441.

Helmbrecht, Johannes, Lukas Denk, Sarah Thanner & Ilenia Tonetti (2018): Morphosyntactic coding of proper names and its implications for the Animacy Hierarchy. In Sonia Cristofaro & Fernando Zúñiga (eds.), *Typological hierarchies in synchrony and diachrony*, 381–404. Amsterdam, Philadelphia: Benjamins.

Hundertmark-Santos Martins, Maria Teresa (2014): *Portugiesische Grammatik*. Berlin, Boston, New York: De Gruyter.

Iemmolo, Giorgio (2007): La marcatura differenziale dell'oggetto in siciliano: un'analisi contrastiva. In Maria Illiescu, Heidi Siller-Runggaldier & Paul Danler (eds.), *Actes du XXV Congrès International de Linguistique et de Philologie Romanes*, 341–350. Berlin, Boston, New York: De Gruyter.

Iemmolo, Giorgio (2009): La marcatura differenziale dell'oggetto in siciliano antico. *Archivio Glottologico Italiano* 94 (2), 185–225.

Iwasaki, Shoichi (2015): Animacy and differential subject marking in the Ikema dialect of Miyako. *Studies in Language* 39 (3), 753–777.

Jacob, Daniel (2011): Mujeres, vasallos, y perífrasis verbales: discurso ideológico, estructura textual y gramática en el Poema de Mío Cid. In José Jesús Bustos Tovar, Rafael Cano Aguilar, Elena Méndez García de Paredes & Araceli López Serena (eds.), *Sintaxis y análisis del discurso hablado en español. Homenaje a Antonio Narbona*, vol. 2, 587–606. Sevilla: Universidad de Sevilla.

Jones, Michael Allan (1995): The prepositional accusative in Sardinian: its distribution and syntactic repercussions. In John Charles Smith & Martin Maiden (eds.), *Linguistic theory and the Romance languages*, 37–75. Amsterdam, Philadelphia: Benjamins.

Jones, Michael Allan (2003): *Sintassi della lingua sarda*. Cagliari: Condaghes.

Jonsson, Niklas (2001): Kin terms in grammar. In Martin Haspelmath, Ekkehard König, Wulf Oesterreicher & Wolfgang Raible (eds.), *Language typology and language universals*, vol. 2, 1203–1214. Berlin, Boston, New York: De Gruyter.

Katz, Dovid (1987): *Grammar of the Yiddish language*. London: Duckworth.

Kock, Josse de (1997): El régimen directo preposicional: los nombres propios geográficos. In Josse de Kock & George De Mello (eds.), *Lengua escrita y habla culta en América y España: diez casos*, 135–143. Salamanca: Universidad de Salamanca.

Koptjevskaja-Tamm, Maria (2003): Possessive noun phrases in the languages of Europe. In Frans Plank (ed.), *Possessive noun phrases in the languages of Europe*, 621–722. Berlin, Boston, New York: De Gruyter.

Laca, Brenda (2006): El objeto directo. La marcación preposicional. In Concepción Company Company (ed.), *Sintaxis histórica del español. Primera parte: La frase verbal*, vol. 1, 423–475. México: Universidad Nacional Autónoma de México.

Lakoff, George & Mark Johnson (1980): *Metaphors we live by*. Chicago: University of Chicago Press.

Lapesa, Rafael (1964): Los casos latinos: restos sintácticos y sustitutos en español. *Boletín de la Real Academia Española* 44 (171), 57–105.

Ledgeway, Adam (2009): *Grammatica diacronica del napoletano*. Tübingen: Niemeyer.

Leroy, Sarah (2004): *Le nom propre en français*. Paris: Ophrys.

López Martínez, María Sol (1993): *O complemento directo con preposición a en galego*. Santiago de Compostela: USC.

López Martínez, María Sol (1999): O emprego de a+CD na lingua galega falada. In Rosario Álvarez & Dolores Vilavedra (eds.), *Cinguidos por unha arela común: homenaxe ó profesor Xesús Alonso Montero*, vol. 1, 551–563. Santiago de Compostela: USC.

Lyons, Christopher (1999): *Definiteness*. Cambridge: Cambridge University Press.

Marcellesi, Jean-Baptiste (1986): Le 'complement d'objet direct' en Corse: à + SN de GV, Ø + SN de GV. In *Actes du XVIIe Congrès International de Linguistique et Philologie Romanes*, vol. 4, 127–138. Aix-en-Provence: Université de Provence.

Mardale, Alexandru (2008): Microvariation within Differential Object Marking: Data from Romance. *Revue roumaine de linguistique* 4 (3), 448–467.

Martín Zorraquino, María Antonia (1976): A + objeto directo en el Cantar de Mio Cid. In Germán Colón & Robert Kopp (eds.), *Mélanges de langues et de littératures romanes offerts à Carl Theodor Gossen*, vol. 2, 555–566. Bern-Liège: Francke.

Meier, Harry (1947): O problema do acusativo preposicional no catalão. *Boletim de Filologia* 8, 237–260.

Miron-Fulea, Mihaela, Carmen Dobrovie-Sorin & Ion Giurgea (2013): Proper names. In Carmen Dobrovie-Sorin & Ion Giurgea (eds.), *A reference grammar of Romanian. Volume 1: The noun phrase*, 719–745. Amsterdam, Philadelphia: Benjamins.

Monedero Carrillo de Albornoz, Carmen (1978): El objeto directo preposicional y la estilística épica (Nombres geográficos en El Cantar de Mio Cid). *Verba* 5, 259–304.

Monedero Carrillo de Albornoz, Carmen (1983): El objeto directo preposicional en textos medievales (nombres propios de personas y títulos de dignidad). *Boletín de la Real Academia Española* 63, 241–302.

Moravcsik, Edith A. (2013): *Introducing language typology*. Cambridge: Cambridge University Press.

Neuburger, Kathrin Anne & Elisabeth Stark (2014): Differential Object Marking in Corsican: Regularities and triggering factors. *Linguistics* 52 (2), 365–389.

Nübling, Damaris, Fabian Fahlbusch & Rita Heuser (2015): *Namen. Eine Einführung in die Onomastik*. 2nd edn. Tübingen: Narr.
Palm, Lars (1977): La construction "li filz le rei" et les constructions concurrentes avec "a" et "de" étudiées dans les oeuvres littéraires de la seconde moitié du XIIe siècle et du premier quart du XIIIe siècle. Uppsala: Almqvist & Wiksell.
Perini, Mário Alberto (2002): *Modern Portuguese: A reference grammar*. New Haven: Yale University Press.
Pineda, Anna (forthcoming): El complement directe. In Josep Martines & Manuel Pérez-Saldanya (eds.), *Gramàtica del català antic*. Amsterdam, Philadelphia:Benjamins.
Pittau, Massimo (1972): *Grammatica del sardo-nuorese*. Bologna: Pàtron.
Prieto Entrialgo, Clara Elena (2010): Reflexones sobre la marcación preposicional del OD n'asturianu. Dellos datos medievales. *Lletres Asturianes* 103, 17–34.
Primus, Beatrice (2012): Animacy, generalized semantic roles, and differential object marking. In Monique Lamers & Peter de Swart (eds.), *Case, word order, and prominence. Interacting cues in language production and comprehension*, 65–90. Dordrecht: Springer.
Putzu, Ignazio (2005): L'accusativo preposizionale in sardo campidanese. Aspetti tipologici e contesti areali. In Antonietta Dettori (ed.), *Lingue e culture in contatto*, 225–260. Carocci: Roma.
Putzu, Ignazio (2008): Per uno studio dell'accusativo preposizionale in sardo antico: emergenze dallo spoglio del Condaghe di San Pietro di Silki. In Romano Lazzeroni, Emanuele Banfi, Giuliano Bernini, Marina Chini & Giovanna Marotta (eds.), *Diachronica et Synchronica. Studi in onore di Anna Giacalone Ramat*, 397–428. Pisa: ETS.
Reichenkron, Günter (1951): Das präpositianale Akkusativ-Objekt im ältesten Spanisch. *Romanische Forschungen* 63 (3–4), 342–397.
Rohlfs, Gerhard (1971): Autour de l'accusatif prépositionnel dans les langues romanes: concordances et discordances. *Revue de linguistique romane* 35, 312–334.
Rohlfs, Gerhard (1973): Panorama de l'accusatif prépositionnel en Italie. *Studii și cercetări lingvistice* 24, 617–621.
Sáenz, Hilario (1936): The preposition "a" before place-names in Spanish. *The Modern Language Journal* 20 (4), 217–220.
Schlücker, Barbara & Tanja Ackermann (2017): The morphosyntax of proper names: An overview. *Folia Linguistica* 51 (2), 309–339.
Schmidely, Jack (1986): A devant l'objet "direct" en corse et en espagnol. In *Actes du XVIIe Congrès International de Linguistique et Philologie Romanes*, vol. 4, 115–125. Aix-en-Provence: Université de Provence.
Seržant, Ilja A. & Alena Witzlack-Makarevich (eds.) (2018): *Diachrony of differential argument marking*. Berlin: Language Science Press.
Silverstein, Michael (1976): Hierarchy of features and ergativity. In Robert M. W. Dixon (ed.), *Grammatical categories in Australian languages*, 112–171. Canberra: Australian Institute of Aboriginal Studies.
Thomas, Earl W. (1969): *The syntax of spoken Brazilian Portuguese*. Nashville: Vanderbilt University Press.
Tigău, Alina (2011): Syntax and interpretation of the direct object in Romance and Germanic languages with an emphasis on Romanian, German, Dutch and English. București: Editura Universității București.

Torrego, Esther (1999): El complemento directo preposicional. In Ignacio Bosque & Violeta Demonte Demonte (eds.), *Gramática descriptiva de la lengua española*, 1780–1805. Madrid: Espasa Calpe.
Van de Velde, Mark (2006): Multifunctional agreement patterns in Bantu and the possibility of genderless nouns. *Linguistic Typology* 10 (2), 183–221.
Van Langendonck, Willy (2007): *Theory and typology of proper names*. Berlin, Boston, New York: De Gruyter.
von Heusinger, Klaus & Edgar Onea Gáspár (2008): Triggering and blocking effects in the diachronic development of DOM in Romanian. *Probus* 20 (1), 67–110.
von Heusinger, Klaus & Georg Kaiser (2005): The evolution of differential object marking in Spanish. In Klaus von Heusinger, Georg Kaiser & Elisabeth Stark (eds.), *Proceedings of the workshop "Specificity and the evolution/emergence of nominal determination systems in Romance"*, 33–69. Konstanz: Universität Konstanz.
von Heusinger, Klaus & Georg A. Kaiser (2011): Affectedness and Differential Object Marking in Spanish. *Morphology* 21 (3–4), 593–617.
Whaley, Lindsay J. (1997): *Introduction to typology: The unity and diversity of language*. Thousand Oaks: Sage.
Witzlack-Makarevich, Alena & Ilja A. Seržant (2018): Differential argument marking: Patterns of variation. In Ilja A. Seržant & Alena Witzlack-Makarevich (eds.), *Diachrony of differential argument marking*, 1–40. Berlin: Language Science Press.
Yarshater, Ehsan (1969): *A grammar of southern Tati dialects*. The Hague, Paris: Mouton.

Appendix

The following table contains the sample of languages and language varieties that constitutes the data base for the investigation of the synchronic and diachronic patterns of DOM presented above.

Language sample

n	Language	References
1.	Asturian	ALLA (2001), Prieto (2010), Viejo (2008)
2.	Catalan	Cabanes (1995), Meier (1947)
3.	Corsican	Giancarli (2014), Marcellesi (1986), Neuburger & Stark (2014), Rohlfs (1971)
4.	Galician	Cidrás (2006), López (1993; 1999), Sousa (1994)
5.	Neapolitan	Ledgeway (2009), Rohlfs (1973)
6.	Portuguese	Delille (1970), Hundertmark-Santos (2014), Perini (2002), Thomas (1969)
7.	Romanian	Tigău (2011), von Heusinger & Gáspár (2008)
8.	Sardinian	Jones (1995; 2003), Pittau (1972), Putzu (2005), Rohlfs (1971)
9.	Sicilian	Guardiano (2000), Iemmolo (2007; 2009), Rohlfs (1971)
10.	Spanish	DeMello (2000), Folgar (1988), Laca (2006), Martín (1976), Monedero (1978; 1983), Sáenz (1936), Torrego (1999)

Alexander Werth
Referenzkoordinatoren: Namengrammatik im Dienste des Rezipientendesigns

Zusammenfassung: Im Beitrag wird anhand von Gesprächsdaten untersucht, inwiefern grammatische Marker am Personennamen in den Varietäten des Deutschen dazu eingesetzt werden können, dem Adressaten Referenz zu erleichtern (sog. Referenzkoordinatoren). Hierzu werden die Verwendungsweisen des Definit-, Null- und Possessivartikels sowie der Objektflexion bei Verwandtschaftsbezeichnungen und der Serialisierung ‚Familienname-vor-Rufname' geprüft. Es zeigt sich, dass Referenzkoordinatoren grundsätzlich dem Rezipientendesign, d. h. hier dem adressatenbezogenen Sprechen, dienen, wobei sich ihre Funktionsbereiche auf die Indexikalitätsmarkierung, die Extensionsbeschränkung und die Ingroup-Outgroup-Differenzierung erstrecken (teils mit regionalen Schwerpunkten). Allgemein weisen die Befunde darauf hin, dass die Prämisse, derzufolge Namen inhärent definit und monoreferent seien und deshalb kontextunabhängig und ohne Zuhilfenahme von Determinierern obligatorisch Referenz ermöglichen sollten, aus interaktionaler Perspektive in Frage zu stellen ist. Vielmehr stellt sich die Referenzherstellung auch bei Namen als eine interaktionale Aufgabe zwischen den Gesprächspartnern dar, zu deren Gelingen Referenzkoordinatoren einen entscheidenden Beitrag liefern können.

1 Einleitung

In der Semantik werden Namen von Appellativa üblicherweise dadurch abgegrenzt, dass Namen nicht denotieren, d. h. nicht in semantische Merkmale dekomponierbar sind. Ihre Extension ist maximal ausgeprägt, wodurch Namen zur Identifikation des Benannten (z. B. Personen, Orte, Ereignisse) dienen, während Appellativa dieses zusätzlich charakterisieren (z. B. Fleischer 1964: 377, Debus 1985: 56). Zudem sind Namen inhärent definit und monoreferent, während beides auf Appellativa nicht – oder zumindest nur sehr eingeschränkt, z. B. bei Unika – zutrifft. Hieraus wurde in der Forschung häufig geschlussfolgert, dass Namen für die Sprachteilnehmer immer, d. h. kontextunabhängig Referentenidentifikation

---

Alexander Werth: Forschungszentrum Deutscher Sprachatlas, Pilgrimstein 16, 35032 Marburg, E-Mail: alexander.werth@uni-marburg.de

https://doi.org/10.1515/9783110685886-010

ermöglichen, während dies bei Appellativa nicht der Fall ist und diese vielmehr grammatische Marker (z. B. Determinierer) sowie einen Ko- und Kontext für die Herstellung von Referenz benötigen (z. B. Leys 1967: 22, Debus 1985: 57, Fleischer 1985: 81).

Dass Referenz unter Verwendung von Namen in alltäglicher Kommunikation möglicherweise nicht ganz so einfach herzustellen ist, wie es die Semantik vorhersagt, ist inzwischen Gegenstand einer lebhaften Forschungsdiskussion und wird unter dem Stichwort ‚Referenz im Diskurs' behandelt (z. B. Sacks & Schegloff 1979, Auer 1983, Clark & Wilkes-Gibbs 1986, Downing 1996, Schegloff 1996, Hayashi 2005, Enfield & Stivers 2007, Kibrik 2011, Kitzinger et al. 2012, Lerner et al. 2012, Golato 2013, Betz 2015). Zur Illustration eines misslungenen Referenzakts unter Verwendung von Namen mag das folgende Beispiel aus Golato (2013: 32) dienen:

Beispiel 1
```
01   I:    heiko is nich so BLÖ:D wie man das immer
02         gedacht hat und
03   X:    wer is HEIko denn noch ma:l;
```

In Z. 01 versucht Sprecher I die Personenreferenz mit geringstmöglichem sprachlichem Aufwand, also quasi „en passant" (Auer 1984: 629) herzustellen. Hierfür spricht, dass er als referenziellen Ausdruck einen Rufnamen und damit einen nähesprachlichen Referenzausdruck verwendet, der Intimität impliziert und Sprecher X deshalb bekannt sein sollte (vgl. Ariel 1988: 74). Die gescheiterte Referenz wird von Sprecher X im Anschluss (Z. 03) verbalisiert, wobei die Nennung des Namens *Heiko* im interrogativen Sprechakt ‚wer ist noch mal' dafür spricht, dass der Adressat den Ausdruck akustisch zwar versteht und ihn auch als Name klassifiziert, er den exakten Referenten aber dennoch nicht identifizieren kann (vgl. Golato 2013: 38–39).[1] Solche und ähnliche Belege misslungener Referenzherstellung bei Namen – ich beschränke mich für die folgenden Ausführungen auf Personennamen – lassen sich in der Alltagskommunikation häufig finden, sie sind in der Forschung auch schon eingehend dokumentiert und diskutiert worden (z. B. in Auer 1983, Golato 2013, Betz 2015). In der Praxis zeigt sich nun allerdings, dass Referenz auch – und vor allem! – bei der Verwendung von Namen meist problemlos funktioniert (vgl. die Befunde von Downing 1996 und Heritage 2007 zum Englischen), d. h. Sprecher und Adressat(en) verfügen über Kommunika-

---

[1] „Referent", „Sprecher", „Adressat" usw. werden hier als Rollen verstanden und nicht als konkrete Personen. Daher verwende ich keine Gender-Markierungen.

tionsstrategien, die sie anwenden, um mit Namen eindeutig, gleichzeitig aber auch mit geringstmöglichem sprachlichem Aufwand referieren zu können. Solche Strategien der Referenzherstellung auf der grammatischen Ebene zu untersuchen, ist Gegenstand dieses Beitrags. Anhand von Gesprächsdaten soll gezeigt werden, dass Sprecher regionalsprachlicher Varietäten des Deutschen grammatische Marker wie den Definit- und Possessivartikel, die Namenflexion und die Serialisierung von Ruf- und Familienname gezielt dazu einsetzen, dem Adressaten die Referenz zu erleichtern.

Im Beitrag werden zunächst allgemeine Prinzipien der Personenreferenz im Gespräch vorgestellt und diese im Anschluss um das Konzept der Referenzkoordinatoren erweitert. Im Anschluss wird das Korpus vorgestellt. Es folgt eine Analyse fünf verschiedener Referenzkoordinatoren, ehe im Fazit die Ergebnisse zusammengefasst und die Implikationen der Befunde diskutiert werden.

2 Personenreferenz im Gespräch

2.1 Allgemeine Prinzipien

Referenzausdrücke werden von den Gesprächspartnern üblicherweise hochgradig routinisiert und automatisiert ausgewählt und verwendet. Dies ist eine Voraussetzung dafür, dass Referenz schnell verarbeitet werden kann und Kommunikation damit effizient abläuft. Die Wahl eines konkreten Referenzausdrucks aus dem in einer Sprache zur Verfügung stehenden Gesamtinventar an Ausdrücken bietet dem Sprecher, neben der Referenz, dabei immer auch die Möglichkeit, dem Adressaten zusätzliche Informationen über sich selbst, über den Adressaten oder auch über den Referenten zu vermitteln (vgl. das Konzept der Sozialdeixis bei Levinson 1983: 89–94). Worin bestehen aber nun die Referenzierungsroutinen, die Sprecher und Adressat im Gespräch anwenden? Sacks & Schegloff (1979) haben in einer wegweisenden Studie zur Personenreferenz im amerikanischen Englisch zwei Optimierungsprinzipien festgestellt, die die Wahl des Referenzausdrucks steuern: Rezipientendesign und Minimalisierung.[2] So präferiert der Sprecher den Autoren zufolge generell kurze ('minimale') Referenzausdrücke, z. B. Namen oder singuläre Verwandtschaftsbezeichnung, die aber gleichzeitig für den Adressaten im gegebenen Kontext so verständlich sind, dass

---

[2] Das Zusammenspiel beider Prinzipien wurde inzwischen auch für zahlreiche andere Sprachen nachgewiesen, siehe dazu den Sammelband von Enfield & Stivers (2007).

Referenz eindeutig hergestellt werden kann. Im Zweifel obsiegt das Rezipientendesign, d. h. Referenzausdrücke werden formseitig komplexer, sofern sich der Sprecher unsicher bzgl. der Suffizienz eines kurzen Ausdrucks ist. Die Wahl eines Referenzausdrucks spiegelt damit wider, welches Wissen über den Referenten der Sprecher dem Adressaten zuschreibt. Werden die genannten Referenzstrategien eingehalten, kann sich der Adressat also darauf verlassen, dass der Sprecher einen Referenzausdruck gewählt hat, bei dem er davon ausgeht, dass dieser für den Adressaten hinreichend im Sinne der Referenzherstellung ist. Als optimale und deshalb auch sehr häufig gebrauchte Kandidaten für Referenzausdrücke (sog. *recognitionals*) begreifen Sacks & Schegloff (1979) Rufnamen, da diese bei maximaler formseitiger Kürze (z. B. gegenüber dem Gesamtnamen) dem Adressaten gleichzeitig ein Maximum an zugeschriebener Vertrautheit mit dem Referenzausdruck suggerieren. Doch werden Rufnamen in Konversationen überhaupt prototypisch zur Referenzierung verwendet, wie auch Downing (1996: 99) anhand ihres englischsprachigen Korpus feststellen konnte. Scheitert die Referenz bei der Verwendung von Rufnamen dennoch, stehen den Gesprächspartnern zur Referenzherstellung Mittel der Selbst- und Fremdreparatur zur Verfügung, wie Beispiel 2 illustriert.[3]

Beispiel 2 (REDE, GIBI2)

```
01   A:   der WILhelm is eben gekomme; unsere
02        DUNSTabzugshaube is gabut gegange.
03   B:   was dann fürn WILhelm?
04   A:   !MIL!ler; (0.5) [<<:-)>[de eLEKtro miller>].
05   B:                   [ach SO:;]
```

Sprecher A korrigiert dort den in Z. 01 gewählten Referenzausdruck *Wilhelm* mit einer fremdinitiierten Selbstreparatur (Schegloff, Jefferson & Sacks 1977), indem er in Z. 04 den Rufnamen um einen Familiennamen ergänzt bzw. im Anschluss den Referenzausdruck durch eine enge Apposition ersetzt.

Was ebenfalls deutlich wird: Bei der Referenzierung handelt es sich um einen „kollaborativen Prozess" (Clark & Wilkes-Gibbs 1986) zwischen den Gesprächsteilnehmern, d. h. Referenz herzustellen und im Gespräch fortlaufend zu sichern, liegt nicht nur in der Verantwortung des Sprechers, sondern auch in der des Adressaten:

---

[3] Zu den Transkriptionskonventionen siehe Abschnitt 3.

Referenz wird als gemeinsame Aufgabe von S[precher] und H[örer] verstanden und nicht als rein arbeitsteiliger Prozeß, bei dem der Sprecher signalisiert, von welchem Gegenstand die Rede ist, und der Hörer diesen Gegenstand zu identifizieren hat." (Bisle-Müller 1991: 13)

So erfordert die obligatorische Kontextgebundenheit des Referierens oder – wie Garfinkel (1967) schreibt – die hoffnungslose Indexikalität der Sprache für alle Referenzausdrücke, d. h. auch für Namen, ein Mindestmaß an Inferenzleistung durch den Adressaten. Ihn bei dieser Leistung zu unterstützen, ist – im Sinne des Grice'schen Kooperationsprinzips – Aufgabe des Sprechers. Er kann dabei davon ausgehen, dass dem Adressaten die Referenz gelungen ist und damit ein geteiltes Wissen (*common ground*, dazu grundlegend Clark 1996) für die Themenverankerung und für die Fortführung des Gesprächs geschaffen ist, sofern dieser zur Benennung nicht selbst Stellung bezieht, d. h. er die Referenz nicht zum Thema des Gespräches macht. Es handelt sich damit im Regelfall um eine nicht verbalisierte Ratifizierung eines Sprechaktes und damit einer gegenseitigen Verständnissicherung. Andererseits darf die Koordination von Sprecher- und Adressatenwissen bei der Referenz auch nicht allzu umfangreich ausfallen („principle of least collaborative effort" bei Clark & Wilkes-Gibbs 1986). Zögern, die Verbalisierung eines Referenzierungsproblems oder auch eine entsprechende Mimik und Gestik beim Adressaten führen beim Sprecher zu Turn-Unterbrechungen und Reparaturhandlungen und sind im Sinne einer effizienten Kommunikation zu vermeiden (s. Beispiel 2).

Präferenzen lassen sich aber nicht nur im Hinblick auf die Auswahl des Referenzausdrucks feststellen, sondern auch hinsichtlich der Position im Gespräch, in der Sprecher einen bestimmten Referenzausdruck bevorzugt verwenden. So unterscheidet Schegloff (1996) für die Referenz zwischen ,locally initial position' und ,locally subsequent position(s)', wobei Personennamen präferiert zur Erstreferenz und Pronomen zur Anaphorik dienen (vgl. dazu auch die Befunde in Werth 2020). Referenzierungsprobleme sollten nun Auer (1983) zufolge möglichst früh im Gespräch abgehandelt werden, und diese initialen Referenzpositionen sind es auch, die für den Fortlauf des Beitrags eine besondere Rolle spielen sollen.

2.2 Strategien der Referenzkoordination

Unter dem eben diskutierten Ökonomiepostulat sind die Referenzierungsstrategien des Sprechers ins Blickfeld der Betrachtung zu nehmen. Zu fragen ist, welche sprach- und varietätenspezifischen Kodierungsstrategien Sprecher in spezifischen Kontexten anwenden können, um dem Adressaten Referenz zu erleichtern. Hierbei rücken die sog. Indexikalitätsmarker (Auer 1981) bzw.

Referenzkoordinatoren (Bisle-Müller 1991) ins Zentrum des Interesses. Es handelt sich dabei um sprachliche Zeichen (meist sind es Gramme), die sprecherseitig dazu dienen, dem Adressaten Informationen darüber zu liefern, dass nun ein Referenzausdruck verwendet wird, der eine besondere Inferenzleistung und damit eine erhöhte Aufmerksamkeit auf Seiten des Adressaten erfordert. Konkreter kann mit Referenzkoordinatoren – ich verwende im Folgenden Bisle-Müllers Begrifflichkeit gegenüber der von Auer, da sie mir umfassender erscheint – signalisiert werden, dass der Adressat ein kontextunabhängiges, d. h. ein lexikalisches oder enzyklopädisches Wissen abrufen muss, um einen bestimmten Referenten identifizieren zu können. Siehe hierzu das folgende Beispiel aus Auer (1981: 301), wo *dieser* auf das im Gespräch zuvor unerwähnt gebliebene Ereignis des Hemdglöcknerumzugs anamnestisch Bezug nimmt. Von der Referenzierungssequenz in Z. 01 und 02 leitet Sprecher C unmittelbar zur Themenexplikation weiter (Z. 03), was verdeutlicht, dass er mit dem Fortlauf seines Redebeitrags nicht erst die Verständnissicherung durch Sprecher X abwarten möchte, sondern Referenz *en passant* erfolgen soll. Im Verständnis von Sprecher C liefert der Referenzkoordinator *dies-* hierfür den entscheidenden Beitrag.

Beispiel 3
```
01  C.:  aber was isch gut fande war dieser Hemd
02       glöcknerumzug - von den Kindern,
03       [wo die auch so]
04  X.:  [was fürn Umzug]
```

So sieht Weinrich (2005: 441) in der Verwendung von *dies-* im Deutschen auch ein „Aufmerksamkeits- und Warnsignal" begründet, das dem Adressaten „einen Knick in der Referenz und somit eine mögliche Gefahr des Missverständnisses" signalisiert, z. B. in Referenzketten, in denen ein Nomen nicht koreferent, sondern durch ein Hyperonym wieder aufgenommen wird (*das Haus – dieses Gebäude*). Auer (1981: 308) spezifiziert dahingehend, dass Indexikalitätsmarker wie *dies-* hier dazu dienen, „den Rezipienten offen auf die zwar vom theoretischen Standpunkt aus immer gegebene, von den Teilnehmern in der Regel aber vernachlässigte und übergangene Indexikalität aller sprachlichen Handlungen hinzuweisen" und ihm damit zu vermitteln, dass von ihm eine besondere, weil pragmatisch markierte Referenzierungsleistung erforderlich ist. Und weiter heißt es dazu bei Auer (1981: 308):

> Das Indexikalitätsmarkierungssystem ist ein Gegenstück zum Reparatursystem in Konversationen: während das letztere im nachhinein bestimmte Stellen reformuliert, korrigiert, ergänzt usw., arbeitet ersteres präventiv, indem es versucht, kritische Stellen der

Interpretation so zu kennzeichnen, daß sie von den Beteiligten möglichst leicht bewältigt werden können und so der potentielle Aufwand an Reparaturen gering gehalten wird.

Im Sinne einer effektiven Kommunikation sind Referenzkoordinatoren dabei gegenüber Selbstreparaturen zu präferieren. Siehe dazu Beispiel 4, wo die Suffizienz des Referenzausdrucks in Z. 01 durch ein vorangestelltes *kennst du* in Kombination mit einem final steigenden Intonationsverlauf vom Sprecher selbst in Frage gestellt wird, und im Fortlauf eine Verständnissicherung durch den Adressaten erforderlich ist, damit das Gespräch fortgesetzt werden kann.

Beispiel 4 (REDE, FL3)
```
01   A:     kennst du wilhelm PEters?
02   B:     JA (0.7) <lachend<ja::>> wilhelm PEters kenn
03          Ik.(kichert)
```

Einleitend wurde die routinisierte und automatisierte Verwendung von Referenzausdrücken als Bedingung für eine effiziente Kommunikation genannt. Dies beinhaltet ihre kontextadäquate Verwendung. Wird dagegen – bewusst oder unbewusst – verstoßen, muss der Referenzausdruck als mehr oder weniger pragmatisch markiert gelten. Stivers, Enflied & Levinson (2007: 8) erläutern, was darunter zu verstehen ist:[4]

> For any recurrent type of coordination problem conventionally solved by the use of language, there should be an unmarked way to formulate it. In other words, if it is the kind of thing you need to say regularly, there will be a standard way to say it. [...] Correspondingly, saying it in some other way is marked.

Die Verwendung eines pragmatisch markierten Referenzausdrucks sollte demnach beim Adressaten zwei Fragen evozieren (Stivers, Enfield & Levinson 2007: 9–10): 1. „Why is the speaker not formulating this reference in the normal, unmarked way? 2. „Why is the speaker formulating this reference in this way?". Referenzkoordinatoren, so die Idee, fallen unter die pragmatische Markiertheitsbedingung, da sie dem Adressaten über den üblichen Versuch der Referenzherstellung hinaus noch weitere Informationen zum Referenten liefern, die der Adressat für die Referenz nutzen kann. Im Einzelnen zeichnen sich Referenzkoordinatoren, so wie ich sie verstehen möchte, durch die folgenden Eigenschaften aus:
1. Referenzkoordinatoren werden vom Sprecher nicht-obligatorisch verwendet.

---

4 Mit „coordination problem" sind hier Probleme bei der Referenzierung gemeint.

2. Referenzkoordinatoren können extensionsbeschränkend sein. Sie können damit eine spezifischere Referentenauswahl ermöglichen, als es mit der Verwendung des blanken Namens der Fall ist.
3. Referenzkoordinatoren treten präferiert in initialer Referenzposition und damit bei der Erstnennung eines Referenten im Gespräch auf.
4. Referenzkoordinatoren verweisen auf ein geteiltes Wissen der Gesprächspartner und erfordern damit vom Adressaten eine erhöhte Inferenzleistung gegenüber Referenzausdrücken, die alleine über den Ko- oder Kontext einer Äußerung erschlossen werden können.

3 Daten

Für den vorliegenden Beitrag wurden insgesamt 283 Gespräche von 547 Sprechern aus 143 Orten im bundesdeutschen Raum auf Referenzkoordinatoren hin ausgewertet. Da es sich hierbei in erster Linie um einen qualitativen Zugang zur linguistischen Analyse von Gesprächen handelt, wurde auf die Wiedergabe von Gebrauchshäufigkeiten im Beitrag weitgehend verzichtet. Die Gesprächsdaten, es handelt sich um Alltagsgespräche zwischen befreundeten oder bekannten Personen zwischen 17 und 89 Jahren, stammen aus dem Projekt ‚regionalsprache.de' (kurz: REDE) und weisen eine flächendeckende Verteilung für alle in Wiesinger (1983) ausgewiesenen bundesdeutschen Dialekträume auf. Die dort dokumentierten Sprecherinnen und Sprecher (meist handelt es sich um Sprecher) repräsentieren dabei verschiedene Sprechlagen vom Basisdialekt bis zum Kolloquialstandard (dazu Schmidt & Herrgen 2011, Kehrein 2012). Für die Analyse von zwei Referenzkoordinatoren, ‚Nullartikel bei adjektivischer Erweiterung' und ‚Objektflexion bei Verwandtschaftsbezeichnungen', wurde zudem auf initiierte Erzählmonologe aus dem Korpus ‚Schallaufnahmen aller deutschen Mundarten' (kurz: ZW für ‚Zwirner-Korpus') aus den 1950er Jahren zurückgegriffen, da es sich hierbei vermutlich um basisdialektale Merkmale des Dialekts handelt, die in REDE nicht mehr in ausreichender Zahl dokumentiert sind. Die Transkriptionen der Korpusbelege erfolgen in diesem Beitrag in einer leicht lesbaren Umschrift, die an das Gesprächsanalytische Transkriptionssystem GAT2 angelehnt ist (Selting et al. 2009).[5] Alle personenbezogenen Namen in REDE sind dabei aus datenschutzrechtlichen Gründen durch Pseudonyme ersetzt worden.

---

5 Dies betrifft die Zeichensetzung, die in den Belegen besondere Tonhöhenbewegungen am Äußerungsende kennzeichnet: [?] = hoch steigend, [,] = steigend, [-] = gleich bleibend, [;] = fallend

4 Analyse von Referenzkoordinatoren

Das Nominalsystem des Deutschen enkodiert morphosyntaktisch eine Vielzahl an Referenzformen. Dies ermöglicht es dem Sprecher, bei der Personenreferenz grundsätzlich zwischen verschiedenen Ausdrucksmöglichkeiten zu wählen, wobei – wie oben beschrieben – die spezifische Auswahl an Referenzausdrücken funktional relevant sein kann. Variabel gestaltet sich dabei im Deutschen zunächst, d. h. in der linearen Abfolge der NP-Struktur, die Form des einleitenden Artikelwortes. Hier ist in Abhängigkeit von semantisch-pragmatischen, morphosyntaktischen und arealsprachlichen Faktoren die Verwendung eines Demonstrativ-, Definit-, Indefinit-, Possessiv- oder Nullartikels möglich (vgl. Nübling, Fahlbusch & Heuser 2015: 80–84, Duden 2016: 299–302). Daneben sind Personennamen auch attributiv erweiterbar, etwa durch Adjektiv- oder Genitivattribute (*die lustige Gerda*, *Peters Lisa*) sowie bei Appositionsbildung (*Bäcker Ernst*). Namenflexion hingegen ist in den Varietäten des Deutschen weitgehend abgebaut, im Schriftdeutschen und im gesprochenen Standard ist sie nur noch bei der Genitivflexion (*Simons Buch*) sowie beim s-Plural (*die Marias, die Schmidts*) zu finden. In manchen Dialekten können außerdem noch die Objektkasus flektieren (z. B. in nordfriesischen Dialekten nach Hoekstra 2010). Schließlich kann in der NP auch der Namenkern variieren, substandardsprachlich z. B. bei der gedrehten Abfolge von Ruf- und Familienname (teils mit Fugenelement: *de Schmid-e Karl, de Hoffmann-s Karl*, vgl. Bach 1952) oder auch bei der präferierten Verwendung von Familien- gegenüber Rufnamen (dazu Werth 2020).

Im Weiteren werde ich verschiedene grammatische Möglichkeiten der Referenzkoordination vorstellen. Es wird sich zeigen, dass in den regionalen Varietäten des Deutschen unterschiedliche Referenzstrategien zur Anwendung kommen. Teils sind diese auf einzelne Dialekträume beschränkt, teils handelt es sich um dialektraumübergreifende Strategien, die sich aber allesamt dadurch auszeichnen, dass sie im Schriftdeutschen keine Verwendung finden.

4.1 Definitartikel

In der Forschung wurde wiederholt darauf hingewiesen, dass bei Verbindungen aus Definitartikel und Personenname (*die Julia, der Schröder*) eine logische

---

und [.] = tief fallend. Daneben wird überlappende Rede durch [], ausgelassene Rede durch [...] und Sprechpausen durch (...) gekennzeichnet. Sprachbegleitende Handlungen sind in spitze Klammern gesetzt.

Redundanz vorliegen würde (z. B. Kolde 1995: 404, Kohlheim & Kohlheim 2004: 673). So seien Personennamen inhärent definit und bedürften somit keines Artikels als zusätzlichem Definitheitsmarker (Adelung 1781: 94, Hoffmann 1999: 217). Dass der Definitartikel bei Personennamen in den Varietäten des Deutschen dennoch verwendet wird, deutet nun darauf hin, dass die Verbindung hier mehr als eine bloße Referenzleistung erbringt und damit potentiell auch als Referenzkoordinator in Frage kommt. Im Sinne der oben angestellten Überlegungen zur pragmatischen Markiertheit ist hierbei allerdings eine regionale Differenzierung zu treffen: So handelt es sich bei Verbindungen aus Definitartikel und Personenname in ober- und mitteldeutschen Varietäten – eine genauere regionale Differenzierung wird in Werth (2014, 2015, 2020) vorgenommen – um präferierte und damit um unmarkierte Referenzausdrücke. Pragmatische Funktionsweisen über die bloße Referenz hinweg sind deshalb hier auch nicht zu erwarten. Umgekehrt handelt es sich im norddeutschen Sprachraum bei der artikellosen Variante um den unmarkierten Typ, die folgenden Ausführungen zur Referenzkoordination betreffen dementsprechend auch nur den Artikelgebrauch bei Sprechern dieser Varietäten.

In Beispiel 5 erfüllt die Verwendung des Definitartikels am Namen alle Kriterien eines Referenzkoordinators. So wird der Personenname in Z. 01 erstmals im Gespräch verwendet, es handelt sich damit nicht um einen anadeiktischen oder anaphorischen, sondern um einen anamnestischen Verweis auf eine Person. Ähnlich wie in Beispiel 4 wird die Suffizienz des Referenzausdrucks vom Sprecher so auch selbst in Frage gestellt, was zeigt, dass es sich hierbei um eine problematische Referenzierungssequenz im Sinne Auers handelt. Die Bestätigung über die gelungene Referenz auf Seiten von Sprecher B erfolgt dann im Anschluss in Z. 03 (Verwendung eines Demonstrativums mit Kontrastlesart), woraufhin Sprecher A eine längere Erzählpassage über Handlungen des Referenten anschließt (hier nicht zur Gänze wiedergegeben). Noch einmal explizit bestätigt wird die Referenzherstellung dann in Z. 05, diesmal erfolgt die Referenzierung allerdings mit einem artikellosen Rufnamen, was exemplarisch für die vorliegenden Daten die Präferenz für den Artikelgebrauch in initialen Referenzkontexten und die für die artikellose Variante in der Wiederaufnahme des Referenzausdrucks zeigt (vgl. dazu auch den Befund in Betz 2015: 150).

Beispiel 5 (REDE, CLP3)

```
01   A:    kennst den peter KLEIN; den TAxifahrer von hin-
02         denbeck?
03   B:    DER is dat?
```

```
04    A:    ja, der hät da Oben in de wohnung säten [...]
05    B:    ja, PEter kenn ik aber.
```

Anders als in Beispiel 5 trägt in 6 die Referenzierungssequenz den Charakter eines *try-markers* (vgl. Sacks & Schegloff 1979). So leitet elliptisches *kennst* (für 'du kennst') hier nicht eine Frage, sondern eine Feststellung ein (prosodisch unterstützt durch ein fallendes Intonationsmuster). Dass sich Sprecher B selbst nicht sicher bzgl. der Suffizienz des Rufnamens ist, zeigt sich neben dem indexikalitätsmarkierenden Definitartikel auch am adjazent zum Referenzausdruck angeschlossenen Attributsatz (Z. 03) sowie an der Modalpartikel *ja* (Z. 02), die hier ebenfalls zur Indexikalitätsmarkierung dient (vgl. Reineke 2016). Sie weist darauf hin, wie die mit *ja* eingeleitete Äußerung mit Konversationsmaximen (hier mit der Maxime der Quantität) übereinstimmt (sog. *maxim hedges* nach Levinson 1983: 162). Auch die Pause von 0,5 Sek. in Z. 03 dient in diesem Zusammenhang als *try-marker* für den Referenzausdruck. Sprecher B fordert damit eine Bestätigung über die gelungene Referenzherstellung von Sprecher A ein. Da diese nicht erfolgt, bzw. Sprecher A in Z. 05 die fehlgeschlagene Referenzherstellung mittels Häsitationslaut auch verbalisiert, greifen bei Sprecher B Mechanismen der Selbstreparatur (Z. 3–4, 6–7), die bei Sprecher A schließlich zur Referentenidentifikation führen (verbalisiert in Z. 08).

Beispiel 6 (REDE, WHV6)
```
01    A:    ALle gehen davon aus [dass es m]
02    B:                         [KENNST ja] die susanne;
03          mit DER ich mal kurz zusammen war. (0.5) WARST
04          du ja auch einmal mit hin.
05    A:                              (0.4) hier [äh:]
06    B:                                         [die]
07          BAUmannstraße wohnt.
08    A:    geNAU da hinter-
09    B:    bis zum letzten tach dachte sie MEDchen und was
10          kam RAUS - n junge.
11    A:    mhm,
```

Ich fasse zusammen: Sprecher aus dem norddeutschen Sprachraum, welche allgemein artikellose Referenzausdrücke mit Personennamen präferieren, können den Definitartikel als Referenzkoordinator einsetzen. Sie signalisieren damit dem Adressaten, dass sie einen Personennamen verwenden, für den eine besondere Inferenzleistung erforderlich ist, um ihn einem Referenten zuweisen zu können.

Besonders ist die Inferenzleistung deshalb, weil der Referent im Gespräch zuvor unerwähnt geblieben ist und beim Adressaten nun der Abruf eines kontextunabhängigen Wissens zur Referenzherstellung notwendig ist. Es handelt sich dabei um die Referenz auf ein geteiltes Wissen, auf einen (im weitesten Sinne) gemeinsamen Bekannten der Gesprächspartner. Dies mag auch erklären, warum der onymische Artikel in den vorliegenden Daten auch typischerweise bei (vermeintlichen) Prominenten belegt ist, z. B. bei Fußballern, Filmstars und Politikern. Hier ist die Einschätzung des Sprechers über den Bekanntheitsgrad des Referenten ursächlich dafür, ob er eine Person des öffentlichen Lebens als prominent genug ansieht, damit der Namenausdruck alleine dem Adressaten Referenz ermöglicht. Tut er dies nicht, haben Sprecher im norddeutschen Sprachraum die Möglichkeit, den problematischen Referenzausdruck mittels eines Definitartikels gesondert zu markieren. So lässt sich die pragmatische Funktion, die der Definitartikel als Referenzkoordinator zum Ausdruck bringt, in etwa über den Sprechakt paraphrasieren, welchen Sprecher B in Beispiel 6, Z. 02 zum Ausdruck bringt: 'Du kennst ja die Person xy und deshalb genügt dir der Personenname als Ausdruck zur Referenzherstellung'.

4.2 Nullartikel bei adjektivischer Erweiterung

Ebenfalls bei Sprechern norddeutscher Varietäten, offensichtlich handelt es sich hierbei um ein dialektales Phänomen, findet sich ein weiterer Referenzkoordinator, der Nullartikel bei adjektivisch erweiterten Personennamen, z. B. in Beispiel 7, Z. 03.

Beispiel 7 (Zwirner, ZWS49)[6]

```
01   A:   ja und dann ging dat so WITter. min reVIER -
02        wenn ik dat so beSCHRIben soll, overran irste.
03        oln RUMP, den hef ik afgelöst. overRAN dat ging
04        von wienerts jan - bi wienert in der bräuke da
05        fing IK a:n morjens.
```

Da adjektivisch erweiterten Personennamen im Deutschen allgemein ein Artikelwort vorangestellt wird (sog. sekundärer Artikelgebrauch nach Duden 2016: 301),

---

6 Wörtliche Übersetzung: „Ja und dann ging das so weiter. Mein Revier, wenn ich das so beschreiben soll. Overragen zuerst. Alten Rump, den habe ich abgelöst. Overragen, das ging von Wienerts Jan, bei Wienert in der Bräuke, da fing ich an morgens."

ist die artikellose Variante hier als markiert zu betrachten. Tatsächlich ist die Variante mit Artikel im Norden die häufigere Variante (in 110 von 126 möglichen Belegen) und zudem kann der Artikelgebrauch in vergleichbaren Konstruktionen beim selben Sprecher und bei Referenz auf denselben Referenten auch variieren, vgl. Beispiel 8.

Beispiel 8 (Zwirner, ZW7K6)
```
01   A:    GEStern obend is ol EHlers inschluppen; [...]
02         wie sie bi EHlers rinkommen, set de ol EHlers
03         hinerm ofen mit de langen PIP;
```

Es ist nun davon auszugehen, dass bei den artikellosen Konstruktionen das Adjektiv stark in den Referenzausdruck inkorporiert ist. Im Korpus betrifft dies die Adjektive *groß*, *klein*, *alt*, *jung* und *klug* und damit Lexeme, die sich besonders gut zur Charakterisierung eines Menschen eignen. Wir hätten es damit mit einer restriktiven und nicht mit einer appositiven Modifikation eines Personennamens zu tun, da die attributive Erweiterung hier selbst funktional belastet ist und das Attribut somit nicht, wie bei appositiven Erweiterungen üblich, als fakultativ zu interpretieren ist (siehe zur Differenzierung auch IDS-Grammatik 1997: 1990).[7] So äußert sich Wiggers (1858: 33) in seiner plattdeutschen Grammatik auch wie folgt:

> Ein mit einem Adjektiv verbundener Personenname erhält den Artikel nicht, wenn die Person bekannt und man gewohnt ist, diese Eigenschaft mit ihr in Verbindung zu bringen.

---

7 Ähnlich fällt auch die Analyse zu *Little John* im Englischen aus: „Apparent examples of proper names with restrictive modifiers can usually be regarded as cases of separate but related complex proper names, which have been derived from the simple proper name. This derivation is of different kinds. Thus *Little John* as a complex proper name cannot simply be applied to anyone called John who happens to be little (as *little John*, with non-restrictive *little*, can); rather *little* is used as a kind of prefix to pick out a single individual from the multitude of people called John" (Allerton 1987: 66). Im Unterschied zum Englischen flektiert das Adjektiv im Niederdeutschen aber noch (dazu Werth 2014: 163), die morphologische Inkorporation ist deshalb dort weniger weit vorangeschritten als im Englischen. Dass Namen im Niederdeutschen auch durch restriktive Attribute erweiterbar sind, widerspricht ihrer Verwendung im Schriftdeutschen, wo Gallmann (1997: 74–75) zufolge die restriktive Erweiterung immer auch zu einer Deonymisierung des Namenausdrucks führt.

Siehe dazu auch Beispiel 9, wo die Konstruktion selbst zum Thema des Gesprächsbeitrags wird.

Beispiel 9 (Zwirner, ZW8K9)[8]

```
01  A:   ik säj ja WAT fürn klauken denn? KLAUken
02       dammann? jau und nachher komm er damit in die
03       REIhe nee den klauken dammann MEEN ik ja nich,
04       dann säch wir nämlich klauken DAMmann in de
05       derp, er ist nämlich en GA::N klauken un SIN
06       vadder war immer de klauke dammann und hej is
07       UK so klauk, und er FÖLT sik am dollsten, wenn
08       de em auch eben klauken DAMmann nennen tatst.
```

Der Nullartikel liefert somit die entscheidende Information darüber, dass beim Adressaten ein kontextunabhängiges Wissen zur Referenzherstellung existiert. Dieses Wissen kann sich etwa über die Bekanntheitseigenschaften einer Person in einer Dorfgemeinschaft oder in einer Familie manifestieren. Dass es sich dabei um einen Referenzausdruck mit besonders hohem Identifikationspotential handelt, zeigt sich etwa in Beispiel 10, wo der Sprecher den zuerst gewählten Referenzausdruck selbst zugunsten der restriktiven Variante repariert.

Beispiel 10 (Zwirner, ZWS49)

```
01  A:   DANN ging ik nach hemming hin; nach hemming;
02       OLN hemming; des is em bernd sin VArrer;
```

---

[8] Wörtliche Übersetzung: „Ich sage ja was für ein Kluger denn? Kluger Damann? Ja und nachher kommt er damit in die Reihe. Nee den klugen Damann meine ich ja nicht, dann sagen wir nämlich klugen Damann in dem Dorf. Er ist nämlich ein ganz kluger und sein Vater war immer der kluge Damann und er ist auch so klug. Und er fühlt sich am tollsten, wenn du ihn auch eben klugen Damann nennen tätest."

4.3 Objektflexion bei Verwandtschaftsbezeichnungen

Ebenfalls ein Merkmal norddeutscher Varietäten ist die Objektflexion der Verwandtschaftsbezeichnungen *Mutter* und *Vater*, etwa in Beispiel 11.[9]

Beispiel 11 (Zwirner, ZWI86)
```
01   A:    ich war dann im FREMDberuf tätich und zwar habe
02         ich zunächst da ich vadern jetzt nicht mehr auf
03         der TASCHe liegen wollte (0.3) habe ich zu-
04         nächst mich um ne ANstellung beworben WELcher
05         art war mir zunächst gleich und da war meine
06         erste TÄtichkeit die - wir hatten einen alten
07         GELDbriefträger der vadern immer die scheine
08         von der KRIEGSanleihe brachte - und den FRACHte
09         ich mal ob man auf der post nich ne MÖCHlich-
10         keit hätt sich ein paar GROSCHen zu verdienen;
```

Hier zeigt sich, dass Verwandtschaftsbezeichnungen allgemein häufig wie Namen verwendet werden.[10] Tatsächlich konkurrieren Verwandtschaftsbezeichnungen in den Sprachen der Welt auch häufig mit Namen um den Status eines optimalen *recognitionals* (vgl. Stivers, Enfield & Levinson 2007: 13).

Matthias (1914: 121) und Paul (1917: 159) bemerken, dass die Namenflexion in den Objektkasus, die im Deutschen bis ins 19. Jh. produktiv war (vgl. Ackermann

---

9 Die Konstruktion hat es im Deutschen inzwischen zu einiger Bekanntheit gebracht, wie eine google-Recherche zu den Suchbegriffen *Muttern* und *Vatern* zeigt. In den Kommentaren zu deren Verwendung wird die regionale Begrenztheit der Konstruktion hervorgehoben, indem sie einerseits in den Norden verortet wird, andererseits aber auch eine Expansionsbewegung in Richtung Süden angenommen wird. Auch wird die Konstruktion mitunter übergeneralisiert und soziopragmatisch aufgeladen verwendet, z. B. spaßhaft oder gar abwertend. So etwa in dem unter http://www.fixmbr.de/das-seltsame-verhalten-von-grossstaedtern-an-der-super-marktkasse/ [letzter Zugriff: 21.02.2018] abrufbaren Text, in dem *Muttern* und *Vatern*, entgegen der herkömmlichen Lizenzierung im Dialekt, auch bei Referenzausdrücken in Subjektfunktion eingesetzt werden.

10 Dies spiegelt sich insbesondere auch im Spracherwerb wider, wo Verwandtschaftsbezeichnungen zunächst wie Namen begriffen und erst in späteren Erwerbsphasen als Appellativa mit relationaler Bedeutung gelernt werden (vgl. z. B. die Befunde in Benson & Anglin 1987 zum Englischen). Im Deutschen manifestiert sich der Namenstatus von Verwandtschaftsbezeichnungen auch grammatisch, z. B. nach Nübling, Busley & Drenda (2013: 154) in der genitivischen Prästellung und der Annahme eines exklusiv-onymischen Genitiv-*s*.

2018 und in diesem Band), im Norden auf *Vater* und *Mutter* übertragen worden ist (für andere Verwandtschaftsbezeichnungen ist die Flexion im Korpus allerdings nicht belegt).[11] Damit wurde ein grammatisches Mittel geschaffen, das zumindest für die nächsten, traditionell monoreferent begriffenen Verwandtschaftsbezeichnungen *Mutter* und *Vater* die Ambiguität in der Verwendung zwischen Name und Appellativum auflöst.[12] Für die Referenz liefert das Kasussuffix dem Adressaten damit die Information, dass der vom Sprecher gewählte Referenzausdruck monoreferent und damit als Eigenname zu interpretieren ist. So deuten die vorliegenden Daten allesamt darauf hin, dass die Konstruktion vom Sprecher nur dann verwendet wird, wenn es sich um die eigene Mutter oder den eigenen Vater handelt (es kann sich dabei auch um einen gemeinsamen Elternteil von Sprecher und Adressat handeln).[13] Für die Personenreferenz stellt diese Information einen Mehrwert dar, im Sinne des oben aufgestellten Kriterienkatalogs ist der Objektflexion bei Verwandtschaftsbezeichnungen damit ebenfalls eine referenzkoordinierende Funktion zuzuschreiben.

4.4 Possessivartikel

Gänzlich unerforscht geblieben sind bislang die soziopragmatischen Funktionen, die in den Varietäten des Deutschen mit dem Possessivartikel *unser* (1. Pers. Pl.) am Namen ausgedrückt werden (siehe Rosar in diesem Band sowie zu niederländischen Dialekten Rooryck & Schoorlemmer 2017). Für die vorliegenden Daten zeichnet sich hier ein gewisser Schwerpunkt im Gebrauch für den westmitteldeutschen Raum ab (bes. Moselfränkisch, vgl. Rheinisches Wörterbuch, Bd. 9: 58). Die regionalen Verteilungen und Funktionsbereiche müssten durch gezieltere Abfragen, z. B. mit elizitierten Daten, aber noch genauer untersucht werden, ebenso wie mögliche funktionale Schnittbereiche zu anderen westmitteldeutschen Referenzformen, z. B. dem neutralen Genus bei Referenz auf Frauen (*et*

---

11 Adelung (1782: 535) nennt *Brudern* als weitere Verwandtschaftsbezeichnung mit *n*-Flexion, allerdings ohne regionale Bezugnahme.

12 Anders verhält es sich bei den Bezeichnungen für Geschwister und entferntere Verwandte, die auch polyreferent verwendet werden können. In modernen Gesellschaften ist für *Mutter* und *Vater* ebenfalls Polyreferenz möglich, z. B. bei der Referenz auf den biologischen, rechtlichen oder sozialen Vater.

13 Ähnlich scheint im Norden der artikellose Gebrauch von Verwandtschaftsbezeichnungen lizenziert zu sein. So werden diese in norddeutschen Varietäten Bellmann (1990: 139) zufolge „auch und gerade bei definiter Referenz artikellos verwendet […], allerdings nur bei Bezugnahme auf die entsprechenden eigenen Verwandten".

Lisa, das Monika; dazu Nübling et al. 2013, Leser-Cronau 2017, Busley & Fritzinger in diesem Band) und dem onymischen Genitiv- bzw. Pluralmarker vom Typ *s Müllers* (dazu Schweden 2016, in diesem Band). Ich beschränke mich deshalb an dieser Stelle auf erste Beobachtungen und vorläufige Interpretationen zum Phänomen.

Betrachten wir hierzu zunächst Beispiel 12 aus dem Moselfränkischen (Westerwald). Sprecherin B referiert hier mehrfach (Z. 03–04, Z. 14) mit einer Verbindung aus Possessivartikel und Rufname auf ihren Schwiegersohn Dietmar.

Beispiel 12 (REDE, BETZ1)
```
01   A:   ja bad WILdungen is mej VADder da net gewest
02        damals? wie der KREBS hatte;
03   B:   dat WEISS ich net; us DIETmar is=kann sei us
04        DIETmar wor jo auch do;
05   A:   is dat net in SÜDdeutschland irgend[wo.]
06   C:                                       [nee]
07   B:   nee:,
08   C:   hier nach HESseland glöb ich da hinne;
09   A:   ach ja bei (0.3) da is mei VATter aber glöb ich
10        ach ma gewes nee in SÜDdeutschland dat dat war
11        glöb ich bad BRÜCKenau wo mei vater war aber in
12        bad  WILdungen  is entweder  mei  mama  ma gewest
13        oder de baba;
14   B:   bad wildungen kann sei us DIETmar is auch
15        da gewest;
```

Dass es sich dabei um einen nichtobligatorischen Gebrauch handelt, zeigt sich in der Fortführung des Gesprächs:

Beispiel 13 (REDE, BETZ1)
```
57   B:   dat TIna dat nehm och=hätt auch gern den
58        DIETmar, die hätten sich früher zuSAMmengeton
59   A:   WAT, dat TIna und de dietmar hätten sich
60        KENnenge[lernt].
61   B:           [!JAA!]
62   A:   WER säi dat?
```

```
63  B:   säte meen MANN ja immer. wat (sättest du?)
64  C:   dat TIna dat hätte den DIETmar noch ma genomme.
```

Laut nachträglich erhobener Selbstauskunft verwendet Sprecherin B den Possessivartikel in Kombination mit einem Rufnamen immer dann, wenn sie auf ihre Geschwister oder (Schwieger-)Kinder referiert, aber z. B. nicht bei den eigenen (Groß-)Eltern, Tanten oder Onkeln. Familienzugehörigkeit bzw. Vertrautheit mit einer Person alleine scheint die Verwendung des Possessivartikels hier also nicht zu lizenzieren, vielmehr ist es eine Referenz im Familienstammbaum nach unten (Kinder) oder bei Gleichrangigkeit (Geschwister), bei der der Possessivartikel gebraucht werden kann (vgl. Rosar in diesem Band). Zudem ist seine Verwendung auf die 1. Pers. Pl. beschränkt.[14] Der Possessivartikel kodiert damit u. a., dass der (Ehe-)Partner (hier Sprecher C) ebenfalls als Possessor eines biologisch und/oder sozial determinierten Zugehörigkeitsverhältnisses fungiert. Gleichzeitig wird dem Adressaten aber auch eine Information geliefert, die er für die Referentenidentifikation nutzen kann: Es handelt sich bei dem Referenten um eine Person, die in einem sozialen oder biologischen Verwandtschaftsverhältnis zum Sprecher steht. In Beispiel 13 sondert diese Information einen bestimmten Dietmar aus der Menge aller den Gesprächspartnern bekannten Dietmars aus (dies gilt, sofern es nicht mehrere Dietmars in der entsprechenden Familie gibt). Für die Verwendung von *unser* als Referenzkoordinator spricht zudem seine Präferenz für die initiale Referenzposition, etwa in Beispiel 14 aus dem Hessischen, wo in Z. 01 auf den Referenten erstmals verwiesen wird, auf den der gleiche Sprecher im Folgenden aber artikellos (Z. 04) bzw. in Verbindung mit einem Definitartikel anaphorisch Bezug nimmt (Z. 06).

Beispiel 14 (REDE, BÜD1alt)
```
01  A:   ei ja unser HANnes un anja die hatten uns zu
02       WEIHnachten zettel hatten sie uns gemacht
03       [...]
04       kam, HANnes kam; hatte se steine;
05       [...]
```

---

14 Nicht ausschließen möchte ich, dass auch der Possessivartikel 2. Pers. Pl. sowie der adnominale possessive Dativ (z. B. *dene ihrn Karl*) als familiärer Zugehörigkeitsmarker fungieren können, auch wenn die vorliegenden Daten hierfür nicht genügend Anhaltspunkte liefern. Für bairische Dialekte berichtet zudem Steininger (1982: 326) davon, dass die Verwendung unterschiedlicher Diminutivsuffixe zur Desambiguierung von Familienmitgliedern dienen kann.

```
06         un de hannes KAM, ich denk, was habe se denn
07         DA gemacht?
```

4.5 Serialisierung von Ruf- und Familienname

Schließlich kann auch die Serialisierung von Ruf- und Familienname in den Varietäten des Deutschen referenzkoordinierende Funktionen übernehmen. So lässt sich im Korpus für alle Dialekträume des Deutschen der Gebrauch eines Referenzausdrucks mit – gegenüber der Schriftsprache – gedrehten Reihenfolge von Ruf- und Familienname beobachten, etwa in Beispiel 15 aus dem Bairischen.

Beispiel 15 (REDE, Ralt1)
```
01   A:    ei ja de HUber dieter hat mir persönlich n
02         sitz <lachend<eigestellt und so ganz beflis
03         sen>>
04   B:    (lacht) KENNST du den eigentlich näher?
05   A:    i kenn den persönlich NE:T.
06   B:    net
07   A:    i hob den damals gSEHn, em MÜLler per sein
08         seine BEERdigung is er geween;
09   A:    mhm
10   B:    DAS warn e gute freund, (0.5)
11   A:    ja
12   B:    der MÜLler per un de de HUber dieter die wa
13         ren au SAUnafreund un so.
14   A:    aha
15         un DA is er dort geween (0.8) weißt net was du
16         da im GOTtesdienst glaub ich war er sogar;
17         da war is der HUber dieter au da geween.
```

Ein komplexes Zusammenspiel von Akzentverteilung, Morphologie (Fugenelemente) und Serialisierung führt dabei in den Dialekten zu verschiedenen Bildungstypen, diese sind in Bach (1952), Berchtold & Dammel (2014) und Schweden (in diesem Band) eingehend beschrieben worden. Für unsere Zwecke entscheidend ist nun, dass Dialektsprecher die Wahl des Referenzausdrucks in Abhängigkeit von soziopragmatischen Faktoren variieren, also mitunter auf ein und denselben Referenten mit der Verbindung (a) 'Rufname-vor-Familienname' oder (b) 'Familienname-vor-Rufname' referieren. Bach (1952: 71) erläutert die pragmatischen Unterschiede in der Wahl des Referenzausdrucks wie folgt:

> Gewiß ist dabei zu beachten, dass etwa in Bad Ems der Typ *Schmidts Kárl* [...] in Bezug auf Erwachsene und Selbständige in der Regel nur unter den Altersgenossen des Betreffenden gebraucht wird, denen diese Form des Namens seit den Tagen ihrer Kindheit geläufig ist. Fernerstehende verzichten meist gänzlich auf die Nennung des RN [Rufnamens, A.W.] und sprechen einfach von *dem Schmidt* oder *dem Bäcker Schmidt*, sagen wohl auch: *der Schmidt, der Kárl* mit einer appositionellen Nachstellung des RN. Höherstehende und Fremde werden stets nur mit dem FN [Familiennamen, A.W.] benannt.

Der vorangestellte Familienname dient damit allgemein der Referenz auf sozial nahestehende Personen, z. B. Teilhaber der Dorfgemeinschaft, während die anderen von Bach gelisteten Referenzausdrücke für Außenseiter vorbehalten bleibt (vgl. auch Berchtold & Dammel 2014: 261 für Nauheim im Rheinfränkischen). Diese Differenzierung kann wiederum der Adressat zur Referentenidentifikation nutzen. Ein typischer Kontext für die Verwendung vorangestellter Familiennamen läge demnach dann vor, wenn Sprecher, Adressat und Referent aus derselben Dorfgemeinschaft stammen, und sich Sprecher und Adressat über gemeinsame Bekannte aus dieser Gemeinschaft unterhalten. Dass es sich dabei um einen besonders guten Referenzidentifikator handelt, zeigt Beispiel 16 aus dem Bairischen.

Beispiel 16 (REDE, Ralt1)

```
01   A:   und de BERG nebedro de HOLger ne, (0.6) der
02        HÄTT ja [bissl],
03   B:           [WER?] BERG?
04   A:   BERG holger weißt?
05   B:   mhm
06   A:   der BLECHner;
07   B:   jaa
08   A:   der hätts DOPpelte sogar.
09   B:   mhm
```

Hier arbeitet sich Sprecher A im Fortlauf des Gesprächs in Form von Selbstreparaturen die Spezifizitätsskala nach oben, wobei der Referenzausdruck mit der Abfolge 'Familienname-vor-Rufname' im Verständnis des Sprechers besonders spezifisch ist, indem er sowohl den Familiennamen als auch den Rufnamen repariert.

5 Fazit

Die grammatischen Eigenschaften von Namen sind bislang weitgehend unerforscht geblieben und für das Deutsche erst in den letzten Jahren in den Fokus linguistischer Betrachtungen gerückt (vgl. z. B. Debus, Heuser & Nübling 2014, Nübling, Fahlbusch & Heuser 2015, Helmbrecht, Nübling & Schlücker 2017, Ackermann & Schlücker 2017 und Referenzen darin). Die dort eingenommene, meist systemlinguistisch ausgerichtete Perspektive auf Grammatik hat zu wichtigen Erkenntnissen hinsichtlich der formalen Eigenschaften von Namen geführt und etwa Dissoziationsstrategien zwischen Namen und Appellativa aufgedeckt sowie das Prinzip der Namenkörperschonung etabliert, nach der grammatischer Wandel im Deutschen darauf ausgerichtet ist, den Namenkörper zu schonen. Im vorliegenden Beitrag wurde hingegen aus einer grammatischen Perspektive heraus mit Gesprächsdaten gearbeitet. Ich bin dabei von der Prämisse ausgegangen, dass Referenz nichts dem Namen Inhärentes ist, sondern auch bei Namen Referenz von den Gesprächsteilnehmern erst hergestellt werden muss. So wurde anhand von Gesprächsdaten untersucht, inwiefern grammatische Marker am Personennamenausdruck in den regionalen Varietäten des Deutschen für den Adressaten referenzerleichternd wirken können. Für diesen Sachverhalt wurde im Beitrag der Terminus „Referenzkoordinator" gewählt. Die Analysen haben erbracht, dass es im Wesentlichen drei miteinander verzahnte Funktionsbereiche sind, die von Referenzkoordinatoren bedient werden: Indexikalität, Extensionsbeschränkung und Ingroup-Outgroup-Differenzierung.

Zunächst zur Indexikalität: Es hat sich gezeigt, dass Sprecher norddeutscher Varietäten, die den Definitartikel am Personennamen dispräferiert verwenden, diesen gezielt einsetzen, um dem Adressaten zu signalisieren, dass bei beiden Gesprächspartnern ein geteiltes, aber kontextunabhängiges Wissen existiert, was vom Adressaten nun abgerufen werden muss, um den Referenten identifizieren zu können. Die Exension des Referenzausdrucks wird damit nicht unbedingt eingeschränkt, es wird dem Adressaten aber ein Hinweis gegeben, wo, d. h. in welchen Gedächtniskomponenten, er nach den Informationen suchen muss, die für die Referenzherstellung notwendig sind. Plausibel wird diese Deutung auch vor dem Hintergrund, dass die anamnestische Verwendung historisch allgemein den Brückenkontext für die Grammatikalisierung des Demonstrativums zum Definitartikel im Deutschen darstellte (Himmelmann 1997, Szczepaniak 2011: 73–74, Flick 2017). Der anamnestische Gebrauch des Definitartikels bei Personennamen im Norden lässt sich damit als ein frühes Grammatikalisierungsstadium begreifen, in dem das Grammem zwar nicht mehr – wie für das Demonstrativum üblich – situationsgebunden oder kotextuell, aber immer noch kontextuell, d. h. mit

Bezug auf das geteilte Wissen von Sprecher und Adressat, verwendet werden muss (vgl. Werth 2014).

Alle anderen hier besprochenen Referenzkoordinatoren wirken sich hingegen in dem Sinne referenzerleichternd für den Adressaten aus, dass sie die Extension des Namenausdrucks beschränken. Konstruktionen mit Nullartikel und restriktiver Adjektiverweiterung verweisen diesbezüglich auf einen Referenten, der das Attribut als ständiges und damit für die soziale Gemeinschaft als distinktives Merkmal trägt, etwa körperliche (klein/groß) oder generationenbezogene Eigenschaften (jung/alt). Die Verwandtschaftsbezeichnungen *Vater* und *Mutter* hingegen werden durch das *n*-Suffix in Objektfunktion monosemiert und erhalten dadurch den Status von Eigennamen (Referenz auf die eigene Mutter oder den eigenen Vater).

Neben dieser Extensionsbeschränkung greift bei den Referenzkoordinatoren Possessivartikel und Abfolge „Familienname-vor-Rufname" noch etwas anderes, nämlich die Ingroup-Outgroup-Differenzierung, etwa zur Unterscheidung von Teilnehmern einer Dorfgemeinschaft und Außenstehenden. Diese Unterscheidung scheint insbesondere für kleine Sprachgemeinschaften, wie sie Dialektgemeinschaften auf dem Dorf traditionell darstellen, besonders wichtig zu sein. Hierfür spricht auch, dass die Abfolge ‚Familienname-vor-Rufname' der einzige Referenzkoordinator war, für den ein Gebrauch in allen Dialekträumen beobachtet werden konnte. So weist die Verwendung von Referenzkoordinatoren mit Ingroup-Outgroup-Funktion schlussendlich auch darauf hin, dass Grammatik immer auch in soziale Interaktionen eingebunden ist. Ihre Funktionsweisen werden für den Linguisten damit auch erst vor dem Hintergrund der sozialen Interaktionen, und insbesondere der Face-to-Face-Kommunikation, interpretierbar. (Die systemische Perspektive auf Sprache mag den Blick hierauf mitunter etwas versperren.) Die vorliegenden Befunde sind in diesem Zusammenhang auch als Anstoß zur weiterführenden Betrachtung der reflexiven Beziehung zwischen Grammatik und Interaktion, insbesondere auch in dialektal geprägten Sprachgemeinschaften, zu verstehen.

Literatur

Primärquellen
REDE-Korpus = Tonaufnahmen der REDE-Neuerhebung. Forschungszentrum Deutscher Sprachatlas Marburg.
Zwirner-Korpus = Schallaufnahmen aller deutschen Mundarten. Unter: www.dgd.ids-mannheim.de/dgd/. [letzter Zugriff: 27.02.2018].

Sekundärquellen

Ackermann, Tanja (2018): *Grammatik der Namen im Wandel. Diachrone Morphosyntax der Personennamen im Deutschen.* Berlin, Boston: Walter de Gruyter.

Ackermann, Tanja & Barbara Schlücker (Hrsg.) (2017): Special Issue: The morphosyntax of proper names. *Folia Linguistica* 51.

Adelung, Johann Christoph (1781): *Deutsche Sprachlehre.* Berlin: Voß.

Adelung, Johann Christoph (1782): *Umständliches Lehrgebäude der Deutschen Sprache.* Leipzig: Breitkopf.

Allerton, Derek J. (1987): The linguistic and sociolinguistic status of proper names. *Journal of Pragmatics* 11, 61–92.

Ariel, Mira (1988): Referring and accessibility. *Journal of Linguistics* 24, 65–87.

Auer, Peter (1981): Zur indexikalitätsmarkierenden Funktion der demonstrativen Artikel-form in deutschen Konversationen. In Götz Hindelang & Werner Zillig (Hrsg.), *Sprache: Verstehen und Handeln,* 301–311 Bd. 2. Tübingen: Niemeyer.

Auer, Peter (1983): Überlegungen zur Bedeutung der Namen aus einer ‚realistischen' Sichtweise. In Manfred Faust, Roland Harweg, Werner Lehfeldt & Götz Wienold (Hrsg.), *Allgemeine Sprachwissenschaft, Sprachtypologie und Textlinguistik,* 173–185. Tübingen: Narr.

Auer, Peter (1984): Referential problems in conversation. *Journal of Pragmatics* 8, 627–648.

Bach, Adolf (1952): Die Verbindung von Ruf- und Familiennamen in den deutschen, insbesondere den rheinischen Mundarten. *Rheinische Vierteljahresblätter* 17, 66–88.

Bellmann, Günter (1990): *Pronomen und Korrektur. Zur Pragmalinguistik der persönlichen Referenzformen.* Tübingen: Niemeyer.

Benson, Nancy J. & Jeremy M. Anglin (1987): The child's knowledge of English kin terms. *First Language* 7, 41–66.

Berchtold, Simone & Antje Dammel (2014): Kombinatorik von Artikel, Ruf- und Familien-namen in Varietäten des Deutschen. In Friedhelm Debus, Rita Heuser & Damaris Nübling (Hrsg.), *Linguistik der Familiennamen,* 249–280. Hildesheim u. a.: Olms.

Betz, Emma (2015): Recipient design in reference choice: Negotiating know-ledge, access, and sequential trajectories. *Gesprächsforschung* 16, 137–173.

Bisle-Müller, Hansjörg (1991): *Artikelwörter im Deutschen.* Tübingen: Niemeyer.

Clark, Herbert H. (1996): *Using Language.* Cambridge: University Press.

Clark, Herbert H. & Deanna Wilkes-Gibbs (1986): Referring as a collaborative process. *Cognition* 22, 1–39.

Debus, Friedhelm (1985): Zur Pragmatik von Namengebung und Namengebrauch in unserer Zeit. *Beiträge zur Namenforschung* 20, 305–343.

Debus, Friedhelm, Rita Heuser & Damaris Nübling (2014) (Hrsg.): *Linguistik der Familiennamen.* Hildesheim u. a.: Olms.

Downing, Pamela A. (1996): Proper names as a referential option in English conversation. In Barbara Fox (Hrsg.), *Studies in anaphora,* 95–143. Amsterdam, Philadelphia: Benjamins.

Duden (2016) = *Duden, die Grammatik. Unentbehrlich für gutes Deutsch.* Mannheim: Duden Verlag. 9. Aufl.

Enfield, Nick J. & Tanya Stivers (Hrsg.) (2007): *Person reference in interaction. Linguistic, cultural, and social perspectives.* Cambridge: University Press.

Fleischer, Wolfgang (1964): Zum Verhältnis von Name und Appellativum im Deutschen. *Wissenschaftliche Zeitschrift der Karl-Marx-Universität Leipzig* 13, 369–378.

Fleischer, Wolfgang (1985): Der Eigenname als sekundäre Benennung. In Ernst Eichler, Elke Saß & Hans Walther (Hrsg.), *Der Eigenname in Sprache und Gesellschaft*. Bd. 1. Leipzig, 76–93.
Flick, Johanna (2017): *Die Entwicklung des Definitartikels im Deutschen. Eine kognitiv-linguistische Korpusuntersuchung*. Dissertation: Hamburg.
Gallmann, Peter (1997): Zur Morphosyntax der Eigennamen im Deutschen. In Elisabeth Löbel & Gisa Rauh (Hrsg.), *Lexikalische Kategorien und Merkmale*, 73–86. Tübingen: Niemeyer.
Garfinkel, Harold (1967): *Studies in Ethnomethodology*. Englewood-Cliffs: Prentice-Hall.
Golato, Andrea (2013): Reparaturen von Personenreferenzen. *Deutsche Sprache* 41, 31–51.
Hayashi, Makoto (2005): Referential problems and turn construction: An exploration of an intersection between grammar and interaction. *Text* 25, 437–468.
Helmbrecht, Johannes, Damaris Nübling & Barbara Schlücker (Hrsg.) (2017): Namengrammatik. *Linguistische Berichte Sonderheft* 23. Hamburg: Buske.
Heritage, John (2007): Intersubjectivity and progressivity in person (and place) reference. In Nick J. Enfield & Tanya Stivers (Hrsg.), *Person reference in interaction. Linguistic, cultura, and social perspectives*, 255–280. Cambridge: University Press.
Himmelmann, Niklas (1997): *Deiktikon, Artikel, Nominalphrase*. Tübingen: Niemeyer.
Hoekstra, Jarich (2010): Die Kasusmarkierung von Eigennamen im Festlandnord-friesischen und in anderen westgermanischen Dialekten. In Antje Dammel, Sebastian Kürschner & Damaris Nübling (Hrsg.), *Kontrastive Germanistische Linguistik*. Bd. 2, 749–779. Hildesheim u. a.: Olms.
Hoffmann, Ludger (1999): Eigennamen im sprachlichen Handeln. In: Kristin Bührig & Yaron Matras (Hrsg.), *Sprachtheorie und sprachliches Handeln*, 213–234. Tübingen: Stauffenburg.
IDS-Grammatik = Gisela Zifonun, Ludger Hoffmann & Bruno Strecker (1997): *Grammatik der deutschen Sprache*. 3 Bde. Berlin, New York: Walter de Gruyter.
Kehrein, Roland (2012): *Regionalsprachliche Spektren im Raum. Zur linguistischen Struktur der Vertikale*. Stuttgart: Steiner.
Kibrik, Andrej A. (2011): *Reference in Discourse*. Oxford: University Press.
Kitzinger, Celia, Rebecca Shaw & Merran Toerien (2012): Referring to persons without using a full-form reference: locally initial indexicals in action. *Research on Language & Social Interaction* 45, 116–136.
Kohlheim, Rosa & Volker Kohlheim (2004): Personennamen. In Andreas Brendler & Silvio Brendler (Hrsg.), *Namenarten und ihre Erforschung: ein Lehrbuch für das Studium der Onomastik*, 671–704. Hamburg: Baar.
Kolde, Gottfried (1995): Namengrammatik. In Eichler, Ernst, Gerold Hilty, Heinrich Löffler, Hugo Steger & Ladislav Zgusta (1995) (Hrsg.), *Namenforschung. Ein internationales Handbuch zeitgenössischer Forschung*. Bd. 1, 400–408. Berlin, New York: Walter de Gruyter.
Lerner, Gene H., Galina B. Bolden, Alexa Hepburn & Jenny Mandelbaum (2012): Reference recalibration repairs: adjusting the precision of formulations for the task at hand. *Research on Language & Social Interaction* 45, 191–212.
Leser-Cronau, Stephanie (2017): Neutrale Kongruenzformen für Personen. In *SyHD-Atlas*. Unter: www.syhd.info [letzter Zugriff: 27.02.2018].
Levinson, Stephen C. (1983): *Pragmatics*. Cambridge: University Press.
Leys, Odo (1967): Zur Funktion des Artikels bei Eigennamen. *Onomastica Slavogermanica* 3, 21–26.
Matthias, Theodor (1914): *Sprachleben und Sprachschäden*. Leipzig: Brandstetter. 4. Aufl.

Nübling, Damaris, Simone Busley & Juliane Drenda (2013): Dat Anna und s Eva – Neutrale Frauenrufnamen in deutschen Dialekten und im Luxemburgischen zwischen pragmatischer und semantischer Genuszuweisung. *Zeitschrift für Dialektologie und Linguistik* 80, 152–196.

Nübling, Damaris, Fabian Fahlbusch & Rita Heuser (2015): *Namen. Eine Einführung in die Onomastik.* Tübingen: Narr. 2. Aufl.

Paul, Hermann (1917): *Deutsche Grammatik. Bd. 2. Flexionslehre.* Halle a. S.: Niemeyer.

Rheinisches Wörterbuch (1928–1971). Berlin: Klopp. 9 Bde.

Reineke, Silke (2016): *Wissenszuschreibungen in der Interaktion. Eine gesprächsanalytische Untersuchung impliziter und expliziter Formen der Zuschreibung von Wissen.* Heidelberg: Winter.

Rooryck, Johan & Erik Schoorlemmer (2017): Consanguinity and Possession in Varieties of Dutch. *Journal of Germanic Linguistics* 29.1, 1–25.

Sacks, Harvey & Emanuel Schegloff (1979): Two preferences in the organization of reference to persons in conversation and their interaction. In: George Psathas (Hrsg.), *Everyday Language: Studies in Ethnomethodology*, 15–21. New York: Irvington.

Schmidt, Jürgen Erich & Joachim Herrgen (2011): *Sprachdynamik. Eine Einführung in die moderne Regionalsprachenforschung.* Berlin: Erich Schmidt.

Schegloff, Emanuel A., Gail Jefferson & Harvey Sacks (1977): The preference for self-correction in the organization of repair in conversation. *Language* 53, 361–382.

Schegloff, Emanuel A. (1996): Some practices for referring to persons in talk-in-interaction: A partial sketch of a systematics. In Barbara Fox (Hrsg.), *Studies in anaphora*, 437–485. Amsterdam, Philadelphia: Benjamins.

Schweden, Theresa (2016): *s Müllers, s Schmidte un de Grafe Hans - Onymische Genitiv- und Pluralkonstruktionen im Pfälzischen.* Masterarbeit: Mainz.

Selting, Margret u. a. (2009): Gesprächsanalytisches Transkriptionssystem 2 (GAT 2). *Gesprächsforschung – Online-Zeitschrift zur verbalen Interaktion* 10, 353–402.

Steininger, Reinhold (1982): Wortbildung und Bedeutung von Rufnamenformen im Unteren Bayerischen Wald. *Beiträge zur Namenforschung* 17, 305–328.

Stivers, Tanya, Nick J. Enfield & Stephen C. Levinson (2007): Person reference in interaction. In Nick J. Enfield & Tanya Stivers (Hrsg.), *Person reference in interaction. Linguistic, cultura, and social perspectives*, 1–20. Cambridge: University Press.

Szczepaniak, Renata (2011): *Grammatikalisierung im Deutschen.* Tübingen: Narr. 2. Aufl.

Weinrich, Harald (2005): *Textgrammatik der deutschen Sprache.* Hildesheim u. a.: Olms. 3. Aufl.

Werth, Alexander (2014): Die Funktionen des Artikels bei Personennamen im norddeutschen Sprachraum. In Friedhelm Debus, Rita Heuser & Damaris Nübling (Hrsg:), *Linguistik der Familiennamen*, 139–174. Hildesheim u. a.: Olms.

Werth, Alexander (2015): Kasusmarkierung bei Personennamen in deutschen Regionalsprachen. In Alexandra Lenz, A. & Franz Patocka (Hrsg.), *Syntaktische Variation - areallinguistische Perspektiven*, 199–218. Wien: V&R Academic.

Werth, Alexander (2020): *Morphosyntax und Pragmatik in Konkurrenz. Der Definitartikel bei Personennamen in den regionalen und historischen Varietäten des Deutschen.* Berlin, Boston: Walter de Gruyter.

Wiesinger, Peter (1983): Die Einteilung der deutschen Dialekte. In Werner Besch, Ulrich Knoop, Wolfgang Putschke & Ernst Herbert Wiegand (Hrsg.), *Dialektologie. Ein internationales*

Handbuch zeitgenössischer Forschung. Bd. 2, 807–900. Berlin, New York: Walter de Gruyter.

Wiggers, Julius (1858): *Grammatik der plattdeutschen Sprache*. Hamburg: Hoffmann und Campe. 2. Aufl.

Ulrike Freywald, Damaris Nübling
Die Drake, die Bergmann und *die Karl Marx:* Straßennamen ohne Kopf oder: Zum Proprialisierungsschub urbaner Toponyme in Berlin

Zusammenfassung: Der Beitrag behandelt einen aktuellen, regional gebundenen Onymisierungsprozess, indem er die Entwicklung von sog. Gattungseigennamen (vgl. noch bei Luther: *Ägyptenland*) zu reinen Eigennamen (*Ägypten*) am Beispiel von Berliner Straßen- und Platznamen in der Alltagssprache aufzeigt. Es wird gezeigt, dass und wie materieller Kopfverlust, wenngleich noch fakultativ, bei Komposita mit dem Kopfnomen *Straße* greift (*die Drakestraße*). Nur vereinzelt sind davon auch feminine Letztglieder betroffen (*die Schönhauser Allee*). Von solchen Kopfverlusten ausgeschlossen sind Straßennamen mit maskulinen oder neutralen Köpfen (wie *-damm, -ufer*) und Namen von nicht-straßen-förmigen Referenten (*Boxhagener Platz*). Letztere verfolgen im Fall von Nicht-Feminina über Wortkürzungen (*der Alexanderplatz > der Alex*) und oft mit zusätzlicher *i*-Suffigierung (*der Boxhagener Platz > der Boxi*) eine andere Onymisierungsstrategie, die dadurch Homonymie weitgehend bannt. Damit bewegen sich besonders häufig gebrauchte Gattungseigennamen in Richtung volle (oder reine) Eigennamen. Damit adressiert dieser Beitrag Sprachwandel innerhalb des Spannungsfelds zwischen Appellativen und Eigennamen. Andere Beiträge in diesem Band beleuchten ebenfalls Bewegungen in diesem Kontinuum, allerdings in die entgegengesetzte Richtung (Eigenname zu Appellativ), so die beiden Beiträge von Thurmair und Scherer. Die spezifische Kombination appellativischer und onymischer Wortbildungselemente in Markennamen zur Herstellung besonderer Effekte in der Werbung behandelt der Beitrag von Lobin.

1 Der (unbequeme) Weg zu diesem Thema

Folgende Begebenheit hat sich vor einigen Jahren in Berlin zugetragen, die meinen (= DNs) Fußweg zur FU beträchtlich verlängert und schließlich den Impuls für diesen Beitrag gegeben hat. Hintergrund war eine Einladung von Horst Simon zu einem Vortrag an der Freien Universität Berlin. Auf die Frage, wie man am einfachsten mit öffentlichen Verkehrsmitteln den Zielort erreicht, antwortete er in einer E-Mail:

> s-bahn-linie 1 richtung potsdam bis lichterfelde west. da die treppe runter, links raus, die knesebeckstraße nach rechts zur drake. die kannste entweder zu fuß entlang gehen (richtung links) (ca 10 minuten), bis du rechterhand den haupteingang zu unserm gebäude siehst ("rostlaube"). oder du steigst in einen bus, wenn grad einer kommt.

Der S-Bahn entstiegen und in der Knesebeckstraße angelangt, beschloss ich angesichts des schönen Wetters und ausreichender Zeit, zu Fuß zu gehen. Ich suchte also nach einem Flüsschen, an dessen Ufer ich bis zur Uni entlangschlendern wollte, fernab des tosenden Verkehrs und möglichst im Schatten prächtiger Bäume. Nach mehreren erfolglosen Anläufen – nirgends war ein Gewässer oder auch nur etwas Grün zu erkennen – fragte ich Passanten, wo denn *die Drake* fließe, was zunächst mit „weiß ich nicht" oder „noch nie gehört" quittiert wurde. Schließlich klärte mich jemand auf, dass die Drake diese vierspurige Straße vor mir sei, die ich entlangzugehen, besser aber mit dem Bus zu bewältigen habe. Ich bin sie dann doch entlanggegangen, und sie war schrecklich laut.

Ich war Opfer einer sprachlichen Eigentümlichkeit, die in Berlin oder, vorsichtiger, im Norden Deutschlands beheimatet zu sein scheint und die Benrather Linie bislang nicht überquert hat. Die *Drakestraße* wird zur *Drake*, die *Karl-Marx-Straße* zur *Karl Marx*, die *Habelschwerdter Allee* zur *Habelschwerdter* verkürzt. So etwas war in meinem Sprachgebrauch nur innerhalb von Koordinationen möglich, etwa *von der Haupt- in die Hebelstraße*; doch unmöglich, einfach von *der Haupt* oder *der Hegel* zu sprechen. Etwas anders bei sehr prominenten Straßennamen mit einem detoponymischen Adjektiv auf *-er*, z.B. *Mainzer Landstraße*, die sich alltagssprachlich durchaus zu *die Mainzer* kürzen lassen. Damit startet hier ein Prozess, den andere Eigennamenklassen bereits vollzogen haben: Aus sog. Gattungseigennamen werden reine Eigennamen; diese erben das Genus der (meist final stehenden) einstigen Gattungsbezeichnung.

Abs. 2 befasst sich mit verschiedenen Eigennamenklassen, die diesen Proprialisierungsschub bereits absolviert haben oder gerade dabei sind, ihn zu durchlaufen. Abs. 3 liefert empirisch fundierte Beobachtungen zu diesem emergenten Sprachwandel aus der deutschen Hauptstadt. Eine abschließende Bewertung erfolgt in Abs. 4.

2 Der Proprialisierungsschub: Vom Gattungseigennamen zum reinen Eigennamen

2.1 Allgemeine Onymizitätsunterschiede

Die Onomastik subsumiert sehr unterschiedliche Einheiten unter die Eigennamen: *die neuen Bundesländer, Schloss Bellevue, Karl-Marx-Stadt, Mainz, der Main, Nimm zwei!, Heidelberg, Feldberg, der Feldberg, die Zugspitze, der Bodensee, die Capital, der Corona, das Corona, Kaiser Wilhelm, die Kaiser Wilhelm, das Turm, Rita, Nicola, Meyer*. Diese bunte Mischung enthält nicht nur Namen für unterschiedliche Referenzobjekte, sondern auch Namen unterschiedlichen Proprialisierungs- bzw. Onymizitätsgrads sowie unterschiedlicher formaler Ausstattung.

Manche Namen führen einen festen Artikel mit sich, der im Syntagma immer erscheinen muss (z.B. *die neuen Bundesländer, die Kaiser Wilhelm, der Corona*), andere sind artikellos (*Mainz, Heidelberg, Kaiser Wilhelm*), wieder andere schwanken (Rufnamen wie *Rita* werden in den meisten Gebieten Deutschlands mit Artikel verwendet). Nur in der direkten Anrede und bei der Antwort auf die Frage „Wie heißt dieses X?" entfällt jeglicher Artikel: *liebe Rita; liebe neue Bundesländer;* (*Wie heißt dieser Fluss?*) – *Main / *der Main*. Ein und derselbe Ausdruck kann somit zwei Namenklassen angehören: Ø *Feldberg* (n.) bezeichnet eine Stadt, *der Feldberg* (m.) einen Berg. Ob Namen einen festen Artikel führen oder nicht, hat nicht zwingend Einfluss auf ihren Proprialisierungsgrad (vgl. Ø *Mainz* mit *der Main*), denn ein solcher Namenartikel gehört nicht mehr dem Artikelparadigma an. Vielmehr hat er den Status eines sog. *classifiers* inne, d.h. eines präponierten Namenklassenindikators. Ein Namenkörper wie *Europa* kann ohne ‚Artikel' (*classifier*) und im Neutrum vorkommen – dies entspricht Klasse 4 in einer Unterscheidung von insgesamt sechs onymischen Klassen: Ø *Europa* → KONTINENT. Mit *classifier* und im Neutrum gehört er zu Klasse 1 (*das Europa* → RESTAURANT), während er im Femininum Klasse 2 angehört (*die Europa* → SCHIFF; Referenzobjekte in Kapitälchen; zu diesem Komplex s. Nübling 2015).

In diesem Beitrag ist jedoch der Status des Namens selbst – unabhängig von seinem Genus und seinem Artikelverhalten – von Relevanz. Mit Harweg (1983) unterscheidet man hier zwischen Gattungseigennamen und reinen Eigennamen. Gattungseigennamen enthalten einen appellativen Bestandteil (bei Harweg den sog. *Gattungsnamen* oder *Sockel*), der seine denotative oder deskriptive Bedeutung voll entfaltet: *Boden<u>see</u>, Feld<u>berg</u>* (als Bergname), *Eiffel<u>turm</u>, Johannes Gutenberg-<u>Universität</u>, Wilhelm<u>straße</u>, Alexander<u>platz</u>*. Dieser appellative Teil kann auch vorne stehen, z.B. <u>*Villa*</u> *Hügel,* <u>*Kloster*</u> *Eberbach*. Wir beschränken uns im Folgenden auf den Typ mit appellativem Letztglied, da diesem auch der uns interessierende Typ der Straßennamen angehört. Reine Eigennamen sind dagegen bar deskriptiver Elemente. Sie identifizieren ausschließlich und müssen als feste Einheit bekannt sein (man kann ihnen keine Informationen über das Objekt entnehmen): *Mainz, Main, Zugspitze*. Ad hoc ist es einem Namenkompositum in der Regel nicht anzusehen, ob es sich um einen Gattungseigennamen (*Feldberg* als Bergname) oder einen reinen Namen handelt (*Feldberg* als Siedlungsname). Ein lexikalisch transparentes Zweitglied signalisiert nicht, wie es zu interpretieren ist, s. etwa die Beispiele *Heidelberg, Freiburg, Buchholz, Gummersbach*, die allesamt Städte bezeichnen.

Insbesondere Harweg (1983, 1997) hat sich intensiv mit Gattungseigennamen befasst:

> Die Eigennamen unterscheiden sich [...] darin, ob sie die Kategorie, der ihre Träger zugehören, m i t b e z e i c h n e n [...]. Diejenigen, die sie mitbezeichnen, nenne ich G a t - t u n g s e i g e n n a m e n , diejenigen, die es nicht tun, r e i n e E i g e n n a m e n [...].

> [E]s [Gattungseigennamen] sind Eigennamen, die als Teilausdruck einen Gattungsnamen [Appellativ – UF & DN] enthalten, [...] der sich, unbeschadet des Fortbestandes seiner Gattungsnamenfunktion, dem Gesamtausdruck, von dem er ein Teil ist, funktional unterordnet. Der Gesamtausdruck, der genuine Gattungseigenname, ist also in erster Linie Eigenname [...]

> (Harweg 1983: 159, 160).

Harweg betont ausdrücklich, dass auch Gattungseigennamen Eigennamen (und nicht etwa Hybride) sind. Dies würde intuitiv auch bei Einheiten wie *Hegelstraße* oder *Alexanderplatz* niemand in Frage stellen. Allerdings sind innerhalb der Klasse der Eigennamen Entwicklungen zu beobachten, die zu höherer formaler Onymizität führen können und die unidirektional sind.[1] Dabei repräsentieren Gattungseigennamen den jüngeren Typ, reine Namen dagegen den älteren, proprialisierteren Typ. Zu diesem Übergang gehört die Tatsache, dass sie ihren appellativischen Kopf verlieren und dadurch zu Vollonymen (reinen Eigennamen) werden können. Dabei gilt es zwei Typen des Kopfverlusts zu differenzieren.

---

1 Es gibt aber Fälle von Volksetymologie bzw. sekundärer semantischer Transparenz, die von reinen zu Gattungseigennamen führen können, v.a. in Sprachkontaktsituationen.

2.2 Struktureller Kopfverlust: *Deutschland, Westerland, Darmstadt*

In Nübling (2018) werden Onymizitätszuwächse beschrieben, bei denen der Kopf (das Letztglied) zwar formal-materiell erhalten bleibt, er aber seinen Kopfstatus, der sich u.a. im Kopf-rechts-Prinzip manifestiert, einbüßt. Dazu gehört das Faktum, dass (nur) der Kopf flektiert und das Genus des Gesamtnamens zuweist, aber auch die Fähigkeit, bei Koordinationen der Wortteilellipse zu unterliegen. Am Beispiel von *Münsterland* – *Deutschland* – *Westerland* wird gezeigt, dass *Münsterland* als Gattungseigenname noch mit anderen *land*-Bildungen, die Regionen bezeichnen, koordinierbar und damit zur Wortteilellipse fähig ist, z.B. *vom Münster- bis ins Emsland*. Finales *-land* aktiviert hier seine wörtliche Bedeutung (Denotat). Anders bei *Deutschland*, das als Wort zwar oberflächenstrukturell ebenso aussieht (und historisch auch auf einen Gattungseigennamen zurückgeht), aber keine Landschaft mehr, sondern eine Nation mit fest umrissenen Grenzen bezeichnet (leichte Demotivierung). Hier verbieten sich jedoch entsprechende Wortteilellipsen, z.B. **das Münster- liegt in Deutschland*, auch zwischen Nationennamen, deren Koordinationsfähigkeit vollkommen erloschen ist (**von Eng- nach Deutschland*). Außerdem hat *Deutschland* auch seinen Artikel abgelegt. Es hat jedoch keine Genusumkategorisierung erfahren. Es bleibt Neutrum, auch wenn das Neutrum nicht mehr lexikalisch vom einstigen Kopf gesteuert wird, sondern referentiell von der Zugehörigkeit des Namens zu den Ländernamen vergeben wird: Alle Ländernamen sind Neutra. Im Fall von (ebenfalls neutralem) *Dänemark* oder *Luxemburg* hat ein solcher Genuswechsel stattgefunden, denn das Genus von appellativem *Mark* und *Burg* ist feminin.[2] Hieran erkennt man zweifelsfrei den Verlust des strukturellen Kopfs bzw. des Kopf-rechts-Prinzips. Man darf jedoch im Umkehrschluss nicht erwarten, dass immer ein Genuswechsel eintreten muss, um von strukturellem Kopfverlust sprechen zu können. Wichtig ist festzuhalten, dass mit dem Verlust der appellativischen Zugehörigkeit des Letztglieds nicht auch sein materieller Verlust erfolgen muss, d.h. das Letztglied schwinden muss. Dies kann, muss aber nicht eintreten. Bei den Straßennamen bekommen wir den Fall des materiellen Kopfverlusts zu greifen (Abs. 2.3). Zurück zur Trias *Münsterland* – *Deutschland* – *Westerland*: Das letzte Beispiel, *Wester-*

---

[2] Neutrales Genus gilt auch für die Klasse der Städtenamen. Am Beispiel des (ebenfalls vollonymisierten) Städtenamens *Darmstadt* kann man gut erkennen, dass eine Genus-Umklassifizierung vom einstigen Femininum zum Neutrum stattgefunden hat: *die Stadt* – *das hübsche Darmstadt*. *Darmstadt* hat sich somit seines (früheren) appellativischen Genus entledigt und das allgemeine Städtenamenneutrum angenommen.

land, zeigt die weiteste Entwicklung an, indem die Semantik von 'Land' hier obsolet (geworden) ist, denn *Westerland* bezeichnet eine Stadt (auf Sylt).

In Nübling (2018) wird außerdem gezeigt, dass auch die Flexion des Zweitglieds bei reinen Namen insofern onymischer wird, als beim *(e)s*-Genitiv die Möglichkeit zum *es*-Allomorph entfällt (*Deutschlands Hauptstadt, Westerlands Einwohner*). Anders bei Gattungseigennamen: So alternieren im Fall des Gattungseigennamens *Münsterland* noch beide Allomorphe (*des Münsterlandes/des Münsterlands*), doch nicht mehr bei *Deutschland* und *Westerland*: **des vereinigten Deutschlandes; *Westerlandes Einwohner* (zu korpusbasierten Zahlen und weiteren Details s. ebd.).

2.3 Materieller Kopfverlust: *die Münchner, der Astra, der Mississippi*

Nicht selten evoluiert ein Gattungseigenname zu einem reinen Namen, indem er sich ganz seines Kopfs, des Letztglieds, entledigt. Wann bzw. warum bei manchen Namenklassen materieller, bei anderen nur struktureller Kopfverlust erfolgt, wurde bislang noch nicht geklärt. Sicher dürfte dabei die Länge und die Erwartbarkeit des Zweitglieds (vielleicht auch die Verweiskraft bzw. Bekanntheit des Erstglieds) eine Rolle spielen, auch ob es sich bei der Verbindung um ein Kompositum oder um ein Syntagma handelt. Letzteres gilt bspw. für die Namen von Versicherungen, wo die Tilgung dieser Komponente (als Durchstreichung angezeigt) erfolgt ist. Das Erstglied bleibt sozusagen in der Luft hängen und übernimmt allein die gesamte Bezeichnung: *die Münchner ~~Versicherung~~, die Alte Leipziger ~~Lebensversicherung~~, die Munich RE* (offiziell: *Münchener Rückversicherungs-Gesellschaft Aktiengesellschaft in München*). Da das vom Kopf getrennte Attribut meist aus einem detoponymischen Adjektiv besteht, qualifiziert sich dieses wegen seiner Auffälligkeit möglicherweise besser zur Übernahme der gesamten Bezeichnung (mehr dazu in Fahlbusch & Nübling 2014). Dabei erben all diese »Rumpfnamen« das Genus des Letztglieds, hier das Femininum von *Versicherung*. So kann man beobachten, wie die Namen von Versicherungen per se ein festes Femininum annehmen, was auch für Akronyme und Buchstabierwörter gilt (*die HUK, die AOK*) sowie für Namen, denen ursprünglich gar nicht der Sockel *Versicherung* zukam (wie bei der Phantasiebildung *AGIDA – Die Direkte der AOK Hessen*). Das Femininum ist somit produktiv geworden und hat zur referentiellen Zuweisungsebene gewechselt. Auch Namen von Banken entledigen sich immer öfter ihres Sockels und werden dabei ebenfalls zu Feminina. Auch hier wird das Genus nicht mehr lexikalisch vom Letztglied, sondern referentiell von der Objektklasse, auf die sich der Namen bezieht, zugewiesen (s. Fraurud 2000).

Dabei speist sich das feste Genus etablierter Namenklassen ziemlich oft aus einstigen Sockeln. Diese können längst in Vergessenheit geraten sein. So war lange unklar, weshalb Autonamen (*der Corsa, Astra, Mercedes*) immer Maskulina sind, obwohl das Appellativ *Auto* ja ein Neutrum und *der Wagen* als Oberbegriff unüblich ist. So argumentieren Köpcke & Zubin (2005: 107) aus rein synchroner Perspektive wie folgt gegen die Annahme einer Ellipse mit dem (getilgten) Kopf *Wagen*:

> Wer glaubt, so die maskuline Klassifikation der Autobenennungen erklären zu können, muss sich aber die Frage gefallen lassen, warum der Sprecher *Wagen* als getilgten Kopf gewählt haben soll und nicht *Auto*. Schließlich verweisen beide Lexeme auf den gleichen außersprachlichen Gegenstand. Genaugenommen ist sogar im taxonomischen Sinne *Auto* der Oberbegriff des Feldes der Autobezeichnungen und nicht *Wagen*.

Mithilfe einer diachronen Untersuchung konnten FahlbuschNübling (2016) rekonstruieren, dass doch *der Wagen* Ursache für das maskuline Autonamengenus ist: Bis zu Anfang des 20. Jhs. war *Wagen* nämlich das unmarkierte Lexem für dieses neue Fahrzeug, das erst später durch das Neutrum *Auto* ersetzt wurde. Die ersten Autonamen waren daher Maskulina und sind es bis heute geblieben. Da sich diese Genuszuweisung mittlerweile referentialisiert hatte (d.h. ohne den Sockel *-wagen* auskam), hat die Ersetzung des Appellativs *Wagen* durch *Auto* (bzw. zunächst *Automobil*, beides aus dem Französischen entlehnt) das bereits fixierte Namengenus nicht mehr zu verändern vermocht. Auch dass Motorradnamen Feminina sind (*die Yamaha, die Honda*), verdankt sich dem ursprünglichen, mittlerweile seltenen Sockel *Maschine*. So wird deutlich, dass nur diachrone Studien solche Namengenera erklären können.

Etwas anders gelagert ist der Fall (produktiv) femininer Flussnamen (*die Unstrut, Dreisam, Aller*) sowie (produktiv) maskuliner Flussnamen, wobei letztere meist für außereuropäische Flüsse gelten (*der Orinoco, Yangtse, Mississippi*). Die heute gängigen Feminina referieren mehrheitlich auf deutsche Flüsse. Deren Genus entstammt dem Femininum keltischer und evtl. auch germanischer Flussnamen (auf welche Sprachen die meisten Flussnamen in Deutschland zurückgehen). Somit handelt es sich im Fall der keltischen Quelle um ein Lehngenus. Die wenigen deutschen Maskulina (*der Rhein, der Main*) sind stabile Ausnahmen und gehen auf eine alte Schicht zurück, die nicht zum Femininum umklassifiziert wurde im Gegensatz zu vielen anderen einst maskulinen Flussnamen, z.B. *die Saar, Donau, March, Rhone*. Neutra gibt es keine (mehr). Dagegen verdankt sich das produktive Maskulinum außerdeutscher bzw. -europäischer Flussnamen dem in den betreffenden Sprachen üblicherweise hinzugefügten Sockel engl. *river* oder span. *río*, d.h. im Englischen und Spanischen bilden Flussnamen (bis heute) Gattungseigennamen: *Hudson River, Río Orinoco*. Dieser Sockel wurde früher ins Deutsche mitübersetzt, wofür die beiden maskulinen Appellative *Fluss* oder *Strom* eingesetzt oder – falls *River* bzw. *Rio* originalsprachlich übernommen wurden – mitgedacht wurden. Heute verzichtet man im Deutschen eher auf den Sockel, wenn der Fluss bekannt ist. Eine informelle Google-Recherche vom März 2014 ergab, dass (in deutschen Texten) im Fall von *Missouri (River)* das Verhältnis 3% für blankes *Missouri* gegenüber 97% für *Missouri River* beträgt. Fast invers verhielt es sich bei *Mississippi*, der zu 98% allein steht und zu nur 2% durch *River* ergänzt wird. Somit verdanken sich (nur) die maskulinen Flussnamen einem einstigen Sockelgenus (zu Details s. Fahlbusch & Nübling 2014).[3]

Dagegen geht das Femininum von Schiffsnamen (*die Kaiser Wilhelm, die Gorch Fock*) auf ein reines Lehngenus (wahrscheinlich aus dem Griechischen) zurück (die Appellative *Schiff* und *Boot* sind Neutra). Das Femininum der Schiffsnamen wurde später auf das von Flugzeugnamen übertragen: *die A 380, die Landshut*.

Doch was hat es mit der eingangs beschriebenen *Drake* auf sich? Im folgenden Abschnitt werden wir den Kopfverlust bei Straßennamen genauer betrachten.

3 Straßennamen ohne Kopf: materieller Kopfverlust in *Drake*, *Bergmann* und *Karl Marx*

In Straßennamen wie *die Drake* oder *die Karl Marx* rührt das feminine Genus zweifelsohne vom ehemaligen Sockel *Straße* her: *Drakestraße*, *Karl-Marx-Straße*. Wir beobachten hier also eine Entwicklung vom Gattungseigennamen hin zum reinen Namen, die mit einem materiellen Kopfverlust einhergeht. Dabei hat der reine Name seinen appellativen Kopf allerdings nicht vollständig aufgegeben: das Zweitglied *-straße* ist jederzeit wiederergänzbar. Es handelt sich beim Kopfverlust in Straßennamen also um einen Prozess, der zumindest aus struktureller Sicht optional ist (zu pragmatischen Effekten, die möglicherweise mit der Verwendung kopfloser Straßennamen einhergehen, s. die folgenden Absätze). Auf dem unidirektionalen 'Proprialisierungspfad' sind kopflose Straßennamen also

---

[3] Wie selbstverständlich auch heute der Sockel stehen kann, ist einem F.A.Z.-Artikel (16.05.2019) über die kanadische Polarstadt Inuvik zu entnehmen, wo ein „Mackenzie-Fluss" erwähnt wird – in der sicherlich zutreffenden Annahme, dass kaum jemand wüsste, was *der Mackenzie* ist.

(noch) nicht so weit vorangeschritten wie etwa kopflose Namen von Versicherungen, Autos, Motorrädern oder Schiffen.

Bevor wir die strukturellen Eigenschaften kopfloser Straßennamen eingehender besprechen, präsentieren wir hier zunächst einen kurzen Datenüberblick, um das Phänomen zu illustrieren.

Der Gebrauch von Straßennamen ohne Kopfelement hat in Berlin Tradition. Literarische Belege wie am Beginn von Ulrich Plenzdorfs Roman „Legende vom Glück ohne Ende" (1979) geben einen Eindruck davon, wie durch kopflose Straßennamen ein spezifisches lokales Berliner Lebensgefühl aufgerufen wird (Hervorhebungen von uns, UF & DN):[4]

> Hier haben sie gewohnt. Hier auf der Singerstraße. Und nicht, wie manche erzählen, auf der *Kraut* oder auf der *Blumen*. Oder in Prenzlauer Berg oder Weißensee. Oder am Ende in Lichtenberg. Welche sagen in Werneuchen. Hier auf der Singerstraße haben sie gewohnt, in Friedrichshain. Genau hier stand ihr Haus, genau da, wo jetzt die picobello Kaufhalle steht, und genau daneben standen andere von der gleichen Sorte. Und da, wo jetzt die Telefonzelle steht, stand die alte grüne Pumpe aus Guß, wo sie schon als Kinder gespielt haben und wo fünfundvierzig die ganze Singerstraße Wasser geholt hat. Damals ging die *Singer* noch durch bis zur *Frucht*, heute Straße der Pariser Kommune. Direkt am Küstriner Platz, heute Mehring-Platz, kam sie auf die *Frucht*, da wo jetzt das eine von den großen Studentenhäusern steht.

(Plenzdorf 1980: 7)

Zeitlich noch weiter zurückliegende Belege finden sich z.B. in Briefen von Paul Scheerbart aus den Jahren 1909–1915.[5] Als Absenderadresse gibt Scheerbart in seinen Briefen an Bruno Taut und Herwarth Walden „Berlin-Lichterfelde 4, Marschnerstraße 15" an, zuweilen findet sich dort aber auch „Berlin-Lichter-felde 4, Marschner 15" oder – in den Briefen an Ernst Rowohlt – „Berlin-Friedenau, Thorwaldsen Str. 20" neben „Berlin-Friedenau, Thorwaldsen 20" (vgl. Welzbacher 2012: 74, 153, 156, 217).

Kopflose Straßennamen begegnen auch heutzutage regelmäßig in schriftlichen wie mündlichen Äußerungen. Sie gehören dem informellen Sprachgebrauch an und sie drücken stets einen positiv besetzten Lokalbezug sowie Vertrautheit und Nähe zum bezeichneten Ort aus. Typischerweise sind sie zu finden

---

4 Plenzdorf verwendet hier die realen Straßennamen. Die vom Franz-Mehring-Platz abgehende Singerstraße heißt auch heute noch so, ebenfalls bis heute existieren die Krautstraße und die Blumenstraße. Die Fruchtstraße wurde 1971 – wie auch im Roman erwähnt – in Straße der Pariser Kommune umbenannt.

5 Wir danken Horst Simon sehr herzlich für diesen Hinweis.

in Texten zur Berliner Lokalgeschichte und zur Stadtentwicklung, in Verlautbarungen aus der Hausbesetzerszene (Websites, Flyer, Plakate, Graffiti), in Weg- und Ortsbeschreibungen, in Werbung von Geschäften und öffentlichen Einrichtungen mit lokalem Kiez-Bezug sowie generell in schriftlichen und mündlichen Äußerungen, die von ortsansässigen SprecherInnen stammen (oder aber die so wirken sollen, als wären die UrheberInnen ortskundig und 'eingesessen'). Nach jetzigem Kenntnisstand gibt es dabei keine grundsätzlichen Unterschiede zwischen verschiedenen Berliner Stadtbezirken. Einige solcher Beispiele sind in (1) bis (10) versammelt (Hervorhebungen von uns, UF & DN):[6]

(1) Dann sehen wir den Menschen, über den wir hier im Kiez schon viel gehört, den wir aber noch nie gesehen haben. Der Mensch geht rückwärts, immer rückwärts, nicht nur ein paar Meter, die ganze Falckensteinstraße entlang, biegt ab nach links, geht die *Wrangel* entlang, rückwärts.
[= Wrangelstraße]

(*Berliner Zeitung*, 05.02.2014, „0 Uhr 30 in Kreuzberg: Rückwärtsgeher und Fragensteller", https://www.berliner-zeitung.de/berlin/0-uhr-30-in-kreuzberg-rueckwaertsgeher-und-fragensteller-3269082)

(2) Der Unterzeichner Kostas Papanastasiou ist der Wirt der griechischen Taverne Terzo Mondo in der Grolmanstraße 28, 10623 Berlin, einen halben Block vom Kudamm. [...] Zuerst war Terzo Mondo in der *Kant*.
[= Kantstraße]

(Forumseintrag auf LEO Wörterbücher, 15.07.2015, https://dict.leo.org/forum/viewGeneraldiscussion.php?idforum=12&idThread=1289113&lp=frde&lang=de)

(3) Das Neue Kreuzberger Zentrum (NKZ) am Kottbusser Tor konnte durch das Vorkaufsrecht vor Spekulation gerettet werden, ebenso wie *die Wrangel 66* oder *die Glogauer 3*. Wir wollen dieses Instrument noch viel häufiger anwenden. Dafür braucht es landes- und bundesrechtliche Unterstützung.
[= Wrangelstraße, Glogauer Straße]

(Website von Bündnis 90/Die Grünen Friedrichshain-Kreuzberg, 26.09.2016, https://gruene-xhain.de/kommunales vorkaufsrecht-nutzbar-machen/)

(4) Zwei bärtige Touristen mit süddeutschem Akzent unterhalten sich über das Verbot von Ferienwohnungen und bedauern es. HG sagt streng: „Es gibt

---

6 Es handelt sich bei allen Beispielen in diesem Beitrag um existente Straßennamen in Berlin.

immer noch genug Ferienwohnungen hier, trotz Verbot. Vier Stück hier *in der Manteuffel*, zwei *in der Waldemar* und acht dort im Eckhaus. Und das ist wahrscheinlich nicht mal illegal. Sie beachten die Gesetze, indem sie sie umgehen, es gibt dafür vorgesehene juristische Schlupflöcher." Die Touristen sind verlegen und trollen sich Richtung Ausgang.
[= Manteuffelstraße, Waldemarstraße]

(die tageszeitung, 28.06.2016, http://www.taz.de/!5339235/)

(5) ganz gruselig: einmal im jahr jazzt es in der *bergmann*. nicht zum aushalten.
[= Bergmannstraße]

(Blog Spreeblick, Leserkommentar zum Artikel „Von Kreuzberg
nach Kreuzberg", 13.12.2005, http://www.spreeblick.com
/blog/2005/12/12/von-kreuzberg-nach-kreuzberg/)

(6) Hab ich gestern auch in der *Adalbert* gesehen. Ich glaube zw. *Naunyn* und *Waldemar*
[= Adalbertstraße, Naunynstraße, Waldemarstraße]

(Guess Where Berlin, Foto-Ratespiel auf Flickr, 2009,
https://www.flickr.com/photos/temp/3529585722/)

(7) Horst Wiessner ist eben nicht der übliche Großstadtschrebergärtner zwischen Bahndamm und Autobahn, seine Hollywoodschaukel hängt nicht zwischen Birn- und Apfelbaum, sondern sie schwingt 33 Meter über dem Kottbusser Tor, auf dem Dach eines elfstöckigen Zementquaders. Klein ist die Stadt von hier oben, auch das Leben scheint überschaubar, und weit ist Herr Wiessner in den letzten 28 Jahren ohnehin nicht gekommen, von der *Oranien 24* bis in die Adalbertstraße 4. Einmal um die Ecke. Aber er ist aufgestiegen, vom Hinterhof aufs Dach. [= Oranienstraße]

(Kreuzberger Chronik, Ausgabe 24, 2002, https://www.kreuzberger
chronik.de/chroniken/2002/november/mensch.html)

(8) JFernandes: Welcher Copyshop in Berlin hat 24 (Std) / 7 (Tage die Woche) offen?
Siehe Fragentitel, ich suche einen Copyshop, der rund um die Uhr offen hat.
StayKool: hm.. hab auc gehört es soll da einen geben. ansonsten centralstation anner *danziger* - glaub auch noch andere - hat immerhin die ganze woche (auch so) bis 24h geöffnet.
[= Danziger Straße]

(Forumseintrag, 15.06.2011, https://www.gutefrage.net/frage/
welchercopyshop-in-berlin-hat 24-std-7-tage-die-woche-offen)

(9) er läuft nur *karl marx* lang
 [= Karl-Marx-Straße]

(Kiezdeutschkorpus, Transkript MuH11MD, Gespräch in der Freizeit mit Freunden; männlicher Sprecher, monolingual deutschsprachig, 2008)

(10) kurz vor de *wisbyer* wa, *bornholmer* da wollteste rüber
 [= Wisbyer Straße, Bornholmer Straße]

(Berliner Wendekorpus, Gespräch über den Mauerfall; Sprecherin: Kita-Leiterin, Berlin-Hellersdorf, 1993—1996)

Wie die Beispiele zeigen, scheint der Kopfverlust von Faktoren wie Bedeutung des Erstglieds oder phonologischer Form weitgehend unabhängig zu sein. Die Nomina *Wrangel, Singer, Kraut, Kant* und *Manteuffel* bezeichnen männliche Personen, *Bergmann* ist der Familienname einer weiblichen Person, *Frucht* und *Blumen* dagegen sind gewöhnliche Appellativa. Daneben gibt es detoponymische Adjektive als Erstglieder. Formal finden sich sämtliche prosodische Muster: einsilbiges *Kant* neben Trochäen, Daktylen und Jamben (*Wrangel, Adalbert, Karl Marx*). Die kopflosen Erstglieder entstammen dabei dem nativen ebenso wie dem Fremdwortschatz.

Interessant ist an den Beispielen darüber hinaus zweierlei:

Erstens ist zu beobachten, dass Syntagmen aus detoponymischem Adjektiv plus *Straße* (*Bornholmer Straße*) und Komposita mit dem Zweitglied *Straße* (*Adalbertstraße*) gleichermaßen ihres Kopfes verlustig gehen können. Intuitiv fällt der Kopfverzicht bei syntagmatischen Straßennamen leichter, wie z.B. bei *Glogauer, Danziger, Wisbyer* und *Bornholmer* in (3), (8) und (10). Ist das detoponymische Attribut ein flektierendes Adjektiv, so bleibt die adjektivische Flexion in der kopflosen Form erhalten: *ein Geschäft in der Schlesischen; sie zieht in die Französische*.

Zweitens fällt auf, dass es in allen Beispielen der Kopf *Straße* ist, der wegfällt. Tatsächlich kommt materieller Kopfverlust bei Straßennamen mit anderem Letztglied (z.B. *-damm, -ufer, -weg, -graben, -ring, -kreuz, -allee, -chaussee* usw.) so gut wie nicht vor. Dies betrifft sowohl Syntagmen (*Kottbusser Damm, Märkisches Ufer, Tempelhofer Weg*) als auch Komposita (*Kaiserdamm, Paul-Lincke-Ufer, Baumschulenweg*). In all diesen Namen kann das Kopfnomen nicht weggelassen werden. Interessanterweise besteht hierbei jedoch ein von Genus und Semantik des Kopfnomens determinierter Übergangsbereich. Relevant ist einerseits die Genusopposition feminin vs. nicht-feminin sowie andererseits die Art des bezeichneten innerstädtischen Verkehrswegs, nämlich straßenförmig (*Allee, Damm, Ufer* usw.) vs. nicht-straßenförmig (*Platz, Tor, Markt* usw.).

Sämtliche Straßennamen mit maskulinem oder neutralem Kopfnomen verhalten sich einheitlich, sie erlauben keine Auslassung des Kopfs. Dies gilt sowohl für Köpfe, die auf straßenförmige Verkehrswege referieren, als auch für solche, die nicht-straßenförmige Verkehrswege bezeichnen. Materieller Kopfverlust, der zur oben beschriebenen Entwicklung hin zu einem reinen Namen führt, ist hier stets ausgeschlossen, vgl. *Kottbusser ~~Damm~~, *Paul-Lincke-~~Ufer~~, *Tempelhofer ~~Weg~~, *Schlesisches ~~Tor~~, *Helmholtz~~platz~~ usw.

Bei Straßennamen mit femininem Kopfnomen existiert dagegen eine feinere Abstufung. Wie die Beispiele in (1)–(10) gezeigt haben, kann das Kopfnomen *Straße* nahezu uneingeschränkt wegfallen.[7] Daneben lassen auch gewisse andere Feminina grundsätzlich Kopfverlust zu, nämlich solche, die auf einen straßenförmigen Verkehrsweg referieren, wie *Allee* oder *Chaussee*.[8] Dies unterliegt jedoch engeren Restriktionen. Kopfverlust ist hier nur möglich, wenn das Erstglied ein detoponymisches Adjektiv auf *-er* ist, wie z.B. in *Schönhauser, Landsberger, Habelschwerdter (Allee)*. In Komposita mit *-allee* muss dagegen der Kopf realisiert sein: *Kastanien~~allee~~, *Pappel~~allee~~, *Grenz~~allee~~, *Karl-Marx-~~Allee~~. Dies führt dazu, dass es bei Komposita nicht zu ambigen bzw. homonymen Formen kommt: mit *die Karl Marx* kann nur auf *Karl-Marx-Straße* referiert werden, nicht jedoch auf *Karl-Marx-Allee* (anders bei Syntagmen mit detoponymischem Adjektiv; hier sind Homonyme durchaus möglich: *die Schönhauser* kann sowohl für *Schönhauser Allee* als auch für *Schönhauser Straße* stehen).

Schließlich gibt es – wenn auch selten – Feminina, die nicht-straßen-förmige Verkehrswege bzw. -orte bezeichnen, wie *Brücke* oder *Heide*. Diese Köpfe verhalten sich genauso wie die nicht-femininen Mitglieder dieser Gruppe, d.h. sie sind nicht weglassbar, vgl. *Möckern~~brücke~~, *Jannowitz~~brücke~~ und *Julius-Leber-~~Brücke~~ sowie *Jungfern~~heide~~, *Hasen~~heide~~, *Wuhl~~heide~~, *Köllnische ~~Heide~~. Es lässt sich also entlang der Genuszugehörigkeit ein Gefälle der Kopfverlustfreudigkeit feststellen:

---

7 Selten bestehen jedoch – bislang nicht vollständig geklärte – Beschränkungen, so ist es nicht möglich, mit *die Friedrich* oder *die Schloss* auf *Friedrichstraße* bzw. *Schlossstraße* zu verweisen. Dies hängt möglicherweise mit dem auch überregional hohen Bekanntheitsgrad dieser Straßen zusammen, der diese Namen 'unverletzbar' macht. Wohl ebenso ausgeschlossen ist *die Chaussee* für *Chausseestraße*, aber aus anderen Gründen. Hier könnte eine Vermeidungsstrategie vorliegen, die verhindern soll, dass das Erstglied in der kopflosen Variante fälschlicherweise als Appellativum interpretiert wird.

8 Das Kopfnomen *Gasse* ist in Berlin äußerst selten (vgl. aber *Kurt-Weill-Gasse, Verdener Gasse*). Aussagen darüber, ob der Kopf *Gasse* wegfallen kann, sind daher kaum zu treffen.

	Straßenförmige Referenten		Nicht-straßenförmige Referenten	
Feminina		Nicht-Feminina	Feminina	Nicht-Feminina
Straße	andere (nur Syntagmen): *Allee, Chaussee*	*Damm, Weg, Ufer, Graben, Ring* usw.	*Brücke, Heide*	*Platz, Bahnhof, Park, Markt, Tor* usw.
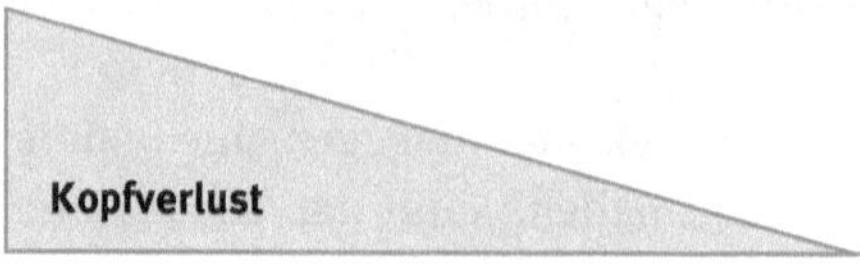 Kopfverlust				

Abb. 1: Kopfverlust bei Straßennamen

Interessant ist nun, dass auf der Seite derjenigen Straßennamen, die nie kopflos auftreten, ebenfalls ein Prozess der Proprialisierung stattfindet, jedoch wird hierfür ein anderes formales Verfahren genutzt, nämlich das der Wortkürzung. Für eine ganze Reihe von bekannten, verkehrswegrelevanten Orten in verschiedenen Bezirken Berlins existieren Kurzformen, wie z.B. *Alex, Theo, Nolle, Stutti, Görli, Kotti* oder *Boxi*, die, wie es für Kurzwörter typisch ist, stets trochäische Zweisilber bilden (vgl. Nübling 2001, Ronneberger-Sibold 2007).

Abb. 2: *Bra wir sind Kotti*, Berlin, Aufschrift auf Toilettentür, 2013, Foto: Heike Wiese (Wiese 2014ff.)

Diese Kurzformen entstehen zum Teil durch unisegmentale Kürzung am Wortende (sog. „back clipping", Steinhauer 2015), wie *Alex* < *Alexanderplatz*, *Theo* < *Theodor-Heuss-Platz*, *Nolle* < *Nollendorfplatz*. Zum größeren Teil werden sie jedoch durch gleichzeitige Kürzung und *-i*-Suffigierung gebildet: *Stutti* < *Stuttgarter Platz*, *Kotti* < *Kottbusser Tor*, *Boxi* < *Boxhagener Platz*. Bei *Görli* < *Görlitzer Park* könnte freilich auch pure Kürzung ohne Suffigierung vorliegen. Kurzformen treten nur bei Namen auf, die nicht-straßenförmige verkehrsrelevante Orte bezeichnen,[9] und diese sind immer nicht-feminin (für Namen auf *-brücke* oder *-heide* sind uns keine Kurzformen bekannt). Grundsätzlich erbt die Kurzform das Genus des ehemaligen Kopfelements, dabei ist allerdings eine Unterscheidung zwischen Maskulinum und Neutrum oft gar nicht zu treffen. Die Kurzformen werden hauptsächlich im Kontext von Präpositionalphrasen mit verschmolzenem Artikel gebraucht, so dass die Mask./Neutr.-Differenz obsolet wird, vgl. *am/zum/beim Kotti* (Kottbusser Tor), *am/zum/beim Schlesi* (Schlesisches Tor), *im/zum/beim Görli* (Görlitzer Park/Bahnhof) usw.

Abb. 3: *Späti am Schlesi*, Berlin, Schlesisches Tor/Skalitzer Straße, 2019, Foto: Horst Simon

Aus diesen Formen wird zuweilen maskulines Genus reinterpretiert. Neben neutralem *Schlesi* und *Kotti*, vgl. (11) und (13), finden sich in der Überzahl maskuline Verwendungen, vgl. (12), (14) und (15):

---

9 Allenfalls kommt es bei Namen mit einem auf straßenförmige Wege referierenden Kopfnomen vereinzelt zu partiellen Kürzungen, bei denen das Kopfnomen jedoch strikt erhalten bleibt, z.B. *O-Straße* (Oranienburger Straße), *Te-Damm* (Tempelhofer Damm) oder *Kudamm* (Kurfürstendamm).

Schlesisches Tor

(11) Falls der Kreuzberger über die Möckernbrücke oder *das Schlesi* hinauskommt, befindet er sich auf unbekanntem Terrain.

(*Focus online*, „15 Dinge, die in Kreuzberg noch nie gesagt wurden", 02.12.2015, https://www.focus.de/regional/berlin/berliner-geschichten/dit-is-berlin-15-dinge-die-in-kreuzberg-noch-nie-gesagt-wurden_id_5127353.html)

(12) Frühstück am Ostermontag, direkt vor dem Fenster mit Blick auf *den Schlesi*, die frierenden Leute, und wir im Warmen.

(Restaurantbewertung, 07.04.2013, https://www.yelp.de/biz/tante-emma-berlin-3)

Kottbusser Tor

(13) Wir laden alle herzlich ein – kommt am 10.11.2012 zur Demonstration *ans Kotti* – und am 13.11.2012 ins Abgeordnetenhaus.

(Posting des Vereins „Kotti & Co.", 06.11.2012, http://berlin.soup.io/since/286207593?mode=own&newer=1)

(14) Das Bezirksamt hatte zum zweiten Mal zum Workshoptag „Strategien für *den Kotti*" eingeladen. [...] Die Polizei berichte[t] von ihrer Arbeit rund um das Kottbusser Tor, das Quartiersmanagement und Fixpunkt e.V. stellten ihre aktuellen Projekte vor.

(Bezirks-Ticker des Bezirksamts Friedrichshain-Kreuzberg, 06.12.2018, https://www.berlin.de/ba-friedrichshain-kreuzberg/aktuelles/bezirkssticker/2018/strategien-fuer-den-kotti-764229.php)

(15) *Der Kotti* bündelt all das, was es in Berlin auch überall sonst gibt und was die Stadt in den Augen des Bürgertums so unheimlich macht.

(*Der Tagesspiegel*, „Wer ist der Kotti?", 08.03.2009, https://www.tagesspiegel.de/berlin/kottbusser-tor-wer-ist-der-kotti/1468002.html)

Im Hinblick auf den Proprialisierungsprozess ist das Ergebnis beim materiellen Kopfverlust in Namen auf *-straße* und bei den Wortkürzungen allerdings jeweils das gleiche: der ehemalige gattungsbezeichnende morphologische oder syntaktische Kopf (Sockel) ist nicht mehr vorhanden, und damit ist ein wesentlicher Schritt hin zum reinen Eigennamen getan.

Die äußeren Pole des aufgespannten 'Straßennamenkontinuums' bilden auf der einen Seite die Namen mit femininen, auf straßenförmige Verkehrswege referierenden Gattungsbezeichnungen (insbesondere *Straße*), welche Kopfverlust aufweisen, ohne den Wortkörper des Erstelements anzutasten, und auf der anderen Seite die Namen mit nicht-femininen, auf nicht-straßenförmige Areale verweisenden Gattungsbezeichnungen, die Kopfverlust unter Kürzung des Erstelements zeigen, oftmals mit gleichzeitiger Suffigierung durch *-i*. Zwischen diesen Polen befinden sich jene Straßennamen, die nie auf ihren gattungsbezeichnenden Kopf verzichten können, nämlich solche, deren Kopf nicht-feminin ist und eine Straße bezeichnet, und solche, deren Kopf feminin ist und einen nicht-straßenförmigen Verkehrspunkt benennt.

Das Schema in Abb. 1 lässt sich also folgendermaßen vervollständigen, vgl. Abb. 4:

Straßenförmige Referenten		Nicht-straßenförmige Referenten	
Feminina	**Nicht-Feminina**	**Feminina**	**Nicht-Feminina**
Straße	andere (nur Syntagmen) *Allee, Chaussee*	*Damm, Weg, Ufer, Graben, Ring* usw.	*Brücke, Heide*	*Platz, Bahnhof, Park, Markt, Tor* usw.

Reiner Kopfverlust — **Kopfverlust und *i*-Kürzung**

Abb. 4: Kopfverlust und Wortkürzung bei Straßennamen

Diese Verteilung bringt es mit sich, dass praktisch keine Doppelformen existieren. Wenn Verkehrswegbezeichnungen mit identischem Erstglied Kopfverlust zeigen, dann geschieht dies beim Femininum regelmäßig ohne Kürzung des Erstglieds, beim Maskulinum oder Neutrum dagegen stets mit Wortkürzung.[10] Es finden sich also nebeneinander:

---

[10] Hier ist hinzuzufügen, dass die Kurzformen wesentlich stärker konventionalisiert sind als die ungekürzten kopflosen Namen mit ehemaligem Kopfnomen *Straße* und sehr viel seltener sind. Wortkürzung (plus ggf. *-i*-Suffigierung) muss daher als nur schwach produktiver Prozess angesehen werden. Der Verlust von *Straße* als Kopfnomen ist dagegen – bis auf wenige, noch zu klärende Ausnahmen – nicht beschränkt.

(16) a. Görlitzer Straße   *die Görlitzer* / *die Görli
      b. Görlitzer Park   *der Görli* / *der Görlitzer
(17) a. Lausitzer Straße   *die Lausitzer* / *die Lausi
      b. Lausitzer Platz   *der Lausi* / *der Lausitzer
(18) a. Helmholtzstraße   *die Helmholtz* / *die Helmi
      b. Helmholtzplatz   *der Helmi* / *der Helmholtz
(19) a. Schlesische Straße   *die Schlesische* / *die Schlesi
      b. Schlesisches Tor   *das/der Schlesi* / *das Schlesische

Folglich kann im Fall kopfloser Straßennamen nicht davon gesprochen werden, dass das Genus hier bedeutungsdifferenzierend sei (im Unterschied etwa zu Auto- und Motorradnamen, vgl. *der/die Honda*, oder Restaurant-, Cocktail- und Schiffsnamen, vgl. *das/der/die Manhattan*). Die durch die Genusopposition feminin vs. nicht-feminin manifestierte semantische Untergliederung in Straßen und Plätze bzw. nicht-straßenförmige Verkehrspunkte wird zusätzlich gestützt durch unterschiedliche formale Verfahren des Kopfverlusts.

4 Zusammenfassung und Ausblick

Mit den beschriebenen Straßennamen bekommen wir einen Proprialisierungsprozess vom Gattungseigennamen zum reinen Eigennamen zu greifen, den man ansonsten nur retrospektiv anhand bereits abgeschlossener Prozesse rekonstruieren kann. Dies haben wir am Beispiel der Namen von Versicherungen, Autos und nicht-europäischen Flüssen gezeigt. Beim derzeit beobachtbaren Proprialisierungsschub von Berliner Straßennamen gilt als formales Merkmal der Verlust des appellativischen Kopfes (Sockels). Der Wortkörper des Erstglieds bleibt dabei intakt. Dieser Prozess greift am konsequentesten bei Einheiten mit dem Kopfnomen *Straße*, sowohl in Komposita als auch in Syntagmen (*die Drake, die Bergmann, die Lausitzer*). Eingeschränkt greift er auch bei den Feminina *Allee* und *Chaussee*, doch nur bei vorangehendem detoponymischem Adjektiv auf -*er* (*die Schönhauser*). Dagegen sträuben sich Straßennamen mit nicht-femininem appellativischem Kopf grundsätzlich gegen materiellen Kopfverlust bei intaktem Erstglied (**der Kaiser*damm, **der Baumschulen*weg, *das Schlesische Tor).

Allerdings existiert bei Nicht-Feminina, sofern sie auf nicht-straßenförmige Verkehrsorte referieren, eine andere Form von Proprialisierung mit Kopfverlust: Hier wird das Erstglied auf einen Zweisilber reduziert, sei es (selten) durch bloße Wortkürzung (*Alex*), sei es (häufig) durch zusätzliche -*i*-Suffigierung (*Kotti, Boxi*). Dabei waren gelegentliche Genusschwankungen zwischen Maskulinum und

Neutrum festzustellen, die darauf hinweisen, dass der alte Kopf nicht mehr präsent zu sein scheint. Solche Kurzformen kommen jedoch seltener vor und sind lexikalisch beschränkter als der Typ kopfloser Straßennamen auf *Straße* ohne Erstgliedkürzung. Allen diesen vollonymisierten Formen (mit oder ohne Erstgliedkürzung) ist gemein, dass sie nicht obligatorisch sind: In allen Fällen sind sie optional und signalisieren dabei Informalität, Ortsverbundenheit und eine positiv-affektive Einstellung zur lokalen Umgebung.

Wie bei jedem Sprachwandel bleiben offene Fragen. So ist noch ungeklärt, seit wann es überhaupt kopflose Straßennamen im Berliner Raum gibt und wie frequent sie heute sind, ebenso, ob ihre Frequenz zunimmt. Zudem ist ihre Verbreitung noch weitgehend unbekannt: Existieren kopflose Straßennamen auch außerhalb Berlins? Wie verhält es sich mit deren genauer regionaler Verbreitung? Gibt es möglicherweise formale Varianten? Dies gilt es in den nächsten Jahren zu beobachten.

Literatur

Fahlbusch, Fabian & Damaris Nübling (2014): Der Schauinsland – die Mobiliar – das Turm. Das referentielle Genus bei Eigennamen und seine Genese. *Beiträge zur Namenforschung* 49 (3), 245–288.

Fahlbusch, Fabian & Damaris Nübling (2016): Genus unter Kontrolle: Referentielles Genus bei Eigennamen – am Beispiel der Autonamen. In Andreas Bittner & Constanze Spieß (Hrsg.), *Formen und Funktionen. Morphosemantik und grammatische Konstruktion*, 103–125. Berlin, Boston: de Gruyter.

Fraurud, Kari (2000): Proper names and gender in Swedish. In Barbara Unterbeck et al. (Hrsg.), *Gender in Grammar and Cognition*, 167–219. Berlin, New York: de Gruyter.

Harweg, Roland (1983): Genuine Gattungseigennamen. In Manfred Faust et al. (Hrsg.), *Allgemeine Sprachwissenschaft, Sprachtypologie und Textlinguistik*, 157–171. Tübingen: Narr.

Köpcke, Klaus-Michael & David Zubin (2005): Nominalphrasen ohne lexikalischen Kopf – Zur Bedeutung des Genus für die Organisation des mentalen Lexikons am Beispiel der Autobezeichnungen im Deutschen. *ZS* 24, 93–122.

Nübling, Damaris (2001): *Auto – bil, Reha – rehab, Mikro – mick, Alki – alkis*: Kurzwörter im Deutschen und Schwedischen. *Skandinavistik* 31 (2), 167–199.

Nübling, Damaris (2015): *Die Bismarck – der Arena – das Adler* – Vom Drei-Genus- zum Sechs-Klassen-System bei Eigennamen im Deutschen. Degrammatikalisierung und Exaptation. *Zeitschrift für Germanistische Linguistik* 43 (2), 306–344.

Nübling, Damaris (2017): The growing distance between proper names and common nouns in German. On the development of onymic schema constancy. In Tanja Ackermann & Barbara Schlücker (Hrsg.), The Morphosyntax of Proper Names. Special issue. *Folia Linguistica* 51 (2), 341–367.

Nübling, Damaris (2018): *Vom Oden- in den Schwarzwald, von Eng- nach Irland?* Zur Abgrenzung von Gattungseigennamen und reinen Eigennamen. In Rolf Bergmann & Stefanie

Stricker (Hrsg.), *Namen und Wörter. Theoretische Grenzen – Übergänge im Sprachwandel*, 11–32. Heidelberg: Winter.
Plenzdorf, Ulrich (1980): *Legende vom Glück ohne Ende*. 2. Aufl. Rostock: Hinstorff.
Ronneberger-Sibold, Elke (2007): Zur Grammatik von Kurzwörtern. In Jochen A. Bär, Thorsten Roelcke & Anja Steinhauer (Hrsg.), *Sprachliche Kürze. Konzeptuelle, strukturelle und pragmatische Aspekte*, 276–291. Berlin, New York: de Gruyter.
Steinhauer, Anja (2015): Clipping. In Peter O. Müller, Ingeborg Ohnheiser, Susan Olsen & Franz Rainer (Hrsg.), *Word-Formation. An International Handbook of the Languages of Europe*, 352–363. Berlin, Boston: de Gruyter.
Welzbacher, Christian (Hrsg.) (2012): *Meine Welt ist nicht von Pappe. Ein Paul Scheerbart Lesebuch*. Berlin: Parthas.
Wiese, Heike (2014ff): *Liebesgrüße aus dem Kiez* (KiDKo/LL – „Linguistic Landscape"). URL: http://www.kiezdeutschkorpus.de/de/kidko-ll-linguistic-landscape.html

Maria Thurmair
Eigennamen in Vergleichen: von der *Angela Merkel des Sports* bis zum *Mercedes unter den Bundespräsidenten*

Zusammenfassung: Der Beitrag beschäftigt sich mit der Rolle von Eigennamen in bestimmten Vergleichen. Dabei werden zum einen besondere grammatische Erscheinungen (Artikelgebrauch, Auftreten spezifischer Attribute), semantische Eigenschaften sowie das Vorkommen von Sexus-Inkongruenzen (*Sepp Blatter ist die Angela Merkel des Sports*) und kategoriale Wechsel (*Glutamat ist das Nordkorea der Gewürze*) besprochen. Zum anderen werden Aspekte erörtert, die zu einer Appellativierung bzw. Deonymisierung bestimmter Eigennamen führen.[1] Neben anderen Vergleichen soll die Konstruktion *der/die EN unter den x* Appellativierung (z.B. *der Ferrari unter den Uhren*) im Fokus stehen, die dabei ist, sich zu einem Ersatz für den Superlativ zu entwickeln.

1 Einleitung: Untersuchungsbereich und Korpus

Im folgenden Beitrag geht es um die Verwendung von Eigennamen in zwei spezifischen Formen von Vergleichen. In beiden Fällen liegt eine Deonymisierung vor und die Eigennamen werden appellativ(er) verwendet, was sich auch an grammatischen Besonderheiten (z.B. dem Artikelgebrauch) zeigt. Interessant sind diese Strukturen nicht zuletzt deshalb, weil sie nach meinen Beobachtungen und nach Ausweis der Korpusdaten vor allem in Pressetextsorten deutlich zunehmen. Es geht im Folgenden um zwei Strukturen, die auf den ersten Blick gewisse Gemeinsamkeiten haben und auch Übergänge zeigen, aber letzlich in ihrer Funktion deutlich voneinander geschieden werden können; gemeint sind Beispiele wie (1) in seinen Varianten und (2):

(1)   a. Heinz Maegerlein war **der Günther Jauch der 50er-Jahre.**
       b. Andreas Gabalier, **der Luis Trenker unter den Popstars.**
       c. Die Ausnahme-Musikerin Sabine Meyer gilt als „**die Steffi Graf der Klarinette**".

---

[1] Zur deonymischen Wortbildung siehe Scherer (in diesem Band), zum umgekehrten Fall der Onymisierung siehe Freywald & Nübling (in diesem Band).

(2) Die Nordmanntanne ist **der Mercedes unter den Tannenbäumen**.

Kennzeichen aller Beispiele ist, dass Eigennamen, die mit verschiedenen Attributen (hier Genitiv- bzw. präpositionales Attribut mit *unter*) und Artikel versehen sind, in prädikativen Strukturen auftreten.[2] Die beiden Typen unter (1) und (2) unterscheiden sich strukturell (Typ 1 weist eine größere Vielfalt an Attributen auf) und in ihrer generellen Funktion (bei Typ 1 handelt es sich um metaphorische Vergleiche, bei Typ 2 letztlich um Superlative).

Die Daten, auf denen die folgenden Analysen beruhen, sind authentische Belege, die durch systematische Suchanfragen vor allem im DeReKo (84% der Belege) und in geringem Umfang durch GOOGLE-Recherchen (10% der Belege) erhoben wurden, und punktuell (6% der Belege) auch aus anderen Quellen wie der Süddeutschen Zeitung (SZ) stammen.[3] Die Suche erfolgte einmal nach der Kategorie ‚Eigenname' in bestimmten syntaktischen Konstruktionen und zum anderen nach einer Vielzahl konkreter Eigennamen. Es handelt sich insgesamt um 1900 Belege, dabei machen die Personennamen mit 65% den größten Anteil aus, Ortsnamen sind mit 10% und Warennamen, Ereignisnamen und anderes mit 25% vertreten. Wo die Belege strukturell vereinfacht wurden, wird dies angegeben.

2 Metaphorische Vergleiche

Der erste oben angeführte Fall, die Beispiele unter (1), sind metaphorische Eigennamenvergleiche (oft auch als Antonomasien bezeichnet). Zunächst sollen kurz ihre morphosyntaktischen Merkmale und die verschiedenen Subtypen vorgestellt werden, sodann soll exemplarisch auf die Semantik und Möglichkeiten der Interpretation eingegangen werden, bevor auf einige interessante (überraschende?) Variationen in Sexus, Genus und Kategorie hingewiesen wird.[4]

---

2 Andere vergleichbare Strukturen, die hier nicht behandelt werden, sind solche mit Adjektivattribut (*er ist der deutsche Obama*) oder in Wortbildungsform, also z.B. als Kompositum, etwa *Alpenobama* (für den damals neuen österreichischen Bundeskanzler Christian Kern).
3 Vereinzelt wird auf die Liste der „Vossianischen Antonomasien" des Blogs „Der Umblätterer" verwiesen (s. auch Fischer & Wälzholz 2014), in der von 2009 bis 2014 entsprechende metaphorische Eigennamenvergleiche, eben Antonomasien, aus „Feuilletons und Medienpamphleten" gesammelt wurden – allerdings nicht systematisch, sondern als Fundstücke; es handelt sich um 345 Belege. Kontexteinbettungen finden sich dabei nicht.
4 Während es sich bei den hier beschriebenen syntaktischen Deonymisierungen immer um (metaphorische) Vergleiche handelt, bietet die deonymische Wortbildung aufgrund der

2.1 Morphosyntaktische Merkmale

Der Kern der Attributstruktur der hier analysierten metaphorischen Vergleiche ist ein Eigenname (meist ein Personenname wie oben unter (1), seltener Ortsnamen oder andere Namenklassen, z.B. Waren- oder Ereignisnamen). Die Eigennamenmetaphern treten fast ausschließlich in prädikativer Funktion auf, d.h. dass die ganze attribuierte Nominalphrase auf ein Referenzobjekt prädikativ bezogen ist, entweder in expliziten Prädikationen (wie 1a) oder – sehr häufig – in prädikatsähnlichen Strukturen wie Appositionen (1b), gerne auch syntaktisch eingebettet mit kopula-ähnlichen Verben wie *nennen, heißen, gelten als, bezeichnen* wie in (1c). Oft erscheinen die Strukturen auch in Überschriften oder an anderen exponierten, d.h. syntaktisch und graphisch abgesetzten Stellen wie Zwischenüberschriften oder Bildunterschriften. Die prädikative Verwendung ist ein erstes Kennzeichen der Deonymisierung, denn normalerweise – so wird in der Literatur (s. Nübling, Fahlbusch & Heuser 2015: 85, Kolde 1995: 407) oft angemerkt – erscheinen Eigennamen nicht in der Prädikation, mit Ausnahme von Referenzfixierungsakten.

Über die morphosyntaktischen Verwendungskontexte der ganzen Struktur der metaphorischen Eigennamenvergleiche lässt sich noch sagen, dass sie in aller Regel in der 3. Person, also referierend auftreten. Einige wenige Belege (je knapp 5%) finden sich in meinem Korpus in der 1. Person mit Selbstreferenz (vgl. 3) und in der 2. Person, also als direkte Charakterisierung des Gegenüber (vgl. 4):

(3)   „Ich bin der Dieter Bohlen der Küche" (Tim Mälzer). (FOCUS, 12.12.2005)
(4)   „Sie sind die Angela Merkel der SPD." (Der Journalist Joffe zu Olaf Scholz; taz 12.02.2015)

Für die Eigennamenmetaphern ist nun syntaktisch nicht nur kennzeichnend, dass die Eigennamen in prädikativer Funktion auftreten, sondern vor allem, dass sie auf einen Referenten verweisen, der bereits mit einem anderen Eigennamen belegt und dadurch identifizierbar ist.[5] In den hier analysierten Beispielen handelt es sich aber nicht um die Vergabe zweier Namen; der zweite, neu eingeführte Eigenname dient nicht zur Identifikation, sondern dazu, bestimmte, mit dem

---

vielfältigen Wortbildungsmittel, wie Scherer (in diesem Band) an den Suffixen zeigt, ein wesentlich weiteres Bedeutungsspektrum.
5 Eine Benennung ein und desselben Individuums mit mehreren Namen ist normalerweise z.B. möglich im Fall von Pseudonymen; etwa: *Kurt Tucholsky ist Peter Panter* oder auch bei Spitznamen: *Georg Maier wird ‚Schicki' genannt*. In diesem Fall werden ein und demselben Individuum verschiedene Namen zugeschrieben.

Eigennamenträger verbundene Charakteristika zu prädizieren. Durch diese semantische Anreicherung hat er wesentliche Kennzeichen eines Eigennamens verloren, es findet also eine Deonymisierung statt.

Als weiteres morphosyntaktisches Kennzeichen sind Attribute zu erwähnen, die bei diesen Strukturen obligatorisch sind; sie sind ein Indiz dafür, dass eine metaphorische Verwendung vorliegt und stellen, ganz allgemein gesprochen, ein Konstruktionsschema bereit. Vgl.:

(1) b. Andreas Gabalier, der Luis Trenker unter den Popstars.
 c. Die Ausnahme-Musikerin Sabine Meyer gilt als „die Steffi Graf der Klarinette".

In den angeführten Beispielen bezeichnet das Attribut einen zu einem als gewusst vorausgesetzten Merkmal bzw. einer Eigenschaft des Eigennamenträgers **nicht** passenden Inhalt: also etwa *Steffi Graf* und *Klarinette* oder *Luis Trenker* und *Popstar*. Damit wird eine metaphorische Übertragung angezeigt, denn es liegt die Verwendung eines Ausdrucks in einem (mit Weinrich 1967/1976 so bezeichneten) konterdeterminierenden Kontext vor.[6] Damit unterscheiden sich diese Attribute von solchen Attributen oder Appositionen, wie sie sonst bei Eigennamen auftreten, die nämlich weitere Informationen zum Namenträger bieten bzw. den Namen erklären. Vgl. die Beispiele unter (5) mit (6):

(5) Angela Merkel, die Vorsitzende der CDU / die Bundeskanzlerin Angela Merkel
(6) die Angela Merkel des Sports / die Angela Merkel des deutschen Talkfernsehens

Ein weiteres morphosyntaktisches Kennzeichen ist der Artikelgebrauch: im Allgemeinen[7] tritt bei den metaphorischen Eigennamenvergleichen ein Artikel auf

---

6 Das wesentliche Kennzeichen einer Metapher ist, dass sprachliche Zeichen in einen Zusammenhang gestellt werden, die von ihrer ‚eigentlichen' Bedeutung (mit Weinrich (1967/1976: 324) verstanden als „Determinationserwartung") her unvereinbar sind, mit anderen Worten: eine Metapher ist die Verwendung eines Wortes „in einem konterdeterminierenden Kontext" (Weinrich 1967/1976: 320, s. auch 1993/2007: 710f.).
7 Nübling, Fahlbusch & Heuser (2015: 81) meinen, sobald ein Eigenname attributiv erweitert wird, muss der Artikel stehen, was für die hier behandelten Strukturen nicht unbedingt zutrifft, sich aber syntaktisch erklären lässt: Formen ohne Artikel sind entweder Vorkommen in einer *als*-Konstruktion (*er gilt als Mozart des ...*), einer Konstruktion mit *nennen/heißen* etc. (*sie nannten ihn Mozart des ...*) oder in einer Überschrift (*Mozart des Feminismus*).

(ungewöhnlich für prototypische Eigennamen) und zwar in der Regel der definite Artikel, bei den metaphorischen Eigennamenvergleichen (Typ 1) in fast 90% der Fälle, bei den Superlativen (Typ 2) immer.

Die Frage der Artikelverwendung und möglicher Attribute hängt mit der Verfestigung des metaphorischen Gebrauchs zusammen. Für die deonymisierten, metaphorisch verwendeten Eigennamen werden in Thurmair (2002) drei Typen unterschieden. Alle können mit dem definiten Artikel und mit entsprechenden Attributen auftreten, lassen sich aber weiter wie folgt einteilen:

a) metaphorisch usualisierte Namen, die stereotyp für bestimmte Eigenschaften und Merkmale stehen und wie ein Appellativ verwendet werden (z.B. *Casanova*, *Don Juan*, *Xanthippe*, *Mekka*); sie können mit dem indefiniten Artikel stehen, auch ohne Attribut auftreten und mit *richtig/echt* erweitert werden (s. 7a).

b) metaphorisch okkasionelle Namen, die in unterschiedlichen metaphorischen Kontexten auftreten; die der Metapher zugrunde gelegten Eigenschaften sind konventionalisiert, aber nicht in jedem Kontext fest mit dem Eigennamen verbunden. Deshalb ist der einfache prädizierende Gebrauch mit indefinitem Artikel (ohne Attribut) recht problematisch, genauso wie die Verwendung von *richtig*; das Attribut *zweiter* ist aber akzeptabel (z.B. *Mozart*, *Paganini*, *Schweiz*, *Vietnam* oder *Afghanistan*, s. 7b).

c) ad hoc metaphorisch verwendete Eigennamen, bei denen die zugrunde liegenden Eigenschaften nicht konventionell sind und meist erst im Kontext interpretierbar werden: entweder werden sie direkt genannt oder sind erschließbar. Hier ist dann der indefinite Artikel fast immer ausgeschlossen, und auch mit Attribut äußerst fraglich (s. 7c).

(7) a. Andreas Gabalier ist ein Casanova / ein richtiger Casanova.
    b. Andreas Gabalier ist ??ein Mozart / ein zweiter Mozart.
    c. Andreas Gabalier ist *ein Luis Trenker / ist ??ein Luis Trenker der Volksmusik / ist der Luis Trenker der Volksmusik.

Für die Frage der Verwendung des definiten oder indefiniten Artikels vor den deonymisierten Eigennamen ist also der Usualitätsgrad entscheidend; der definite Artikel ist aber in jedem Fall ungleich häufiger (fast 90% der Vorkommen), der indefinite Artikel ist restringierter, weil er eine Typenhaftigkeit bzw. eine Reduktion auf feste semantische Merkmale suggeriert, die nicht bei allen Eigennamen gegeben ist. Die Trennung zwischen den Eigennamen der verschiedenen

Gruppen ist allerdings nicht ganz scharf, es handelt sich eher um eine skalare Unterscheidung.

Grundsätzlich kann man davon ausgehen, dass bei diesen metaphorischen Vergleichen bestimmte als salient begriffene Eigenschaften oder Charakteristika des ursprünglichen Namenträgers auf ein anderes Referenzobjekt übertragen werden sollen.[8] Dies ist kulturspezifisch bestimmt (dazu s. auch Pérennec 2010, Bergien 2011). Bei Eigennamen der zweiten Gruppe sind die herangezogenen Merkmale einigermaßen konventionalisiert, d.h. sie sind im Allgemeinen auch ohne Kontextstützung verfügbar; dennoch sind auch sie variabel, bedingen dann aber einen höheren Kontextaufwand. An zwei Beispielen sei dies im Folgenden gezeigt, *Mozart* und *Schweiz*.

2.2 Semantik von Eigennamenmetaphern am Beispiel *Mozart* und *Schweiz*

Metaphorische Verwendungen mit dem Eigennamen *Mozart* haben lange Tradition, schon Robert Schumann hat 1840 Felix Mendelssohn-Bartholdy als den „Mozart des 19. Jahrhunderts" bezeichnet. Als Grundlage eines Vergleichs wäre also etwas wie ‚herausragender Musiker' anzunehmen (das stützen Beispiele aus dem Umfeld der Musik wie *Mozart der Romantik, Mozart der Popmusik, Mozart der Disko, Mozart der Gitarre, Mozart der Volksmusik* usw.); weitere Mozartvergleiche, die eine Recherche allein in journalistischen Texten (DeReKo)[9] ergab, zeigen ein deutlich erweitertes Spektrum, nämlich Vergleiche im Umfeld der Künste allgemein (*Mozart des Theaters, Mozart der Malerei, Mozart der deutschen Literatur*), aber auch Vergleiche im Umfeld des Sports (*Mozart des Fußballs, Mozart des Tennis, Mozart des Golfs, Mozart des Schach(spiel)s, Mozart des Basketballs*) und viele ganz andere Vergleiche (*Mozart der Küche, Mozart der Massenproteste* etc.). Der Aspekt des metaphorischen Vergleichs ist dann in Übertragung auf andere Bereiche als so etwas wie ‚ein herausragender Vertreter seines Faches' zu interpretieren. Ähnlich vermuten Nübling, Fahlbusch & Heuser (2015: 61) als Bedeutung ‚reines Genie'. Dies trifft auf sehr viele der Belege zu. Eine genauere Analyse der Texteinbettung zeigt aber, dass (auch) andere Eigenschaften für den

---

8 Damit handelt es sich hier um sogenannte offene Vergleiche (genauer: Artvergleiche), bei denen der Vergleichsaspekt nicht genannt wird, sondern vom Rezipienten erschlossen werden muss (zu offenen Vergleichen allgemein s. Thurmair 2001: 165–179).
9 Alle angeführten Formen sind (z.T. mehrfach) belegt und über das DeReKo zugänglich, auf eine genaue Quellenangabe jeder einzelnen Metapher verzichte ich bei diesen reinen Nennungen aus Platzgründen.

metaphorischen Vergleich eine Rolle spielen (zum Teil wird dies durch den Kontext gestützt, zum Teil nicht): so bildet häufig der Aspekt des ‚Wunderkinds' eine Rolle (mindestens dort, wo das Alter der Referenzperson genannt wird; vgl. 8), beim Vergleich mit Elton John mutmaßlich (auch?) die Exzentrik der beiden Musiker (s. 9); ganz anders wiederum in Beleg (10), in dem sich – gestützt durch den Kontext – der Vergleich des Fußballers Toni Polster mit Mozart nicht (oder nicht nur?) auf dessen sportliche Fähigkeiten bezieht, sondern auf ein äußerliches Merkmal, den Zopf und möglicherweise auch auf die österreichische Herkunft. Beim Vergleich des Physikers Christian Doppler mit Mozart ist das tertium comparationis in der Tatsache zu sehen, dass beide (berühmte) Söhne der Stadt Salzburg sind (vgl. 11).

(8) **„Mozart der Popmusik"** wurde Steve Winwood genannt, als er als Minderjähriger Tophits wie „Keep On Running" und „Gimme Some Loving" sang. (KlZ 6.6.1997)
(9) Der **„Mozart der Popmusik"** trägt einen rosaroten Anzug und gleichfarbige Brille. Hinten auf dem Sakko ist der Schriftzug „Medusa" zu lesen. (KlZ 18.06.2000)
(10) Mit seinem 2:0 rettete er seinen „Mozart-Haarzopf". Denn Kölns Co-Trainer Wolfgang Jerat hatte ihm gedroht: „Ein Tor von dir oder ich schneid' dir den Zopf ab!" Auch mit der neuen Frisur machte Polster auf sich aufmerksam: „So trifft **der Wolfgang Amadeus Mozart der Rheinebene**" kommentierte SAT 1-Reporter Jörg Wontorra. (NKrZ 19.02.1995)
(11) **Der Mozart der Physik**
Salzburg hat nicht nur einen großen Sohn. Nein, neben Mozart gibt es einen zweiten. Der geht aber hierorts meist unter, ausländische Gäste wissen oft mehr über seine segensreiche Erfindung. (NKrZ 25.10.1996)

Es zeigt sich also, dass auch bei Eigennamen, die als okkasionell gelten, die Interpretationen nicht notwendigerweise eindeutig sind und sich in vielen Fällen beim Rezipienten auch nur ein ungefähres Verständnis einstellt (s. dazu auch Thurmair 2007).

Ein zweites Beispiel sind metaphorische Vergleiche mit dem Ländernamen *Schweiz*. Hier haben sich mittlerweile mindestens zwei Vergleichsaspekte herausgebildet; der eine ist schon lange relativ usualisiert metaphorisch gebraucht und bezieht sich auf die landschaftliche Charakteristik (das findet sich in metaphorischen Vergleichen wie *sächsische Schweiz, fränkische Schweiz*, die ja feste Ortsnamen sind, aber auch Vergleiche wie *die Schweiz des südlichen Amerika* (Uruguay), *die Schweiz des Nahen Ostens* (Libanon), *die Schweiz des Balkans*

(Slowenien). Der andere Aspekt beginnt sich zu verfestigen und befasst sich im weitesten Sinne mit der Stellung der Schweiz im internationalen Bankenwesen und als Steuerparadies (vgl. 12 und 13); ein weiterer Aspekt spielt ebenfalls oft eine Rolle, nämlich die Ordnung (vgl. 14)[10]; entsprechende Interpretationen brauchen aber im Allgemeinen noch kontextuelle Stützung.[11]

(12) Dubai ist **die Schweiz des Nahen Ostens**, ein sicherer Ort für das Geld und für die Menschen. (BRZ 13.01.2007)
(13) Etwa in Tschechien. Das Land sei **„die Schweiz des Ostens"**. Begründung: „Sie haben die gleichen Probleme: niedrige Zinsen und einen hohen Wechselkurs". (Die Presse 18.09.2002)
(14) Und abends kommen gar die Park-Ranger und kehren die am Tag herabgefallenen Blätter und Zweige weg. „Die Seychellen sind **die Schweiz des Indischen Ozeans**", so sagen die Touristen immer wieder. Tatsächlich funktioniert hier – 1500 Kilometer von der Küste Ostafrikas entfernt – einfach alles, und vor allem werden Sauberkeit und Respekt vor der Natur großgeschrieben. (BRZ 26.11.2005)

Auch bei der zweiten Gruppe, den metaphorisch okkasionellen Eigennamen, sind also die Kategorien des Vergleichs einigermaßen instabil, aber es gibt mindestens eine konventionalisierte Interpretation, die sich auch kontextfrei einstellt.

Die Eigennamen der dritten Gruppe sind hier aber durchgehend variabel, d.h. die Eigenschaften sind nicht fest, sie können sich jederzeit wandeln, auch durch Veränderungen im Referenzobjekt (wie etwa Bergien 2011: 53–54 am Beispiel *Tiger Woods* zeigt). Speziell Eigennamen der dritten Gruppe sind richtige Chamäleonvergleiche; textuell betrachtet dienen sie oft als einmaliges Aufmerksamkeitssignal (die Metaphern werden also nicht im Text weiter expandiert), sie treten bevorzugt in bestimmten Textsorten auf (genannt wird das Feuilleton, aber auch die Sportberichterstattung, generell wohl journalistische Texte) und stehen dort an exponierten Stellen: Überschriften, Zwischenüberschriften, Bildunterschriften. In vielen Fällen trägt die Texteinbettung zum Verständnis bei, aber

---

10 Möglicherweise schwingt dieser Aspekt auch bei den oben angeführten Ländervergleichen (Slowenien als die Schweiz des Balkans, Libanon als die Schweiz des Nahen Ostens) mit.
11 Weitere Vergleichsaspekte sind natürlich jederzeit möglich, wie etwa die bei Koß (1990: 24f.) zitierte Metapher: *Canada, die Schweiz Amerikas*: zwar würden hier auch die konventionalisierten geographischen Bedingungen als Vergleichsaspekt perfekt passen, der weitere Kontext zeigt aber, dass es die Tatsache ist, dass „die anglophone und die frankophone Bevölkerung in einem Staatsverband zusammenlebt".

nicht immer. Dies mag mit ein Grund dafür sein, dass diese Vergleiche immer wieder Gegenstand sprachkritischer Beobachtungen sind, was manchmal dann in einer Zuspitzung wie der folgenden gipfelt:

(15)   Noch tiefsinniger womöglich dieses: „Jan-Ove Waldner ist der Mozart des Tischtennisspiels", hörten wir vor dem Finale. Wir dachten sofort an den Fußballkünstler Fritz Walter, den man den „Hamlet des grünen Rasens" nannte. An Franziska van Almsick, die vom Spiegel letzte Woche als „Harald Juhnke des Schwimmsports" vorgestellt wurde, Und nun also Wolfgang Amadeus Waldner, den seine Freunde Waldi nennen. [...] Unsinnig also, ihn den Mozart, den Harald Juhnke oder auch den Saddam Hussein der Olympiaberichterstattung zu nennen. Nein, Hartmann, der in Sydney wie kein zweiter wurde, was er immer schon war, ist nur eines und sonst gar nichts. **Waldemar Hartmann ist der Waldemar Hartmann des bayerisch-olympischen Sportjournalismus.** (SZ 10.9./1.10.2000)

2.3 Variationen: Sexus-Inkongruenz und kategorialer Wechsel

Die bisher angeführten Eigennamenmetaphern waren dadurch gekennzeichnet, dass Eigenschaften eines mit einem Personennamen bezeichneten Referenzobjekts auf ein anderes Referenzobjekt, ebenfalls mit Eigennamen bezeichnet und kategorial gleich, übertragen werden sollten, d.h. dass sowohl Bildspender als auch Bildempfänger Personen sind; das gleiche gilt auch für metaphorische Vergleiche zwischen zwei Städtenamen oder Ländernamen etc.

Namen haben einige charakteristische Eigenschaften: sie liefern kategoriale (nicht semantische) Informationen (Nübling, Fahlbusch & Heuser 2015: 37), was feste Eigennamen-Klassen (wie Familiennamen, Städtenamen, Ländernamen etc.) betrifft, aber auch Informationen über die Kategorie (Nomen), die Flexionsklasse und das Genus. Nübling, Fahlbusch & Heuser (2015: 61) vermuten, dass bei der Appellativierung bzw. Deonymisierung neben semantischen Merkmalen das Sexus-Merkmal bei Namen auch obligatorisch enthalten ist und bleibt – allerdings gibt es zunehmend Vorkommen bei Eigennamenmetaphern, die diese Vermutung in Frage stellen.[12] Ähnliche Überlegungen sind auch zum Erhalt der

---

[12] Insgesamt sind diese Verwendungen natürlich selten (die Sexusschranke ist also relativ fest); ihr Auftreten hängt auch stark vom jeweiligen Eigennamen und Eigennamenträger ab (dazu mehr im Folgenden).

kategorialen Information bei der Appellativierung anzustellen, d.h. die Namenklasse von Bildspender und -empfänger kann divergieren (vgl. hierzu Kap. 2.3.2).

2.3.1 Sexus-Inkongruenz

Im Folgenden sollen Beispiele metaphorischer Vergleiche mit Personennamen vorgestellt werden, bei denen offensichtlich das Sexus-Merkmal nicht erhalten bleibt und Sexus-Inkongruenz entsteht: im ersten Fall kann sich ein weiblicher Namen auf männliche Personen beziehen, im zweiten Fall umgekehrt. Das Genus der Eigennamen bleibt in der Regel erhalten. Dabei ist der erste Fall in meinen Daten deutlich häufiger.[13] Alle angeführten Vergleiche sind belegt, allerdings wurden zur besseren Übersichtlichkeit die Beispiele hier syntaktisch-strukturell vereinfacht (und auf die Quellenangabe verzichtet).

Sexus-Inkongruenz Typ 1 (Referenzobjekt männlich)

Personenname [+männlich]		Personenname [+weiblich]
Gerhard Schröder	ist	die Jenny Elvers der SPD
Sepp Blatter	ist	die Angela Merkel des Sports
Toni Polster	ist	die Heidi Klum des Fußballs
John Lennon	ist	die Mutter Teresa der Popkunst
Lothar Matthäus	ist	die Liz Taylor der Fußballwelt
Giovane Elber	ist	der Birgit Prinz des Männerfinales

Sexus-Inkongruenz Typ 2 (Referenzobjekt weiblich)

Personenname [+weiblich]		Personenname [+männlich]
Franziska van Almsick	ist	der Harald Juhncke des Schwimmsports
die kleine Flore	ist	der Mozart der Malerei

Ich möchte drei Fälle des Typs 1 exemplarisch herausgreifen:

Beispiel 1: *Heidi Klum*

Der Personenname *Heidi Klum* ist in den metaphorischen Vergleichen im DeReKo nicht besonders häufig. Auch ist keine Verfestigung bestimmter Eigenschaften

---

[13] Auch in der schon erwähnten Liste des Blogs „Der Umblätterer" ist dieser Typ der Sexus-Inkongruenz wesentlich häufiger: 12 von 17 Fällen sind weibliche Namen, mit denen männliche Personen bezeichnet werden. Insgesamt ist dort der Anteil der Antonomasien mit Sexus-Inkongruenz mit fast 5% nicht völlig marginal.

oder Charakteristika festzustellen, die als Grundlage eines metaphorischen Vergleichs gelten könnten. Aber: von den gefundenen 12 Belegen bezieht sich immerhin nur die Hälfte auf weibliche Personen, ein gutes Drittel auf männliche Personen (s. Beleg 16 und 17), der Rest auf andere Referenzobjekte.

(16)   Und dann sagt er [Jann Hoffmann] noch etwas: „Wenn sich gewisse Köche für den Karl Lagerfeld der Küche halten, dann ist das gut. Ich weiss: Ich bin eben **die Heidi Klum der Küche**, und so ist es richtig." (Sonntagsblick 10.06.2012)
(17)   Christian Wulff muss kandidieren! Denn er ist **die Heidi Klum der CDU**: natürlich erfolgreich, ein Modell aus und für Deutschland. (taz 26.03.2005)

Das Beispiel (17) zeigt auch, wie der Vergleichsaspekt, der Grundlage der metaphorischen Übertragung ist, nachgetragen wird; der metaphorische Vergleich ist sozusagen kataphorisch. Dies ist eine sehr häufige textuelle Struktur.

Beispiel 2: *Angela Merkel*

Mit dem Personennamen *Angela Merkel* finden sich sehr viele metaphorische Vergleiche.[14] Auch hier hat sich kein Vergleichsaspekt fest etablieren können, es werden recht unterschiedliche als mehr oder weniger salient begriffene Eigenschaften auf eine andere Person übertragen. Und auch hier gibt es gar nicht so selten Verwendungen, bei denen sich der als weiblich markierte Eigenname *Angela Merkel* auf Männer bezieht – bei den 119 Belegen im Korpus geschieht dies in 30% der Vorkommen. Zwei Beispiele seien angeführt, die zeigen, dass der Sexuswechsel kein Problem darstellt; außerdem kann man daran sehr deutlich sehen, wie die Konturierung des hier übrigens völlig unterschiedlichen Vergleichsaspekts im Kontext erfolgt (hier durch Kursivdruck gekennzeichnet):

(18)   Er wirkt weniger bedrohlich unter den vielen Sultanen der Fifa, die sich an ihrem Grössenwahn berauschen. **Blatter ist die Angela Merkel des Sports**, *ein listiger, strategisch denkender Mensch mit dem absoluten Musikgehör fürs jeweils Machbare. Er lässt seine Gegner auf- und ins Leere laufen.* (WW 09.06.2011)
(19)   Er ist es. **Sven Regener ist die Angela Merkel des Pop**. *Sprachlich* ist er natürlich noch um Klassen besser als die Kanzlerin. In eigentlich all den

---

14   Zu Merkel als Basis deonymischer Wortbildung siehe ausführlich Scherer (in diesem Band).

Songs, die er mit seiner Band Element of Crime an diesem Abend beim Tourauftakt im Tempodrom auf die Bühne bringt, erzählt er *auf seine wunderbar verschachtelt gedrechselte Art und Weise* von der Liebe, die noch nicht erfüllt oder schon längst vergangen ist... (taz 19.03.2015)

Selbst diese beiden Beispiele zeigen schon, dass der Vergleichsaspekt bei Eigennamenmetaphern mit einem ad hoc metaphorisch verwendeten Eigennamen der dritten Gruppe sehr weit gefächert sein kann, es gibt hier kaum Restriktionen. Die Interpretation des Vergleichs sollte aber im Kontext geleistet werden können: in den Beispielen (18) und (19) gibt es deutliche Hinweise darauf, was als Grundlage der metaphorischen Übertragung herangezogen wird (einmal u.a. die Eigenschaft strategisch zu denken, das andere Mal Charakteristika des Sprachgebrauchs). Der Sexuswechsel ist aber völlig unauffällig. Bei allen Belegen metaphorischer Vergleiche mit *Angela Merkel* bleibt das feminine Genus erhalten, auch wenn sie auf männliche Personen referieren. Ein Genuswechsel zum Maskulinum (wie in ?*Sepp Blatter ist der Angela Merkel des Sports*) scheint relativ ausgeschlossen zu sein (s. aber das oben zitierte *der Birgit Prinz des Männerfinales* und unten *der Margot Käßmann der Katholiken*). Vermieden werden kann die explizite Markierung durch *hedge*-Ausdrücke wie ‚eine Art Angela Merkel' oder die Artikelvermeidung wie z.B. in Überschriften. Ob eine Genusangleichung (wie *der Angela Merkel des x*) eine Interpretationsänderung bewirken würde, ist unklar.[15]

Beispiel 3: *Mutter Teresa*

Mutter Teresa, ein Personenname mit dem proprial verwendeten Ausdruck *Mutter* als festem Namenbestandteil, ist einer der Namen, der in metaphorischen Vergleichen einigermaßen konventionalisiert ist, er ist also zur zweiten Gruppe, den metaphorisch okkasionellen Namen zu rechnen: die Eigenschaft, die vergleichsweise übertragen wird, ist im weitesten Sinne ‚aufopfernde Wohltätigkeit'[16]. Zu beobachten ist nun folgendes: zum einen wird auch *Mutter Teresa* sehr häufig auf Männer angewandt, auch Männer sagen von sich selbst, sie seien (meist)

---

15 Möglich – wenn auch in meinem Korpus nicht belegt – wäre in diesem Fall auch eine Verwendung des neutralen Artikels (Typ: *x ist das Merkel des y*) mit der entsprechenden Degradierung für beide Referenzobjekte (s. dazu Nübling 2014).
16 In seltenen Fällen ist auch das Äußere, ihr Ordenskleid, oder die albanische Herkunft Basis für eine Metapher.

„keine Mutter Teresa". Auch hier könnte man sagen, dass das Sexus-Merkmal ausgeblendet wird; vgl. die Beispiele (20) – (22).

(20)   ...John Lennon war eine Einzelfigur. Er war sozusagen **die Mutter Teresa der Pop-Kunst**. (NZZ 09.11.2007)
(21)   Chefrepräsentant Samaranch erlag gar der Versuchung, **als Mutter Teresa des Weltsports** durch Sarajewos Trümmer zu schreiten. Der Beifall für den olympischen Elendstourismus im Sucher der Weltmedien blieb aus. (SZ 01.03.1994)
(22)   Die Gewinnexplosion kommt aber nicht daher, so müssen wir unseren Verlegern sagen, weil Steve Jobs **eine Mutter Teresa des Kapitalismus** ist. Im Gegenteil. (WW 29.01.2009)

Interessant ist aber nun, dass die besondere Struktur des Namens hier auch genutzt wird, um das Sexusmerkmal wenigstens teilweise anzupassen, es gibt also auch den *Vater Teresa*, wie in (23) – (25):

(23)   Das Arbeitscredo des Managers Uli Hoeneß „Uli ist der **Vater Teresa vom Tegernsee**, der Nelson Mandela von der Säbener Straße und die Mutter aller Manager." Karl-Heinz Rummenigge (BRZ 16.01.2012)
(24)   **Vater Teresa der Schlaflosen** WDR-Nachtfalke Jürgen Domian telefoniert seit Jahren mit Einsamen, Neurotikern und Sexmaniacs. (FOCUS 11.12.2000)
(25)   „Mein Platz ist in Serbien, sollten die Nato-Verbrecher das Land bombardieren", sagte der österreichische Großschriftsteller Handke, schon seit längerem **eine Art Vater Teresa der schönen Literatur**, dem serbischen Staatsfriedensfernsehen... (Die Presse 24.02.1999)

Dass diese Verwendungen oft spöttisch-ironisch[17] sind, ändert nichts an der grammatisch interessanten Struktur. Eine vergleichbare Veränderung im Hinblick auf das Genus, um die Sexus-Inkongruenz aufzuheben, findet sich in meinem Korpus nur ein weiteres Mal, in dem schon angeführten *Giovane Elber ist der Birgit Prinz des Männerfinales*, und beim Umblätterer: *der Margot Käßmann der Katholiken* (bezogen auf Anselm Grün).

Die andere Richtung, Sexus-Inkongruenz des Typs 2, also die Verwendung männlicher Personennamen für weibliche Personen, ist offensichtlich selten; z.B.

---

17 Die expressive, meist pejorative Komponente, die Scherer (in diesem Band) bei den deonymischen Wortbildungen ausmacht, lässt sich hier nicht unbedingt nachweisen.

war in den mit 400 Belegen sehr häufigen Mozartvergleichen nur ein Bezug auf eine weibliche Person zu finden (Beleg 26), bei 168 Belegen mit *Dieter Bohlen* ebenfalls nur einmal ein Bezug auf eine Frau, nämlich *Heidi Klum*. Das kann verschiedene Gründe haben, ist aber kein grammatisches Problem. Grammatisch gesehen müsste diese Richtung sogar unproblematischer zu bilden sein, da sie wie ein generisches Maskulin funktionieren könnte: *sie ist (der) Dieter Bohlen (des Theaters)* könnte dann ähnlich zu verstehen sein wie *sie ist Bürgermeister* (und eher als *er ist Lehrerin*).

Dass solche Vergleiche seltener gebildet werden, könnte daran liegen, dass deutlich weniger weibliche Personen Ziel entsprechender Vergleiche sind, und dass sie generell immer noch weniger öffentlich vorkommen, gerade in den Domänen, in denen diese Vergleiche besonders häufig auftreten (Sport, Politik, Medien); es könnte auch (dies aber sehr spekulativ) sein, dass die mit den Vergleichen oft einhergehende spöttische oder abwertende Haltung nicht noch durch eine Genus-Sexus-Inkongruenz verstärkt werden soll.[18]

(26) Der Durchbruch dann kam für Flore mit zehn Jahren: [...] Heute wird **die Kleine - inzwischen auch schon der „Mozart der Malerei" genannt** - von wichtigen Kritikern wie Véronique Prat und Sotheby's Alain Renner gelobt ... (Züricher Tagesanzeiger 05.04.1997)

Zusammenfassend lässt sich sagen, dass, wie die vorangegangenen Belege (16–26) zeigen, eine Genus-Sexus-Inkongruenz grundsätzlich toleriert wird und das Sexus-Merkmal der Personennamen ausgeblendet werden kann.

2.3.2 Kategorialer Wechsel

Zu den wesentlichen Kennzeichen der Eigennamen gehört, dass sie kategoriale Informationen liefern. Für den Fall metaphorischer Vergleiche sollte man also davon ausgehen können, dass das kategoriale Merkmal in einem derartigen Vergleich stabil bleibt, dass also entweder zwei Personennamen (wie in (1c) von

---

[18] Auffallend ist dabei aber auch, dass von den im „Umblätterer" gefundenen fünf entsprechenden Vergleichen mit Genusangleichung in der Richtung maskulin für feminin immerhin zwei eine formal-grammatische Veränderung vornehmen (*eine Proust von heute*, i.e. Genuswechsel, und *der weibliche Jamie Oliver*, i.e. Ursprungsgenus mit entprechender attributiver Erweiterung), was in der anderen Richtung prozentual deutlich seltener vorkommt (*der Birgit Prinz, der Margot Käßmann*, s.o.).

oben) oder auch zwei Ortsnamen (Städte wie in (27), Länder wie in (28), Landschaften wie in (29)) oder andere gleiche Kategorien (Ereignisnamen wie in 30) in metaphorischen Vergleichen auftreten.

(1b) Andreas Gabalier, der Luis Trenker unter den Popstars
(27) Budapest, das Paris des Ostens
(28) Eritrea ist das Nordkorea Afrikas
(29) Mecklenburg-Vorpommern, das Sibirien Deutschlands
(30) „Katrina war der 11. September des Klimawandels" (VDI nachrichten 08.09.2006)

Die erwartbare kategoriale Stabilität in metaphorischen Eigennamenvergleichen lässt sich darauf zurückführen, dass Eigenschaften oder sonstige Charakteristika in jedem Fall gleichermaßen Elementen derselben Kategorie zugeordnet werden können. In den Korpusbelegen lassen sich aber auch Fälle kategorialer Wechsel finden. Im Folgenden sind einige Rechercheergebnisse zu kategorialen Wechseln bei Namen aufgeführt, angegeben ohne weiteren Kontext und syntaktisch vereinfacht; geordnet sind die Belege danach, welche Kategorien auftreten, zunächst die, bei denen Personennamen beteiligt sind.

Tiername	ist	Personenname
Bruno[19]	ist	der Che Guevara der Berge geworden

Städtename	ist	Personenname
Venedig	ist	die Marylin Monroe unter den Städten
Molfsee	ist	der Günther Jauch unter den Städten

Schiffsname	ist	Personenname
Die „Stella Noviomagi"	ist	die Heidi Klum unter den Schiffen

Vereinsname	ist	Personenname
Bayern München	ist	die Angela Merkel des europäischen Fußballs

Personenname	ist	Ländername
„Ich [= Hennes Bender]	bin	das Nordkorea unter den Komikern".

Personenname	ist	Warenname

---

19 Gemeint ist der berühmte Problembär.

Mario Gomez	ist	der Klosterfrau Melissengeist im deutschen Kader
Städtename	**ist**	**Institutionsname/Lokal**
Berlin	ist	das Schumann's unter den Städten
Warenname	**ist**	**Ländername**
Cortison	ist	das Nordkorea der Medikamente
Glutamat	ist	das Nordkorea der Gewürze

In allen angeführten Fällen findet im metaphorischen Vergleich ein kategorialer Wechsel statt, wobei die Kategorien unterschiedlich distant sind: das erste Beispiel (Tiername –Personenname) etwa fasst zwei relativ nah verwandte Namenkategorien zusammen, insofern hier die Referenzobjekte immerhin das semantische Merkmal [+belebt] teilen und damit etwa vergleichbares Verhalten; andere Kategorien etwa Ortsname – Personenname sind, was ihre Referenzobjekte und deren Merkmale betrifft, weiter voneinander entfernt. Wie funktionieren also diese metaphorischen Übertragungen?

Offensichtlich ist hier in allen Fällen auch das kategoriale Merkmal, das mit dem Namen eigentlich verbunden ist, aufgehoben – nicht aktiv. Übrig bleibt ein Übertragen von Eigenschaften, die so allgemein sind, dass sie problemlos auf unterschiedliche Kategorien gleichermaßen anzuwenden sind. So ist bei dem kategorialen Wechsel Ortsname (hier: Städtename) – Personenname das Gemeinsame in beiden Fällen das ‚Fotografiert-Werden' bzw. ‚Nicht-fotografiert-werden-Wollen', etwas, was sowohl Städten (wenn auch metaphorisch übertragen) als auch Menschen zugeschrieben werden kann. Vgl. die jeweilige Kontexteinbettung:

(31) a. Immer wieder wird die Stadt fotografiert, wie berichtet jetzt sogar vom kalifornischen Internetimperium Google. Mannheim lässt es über sich ergehen, lächelt freundlich – sagen wir: wie Brad Pitt. Andere Städte wie das kleine Molfsee ganz oben im Norden wehren sich dagegen, dass ihre Bilder ins Internet wandern – **Molfsee ist in etwa der Günther Jauch unter den Städten,** *der mag es auch nicht, ungefragt fotografiert zu werden.* Schließlich wären wir bei der dritten Gruppe – man müsste wohl sagen Typ Jürgen Drews, aber soweit wollen wir nicht gehen. Denn es handelt sich um Heidelberg. (MM 07.10.2008)
  b. Venedig ist quasi **die Marilyn Monroe unter den Städten**. Keine andere Stadt wurde so oft *fotografiert*, interpretiert und als literarischer Schauplatz benutzt. (profil, 27.03.2000)

Noch allgemeiner sind als Grundlage einer Übertragung Charakterisierungen, die um eine positive Bewertung wie ‚herausragend in seiner jeweiligen Art' kreisen, das kann dann die Gemeinsamkeit zwischen kategorial nahezu beliebigen Referenzobjekten sein, etwa Heidi Klum und ein Luxusschiff; wenn eben nicht der Kontext genaueres vorgibt, wie in Beispiel (31) oben oder hier in (32):

(32)   War Deutschland eigentlich das bessere Team, Herr Gomez? „Das eigentlich können Sie streichen", erwiderte Mario Gomez, **der Klosterfrau Melissengeist im deutschen Kader** – *nie war er so wertvoll wie heute.* (SZ 8.7. 2016)

Grundsätzlich lassen sich hier je nach Status des verwendeten Eigennamens bzw. Eigennamenträgers wieder zwei Tendenzen ausmachen: entweder der zum metaphorischen Vergleich herangezogene Name ist einigermaßen ad hoc eingesetzt, dann sollte üblicherweise der Vergleichsaspekt direkt genannt werden (wie in 31 und 32, dort kursiviert) oder dieser bleibt ganz allgemein. Im anderen Fall ist der Eigenname metaphorisch usualisiert oder dabei, dies zu werden, dann sind dem Rezipienten mögliche Vergleichsaspekte mutmaßlich auch kontextunabhängig vertraut. Dies bildet sich derzeit z.B. beim Ländernamen *Nordkorea* heraus, der im öffentlichen Sprachgebrauch pauschal für ‚böse', ‚schlecht' steht, was in (33) noch durch den Kontext gestützt wird, in (34) aber nicht.

(33)   Wenn, wie es kürzlich in der Süddeutschen Zeitung hieß, Cortison in der öffentlichen Wahrnehmung das „Nordkorea der Medikamente" ist, dann ist Glutamat das **Nordkorea der Gewürze**: *nicht nur böse, sondern verdammt böse.* (taz 29.10.2009)
(34)   „Haben Sie eine Botschaft?" – „Nein, ich habe keine Botschaft. Ich bin nicht die Schweiz. Ich bin **das Nordkorea unter den Komikern**. Ich habe keine Botschaft." (http://www.deutschlandfunk.de/comedian-hennes-bender-ich-bin-das-nordkorea-unter-den.807.de.html?dram:article_id=366868; zuletzt am 1.10.2017)

Ohne Schwierigkeiten auch bei kategorialem Wechsel zu interpretieren sind hier übrigens all diejenigen Eigennamen, die in ihrer metaphorischen Verwendung voll verfestigt, usualisiert sind (solche der ersten Gruppe); wie etwa in den folgenden Beispielen:

(35) a. Röbel ist der „Methusalem" unter den Städten
     b. Warschau, dieser Phönix unter den Städten

c. Cottbus war immer ein Aschenputtel unter den Städten

Der letzte Vergleichstyp, der aber ausgesprochen selten vorliegt, ist folgender, bei dem der metaphorische Eigennamenvergleich auf normale Appellativa angewandt wird. Damit liegt nicht mehr nur ein kategorialer Wechsel innerhalb der Namenklassen vor, sondern ein qualitativer Sprung, insofern mit dem Wechsel von Eigenname zu Appellativ zwei voneinander wesentlich weiter entfernte Kategorien betroffen sind. Die vorliegenden Belege haben die Struktur „Appellativ ist Personenname" (wie 36) und „Appellativ ist Ortsname (Ländername)" (wie 37):

(36) a. **Der Hokkaidokürbis ist der Günther Jauch unter den Kürbissen:** er ist flexibel einsetzbar und tut keinem weh.
(https://gregorkocht.com/2015/09/16/kuerbiscremesuppe-leicht-asiatisch/; zuletzt am 28.9.2017)
b. **Die Gurke war immer so etwas wie der Kai Pflaume des Rohkostwesens:** man konnte sie überall einsetzen, es kam immer etwas Solides dabei heraus. (SZ 27.5.2011)

(37) a. Dabei wurde Zucker einst als eine Art weißen Goldes gehandelt, (...) Heute hingegen ist **Zucker das Nordkorea unter den Lebensmitteln**, fest verankert auf der Achse des Bösen. (SZ 19./20. 12. 2015)
b. „Es wird jetzt noch mehr Mißbrauch geben - mehr Menschen werden in bestimmten Bereichen in die Schwarzarbeit ausweichen. Schwarzarbeit ist **die Schweiz des kleinen Mannes**". (RhZ 18.05.1999)

Der eben behandelte Typ metaphorischer Vergleiche mit kategorialem Wechsel liegt im Übergang zur nächsten hier behandelten Struktur.

3 Superlative

Der zweite Typ der hier behandelten Vergleiche scheint strukturell den zuletzt unter 2.3.2 angeführten Fällen vergleichbar. Es handelt sich um Beispiele wie oben (2) und:

(38) Diese Orgel ist **der Ferrari unter den Kirchenorgeln.** (Nordkurier 19.06.2008)
(39) Die Prestige-Produktlinie von Bulthaup heißt b3, sie ist **der Maybach unter den Küchen.** (SZ 12.02.2010)

(40)   der **Ferrari unter den Kirchen** (SZ 17.11.2000)[20]

Bei diesen Strukturen finden wir die gleiche prädikative Struktur, immer ein Attribut (in aller Regel ein präpositionales mit *unter*) und immer den definiten Artikel beim Kernnomen. Dieses ist – anderes als in den bisherigen Fällen – immer ein Warenname. Nun stehen Warennamen zwischen Eigennamen und Appellativa, insofern sie das Gebot der Monoreferenz verletzen und sich auch grammatisch (was Numerus und Artikel betrifft) wie Appellativa verhalten, andererseits bezeichnen sie „eine Klasse von Referenten, die (...) untereinander völlig gleich sind" (Ronneberger-Sibold 2004: 558; s. auch Nübing, Fahlbusch & Heuser 2015: 48–49) und ähneln damit doch sehr den Eigennamen. Gerade diese Ähnlichkeit mit den Eigennamen ist für die hier zur Diskussion stehenden Vergleiche relevant. Hinzu kommt als weiteres Kennzeichen, dass das Nomen im Attribut und das Referenzobjekt in einer Hyperonymie/Hyponymie-Relation stehen (hier in (38) ‚Orgel' – ‚Kirchenorgel', in (39) ‚Prestige-Produktlinie b3' – ‚Küchen' etc.). Der Warenname lässt sich durch den entsprechenden Gattungsnamen (in (40) *Auto*) kaum ersetzen, etwas besser geht es, wenn man spezifischere Gattungsnamen einsetzt:

(40) a. *das Auto unter den Kirchen
      b. ?der Sportwagen / ?der SUV unter den Kirchen

Der Hauptunterschied zu den im ersten Teil besprochenen Eigennamenmetaphern liegt in der Funktion und zwar darin, dass hier kaum (bzw. gar nicht) mehr Eigenschaften vergleichsweise übertragen werden. Aus der großen Fülle sollen im Folgenden Beispiele mit Warennamen aus der Automobilbranche (*Mercedes*, *Rolls-Royce*, *Ferrari* etc.) herausgegriffen werden. Wenn man hierbei eine erste Gruppe von Beispielen wie die folgenden betrachtet, bei denen sich der Vergleich auf ein Referenzobjekt bezieht, das auch als Fortbewegungsmittel dient (und damit der Klasse der mit den Warennamen bezeichneten Referenzobjekte gut vergleichbar ist), könnte man vermuten, dass Eigenschaften, die sich auf bestimmte z.B. technische Erscheinungen beziehen, übertragen werden. Ähnlich auch bei Beispielen der zweiten Gruppe (42), bei denen es sich im weiteren Sinne um technische Geräte bzw. Maschinen handelt.

---

20 Die architektonisch herausragende Herz-Jesu-Kirche in München wird in vielen Quellen (offizielle Tourismustexte, Pfarrer, Süddeutsche Zeitung) als „Ferrari unter den Kirchen Münchens" bezeichnet.

Fortbewegungsmittel

(41) a. Dem schwarzen Wolga (**der Mercedes unter den sowjetischen Pkw**) (...) trauert er noch heute nach. (MM 31.10.2009)
b. Die „Queen Mary" ist eben **der Maybach unter den Luxus-Schiffen.** (MM 03.01.2004)
c. ... für Röllin geht nichts über FBW: „Das ist **der Rolls-Royce unter den Lastwagen.**" Praktisch jedes Fahrzeug sei ein Einzelstück und seinerzeit ganz nach Wunsch des damaligen Bestellers gebaut worden (Züricher Tagesanzeiger, 28.06.1999)
d. „Pinarello" ist **der Ferrari unter den Rennrädern.** Mehr der Optik als der Technik wegen. (RhZ 26.07.1997)
e. Er zitierte den deutschen Militärattaché mit den Worten, der Leopard 2 sei **der „Mercedes unter den Panzern."** (RhZ 09.12.2011)

Maschinen

(42) a. Sieben alte „Porkert" – **der Rolls-Royce unter den Handschuhnähmaschinen** – und eine grosse Stanzmaschine stehen nun in Reih und Glied bereit. (Die Südostschweiz 03.10.2009)
b. Der Deutschland-Geschäftsführer sieht noch eine Menge Potenzial. „Wir sind **der Mercedes unter den Espresso-Maschinen**" (NZ 17.10.2003)

Betrachtet man bei diesen Belegen aber die Texteinbettung genauer, so kann die Hypothese der Bedeutungsübertragung kaum bestätigt werden; eines der wenigen expliziteren Beispiele ist (41d). Wenn man darüber hinaus die Fülle der Vergleiche allein mit den Warennamen der Automarken betrachtet, dann stellt man fest, dass die Vergleiche hier auf Referenzobjekte angewandt werden, bei denen sich nur schwer oder gar keine spezifischeren gemeinsamen Eigenschaften mit einem Auto finden lassen, die übertragen werden könnten. Tatsächlich werden hier auch keine Eigenschaften oder Charakteristika der Gattung ‚Auto' oder ‚Fahrzeug' auf die Kirchen, Küchen oder sonstiges übertragen; übertragen wird nur die Position, die die mit dem Warennamen bezeichnete Marke im Vergleich mit anderen Marken hat: deshalb kommen in den angeführten Vergleichen nur hochklassige Marken in Betracht; bei den Automarken gibt es Vergleiche mit *Mercedes*, *Ferrari*, *Rolls Royce*, *Maybach*, *Jaguar*, aber (als Superlativkonstruktion) keine vergleichbaren mit *Opel*, *Audi*, *Ford* oder *Fiat*. Die hohe Position auf der „Automarken-Skala" kann auf alles andere übertragen werden, nicht nur – wie schon gezeigt – auf andere Fortbewegungsmittel und Maschinen, sondern auch auf sonstige Objekte (z.B. Musikinstrumente) oder Nahrungsmittel, aber auch auf Personen, Tiere, Pflanzen und Abstrakta (Genus-Inkongruenz ist dabei kein Problem, s. 43a, 43b, 46a, 47a, 47b, 47c etc.). Einige solcher Beispiele:

Musikinstrumente

(43) a. Dieses Horn sei **der „Rolls-Royce" unter den Alphörnern**, sagt Peter Hochreutener stolz. (St. Galler Tagblatt, 18.10.2007)
b. Eine Klais-Orgel gilt als **der Mercedes unter den Orgeln**. (RhZ 03.01.2011)

Nahrungsmittel

(44) a. Für viele ist dieser Whisky **der Rolls-Royce unter den Malts**. (Züricher Tagesanzeiger, 17.03.1998)
b. Hatecke hat es geschafft, das Bündnerfleisch und den Salsiz in die Welt der erstklassigen Lebensmittel zu transformieren. Beide Produkte sind weit herum bekannt; der Hatecke-Salsiz gilt sogar als **der Maybach unter den Würsten**. (St. Galler Tagblatt 11.02.2008)
c. Zum Beispiel ist Dinkel **der Mercedes unter den Broten**. (RhZ 20.10.1997)

Personen

(45) a. Danach kommt **der Mercedes unter den Bundespräsidenten**: Richard von Weizsäcker. (taz, 11.03.2004)
b. Silvio Berlusconi: Sexmaschine oder Verbalerotiker? Italiens Präsident ist **der Ferrari unter den Frauenflüsterern**: zu rasant für die Ehe! (NEWS, 07.05.2009)

Tiere

(46) a. „Heute gilt die Holsteinkuh als **der Ferrari unter den Kühen**", meint er. (St. Galler Tagblatt 10.11.2007)
b. Ein Holsteiner ist **der Mercedes unter den Pferden**. (FrR 26.07.1999)

Pflanzen

(47) a. Auch für Jan Malskat, stellvertretender Revierleiter im Duvenstedter Brook, ist die Nobilis-Tanne **„der Rolls-Royce unter den Weihnachtsbäumen"**. (taz, 11.12.2001)
b. Nicht gerade selten ist die Brennnessel, doch die ist sowas wie **der Ferrari unter den Heilpflanzen**. (NZ 21.08.2012)
c. Die Haupternte der Luxussorte Kordia, das sei **der Ferrari unter den Kirschsorten**, hat jetzt begonnen. (St. Galler Tagblatt 23.07.2013)

Ereignisse

(48) Vom Gendarmenmarkt wird gern behauptet, er sei **der Rolls-Royce unter den Weihnachtsmärkten**. (taz 22.11.2011)

Krankheiten

(49) a. „Von der Ausstattung her ist das HI-Virus **der Rolls-Royce unter den Viren**", sagt Frank Hufert. (Zeit online 25.11.2004)
b. „Was Status betrifft, ist Hirntumor natürlich **der Mercedes unter den Krankheiten**." (Wolfgang Herrndorf) (NN 05.12.2013)

Abstrakta und anderes

(50) a. Kein Wunder – ein Vollstipendium, rund 25000 Euro wert, ist gewissermaßen **der Mercedes unter den Amerika-Stipendien**. (FOCUS 24.06.2002)
b. Sonderforschungsbereiche sind **der „Mercedes" unter den Förderprogrammen** der Deutschen Forschungsgemeinschaft. (RhZ 05.06.2004)
c. Ein Ausländer habe einmal zu ihm gesagt, die deutsche Orthographie „sei **der Mercedes unter den Orthographien Europas**". (FR 13.05.1998)
d. Altgriechisch, sagt der Lehrer, sei eben **der Mercedes unter den Sprachen**. (SZ 09.01.1993)

Wie die Beispiele zeigen, ist die Anwendung der vergleichenden Struktur ‚der *Mercedes/Rolls-Royce* etc. *unter*' auf eine (kaum begrenzte) Vielzahl von Referenzobjekten möglich. Interpretiert werden können alle diese Vergleiche als eine Zuschreibung eines sehr hohen Ausprägungsgrads mehr oder weniger klar umrissener Eigenschaften. Von der Texteinbettung hinsichtlich der für diese Beurteilung relevanten Eigenschaften lassen sich folgende drei Fälle unterscheiden: einmal solche, bei denen (ganz selten auch bei nicht technischen Referenzobjekten) ein Bezug zum Auto-Warenname zumindest hergestellt werden könnte (wie in Beleg (51) die ‚Maßanfertigung'); dann solche, bei denen eine allgemeine qualitative Bewertung des Referenzobjekts erfolgt, die die hohe Bewertung spezifiziert und begründet (in den Belegen kursiviert: bei (52a) etwa sind es die Inhaltsstoffe, bei (52b) das „herrliche Zusammenspiel" verschiedener Geschmacksnoten). Im dritten und letzten Fall wird lediglich die hohe Skalenposition zugeschrieben ohne Argumente oder Spezifikation.

(51)   Carmen Schön hat sich für den **Rolls Royce unter den Zweitfrisuren** entschieden: *Maßanfertigung* und europäisches Echthaar – Kostenpunkt: 1200 bis 1500 Euro. (NZ 08.11.2006)
(52) a. Nicht gerade selten ist die Brennnessel, doch die ist sowas wie **der Ferrari unter den Heilpflanzen.** „*Von den Inhaltsstoffen* her gibt es wohl keine *b essere* Wildpflanze." Als Frühjahrsgemüse werden die jungen Brennnesseltriebe wegen ihres *hohen Gehalts an Mineralstoffen wie Magnesium und Kalzium, an Vitamin A und C* (cirka siebenmal mehr Vitamin C als eine Orange), *an Eisen*, aber auch wegen ihres *hohen Eiweißgehalts* geschätzt. (NZ 21.08.2012)
 b. Ein *runder, vollmundiger* Highland Malt mit *perfekter Sherrynote*, die er durch Lagerung in Sherryfässern erhält. *Herrliches Zusammenspiel von Malz, Sherry und ganz leichtem Rauch.* Für viele ist dieser Whisky **der Rolls-Royce unter den Malts.** (Züricher Tagesanzeiger, 17.03.1998)
 c. Der schneidige SS-Mann Karl Carstens wandert gern und ist unsympathisch. [...] Danach kommt **der Mercedes unter den Bundespräsidenten**: Richard von Weizsäcker. *Mit diesem gut aussehenden Adligen kann sich Deutschland im Ausland sehen lassen, da sind sich alle einig. Seine Reden sind sehr gut.* (taz 11.03.2004)

Alle diese Beispiele haben also insgesamt die Funktion, die durch den Warennamen angezeigte sehr hohe oder höchste Position auf einer beliebigen Skala einem beliebigen Referenzobjekt zuzuschreiben. Sie sind damit funktional mit Superlativen zu vergleichen: ein bestimmtes Referenzobjekt wird aus der Klasse vergleichbarer Objekte herausgehoben und als ranghöchstes identifiziert; deshalb tritt hier auch nur der definite Artikel auf. Worin diese ranghöchste Position nun aber genau besteht, auf welcher Skala sich das Objekt befindet, wird nicht expliziert; insofern gibt es funktional auch im allgemeinen keinen Unterschied, ob nun *Rolls Royce*, *Mercedes* oder *Ferrari* verwendet wird.[21] Auch ist es letztlich egal, aus welchem Bereich die entsprechenden Ausdrücke stammen, wichtig ist nur, dass sie in ihrem Bereich auf einer sehr hohen bzw. höchsten Position sind (vergleichbare Strukturen finden sich auch mit anderen prestigebehafteten Warennamen wie *Steinway*, *Cohiba* etc.). Der inhaltliche Bereich für die Warennamen ist deshalb letztlich irrelevant, weil ja keine spezifische Eigenschaft mehr herausgegriffen wird, nur die höchste Positionierung. So kann dieser also zu dem verglichenen Referenzobjekt passen, muss aber nicht; vgl. (53a) bis (53c), die alle drei möglich sind.

(53) a. Diese Flöte ist der Steinway/die Stradivari unter den Blockflöten.
 b. Diese Flöte ist der Ferrari unter den Blockflöten.
 c. Diese Flöte ist die Cohiba unter den Blockflöten.

Grammatisch gesprochen kann man hier unzweifelhaft von einer **Konstruktion** (im terminologischen Sinne) ausgehen, die den Superlativ ersetzen kann. Die superlativische Bedeutung entsteht durch die gesamte Konstruktion und lässt sich nicht aus den einzelnen Bestandteilen ableiten und zusammensetzen. Damit ist die Definition von Konstruktion, wie sie etwa bei Jacobs (2016: 25) formuliert wird, erfüllt: „Eine Konstruktion ist eine direkte Festlegung von Aspekten der Form und/oder der Bedeutung einer Klasse von Ausdrücken, die von Grammatikern zur Erfassung der Elemente dieser Ausdrucksklasse eingesetzt wird." Für die hier behandelten Strukturen könnte dann die Konstruktion folgendermaßen aussehen:

Superlativ = der/die x unter den N

Hierbei steht x für einen prestigeträchtigen Warennamen aus einem beliebigen Bereich.

Die Gemeinsamkeit und der Vorteil all dieser Strukturen gegenüber echten Superlativen liegt darin, dass sie die Möglichkeit bieten, für ein Referenzobjekt

---

21 Eine Ausnahme sind explizite Kontrastierungen, wie in (i), wo die Abstufung explizit elizitiert wird oder in (ii):
(i) Interview mit Maybrit-Illner in der SZ: SZ: Also gut, letzter Versuch: Wenn Sabine Christiansen laut Spiegel **der Mercedes unter den Polit-Talks** ist, dann bin ich... Illner :...**der Lamborghini**, man muss ja bescheiden bleiben. (SZ 14.03.2002)
(ii) Andreas Sprick (CDU) kritisierte dort [im Bauausschuss] nämlich die für die Sanierung der Realschule am Gotthunskamp vorgesehenen Fenster. „Die sind **nicht nur der Mercedes, sondern geradezu der Rolls-Royce unter den Fenstern**". (Nordkurier, 15.06.2002)

die höchste Position anzusetzen, ohne dass man sich irgendwie auf die spezifischen Eigenschaften, die dazu führen, einlassen müsste – was strukturell beim Superlativ nötig wäre, denn es ist ja immerhin ein (qualifizierendes) Adjektiv nötig, das gesteigert werden muss. Für das Gegenwartsdeutsche sind besonders die Superlativkonstruktionen mit Autonamen frequent und sie werden immer häufiger verwendet.

Literatur

Bergien, Angelika (2011): „Der Tarantino der Townships" – Kulturelle Dimensionen metaphorischer Eigennamenverwendungen. *Namenkundliche Informationen* 99/100, 47–57.

Fischer, Frank & Joseph Wälzholz (2014): Jeder kann Napoleon sein. Wovon reden wir, wenn wir vom Justin Bieber der CDU reden? Von einer Vossianischen Antonomasie. Eine Stilkunde. *Frankfurter Allgemeine Sonntagszeitung*, Nr. 51 (21. Dezember 2014), 34.

Jacobs, Joachim (2016): Satztypkonstruktionen und Satztypsensitivität. In: Rita Finkbeiner & Jörg Meibauer (Hrsg.), *Satztypen und Konstruktionen*, 23–71. Berlin, Boston: de Gruyter.

Kolde, Gottfried (1995): Grammatik der Eigennamen. In: Ernst Eichler et al. (Hrsg.), *Namenforschung. Ein internationales Handbuch zur Onomastik*, 1. Teilband, 400–408 Berlin, New York: de Gruyter.

Koß, Gerhard (1990): *Namenforschung. Eine Einführung in die Onomastik*. 2. Auflage. Tübingen: Niemeyer.

Nübling, Damaris (2014): Das Merkel – Das Neutrum bei weiblichen Familiennamen als derogatives Genus? In: Friedhelm Debus et al. (Hrsg.): *Linguistik der Familiennamen*. 205–232. Hildesheim.

Nübling, Damaris, Fabian Fahlbusch & Rita Heuser (2015): *Namen. Eine Einführung in die Onomastik*, 2. Aufl. Tübingen: Narr.

Pérennec, Marie-Hélène (2010): „Erst verriestert, dann verseehofert?" Wie Eigennamen zu einer (vorläufigen) Bedeutung kommen. *Lylia* 47, 1–11.

Ronneberger-Sibold, Elke (2004): Warennamen. In: Andrea Brendler & Silvio Brendler (Hrsg.), *Namenarten und ihre Erforschung*, 557–603. Hamburg.

Thurmair, Maria (2001): *Vergleiche und Vergleichen. Eine Studie zu Form und Funktion der Vergleichsstrukturen im Deutschen*. Tübingen: Niemeyer,

Thurmair, Maria (2002): *Der Harald Juhnke der Sprachwissenschaft*. Metaphorische Eigennamenverwendungen. *Deutsche Sprache* 30, 1–27.

Thurmair, Maria (2007): „...ma Mozart non l'ho trovato!" Was nicht in unseren Wörterbüchern steht. In: Sandra Reimann & Katja Kessel (Hrsg.), *Wissenschaften im Kontakt. Kooperationsfelder der Deutschen Sprachwissenschaft*. Fs für Albrecht Greule, 123–136. Tübingen: Narr.

Weinrich, Harald (1967/1976): Allgemeine Semantik der Metapher; in: ders. (1976): *Sprache in Texten*. 317–327. Stuttgart. [zuerst 1967]

Weinrich, Harald (1993/2007): *Textgrammatik der deutschen Sprache* (unter Mitarbeit von M.Thurmair, E.Breindl, E.-M.Willkop). 4. Aufl. Hildesheim etc. Olms. [zuerst 1993]

Pragmatik

Rüdiger Harnisch
Personennamen in Anredefunktion – Vokative oder Substantive der 2. Person?

Zusammenfassung: Personennamen werden häufig in Anredefunktion gebraucht. Nach herkömmlicher Auffassung wird die Anrede durch Vokativ oder Anrede-Nominativ, also Kasus, ausgedrückt. Die syntaktische Bindung der Anredeformen ist jedoch gering. Ihre wenigen paradigmatischen und syntagmatischen Bezüge legen es vielmehr noch näher, sie nicht als Kasus anzusehen: Sie sind durch Pronomina der 2. Person ersetz- oder ergänzbar, und, zusammen mit Imperativen verwendet, stehen sie ebenfalls in Bezügen der – verbalen – 2. Person. Obwohl der prekäre Kasus-Charakter gesehen wird, wird die Konsequenz, Anredeformen als Substantive der 2. Person einzustufen, kaum erwogen. Zum Teil wird stattdessen versucht, die Frage rein anredepragmatisch zu lösen. Im vorliegenden Beitrag wird ein Kategoriensystem vorgeschlagen, in dem die pragmatische Funktion der Anrede grammatikalisiert und in einem „Substantiv der 2. Person" ausgedrückt wird.

Gottsched – In der einzeln Zahl[1]

1	*Gottsched*
2	*Gottscheds*
3	*Gottscheden*
4	*Gottscheden*
5	*o Gottsched!*
6	*von Gottscheden*

---

[1] Das Paradigma zeigt „Die vierte Afterbiegung der nomina propria" bei Popowitsch (1754: 97) mit dem Vokativ auf der Paradigmenposition 5, spöttisch auf Gottsched bezogen, der für solche der Lateinischen Grammatik nachgebildeten Sechs-Kasus-Systeme inklusive Vokativ (und Ablativ) eintritt. Zu solchen Paradigmen merkt auch Aichinger (1754: 128) an Gottsched gewandt kritisch an: „Ich weiß nicht, warum Herr Prof. Gottsched den Teutschen gerad 6 casus aus dem lateinischen Donate aufdringen will", wo doch „im Teutschen der uocatiuus nie vom nominatiuo, und der ablatiuus nie vom datiuo unterschieden sey." – Ludwig M. Eichinger danke ich für die Hilfe beim Nachweis der zitierten Textstellen. Mit Aichingers Schaffen hat sich Eichinger (1983) befasst.

1 Aufriss des Gegenstands: Vokativ zwischen Kasus und Person

Zu „Anredeformen" heißt es bei Ehlich (2005: 43): „Im nominalen Bereich werden A[nredeformen] durch den Vokativ ausgedrückt." Dieser Vokativ könne „von Eigennamen [...] bzw. von aktantenbezeichnenden Appellativa [...] gebildet werden." Vorliegender Beitrag konzentriert sich auf die Eigennamen.

Die Frage, ob für den Vokativ eine morphologische Exponenz unabdingbar ist, wird unterschiedlich beantwortet.[2] Während es sich nach Glück (2005b: 727) um eine „morpholog[ische] Markierung der nominalen Anrede" handelt und Bußmann (2008: 783) davon ausgeht, dass Vokativ ein „morphologischer Kasus" sei, brauche nach Stetter (2013: 305) Vokativität keinen morphologisch expliziten Ausdruck.

Die Frage, inwieweit bei dem offensichtlich bedenkenlos als 'Kasus' aufgefassten Vokativ die Kategorie 'Person' eine Rolle spielt, wird von Bußmann und Glück so beantwortet:

> **Vokativ** – Morphologischer Kasus in ideur. [indoeuropäischen] Sprachen zur Kennzeichnung der durch den Sprecher angeredeten Person
>
> (Bußmann 2008: 783)

> **Vokativ** (lat. vocāre 'rufen'. Auch: Anredefall, Ruffall) – In einigen Spr[achen] besondere morpholog[ische] Markierung der nominalen Anrede einer Person
>
> (Glück 2005b: 727)[3]

Bei beiden Definitionen stellt sich die Frage, inwiefern ein Vokativ, d.h. die Ausprägung einer grammatischen Kategorie 'Kasus', den Angeredeten, d.h. die Ausprägung einer grammatischen Kategorie 'Person', kennzeichnen kann. Dieser kategoriellen Unstimmigkeit[4] trägt die Fortführung des Artikels zum Vokativ bei Glück (2005b) Rechnung, wo es im Anschluss an die oben bereits zitierte Textstelle heißt:

---

[2] Schnelzer (2013) zum Beispiel geht für das Bairische nur Fällen nach, bei denen Vokativisches morphologisch-syntaktische Spuren aufweist.

[3] Am Ende des Artikels zum Vokativ wird auf den „Anredenominativ" verwiesen, der von Glück (2005a: 43) dann als „Nominativ in vokativischer Funktion" definiert wird. Zwischen grammatischem Kasus und pragmatischer Funktion wird also unterschieden. Dagegen ist jede Gleichsetzung der grammatischen Kasus Vokativ und Nominativ für Stetter (2013: 305) „clearly nonsense".

[4] Stetter (2013: 306) zählt den so verstandenen Vokativ denn auch zu den „category errors".

> Der V[okativ] drückt weder syntakt[ische] Beziehungen noch adverbiale Charakterisierungen aus und kann deshalb nicht als Kasus i.e.S. gelten. Er hat appellative Funktion und ist eher als Adressierungsmodus zu betrachten.

Hier wird also ein Unterschied zwischen Kasus im engeren Sinne (i.e.S.) und solchen im weiteren Sinne gemacht, ferner eine weitere Kategorie, nämlich 'Modus', ins Spiel gebracht. Das ist alles nicht ganz stimmig, wenn auch nicht vollkommen falsch. Eine Sortierung grammatischer Kategorien, die Ehlich (2005: 43) im weiteren Verlauf seines Artikels zu den Anredeformen vornimmt, kann hier zu einer Vorklärung beitragen:

> Im nominalen Bereich werden A[nredeformen] durch den Vokativ ausgedrückt, im verbalen durch den Imperativ[5] und die Pers[onen]endungen, im „pronominalen" durch die du-Deixis.

Demnach werden unter dem Dachkonzept der Anrede tatsächlich drei Kategorien versammelt: Kasus (im weiteren Sinne) in Form des Vokativs, Modus in Form des Imperativs, Person in Form der sogenannten „2.", also angeredeten, Person.

2 System der Anrede: Grammatik des Vokativs

Imperative implizieren insofern eine '2. Person', als man sich mit einer Form *komm!* an ein *Du* wendet und mit einer Form *komm-t!* an ein *Ihr*. Auch ausdrucksseitig kann die Imperativphrase ein Anredepronomen der 2. Person und/oder ein Anredenomen (ebenfalls der 2. Person?) enthalten:

(1) a. *du, komm!*   pronominal
     b. *Franz, komm!*   proprio-nominal
     c. *du, Franz, komm!*   pro- und proprio-nominal

Am offenkundigsten ist '2. Person', in (2) durch Tiefstellung gekennzeichnet, in ihrem ureigenen Pronomen repräsentiert – dazu die folgende Darstellung der paradigmatischen bzw. syntagma-paradigmatischen Relationen:

---

[5] Vgl. Jakobsons (1971: 10) Aussage, dass der Imperativ „durch dieselbe Funktion wie der Vokativ gekennzeichnet" sei.

(2) (pro)nominaler Teil   verbaler Teil

   paradigmatisch
   –   *komm!*
   *du*₂. Pers. ,   *komm!*
   Franz ,   *komm!*

   syntagma-paradigmatisch
   *du*₂. Pers. , *Franz* ,   *komm!*

Impliziert ist '2. Person' aber auch im Imperativ, in (3) gekennzeichnet mit „Imp.^2. Pers.". Mit dieser Form wendet man sich direktiv an das Gegenüber, das im Gefüge der an der Kommunikation Beteiligten als 'die 2. Person' gefasst wird:

(3) (pro)nominaler Teil   verbaler Teil

   paradigmatisch
   –   *komm!*$_{\text{Imp.}\wedge\text{2. Pers.}}$
   *du*₂. Pers. ,   *komm!*$_{\text{Imp.}\wedge\text{2. Pers.}}$
   Franz ,   *komm!*$_{\text{Imp.}\wedge\text{2. Pers.}}$

   syntagma-paradigmatisch
   *du*₂. Pers. , *Franz* ,   *komm!*$_{\text{Imp.}\wedge\text{2. Pers.}\supset}$

Für sprachliche Elemente wie *Franz*, die als *nomina propria* an sich nicht als solche der 2. Person kategorisiert sind, kann gefragt werden, ob sie nicht ebenfalls zumindest dann als Einheiten der 2. Person zu kategorisieren sind, wenn sie mit Formen in paradigmatischer und/oder syntagmatischer Relation stehen, die eindeutig die Kategorie 2. Person enthalten – in (4) mit Asterisk als *2. Person gekennzeichnet:

(4) (pro)nominaler Teil   verbaler Teil

   paradigmatisch
   –   *komm!*$_{\text{Imp.}\wedge\text{2. Pers.}}$
   *du*₂. Pers. ,   *komm!*$_{\text{Imp.}\wedge\text{2. Pers.}}$
   Franz·₂. Pers. ,   *komm!*$_{\text{Imp.}\wedge\text{2. Pers.}}$

   syntagma-paradigmatisch
   *du*₂. Pers. , *Franz*·₂. Pers. ,   *komm!*$_{\text{Imp.}\wedge\text{2. Pers.}\supset}$

Während der paradigmatische Befund klar für eine Kategorisierung als '2. Person' auch des proprialen Nomens *Franz* analog zum Pronomen *du* spricht, tut dies der syntagmatische Befund zur syntaktischen Beziehung zwischen nominalem und verbalem Teil der Anrede- (hier: Imperativ-) Phrase nicht so ohne Weiteres. Während *du kommst* bzw. *Franz kommt* syntaktisch verbunden sind, stehen *du, komm!* und *Franz, komm!* in einem unverbundenen, appositiven Verhältnis zueinander.[6] Es handelt sich dann nicht wie im Falle der syntaktischen Bindung um Kongruenz, sondern um Kookkurrenz von gleichartig kategorisierten nominalen und verbalen Teilen einer Phrase, hier der Anrede mit Imperativ.

Offensichtlich genügten diese syn- und mehr noch paradigmatischen Befunde[7] der Grammatiktheorie und Grammatikographie nicht, Anrede-Nomina wie die Personennamen als 'Substantive der 2. Person' aufzufassen. Zwar gibt es sporadische Versuche für eine solche Kategorisierung[8], doch wird bei deren Begründung stets ein aufwendigerer Weg beschritten als der hier verfolgte rein strukturelle. Diese Versuche reichen von merkmalsemantischen über typologische bis hin zu sprachtheoretischen Begründungen. So legt Harweg (1967), allgemeinlinguistisch inspiriert, die „Skizze einer neuen Theorie des Vokativs" vor, wonach dieser „kein Kasus mehr wie die anderen Kasus, sondern eine bestimmte Art von Deklinationstyp, nämlich der Deklinationstyp der 2. Person" sei (Harweg 1967: 43–44). Aus latinistischer Perspektive fragt Fink (1972): „Person in nouns: Is the vocative a case?" Für ihn gilt:

> one feature in which the vocative stands apart from the system of the cases is that it is a second-person form [...] by definition, since it is the form used in direct address.
>
> (Fink 1972: 63)

---

6 Das trennende Komma im Schriftlichen, aber auch der satzphonologische Neueinsatz zwischen Nomen und Verb im Mündlichen, zeigen diese Unverbundenheit deutlich, übrigens unabhängig davon, ob es *Franz, komm!* oder *Komm, Franz!* heißt. In diesem Sinne äußert – zwar zum Russischen, aber auf das Deutsche übertragbar – Jakobson (1971: 10), „dass die vokativische Anrede ausserhalb des grammatischen Satzes steht; ebenso ist der echte Imperativ [...] abzusondern, da er durch dieselbe Funktion wie der Vokativ gekennzeichnet ist [... –] die imperativen Sätze sind, gleich der Anrede, volle und zugleich unzerlegbare ‚vokativische einteilige Sätze' [...]."

7 Im Zusammenhang mit dem „coverten grammatischen Zusammenhalt von Anrede-Konstruktionen" auch schon beschrieben und begründet von Harnisch (2015); so der Untertitel der Untersuchung.

8 Am ernsthaftesten Harweg (1967), Fink (1972), Kempgen (2012) und Stetter (2013), doch haben die Autoren der jeweils späteren Untersuchungen von den jeweils früheren Untersuchungen keine Kenntnis genommen.

Vor slavistischem Hintergrund konstatiert Kempgen (2012): „Bože moj – Der Vokativ ist ja gar kein Kasus!" Der oben wiedergegeben Definition des Vokativs von Bußmann (2008: 783) als „Kasus [...] zur Kennzeichnung der [...] Person" attestiert er:

> Eigentlich stimmt daran alles – bis auf die Zugehörigkeit zur Kategorie Kasus. Zutreffend wäre es zu sagen, der Vokativ sei „eine morphologische Form zur Kennzeichnung der 2. Person" – das wäre neutral und in jedem Falle richtig.
>
> (Kempgen 2012: 229)[9]

Einen argumentativen Umweg über die Annahme eines „Imperativsubjekts" nimmt in generativistischer Perspektive Wratil (2005: 215):

> Als Initiator des zukünftigen Geschehens erhält der Adressat [...] den Status eines Subjekts und kann als solches, weil er grundsätzlich die Rolle des Angesprochenen übernimmt, in seiner Merkmalsspezifikation [PERSON: 2] identifiziert werden.

Fink schlägt am Ende seiner Untersuchung selber ein Paradigma vor, das hier in nur leicht abgewandelter Form wiedergegeben werden soll. Aus der Beschreibung der paradigmatischen Verhältnisse durch Harweg lässt sich auch für seinen Ansatz eine Deklinationstabelle erstellen. In beiden Paradigmen finden sich Reihen der Formen 'Zweiter Person', die intern selbst wieder nach Kasus differenziert werden. Das unterstreicht auch noch einmal die Unabhängigkeit der beiden Kategoriensysteme 'Person' und 'Kasus' voneinander. Seiner Deklinationstafel für das Lateinische schickt Fink (1972: 67) voraus: "we can draw up a paradigm as follows which will accommodate the double function of the vocative as a noun form having person." Das Paradigma selbst hat dann folgende Gestalt (die Spalten für 2. Person sind grau schattiert; Beispielwort ist ein Anrede-Substantiv nicht-proprialer Natur, was aber der Nachweisführung keinen Abbruch tut):

---

9 Kempgen macht also morphologische Exponenz zur Bedingung für das Vorliegen eines Vokativs. Dieses Kriterium setzt vorliegender Beitrag nicht an, zumal es für Sprachen mit weitreichenden Formensynkretismen zu streng sein könnte.

Tab. 1: Paradigma mit Anrede-Substantiv der 2. Person nach Fink (1972)

	Singular		Plural	
	[...] 3rd person	2nd person	[...] 3rd person	2nd person
nom.	amicus	amice	amici	amici
gen.	amici	amice (?)	amicorum	amici (?)
dat.	amico	amice	amicis	amici
acc.	amicum	amice	amicos	amici
abl.	amico	amice	amicis	amici

Harweg (1967: 44) schickt seiner textförmigen Paraphrase eines vorgestellten Paradigmas voraus: „Die nominalen Vokative der traditionellen Grammatik erscheinen nach dieser Interpretation als die unveränderlichen Teileelemente der restlichen Kasus einer nominalen Deklination der Zweiten Person." Das aus seiner Beschreibung ableitbare Paradigma selbst hätte dann folgende Gestalt (neben einem Pronomen setzt Harweg ein *nomen proprium* an; die Spalte für '2. Person' dieses Nomens ist wiederum grau schattiert):

Tab. 2: Paradigma mit Namen-Substantiv der 2. Person nach Harweg (1967)

	Deklinationstyp der 3. Person		Deklinationstyp der 2. Person	
	pro-nominal	proprio-nominal	pro-nominal	proprio-nominal
Nom.	er	(der) Karl	du	(du,) Karl
Gen.	seiner	(des) Karls	deiner	(deiner,) Karl
Dat.	ihm	(dem) Karl	dir	(dir,) Karl
Akk.	ihn	(den) Karl	dich	(dich,) Karl

In solchen Paradigmen schlägt sich das System der Anrede, die Grammatik des Vokativs, nieder. Wie im Titel von Sonnenhauser & Noel (2013) programmatisch formuliert, hat das Phänomen jedoch auch eine starke Gebrauchsseite. Nicht von ungefähr umreißen sie im Untertitel des Buchs den Vokativ als „Addressing between system and performance". Auch in vorliegendem Beitrag soll die Betrachtung des Gegenstands um eine solche pragmatische Perspektive erweitert werden (siehe Folgekapitel 3).

3 Performanz der Anrede: Pragmatik des Vokativs

Im Sammelband von Sonnenhauser & Noel (2013) verficht Stetter (2013: 314) die performativ-pragmatische Perspektive auf den Vokativ am konsequentesten. Seine Ausführungen laufen auf eine Art Pragmatische Grammatik hinaus, die dann nicht mehr von Vokativ und andern Kasus als Kasus spräche, sondern von Adressiv usw. als Diskursfunktionen (dazu unten mehr in Kap. 4). Dagegen wird im vorliegenden Beitrag die Auffassung vertreten, dass nach wie vor zwischen Einheiten der Grammatik als systemischer Ordnung und Gebrauchsweisen als funktionalem Einsatz dieser Einheiten in der Pragmatik unterschieden werden sollte. Demzufolge wäre in Bezug auf den Vokativ zwischen der grammatischen Seinsweise eines Substantivs der 2. Person und seines pragmatischen Einsatzes zur Adressierung zu differenzieren, wie man es z.B. auch in Bezug auf den Fragesatz als grammatischen Satztyp und seine Aufforderungsfunktion als pragmatischen Zweck tut (*Willst du mir nicht helfen?*).

Stetter beruft sich auf den etwas in Vergessenheit geratenen Ansatz, den Humboldt in seiner Schrift *Ueber den Dualis* verfochten hatte:

> Besonders entscheidend für die Sprache ist es, dass die Zweiheit in ihr eine wichtigere Stelle, als irgendwo sonst, einnimmt. Alles Sprechen ruht auf Wechselrede.
> (Humboldt 1827: 137)

> Es liegt [...] in dem ursprünglichen Wesen der Sprache ein unabänderlicher Dualismus, und die Möglichkeit des Sprechens selbst wird durch Anrede und Erwiederung [sic] bedingt.
> (Humboldt 1827: 138)

In diesen Dualismus der „Wechselrede" aus Anrede und Erwiderung eingebettet stellt sich für Humboldt (1827: 139) das Geflecht der Personen[10] folgendermaßen dar:

> *Ich* und *Er* sind wirklich verschiedene Gegenstände, und mit ihnen ist eigentlich Alles erschöpft, denn sie heissen mit andren Worten *Ich* und *Nicht-ich*. *Du* aber ist ein dem *Ich* gegenübergestelltes *Er*. Indem *Ich* und *Er* auf innerer und äusserer Wahrnehmung beruhen, liegt in dem *Du* Spontaneität der Wahl. Es ist auch ein *Nicht-ich*, aber nicht, wie das *Er*, in der Sphäre aller Wesen, sondern in einer andren, in der eines durch Einwirkung

---

[10] Neben das *Ich* und *Du* stellt er das *Er*, das aber als *Er/Sie$_1$/Es* zu verstehen ist. Die pluralen Ausprägungen der Personen (sozusagen das *Wir*, *Ihr* und *Sie$_2$*) blendet er aus, sie sind aber mitzudenken.

gemeinsamen Handelns. In dem *Er* selbst liegt nun dadurch, ausser dem *Nicht-ich*, auch ein *Nicht-du*, und es ist nicht bloss einem von ihnen, sondern beiden entgegengesetzt.

Für den in vorliegendem Aufsatz behandelten Gegenstand ist der Satz „*Du* aber ist ein dem *Ich* gegenübergestelltes *Er*" am wichtigsten und darin wiederum der Gedanke, dass in einer vokativischen Äußerung wie dem von Stetter (2013: 309) benutzten Satzbeispiel *Paul, can you issue [...]* eine doppelte (im Humboldt'schen Sinne „duale") Referenz auf eine 2. und (!) eine 3. Person stattfindet. Stetter greift diesen Gedanken auf und postuliert im Sinne Humboldts, dass

> with a vocative [...] one invariably makes reference to a person spoken to, a 'you'. If I say in a certain situation [...] *Paul, can you ... issue ...*, I am referring with *Paul* to a 'second person' [...]; with the rest of the utterance to a 'third person'.

Tabellarisch zusammengefasst lässt sich das folgendermaßen darstellen (die Unterschiede nach 'Personen' in performativer Hinsicht sind durch Fettdruck markiert):

Tab. 3: Performative 2. und 3. Person in Anredesätzen

	Paul, ...	*can you ... issue ...*
Stetter (2013) im Sinne von Humboldt (1827)	Substantiv in adressiver Funktion ist performative **'second** person'	*Du* im Sinne eines dem *Ich* gegenübergestellten *Er* ist performative **'third** person'

Für das propriale Nomen *Paul* erkennt Stetter also eine Kategorisierung als '2. Person' an, wenngleich nicht grammatisch, sondern pragmatisch. Mit der grammatischen 2. Person von *you* konfligiert bei Stetter die Funktion des *you* als pragmatische 3. Person im Sinne des Humboldt'schen *Er*.

4 Versuch einer Grammatisierung der Humboldt'schen pragmatischen Kategorien

Um die grammatische und pragmatische Kategorialität zu versöhnen, wird hier eine andere Lösung zur Diskussion gestellt.[11] Sie geht zunächst von einer Unterscheidung in 'Anrede' und 'Rede' aus, wobei die 'Anrede' als Kategorie eines – hier so genannten – 'Vokus', die 'Rede' als Kategorie des 'Modus' gefasst wird. Beide Kategorien sollen als Ausprägungen der Hyperkategorie des 'Usus' gelten. Damit wird auch der unbefriedigende Umstand geheilt, dass der 'Imperativ' (hier als verbale Hypokategorie des 'Vokus') nicht als gleiche Art von 'Modus' ausgegeben wird wie die Modi 'Indikativ' und 'Konjunktiv'. Es wird also angesetzt:

(1) ein 'Usus' der 'Anrede' ('Vokus') mit dem 'Imperativ' als verbaler Kategorie,
(2) ein 'Usus' der 'Rede' ('Modus') mit 'Indikativ' und 'Konjunktiv' als verbalen Kategorien.

Zu den verbalen Kategorien hinzu kommen nominale:

ad 1. als nominale Ausprägung des 'Vokus' entspricht dem verbalen 'Imperativ' eine Kategorie, die hier 'Adressiv' genannt werde;

ad 2. als nominale Ausprägung des 'Modus' entspricht dem verbalen 'Indikativ/Konjunktiv' eine Kategorie, die hier 'Subjektiv' genannt werde.

Was die Kategorisierung nach 'Person' betrifft, sind
- 'Adressiv' und 'Imperativ' implizit mit der 'Angeredeten'-Kategorie '2. Person' verbunden,
- 'Subjektiv' und 'Indikativ/Konjunktiv' explizit mit allen Personen, inklusive '2. Person', verbunden.

---

11 Vorliegender Beitrag schlägt im Sinne der Gliederung dieses Bands, die Kempf, Nübling & Schmuck in ihrem Beitrag vornehmen, eine Brücke von der Pragmatik (S. 6, 12) zur Grammatik (Morphosyntax, S. 3/5, 10) der Namen und damit vom Kategoriensystem der einen Domäne zum Kategoriensystem der anderen. Zum Teil werden dabei neuartige Kategorien mit neu kreierten Termini vorgeschlagen, zum Teil herkömmliche Termini in etwas anderem kategoriellen Sinne verwendet. Aus Tab. 4 und den ihr vorausgeschickten Erläuterungen gehen aber diese Kategorisierungen und Terminologisierungen eindeutig hervor.

Mit sprachlichen Beispielen veranschaulicht ergibt sich daraus die in der nachfolgenden Tabelle 4 dargestellte Ordnung – mit Kategorienbezeichnungen in Großbuchstaben:

Tab. 4: Grammatisierte Kategorien des Pragmatischen

USUS ...			
... der Anrede		... der Rede	
VOKUS		MODUS	
nominal	verbal	nominal	verbal
ADRESSIV	IMPERATIV	SUBJEKTIV	INDIKATIV/...
implizite 2. PERSON		explizite 2. PERSON	
Franz,	komm!	Du	komm-st
Franz,		du	komm-st
		1. Person	
		Ich	komm-e
Franz,		ich	komm-e
		3. Person	
		Franz	komm-t
		Er/Fritz	komm-t
Franz,		er/Fritz	komm-t

Übertragen auf den Beispielsatz von Stetter (2013: 309) wäre also vom proprialen Anrede-Nomen *Paul* und vom Anrede-Pronomen *you* folgendermaßen zu reden (die Unterschiede zwischen den Standpunkten Stetters und des vorliegenden Beitrags sind durch Fettdruck markiert):

Tab. 5: Pragmatik und Pragmatische Grammatik der 2. und 3. Person in Anredesätzen

	Paul, ...	**can you ... issue ...**
Stetter (2013) im Sinne von Humboldt (1827)	Substantiv in adressiver Funktion ist performative 'second person'	*Du* im Sinne eines dem *Ich* gegenübergestellten *Er* ist performative 'third person'
Harnisch (in vorliegendem Beitrag)	Substantiv der **impliziten** Zweiten Person (**Adressiv**) im Usus der **Anrede** (**Vokus**)	*Du* als **explizite** Zweite Person (**Subjektiv**) im Usus der **Rede** (**Modus**)

Die hier versuchte Kategorisierung wurde vorgenommen, um zu zeigen, wie man die obigen Beispielsätze mit dualer Referenz in den Griff bekommen könnte. Das hierbei entworfene Kategoriengefüge ging jedoch weit über die titelgebende Frage hinaus, ob „Personennamen in Anredefunktion Vokative oder Substantive der 2. Person" seien. Deshalb soll das nachfolgende Fazit wieder auf die Ausgangsfragestellung zurückgeführt und darauf konzentriert werden.

5 Fazit: 'Substantive der 2. Person' statt 'Vokative'

Was Nomina, darunter Personennamen, betrifft, die herkömmlich als Vokative und damit als Kasus-Formen eingestuft würden, so haben schon Evidenzen aus den betreffenden Syntagmen und mehr noch Paradigmen gezeigt, dass eine grammatische Kategorisierung als 'Substantive der 2. Person' möglich ist oder gar naheliegt. Das ließ sich durch semantische und grammatiktheoretische Argumente absichern, wie sie von Harweg (1967), Fink (1972), Wratil (2005) oder Kempgen (2012) vorgebracht wurden. Auch deren Überlegungen mündeten zum Teil in Paradigmen, in denen die betreffenden Nomina als solche der '2. Person' geführt wurden (Kap. 2).

In performativ-pragmatischer Hinsicht sind die Adressierungs-Nomina mehrfach, darunter jüngst und mit Nachdruck von Stetter (2013), als so etwas wie 'funktionelle 2. Personen' eingestuft worden (Kap. 3).

Wenn Adressierungs-Nomina zusammen mit nicht-adressierenden Sätzen der 2. Person vorkommen (*Paul, can you issue ...*; *Franz, du kommst ...*), wird diese grammatische '2. Person' kommunikations-pragmatisch als so etwas wie eine 'funktionelle 3. Person' angesehen (Stetter 2013 mit starker Bezugnahme auf Humboldt 1827). Hierzu wurde in einem Exkurs ein möglicher Weg angedeutet, wie man die betreffenden pragmatischen Funktionen in einem zum Teil neuartigen grammatischen Kategoriengebilde fassen könnte, das den Gegensatz zwischen grammatischer '2. Person' und pragmatischer '3. Person' ein und desselben (pro)nominalen Referenten versöhnt. Das entworfene Modell (Tab. 4) nimmt einen 'Usus der Anrede' ('Vokus') an, dessen nominaler Teil als 'Adressiv' den herkömmlichen 'Vokativ' ersetzt und dessen verbaler Teil als 'Imperativ' von den eigentlichen Modi 'Indikativ' und 'Konjunktiv' separiert wird. Beide, Adressiv wie Imperativ, weisen eine implizite '2. Person' auf (Kap. 4).

Sowohl das grammatische System der Anrede mit seinen überkommenen Kategorien, die seine Paradigmen konstituieren, als auch eine (re-) grammatisierte Pragmatik der Anrede mit neuen Kategorien in neuer paradigmatischer Anordnung sprechen dafür oder zumindest nicht dagegen, den Vokativ nicht mehr als Kasus von Substantiven, sondern die betreffenden Substantive als 'Substantive der 2. Person' aufzufassen. Sowohl Harweg (1967) als auch Fink (1972) gehen davon aus, dass diese Substantive der 2. Person wiederum nach Kasus durchdekliniert werden können (vgl. schattierte Paradigmenfelder in obigen Tabellen 1 und 2). Sowohl ihre dort sichtbar werdende flexivische Unveränderlichkeit als auch die Notwendigkeit, ihnen in den obliquen Kasus die jeweilige Form aus dem *du*-Paradigma hinzustellen zu müssen, vor allem jedoch ihre syntaktische Unverbundenheit legen es nahe, für die Substantive der 2. Person keine obliquen Kasus anzunehmen und sie auf den *casus rectus* zu beschränken. Er stünde dann für ein „Anredesubjekt", so wie Wratil (2005: 215) – siehe oben – für imperativische Sätze ein „Imperativsubjekt" angesetzt hatte: mit dem Nominativ als Subjektskasus. Das von Popowitsch (1754: 97) karikierte Paradigma Gottsched'scher Art, das am Anfang dieser Ausführungen stand, wäre also in den schattierten Positionen folgendermaßen umzustellen (und der 6. Fall, Ablativ, zu streichen):

Gottsched – In der einzeln Zahl

	der dritten Person	der zweiten Person
1	*Gottsched*	*o Gottsched!*
2	*Gottscheds*	–
3	*Gottscheden*	–
4	*Gottscheden*	–
5	–	–
6	–	–

Literatur

Aichinger, Carl Friedrich (1754): *Versuch einer teutschen Sprachlehre*. Frankfurt und Leipzig. Zu finden bey Johann Paul Kraus, Buchhändler in Wienn [sic]. Wiederabgedr. Hildesheim, New York: Olms 1972.

Bußmann, Hadumod (2008): *Lexikon der Sprachwissenschaft*. 4. Aufl. Stuttgart: Kröner.

Ehlich, Konrad (2005): Anredeformen. In Helmut Glück (Hrsg.), *Metzler Lexikon Sprache*. 3. Aufl., 43. Stuttgart, Weimar: Metzler.

Eichinger, Ludwig M. (1983): Der Kampf um das Hochdeutsche. Zum zweihundertsten Todestag des Oberpfälzer Sprachforschers C. F. Aichinger (1717–1782). *Sprachwissenschaft* 8, 188–206.

Fink, Robert O. (1972): Person in nouns: Is the vocative a case? *American Journal of Philology* 93, 61–68.

Glück, Helmut (2005a): Anredenominativ. In Helmut Glück (Hrsg.), *Metzler Lexikon Sprache*. 3. Aufl., 43. Stuttgart, Weimar: Metzler.

Glück, Helmut (2005b): Vokativ. In Helmut Glück (Hrsg.), *Metzler Lexikon Sprache*. 3. Aufl., 727. Stuttgart, Weimar: Metzler.

Harnisch, Rüdiger (2015): „Josef, lies ock!" Über den coverten grammatischen Zusammenhalt von Anrede-Konstruktionen und die Grammatikalisierung von satztypenspezifischen Partikeln. In Ellen Brandner et al. (Hrsg.), *Charting the landscape of linguistics. On the scope of Josef Bayer's work*, 74–82. <http://ling.uni-konstanz.de/pages/WebschriftBayer>

Harweg, Roland (1967): Skizze einer neuen Theorie des Vokativs. *Linguistics* 5, 37–48.

Humboldt, Wilhelm von (1827): Ueber den Dualis. In Wilhelm von Humboldt, *Schriften zur Sprachphilosophie* (= Werke in fünf Bänden III), 113–143. Darmstadt: Wissenschaftliche Buchgesellschaft 1963, 6., unveränd. Aufl. 1988.

Jakobson, Roman (1971): Zur Struktur des russischen Verbums. In: Roman Jakobson, *Selected Writings* II. Word and Language, 3–15. The Hague, Paris: Mouton.

Kempgen, Sebastian (2012): Bože moj – Der Vokativ ist ja gar kein Kasus! *Wiener Slawistischer Almanach* 70, 217–230.

Popowitsch, Johann Siegmund Valentin (1754): *Die nothwendigsten Anfangsgründe der Teutschen Sprachkunst*. Wien: Grundt.

Schnelzer, Klaus Otto (2013): Gibt es einen bairischen Vokativ? In Rüdiger Harnisch (Hrsg.), *Strömungen in der Entwicklung der Dialekte und ihrer Erforschung*, 160–173. Regensburg: edition vulpes.

Sonnenhauser, Barbara & Patrizia Noel Aziz Hanna (Hrsg.) (2013): *Vocative! Adressing between system and performance*. Berlin, Boston: de Gruyter.

Stetter, Christian (2013): On the case of the vocative. In Barbara Sonnenhauser & Patrizia Noel Aziz Hanna (Hrsg.), *Vocative! Addressing between system and performance*, 305–318. Berlin, Boston: de Gruyter.

Wratil, Melani (2005): *Die Syntax des Imperativs*. Eine strukturelle Analyse zum Westgermanischen und Romanischen. Berlin: Akademie Verlag.

Simone Busley, Julia Fritzinger
De Lena sein Traum – Soziopragmatisch motivierte Genusvariabilität weiblicher Rufnamen

Zusammenfassung: In einigen deutschen Dialekten und im Luxemburgischen können die Targets weiblicher Rufnamen (Definitartikel, Personalpronomen etc.) sowohl feminin als auch neutral sein. Dabei findet sich Genusvariabilität nicht nur auf paradigmatischer Ebene (*die Anna* neben *das Anna*), sondern führt auch zu syntaktischen Genusinkongruenzen und betrifft neben Rufnamen (s. Titelbeispiel *de Lena sein Traum*) auch feminine Appellative (lux. *menger Schwëster säi Buch*). Diese aus Sicht der Genusforschung nicht-kanonischen Eigenschaften sind das Ergebnis einer Degrammatikalisierung, die zur Entstehung einer bislang nicht beschriebenen, soziopragmatischen Genussteuerung geführt hat. Hier entscheiden außersprachliche Faktoren wie Eigenschaften der Referenzperson (Alter, Status) und die Beziehung SprecherIn – AdressatIn – Referenzperson über die Genuswahl.

1 Einleitung

Das bei der Referenz auf Personen im Standarddeutschen gültige Genus-Sexus-Prinzip[1] (*der Vater – die Mutter*) kennt zwar einige Ausnahmen bei Appellativa (*das Weib, die Tunte*), bei den Personennamen kann man jedoch von einer strikten Regel sprechen (*der Klaus – die Anna, der/die Schmidt*). Einige deutsche Dialekte sowie das Luxemburgische durchbrechen diese Regel, indem die Targets weiblicher Rufnamen (z.B. Artikel, Personalpronomen) neben femininem auch

---

[1] Ist hier von „Sexus" die Rede (z.B. bei Termini wie „Genus-Sexus-Prinzip"), so schließen wir uns damit terminologisch der linguistischen Genusforschung an. In allen übrigen Fällen sprechen wir von „Geschlecht" und fassen darunter biologisches Geschlecht (Sexus) und soziales Geschlecht (Gender).

Anmerkung: Dieser Beitrag entstand im Rahmen des trinationalen DFG-Projekts „*Das Anna und ihr Hund* - Weibliche Rufnamen im Neutrum. Soziopragmatische vs. semantische Genuszuweisung in Dialekten des Deutschen und Luxemburgischen" an der Université du Luxembourg, der Universität Freiburg (CH) und der Johannes Gutenberg-Universität Mainz.

https://doi.org/10.1515/9783110685886-014

neutrales Genus aufweisen können (*es Alice*, *et Käthe* bzw. *es/et* statt *sie*). Dieses Phänomen bezeichnen wir im Folgenden kurz als „Femineutra".[2]

Diese Femineutra sind v.a. im Westmitteldeutschen und Luxemburgischen verbreitet. Nach Norden erstreckt sich ihr Verbreitungsareal über das Ripuarische bis ins West- und Ostfälische hinein, im Osten über das Nordhessische bis ins Thüringische, im Süden bis ins Alemannische (inkl. Elsass und Schweiz). In manchen Regionen (z.B. Nordhessen) sind sie sogar vom Basisdialekt in regionalsprachliche Varietäten diffundiert, andernorts werden sie dagegen stark abgebaut. Erwähnungen in alten Ortsgrammatiken und Dialektwörterbüchern zeigen, dass das ursprüngliche Areal deutlich größer war.

Der vorliegende Beitrag diskutiert die Femineutra im Rahmen genustheoretischer Überlegungen. Die Genuswahl wird durch die Beziehung zwischen SprecherIn und Referenzperson sowie Eigenschaften des Referenten (Alter, Sozialstatus) gesteuert. Es handelt sich um eine von der Genusforschung bisher verkannte Genusart: das soziopragmatische Genus (zu ersten Ansätzen s. Christen 1998, Nübling, Busley & Drenda 2013, Nübling 2014a, 2014b, 2017, Busley & Fritzinger 2018; vgl. außerdem Rosar im gleichen Band, die Femineutra im Ortsdialekt von Idar-Oberstein behandelt). Obwohl es sich um ein – zumindest für Außenstehende – salientes Phänomen handelt, wurde es auch von der Dialektologie bisher übersehen. In Abschnitt 2 werden wir die wortextern gesteuerte Genuszuweisung bei den Femineutra zunächst in Kontrast zu anderen Genuszuweisungsprinzipien stellen.

Die paradigmatische Variabilität des Rufnamenartikels (*die Anna* neben *das Anna*) bricht mit der Regel, dass jedem Nomen nur ein einziges Genus zugeordnet wird. Als Ergebnis eines Degrammatikalisierungsprozesses ist Genus hier (wieder) wählbar. Dies ist Thema von Abschnitt 3. In Abschnitt 4 analysieren wir syntaktische Genusinkongruenzen, die bei soziopragmatischer Genuszuweisung häufig auftreten: Zum einen konfligiert sie mit anderen Genuszuweisungsprinzipien, zum anderen werden Genusbrüche durch konkurrierende soziopragmatische Faktoren ausgelöst. Diese Genusbrüche werden wir vor dem Hintergrund theoretischer! Überlegungen zu sog. *hybrid nouns* wie *Mädchen* diskutieren.

---

[2] Der Begriff „Femineutra" spielt zum einen auf die Genus-Sexus-Diskordanz an, zum anderen auf die soziopragmatisch gesteuerte, paradigmatische bzw. syntagmatische Varianz von Femininum und Neutrum.

2 Genuszuweisungsprinzipien bei Personenbezeichnungen

Im Folgenden betrachten wir die Genuszuweisung von Personenbezeichnungen im Deutschen, d.h. von Appellativen (z.B. *die Schwester, der Mann*) und Eigennamen (z.B. *die Anne, der Thorsten, der/die Mayer*). Sie folgt einer Reihe von Genuszuweisungsprinzipien, die wir in wortinterne und wortexterne Prinzipen trennen: Bei **wortinternen Prinzipien** entscheiden formale und semantische Eigenschaften des Nomens, bei **wortexternen Prinzipien** Eigenschaften des Referenzobjekts. Wir schließen uns damit Dahl (2000: 106) an, der zwischen lexikalischem (≙ wortinternem) und referentiellem (≙ wortexternem) Genus differenziert. Da auch soziopragmatisches Genus referenzabhängig ist, kann es als Sonderform des referentiellen Genus betrachtet werden. Wie wir jedoch zeigen werden, ist eine Differenzierung zwischen einem referentiellem und soziopragmatischem Prinzip sinnvoll, so dass wir beide Prinzipien unter dem Terminus *wortextern* subsumieren.

Bislang wurden phonologische, morphologische, semantische und referentielle Prinzipien der Genuszuweisung identifiziert (Köpcke & Zubin 1983, 1984, 1996, 2009; vgl. Fahlbusch & Nübling 2014: 249f. auch zum „pragmatischen Prinzip"). Das Genus von Appellativen ist vorrangig wortintern, dasjenige von Eigennamen wortextern gesteuert (vgl. Fahlbusch & Nübling 2014, Nübling 2015). Tabelle 1 gibt einen Überblick darüber, welche Prinzipien im Deutschen das Genus von geschlechtsspezifischen Personenbezeichnungen bestimmen:

Tab. 1: Genuszuweisungsprinzipien bei Personenbezeichnungen im Deutschen

	Genuszuweisung	Appellative	Namen
wortintern	**semantisch:** Sexus	der Bruder die Schwester	der Klaus die Sabine
	morphologisch: Diminution	das Brüderlein das Schwesterchen	das Kläuschen das Sabinchen
wortextern	**referentiell:** Sexus	der Kleine die Angestellte	der Schmidt/die Schmidt der Alex/die Alex
	soziopragmatisch: Beziehung	---	die Sabine/das Sabine

Die **wortinternen** Genuszuweisungsprinzipien entsprechen kanonischen Systemen, die Corbett anhand verschiedener Kriterien definiert. Demnach besitzt jedes Nomen nur ein einziges Genus, das eindeutig aus dem Lexikoneintrag des

Nomens ableitbar ist (vgl. Corbett 2016: 503, 520). Lexeminhärente Genera sind invariant, bestimmte Prinzipien erleichtern jedoch die Genusklassifizierung.

Beim **semantischen Prinzip** ist Genus aus der Wortbedeutung ableitbar. Darunter fällt das sog. Genus-Sexus-Prinzip (auch „natürliches Geschlechtsprinzip"), nach dem Appellative für Frauen feminin (*die Frau, die Schwester*) und für Männer maskulin (*der Mann, der Bruder*) sind. Es existieren auch einige Ausnahmen von dieser Regel wie etwa neutrale (*das Mädchen, das Weib*) und maskuline Frauenbezeichnungen (*der Backfisch, der Vamp*) sowie feminine Männerbezeichnungen (*die Memme, die Tunte*). Sie markieren häufig nicht-geschlechtsrollenkonformes Verhalten (vgl. Köpcke & Zubin 1996, 2005a; Nübling 2019), womit Genus in diesen Fällen ebenfalls semantisch motiviert ist. Das Genus-Sexus-Prinzip wirkt stärker als das phonologische Prinzip: Einsilber mit Frikativ + [t] im Auslaut sind zwar meist feminin (z.B. *Nacht, Luft*), doch *Knecht* und *Wicht* dem Geschlecht entsprechend maskulin. Eine Ausnahme vom Genus-Sexus-Prinzip bilden auch nicht inhärent geschlechtsspezifische Personenbezeichnungen (Epikoina) wie *die Wache, das Opfer,* bei denen andere Prinzipien greifen können.

Unter den Eigennamen gilt das semantische Prinzip ausschließlich für sexusdefinite Rufnamen, bei denen Genus ebenfalls dem natürlichen Geschlechtsprinzip folgt. Das Nameninventar des deutschen ist bis auf wenige Unisex-Namen (s.u.) streng geschlechtssegregiert. Rufnamen enthalten somit ein Sem, das Auskunft über das Geschlecht der/des Benannten gibt. Diese Information muss bei manchen Namen mitgelernt werden (*Boris, Hartmut* 'männlich'; *Doris, Gertrud* 'weiblich'). Darüber hinaus ist bei anderen Rufnamen Geschlecht formal durch prosodisch-phonologische Unterschiede kodiert. So sind Frauennamen im Durchschnitt länger als Männernamen und häufig nicht erstsilbenbetont (*Katharína*). Zudem enthalten sie mehr Vokale und lauten zu fast 80% vokalisch aus, wohingegen Männernamen etwa genauso häufig konsonantisch auslauten[3] (vgl. Oelkers 2003, Nübling 2009a, 2009b, 2012, 2018).

Das **morphologische Prinzip** dominiert in aller Regel alle anderen Prinzipien. Nach dem Kopf-rechts-Prinzip bestimmt das am rechten Rand stehende Morphem eines komplexen Nomens (Komposita, Derivate) dessen grammatisches Verhalten einschließlich Genus. So erzwingen beispielsweise die Diminu-

---

[3] Die starke Wirksamkeit der phonologischen Geschlechtskodierung zeigt sich u.a. daran, dass vokalisch auslautende, italienische Männernamen wie *Andrea* in Deutschland auch als Frauennamen gebraucht werden. Anderseits ist seit einiger Zeit ein phonologisches Degendering der Rufnamen zu beobachten, beispielsweise durch die zunehmende Vergabe von Jungennamen auf *-a* wie *Luca, Noah* und *Mika* (vgl. Nübling 2009a, 2009b, 2012, 2018).

tivsuffixe -*chen* und -*lein* Neutrum (*das Brüderlein, das Sabinchen*), das semantisch zugewiesene Genus der Basen *Bruder* (maskulin) und *Sabine* (feminin) wird dabei überschrieben.

Wortexterne Prinzipien setzen für die Genuszuweisung die Kenntnis des Referenten voraus. Es gilt – mit Ausnahme der geschlechtsspezifischen Rufnamen – vor allem für Eigennamen. Eigennamen sind an sich genuslos. Ohne Bezug zum Referenzobjekt ist ein Eigenname nur eine reine Lautkette, so dass sein Genus nicht aus wortinternen Merkmalen abgeleitet werden kann. Bei Personennamen stellt das **referentielle Prinzip** Genus-Sexus-Kongruenz her, sowohl bei Familiennamen (*der/die Schmidt*) als auch bei nicht geschlechtsoffenkundigen Rufnamen(kurzformen) (*der/die Alex, der/die Kim*). Bei gleichbleibender Ausdrucksseite kann Genus also mit dem Referenzobjekt variieren. Ebenso wird bei Konversionen Genus-Sexus-Kongruenz i.d.R. referentiell hergestellt (*der/die Kleine, der/die Angestellte*).[4]

Beim **soziopragmatischen Prinzip** haben wir es mit einer speziellen Variante des referentiellen Prinzips zu tun: Auch hier ist die Kenntnis des Referenten für die Genuswahl notwendig. Genus ist jedoch bei gleichbleibender Referenz variabel und alterniert in Abhängigkeit von der Beziehung zur Referenzperson. Dialektal haben sich komplexe soziopragmatisch gesteuerte Genussysteme mit femininer und neutraler Referenz auf Mädchen und Frauen herausgebildet.[5] Die Geschlechtsinfomation 'weiblich' genügt hier nicht zur Genuszuweisung, da weibliches Geschlecht sowohl mit Femininum als auch Neutrum verknüpft ist. Die Genuswahl richtet sich nach der Beziehung zwischen SprecherIn und Referenzperson: Neutrum drückt soziale Nähe zu einer weiblichen Person aus, Femininum soziale Distanz. Es handelt sich hierbei um eine Genuszuweisungsart, die in der Genusforschung bisher nicht beschrieben wurde.[6]

---

4 Nicht jedoch bei generischer Verwendung, vgl. Eine Angestellte sollte ihren Mutterschutz immer rechtzeitig anmelden.
5 Eine Ausnahme bildet die Schweiz, vor allem im Wallis kann auch neutral auf Männer referiert werden (vgl. Christen 1998).
6 Corbett (1991: 322) bemerkt zwar, dass mit Hilfe von Genus die Haltung des Sprechers oder der Sprecherin ausgedrückt werden kann, erkennt aber nicht, dass es sich hierbei um eine eigenständige Genuszuweisungsart handelt: „[...] gender has other secondary functions in showing the attitude of the speaker. It may be used to mark status, to show respect or a lack of it and to display affection". So wird beispielsweise im Lakischen mit neutralen Kongruenzformen (Klasse III) auf Frauen außerhalb der Familie und junge, weibliche Familienmitglieder referiert, auf ältere, weibliche Familienmitglieder mit femininen Kongruenzformen (Klasse II) (vgl. Corbett 1991: 25f.). Auch hier handelt es sich um soziopragmatische Genuszuweisung, da Genus dazu genutzt wird, die Beziehung zwischen SprecherIn und Referenzperson sowie den Status der Referenzperson auszudrücken.

Abbildung 1 stellt die beziehungsgesteuerte Genuszuweisung an einem Beispiel dar: Die Referenzpersonen R1 und R2 tragen beide den Namen *Anna*. Die Sprecherin (S) hat zu R1 ein vertrautes Verhältnis. Weil das Konzept 'Nähe' mit Neutrum verknüpft ist, erhält der Rufname bei der Referenz auf R1 neutrales Genus (*das Anna* 'die mir vertraute Anna'). Zu R2 hat S kein vertrautes Verhältnis. Das Konzept 'Distanz' ist mit dem Femininum verknüpft, so dass der Rufname im Referenzakt feminin klassifiziert wird (*die Anna* 'die mir nicht vertraute Anna'). Das Genus desselben Namens kann also je nach Beziehung variieren. Ebenso kann bei ein und derselben SprecherIn die Genuszuweisung in Bezug auf die gleiche Referenzperson wechseln. Diese Genusalternanzen behandeln wir eingehender in Abschnitt 4.

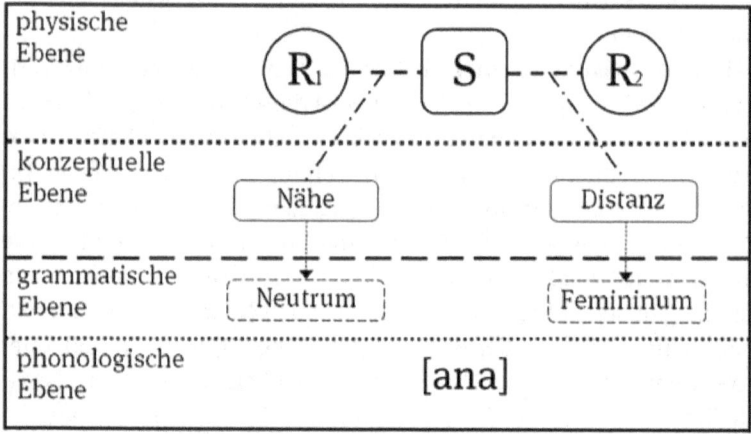

Abb. 1: Soziopragmatische Genuszuweisung bei Personennamen

Neben der Beziehung zwischen SprecherIn und Referenzperson können absolute soziale Eigenschaften des Referenten wie Alter oder Status die Genuswahl bestimmen. In diesen Fällen ist Genus nicht sprecherInnen-, sondern nur referenzabhängig variabel, die Zuweisung folgt dem referentiellen Prinzip. So sind in manchen Dialekten junge Mädchen beziehungsunabhängig immer Neutra.[7] Sozial gesteuerte referentielle und soziopragmatische Genuswahl sind kaum zu trennen und überlagern einander teilweise. Dies ist etwa bei weiblichen

---

[7] Ähnliches beschreibt Corbett (1991: 99f.) für polnische Dialekte, in denen auf Mädchen und unverheiratete Frauen mit neutralen bzw. maskulinen Formen referiert wird, auf Verheiratete jedoch mit dem sexuskongruenten Femininum.

Verwandten der Fall. Obwohl in der Regel vertraut und nahestehend, wird die Genuswahl hier auch durch den familiären Status bestimmt: Jüngere oder gleichaltrige weibliche Verwandte wie die Schwester, Cousine, Tochter oder Enkelin sind meist Neutra. Während ältere weibliche Verwandte wie die Tante seltener im Neutrum stehen, gilt für die eigene Mutter und Großmutter das Femininum. Die Gewährspersonen in unseren Erhebungen begründen dies durch den höheren Status von (Groß-)Müttern, gegenüber denen sich das Neutrum aus Respekt verbietet. Diese intrafamiliäre Genuszuweisung reflektiert noch heute ein ursprüngliches, statusindizierendes System. Wie Busley & Fritzinger (2018) zeigen, haben Femineutra einen diachronen Funktionswandel vollzogen: Früher dienten sie der sozialen Platzanzeige, heute der Beziehungsanzeige.

3 Wortexterne Genuszuweisung als Fall von Degrammatikalisierung

In der Genusforschung wird angenommen, dass Genus aus Classifiern entstanden ist (vgl. Corbett 1991: 310–312). Diese sind lexikalischen Ursprungs, jedoch bereits zu einem gewissen Grad grammatikalisiert. Als freie oder gebundene Morpheme klassifizieren sie das Nomen, das sie begleiten, semantisch, indem sie i.d.R. Informationen über materielle, physische oder funktionale Eigenschaften des Referenten liefern, z.B. weich, flüssig, tierisch, essbar, rund, brennbar (vgl. Grinevald 2002: 263). Dasselbe Nomen kann unterschiedlichen Klassen zugeordnet werden, so kann ein Fluss etwa als Picknickplatz, Angelstätte, Weg zum See etc. klassifiziert werden (vgl. Corbett 1991: 136). Damit sind Classifier im Gegensatz zu Genus variabel.

Genus hat im Zuge seiner Grammatikalisierung sein semantisches Klassifizierungspotential verloren und heute vor allem syntaktische Funktionen, nämlich die Herstellung von (anaphorischen und kataphorischen) Kongruenzbeziehungen (vgl. Corbett 1991: 320–322) sowie speziell im Deutschen die Konstruktion von Nominalklammern (vgl. Ronneberger-Sibold 2010). Genus klassifiziert somit bei wortintern gesteuerter Genuszuweisung nur noch auf Lexemebene.

Wie in Abschnitt 2 gezeigt wurde, wird bei **wortexterner** Zuweisung Genus im Referenzakt vergeben. Dies lässt sich besonders für die Genuszuweisung bei Eigennamen beobachten: Sie sind per se genuslos, womit Genus nicht erlernbar ist; es wird im Referenzakt auf Basis der Objektklasse des Namenträgers zugewiesen (vgl. Köpcke & Zubin 2005b, Fahlbusch & Nübling 2014). Dem gleichen Namenkörper können dabei je nach Objektbezug alle drei Genera zugewiesen werden, z.B. *der Atlanta* für ein Auto, *die Atlanta* für ein Schiff oder ein Motorrad und *das Atlanta* für ein Hotel, ein Restaurant oder eine Biersorte (vgl. Abbildung 2).[8] Ein Genus entspricht dabei mehreren Objektklassen.

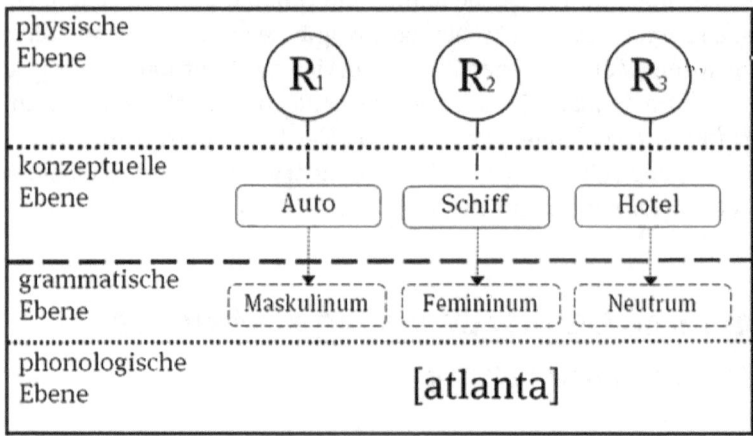

Abb. 2: Referentielle Genuszuweisung bei Objektnamen

Im Fall des referentiellen Eigennamengenus hat Nübling (2015) zufolge eine Refunktionalisierung und damit Degrammatikalisierung von Genus zur ontologischen Klassifizierung des Namenträgers stattgefunden. Damit weise es Eigenschaften von Classifiern auf.

Einen noch höheren Degrammatikalisierungsgrad gegenüber dem referentiellen Eigennamengenus zeigt das soziopragmatische Genus (vgl. Abbildung 3). Während bei referentieller Genuszuweisung einer Objektklasse nur genau ein Genus zugewiesen werden kann und ein Genuswechsel damit immer einen Wechsel des Referenzobjekts anzeigt, muss bei soziopragmatischer Zuweisung variierendes Genus keinen Referenzwechsel bedeuten. Ein- und dasselbe Referenzobjekt (sprich eine weibliche Person) kann mittels Genus unterschiedlichen Beziehungskonzepten zugeordnet werden. Im Gegensatz zum referentiellen besteht beim soziopragmatischen Namengenus eine 1:1-Beziehung zwischen Form und

---

[8] Wie Nübling (2015) zeigt, können unter Einbeziehung des Merkmals [+/- Artikel] insgesamt sechs Klassen unterschieden werden: Artikellose Neutra bezeichnen demnach Städte und Staaten (Ø *Luxemburg*), artikellose Feminina und Maskulina sind den Personennamen vorbehalten, die im Standarddeutschen (im Gegensatz zur süddt. Umgangssprache) keinen Artikel führen (Ø *Anna*, Ø *Peter*).

Funktion bei der Personenreferenz: Aus dem Namengenus kann die Beziehung zur Referenzperson eindeutig abgeleitet werden.⁹ Damit hat das

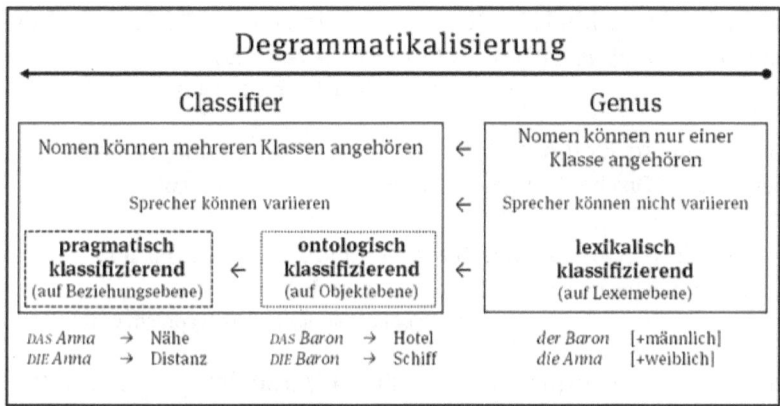

Abb. 3: Degrammatikalisierung von Genus

Bei soziopragmatischer Genuszuweisung kommt es nicht selten zu syntaktischen Genusinkonkruenzen bei Bezug auf die gleiche Referenzperson, die die Degrammatikalisierung bestätigen. Wie Abschnitt 4 zeigen wird, konfligiert das soziopragmatische Prinzip entweder mit anderen Genuszuweisungsprinzipien, oder konkurrierende soziopragmatische Konzepte führen zu einem Wechsel zwischen Neutrum und Femininum.

4 Genuskonflikte

4.1 Überblick: Genuskonflikte in den erhobenen Daten

In den im Rahmen des Projekts erhobenen Sprachdaten sind Genuswechsel zwischen den einzelnen Targets bei Referenz auf die gleiche Person keine Seltenheit,

---

9 In vielen der betreffenden Dialekte existieren neutrale, stark deiktische Pronominalformen, die exklusiv weiblichen Personen gelten, so z.B. *ihns*, *it* oder *ä(ä)s*. Im Gegensatz zu anderen neutralen Pronominalformen, die auch auf Unbelebtes referieren können, zeichnen sich diese Sonderpronomen durch ihre Uniformität aus: Mit *ä(ä)s* oder *it* kann tatsächlich nur eine weibliche Person in einem sozialen Näheverhältnis zum/zur SprecherIn gemeint sein (zu diesen Sonderformen vgl. Klein & Nübling 2019).

s. folgende Beispiele aus Fotogesprächen[10] (feminine Targets werden durch einfache und neutrale durch doppelte Unterstreichung hervorgehoben; Namen durch die Verfasserinnen geändert):

(1) Ja, die missten in Südtirol sin. Do machen de Torsten un **die Emily** mache werrer Berchtoure. **Das** hat jetz a schun **sei** Rucksack uff.
(Donsieders, Rheinfränkisch, Fotogespräch, weibl., 59 J.)

'Ja, die müssten in Südtirol sein. Da machen der Torsten und die Emily wieder Bergtouren. Das hat jetzt auch schon seinen Rucksack auf.'

(2) Ähm, das isch **ds Martina**. **Si** isch ä mit miir id Schuel. **Ds Daniela**, **si** isch dernaa läider weggangä ab der füffte Klass vo daa.
(Elm, Hochalemannisch, Fotogespräch, weibl., 32 J.)

'Ähm, das ist das Martina. Sie ist auch mit mir in der Schule. Das Daniela, sie ist danach leider weggegangen ab der fünften Klasse von da.'

In Beispiel (1) verwendet die Gewährsperson einen femininen pränymischen Artikel (*die Emily*), die folgenden Targets sind (auch im weiteren Gespräch) durchgängig neutral (*das*, *sei*). In Beispiel (2) finden wir den umgekehrten Fall: Hier sind die pränymischen Artikel neutral (*ds Martina*, *ds Daniela*), die verwendeten Pronomen feminin (*si*).

Die untersuchten Dialekte weisen große Unterschiede hinsichtlich der Genusvariation auf paradigmatischer und syntagmatischer Ebene auf. Abbildung 4 veranschaulicht dies, indem sie exemplarisch das Genus von Artikel und Personalpronomen weiblicher Rufnamen anhand von Lückentext-Daten[11] aus vier Erhebungsorten zeigt.

---

10 Bei dieser Erhebungsmethode unterhielten sich die Gewährspersonen in Kleingruppen von 2–3 Personen, wobei mitgebrachte Fotos aus ihrem privaten Fotoalbum als Gesprächsstimulus dienten.
11 Bei der Lückentext-Methode wurden den Gewährspersonen dialektalisierte Kurztexte vorgelegt, in denen Targets (Artikel, Pronomen, Possessivartikel) zu unterschiedlichen Controllern (v.a. Ruf- und Verwandtschaftsnamen) ergänzt werden sollten.

Im Rheinbacher Dialekt (a) sind alle Targets (bis auf sehr wenige feminine Pronomen) invariabel neutral. Der neutrale Rufnamenartikel ist hier – wie allgemein im Ripuarischen, Luxemburgischen und Moselfränkischen – regrammatikalisiert, das Neutrum wird somit semantisch (qua Geschlecht) zugewiesen. Der Armsheimer Dialekt (b) zeigt eine für das Rheinfränkische typische, große Genusvariabilität sowohl am Artikel als auch am Pronomen. Im zentralhessischen Mardorf (c) gilt der feminine Artikel, das Pronominalgenus ist jedoch variabel und fällt mit ca. 80% Neutrum im Kontrast zum Artikel sehr hoch aus. Diametrale Verhältnisse dazu zeigen sich im niederalemannischen Dialekt Kiechlinsbergens (d) mit neutralem Rufnamenartikel und variablem Pronominalgenus, das eine Präferenz für das Femininum aufweist (ca. 65%). Die ortsspezifischen Systeme weisen auf unterschiedliche De- und Regrammatikalisierungsgrade hin (vgl. Busley & Fritzinger in Vorb.).

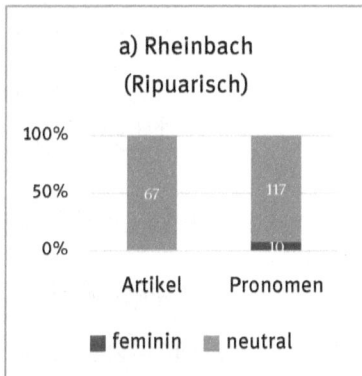
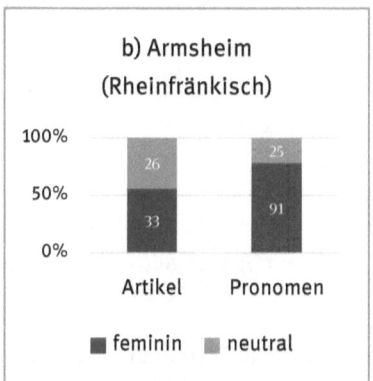
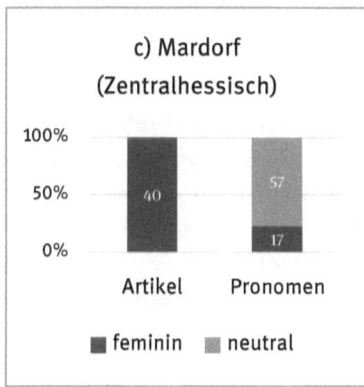
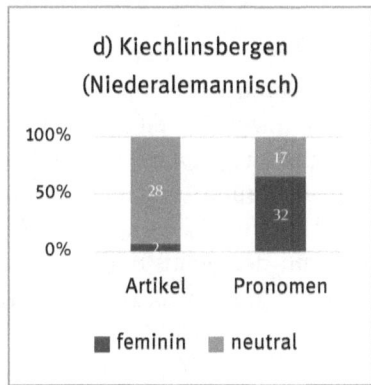

Abb. 4: Genus der Artikel und Pronomen weiblicher Rufnamen im Vergleich (Lückentext-Methode)

Kongruenzbrüche finden sich in Dialekten mit soziopragmatischem Genus auch bei appellativischem Antezedens. Femininen Personenbezeichnungen, v.a. weiblichen Verwandtschaftsbezeichnungen, können neutrale Targets folgen. Die Beispiele (3) und (4) stammen ebenfalls aus der Lückentext-Methode, Beispiel (5) aus einem Videoexperiment[12]:

(3) **Moi Cousine** hott mir ne Kard aussem Urlaub geschribb. **Es** iss zum erschtemol uff Mallorca unn es gefällt **em** do arisch gud.

(Büdesheim, Rheinfränkisch, Lückentext, weibl., 64 J.)

'Meine Cousine hat mir eine Karte aus dem Urlaub geschrieben. Es ist zum ersten Mal auf Mallorca und gefällt ihm dort sehr gut.'

(4) **Mine Schwester, dat** stricket sehr gudd. Jetz hat **et** mi enen dullen Pullover gestricket. Dat wor bestimmt voll Arbeid, ewwer **emme** maket dat ja Spaß.

(Volkmarsen-Ehringen, Westfälisch, Lückentext, männl., 71 J.)

'Meine Schwester, das strickt sehr gut. Jetzt hat es mit einen tollen Pullover gestrickt. Das war bestimmt viel Arbeit, aber ihm macht das ja Spaß.'

(5) [...] do sitzt jetzt **ne Frugge** am PC. Hätt n Bildschirm vür sick. Jetzt telefoneerd **et**. Hätt n Anruf gekrecht. **T** schwatzet mit jemand.

(Volkmarsen-Ehringen, Westfälisch, Videoexperiment, männl., 62 J.)

'Da sitzt jetzt eine Frau am PC. Hat einen Bildschirm vor sich. Jetzt telefoniert es. Hat einen Anruf gekriegt. Es redet mit jemandem.'

Genusinkongruenzen widersprechen der Vorstellung kanonischer Genussysteme, die sich dadurch auszeichnen, dass das Genus eines Nomens an allen Targets übereinstimmt, vgl. Corbett (2016: 517). Zudem stehen sie im Widerspruch zu den bereits erwähnten syntaktischen Funktionen von Genus, der Herstellung von anaphorischen Kongruenzbeziehungen sowie der Konstruktion von Nominalklammern (s. Abschnitt 3). Daher sind Genuskonflikte ein beliebter Untersuchungsgegenstand der Genusforschung (vgl. u.a. Dahl 2000, Thurmair 2006, Köpcke, Panther & Zubin 2010, Fleischer 2012, Audring 2013, Birkenes, Chroni &

---

12 Die Gewährspersonen wurden gebeten, kurze Videos zu beschreiben, in denen weibliche Personen unterschiedlichen Alters mit vorgegebenen Rufnamen vorkommen.

Fleischer 2014) und erweisen sich als wichtiger Prüfstein theoretischer Überlegungen, wie Dahl (2000: 107) feststellt:

> An important test area for any theory of gender is how well it can account for *gender conflicts*.

4.2 Hybrid nouns und die agreement hierarchy

Die beobachteten Genusinkongruenzen erinnern an die sog. *hybrid nouns*, die Corbett (1991, 2006, 2015, 2016) beschreibt. Es handelt sich dabei um Nomen, deren Kongruenzformen mehr als ein Genus aufweisen können, was Corbett auf eine Diskrepanz zwischen Form und Semantik zurückführt. Ein in der Genusforschung vielzitiertes Beispiel für ein *hybrid noun* ist das Appellativ *Mädchen*. Das Diminutivsuffix *-chen* löst innerhalb der Nominalphrase neutrales Genus aus. Gleichzeitig bezeichnet *Mädchen* eine weibliche Person, weshalb die Targets dem Genus-Sexus-Prinzip folgend auch feminin sein können, s. folgendes Beispiel:

(6) Im Zug verliebt er sich in **ein Mädchen, das** auf seine Annäherungsversuche leider nicht reagiert. Als er aussteigt, ist **sie** weg, aber **sie** hat ihm **ihr** Buch „Winnie the Poo" als Botschaft hinterlassen.
(Süddeutsche Zeitung, 29.05.2015)

Das besondere Kongruenzverhalten solcher Hybride wird durch die sog. *agreement hierarchy* beschrieben, der zufolge die Kongruenz von der Art des Targets abhängig ist. Dabei unterscheidet Corbett vier Arten von Targets, die er folgendermaßen hierarchisiert, wobei die Wahrscheinlichkeit für semantische Kongruenz von links nach rechts zunimmt (vgl. Corbett 1979: 204):

> attributive > predicate > relative pronoun > personal pronoun

Die Corbett'sche Kongruenzhierarchie wurde in einer Reihe von Untersuchungen zum Kongruenzverhalten der *hybrid nouns* aufgegriffen, teilweise modifiziert und erweitert (vgl. u.a. Köpcke & Zubin 2009, Panther 2009, Köpcke, Panther & Zubin 2010, Fleischer 2012, Nübling, Busley & Drenda 2013). Als weiterer wichtiger Einflussfaktor erweist sich der lineare Abstand zwischen Controller und Target insofern, als mit zunehmender Distanz semantische Kongruenz zunimmt (vgl. Thurmair 2006, Panther 2009, Köpcke, Panther & Zubin 2010). Leser-Cronau (2018) konnte am Beispiel *Mädchen* außerdem zeigen, dass v.a. der zeitliche

Abstand zwischen Controller und Target das Kongruenzverhalten beeinflusst. Weiter spielen syntaktische Faktoren herein: Befinden sich Controller und Target in distinkten syntaktischen Domänen[13], ist semantische Kongruenz ebenfalls wahrscheinlicher. Korpusbasierte Arbeiten bestätigen die prinzipielle Gültigkeit der Hierarchie und der daraus abgeleiteten Annahmen (vgl. Thurmair 2006, Fleischer 2012, Birkenes, Chroni & Fleischer 2014). Insgesamt zeigt sich, dass die Herstellung semantischer Kongruenz die Regel zu sein scheint, v.a. bei Possessiva[14] und Personalpronomen.[15]

Dahl (2000: 106) wählt einen anderen Erklärungsansatz für Genushybridität: Er unterscheidet zwischen lexikalischem Genus, das auf Eigenschaften des Nomens basiert und referentiellem Genus, das auf dem Referenten der Nominalphrase basiert. Lexikalisches Genus kann dabei auf semantischen und/oder formalen Prinzipien beruhen, es kann aber auch arbiträr zugewiesen sein (wie z.B. bei *Weib*).

Dass es nicht die Semantik des Controllers ist, sondern Eigenschaften des Referenten, die (in der Terminologie Corbetts) semantische Kongruenz auslösen, macht Dahl (ebd.) am Beispiel des englischen Appellativs *doctor* deutlich. Die Wahl zwischen maskulinem *he* und femininem *she* in Beispielsatz (7) hängt vom Geschlecht des Referenten ab und ist nicht Teil der Semantik von *doctor*.

(7) The doctor said he/she could see me tomorrow.

Ein ähnlicher, ebenfalls referentenbasierter Ansatz findet sich auch bei Köpcke & Zubin (2017), die davon ausgehen, dass SprecherInnen Genus im Sprachproduktionsprozess mithilfe unterschiedlicher Auslöserquellen zuweisen. Eine dieser Quellen ist die vom mentalen Lexikon unabhängige pragmatische Projektion. Dabei greift der/die SprecherIn auf eine Vorstellung bzw. begriffliche Auffassung des Referenten, wie etwa Geschlecht, zurück.

Wie Dahl (2000: 110) bemerkt, steigt die Wahrscheinlichkeit referentieller Genuszuweisung, wenn der Referent belebt ist. In einer empirischen Untersuchung zeigen Braun & Haig (2010), dass auch beim Appellativ *Mädchen* Eigenschaften

---

[13] Dies ist der Fall, wenn sie von unterschiedlichen phrasalen Knoten (z.B. Nominalphrase, Verbalphrase) dominiert werden, wobei der Satz als maximale syntaktische Domäne gilt (vgl. Panther 2009: 81).
[14] In der Hierarchie Corbetts fehlen die Possessiva. Sie wurden von Köpcke & Zubin (2009) und Fleischer (2012) für das Deutsche in die Hierarchie integriert (jedoch an unterschiedlicher Stelle).
[15] Thurmair (2006: 199f.) stellt für Possessiva 80%, für Personalpronomen 75% semantische Kongruenz fest. Bei Fleischer (2012: 185–188) sind alle Possessiva (bis auf eine Ausnahme) sexuskongruent, die Personalpronomen ebenfalls fast ausschließlich.

des Referenten die Wahl zwischen neutralen und femininen Pronomen beeinflussen. 302 deutsche MuttersprachlerInnen sollten einen Stimulussatz unter Verwendung von vorgegebenen Wörtern ergänzen (z.B. *Das Mädchen war erst zwei Jahre alt, als ...* [*unheilbar/Leukämie/erkranken*]). Der Satz wurde verschiedenen TeilnehmerInnen in drei Versionen präsentiert, wobei das Alter des Mädchens zwischen zwei, zwölf und achtzehn Jahren variierte. Die Ergebnisse zeigen einen signifikanten Unterschied hinsichtlich des Genus der verwendeten Pronomen in Abhängigkeit vom Alter des Mädchens: War das Mädchen im Stimulussatz zwei bzw. zwölf Jahre alt, wurden zu rund 60% neutrale und zu etwa 40% feminine Pronomen verwendet. Im Fall des 18-jährigen Mädchens sind die Verhältnisse genau umgekehrt.[16]

Corbett (2016: 522) erkennt zwar, dass hier der Referent eine wichtige Rolle bei der Genuswahl spielt, hält aber neben der Unterscheidung zwischen syntaktischer und semantischer Kongruenz daran fest, dass der hybride Status von *Mädchen* auf einen Konflikt zwischen Form und Semantik zurückzuführen sei. Dass Genusinkongruenzen aber nicht allein durch Controllereigenschaften erklärt werden können, stellt auch Audring fest (2013: 42):

> In my view, these problems can be traced back to one particular aspect that the notion 'hybrid' introduces into the account. This is the fact that hybridity is seen as a controller feature, a property of the noun. Thus, the situation is construed entirely from the perspective of the controller. The noun is, as it were, held responsible for all quirky pronouns.

Audring untersucht Genusinkongruenzen, die vor allem im gesprochenen Niederländischen zu beobachten sind[17]: Bei Inanimata werden unabhängig vom Genus des Controllers Pronomen im Maskulinum oder Utrum für diskrete, zählbare Referenten verwendet, Pronomen im Neutrum für nicht-diskrete, nicht-zählbare Referenten, vgl. folgende Beispiele (Audring 2013: 36):

(8) Albert Heijn heeft nu **een rijst die**$_{C.SG}$ een nieuwe betekenis aan het woord snel-kook-rijst gaat geven.

---

16 Vgl. auch Thurmair (2006: 217): „Gerade in der Bezugnahme auf weibliche Referenten mit dem Nomen *Mädchen* lässt sich (mindestens in den analysierten Textsorten) weiterhin die Tendenz feststellen, wonach genuskongruierende Pronominalformen akzeptabler und gebräuchlicher sind, je geringer das Alter der Referenzperson ist."
17 Im heutigen Niederländischen werden nur noch zwei Genera unterschieden: Utrum (vormals Maskulinum und Femininum) und Neutrum. Lediglich das Personalpronomen unterscheidet noch Maskulinum, Femininum und Neutrum (das Possessivpronomen unterscheidet Femininum und Nicht-Femininum) (vgl. Audring 2013: 34).

'Albert Heijn hat jetzt einen Reis, der dem Wort Instant-Reis eine neue Bedeutung gibt.'
(9) **Rijst** heeft ontzettend veel voordelen: **het**$_{N.SG}$ is snel klaar, ...
'Reis hat sehr viele Vorteile. Er ist schnell gar, ...'

Im ersten Beispiel wird das Utrum *rijst* 'Reis' mit einem Pronomen im Utrum (*die*$_{C.SG}$[18]) wiederaufgenommen, im zweiten Beispiel mit einem neutralen Pronomen (*het*$_{N.SG}$) was mit der unterschiedlichen, kontext-abhängigen Semantik von *rijst* korreliert: In ersten Fall ist von einer bestimmten Sorte Reis die Rede (diskret, zählbar), im zweiten Fall von Reis allgemein in der Bedeutung als Stoffnomen. Audring schlägt einen Erklärungsansatz vor, der von den Eigenschaften des Pronomens und nicht des Nomens ausgeht. Demzufolge können pronominale Genera eine bestimmte Semantik oder ein „assoziatives Potential" entwickeln und syntaktische Kongruenz überschreiben, wenn diese für das Pronomen unangemessen ist (ebd.: 42f.). Darauf werden wir in Abschnitt 4.3 zurückkommen.

4.3 Hybrid names?

Die Genusvarianz, die wir in unseren Daten beobachten (vgl. Abschnitt 4.1) ist ebenfalls auf wortexterne Steuerungsfaktoren (Eigenschaften der Referenzperson, Beziehung zwischen SprecherIn und Referenzperson) zurückzuführen und stützt somit die These Dahls, dass Genushybridität eine referentielle Genussteuerung zugrunde liegt.

Dies weisen wir zunächst anhand diminuierter Rufnamen nach, die mit ihrem Suffix (*-chen* bzw. in den alem. Dialekten *-le*/*-li*) einen formalen Neutrumauslöser enthalten. In der bereits erwähnten Lückentext-Methode wurden sowohl weibliche als auch männliche Rufnamen mit Diminutivsuffix als Controller vorgegeben. Bei ihrer Pronominalisierung zeigen sich interessante geschlechtsspezifische Unterschiede: Während auf diminuierte Männernamen nur zu 18% neutrale und zu 82% maskuline Pronomen folgen, sind es bei den diminuierten Frauennamen zu 78% neutrale und nur zu 22% feminine Pronomen. Dass dieses geschlechtsspezifische Kongruenzverhalten auf den Rufnamen als Controller zurückgeführt werden kann, erscheint fraglich, da die Voraussetzungen (formaler Neutrumauslöser, Genus-Sexus-Diskordanz) gleich sind.

Die diminuierten Männernamen liefern noch weitere Evidenz für eine referentielle (außersprachliche) Genussteuerung. In alemannischen Dialekten lässt

---

18 „C" steht hier für Utrum („common gender"), „N" steht für Neutrum.

sich beobachten, dass der Artikel diminuierter männlicher Rufnamen entgegen morphologischer Regeln häufig maskulin ist: *dr Hänsli* statt *ds Hänsli* (vgl. Baumgartner & Christen 2017).

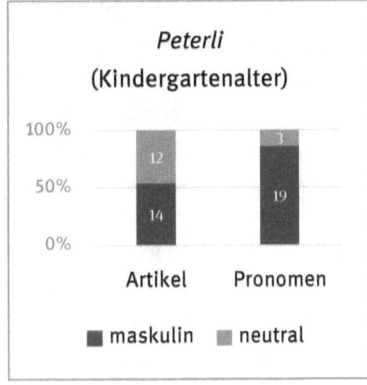
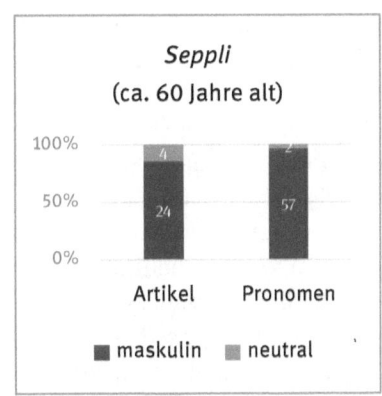

Abb. 5: Genus der Rufnamen-Artikel und Pronomen mit diminuiertem männlichen Rufnamen als Controller (niederalemannische Erhebungsorte, Lückentext-Methode, N = 400)

Ein auf die niederalemannischen Erhebungsorte beschränkter Vergleich der beiden Stimulussätze, die einen männliche Rufnamen mit Diminutivsuffix als Controller enthalten (*Peterli*, *Seppli*), lässt den Schluss zu, dass die Wahl zwischen Neutrum und Maskulinum sowohl am Artikel als auch am Pronomen vom Alter des Referenten abhängt. Aus den Satzkontexten ging jeweils hervor, dass es sich bei *Peterli* um einen Jungen im Kindergartenalter und bei *Seppli* um einen etwa 60-jährigen Mann handelt. Abbildung 4 zeigt die jeweilige Genusverteilung beim Rufnamen-Artikel sowie bei den Personalpronomen[19]: In Bezug auf den jüngeren *Peterli* ist der Anteil sexuskongruenter Maskulina sowohl beim Artikel als auch beim Personalpronomen geringer als beim erwachsenen *Seppli*.

Ein neutraler Artikel kongruiert in diesen Fällen nicht einfach grammatisch, sondern steht pragmatisch in einem Kontrast zum Maskulinum, vgl. folgendes Zitat aus einer Mundartgrammatik zum Kaiserstühler Dialekt (Noth 1993: 360):

---

[19] Possessiva wurden hier nicht untersucht, da aufgrund des Synkretismus zwischen Maskulinum und Neutrum (*sein*) Genus nicht bestimmt werden kann. Gleiches gilt für Personalpronomen im Dativ (*ihm*).

Wenn männliche Vornamen in der Verkleinerungsform sächlichen Artikel erhalten, macht das einen spaßigen Effekt oder das Kind soll als sehr klein dargestellt werden.
S Schärschlí (statt dr Schorschlí) hed ím Loorlí d Bubbáscheesá míd Sand voll gschüüfled.
(Klein Georg hat der kleinen Lore den Puppenwagen mit Sand vollgeschaufelt.)

Der Gebrauch des Neutrums beschränkt sich also auf Jungen im Kleinkindalter und wirkt ansonsten unpassend.[20] Ähnliches stellt Thurmair (2006: 197) bei einem Akzeptanztest fest. Sexuskongruente Artikel bei diminuierten Rufnamen (*die kleine Sabinchen, der im Osten geborene Peterchen Meier*) wurden hier mit zunehmendem Alter der Referenzpersonen eher akzeptiert. In Bezug auf Possessiva stellt sie Folgendes fest (ebd.: 217): Wenn aus dem Kontext hervorgeht, dass es sich um eine erwachsene Referentin handelt (*Klärchen muss sein/ihr Auto zur Reparatur bringen*) wurden neutrale Kongruenzformen seltener akzeptiert (zu 18%) als wenn deutlich wird, dass es sich um ein Kind handelt (*Mariechen muss seine/ihre Puppe in die Puppenklinik bringen*) (Neutrum zu 33% akzeptiert).

In den bisher vorgestellten Fällen mit syntaktischen Genusinkongruenzen beinhalten die Controller mit dem Diminutivsuffix einen morphologischen Neutrumauslöser, der im Konflikt mit dem aufgrund des Geschlechts des Referenten referentiell zugewiesenen Genus steht. Die von uns untersuchten Dialekte zeigen als Besonderheit neutrales Rufnamengenus auch ohne formalen Auslöser (Typ *das Anna*).[21] Im Luxemburgischen ist der neutrale pränymische Artikel für weibliche Rufnamen sogar fest grammatikalisiert und auch in den angrenzenden moselfränkischen Dialekten und im Ripuarischen[22] ist der Rufnamenartikel immer neutral (vgl. die Daten zu Rheinbach in Abbildung 3). Das machen auch Kommentare von Teilnehmer/innen eines Online-Fragebogens zum Gebrauch der dialektalen Neutra deutlich:

(10) Wenn Vornamen benutzt werden, immer *et*.
(Uersfeld, Moselfränkisch, Online-Fragebogen, männl., 20–29 J.)

---

[20] Die Verwendung diminuierter Rufnamen ist außerdem maßgeblich durch Geschlecht gesteuert: Während sie bei Referenz auf erwachsene Männer selten sind, können sie für Frauen bis ins hohe Alter gebraucht werden, vgl. Roedder (1936: 151): „Nur ein Wort über die Namen der Kinder selbst. Auch sie erscheinen meist deminuiert [...]; die Knaben aber verbitten sich den Gebrauch dieser Formen in der Anrede, sobald sie in die Schule gehen, während die Mädchen bis zur Heirat und oft darüber hinaus die Koseform beibehalten".
[21] Auf einen möglichen Zusammenhang zwischen der frequenten Diminution weiblicher Rufnamen und der Entstehung der Femineutra, also eine ursprünglich morphologische Motivation, weisen u.a. Christen 1998 und Baumgartner & Christen 2017 hin.
[22] Dies kann auch in einzelnen Mundarten aus anderen Dialektgebieten der Fall sein.

(11) Bei Vornamensnennung immer *dat/et*. [...] Wenn weibliche Tiere einen Vornamen haben, gilt auch hier *dat/et*.
(Burbach-Niederdresselndorf, Moselfränkisch, Online-Fragebogen, männl., 50–59 J.)

Trotz (weitgehend) grammatikalisiertem Rufnamenartikel kommt es bei der Pronominalisierung zu Genusbrüchen, wie in folgendem Beispiel mit neutralen und femininen Kongruenzformen:

(12) Et geit [...] üm **et Maria**. Maria hed **et**. [...] **See** hät ne gröne schörte vör. [...] Getz grawet **se** anner Terasse ergendbo n Rasen ümme [..] Ja, jetz kücket **se**. Getz geit **se** erin int Huus [...] Getz röhrt **se** Katuufelbrie im Potte. Hät **se** n lappen inner hand un wisket ma üwer de Theke. [...] Ach, un dann is hie so ne Art Volkslauf. Un **ät** leppet mit der Nummer Siwwen, ahso. Frugget sick au. **Ät** löppet ne, **et** geit. [...] Ja, getz kömmed **et** im Ziel an. [...] Et Publikum klatsket. Un dann kömmt ne angere jüngere Frugge, nimmet **se** in n Arm un gratuliert **ehr**. So. Jetz hät **se** de Hänge gefalln. Jetz sit **t** inner Kerke.
(Volkmarsen-Ehringen, Westfälisch, Videoexperiment, männl., 71 J.)

'Es geht [...] um das Maria. Maria heißt es. [...] Sie hat eine grüne Schürze vor[gebunden]. Jetzt gräbt sie an der Terrasse irgendwo den Rasen um. [...] Ja, jetzt kuckt sie. Jetzt geht sie herein ins Haus. [...] Jetzt rührt sie Kartoffelbrei im Topf. Hat sie einen Lappen in der Hand und wischt mal über die Theke. [...] Ach, und dann ist hier so ne Art Volkslauf. Und es läuft mit der Nummer sieben, achso. Freut sich auch. Es läuft nicht, es geht. [...] Ja, jetzt kommt es im Ziel an. [...] Das Publikum klatscht. Und dann kommt ne andere jüngere Frau, nimmt sie in den Arm und gratuliert ihr. So. Jetzt hat sie die Hände gefaltet. Jetzt sitzt es in der Kirche.'

Der Rufnamenartikel neigt also eher als das Pronomen zur Re-Grammatikalisierung und gibt sein ehemals soziopragmatisches Klassifizierungspotential mittels Genus auf, während das Pronominalgenus weiterhin Variabilität aufweisen kann. Hier bestätigt sich die Corbett'sche Kongruenzhierarchie, indem Genus in attributiver Stellung die größte Stabilität aufweist.

Auch der umgekehrte Fall von syntaktischer Genushybridität, nämlich femininer Rufnamenartikel mit neutralen neben femininen Kongruenzformen, begegnet in den untersuchten Dialekten, vgl. folgendes Beispiel:

(13) Ach jo. **Die** Emma mim Kängeru, he. Siehste. Ach un do hots noch e Schäfje. E Limmje is dos. Freut **se** sich. Mit dem Limmje. [...] Jetz trinkts erschtemo Wasser. Hot **se** Doscht. [...] Siehste. **Dem** schmeckts.
(Mardorf, Zentralhessisch, Videoexperiment, weibl., 84 J.)

'Ach ja. Die Emma mit dem Känguru. Siehst du. Ach und da hat's noch ein Schäfchen. Ein Lämmchen ist das. Freut sie sich. Mit dem Lämmchen. [...] Jetzt trinkt's erstmal Wasser. Hat sie Durst. [...] Siehst du. Dem schmeckt's.'

Laut Corbett (2016: 522) ist dieses genushybride Verhalten konkurrierenden (nicht näher erläuterten) semantischen Zuweisungsprinzipien geschuldet. Ein nomeninhärenter Konflikt zwischen semantischen Genuszuweisungsprinzipien als Erklärung für das Kongruenzverhalten der dialektalen Frauennamen erscheint jedoch fraglich, da Rufnamen außer dem Geschlecht des Namenträgers bzw. der Namenträgerin keine weiteren Seme enthalten.

Wir argumentieren mit den oben ausgeführten Ansätzen Dahls (2000) und Audrings (2013) dafür, die gezeigte Genushybridität bei den Femineutra als Ergebnis nomenexterner Genuszuweisungskonflikte zu analysieren. Unsere Daten unterstützen diese Annahme. In den untersuchten Dialekten weisen feminine Appellative wie Verwandtschaftsbezeichnungen mitunter neutrale Pronominalisierungen auf (vgl. Beispiel (3)–(5) in Abschnitt 4.1). Dies betrifft z.B. *Schwester*, *Cousine* oder *Tochter*, also Bezeichnungen für nahestehende, gleichaltrige oder jüngere Verwandte. Im Standarddeutschen wird neutrales appellativisches Genus von Personenbezeichnungen durch sexuskongruent feminine Genusziele auskorrigiert (*das Mädchen – sie*), in den untersuchten Dialekten kann bei (aus soziopragmatischer Perspektive) unpassender femininer nominaler Referenz somit das Gegenteil beobachtet werden (*die Tochter – es*). Entsprechend sind die Pronomen in Bezug auf *Oma* und *Mama* aufgrund von Status und Alter i.d.R. feminin. Die Ergebnisse der Lückentext-Methode (zugrunde liegen die Daten aus allen Erhebungsorten) bestätigen dies, s. Abbildung 5.[23]

---

[23] Bei den neutralen Belegen mit Bezug auf *Mama* und *Oma* handelt es sich höchstwahrscheinlich um Fehler oder Hyperdialektismen. Sie treten in unseren Erhebungen nur in der schriftlichen, nicht aber in den mündlichen Methoden auf. Schriftliche Methoden sind laut Lenz (2003: 207–211) anfälliger für Hyperdialektismen als mündliche Methoden.

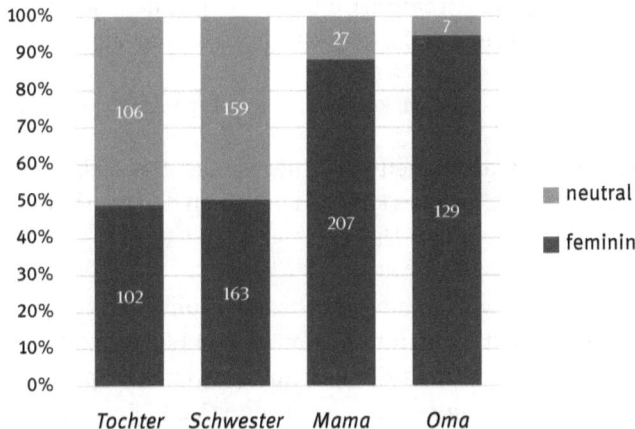

Abb. 6: Pronominalgenus weiblicher Verwandtschaftsbezeichnungen (alle Erhebungsorte, Lückentext-Methode, N = 900)

Eine im Rahmen des Projekts durchgeführte Onlinestudie für das Luxemburgische kommt zu einem vergleichbaren Ergebnis. Die TeilnehmerInnen sollten Possessivkonstruktionen mit den femininen Verwandtschaftsbezeichnungen *Mama* („Mamas Freundin") und *Schwester* („das Buch meiner Schwester") ins Luxemburgische übersetzen. Dabei verwendeten MuttersprachlerInnen bei der Mutter zu 93% ein feminines Possessivum (*der Mamm hir Fründin*), bei der Schwester nur zu 50%: 46% der Possessiva fielen neutral aus (*menger Schwëster säi Buch*).[24]

Nicht nur bei der Referenz auf eigene Verwandte finden sich Inkongruenzen zwischen nominalem und pronominalem Genus. Im folgenden Ausschnitt eines in Düren durchgeführten Videoexperiments ist zu sehen, dass die im Video gezeigte namenlose Tochter der Hauptfigur Annette zunächst mit femininen Appellativen (*jong Vrou* 'junge Frau', *Annettes Doate* 'Annettes Tochter') eingeführt, weiterhin jedoch neutral pronominalisiert wird:

---

[24] Im Luxemburgischen bildet sich das Neutrum bei der jüngeren SprecherInnengeneration aktuell zum Defaultgenus für weibliche Person heraus. D.h., soziopragmatische Steuerungsfaktoren treten in den Hintergrund, Neutrum wird über die Geschlechtsinformation 'weiblich' ausgelöst, so dass auch bei *Mama* neutrale Targets auftreten (vgl. Baumgartner et al. in Vorb.).

(14) [...] Ah, da kütt **en jong Vrou**. **Annettes Doate** is dat. **Dat** deht sisch an de Jaderobe us. Et schingt, do is et kalt. **Dat** hät ene dicke Anorak aan. Jetz kütt **t** in de Küch bie **sien** Motter.

(Düren, Ripuarisch, Video-Experiment, männl., 79 J.)

'Ah, da kommt eine junge Frau. Annettes Tochter ist das. Das zieht sich an der Garderobe aus. Es scheint, da ist es kalt. Das hat einen dicken Anorak an. Jetzt kommt es in die Küche zu seiner Mutter.'

Das junge Alter der Protagonistin evoziert hier wohl das Neutrum. Somit liegt das assoziative Potential der Pronomen darin, Informationen über Eigenschaften der Referenzperson (Alter, Status) sowie über die Beziehung zwischen SprecherIn und Referenzperson zu liefern (vertrautes oder distanziertes Verhältnis). Die Genuszuweisung erfolgt referentiell-soziopragmatisch und unabhängig vom Genus des appellativischen Antezedens. Wenn dieses keine Genuskontrolle ausübt, spielt die bei den *hybrid nouns* als wichtiger Einflussfaktor bestätigte lineare Distanz keine Rolle; die soziopragmatische Genusmarkierung kann direkt am nächsten Target stattfinden. Dabei kann Genus sogar innerhalb der Nominalphrase umbrechen (linker Rand der Kongruenzhierarchie), vgl. *de Lena sein Traum* (Mardorf, Zentralhessisch, Fotogespräch, weibl., 52 J.).

Auch bei den Varietäten mit invariablem, grammatikalisiertem Rufnamenartikelgenus können Genusbrüche dadurch erklärt werden, dass syntaktische Kongruenz (Neutrum) als unangemessen empfunden wird. Hier besitzt das Pronomen weiterhin soziopragmatisches Potential, indem es neben neutralem auch feminines Genus annehmen kann. Dies sehen wir in Beispiel (15). Die zitierten Passagen stammen aus einem Videoexperiment (Erhebungsort Aachen). Die Gewährsperson gebraucht einen neutralen Rufnamenartikel (*et Miriam*), wechselt aber in der Folge mehrmals zwischen neutralen und femininen Pronomen:

(15) Jetz erzähl isch eusch wat von **et**[25] **Miriam**. [...] **Et** is wohl verheiratet, hat en Ehering an. Kommt **se** jetz na Haus. [...] Noch is **se** allein. Ruft nit, also hat **se** kein Kinder. [...] Jetzt sitzt **et Miriam** vorm Tablet [...] und is ant arbeiten. Is vielleischt Studentin. Großes Buch vor sisch wo **et** drin blättert und wat nachliest. [...] Jetz setzt **et** sisch jemütlisch in en Sessel. Aber in en altmodischen Sessel, den **se** mit ner Decke abjedeckt hat [...] Un jetz liest **et**.

(Aachen, Ripuarisch, Videoexperiment, weibl., 66 J., regionale Um-gangssprache)

---

25 Hier liegt Synkretismus zwischen Nominativ und Dativ vor.

'Jetzt erzähl ich euch was von dem Miriam. [...] Es ist wohl verheiratet, hat einen Ehering an. Kommt sie jetzt nach Hause. [...] Noch ist sie alleine. Ruft nicht, also hat sie keine Kinder. [...] Jetzt sitzt das Miriam vorm Tablet [...] und ist am Arbeiten. Ist vielleicht Studentin. Großes Buch vor sich, wo es drin blättert und was nachliest. [...] Jetzt setzt es sich gemütlich in einen Sessel. Aber in einen altmodischen Sessel, den sie mit einer Decke abgedeckt hat. [...] Und jetzt liest es.'

Die Variation des pronominalen Genus im Aachener Beispiel kommt vermutlich dadurch zustande, dass die Referenzperson Miriam durch ihr junges Alter und den (erzwungenen) Rufnamengebrauch zum einen dem mit Neutrum assoziierten Nähe-Konzept entspricht, zum anderen – da es sich um eine der Gewährsperson fremde Frau handelt – dem mit Femininum assoziierten Distanz-Konzept. Beispiel (15) zeigt auch, dass der Genuswechsel anders als bei *hybrid nouns* nicht unidirektional erfolgt, sondern mehrmaliges Hin- und Herwechseln zwischen Neutrum und Femininum möglich ist (s. auch Beispiel (10)).[26]

Folgendes Beispiel (16) stammt aus einem luxemburgischen Roman (Naskandy 2010: 7) und illustriert ebenfalls das soziopragmatische Potential des Pronomens bei grammatikalisiertem neutralem Rufnamengenus. Der Ich-Erzähler und seine Arbeitskollegin Claudia nähern sich erst im Laufe des Romans langsam an. Der Gebrauch des femininen Pronomens trotz Rufnamengebrauchs (und damit Neutrum) signalisiert das noch eher distanzierte Verhältnis zu ihr:

(16) Enges Daags hunn ech einfach déi éischt Amarylliszwiwwel mitbruecht an **dem** Claudia d'Deppen op de Schreifdesch gesat. Si huet näischt ge-sot [...]. **Mam** Claudia huet mesch weiter näischt verbonne wéi d'Amaryllis. Reng berufflech si mir distant mateneen emgaang, sachlech a präzis. **Si** huet ni vill Wierder verluer. (Hervorhebungen durch die Verfasserinnen)

'Eines Tages habe ich einfach die erste Amarylliszwiebel mitgebracht und dem Claudia den Topf auf den Schreibtisch gestellt. Sie hat nichts gesagt. [...] Mit dem Claudia hat mich weiter nichts verbunden als die Amaryllis.

---

26 Bei den *hybrid nouns* ist nach erfolgtem Wechsel von genusdivergenter zu genuskonvergenter Kongruenz kein erneuter Wechsel zu einem genusdivergenten Pronomen möglich: **Das** *Mädchen fühlte sich endlich zu Hause. Aber als* **sie** *siebzehn oder achtzehn war, schämte* **sie** *sich der bescheidenen Verhältnisse, in denen die Großmutter lebte.* **Sie** *erinnerte sich an den Reichtum* **ihrer** *Adoptiveltern.* ***Es** *kehrte zu ihnen zurück.* (vgl. Thurmair 2006: 215, Köpcke & Zubin 2009: 141f.).

> Rein beruflich sind wir distanziert miteinander umgegangen, sachlich und korrekt. Sie verlor nie viele Worte. ' (Übersetzung aus Nübling, Busley & Drenda 2013: 166)

Wie bereits erläutert, kann Genus bei gleichbleibender Referenz jedoch nicht nur bei dem-/derselben SprecherIn, sondern sprecherInnenabhängig wechseln, erklärbar durch unterschiedliche Beziehungsverhältnisse zur weiblichen Referenzperson. Beispiel (17), ein Ausschnitt aus einem Fotogespräch im Erhebungsort Mardorf, illustriert dies. Im Mardorfer Dialekt ist der Artikel weiblicher Rufnamen stets feminin, das Pronomen variiert (vgl. Abb. 5). Pronominal klassiziert G1 die Referenzperson Christina jedoch neutral, G2 feminin.

(17) G1: Gu mo, häi säiht **die** **Christina** noch ganz ahnescht.
G2: Jo, mit lange Hooen, gä.
G1: Ja.
G2: Do hot **se** auch schon abgenomme.
G1: Jo, **das** hat immer mol abgenomme.

(Mardorf, Zentralhessisch, Fotogespräch, G1 = weibl., 52 J., G2 = weibl., 34 J.)

> 'G1: Guck mal, hier sieht die Christina noch ganz anders aus. G2: Ja, mit langen Haaren, gell? G1: Ja. G2: Da hat sie auch schon abgenommen. G1: Ja, das hat immer mal abgenommen. '

Der oder die SprecherIn kann sich jedoch auch an den Adressaten oder die Adressatin anpassen, so in folgendem Beispiel aus einem Fotogespräch im rheinfränkischen Erhebungsort Höringen:

(18) G1: Dreiezwanzich Johr is jo **die** **Sabine** schun in [Ortsname 1], weil's hot jo in [Ortsname 2] gelernt.
[...]
HI: Un war **se** dann – hat **se** dann no de Lehr glei – is **se** dann glei no [Ortsname 1] oder was?
G2: **Die** hat erschd – nä, **es** hat doch e halb Stell kriet in [Ortsname 2], weil die hattn kä volli Stell wie **se** ausgelernt hot. Un hot en-ner gesaht, ‚Eija e halb Stell konnsche krieje.' Un do is **des** moins fortgefahr, war middas schun do, no hot's gesaht, ‚Des hat jo kä Wert.'

(Höringen, Rheinfränkisch, Fotogespräch,
G1 = weibl., 75 J., G2 = männl., 76 J., HI = weibl., 25 J.)

'G1: Dreiundzwanzig Jahre ist ja die Sabine schon in Ortsname 1. G1: Weil es hat ja in Ortsname 2 gelernt. [...] HI: Und war sie dann - hat sie dann nach der Lehre gleich - ist sie dann gleich nach Ortsname 1 oder was? G2: Die hat erst - nein, es hat doch eine halbe Stelle bekommen in Ortsname 2, weil die hatten keine volle Stelle als sie ausgelernt hatte. Und (dann) hat einer gesagt, ‚Eine halbe Stelle kannst du bekommen.' Und da ist das morgens weggefahren, war mittags schon (wieder) da, dann hat es gesagt, ‚Das hat ja keinen Wert.'

In diesem Ausschnitt sprechen die beiden Gewährsperson G1 und G2 über ihre Tochter und verwenden hier üblicherweise feminine Rufnamenartikel und neutrale Pronomen. Die Hilfsinterviewerin (HI), die ebenfalls den Ortsdialekt spricht, verwendet dagegen feminine Pronomen für die Referenzperson.[27] Dieses Genus wird durch G2 zunächst aufgegriffen, dann wechselt die Gewährsperson zum Neutrum. Nach erneutem Genuswechsel zum Femininum kehrt sie im weiteren Verlauf wieder zum Neutrum zurück. Beispiele für Genusbrüche aufgrund von Anpassung finden sich auch im Ortsdialekt von Idar-Oberstein, dessen variables Genus bei der Referenz auf weibliche Personen Rosar (im gleichen Band) analysiert hat.

Dass Genusinkongruenzen auch fest funktionalisiert sein können, zeigt das folgende Fallbeispiel. Im soziopragmatischen Genussystem des rheinfränkischen Erhebungsortes Donsieders kommen basisdialektal folgende Kombinationsmöglichkeiten vor, vgl. Tabelle 2:

Tab. 2: Syntaktische Kombinationsmöglichkeiten der Genera von präonymischem Artikel und anderen Targets im Basisdialekt von Donsieders (Rheinfränkisch)

Typ	Muster	Soziopragmatisches Konzept
a)	die Anna – sie	fremde, respektierte Personen (= soziale Distanz)
b)	das Anna – es	Personen aus dem nahen Umfeld (= soziale Nähe)
c)	die Anna – es	Personen aus dem nahen Umfeld, zu denen generationelle oder emotionale Distanz (Antipathie) besteht

Das rein feminine Muster a) (*die Anna – sie*) wird in der Referenz auf fremde oder respektierte Personen gebraucht und ist mit sozialer Distanz verknüpft, das

---

[27] Junge DialektsprecherInnen verwenden im Höringer Dialekt keine Neutra mehr.

neutrale Muster b) (*das Anna – es*) dient der Referenz auf Personen aus dem nahen Umfeld (Verwandte, Ortsansässige) und ist mit sozialer Nähe assoziiert. Als besonders interessant erweist sich das Muster unter c) (*die Anna – es*), das unterschiedliche Verwendungsdomänen besitzt. Zum einen wird es (abweichend von b) zur Referenz auf jüngere Personen aus dem nahen Umfeld genutzt, zum anderen für Personen aus dem nahen Umfeld, zu denen emotionale Distanz (Antipathie) besteht. Die Kombination aus femininem und neutralem Genus ist auch funktional eine Kreuzung zwischen a) und b): Die Referenten sind immer Frauen und Mädchen aus dem nahen Umfeld des Sprechers oder der Sprecherin und qualifizieren sich daher für das Neutrum. Faktoren wie emotionale Distanz fordern aber eher feminine Genuszuweisung. Zwischen dem femininen Artikel und dem neutralen Pronomen ergibt sich also eine Arbeitsteilung beim Ausdruck des soziopragmatischen Beziehungsgeflechts. Dass auf SprecherInnen nahe, jüngere Personen nicht wie unter b) mit neutralem, sondern mit femininem Artikel referiert wird, könnte zum einen an der generationellen Distanz liegen: Frauen der jüngeren Generation verkörpern einen anderen Frauentyp, eine Informantin spricht im Interview von „Wertschätzung", die durch den femininen Artikel ausgedrückt werde. Andererseits kann der feminine Artikel einer Anpassung an den Dialekt der Jüngeren geschuldet sein, in dem die Neutra im Abbau begriffen sind.

5 Fazit

Das soziopragmatische Genus war der Forschung bislang unbekannt. Wie wir gezeigt haben, widerspricht es der Vorstellung von kanonischer Genuszuweisung, indem es sowohl paradigmatisch Genusvariabilität zulässt als auch syntagmatisch zu Genusinkongruenzen führt. Als Ergebnis eines Degrammatikalisierungsprozesses wurde hier Genus zur Beziehungsanzeige (Neutrum = soziale Nähe, Femininum = soziale Distanz) nutzbar gemacht.

Wie beim (bereits bekannten) referentiellen Prinzip wird die Genuswahl in Abhängigkeit vom Referenten gesteuert und damit wortextern kontrolliert. Während bei referentieller Genuszuweisung ein Genuswechsel jedoch immer einen Referenzwechsel anzeigt (*der Atlanta* = Auto, *die Atlanta* = Schiff), kann Genus soziopragmatisch bei gleichbleibender Referenz variieren. Damit weist das soziopragmatische Genus gegenüber dem referentiellen Genus einen noch höheren Degrammatikalisierungsgrad auf. Genus wechselt sprecherInnenabhängig je nach Beziehung zur selben weiblichen Person. Unsere Fallbeispiele haben jedoch auch bei dem-/derselben SprecherIn Genusvarianzen ohne Referenzwechsel aufgewiesen, die ebenfalls soziopragmatisch gesteuert sind. In bestimmten

Fällen kann Unsicherheit darüber bestehen, ob die Referenzperson dem mit Neutrum oder mit Femininum assoziierten Konzept zugeordnet werden soll, z.B. bei einer jungen Frau (Neutrum), die jedoch unbekannt ist (Femininum). Ebenso können adressatenabhängige Anpassungen stattfinden, indem die Variante des Gegenübers übernommen wird.

In einigen Dialekten hat sich das Rufnamenartikelgenus als fest erwiesen. In Fällen mit invariablem neutralem Rufnamenartikel liegt eine (Re-)Grammatikalisierung vor, es besteht kein soziopragmatisches Potential mehr. Anders verhält es sich bei den Pronomen, deren Genus sogar von dem eines appellativischen Antezedens abweichen und zusätzliche soziopragmatische Informationen liefern kann (*die Tochter – es*; *die junge Frau – es*). Diese Inkongruenzen sind entgegen der Annahmen Corbetts nicht in Konflikten wortinterner Genuszuweisungsprinzipien begründet (vgl. Dahl 2000, Köpcke & Zubin 2017). Wie wir mit Audring (2013) argumentiert haben, haben die Pronomen das Potential, nomenunabhängig auf wortexterne Genuszuweisungsprinzipien zuzugreifen, indem sie abweichende, mit bestimmten Konzepten verknüpfte Genera abbilden.

Literatur

Audring, Jenny (2013): A pronominal view of gender agreement. *Language Sciences* 35, 32–46.
Baumgartner, Gerda & Helen Christen (2017): Dr Hansjakobli und ds Babettli – Über die Geschlechtstypik diminuierter Rufnamen in der Deutschschweiz. In Martin Reisig & Constanze Spieß (Hrsg.), *Sprache und Geschlecht. Bd. 2.* (Osnabrücker Beiträge zur Sprachtheorie 91), 111–145. Duisburg.
Baumgartner, Gerda, Simone Busley, Julia Fritzinger & Sara Martin (in Vorb.): Dat Anna, et Charlotte und s Heidi. Neutrale Genuszuweisung bei Referenz auf Frauen als überregionales Phänomen. Erscheint in *Regiolekt – Der neue Dialekt? Akten des 6. Kongresses der Internationalen Gesellschaft für Dialektologie des Deutschen* (IGDD).
Busley, Simone & Julia Fritzinger (in Vorb.): Neutrales Rufnamengenus zwischen Grammatik und Pragmatik. Erscheint in *Pragmatik der Genuszuweisung*. Tagungsband zur internationalen Tagung des trinationalen Forschungsprojekts „Das Anna und ihr Hund – Weibliche Rufnamen im Neutrum. Soziopragmatische vs. semantische Genuszuweisung in Dialekten des Deutschen und Luxemburgischen, 1./2. Februar 2019, Universität Freiburg i.Ü. *Linguistik online*.
Birkenes, Magnus Breder, Kleopatra Chroni & Jürg Fleischer (2014): Genus- und Sexuskongruenz im Neuhochdeutschen: Ergebnisse einer Korpusuntersuchung zur narrativen Prosa des 17. bis 19. Jahrhunderts. *Deutsche Sprache* 42, 1–24.
Braun, Friederike & Geoffrey Haig (2010): When are German 'girls' feminine? How the semantics of age influences the grammar of gender agreement. In Markus Bieswanger, Heiko Motschenbacher & Susanne Mühleisen (Hrsg.), *Language in its Socio-Cultural Context: New Explorations in Gendered, Global and Media Uses*, 69–84. Frankfurt: Lang.

Busley, Simone & Julia Fritzinger (2018): Em Stefanie sei Mann – Frauen im Neutrum. In Damaris Nübling & Stefan Hirschauer (Hrsg.), *Namen und Geschlechter – Studien zum onymischen Un/doing Gender* (Linguistik – Impulse & Tendenzen 76), 191–212. Berlin, Boston: de Gruyter.
Christen, Helen (1998): Die Mutti oder das Mutti, die Rita oder das Rita? Über Besonderheiten der Genuszuweisung bei Personen- und Verwandtschaftsnamen in schweizerdeutschen Dialekten. In André Schnyder & Karl-Ernst Geith (Hrsg.), *„Ist mir getroumet mîn leben"? Vom Träumen und vom Anderssein; Festschrift für Karl-Ernst Geith*, 267–281. Göppingen.
Corbett, Greville G. (1979): The agreement hierarchy. *Journal of Linguistics* (15), 203–224.
Corbett, Greville G. (1991): *Gender.* Cambridge.
Corbett, Greville G. (2006): *Agreement.* Cambridge.
Corbett, Greville G. (2015): Hybrid nouns and their complexity. In Jürg Fleischer, Elisabeth Rieken & Paul Widmer (Hrsg.), *Agreement from a Diachronic Perspective* (Trends in Linguistic Studies and Monographs 287), 191–214. Berlin u.a.: de Gruyter.
Corbett, Greville G. (2016): Canonical Gender. *Journal of Linguistics* 52 (3), 495–531.
Dahl, Östen (2000): Animacy and the notion of gender. In Barbara Unterbeck (Hrsg.*)*, *Gender in Grammar and Cognition. I: Approaches to Gender*, 99–115. Berlin, New York: de Gruyter.
Fahlbusch, Fabian & Damaris Nübling (2014): Der Schauinsland – die Mobiliar – das Turm. Das referentielle Genus bei Eigennamen und seine Genese. *Beiträge zur Namenforschung* 49 (3), 245–288.
Fleischer, Jürg (2012): Grammatische und semantische Kongruenz in der Geschichte des Deutschen: Eine diachrone Studie zu den Kongruenzformen von ahd. *wīb*, nhd. *Weib*. *Beiträge zur Geschichte der deutschen Sprache und Literatur* (PBB) 134 (2), 163–203.
Grinevald, Colette (2002): Making sense of nominal classification systems. Noun classifiers and the grammaticalization variable. In Ilse Wischer & Gabriele Diewald (Hrsg.), *New reflections on grammaticalization*, 259–275. Amsterdam: Benjamins.
Klein, Andreas & Nübling Damaris (2019): „Was ist es mit diesem grammatisch ungeheuerlichen «ihns»?" Zu Form und Funktion von alem. *ääs, ihns* und lux. *hatt*. Erscheint in *Beiträge zur 19. Arbeitstagung zur alemannischen Dialektologie*, 11.–13. Oktober 2017, Albert-Ludwigs-Universität Freiburg. *Linguistik Online* 98 (5), 51–76.
Köpcke, Klaus-Michael & David Zubin (1983): Die kognitive Organisation der Genuszuweisung zu den einsilbigen Nomen der deutschen Gegenwartssprache. *Zeitschrift für Germanistische Linguistik* 11 (2), 166–182.
Köpcke, Klaus-Michael & David Zubin (1984): Sechs Prinzipien für die Genuszuweisung im Deutschen: Ein Beitrag zur natürlichen Klassifikation. *Linguistische Berichte* 93, 26–50.
Köpcke, Klaus-Michael & David Zubin (1996): Prinzipien für die Genuszuweisung im Deutschen. In Ewald Lang & Gisela Zifonun (Hrsg.), *Deutsch – typologisch*, 473–491. Berlin u.a.: de Gruyter.
Köpcke, Klaus-Michael & David Zubin (2005a): Metonymic pathways to neuter-gender human nominals in German. In Klaus-Uwe Panther & Linda Thornburg (Hrsg.), *Metonymy and pragmatic inferencing*, 149–166. Philadelphia: Benjamins.
Köpcke, Klaus-Michael & David Zubin (2005b): Nominalphrasen ohne lexikalischen Kopf – Zur Bedeutung des Genus für die Organisation des mentalen Lexikons am Beispiel der Autobezeichnungen im Deutschen. *Zeitschrift für Sprachwissenschaft* 24, 93–122.
Köpcke, Klaus-Michael & David Zubin (2009): Genus. In: Elke Hentschel und Petra M. Vogel (Hrsg.): *Deutsche Morphologie*, 132–154. Berlin: de Gruyter.

Köpcke, Klaus-Michael, Klaus-Uwe Panther & David Zubin (2010): Motivating grammatical and conceptual gender agreement in German. In Hans-Jörg Schmid & Susanne Handl (Hrsg.), *Cognitive foundations of linguistic usage patterns (13)*, 171–194. Berlin, New York: de Gruyter.

Köpcke, Klaus-Michael & David Zubin (2017): Genusvariation: Was offenbart sie über die innere Dynamik des Systems? In Marek Konopka & Angelika Wöllstein (Hrsg.), *Grammatische Variation. Empirische Zugänge und theoretische Modellierung. Jahrbuch des Instituts für deutsche Sprache*, 203–228. Berlin, Boston: de Gruyter.

Lenz, Alexandra (2003): *Struktur und Dynamik des Substandards. Eine Studie zum Westmitteldeutschen* (Wittlich/Eifel). Stuttgart (*Zeitschrift für Dialektologie und Linguistik*, Beihefte, 125).

Leser-Cronau, Stephanie (2018): *Kongruenz bei Genus-Sexus-Divergenz in den deutschen Dialekten. Untersuchungen zu Lexical Hybrids, Rufnamen und Verwandtschaftsbezeichnungen*. Dissertation. Universität Marburg.

Naskandy, Tania (2010): *Feierläscher*. Roman. Sandweiler.

Noth, Harald (1993): *Alemannisches Dialekthandbuch von Kaiserstuhl und seiner Umgebung*. Freiburg im Breisgau.

Nübling, Damaris (2009a): Von *Monika* zu *Mia*, von *Norbert* zu *Noah*: Zur Androgynisierung der Rufnamen seit 1945 auf prosodisch-phonologischer Ebene. *Beiträge zur Namenforschung* 44 (1), 67–110.

Nübling, Damaris (2009b): Von *Horst* und *Helga* zu *Leon* und *Leonie*: Werden die Rufnamen immer androgyner? *Der Deutschunterricht* 2009 61 (5), 77–83.

Nübling, Damaris (2012): Von *Elisabeth* zu *Lilly*, von *Klaus* zu *Nico*: Zur Androgynisierung und Infantilisierung der Rufnamen von 1945 bis heute. In Susanne Günthner et al. (Hrsg.), *Genderlinguistik. Sprachliche Konstruktionen von Geschlechtsidentität* (45), 319–357.

Nübling, Damaris (2014a): *Das Merkel* – Das Neutrum bei weiblichen Familiennamen als derogatives Genus? In Friedhelm Debus, Rita Heuser & Damaris Nübling (Hrsg.), *Linguistik der Familiennamen* (Germanistische Linguistik, 225–227), 205–232. Hildesheim u.a.: Olms.

Nübling, Damaris (2014b): *Die Kaiser Wilhelm – der Peterle – das Merkel*. Genus als Endstadium einer Grammatikalisierung – und als Quelle von Re- und Degrammatikalisierungen. *Jahrbuch 2013 der Akademie der Wissenschaften und der Literatur Mainz*. Stuttgart, 127–146.

Nübling, Damaris (2015): *Die Bismarck – der Arena – das Adler*. Vom Drei-Genus- zum Sechs-Klassen-System bei Eigennamen im Deutschen: Degrammatikalisierung und Exaptation. *Zeitschrift für Germanistische Linguistik* 43 (2), 307–344.

Nübling, Damaris (2017): Funktionen neutraler Genuszuweisung bei Personennamen und Personenbezeichnungen im germanischen Vergleich. *Linguistische Berichte, Sonderhefte* 23, 173–211.

Nübling, Damaris (2018): *Luca* und *Noah* – Das phonologische Degendering von Jungennamen seit der Jahrtausendwende. In Damaris Nübling & Stefan Hirschauer (Hrsg.), *Namen und Geschlechter - Studien zum onymischen Un/doing Gender* (Linguistik – Impulse & Tendenzen 76), 239–269. Berlin, Boston: de Gruyter.

Nübling, Damaris (2019): Geschlechter(un)ordnungen in der Grammatik: Deklination, Genus, Binomiale. In Ludwig Eichinger & Albrecht Plewnia (Hrsg.), *Neues vom heutigen Deutsch. Empirisch – methodisch – theoretisch*, 19–58. Berlin, Boston: de Gruyter.

Nübling, Damaris, Simone Busley & Juliane Drenda (2013): *Dat Anna* und *s Eva* – Neutrale Frauenrufnamen in deutschen Dialekten und im Luxemburgischen zwischen pragmatischer und semantischer Genuszuweisung. *Zeitschrift für Dialektologie und Linguistik* 80 (2), 152–196.

Oelkers, Susanne (2003): *Naming Gender. Empirische Untersuchungen zur phonologischen Struktur von Vornamen im Deutschen*. Frankfurt: Lang.

Panther, Klaus-Uwe (2009): Grammatische versus konzeptuelle Kongruenz. Oder: Wann siegt das natürliche Geschlecht? In Rita Brdar-Szabó et al. (Hrsg.), *An der Grenze zwischen Grammatik und Pragmatik*, 67–86. Frankfurt: Lang.

Ronneberger-Sibold, Elke (2010): Die deutsche Nominalklammer: Geschichte, Funktion, typologische Bewertung. In Arne Ziegler (Hrsg.), *Historische Textgrammatik und historische Syntax des Deutschen. Traditionen, Innovationen, Perspektiven*, 1–36. Berlin, New York: de Gruyter.

Thurmair, Maria (2006): Das Model und ihr Prinz. Kongruenz und Texteinbettung bei Genus-Sexus-Divergenz. *Deutsche Sprache* 34, 191–220.

Anne Rosar
Beziehung grammatikalisiert: Onymische und pronominale Referenz auf weibliche Personen im Dialekt von Idar-Oberstein

Zusammenfassung: Der Beitrag untersucht primär die Referenz auf Mädchen und Frauen, deren Rufnamen dialektal im Neutrum stehen können (*det Heidi* 'das Heidi') und sich damit der im Standarddeutschen geltenden Korrelation von Genus und Sexus entziehen. Daneben erfasst er auch das damit kongruierende ‚femineutrale' Sonderpronomen *ihnt*, das semantisch nur Frauen und Mädchen betrifft, grammatisch aber neutral ist. Außerdem kommt das präonymische Possessivum *uns* in den Blick. Zur Erfassung dieses von soziopragmatischen Faktoren gesteuerten Referenzsystems wurde eine Erhebung im rheinland-pfälzischen Idar-Oberstein durchgeführt. Die Fallstudie zeigt, dass jede/r SprecherIn einer Referentin in der Regel nur ein Genus – entweder das Femininum o d e r das Neutrum – zuweist. In Ausnahmefällen kann die konkrete Gesprächssituation (Wer spricht mit wem über wen?) zu Alternanzen zwischen neutraler und femininer Genusverwendung bzw. Inkongruenzen zwischen onymischem Artikel und anaphorischem Pronomen führen (z.B. *det Heidi – die*).

1 Einleitung

Is dat det Heidi? Ich kenn die nit! In diesem Korpusbeleg aus der Idar-Obersteiner Exploration erhält der weibliche Rufname *Heidi* neutrales Genus, die pronominale Referenz findet dagegen im Femininum statt. Die Namen weiblicher Personen können in bestimmten Gebieten Deutschlands, der Schweiz, Luxemburgs sowie in Teilen der Niederlande und Belgiens nicht nur feminines, sondern auch oder nur neutrales Genus erhalten (zur genauen Verbreitung anhand einer ausführlichen Online-Fragebogen-Untersuchung s. Baumgartner et al. demn., zur ungefähren Verbreitung Busley & Fritzinger in diesem Band). Damit ist die im Standarddeutschen geltende Korrelation von Genus und Sexus – nach Köpcke & Zubin (1984) das sog. „natürliche Geschlechtsprinzip" – aus den Angeln gehoben. Die genusflexiblen Referenzformen bezeichnen Busley & Fritzinger (2018) als *Femineutra*. Dabei steuert ein Geflecht aus soziopragmatischen Faktoren, die von Dialekt zu Dialekt divergieren können, die Genusvergabe, die sich am Rufnamen (genauer: an seinem Artikel) und an verschiedenen Pronomen manifestiert.

Hinzu kommt, dass (wie im obigen Beispiel) nominales und pronominales Genus divergieren können. Die Rufnamen stehen dabei nicht im Diminutiv, neutrales Genus wird also nicht morphologisch zugewiesen.

Hauptziel dieses Beitrags ist die Beschreibung der Genuszuweisung, die für die Referenz auf weibliche Personen im heutigen Idar-Obersteiner Dialekt gilt. Abs. 2 skizziert die wichtigsten Funktionen dieser Genusvergabe bei persönlicher Referenz und präsentiert sowie diskutiert die Ergebnisse der Idar-Obersteiner Fallstudie. Abs. 3 greift das femineutrale Sonderpronomen *ihnt* auf, das neutrales Genus markiert, weibliche Referenz leistet und aus einem ursprünglich maskulinen Pronominalstamm besteht. Abs. 4 widmet sich der Verwendung des proklitischen Possessivums ‚unser/e' vor jeglichen (also auch männlichen) Namen (*us Sissi*), das enge verwandt- oder auch nur freundschaftliche Verbindungen signalisiert. So gewährt diese Fallstudie multiple Einblicke in grammatische Strategien der Beziehungsmarkierung in einem westmitteldeutschen Dialekt.

2 Zur Soziopragmatik der Genuszuweisung

Die Existenz neutraler neben femininen Referenzformen für weibliche Personen wurde von der Dialektologie, der Genusforschung und auch der Soziolinguistik bis vor wenigen Jahren kaum beachtet. Mittlerweile haben sich dem jedoch Christen (1998), Nübling, Busley & Drenda (2013), Nübling (2014a; 2014b; 2017), Busley & Fritzinger (2018, in diesem Band) sowie Klein & Nübling (2019) gewidmet. In größerem Rahmen erforscht das trinationale Forschungsprojekt „Weibliche Rufnamen im Neutrum. Soziopragmatische vs. semantische Genuszuweisung in Dialekten des Deutschen und Luxemburgischen" diese besonderen Genuszuweisungen, auch in der Schweiz.[1]

Wie Busley & Fritzinger (2018) zeigen, steuert heute primär die Beziehung zwischen Sprecher/in und Referentin die Genuszuweisung: Soziale Nähe begünstigt das Neutrum, soziale Distanz das Femininum. Doch auch Verwandtschaft und Alter sind genusrelevant und fördern insbesondere im Fall jüngerer oder gleichaltriger Verwandter (wie Töchter, Cousinen, Schwestern) das Neutrum, was auch für die Ehefrau aus der Perspektive ihres Mannes gilt. Ältere Verwandte wie Mütter, ebenfalls Schwieger- und Großmütter, sind dagegen mehrheitlich femininaffin und verweisen auf den hohen Respekt, der dieser Generation einst

---

[1] Mehr Informationen zu diesem DFG-Projekt (Laufzeit: 2015–2019) finden sich unter www.femineutra.de.

zukam und teilweise noch zukommt (in manchen Dialekten wurden diese Personen geihrzt). Jenseits von Verwandtschaft steuert der soziale Status der Frau (z.B. ihr Beruf) das Genus, aber auch ihre Bekanntheit. Von Relevanz ist nicht zuletzt die adressierte Person, mit der sich der/die SprecherIn unterhält, sowie die Beziehung der AdressatIn zur Referentin. Insgesamt kommt es also zu komplexen Beziehungs-Verrechnungen innerhalb der Triade SprecherIn–AdressatIn–Referenzperson.[2]

Busley & Fritzinger (2018) liefern Evidenz dafür, dass die Genuszuweisung historisch – ähnlich wie dies für die Anrede mit *Du* bzw. *Sie* gilt – einen tiefgreifenden Funktionswandel von der Markierung sozialer Platzanzeige (Neutrum = niedriger Stand, Femininum = hoher Stand) hin zur Beziehungsanzeige erfahren hat (Neutrum = Nähe, Femininum = Distanz). Viele heutige Dialekte reflektieren spezifische Übergangsstadien (und damit Mischungen) dieser beiden Stadien. Das alte, sozialdeiktische Genussystem lässt sich auch noch in Dialektliteratur des Idar-Obersteiner Dialekts aus dem 19. und frühen 20. Jahrhundert greifen, wo die Namen von Wäscherinnen (und anderer Frauen niederen Standes) im Neutrum erscheinen:

Heint honn eich **'t alt Marie-Marlehn**	Heute habe ich **das alte Marie-Marlehn** gesehen,
Mir'm **Scheele Suus** siehn wesche gehn;	Als sie mit **dem Scheele Suus** [Susanne Scheel] zum Waschen ging;
Dett Surelfrenz war aag derbei;	**Das Surelfrenz** [Franziska Surel] war auch dabei;
Unn **'t Dorschel** kimmt noch zu deh drei.	Und **das Dorschel** [Dorothea] kam noch zu den drei.

(„Die Waschweiber", Rottmann 1907: 142–165) [Eigene Übersetzung]

Die Mägde (*'t alt Marie-Marlehn, dett Surelfrenz*) werden in diesem Gedicht als einfache, geschwätzige Hausangestellte dargestellt, die ihre Zeit mit Lästereien über die Dame des Hauses und andere Mägde bzw. DorfbewohnerInnen verbringen. Zahlreich belegt sind auch derogative appellativische Frauenbezeichnungen, die ebenfalls teilweise im Neutrum stehen: *datt Deng* („das Ding'; Boor 1894: 94), *datt Schinnooz* ('niederträchtige, heimtückische Frau'; Rottmann 1907: 195), *datt Schallaun* ('zanksüchtige Frau'; ebd. 148), *datt Mensch* (ebd. 144). Dagegen erscheinen die Bezeichnungen für Vorgesetzte (*die Madamm*) und andere

---

[2] SprecherIn (*S*), AdressatIn (*A*), Referenzperson (*R*)

höhergestellte Frauen des öffentlichen Lebens (*die Bressedentersch* 'die Präsidentin') nur im Femininum. Man erkennt deutlich, dass mit dem Neutrum nach unten und mit dem Femininum nach oben gesprochen wurde (s. auch Busley & Fritzinger 2018, 200–204).

Der gegenwärtige allgemeine Abbau des Basisdialekts erfasst auch diese alten soziopragmatischen Genussysteme, die von der jüngsten Generation oft nicht mehr beherrscht werden. Anders in Idar-Oberstein, wo bis heute alle Generationen an diesem System teilhaben.

2.1 Fallstudie zur Referenz auf weibliche Personen im Idar-Obersteiner Dialekt

Idar-Oberstein liegt im Norden des Saar-Nahe-Berglands und grenzt an den Süden des Hunsrücks. Dialektgeographisch befindet sich der hier gesprochene Dialekt in der rhein-moselfränkischen Übergangszone (vgl. Wiesinger 1983: 847–849) und damit im Hauptverbreitungsareal der Femineutra.[3] Doch werden in Monographien, Wörterbüchern und Aufsätzen zum Idar-Obersteiner Dialekt neutrale Rufnamen allenfalls beiläufig erwähnt. So bemerkt Müller-Dietloff (2001: 173) in einer Fußnote: „Alle weiblichen Personennamen sind im Dialekt Neutra." Klar (1969: 168) stellt lakonisch fest: „auch behandelt unsere Mundart die Frauen sächlich [...]; das Fürwort dazu ist ebenfalls sächlich" (s. auch Diener 1971, Faust & Müller 1999, Schübel 1961, Wolf 2004). Dass es auch zu femininen Genuszuweisungen kommt und der Genusselektion ein soziopragmatisch motiviertes System zugrunde liegt, wird nirgends thematisiert.

2.2 Datenbasis und Methodik

Im Jahr 2016 wurde eine Befragung durchgeführt, die sich methodisch an das oben genannte Forschungsprojekt angeschlossen hat. Dabei wurden vier InformantInnen befragt, ausgewählt anhand der Kriterien Alter, Geschlecht, Ortsansässigkeit, Bildungsgrad und geringe Mobilität. Alle wohnen seit ihrer Geburt in Idar-Oberstein, ebenso deren Eltern.

---

[3] Idar-Oberstein liegt zum einen an der Grenze der *wat/was-* bzw. *dat/das-*Isoglosse, die über Hunsrück, Taunus und Westerwald verläuft. Unverschobenes *t* in *dat*, *wat*, *et* und *alt* (Reliktformen, ansonsten wurde *t* konsequent zu *s* verschoben) weist den Dialekt dem Moselfränkischen zu, zum anderen besitzt der Dialekt Gemeinsamkeiten mit den angrenzenden rheinfränkischen Dialekten.

Tab. 1: InformantInnen der Befragung (G = Gewährsperson)

	G1	G2	G3	G4
Geschlecht	weiblich	männlich	weiblich	männlich
Geburtsjahr	1989	1987	1934	1933
Beruf	Industriekauffrau	kaufm. Angestellter	Rentnerin, ehem. Verkäuferin	Rentner, ehem. Lagerist
Herkunft des Partners	Idar-Oberstein; verheiratet mit G2	Idar-Oberstein; verheiratet mit G1	Idar-Oberstein; verheiratet mit G4	Idar-Oberstein; verheiratet mit G3
Sprache mit dem Partner	Dialekt/ Standard	Dialekt/ Standard	Dialekt	Dialekt
Im Dialekt erzogen	ja	ja	ja	ja

Bei G1 und G2 handelt es sich um ein Ehepaar, bei G3 und G4 um die Großeltern mütterlicherseits von G2. Die Befragung wurde in einer für die Befragten vertrauten Umgebung durchgeführt; zwischen allen Befragten besteht ein vertrautes Verhältnis.

Die Befragung wurde im Dialekt durchgeführt[4] und setzte sich aus mehreren Erhebungsmethoden[5] zusammen, um die Referenz auf verschiedene weibliche Typen in unterschiedlichen Gesprächssituationen zu evozieren:

(a) **Videobeschreibung:** Beschreibung kurzer Filmsequenzen mit unbekannten weiblichen Personen unterschiedlichen Alters in verschiedenen Kontexten

(b) **Bildbeschreibung:** Gespräch über bekannte Personen mithilfe eigener Fotos, z.B. Verwandte, Freunde, Schulfotos mit LehrerInnen, Hochzeitsfotos

(c) **Freies Gespräch:** informelle Gesprächssituation, Erhebung von authentischem Sprachmaterial

---

[4] Aufgrund ihres vertraut-verwandtschaftlichen Verhältnisses unterhielten sich alle Beteiligten (inklusive IN = Interviewerin) ausschließlich und unbefangen im Dialekt.
[5] Zur ausführlichen Methodenbeschreibung des Forschungsprojekts „Das Anna und ihr Hund. Weibliche Rufnamen im Neutrum. Soziopragmatische vs. semantische Genuszuweisung in Dialekten des Deutschen und Luxemburgischen" siehe Baumgartner et al. (demn.).

(d) **qualitatives Interview** (vgl. Flick 2016: 194–226, Hopf 2012: 349–359)

Das qualitative Interview lieferte Aufschluss darüber, ob die InformantInnen die Femineutra reflektieren und welche Bedeutung(en) für sie der Gebrauch des Femininums bzw. Neutrums impliziert. Relevante Sequenzen wurden entsprechend GAT 2 (Gesprächsanalytisches Transkriptionssystem 2, vgl. Selting 2009) transkribiert, wodurch ein Korpus mit 12.600 Wörtern entstand. Die Auswertung der Transskripte erfolgte mit MaxQDA (www.maxqda.de, 31.10.16). Alle Ruf- und Familiennamen wurden anonymisiert, eine Vergleichbarkeit mit dem echten Namen aber gewahrt, d.h. z.B. Koseformen (*Uschi*) beibehalten.

2.3 Feminina und Neutra im Vergleich

Bei der Befragung wurde über 45 verschiedene Referentinnen (Mädchen und Frauen) gesprochen (Types; ohne Videobeschreibung); dabei handelt es sich um weibliche Verwandte (Mutter, Großmutter, Schwester, Tante, Cousine), um (ehemalige) Arbeitskolleginnen, Nachbarinnen und andere den InformantInnen bekannte weibliche Personen. Außerdem wurde auch über prominente Frauen sowie die örtliche Pfarrerin und eine Gastwirtin gesprochen. Auf 24 Referentinnen wird immer im Neutrum referiert (53,3%), auf 12 immer im Femininum (26,7%). In nur zwei Fällen werden unterschiedliche Genera für ein und dieselbe Referenzperson verwendet. Bei 7 Referentinnen (15,6%) kommt es zu Genusinkongruenzen zwischen onymischem Artikel und Pronomen, d.h. die Genusverwendung eines/r SprecherIn für eine Referentin schwankt auf der syntagmatischen Ebene (*die Heidi → det, det Michaela → die*). Insgesamt erweist sich die Referenz auf weibliche Personen als ziemlich genusfest, indem Artikel wie Pronomen entweder nur im Femininum oder nur im Neutrum stehen. Das Idar-Obersteiner System kann nach Busley & Fritzinger (in diesem Band) dem rheinfränkischen Typ (*die/das Anna – sie/es*) zugeordnet werden. Genus hat hier somit eine Degrammatikalisierung erfahren, indem es zur Beziehungsanzeige neu funktionalisiert wurde.

In einem weiteren Schritt wurden alle onymischen Artikel und Pronomen ausgewertet, die sich auf die oben genannten Referentinnen beziehen (Tokens, s. Tab. 2):

Tab. 2: Feminine vs. neutrale Artikel und Pronomen für weibliche Referenzpersonen

	Feminin		Neutral	
	absolut	prozentual	absolut	prozentual
Artikel + Rufname	21	28,4%	53	71,6%
Demonstrativpronomen	34	45,3%	41	54,3%
Personalpronomen	8	17,4%	38	82,6%
Possessivpronomen	6	54,5%	5	45,5%

Im Material überwiegt neutrales Genus deutlich beim onymischen Artikel + Rufname (71,6%) und beim Personalpronomen (82,6%). Im Vergleich dazu ist das Verhältnis von Femininum und Neutrum bei Demonstrativ- (45,3% : 54,3%) und Possessivpronomen (54,5% : 45,5%) ausgewogener.

Possessiva werden im Vergleich zu Personal- und Demonstrativpronomen nur selten verwendet (11 Belege). Sie erscheinen v.a. beim Dativpossessiv im Neutrum, z.B. *dem sei Vater un sei Mutter* 'dem sein Vater und seine Mutter' (Bsp. 3). Die Possessiva sind in den folgenden Beispielen fett gedruckt, ihr Antezedens ist jeweils unterstrichen (Feminina einfach, Neutra doppelt).

(1) G4: das die uschi
    G3: **ihr** mann hot uschi gesaht
    (Bildbeschreibung)

(2) G2: jetzt sieht ma **et miriam** wie **et** mit **ihrem** hund gassi geht
    (Videobeschreibung)

(3) G2: ei dat is **die heidi**
    G3: dat is **dat** wo awei so schlimm krank is
    G2: in [Ortsname]
    G3: **dat** hat tumoren im kopf
    G1: Ja
    G4: **müllers**
    dat war jo früher e geschäft
    dem **sei** vater un **sei** mutter sin uf de markt gang
    (Bildbeschreibung)

Possessor und Possessum stehen jeweils in einem Verwandtschaftsverhältnis zueinander; Possessum ist im ersten Beispiel *Mann*, im zweiten *Tochter* und im dritten *Vater/Mutter*. Andere Besitz- oder Zugehörigkeitsverhältnisse werden nicht erwähnt. In Bsp. 1 liegt (feminine) Genuskongruenz vor (*die Uschi – ihr*), in Bsp. 2 divergiert das Genus des neutralen Possessors (*et Miriam*) vom Femininum des entsprechenden Possessivums *ihrem*. In Bsp. 3 (*dat [Heidi]– sei*) liegt neutrale Kongruenz vor.

2.4 Soziopragmatische Steuerungsfaktoren

Im Folgenden werden einige soziopragmatische Faktoren, die die Genusklassifikation der weiblichen Personen durch die vier InformantInnen steuern, erläutert (Abb. 1, vgl. multivariate Datenanalyse in Rosar 2016). Im linken Pfeil von Abb. 1 sind jeweils die genussensitiven Eigenschaften der Referenzperson (R) abgebildet, im rechten die Beziehung des Sprechers bzw. der Sprecherin (S) zu ihr (das Sprechergeschlecht hat sich als für die Genuszuweisung irrelevant erwiesen). Je größer die Schrift, desto größer der Einfluss auf die Genuszuweisung. Weitere Faktoren, z.B. die Qualität der konkreten Rufnamen, finden sich am äußeren Rand.

Abb. 1: Profil für neutrale und feminine Genuszuweisung im Dialekt von Idar-Oberstein

Handelt es sich um die Mutter oder Großmutter von S, wird trotz des Duz-Verhältnisses immer im **Femininum** auf sie referiert (*die Erna (Oma)*). Dies korreliert mit dem Befund von Busley & Fritzinger (in diesem Band), wonach sich ein altes Respektsystem für Mütter wie Großmütter und damit ein Relikt der früheren, statusanzeigenden Funktion von Genus manifestiert (gilt ähnlich für das Luxemburgische). Das Femininum wird immer verwendet, wenn man die betreffende Frau siezt und sie mit *Frau* + Familienname adressiert. Ortsferne oder kurze Ortsansässigkeit sowie soziale Distanz und Fremdheit lösen ebenfalls Femininum aus. Die Namen bzw. Pronomen weiblicher Haustiere und von Prominenten in nicht-despektierlichen Kontexten sind ebenfalls Feminina, außerdem grundsätzlich solche Rufnamen, die fremd klingen (z.B. *Alwina, Amy*).

Dagegen evozieren Freundschaft und ein Duz-Verhältnis zwischen SprecherIn und Referenzperson sowie lange Ortsansässigkeit und ein Alter bis ca. 45 Jahre von *R* das **Neutrum**. Ebenso muss die Referenzperson dem/der SprecherIn nicht nur bekannt, sondern vertraut sein. Nur im Fall junger Mädchen spielt Bekanntheit keine Rolle, diese sind immer Neutra. Verwandtschaft zwischen *S* und *R* ist ebenfalls ein Neutrum-Auslöser, ausgenommen Mutter und Großmutter (s.o.). Im Ort bekannte Frauen und Mädchen (z.B. *Trude, Marianne, Michaela, Sabine*) sowie Prominente in despektierlichen Kontexten (G4 über Julia Klöckner: „gister war **et** in de zeirung do hot **et** so schlau gedohn", 'gestern war **es** in der Zeitung, da hat **es** so schlau getan') neigen aus soziopragmatischen Gründen dazu, neutral klassifiziert zu werden. Diminuierte Rufnamen mit Suffix -*chen* (*Bienchen*, auch männliche: *et Kaiche*) sind immer Neutra, nicht aber konventionalisierte (lexikalisierte) Diminutiva wie *Ursel, Bärbel*. Insgesamt entspricht dieses System dem Rheinfränkischen, wie es auch von Busley & Fritzinger (2018) beschrieben wird.

2.5 Kongruenzbrüche

Bemerkenswert sind sog. Kongruenzbrüche (Genusdiskordanzen oder -inkongruenzen), wo es bei ein und derselben SprecherIn innerhalb eines Turns zu unterschiedlicher Genuszuweisung für dieselbe Frau kommt, d.h. Artikel und Pronomen erscheinen in unterschiedlichen Genera. Im Folgenden wird qualitativ überprüft, wann genau solche Kongruenzbrüche eintreten, für die sich 32 Fälle finden.[6] Genusbrüche innerhalb der Videobeschreibungen werden v.a. durch

---

6 Hier wurden keine Belege aufgenommen, bei denen das Genus von Appellativa die Genuswahl für Referentinnen beeinflusst, wie z.B. bei Namen in engen Appositionen (*das Mädchen Emma*).

Einflussnahme anderer Gewährspersonen ausgelöst oder können Folge von Hyperkorrektur sein.[7] Aufschlussreicher sind die Daten der übrigen Erhebungsmethoden. In der folgenden Sequenz aus dem freien Gespräch findet ein kurzfristiger Genuswechsel für eine Referentin statt, um die Perspektive von A zu R einzunehmen:

```
(4)   G1:   ei det susanne mildeberger mit de braune lange haar
            un die [mäd sahte   ]
      G3:          [ich hatt=s⁸ jo] nit kannt weil=s die haar so
            gefärbt hot (-) ich hatt=s net kannt
      IN:   hot die die haar gefärbt orer wat
      G1:   die hot=s normal immer so hell orer nit
      G3:   jo dat lo mol kamen=se mich unheimlich hell vor
      G1:   jo dat wird immer heller dat is (-) dat
            ((...))
      G3:   ich glaub in einem album is sogar a bild von=em
      G1:   ach ECHT
      G3:   die kam jo immer bei us früher
      G1:   jo stimmt jo
      G3:   un et sissi die hon=s jo immer geärgert
            dat saht jo (-) wart mo (-) dann hatt=s immer gesaht
            (Freies Gespräch)
```

G1 und G3 gebrauchen für R (Susanne) das Neutrum, IN dagegen das Femininum. Dies signalisiert G1 und G3: „Susanne ist mir zwar bekannt, aber nicht so vertraut wie euch" und ist einer der Gründe dafür, dass G3 ihre Beziehung zu Susanne (mit dem Femininum) näher beschreibt: „**die** kam jo immer bei us früher" (Freies Gespräch) (im Sinne von „Wir kennen *Susanne* (die **dir** nicht vertraut ist) schon lange."). Hier kommt die in Abs. 2 erwähnte Triade SprecherIn–AdressatIn–Referentin ins Spiel, bei der auch die Beziehung der adressierten Person A zur Referentin berücksichtigt und verrechnet wird. Der Kontext „*R* ist eine *A* nicht vertraute Person" veranlasst den Genuswechsel bei S. Dabei handelt es sich nicht nur um einen auf eine Gewährsperson beschränkten Einzelfall (siehe G1 in Bsp. 4 und 6). Auch G2, der für Heidi das Neutrum gebraucht (siehe Bsp. 5), wechselt auf die Frage der Interviewerin (IN) „Wer ist das?" ins Femininum. Die Frage

---

[7] Um authentische Dialektverwendung bemüht, referierten einige SprecherInnen auf alle Frauen mit neutralem Genus.
[8] Klitische Anschlüsse wurden durch „=" markiert.

impliziert, dass die Interviewerin Heidi nicht kennt, G2 stellt sich darauf ein und übernimmt deren Perspektive.

```
(5) IN:   wer is das
    G2:   ei dat is die heidi
          (Bildbeschreibung)
```

In Bsp. 6 verzichtet G1 zunächst auf den onymischen Artikel, möglicherweise um abzuwarten, ob die Referentin Michaela Hinz G3 bekannt ist (zum onymischen Artikel als Referenzkoordinator siehe Werth in diesem Band). Nach zögerlicher Reaktion von G3 erläutert G1, in welcher Beziehung Michaela und Sabine zueinander stehen. Dies geschieht zunächst im Neutrum. Nachdem G1 realisiert, dass Michaela G3 nicht bekannt ist, wechselt G1 vorübergehend vom Neutrum ins Femininum.

```
(6) G1:   kennst du ach michaela hinz
    G3:   michaela [hinz] ((fragend))
    G1:            [dat ] kennt nämlich det sabine (-) die
          sinn do irgendwie auch miteindaner (--) det sabine
          un det michaela sin miteindaner groß wor
          un die michaela schafft lo unte
          ganz groß Frau
    G3:   also lo us sabine (?)
    G1:   jo det mildeberger susanne war mit [dem]
    G3:                                      [ach]
          det michaela (--) hinz hinz lord ((unverständlich,
          3 Sek.)) hinz jo
    G1:   die wohne aweile in [Ortsname] (--) dat weiß ich
          (Freies Gespräch)
```

Als G3 signalisiert, dass sie verstanden hat, dass Michaela eine mit Susanne befreundete Person ist, wechselt G1 beim darauffolgenden Demonstrativpronomen *dem* zurück ins Neutrum.

Bsp. 7 zeigt einen anders gearteten Genuswechsel zur Übernahme der Perspektive von A, wo gilt: „R ist eine S nicht vertraute Person".

```
(7) G1:   die frau=e lo
    G4:   die schwarz
    G1:   schwarzhAArig ((lacht))
```

```
G2:    zeih mo
G1:    is dat det heidi (--) ich kenn die nit
G2:    dat is=t heidi orer det trude hatt do schwarze haar
```
(Bildbeschreibung)

Die Informantin G1 teilt zunächst für Heidi[9] das von den anderen SprecherInnen verwendete Neutrum (Nähe-Konzept), um anschließend mit dem Femininum ihre Distanz auszudrücken „Heidi ist **mir** (im Gegensatz zu **euch**) nicht bekannt".

Auch konkurrierende Appellative können Genusschwankungen auslösen, z.B. *das Mädchen (Emma)* versus *die Emma*. Obwohl G1 im vorangegangenen Kontext für *Sissi* konsequent neutrales Genus verwendet, löst das Femininum *Mama* beim folgenden Demonstrativpronomen Femininum aus (siehe Bsp. 8).

```
(8) G1:    ja dat hot em sebastian sei mama vorhine
           die hat jo noch fotobücher (--) auch lo fotoalbum noch
    G3:                 [ei et sissi]
           is dat in der kirch
    G1:    jo dat muss jo de mittag und de omend schaffe ab
           zwo
```
(Freies Gespräch)

Im Korpus finden sich noch weitere Inkongruenzen, z.B. *det Susanne* → *die* (3), *det Heidi* → *die* (4), *det Michaela* → *die* (5), *die Heidi* → *det* (6). Diese Kongruenzbrüche sind nicht zufällig; es handelt sich um adressatenabhängige Anpassungen (s. Abb. 2).

Abb. 2a) dokumentiert das Szenario, dass *S* kurzzeitig das von *A* für *R* verwendete Femininum übernimmt. Der Wechsel vom Neutrum ins Femininum vermittelt in diesem Fall die Information: „Ich spreche über eine Referentin, die **dir** weniger vertraut ist als **mir**." (Bsp. 4–6). Abb. 2b) dokumentiert das umgekehrte Szenario: *S*, der/die für *R* eigentlich das Femininum verwendet, wechselt kurzzeitig in das von *A* für *R* verwendete Neutrum (Bsp. 7).

---

9 Heidi ist eine der Familie bekannte Frau mittleren Alters (Freundin einer Tochter von G3 und G4), die nicht in Idar-Oberstein lebt und die G1 nicht (näher) kennt.

Soziopragm. Genus von *S* für *R* ≠ Soziopragm. Genus von *A* für *R*

a) S übernimmt **Femininum** von A   b) S übernimmt **Neutrum** von A

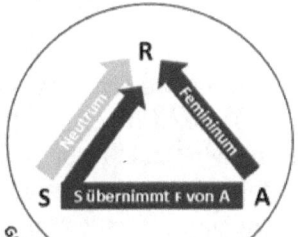
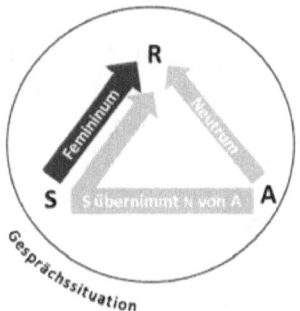

Abb. 2: Genusschwankungen in der Gesprächssituation zwischen *S* und *A* über *R*

3 Das femineutrale Sonderpronomen *ihnt*

Im Material findet sich mit dem Personalpronomen *ihnt* eine dialektale Besonderheit. Zur Pronominalisierung weiblicher Rufnamen hat sich in einigen Dialekten im Verbreitungsgebiet der Femineutra eine Sonderform entwickelt, die grammatisch Neutrum ist, semantisch auf vertraute Frauen und Mädchen referiert und formal den maskulinen Pronominalstamm (Akk.) *ihn*, erweitert durch neutrales *-(e)s*, enthält (zur genauen Genese, Funktion und Verbreitung s. Klein & Nübling 2019). Mit *ihnt* liegt die unverschobene Form vor, während lautverschobenes *ihns* in Süddeutschland und in der Schweiz gilt, hier allerdings meist nur (noch) im Akkusativ. Der mitteldeutsche Nominativ/Akkusativ-Synkretismus ist alt und begegnet schon in Urkunden des 16. Jhs. Dieses Pronomen ist im erhobenen Dialektmaterial zahlreich vorhanden. In der Ortsgrammatik von Klar (1969: 39) wird *ihnt* als „besonderes sächliches Fürwort zur betonten Verwendung" bezeichnet, das im Nominativ wie im Akkusativ auftritt, z.B.

> *Er war im Garte, awer **ihnt** net.* ('Er war im Garten, aber ihnt nicht.') [Eigene Hervorhebungen] (Diener 1971: 119)

> *Wo sinn der Karl und det Hilde? Er is im Stall, unn **ihnt** is in der Kich.* ('Wo sind der Karl und das Hilde? Er ist im Stall und ihnt ist in der Küche.')

> *Er war im Garte awer **ihnt** net; ich gehn bei de Bäcker onn **ihnt** bei de Metzjer.* ('Er war im Garten, aber ihnt nicht; ich gehe zum Bäcker und ihnt zum Metzger.') [Eigene Hervorhebungen] (Klar 1969: 168, vgl. auch Wolf 2004: 40)

Innerhalb der Befragung wird *ihnt*, ebenso wie das gedehnte Demonstrativpronomen *daat* (s. Bsp. 4), ausschließlich mit Bezug auf weibliche Personen verwendet. Während *daat* einen größeren Funktionsbereich innehat (z.B. als formales Subjekt wie in „**daat** is mäi Unggel" ('das ist mein Onkel') oder „**daat** is mäi Schmier" ('das ist mein belegtes Brot'), handelt es sich bei *ihnt* um ein exklusiv weibliches Personal- bzw. Demonstrativpronomen mit starker Emphase (12 Belege). Männer kann man mit *ihnt*, genau indem man diese weibliche Form auf sie anwendet, ridikularisieren („**ihnt lo** hot mo wierer die Freck", 'ihnt da hat mal wieder eine Erkältung'; *ihnt* steht hier spöttisch-abwertend für den Ehemann). In Bsp. 9 bezieht sich *ihnt* auf die der Familie nahestehende Bekannte Susanne (s. auch Bsp. 9), in Bsp. 10 auf die Freundin Martha von G2 und G3.

(9) G1: un=et saht auch also (-) **ihnt** ((Susanne)) is jo nit so voll
    großer worte gelle (-) **ihnt** is jo eher [so]
    (Freies Gespräch)

(10) G3: awer jetzt wo **dat martha** gestorb is mit dene sin mir in
    gesellschaft gang so immer danze gang un so (-) un do dadurch
    kenne mir jo auch de dieter un **ihnt** jo
    (Freies Gespräch)

(11) G4: die hot **daat** ((Interviewerin)) nimmer (-) die hot **daat** nimmer kannt do hatte die schon keiner mehr
    (Bildbeschreibung)

Unter den 12 Belegen findet sich nur einer im Akkusativ (Bsp. 10). Was seine Funktionen betrifft, so scheint *ihnt* nicht nur zur Emphase verwende*t zu werden, (hierfür existiert auch das betonte Demonstrativpronomen *daat* (Bsp. 11), das sich hier auf die Interviewerin (ist ebenfalls Neutrum) bezieht), sondern es hilft im Diskurs bei der Referenzherstellung bzw. bei der Differenzierung von Referenzpersonen (*daat* könnte auch auf Unbelebtes referieren): In Bsp. 12 wird über zwei Referentinnen gesprochen, *Maria* (F) und *Lina* (N). Die namentliche Erwähnung der beiden erfolgte bereits einige Turns vorher; einzig die femininen bzw. neutralen Pronomen geben Aufschluss darüber, über welche der beiden Referentinnen jeweils gesprochen wird. Zur Differenzierung zwischen Maria und Lina bzw. zur Herstellung eines eindeutigen Bezugs auf Lina verwendet G3 im letzten Teilsatz *ihnt*.

(12) G3: ach gott dann is=se ((gemeint Maria)) sicher schon uroma och
is **dat** ((gemeint Baby Lina)) goldisch die verzählt=em und **ihnt**
gibt dann so zeiche
(Video, Maria)

Der Idar-Obersteiner Dialekt weist eine Skala an unterschiedlichen Betonungs- und Emphasegraden dieser Formen auf, s. Abb. 3.

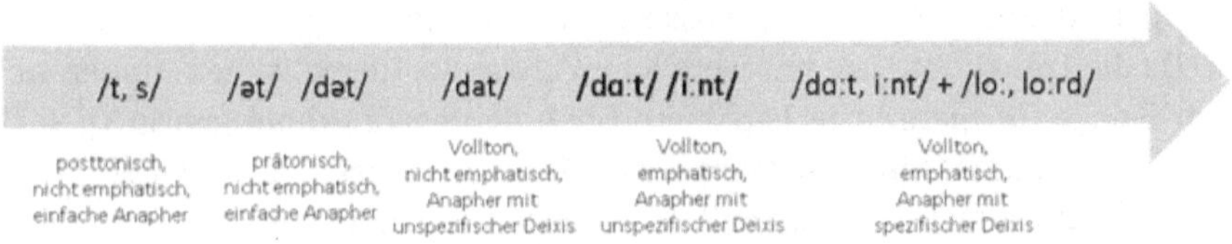

/t, s/	/ət/ /dət/	/dat/	/dɑːt/ /iːnt/	/dɑːt, iːnt/ + /loː, loːrd/
posttonisch, nicht emphatisch, einfache Anapher	prätonisch, nicht emphatisch, einfache Anapher	Vollton, nicht emphatisch, Anapher mit unspezifischer Deixis	Vollton, emphatisch, Anapher mit unspezifischer Deixis	Vollton, emphatisch, Anapher mit spezifischer Deixis

Abb. 3: Neutrale Personal- und Demonstrativpronomen zwischen Klitikon und emphatischer Vollform

Die formal reichhaltigsten Pronomen für den neutralen Bezug auf weibliche Personen sind die gedehnten Formen *ihnt* und *daat*. Besondere Deixis wird im Dialekt durch zusätzliche lokaldeiktische Adverbien (*ihnt/daat*) *lo* ‚hier' oder (*ihnt/daat*) *lord* ‚dort' hergestellt (vgl. Müller-Dittloff 2001: 179). Volltonig, aber nicht emphatisch wird *dat* gebraucht.

(13) G3: ich war=**t** am samstag mo besuche **et** hot im garte hon
se do gesess die frauen un ich war bei usem annelies
do sin ich bei=**et**
(Bildbeschreibung)

(14) IN: achso die hott die jo immer so blond gehat gelle
G1: jo so richtig so (--) ne un äh (--) do saht=**s** ei
jo is doch schön un
G3: ich glaub in einem album is sogar a bild von=**em**
(Freies Gespräch)

Prätonisch verwendetes *det* und *et* sowie posttonisches (enklitisches) *s/t* (Bsp. 13, 14) sind nie emphatisch. Bei der Verteilung der häufigsten Varianten *det*, *t* und *et* lässt sich kein dominantes phonologisch oder morphologisch motiviertes Muster erkennen. Vermutlich sind hierfür prosodische und positionelle Gründe verantwortlich.

4 Der possessive Beziehungsmarker *uns*

Abschließend sei auf eine weitere Beobachtung hingewiesen, die dialektologisch bislang kaum beschrieben, geschweige denn untersucht wurde: Die Interviews erbrachten die häufige Verwendung des Possessivum *uns* (*us*) vor Namen, primär solchen im Neutrum. Damit scheint zusätzlich ein besonders enges Zusammengehörigkeitsverhältnis zwischen Possessor und Possessum ausgedrückt zu werden. Da die Transkripte fast nur weibliche Verwandte thematisieren, finden sich kaum Belege für männliche Personen. Doch deuten Erwähnungen in Dialektgrammatiken darauf hin, dass Männer ebenfalls mit diesem Possessivum als Teil der Familie konzipiert bzw., im Fall von Schwiegersöhnen, angesippt zu werden scheinen (s. hierzu Werth demn.). In Idar-Oberstein scheint dieses Possessivum mit Bezug auf weibliche Personen mit dem Neutrum zu korrelieren, so z.B. mit Bezug auf die Schwester (*usem Annelies*), die Tochter (*us Anni, us Sissi, us Gabi*), pronominal-übergreifend für beide Töchter (*use*, Bsp. 18) sowie für nahestehende weibliche Bekannte/Freundinnen der Familie (*us Susanne*). In Bsp. 19 wird *us Gabi* mit *det Sissi* kontrastiert, da Gabi als Referentin neu eingeführt wird (sie ist wie Sissi eine Tochter), während Sissi bereits bekannt ist. Hier wird *us* auch für den Enkelsohn Christian verwendet. Damit scheint direkte Familienzugehörigkeit typisch, doch nicht unabdingbare Voraussetzung zu sein. Diese Konstruktionen werden ausschließlich von den älteren InformantInnen G3 und G4 gebraucht.

(15) G3: ich wart am samstag mo besuche et hot im garte hon
se do gesess die fraue un ich war bei **usem** annelies
do sin ich bei=et
(Bildbeschreibung)

(16) G3: **us** anni (-) **us** sissi schwätzt jo ÄICH un **us** anni dat seht
auch EECH
(Freies Gespräch)

(17) G3: also lo **us** susanne
G1: jo det lichteburger Susanne war mit [dem]

(Freies Gespräch)

(18) G3: un et anni die hon s jo immer geärgert dat saht jo (-) wart mo (-) dann hatts immer gesaht ich gehe in den kindergarten un **use** hon gesaht dat heißt kinergarde((lachen))

(19) G3: wie **us** gabi un **det** sissi nix miteinander schwätze (--) do war **us** christian zwo jahr un mir ware beim sissi uf em geburtstag

Das Possessivum *unser* dient als soziopragmatischer Verstärker der Neutra zur Kodierung einer engen Verwandtschafts- oder Freundschaftbeziehung von SprecherIn und Referenzperson.

Rooryck & Schoorlemmer (2017) untersuchen dieses Phänomen in südlichen Varietäten des Niederländischen (Brabantisch, Limburgisch) und interpretieren Konstruktionen wie *ons Emma* 'unsere Emma' und *onze Filip* 'unser Filip' als „marker of consanguineous possession" ('blutsverwandtschaftliche Possession'). Je nach Dialekt wird dieser Marker mehr oder weniger restriktiv neben Blutsverwandten auch für EhepartnerInnen, angeheiratete Verwandte sowie enge Freunde gebraucht (siehe auch Kroon 2015, Werth demn.). Nl. *ons*, ist dabei weder flektier- noch akzentuierbar, auch erlaubt es kein Attribut zwischen Possessiv und Nomen. Wieweit dies auch für deutsche Dialekte und konkret für Idar-Oberstein gilt, ist noch weitgehend unbekannt. Tonlosigkeit und präfixartiger bzw. proklitischer Status scheinen auch hier zu gelten, doch kasusflektiert es immerhin (wie in Bsp. 15). Auch spezifische Namenkonstruktionen, etwa vom Typ *s Müllers Rosie, de Meier Schorsch* – ebenfalls nach Geschlecht der Referenzperson divergierend –, wie sie Schweden (in diesem Band) beschreibt, können verwandtschaftliche Bande anzeigen.

5 Fazit

Diese Fallstudie zum Idar-Obersteiner Dialekt hat spezifische grammatische Verfahren zur Beziehungsanzeige innerhalb einer kleinstädtischen Gemeinschaft zutage befördert, die der Standard nicht kennt: Besondere Genuszuweisungen bei Referenz auf Mädchen und Frauen, das dafür grammatikalisierte Sonderpronomen *ihnt* sowie das Possessivum *us*, das (quasi-) familiäre Zugehörigkeit markiert. Insgesamt ist das Genusvergabesystem für Frauen soziopragmatisch gesteuert. Jede SprecherIn weist einer Referentin in der Regel ein Genus zu – entweder Femininum oder Neutrum. Dabei spielt die Beziehung zwischen SprecherIn und Referentin die Hauptrolle (Siez- vs. Duz-Verhältnis, Fremdheit vs. Bekanntheit, Verwandtschaft). Hinzu kommen objektive Eigenschaften der Referentin, wie etwa ortsfern/zugezogen zu sein, oder ein fremd klingender Rufname, was sie gegen das Neutrum immunisiert. Genusdiskordanzen zwischen onymischem Artikel und Pronomen lassen sich meist durch die Triade SprecherIn–AdressatIn–Referenzperson erklären, etwa wenn die Referentin der AdressatIn nicht vertraut ist und die SprecherIn ebendiese Adressatenperspektive einnimmt, indem sie Femininum statt Neutrum verwendet. Für die Pronominalisierung neutraler Frauenbezeichnungen steht das hierfür grammatikalisierte dialektale Sonderpronomen *ihnt* zur Verfügung, das in unterschiedlichen, ikonisch gebauten funktionalen und formalen Stärkegraden vorkommt. Schließlich tritt im pragmatischen Nähebereich mit *us* ein ebenfalls ziemlich grammatikalisiertes proklitisches Possessivum auf, das familiäre Zusammengehörigkeit, ggf. auch enge Vertraut- und Bekanntheit markiert, aber auch zur Referenz auf männliche Personen genutzt wird. Damit wird ein sehr ausdifferenziertes System soziopragmatischer Nähe- und Distanzverhältnisse im Dialekt sichtbar, das durch mehrere sprachlich-grammatische Verfahren abgesichert wird. Erst die Zusammenschau dieser und evt. noch weiterer soziopragmatischer Marker erfasst die in deutschen Dialekten besonders reich ausdifferenzierten Möglichkeiten von in die Grammatik sedimentierter Beziehungsgestaltung – ein Komplex, dessen vertiefte Erforschung ein dringendes Desiderat bildet, umso mehr, als diese fein austarierten Systeme oft nur noch von der ältesten Generation beherrscht werden und deshalb vom Abbau betroffen sind.

Literatur

Baumgartner, Gerda, Simone Busley, Julia Fritzinger & Sara Martin (demn.): *Dat Anna, et Charlotte und s Heidi*. Neutrale Genuszuweisung bei Referenz auf Frauen als überregionales Phänomen. Erscheint in *Regiolekt – Der neue Dialekt? Akten des 6. Kongresses der Internationalen Gesellschaft für Dialektologie des Deutschen* (IGDD).
Boor, Friedrich (1894): *Gedichte in Hunsrücker Mundart*. Fischbach (Nahe).
Busley, Simone & Julia Fritzinger (2018): Em Stefanie sei Mann – Frauen im Neutrum. In Stefan Hirschauer & Damaris Nübling (Hrsg.), *Namen und Geschlecht – Zu einer transdisziplinären Onomastik*. Berlin: de Gruyter.
Busley, Simone & Julia Fritzinger (in Vorb.): Neutrales Rufnamengenus zwischen Grammatik und Pragmatik. Erscheint in *Pragmatik der Genuszuweisung*. Tagungsband zur internationalen Tagung des trinationalen Forschungsprojekts „Das Anna und ihr Hund – Weibliche Rufnamen im Neutrum. Soziopragmatische vs. semantische Genuszuweisung in Dialekten

des Deutschen und Luxemburgischen", 1./2. Februar 2019, Universität Freiburg i.Ü. *Linguistik online.*

Christen, Helen (1998): Die Mutti oder das Mutti, die Rita oder das Rita? Über Besonderheiten der Genuszuweisung bei Personen- und Verwandtschaftsnamen in schweizerdeutschen Dialekten. In A. Schnyder et al. (Hrsg.), *Ist mir getroumet mîn leben?* Vom Träumen und vom Anderssein, 267–281. Göppingen: Kümmerle.

Diener, Walter (1971): *Hunsrücker Wörterbuch.* Niederwalluf: Sändig.

Faust, Armin Peter & Manfred Müller (1999): *Zwischen Hunsrück und Nahe – Ein Mundartwörterbuch.* Briedel: Rhein-Mosel-Verlag.

Flick, Uwe ([7]2016): *Qualitative Sozialforschung. Eine Einführung.* Reinbek bei Hamburg: Rowohlt.

Hopf, Christel ([9]2012): Qualitative Interviews – ein Überblick. In Uwe Flick, Ernst von Kardorff & Ines Steinke (Hrsg.), *Qualitative Forschung. Ein Handbuch,* 349–359. Reinbek bei Hamburg: Rowohlt.

Klar, Hugo (1969): *Aufsätze zur Heimatkunde des Landkreises Birkenfeld.* (=Mitteilungen des Vereins für Heimatkunde im Landkreis Birkenfeld 16). Birkenfeld.

Klein, Andreas & Damaris Nübling (2019): „Was ist es mit diesem grammatisch ungeheuerlichen «ihns»?" Zu Form und Funktion von alem. *ääs, ihns* und lux. *hatt. Linguistik Online* 98, 5/19, 51–76.

Köpcke, Klaus-Michael & David Zubin (1984): Sechs Prinzipien für die Genuszuweisung im Deutschen: Ein Beitrag zur natürlichen Klassifikation. *Linguistische Berichte* 93, 26–50.

Kroon, Myrthe (2015): The use of *ons/onze* with kinship relations in Vught. Unveröffentlichtes Manuskript. Universität Leiden.

Müller-Dittloff, Stefan (2001): *Interferenzen des Substandards im Westmitteldeutschen am Beispiel von Idar-Oberstein. Eine kontrast- und fehleranalytische Untersuchung.* Stuttgart: Steiner.

Nübling, Damaris (2014a): *Das Merkel* – Das Neutrum bei weiblichen Familiennamen als derogatives Genus? In Friedhelm Debus et al. (Hrsg.), *Linguistik der Familiennamen,* (Germanistische Linguistik 225–227), 205–232. Hildesheim: Olms.

Nübling, Damaris (2014b) Die Kaiser Wilhelm – der Peterle – das Merkel. Genus als Endstadium einer Grammatikalisierung – und als Quelle von Re- und Degrammatikalisierungen. *Jahrbuch 2013 der Akademie der Wissenschaften und der Literatur Mainz.* Stuttgart, 127–146.

Nübling, Damaris (2017): Funktionen neutraler Genuszuweisung bei Personennamen und Personenbezeichnungen im germanischen Vergleich. *Linguistische Berichte, Sonderheft 23 "Namengrammatik",* 173–211.

Nübling, Damaris, Simone Busley & Juliane Drenda (2013): *Dat Anna* und *s Eva* – Neutrale Frauenrufnamen in deutschen Dialekten und im Luxemburgischen zwischen pragmatischer und semantischer Genuszuweisung. *Zeitschrift für Dialektologie und Linguistik* 80 (2), 152–196.

Rooryck, Johan & Erik Schoorlemmer (2017): Consanguinity and Possession in Varieties of Dutch. *Journal of Germanic Linguistics* 29 (1), 1–25.

Rosar, Anne (2016): *Is dat det Heidi? Ich kenn die nit!* Weibliche Rufnamen im Neutrum im Dialekt von Idar-Oberstein. Masterarbeit. Johannes Gutenberg-Universität Mainz.

Rottmann, Peter Joseph ([9]1907): *Gedichte in Hunsrücker Mundart.* Trier: Lintz.

Schübel, Georg (1961): *Eine Studie über die Mundart von Idar.* (=Mitteilungen des Vereins für Heimatkunde im Landkreis Birkenfeld 5). Birkenfeld.

Selting, Margret (2009): Gesprächsanalytisches Transkriptionssystem 2 (GAT 2). *Gesprächsforschung - Online-Zeitschrift zur verbalen Interaktion* 10, 353–402. *www.ge-spraechsforschung-ozs.de (31.10.16).*

Werth, Alexander (demn.): Soziopragmatik von *unser* bei Rufnamen im Westmitteldeutschen. Zum Gebrauch sprecherassoziierter Referenzausdrücke. In: Pragmatik der Genuszuweisung. Tagungsband zur internationalen Tagung des trinationalen Forschungsprojekts „*Das Anna und ihr Hund* – Weibliche Rufnamen im Neutrum. Soziopragmatische vs. semantische Genuszuweisung in Dialekten des Deutschen und Luxemburgischen", 1./2. Februar 2019, Universität Freiburg i.Ü. *Linguistik online.*

Wiesinger, Peter (1983): Die Einteilung der deutschen Dialekte. In Werner Besch et al. (Hrsg.), *Dialektologie. Ein Handbuch zur deutschen und allgemeinen Dialektforschung. Halbbd. II*, 807–900. Berlin, New York: de Gruyter.

Wolf, Wiebke (2004*): Dialektverwendung und Dialektwandel im Hunsrück. Vergleichende Studie zu den Mundarten von Fischbach und Weierbach.* Schriftliche Hausarbeit im Rahmen der ersten Staatsprüfung für das Lehramt für die Sekundarstufe II. Rheinische Friedrich-Wilhelms-Universität. Bonn.

Theresa Schweden
s Kaufmanns Ingrid und *de Fischer Kurt*. Struktur und Soziopragmatik onymischer Genitivphrasen und Komposita im Pfälzischen

Zusammenfassung: In den meisten Dialekten sind pränominale Genitivattribute vollständig abgebaut und wurden durch Dativkonstruktionen ersetzt. Eine Ausnahme bilden onymische Referenzformen mit präponiertem Familiennamen (*de Fischer Kurt, s Kaufmanns Ingrid*), die in dörflichen Kommunikationsgemeinschaften für die Referenz auf Unbeteiligte genutzt werden. Der vorliegende Beitrag behandelt onymische Kollektiva (*s Müllers, s Schmidte*) sowie Genitivphrasen mit dem Familiennamen als pränominales Genitivattribut (*s Kaufmanns Ingrid*) und Personennamenkomposita mit vorangestelltem Familiennamen (*de Fischer Kurt*) im Dialekt des pfälzischen Ortes Höringen. Dort werden ehemalige starke und schwache Genitivsuffixe in solchen Konstruktionen konserviert und für die Pluralkonstruktionen zu Kollektivmarkern reanalysiert. Die Verteilung starker und schwacher Suffixe ist in erster Linie prosodisch durch die Silbenzahl konditioniert. Für die Genitivphrasen, auf deren Basis sich die Kollektiva entwickelten, zeigt sich eine starke soziopragmatische Steuerung, nach der Geschlecht und Alter der Referenzperson ausschlaggebend sind. Diese Phrasen treten in der Funktion von Zugehörigkeitsbildungen auf und kodieren konzeptuelle Zusammengehörigkeit mit dem bzw. Abhängigkeit von der Herkunftsfamilie. Insbesondere werden sie synchron für junge oder weibliche Referenten gebraucht. Neben den Genitivphrasen existieren im untersuchten Dialekt auch Komposita ohne genitivischen Determinierer. Relatives Alter von SprecherInnen und HörerInnen, Gesprächskontext, Ortsansässigkeit sowie Bekanntheit der ReferentInnen zeigen sich als weitere Steuerungsfaktoren bei der Wahl verschiedener dialektaler Konstruktionen und etablieren ein komplexes Referenzsystem.

1 Einleitung

In der gesprochenen standarddeutschen Sprache erscheint der Genitiv heute vorwiegend als Attribut mit possessiver Funktion. Beim Genitivattribut lässt sich eine Entwicklung von der pränominalen Stellung (*Vaters Haus*) zur adnominalen (*das Haus des Vaters*) verzeichnen. Der synthetische oder sogenannte „sächsische Genitiv" schwindet ebenso wie der Genitiv als Objektkasus (*Er gedachte seiner*) (s. Ebert 1999: 90). Vorangestellte Genitivattribute beschränken sich auf hochgradig belebte Subjekte, überwiegend Personennamen (*Annas Hund*). Doch auch hier sind bereits Abbautendenzen zu verzeichnen, insbesondere, wenn man die deutschen Dialekte in den Blick nimmt. „Das Fehlen des Genitivs als besonderer grammatischer Kategorie stellt einen der wichtigsten Unterschiede der Morphologie und Syntax der modernen deutschen Dialekte gegenüber der grammatischen Norm der Literatursprache dar" (Schirmunski 2010: 496). Der Genitiv wird dort meist durch Possessivpronomen mit vorausgehendem Dativ (*der Anna ihr Hund*) oder durch die Präposition *von* mit darauffolgendem Dativ umschrieben (*der Hund von (der) Anna*). Gegenüber der standarddeutschen Schriftsprache haben die gesprochensprachlichen Dialekte demnach einen weiteren Abbauschritt des synthetischen Genitivs vollzogen. Obwohl diese Entwicklungen bereits im 15. Jahrhundert einsetzen (s. Behaghel 1911: 288), gibt es in den meisten deutschen Dialekten durchaus Reste alter Genitivflexion, die bis heute konserviert wurden. Solche finden sich unter anderem bei Personennamen, wo synthetische Genitive mit vor dem Rufnamen (RufN) präponierten Familiennamen (FamN) als Genitivattribut vorkommen (*(de)s Kaufmanns Ingrid*) und die überwiegend zur Referenz auf Dritte genutzt werden. Sowohl in Dialektgrammatiken als auch im Forschungsdiskurs wurde dieses Phänomen bisher nur unzureichend behandelt, da in der Onomastik, wie bereits in der Einleitung dieses Bandes aufgegriffen wurde ‚für lange Zeit "die jenseits des etymologischen Interesses stehenden Probleme [von Namen] vernachlässigt worden sind" (Bach 1952: 66). Wenig erforscht sind bisweilen auch Referenzformen, bei denen ebenfalls der FamN vorm RufN steht, denen aber statt des Genitivartikels ein Artikel im Nominativ, Dativ oder Akkusativ vorangestellt ist (*de(r)/dem/den Fischer Kurt*). Zusätzlich existieren in vielen Dialekten pluralisch genutzte Referenzformen, die nicht wie herkömmliche Plurale bei Onymen für mehrere Träger desselben FamNs, sondern für die Mitglieder einer spezifischen, den SprecherInnen bekannten Familie gebraucht und im Folgenden deshalb als Familienkollektiva bezeichnet werden: *s Müllers*, *s Schmidte* 'Müllers/Familie Müller; Schmidts/Familie Schmidt'. Wie die anderen Beiträge des Kapitels Pragmatik, beleuchtet dieser Beitrag neben der morphosyntaktischen Struktur auch soziopragmatische Variation dieser Referenzformen und macht es sich zur Aufgabe, diese beiden linguistischen Ebenen und deren Schnittstellen an einem ausgewählten Untersuchungsort exemplarisch aufzuzeigen. Hierzu wird zuerst ein Blick auf eine mögliche diachrone Entwicklung sowie auf strukturelle Erklärungsansätze aus dem Bereich der Wortbildung und Morphosyntax geworfen. Auch der bisherige Forschungsstand zur Verbreitung der Referenzformen wird beschrieben. Anschlie-ßend werden die

Ergebnisse einer empirischen Untersuchung mit zwölf Dialektsprechern in einem südrheinfränkischen (pfälzischen) Ort präsentiert und diskutiert. Bezüglich der Verwendung dieser Referenzformen werden zudem sozialgeschichtliche Befunde in die Diskussion einbezogen.

2 Diachronie, Geographie und Struktur onymischer Genitive

Im Ahd. entspricht die Eigennamenflexion der Appellativflexion bzw. übertrifft diese sogar an Komplexität (s. Nübling 2012: 224). Durch die Nebensilbenabschwächung entstehen jedoch Ausgleichprozesse zwischen starker und schwacher Flexion, die ab mhd. Zeit bereits eine paradigmatische Deflexion der Eigennamen einleiten. Starke und schwache Formen fallen zusammen und die Genusschranke wird überwunden, sodass kein Unterschied in der Flexion maskuliner und femininer Namen mehr besteht (s. Nübling 2012: 233). Schließlich zeigt sich Deflexion ab dem 18. Jh. auch auf syntagmatischer Ebene, indem die Flexivik am Namenkörper schwindet. Mit zunehmender Deflexion setzt sich von Süden nach Norden hin die Verwendung des Definitartikels bei Personennamen durch, dessen Eindeutigkeit Polyflexion obsolet macht (s. Nübling 2012: 237; Ackermann 2018). In Süddeutschland ist dieser zum heutigen Zeitpunkt bereits vollständig grammatikalisiert. Parallel vollzieht sich in Onymik und Appellativik die Auslagerung der Kategorie Kasus in die Syntax, wobei der Genitiv diese Entwicklung meist bereits vor den anderen Kasus durchläuft. Formen mit vorangestelltem flektierten FamN (und gegebenenfalls genitivischem Determinierer) (*(s) Kaufmanns Ingrid*) stellen eine der letzten Domänen konservierter attributiver Genitive in den Dialekten dar. Artikel und FamN erscheinen als präponiertes Genitivattribut (Possessor), das den RufN (Possessum) näher bestimmt: [[*(de)s Kaufmanns*] *Ingrid*]]. Der Genitivartikel *des* wird in phonologisch reduzierter Form verwendet. Vollformen begegnet man noch in historischen Dokumenten:

> Seye vor vngefähr .11. oder .12. Jahrn durch **deß Marckht Müllers Maria** alhie am Adelzhaußer Kürchtag vnnder dises hexen weßen khom[m]en
>
> (Beleg aus einem Hexenverhörprotokoll aus dem südostdeutschen Reichertshofen 1649 zit. n. Macha et al. 2005, Hervorhebung T.S.).

Für die Familienkollektiva zeigen Nübling & Schmuck (2010: 167) und Nübling (2012) anhand diachroner Betrachtungen auf, dass sie elliptisch aus genitivischen Konstruktionen entstanden sind und später als pluralisch reanalysiert wurden: *(de)s Müllers Leute/Angehörige/Familie > (de)s Müllers*. „Die Bedeutung ist eindeutig pluralisch: Wenn das durch *s* eingerahmte Nomen als Subjekt auftritt, fordert es pluralische Kongruenz beim Verb, zum Beispiel '*s Müllers komme nit* 'Müllers kommen nicht'" (Nübling & Schmuck 2010: 163). Sowohl bei den synthetischen onymischen Genitiven als auch bei den Kollektiva treten noch ehemalige starke sowie schwache Genitivsuffixe auf (*-s* vs. *-e(n)*), allerdings gilt hier die stark/schwach-Opposition der den FamN zugrundeliegenden Appellativa nicht mehr, d.h. während das Appellativum *Schmied* diachron ein starkes Genitiv-*s* verlangte, wird in vielen Dialekten beim FamN mittlerweile schwach flektiert: *s Schmidte, de Schmidte Karl*.

Das Fehlen des Artikels bei Personennamen im niederdeutschen Raum schlägt sich auch in den onymischen Genitiven nieder. So erscheinen im Nordosten Deutschlands überwiegend Referenzformen ohne Artikel (s. Kunze 2004; 181). Eine Besonderheit des deutschen Südwestens besteht im Nebeneinander von Formen mit nicht-genitivischem Determinierer (*der Fischer Kurt*) und elliptisch verkürztem Genitivartikel (*(de)s Webers Hans*), wobei letztere im deutschen Sprachgebiet sonst nicht auftreten. Im Südosten dominieren Strukturen mit flexionslosen FamN (s. Kunze 2004: 181; Weiß 1998; 71–72).

Für einige deutsche Dialekte liefert Bach (1952) wichtige Beobachtungen und gibt mit acht Varianten der Kombination aus RufN und FamN einen ersten Gesamtüberblick über deren Variation im deutschen Sprachraum:

Tab. 1: Formen von Kombinationen aus Ruf- und Familienname nach Bach 1952

Nähere Bestimmung des RufN	Nähere Bestimmung des FamN
1a (der) Karl 'Schmidt	1b ---
2a (der) 'Schmidt Karl	2b (der) Schmidt 'Karl
3a (der) 'Schmidts/'Schmidte(n) Karl	3b (der) Schmidts/Schmidte(n) 'Karl
4a ---	4b ('s) Schmidts/Schmidte(n) 'Karl
5a ---	5b ('s) Schmidts/Schmidte(n) ihr 'Karl
6a Karl von 'Schmidt	6b ---

Dabei unterscheidet er zwischen Formen mit dem Hauptakzent auf dem FamN (linke Spalte) und solchen mit Hauptakzent auf dem RufN (rechte Spalte). Erstere bestimmen nach Bach den RufN näher, letztere den FamN (s. Bach 1952: 68). Mottausch (2004) stellt für den Dialekt des südhessischen Ortes Lorsch bei den Familienkollektiva interessante Abweichungen von den anderen hessischen

Mundarten heraus: Auch hier existieren *-e* und *-en* als Überreste eines schwachen Genitivs (s. Mottausch 2004: 307). Er beschreibt eine äußerst differenzierte teils prosodische, Konditionierung nach Silbenzahl, teils eine phonologische Konditionierung nach dem Auslaut des FamNs, bei der Flexionsmuster der Appellative konserviert werden, auf denen die FamN basieren. Im Gegensatz dazu umreißt Mottausch einen lediglich prosodisch konditionierten rheinhessischen Typ (s. Mottausch 2004: 312–314). In diesem weiter verbreiteten Typ flektieren einsilbige FamN mit *-e*, mehrsilbige mit *-s*. Zudem findet sich *-e* nach den Auslauten *-s* und *-ʃ*. Cornelissen (2014) befasst sich mit Referenzformen mit vorangestellten FamN im Kleverländischen. Auch dort hängt das Auftreten starker und schwacher Genitivsuffixe (*Hövelmanns 'Bernd, Vonken 'Hänn*) von der prosodischen Beschaffenheit des FamNs ab. Neben der Namenprosodie bestimmt auch die Struktur der Gesamtkonstruktion die Verteilung der Suffixe. RufN werden in drei Vierteln der gesammelten Belege zu Einsilbern reduziert, sodass die Idealstruktur der Gesamtkonstruktion Anapäste bildet (z.B. *Vonken 'Hänn*) (s. Cornelissen 2014: 288). In einigen Orten im Kleverländischen sind synthetische Genitive auch für Appellative noch produktiv: *kleine Lüjs Sörg* 'kleiner Leute Sorgen', *Pörtsches Albert* 'Albert, der Gartentörchen macht'), *Hospels Mrie* 'Marie, die auf dem Hospel (Flurname) wohnt' (s. Cornelissen 2014: 291; 2016: 76). Auch Bach dokumentiert synthetische Genitive für andere Appellative, die Personen näher klassifizieren. Hier sind besonders Berufsbezeichnungen (*de Schneider Jakob* 'Jakob, der von Beruf Schneider ist', *s Dokders* 'die Familie des Arztes'), Spitznamen, die auf Appellativen beruhen (*Meters* 'Familie eines Referenten, der den SpitzN Meter trägt') oder Wohnstättennamen (*s Feichtegräwers* 'Familie, deren Haus im sogenannten Feuchten Graben steht') zu nennen. Diese Sonderfälle sind deshalb von Interesse, da sie sich in Bezug auf die Flexion anders verhalten können als FamN, es also divergierende Flexionsmuster für Namen und Appellative geben kann (s. Bach (1952: 70). Für das Luxemburgische findet Flores Flores (2014: 298) sowohl flektierte als auch unflektierte FamN. Zur Verwendung starker/schwacher Genitivsuffixe kann er keine festen Regeln feststellen (s. Flores Flores 2014: 308). Synchron werden im Luxemburgischen Referenzformen mit vorangestelltem FamN abgebaut, Diachron gehen hier phonologisch durch den Auslaut des FamNs gesteuerte Flexionsmuster verloren und bei der jüngsten SprecherInnengeneration ist bereits eine gewisse Willkür und ungesteuerte Zuweisung der verschiedenen Suffixe zu beobachten. So koexistieren synchron Formen wie *de Weber Anne, de Webers Anne, de Weberen Anne, de Webesch Anne* (s. Flores Flores 2014: 299; 308–309). Dagegen konstatiert Krier (2014: 7–9) für flektierte FamN im Luxemburgischen noch ein strikt phonologisch gesteuertes System. In den westfälischen Mundarten bestehen nach Roolfs (2016) Genitivierungen nicht überall und auch nicht regelhaft. Der starke Genitiv setzt sich fast überall durch, während der schwache Genitiv weniger häufig auftritt. Er ist am ehesten bei Formen zu erwarten, die auf *-e* auslauten, manchmal auch bei solchen auf *-s*. Für das Münsterland beschreibt Roolfs bei der Kombination aus FamN und RufN eine sogenannte parentale Femininmovierung, sobald der RufN vor dem FamN steht (*Anna Bergmanns*). Mit dieser genitivischen Konstruktion kann lediglich auf Frauen referiert werden und es ist darin explizit ein Tochterverhältnis markiert. Ist stattdessen der FamN vorangestellt, handelt es sich um eine einfache Genitivierung (*Bergmanns Anna*), die keinen geschlechtsspezifischen Einschränkungen unterliegt (s. Roolfs 2016: 58). Hat eine weibliche Referenzperson durch Heirat einen neuen Namen angenommen, wird im Zuge der parentalen Femininmovierung weiterhin der FamN des Vaters verwendet (s. Roolfs 2016: 58). Roolfs führt damit abgesehen von der in Kapitel 3 näher diskutierten Studie von Berchtold & Dammel (2014) die einzige Fallstudie durch, in der pragmatische Kontexte bei der Wahl der Referenzform eine Rolle spielen. Helmut Weiß (1998: 2014) beobachtet Voranstellung des FamN auch für das Bairische: *d'Fischer Anna, s'Fischer Annal* (s. Weiß 1998: 71–72.), hier jedoch ohne Genitivflexion. Zusätzlich findet er dort Familienkollektiva aus Präpositionalphrasen mit *von/bei* (s. Weiß 2014: 205): *Do draußd gengan von Amann.* 'Da draußen gehen die Amanns'; *Bein Bichlmeier han nouch Thailand gflo:ng.* 'Die Bichlmeiers sind nach Thailand geflogen.' Es lässt sich zusammenfassend für die Mehrheit der deutschen Dialekte vermuten, dass die Morphosyntax dieser Referenzsysteme in einem Wandel begriffen ist bzw. nurmehr als Phonologie weiterbesteht. Trotz dieser starken Vereinfachungstendenzen scheint es Reliktgebiete zu geben, in denen komplexe, nach prosodischen und phonologischen Prinzipien gesteuerte Systeme motivierte Konditionierungen vorherrschen und deren Erfassung wertvolle Einblicke verspricht. Referenzsysteme mit pragmatischen Steuerungsprinzipien sind bisher kaum dokumentiert. Weitere Untersuchungen in diese Richtung sind deshalb lohnend.

3 Zum Status Genitivphrasen vs. Komposita

Berchtold & Dammel (2014) betten ihre Untersuchung der Referenzsysteme an drei deutschen Ortspunkten in einen diachron-morphologischen Kontext ein und unterschieden bei den Referenzformen zwischen syntaktischen Phrasen und Wortbildungsprodukten (Komposita). Die Komposition grenzt sich innerhalb des deutschen Systems klarer von syntaktischen Phrasen ab als in anderen Sprachen:

Obwohl die Komposition in den germanischen Sprachen generell ein produktives Wortbildungsmuster ist, nimmt das Deutsche in verschiedener Hinsicht eine besondere Stellung ein, wie sich im Vergleich mit den eng verwandten westgermanischen Sprachen Englisch und Niederländisch zeigt. Das betrifft zunächst die Identifizierung und Abgrenzung von Komposita gegenüber phrasalen Einheiten: Durch die Erstbetonung und die fehlende Flexion von flektierbaren Ersteinheiten können nominale Komposita im Deutschen eindeutig identifiziert und gegenüber nominalen Phrasen abgegrenzt werden. Diese Unterscheidung spiegelt sich auch in der einheitlichen Getrenntschreibung (im Falle der Phrasen) bzw. Zusammenschreibung (bei Komposita) wider

(Schlücker 2012: 1).

Berchtold & Dammel (2014: 254) berufen sich auf den Akzent, der bei *syntaktischen Phrasen auf dem grammatischen Kopf liegt (Phrasenakzent), bei Komposita aber auf dem Modifikator (Kompositumakzent). Komposita funktionieren zudem nach dem Kopfrechtsprinzip, bei dem der Artikel mit dem morphologischen Kopf (Zweitglied) kongruiert. Auch sind nur syntaktische Phrasen intern modifizierbar. Diese Kriterien übertragen Berchtold & Dammel auf die onymischen Referenzformen. Obgleich die Onymik in vielerlei Hinsicht grammatisch andere Wege geht als die Appellativik und auch Getrennt- und Zusammenschreibung bei Namen nicht als hinreichendes Kriterium für die Kategorisierung als Komposita vs. Phrasen herangezogen werden kann, können Berchtold & Dammel doch aufzeigen, warum diese Klassifikationen hier berechtigt sind:Prosodisch verhalten sich die Gesamtnamen in vielen Fällen wie Phrasen mit pränominalem Genitivattribut oder wie Komposita. Onymische Komposita erscheinen in der Form *de 'Fischer Kurt*[1], syntaktische Phrasen in der Form *(s) Kaufmann-s 'Ingrid*. Bei Komposition finden sich auch in der Verschriftlichung verschiedener Dialekte in Dialektliteratur zahlreiche Belege für Zusammenschreibung, was ihren Kompositum-Status bestätigt (s. z.B. Münch 1981: 343: *Sickingerfranzl*; Müller 1984: 33, 38, 55:
's Schneirerfibsi 'das Schneider Philippchen', *dem Millerjerch* 'dem Müller Schorsch (Georg)', *beim Schmidtefritz*; Fried 1922: 62–63: *dem Huwersepp, die Millerslene*). Andere Dialekte weisen Formen auf, die aufgrund ihrer Akzentverhältnisse und der Kongruenz des onymischen Artikels mit dem morphologischen Kopf (dem RufN) Kompositumstatus haben, aber Genitivflexion am FamN aufweisen (*de 'Graf-e Hans*). Das ehemalige Flexiv kann hier nach Berchtold & Dammel 2014: 257 als Fugenelement klassifiziert werden. Parallel zur Appellativik, wo Fugenelemente häufig der rhythmischen Optimierung des Erstglieds dienen (*Blume+n+topf* vs. *Frau+en+schuh*, s. Nübling & Szczepaniak 2010: 203), garan-

---

[1] Der Apostroph markiert im Folgenden stets den Wortakzent der Referenzform.

tiert die Verteilung der Suffixe auch hier für das Erstglied Trochäen. Berchtold & Dammel (2014) können im alemannischen Feldkirch sowie in Nauheim bei Groß-Gerau sowohl Komposita (Feldkirch: *d 'Berchtold Luzia*; Nauheim: *de 'Geyer Alwin*) als auch hybride Formen zwischen Genitivphrasen und Komposita nachweisen, in denen trotz genitivischem Artikel und kongruierendem Suffix Kompositumakzent vorliegt (Feldkirch: *s 'Schriber-s Marie* – ein Beleg für den fehlenden Typ 4a in Bachs Darstellung) oder umgekehrt trotz nicht-genitivischem Artikel Phrasenakzent vorliegt. (Nauheim: *die Eberhard-s 'Margret*).

4 Erhebung im südrheinfränkischen Höringen

2016 wurde eine Erhebung im pfälzischen Ort Höringen durchgeführt, der ca. 700 Einwohner zählt. Die geringe Einwohnerzahl ist für die dialektalen Referenzformen von besonderer Bedeutung, denn „[i]n kleinen Orten überschaubarer Größe wird man von einem Jeder-kennt-jeden-Netzwerk ausgehen dürfen" (Cornelissen 2016: 79). Dass man sich kennt, bedeutet in erster Linie immer, dass man einander beim Namen nennen kann (s. Cornelissen 2016: 79). Ziele der Erhebung waren es, Struktur und Verwendungsweisen dieser Personennamen anhand einer Tiefenbohrung mit wenigen DialektsprecherInnen zu dokumentieren. Es wurden zwölf InformantInnen aus den Altersklassen „20–35 Jahre", „45–60 Jahre" und „70+" befragt, die als ortsansässig gelten können, da sie nicht mehr als ein Viertel ihres Lebens außerhalb des Untersuchungsortes verbracht haben. Die Befragung erfolgte im Rahmen von Einzelgesprächen, in denen zuerst in Form verschiedener Übersetzungsaufgaben Suffigierung und Artikelsetzung bei fiktiven Namen erhoben wurden. Zusätzlich wurde ein leitfragenorientiertes qualitatives Interview geführt, in der die InformantInnen ihre Einschätzung zu Verwendung und Konnotationen der Namen reflektierten. Ebenfalls wurde ein Korpus aus 158 dialektalen Referenzformen für Personen aus dem Umfeld der InformantInnen erhoben. Mittels Tonaufnahmen konnte auch die Akzentsetzung dokumentiert werden.

Tab. 2: Verteilung der InformantInnen nach Alter und Geschlecht

	20–35 Jahre	45–60 Jahre	70+
Männlich	2	2	2
Weiblich	2	2	2

4.1 Struktur dialektaler Referenzformen

Zur Erhebung der Daten sollten die InformantInnen sowohl aus realen Namen aus dem eigenen Umfeld als auch aus fiktiven Namen Referenzformen mit vorangestelltem FamN bilden.[2] Vorgegeben wurden die Gesamtnamen in der Abfolge RufN+FamN. Zusätzlich wurden Akzeptabilitätsfragen gestellt, in denen es zu beurteilen galt, ob für einen Namen jeweils das Suffix -e (< -en) oder -s präferiert wird. Von Interesse war v.a., welche Strukturen im untersuchten Dialekt gebildet werden können und ob prosodische oder phonologische Eigenschaften des Gesamtnamens oder des FamNs die Wahl des Suffixes bestimmen.

Im untersuchten Dialekt zeigt sich ein Nebeneinander zweier Artikeltypen: Sowohl Formen mit nicht-genitivischem Artikel (*de 'Fischer Kurt, die 'Hoffmann Gerlinde*) als auch solche mit reduziertem Genitivartikel (*s Kaufmann-s 'Günter, s Stark-e 'Emma*) werden genutzt. Dabei tragen erstere den Hauptakzent immer auf dem FamN (Kompositumakzent), letztere auf dem RufN (Phrasenakzent). Nach den erarbeiteten Kategorien von Berchtold & Dammel (2014) koexistieren im untersuchten Dialekt also sowohl Komposita als auch syntaktische Phrasen mit Genitivattribut. Tabelle 3 fasst die Verteilung der Suffixe zusammen:

Tab. 3: Suffixzuweisung bei Genitivphrasen, Komposita und Familienkollektiva im Ortsdialekt von Höringen

FamN	Familienkollektiva	Genitivphrasen	Nominativ-Komposita
Einsilbig	-ə (s Kuhn-e)	-ə (s Stark-e Emma)	-ə (de Schmidt-e Hans)
Mehrsilbig	-s (s Meier-s)	-s (s Kaufmann-s Günter)	-Ø (de Fischer-Ø Lui)
mehrsilbig mit finalem Sibilanten	-s oder -ə (s Heinrich-s/ s Heinrich-e)	-s oder -ə (s Heinrich-s Rüdiger/ s Heinrich-e Christian)	-Ø oder -ə (de Heinrich-Ø Rüdiger) de Heinrich-s Rüdiger)

Im untersuchten Ortsdialekt ist die Zuweisung des Suffixes bei den phrasalen Einheiten an den prosodischen Faktor Silbenzahl gekoppelt: Einsilbige FamN flektieren mit silbischem ə-Suffix, während mehrsilbige FamN nicht-silbisches -s

---

[2] Die auf diese Weise erhobenen Referenzformen wurden hier aus Datenschutzgründen verfremdet. Lediglich die für die Analyse wichtige Prosodie und phonologische Merkmale (Auslaut des FamNs, Silbenstruktur und Akzentmuster) wurde beibehalten.

erhalten. FamN, die auf Sibilant enden (z.B *Heinrich*) können variieren. Hier ist neben dem überwiegend genutzten -*s* zwecks Aussspracheerleichterung auch das ə-Suffix möglich. Die Steuerung ist demnach outputorientiert, mit Trochäen als Zielstruktur des flektierten FamNs. Dies entspricht dem typologischen Wandel des Deutschen hin zur Wortsprache, der auch die deutsche Pluralbildung der Appellativa in großen Teilen folgt: Bei der Pluralbildung entsteht eine Reduktionssilbe als Output, die meist mit trochäischer Struktur einhergeht. Auch für das niederländische Pluralbildungssystem beschreiben Dammel, Kürschner & Nübling (2010: 607–608) ein outputorientiertes Zuweisungssystem (Einsilber flektieren auf -*en*, Mehrsilbler mit [ə], Nasal oder Liquid im Auslaut auf -*s*). Für die Zuweisung der Flexionssuffixe kann bei den Referenzformen in Höringen aufgrund ihrer Entkoppelung vom Flexionsklassensystem und dem Rückzug auf formale, d.h. phonologische Steuerung gegenüber der den Namen zugrundeliegenden Appellativa ein Komplexitätsabbau verzeichnet werden (s. Dammel, Kürschner & Nübling 2010: 629). Eine ähnliche Entwicklung hat auch die Genitivflexion der Appellative im Deutschen durchlaufen (hier gibt es nur noch die beiden phonologisch gesteuerten Allomorphe -*s* und -*əs*). Einzige Ausnahme dieses Steuerungssystems im untersuchten Dialekt bilden Referenzformen mit FamN mit mehr als zwei Silben. Auch diese erhalten das nicht-silbische *s*-Suffix, können aber keine trochäische Form annehmen.

Eine klare Distinktion von Genitivphrasen und Komposita zeigt sich auch bei der Suffigierung: Während bei den Genitivphrasen ausnahmslos suffigiert wird, stehen Komposita mit mehrsilbigen FamN ohne Suffix bzw. mit dem Ø-Allomorph (*de Fischer-Ø Kurt, die Hoffmann-Ø Gerlinde*), während solche mit einsilbigen FamN wie ihre phrasalen Pendants das ə-Suffix erhalten (*de Schmidt-e Hans*). Zusätzlich zum Faktor Silbenzahl entscheidet bei mehrsilbigen FamN also die morphologische Form darüber, ob suffigiert wird oder nicht. Im Fall der Komposita ist dies nur bei einsilbigen FamN notwendig, da die Verlängerung des FamN zum Trochäus durch ein Fugenelement den Gesamtnamen prosodisch optimiert. Anders als bei den phrasalen Referenzformen sind hier bereits trochäische FamN nicht gezwungen, Kongruenz zu einem genitivischen Artikel auszudrücken. Die Konditionierungsmuster der Familienkollektiva sind im untersuchten Dialekt identisch mit denen der phrasalen Strukturen (*s Kaufmann-s Ingrid – s Kaufmann-s; s Schmidt-e Karl – s Schmidt-e*) , was weitere Evidenz für ihre Entstehung/Genese aus genitivischen Konstruktionen liefert. Ehemalige Morphologie wird hier also v.a. prosodisch remotiviert. Auffallend ist auch, dass die Pluralflexion der Kollektiva von der Flexion herkömmlicher Plurale bei Onymen zur Bezeichnung mehrerer Individuen gleichen Familiennamens abweicht: *Die hun alle zwä Closset-e geheiraat.* 'Sie haben alle beide Personen mit dem FamN

Closset geheiratet' (im Gegensatz zum Kollektivum für die Familie: s *Closet-s*).

4.2 Soziopragmatik dialektaler Referenzformen

Sowohl die Erhebung quantitativer Daten als auch v.a. die abschließende Diskussion konnte Fragen zur Verwendungsweise der onymischen Referenzformen und zu Unterschieden in der Verwendungsweise von Phrasen und Komposita beantworten.

4.2.1 Dialektale Referenzformen als sprachliche Realisierung von Familienzugehörigkeit

Neben den Unterschieden in Morphologie und Prosodie von Genitivphrasen und Komposita erweist sich insbesondere ihre Verwendung als interessant, die je nach Status als Phrase oder Kompositum variiert. In Ortsgrammatiken werden die untersuchten Namenstrukturen meist als Reste von Genitivflexion beschrieben, die Besitz oder persönliche Zugehörigkeit ausdrücken, also possessive Funktion leisten. (s. Lindow et. al 1998: 144; Grimme 1910: 59; Boger 1935: 26; Goossens 1973: 159; Spangenberg 1998: 147; Grieger 2006: 34). Die Auswertung der Daten in Höringen bestätigt diese Bewertungen. Im qualitativen Interview wurden die InformantInnen nach Verwendungskontexten der verschiedenen Referenzformtypen befragt. Ziel war es zu ermitteln, ob die Koexistenz beider Formen in verschiedenen Verwendungskontexten auf pragmatischer Ebene begründet liegt. Die Aussagen der InformantInnen liefern positive Evidenz hierfür. Obwohl es einigen Befragten schwerfiel, über Unterschiede bei der Verwendung der verschiedenen Artikel-Typen zu reflektieren, wurden doch einige aufschlussreiche Beobachtungen gemacht.[3] Vier davon sind im Folgenden

---

3 In diesem Zusammenhang muss darauf hingewiesen werden, dass metasprachliche Reflexionen von Sprachgebrauch durch die InformantInnen nicht mit Datenmaterial aus authentischen Referenzsituationen gleichgesetzt werden kann und der tatsächliche Sprachgebrauch der SprecherInnen von deren Empfinden abweichen kann. Um diese Divergenzen einzufangen, müssen verschiedene Erhebungsmethoden kombiniert und zusätzlich Referenzsituationen, etwa durch Tischgespräche, kreiert und beide Datensätze abgeglichen bzw. komplementierend ausgewertet werden. Solche Daten liegen in der vorgestellten Studie jedoch nicht vor, werden aber aktuell in einer Nachfolgestudie, die denselben Erhebungsort einschließt, nachgeholt.

transkribiert[4]:

(1) [Auf die Frage, wie sie jemanden mit dem Namen *s Bertels Monika* beschreiben würde]
Des wär dann fer mich e Tochter *vuns alde Bertels*, die ich vielleicht schun immer kenne deed. Ich deed also diese Form nur benutze bei Leit, wo ich vielleicht schun die Eltre gekennt hab. [...] Weil des is werklich so: Bei de Sternsinger werr ich so oft gefrood: Wem sin dann die Kinner? Kennsche jo noch. Un wenn dann jetzt jemand ... zum Beispiel wenn dann *de Paul Bauer* debei is, dann deed ich nie saa: Des is de Sohn vun *de Anke Bauer*. Ich deed saa: Des *vuns Schultheiß Anke* de Sohn.
'Das wäre dann für mich eine Tochter von *den alten Bertels*, die ich vielleicht schon immer kenne. Ich würde also diese Form nur benutzen bei Leuten, deren Eltern ich vielleicht schon gekannt habe. Weil das ist wirklich so: Bei den Sternsingern werde ich so oft gefragt: Wem sind denn die Kinder? Kennst du ja noch. Und wenn dann jetzt jemand ... zum Beispiel *der Paul Bauer* dabei ist, dann würde ich nie sagen: Das ist der Sohn von *der Anke Bauer*. Ich würde sagen: Das ist der Sohn *von s Schultheiß Anke*.'
(Informantin Gruppe II, 51 Jahre)

(2) Des is dann wie bei *Kaufmanns Ingrid*. Des is dann aa also vum Elternhaus ausgehend, aach wenn die dann aach annerschder hääße deed, also net vum Mann ausgehend, sondern vun de Familie ausgehend.
'Das ist dann wie bei *Kaufmanns Ingrid*. Das ist dann vom Elternhaus ausgehend, auch wenn sie dann anders hieße, also nicht vom Mann ausgehend, sondern von der Familie.'
(Informantin Gruppe III, 24 Jahre)

In (1) und (2) wird deutlich, dass die Verankerung einer Person in einer im Erhebungsort etablierten Herkunftsfamilie eine zentrale Rolle für die Wahl der entsprechenden Referenzform spielt. Dieser Positionierung ist die Genitivphrase vorbehalten, deren Genitivattribut als Thema dient und deren phrasaler Kopf (RufN) als Rhema eingeführt wird. Als ReferentInnen werden hier zum einen Kinder, zum anderen aber auch Erwachsene genannt, bei denen eine solche Einordnung vorgenommen wird. Die Etablierung von Genitivattributen als Zugehörigkeitsmarker für RufN lässt sich diachron durch die Sozialhistorie dörflicher Kommunikationsgemeinschaften erklären. Diese Art der Referenz sedimentiert deutlich ältere und noch heute in dörflichen Kommunikationsgemeinschaften nachwirkende soziale Strukturen, in denen die Zuordnung zu und die Abhängig-

---

4 Da der Fokus auf inhaltlichen Aspekten liegt, werden die Interviewauszüge hier in standardnaher Orthographie transkribiert.

keit einer Referenzperson von ihrer Herkunftsfamilie einen hohen Stellenwert haben. In vorindustriellen, patriarchalisch strukturierten Haushaltsformen mit Produktionsfunktion, die auf dem Land vorherrschend war, spielte die Herkunftsfamilie eine zentrale Rolle, da sie die Basis für die Betriebsweitergabe bildete. Die Ehe hingegen war kein isoliertes System, sondern war der Herkunftsfamilie und deren Bedürfnissen untergeordnet, weshalb diese auch die Partnerwahl maßgeblich mitbestimmte (s. Nave-Herz 2013: 48). Erst langsam wurde dieser Status der Herkunftsfamilie von einer gattenzentrierten Familie mit dem Fokus auf Konsens zwischen den Ehepartnern abgelöst (s. Mitterauer 2009: 31). Die Weitergabe von Grundbesitz und Betrieb bzw. Haushalt an eines der Kinder war obligatorisch und sicherte die Kontinuität eines Hauses (s. Mitterauer & Sieder 1991: 78). Das spiegelte sich bis zum 19. Jh. auch in der Familiennamengebung, indem beide Ehegatten nach Eheschließung ihren Beinamen – auf dem Land waren dies meist Haus- oder Hofnamen – behielten (s. Mitterauer & Sieder 1991: 31). Zudem legte es die Haushaltsgröße, die auf dem Land seit jeher größer als in Städten war (s. Mitterauer 2009: 98) nahe, verschiedene Haushaltsmitglieder zum einen voneinander zu unterscheiden, aber auch überhaupt erst einem entsprechenden Haushalt innerhalb der Kommunikationsgemeinschaft zuzuordnen. Hierzu zählten nicht nur verwandte Familienmitglieder, sondern vielmehr im Sinne historischer ländlicher Familienstrukturen auch Mägde und Knechte (s. Mitterauer 2009: 23–24). Entsprechend wurde nach der Aussage einer Informantin Mitte des 20. Jh., als es im Erhebungsort noch Dienstpersonal gab, auf dieses formgleich zu den onymischen Genitivphrasen als *s Müllers Knäächt/Magd* referiert. Mit der Positionierung von ReferentInnen in einer familiären Einheit wird also deren Abgrenzung von anderen Einheiten innerhalb der Kommunikationsgemeinschaft vollzogen.

(3) Also wenn se älder wär schun *die Monika Bertel*. Und wenn se ganz noch e Kind is *s Bertels Monika*. Also dann würd ich die Familie in Vordergrund un denne Familie ehr Kind. Deshalb würd ich saa *s Bertels Monika*. Wenn se dann awwer schun erwachsen is, dann is se schun selbststännisch un gehert dann nimmer so in die Familie. Also, ich würd erschd die Familie in de Vordergrund stelle un dann saa *s Bertels Monika*. Un wenn se erwachse is, würd ich umgekehrt rede. [...] Nur wenn se Familie hat un dann schun seriöser erscheint, dann würd ich dann des annerschder benenne. Wenn se noch dort wohnt un wenn se dann kä eigene Familie hat un so weiter un dann noch jung is, dann gehert se zu *s Bertels*. Un später isses dann *die Frau Monika Bertel*.
'Also wenn sie älter wäre, würde ich schon *die Monika Bertel* sagen. Und wenn sie noch ein Kind ist, *s Bertels Monika*. Also dann würde ich die Familie in den Vordergrund stellen und sie wäre dann das Kind dieser Familie. Deshalb würde ich sagen *s Bertels Monika*. Wenn sie dann aber schon erwachsen ist, dann ist sie schon selbstständig und gehört

nicht mehr so zur Familie. Also, ich würde erst die Familie in den Vordergrund stellen und dann *s Bertels Monika* sagen. Und wenn sie erwachsen ist, würde ich umgekehrt sprechen. Nur wenn sie Familie hat und dann schon seriöser erscheint, dann würde ich sie anders benennen. Wenn sie noch dort wohnt und noch keine eigene Familie hat und noch jung ist, dann gehört sie zu *s Bertels*. Und später ist sie dann *die Frau Monika Bertel*.'

(Informant Gruppe I, 75 Jahre)

(4) Die *'Gebhardt Rita* geht uff jeden Fall nur, wenn die aa werklich so hääßt. Bei *s Gebhardts 'Rita* zum Beispiel geht's aach, dass se nur es Kind vun *s Gebhardte* is. Die kann awwer geheiraad hun un mittlerweile annderscht hääße odder so. Awwer des muss net so sei. Sie kann aach immer noch so hääße oder sie kann aach ingeheiraat sei.

'Die *'Gebhardt Rita* geht auf jeden Fall nur, wenn sie auch wirklich so heißt. Bei *s Gebhardts 'Rita* zum Beispiel geht es auch, dass sie nur das Kind von *Gebhardts* ist. Sie kann aber geheiratet haben und mittlerweile anders heißen oder so. Aber das muss nicht so sein. Sie kann auch immer noch so heißen oder sie kann auch eingeheiratet sein.'

(Informantin, Gruppe II, 55 Jahre)

(3) und (4) geben weiter Aufschluss über die Eigenschaften, die SprecherInnen ReferentInnen zuschreiben, auf die mit Genitivphrase referiert wird. Im Fokus stehen hier weibliche Referenten.

Die Verwendung von Genitivphrasen ist blockiert für verheiratete Frauen, wenn man auf diese mit einem bei der Heirat angenommenen FamN referiert, wenn sie also ihre Herkunftsfamilie verlassen. Aus diesem Grund ist bei nicht ortsfesten weiblichen Referenzpersonen meist gar keine Benennung durch Genitivphrase möglich, da der Geburtsname nicht bekannt bzw. nicht gebräuchlich ist. Einzige Ausnahme stellen ortsfremde Frauen dar, die bereits für eine lange Zeitspanne in eine ortsansässige Familie eingeheiratet sind. Da deren Herkunftsfamilie in der Kommunikationsgemeinschaft unbekannt ist, können sie der Herkunftsfamilie des Ehegatten durch Referenz mit Genitivphrase und dessen FamN zugeordnet werden. So wird z.B. aus *s Iselborn-s Helene* nach vielen Jahren im Erhebungsort *s Kaufmann-s Helene*. Die Wahrscheinlichkeit der Verwendung von Genitivphrasen sinkt zudem mit dem Grad familiärer Unabhängigkeit der Referenzpersonen, d.h. lebt eine weibliche Referenzperson noch im Haushalt der Eltern und/oder steht sie in einem starken Abhängigkeitsverhältnis zum Elternhaus, werden Genitivphrasen verwendet. Mit zunehmendem Alter, eigener Haushaltsgründung, finanzieller Selbstständigkeit oder Heirat verdient sich eine Referentin mehr Respekt. Ihrer Unabhängigkeit und Eigenständigkeit kann dann auch sprachlich entweder durch ein dialektales Kompositum (*die Stark-e Emma*) oder durch eine standardnähere Konstruktion mit vorangestellten RufN (*die*

Ingrid Kaufmann) entsprochen werden. Die Possessor-Funktion des phrasalen Attributs wirkt noch deutlich nach. Als mögliche ReferentInnen für Genitivphrasen werden also zusammengefasst genannt:
1. Kinder und Jugendliche bzw. junge Erwachsene beider Geschlechter zur Einordnung in eine ortsansässige Familie (*s Müller-s Torsten*)
2. Unverheiratete Töchter ortsfester Familien, oft auch verwendet, wenn die Eltern bekannter sind als die bezeichnete Tochter selbst (*s Kaufmann-s Ingrid*)
3. Verheiratete weibliche Referenzpersonen, die den FamN ihres Mannes angenommen haben, die man aber aus Gründen der bestmöglichen Identifizierung noch mit ihrem Geburtsnamen benennt (z.B. im Gespräch mit älteren Ortsbewohnern, die ggf. mit neuen FamN nicht vertraut sind) (*s Willebacher-s Renate*)
4. Männliche Referenzpersonen in Situationen, in denen es wichtig erscheint, sie in familiäre Kontexte einzuordnen (*s Schmidt-e Hans*)

Für Komposita scheinen die pragmatischen Aufladungen weniger differenziert auszufallen, jedoch werden hier einige Einschränkungen genannt: Während für männliche Referenzpersonen das Kompositum den Normalfall darstellt, wird diese Form für weibliche Referenzpersonen als markiert empfunden und stattdessen zu standardnäheren Formen gegriffen. Zudem beschränkt sich die Verwendung des Kompositums für weibliche Referenten immer auf den aktuellen FamN. Referenz mit dem Geburtsnamen (falls Namenswechsel stattfand) ist nicht möglich. Durch die Heirat einer Referentin entsteht demnach kein gleichwertiges Abhängigkeitsverhältnis zum Ehemann (denn Genitivphrasen mit dem FamN des Ehemannes als Possessor wären durchaus möglich, treten aber nur in obengenanntem Ausnahmefall einer sehr langen Ortsansässigkeit auf). Dagegen unterstreicht die Referenz auf eine verheiratete Frau mit einem Kompositum die Ablösung der Referentin von der Herkunftsfamilie. Während allerdings zur Bezeichnung sowohl unverheirateter als auch verheirateter weiblicher Referenzpersonen jederzeit auf Genitivphrasen (im Falle eines Namenwechsels mit deren Geburtsnamen) zurückgegriffen werden kann, ist dies für männliche Referenten mit Erreichen eines bestimmten Alters nur noch selten möglich, nämlich dann, wenn die Zuordnung zur Herkunftsfamilie betont werden soll.

Auch Roolfs (2016) beschreibt asymmetrische Benennungspraktiken für Männer und Frauen: So werden in Mecklenburg-Vorpommern in Belegen um 1880 generell junge Mädchen und unverheiratete Frauen genitiviert (s. Roolfs 2016: 61). Bei Bach (1952: 70) finden sich weitere Beispiele:

O Fricke-Oldenburg stellt für Doernten (Kr. Goslar) fest: "Erwachsene werden nur *August Fricke, Friedrich Éggers* usw. genannt; bei Kindern und Jugendlichen steht daneben *Fricken Áugust, Eggers Fríedrich* (...) Bei Mädchen ist in der Mundart die letztere Form fast ausschließlich üblich: *Fricken Maríechen, Eggers Heléne* (...).

Flores Flores (2014: 309) findet bei der Untersuchung des luxemburgischen Kinderbuches von Milly Thill, dass sie für männliche Referenten Formen mit Artikel, für weibliche Referenten solche ohne Artikel. Ähnliche Verhältnisse findet Flores Flores (2014: 309) auch bei direkten Erhebungen. Geschlechterdifferenzen in der Wahl der Referenzform sind bereits in historischen Sozialstrukturen begründet: Im Familienrecht des Preußischen Landrechts (ALR), das im 18. Jahrhundert entstand und das vorindustrielle patriarchale Familienmodell dokumentiert, war der Hausvater als Familienoberhaupt für seine Kinder sowohl Vormund als auch Dienstherr. Das Vermögen seiner Kinder stand ihm zum Nießbrauch zu und nur er konnte über eine Eheschließung derselben bestimmen. Auch sind hier gravierende Unterschiede zwischen Söhnen und Töchtern festgehalten: Während bei Söhnen im Alter von 24 Jahren, also mit ihrer Volljährigkeit, die väterliche Gewalt mit der Gründung einer eigenen Wirtschaft endete, mussten Töchter trotz Volljährigkeit oder Heirat mittels einer Erklärung des Familienoberhauptes aus dieser Gewalt entlassen werden. Bei unverheirateten Töchtern konnte diese Entlassung erst durch den Tod des Vaters vollzogen werden. Auch konnten volljährige Söhne gegen den Willen des Vaters Erwerbsarbeit annehmen und sich damit aus dessen Gewalt lösen (vgl. Beer 1990: 168–175). Hier zeigt sich nicht nur, dass Kinder gesetzlich als Besitztümer des Hausvaters gehandelt wurden, zusätzlich wird deutlich, dass seit jeher das Abhängigkeitsverhältnis zur Herkunftsfamilie bzw. zum Familienoberhaupt für Töchter ungleich stärker galt. Sie besaßen weniger freie Entscheidungsgewalt über ihr Leben als Söhne, was sich noch heute im Referenzsystem niederschlägt. Mit anderen Worten: Kinder werden in dialektalen Referenzformen auch auf sprachlicher Ebene in Abhängigkeit zu ihrer Herkunftsfamilie gestellt. Jedoch werden Töchter in einem stärkeren Abhängigkeitsverhältnis wahrgenommen. Zugehörigkeit bzw. Abhängigkeit zur Familie auszudrücken ist bis heute für weibliche Referenten wesentlich wichtiger als für männliche.

Obwohl durch die Referenz mit Komposita isoliert betrachtet also weniger pragmatische Bedeutung mitgeliefert wird, kann das ausdifferenzierte pragmatische Zuweisungssystem nur durch die Existenz beider Formen bestehen. Die Interviews dokumentieren nicht nur den pragmatischen „Mehrwert" der Differenzierung zwischen Genitivphrasen als Zugehörigkeitsmarker und Komposita als Unabhängigkeitsmarker, sondern auch eine Geschlechterdistinktion, bei der Genitivphrasen hauptsächlich weiblichen und Komposita männlichen Referenzpersonen vorbehalten sind. Es lässt sich festhalten, dass in dörflichen Kommunikationsgemeinschaften weibliche Referenten auf sprachlicher Ebene – und damit auch auf Bewusstseinsebene – ihr Leben lang 'Tochter' bleiben können, während schon junge Männer automatisch den Status 'Sohn von' ablegen und unabhängig davon, ob sie durch Heirat aus der familiären Abhängigkeit gelöst werden, als selbstständig konzipiert werden. Diese sprachliche Distinktion wird gegenwärtig weiter ausgebaut, wie Kap. 4.2.2 zeigt.

4.2.2 Abbau, Remotivierung und Neufunktionalisierung

Durch die Befragung von SprecherInnen dreier Generationen können Entwicklungstendenzen dialektaler Referenzformen erfasst werden. Insgesamt ist ein Abbau des Referenzsystems mit präponiertem FamN zu verzeichnen. Während in der ältesten InformantInnengruppe noch drei von vier SprecherInnen das Muster problemlos mit den in 4.1 herausgearbeiteten prosodischen Zuweisungsregeln produktiv auf fiktive Namen anwenden konnten und nur ein Sprecher je nach vorgegebenem Namen zwischen solchen Formen und standardnäheren Formen mit vorangestelltem RufN variierte, gibt es in den beiden jüngeren Generationen jeweils bei drei von vier InformantInnen starke Variation; die restlichen beiden SprecherInnen nutzten durchgehend standardnähere Formen mit der Reihenfolge RufN+FamN. V.a. in der jüngsten Gruppe herrschte Unsicherheit bei der Bildung von Referenzformen zu fiktiven Namen: Während für ortsbekannte ReferentInnen entsprechende Referenzformen zwar noch reproduziert werden, werden diese Bildungsmuster bei fiktiven Onymen nicht mehr produktiv für Neubildungen genutzt.

Tab. 4: Gewählte Referenzformen für fiktive Namen bei 12 SprecherInnen aus 3 Altersgruppen (absolute Zahlen)

Verwendete Referenzformen / Alter der InformantInnen	70+	45–60	20–35
FamN+RufN	3	0	0
Variation der Reihenfolge	1	3	3
RufN+FamN	0	1	1

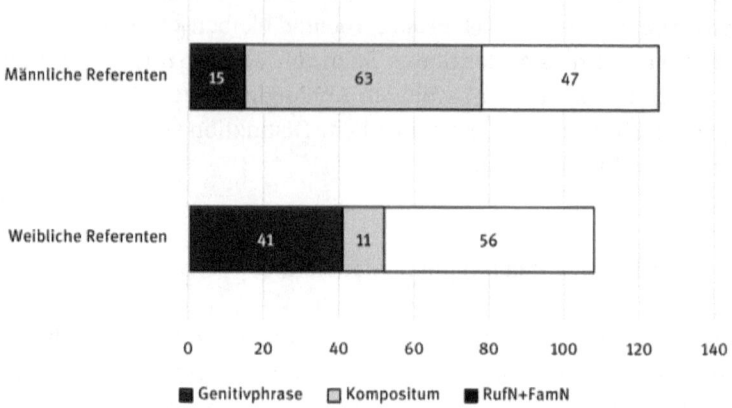

Abb. 1: Referenzformen für männliche und weibliche Referenten bei 233 Übersetzungen fiktiver Namen (absolute Zahlen)

Abbildung 1 verdeutlicht, dass in den Fragestellungen mit fiktiven Namen nur für einen geringen Teil männlicher Referenzpersonen die Genitivphrase genutzt wird (15 Referenzen). Bevorzugt wird hier zum Kompositum gegriffen (63 Referenzen). Dieses hingegen ist bei weiblichen Referenzpersonen nahezu ungenutzt (11 Referenzen). Hier werden die Genitivphrase (41 Referenzen) oder die standardnähere Form mit Artikel und vorangestelltem RufN (56 Referenzen) präferiert.

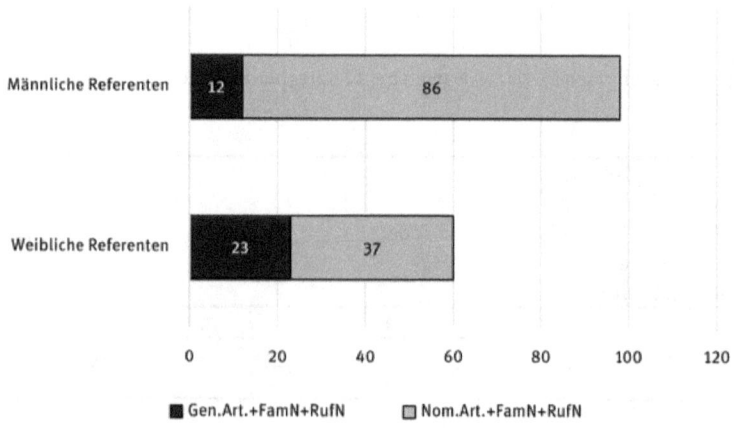

Abb. 2: Referenzformen mit genitivischem und nicht-genitivischem Artikel auf männliche und weibliche Referenten bei 158 Realnamen

Das Korpus aus 158 Realnamen-Types von Personen im Untersuchungsort (Abbildung 2) zeigt ähnliche Ergebnisse, wobei hier Formen mit der Reihenfolge RufN+FamN ausgeschlossen sind. Auch hier werden Genitivphrasen nur selten für männliche Referenzpersonen vergeben (12 Referenzen), während ihr Anteil bei weiblichen Referenzpersonen wesentlich höher ist (23 Referenzen). Demnach ist im Erhebungsort eine Bevorzugung phrasaler Strukturen mit Genitivartikel für weibliche Referenzpersonen zu beobachten. Aus dem qualitativen Interview geht zudem hervor, dass dieser Trend v.a. bei den jüngeren InformantInnen einsetzt: Während die Genitivphrase für die SprecherInnen der Gruppe „70+" und teilweise der Gruppe „45–60 Jahre" auch für männliche Referenzpersonen angemessen erscheint, lehnen die InformantInnen der Gruppe „20–35 Jahre" diesen Verwendungskontext überwiegend ab mit der Begründung, die Struktur sei explizit weiblichen Referenten vorbehalten.

Tab. 5: Wandel in der Soziopragmatik bei Referenzformen mit Genitivartikel im Ortsdialekt von Höringen

Genitivphrase	70+	45–60 Jahre	20–35 Jahre
für weibliche Referenten (s Kaufmann-s Ingrid)	bevorzugt	bevorzugt	möglich
für männliche Referenten (s Schmidt-e Hans)	möglich	möglich	nicht möglich

Aus der Unsicherheit v.a. jüngerer SprecherInnen bei der Zuweisung von Referenzformen entstehen Versuche reanalytischer Neufunktionalisierungen. Die bereits für den Ausdruck von Familienzugehörigkeit beschriebenen asymmetrischen Benennungspraktiken für ReferentInnen verschiedenen Geschlechts werden aufgegriffen und übergeneralisiert. Die Genitivphrase wird zum exklusiven Benennungsmuster für weibliche Referenten reanalysiert, d.h. zuvor über andere pragmatische Parameter gesteuerte Referenzformen werden nun an Gender gekoppelt. Nach Harnisch & Krieger (2017: 84) können Remotivierungen nicht nur zeichengebunden, sondern auch gebrauchsbasiert auftreten. Durch Re-Lokution wird kontextabhängiger Bedeutung, d.h. inhaltsleerem Sprachmaterial, das lediglich im Gesprächskontext pragmatische Funktion erhält (*s Kaufmann-s Ingrid* 'Ingrid aus der Familie Kaufmann'), kontextunabhängige Bedeutung zugewiesen. Genitivphrasen und Komposita, die zuvor Familienzugehörigkeit oder -unabhängigkeit als pragmatische Information mitlieferten, werden grammatisch remotiviert und fest an die Information Geschlecht gekoppelt. Solche Remotivierungen resultieren aus einem „Streben der Sprecher nach Motiviertheit sprachlicher Äußerungen" (Harnisch & Krieger 2017: 73). Die jüngere SprecherInnengeneration macht so diese Formen für den eigenen Gebrauch wieder transparent – ein Prozess, der dem Abbau des Referenzsystems zumindest zeitweise entgegenwirkt.

Dass gerade im heutigen Sprachstand das Ungleichgewicht bei der Referenz auf männliche und weibliche Personen eher vergrößert statt beseitigt wird, ist einem weiteren Faktor geschuldet: So ist der Genitivartikel *s* in Südwestdeutschland homophon mit dem neutralen Artikel, der in einigen deutschen Dialekten weiblichen RufN vorangestellt wird (vgl. *(de)s* 'des' *Kaufmann-s Ingrid* vs. *(e)s* 'das' *Ingrid*), was aktuell durch das DFG-Projekt „Das Anna und ihr Hund – Weibliche Rufnamen im Neutrum in Dialekten des Deutschen und im Luxemburgischen" untersucht wird.[5] Für diese Zusammenhänge spricht zum einen, dass auch im Untersuchungsort Höringen die genitivischen Referenzformen neutral pronominalisiert werden können: *s Kaufmanns Ingrid singt jetzt im Chor. Es hot gesaad, es singt die zwät Stimm.* 'Ingrid aus der Familie Kaufmann singt jetzt im Chor. Sie hat gesagt, sie singt die zweite Stimme'. Zum anderen besteht zwischen den Referentinnen, auf die mit Genitivphrase oder neutralem Artikel/Pronomen referiert wird, starke konzeptuelle Ähnlichkeit: Es handelt sich in Dialekten, in denen eine soziopragmatische Steuerung des Artikels/Pronomens oder der Referenzform vorliegt, oftmals um ortsgebundene Mädchen und Frauen, auf die von SprecherInnen auf kosend-vertraute Weise referiert wird (zu detaillierten Steuerungsfaktoren siehe genauer Nübling, Busley & Drenda 2013; Nübling 2017; Busley & Fritzinger 2018; Busley & Fitzinger in diesem Band; Rosar in diesem Band). Sowohl die Homophonie als auch die pragmatischen Zuweisungsregeln, die mit den beiden referenziellen Ausdrücken verknüpft sind, und die konzeptuelle Ähnlichkeit der Referentinnen lassen SprecherInnen diese als Gesamtkonzept wahrnehmen und fördern die Remotivierung der Genitivphrase als Marker für Geschlecht weiter, indem der reduzierte Genitivartikel zum neutralen nominativischen Artikel reanalysiert wird. Als Bindeglied für diese Entwicklung können zudem diminuierte Kombinationen aus FamN und RufN betrachtet werden, die formgleich mit Genitivphrasen sind, jedoch aufgrund der Diminution des RufN einen neutralen Artikel führen müssen: *s Willebacher-s Minche, s Peisch-e Linche*.

---

5 Für weitere Informationen zum Projekt s. http://www.namenforschung.net/weibliche-rufnamen-im-neutrum/projektvorstellung (22.06.2018)

4.2.3 ReferentIn und Gesprächssituation

Das qualitative Interview gab Aufschluss über weitere Faktoren, die die Wahl dialektaler vs. standardnäherer Referenzformen sowie die Wahl von Genitivphrasen vs. Komposita beeinflussen. Als wichtigste Voraussetzung für die Verwendung dialektaler Referenzformen ist die Ortsansässigkeit zu nennen. Auch Berchtold & Dammel (2014) und Werth in diesem Band identifizieren für den alemannischen Dialekt in Feldkirch Ortsansässigkeit der Referenzperson als entscheidendes Zuweisungskriterium: Mit vorangestelltem RufN wird vorwiegend auf Auswärtige referiert. Referenzformen mit Genitivartikel stehen in Feldkirch für Bekanntheit der Person, die nicht-genitivische Artikelvariante ist unbekannten ReferentInnen vorbehalten (s. Berchtold & Dammel 2014: 257), Auch hier wird eine pragmatische Unterscheidung von Komposita und Genitivkonstruktionen praktiziert, die allerdings unabhängig von Geschlecht oder Familienzugehörigkeit der Referenzpersonen wirkt. In Höringen werden ortsfremden, zugezogenen oder dem Sprecher unbekannten Referenzpersonen standardnähere Referenzformen mit der Abfolge RufN+FamN zugewiesen. Somit findet das Benennungssystem mit präponiertem FamN nur innerhalb der Ortsgrenzen Anwendung. Der Umfang von Ortsansässigkeit geht hier jedoch über die Dauer hinaus, die eine einzelne Referenzperson im Ort ansässig ist. Stattdessen ist sie als generationenübergreifende Ortsansässigkeit ganzer Familien zu fassen, deren jüngere Mitglieder durch die Positionierung innerhalb einer ortsansässigen Herkunftsfamilie Bekanntheit erlangen. Dies dokumentiert ein Gespräch innerhalb der Interviews, in dem von den InformantInnen zwei ortsansässige Ehepaare mit dem FamN *Schmidt* erwähnt werden, für die jedoch distinkte Benennungsmuster gewählt werden: Für das Paar, das zwar im Ort gut bekannt und in ortsansässige Vereine eingebunden ist, allerdings aus dem ripuarischen Raum zugezogen ist und den Ortsdialekt nicht beherrscht, werden die standardnäheren Formen *die Emmi Schmidt, de Hans Schmidt* gewählt, während auf das andere Ehepaar, deren beider Familien bereits seit mehreren Generationen im Ort vertreten sind und die den Ortsdialekt beherrschen, mit *die Schmidt-e Ella* und *de Schmidt-e Heiner* referiert wird. Entscheidend bei der Wahl einer Referenzform ist auch die Bekanntheit der Referenzperson bei SprecherInnen und deren Einschätzung über die Bekanntheit dieser ReferentInnen bei deren GesprächspartnerInnen. Ist eine ortsansässige Person gemeinhin als *s Müller-s Sandra* bekannt, kann auf sie durch SprecherInnen, denen sie unbekannt ist, dennoch mit *die Sandra Müller* referiert werden. Kinder und Jugendliche werden zudem auch deshalb bevorzugt mit Genitivphrasen bezeichnet, weil sie bei SprecherInnen oft weniger bekannt sind als die Familie, zu der Zugehörigkeit ausgedrückt wird. Zusätzlich spielt der

Grad der Vertrautheit zwischen SprecherIn und HörerIn bzw. deren eigene (mehrgenerationale) Ortsansässigkeit in die Wahl der Referenzform hinein. Gegenüber unbekannten oder nicht ortsansässigen SprecherInnen werden Formen mit präponiertem FamN meist vermieden; das ortsspezifische Referenzsystem bleibt Insidern vorbehalten. Aus den Ergebnissen der Interviews lässt sich schließen, dass der Grad an Dialektalität der Referenzform mit dem Insiderstatus der Referenzpersonen korreliert: Die Genitivphrase kann sowohl als die dialektalste Variante betrachtet werden, da sie den im Standarddeutschen abgebauten synthetischen Genitiv konserviert, als auch als diejenige, die den Ausdruck von Insiderstatus maximal leistet, da sie eine Referenzperson innerhalb einer ortsgebundenen Familie positioniert und damit ein Referenzsystem nutzt, das ortsfesten Insidern vorbehalten ist. Der Grad an Dialektalität sinkt mit zunehmender Distanz (z.B. durch Wegzug einer Referenzperson) oder mehr Respekt gegenüber einer Referenzperson.

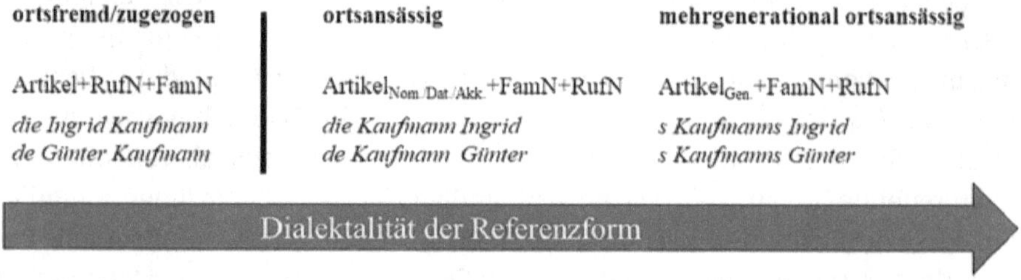

ortsfremd/zugezogen	ortsansässig	mehrgenerational ortsansässig
Artikel+RufN+FamN	Artikel$_{Nom./Dat./Akk.}$+FamN+RufN	Artikel$_{Gen.}$+FamN+RufN
die Ingrid Kaufmann	*die Kaufmann Ingrid*	*s Kaufmanns Ingrid*
de Günter Kaufmann	*de Kaufmann Günter*	*s Kaufmanns Günter*

→ Dialektalität der Referenzform

Abb. 3: Dialektsgrad von Referenzformen in Höringen

Auch der Bekanntheitsgrad des FamNs bestimmt die Referenzform mit: Je fremder ein FamN für SprecherInnen klingt (z.B. *Labowski*) und je seltener er im Ort bzw. in der Region vertreten ist, desto seltener treten dialektale Referenzformen auf. Nicht zuletzt entscheidet auch die gesamtprosodische Struktur der Referenzform darüber, ob eine solche verwendet wird. So wurden Formen wie *de Kinnerdick Tim* z.B. von SprecherInnen abgelehnt, da die Gesamtprosodie nicht stimmig sei.

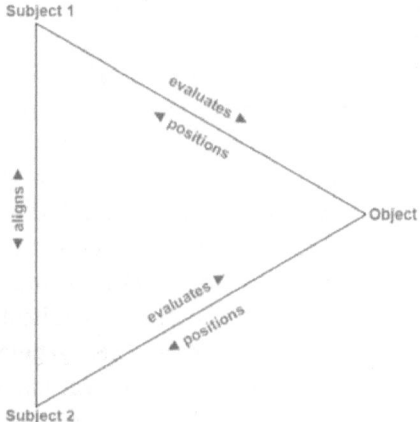

Abb. 4: Stance Triangle nach Du Bois (2007: 163)

Ausschlaggebend ist also die Position der SprecherInnen und HörerInnen sowie deren Beziehung zur unbeteiligten Referenzperson und die Schlüsse, die SprecherInnen über die Beziehungen zwischen HörerIn und Referenzperson ziehen. Veranschaulicht hat dies Du Bois (2007: 163) im Stance Triangle. „We make it our business to know where the other players stand, who they stand with, and where they're headed" (Du Bois 2007: 173). Bei der Referenz auf Personen oder Objekte werden diese ebenso wie der Gesprächspartner oder die Gesprächspartnerin beurteilt, wobei sich beide SprecherInnen in ihrer Relation zum Referenzobjekt positionieren und so nach dem jeweils anderen ausrichten. Insgesamt hängt die Wahl der Formen mit präponiertem FamN also von einem komplexen pragmatischen Geflecht ab, das als Zusammenspiel verschiedener Parameter die Wahl einer Referenzform steuert.

5 Fazit und Ausblick

Die vorliegende Untersuchung hat gezeigt, dass Dialekte in Referenzen durch Namen nicht nur alte Flexionsmuster konservieren, sie funktionalisieren diese sogar neu. Dies gilt auch für dialektale Referenzformen mit präponiertem FamN, die aufgrund des meist nur etymologischen Interesses an Namen bislang der Onomastik und Linguistik entgangen sind. Undurchsichtig gewordene Morphologie (Genitivflexive bzw. Fugenelemente) wird nun durch Prosodie (Trochäenprinzip) bzw. Phonologie (-*e(n)* nach Sibilant) reguliert. Anders als in vielen anderen deutschen Dialekten und im Standarddeutschen sind im untersuchten Dialekt Genitivphrasen noch prosodisch als solche intakt (Akzent auf dem Possessum) und opponieren mit nicht-genitivischen Komposita mit Kompositumakzent. Das Vorhandensein zweier Benennungsverfahren (Genitivphrase und Kompositum) resultiert aus einer pragmatischen Unterscheidung dieser beiden Referenzformen. Hier sind in dörflichen Kommunikationsgemeinschaften noch immer prominente soziale Strukturen sedimentiert, die die Bedeutsamkeit der Positionierung des Individuums in seiner ortsansässigen Herkunftsfamilie und die enge konzeptuelle Zusammengehörigkeit jüngerer und v.a. weiblicher Mitglieder zu deren Herkunftsfamilien sprachlich reflektieren. Dass gegenwärtig eine klare formale Trennung zwischen Formen bei der Referenz auf männliche und weibliche Referenzpersonen angestrebt wird und damit eine größere Kluft zwischen den beiden möglichen Referenzformen entsteht, ist zum einen dem formalen Zusammenfall mit dem neutralen nominativischen Artikel geschuldet (*s Kaufmanns Ingrid – s Ingrid*), zum anderen manifestiert sich hier aber auch der Versuch v.a. jüngerer SprecherInnen, das Vorhandensein zweier Varianten (Kompositum und Phrase) zu remotivieren und an die Information „Geschlecht" zu binden. Die Untersuchung zeigt, dass dialektale Referenzformen auf mehreren Ebenen (Prosodie, Morphologie, Pragmatik) interessante Entwicklungen vollziehen und im Standard abgebaute Morphologie konservieren, wobei diese nicht nur durch eine stabile prosodische Steuerung ersetzt und durch pragmatische Faktoren remotiviert wird. Das Feld dieser Referenzsysteme ist noch nicht ansatzweise erschlossen, da sie ortsspezifisch und sehr kleinräumig variieren können. Weitere Desiderata bestehen darin, diese Systeme mit der Erhebung von Daten aus authentischen Referenzsituationen kontrastiv zu dokumentieren und Gemeinsamkeiten und Unterschiede zu identifizieren, um damit Aussagen nicht nur über morphologische, sondern auch gesellschaftliche Entwicklungen in Dialekten und Ortsnetzwerken zu ermöglichen.

Literatur

Ackermann, Tanja (2018): *Grammatik der Namen im Wandel. Diachrone Morphosyntax der Personennamen im Deutschen* (Studia Linguistica Germanica). Berlin, Boston: de Gruyter.
Bach, Adolf (1952): Die Verbindung von Ruf- und Familiennamen in den deutschen, insbesondere den rheinischen Mundarten. *Rheinische Vierteljahrsblätter* 17, 66–88.
Beer, Ursula (1990): *Geschlecht, Struktur, Geschichte. Soziale Konstituierung des Geschlechterverhältnisses*. Frankfurt, New York: Campus Verlag.

Behaghel, Otto (1911): *Geschichte der deutschen Sprache*. 3. vollständig umgearbeitete Auflage- Straßburg: Trübner.
Berchtold, Simone & Antje Dammel (2014): Kombinatorik von Artikel, Ruf- und Familiennamen in Varietäten des Deutschen. In Friedhelm Debus, Rita Heuser & Damaris Nübling (Hrsg.), *Linguistik der Familiennamen*, 249–280. (Germanistische Linguistik 225–227). Hildesheim u.a.: Olms
Boger, Karl W. (1935): *Die Mundart des Enz-Pfinz-Gebiets nach Lauten und Flexion*. Diss. Stuttgart: J. Fink.
Busley, Simone & Julia Fritzinger (2018): Em Stefanie sei Mann – Frauen im Neutrum. In Stefan Hirschauer & Damaris Nübling: *Namen und Geschlechter*, 191–214. Berlin, Boston: de Gruyter.
Cornelissen, Georg (2014): Genitivierung bei vorangestellten Familiennamen im Kleverländischen. Rezente Befunde und diachrone Befunde. In Friedhelm Debus, Rita Heuser & Damaris Nübling (Hrsg.), *Linguistik der Familiennamen* (Germanistische Linguistik 225–227), 281–296. Hildesheim u.a.: Olms.
Cornellissen, Georg (2016): „mit doep- unnd toname"? Personennamen als Teil einer Sprachgeschichte des Dorfes – mit Beispielen vom Niederrhein. In Friedel Helga Roolfs (Hrsg.), *Bäuerliche Familiennamen in Westfalen*, 71–81. Münster: Aschendorff.
Dammel, Antje, Sebastian Kürschner & Damaris Nübling (2010): Pluralallomorphie in den germanischen Sprachen: Konvergenzen und Divergenzen in Ausdrucksverfahren und Konditionierung. In Antje Dammel, Sebastian Kürschner & Damaris Nübling (Hrsg.), *Kontrastive germanistische Linguistik* (Germanistische Linguistik 206–209), 587–642. Hildesheim: Olms.
Du Bois, John W. (2007): The stance triangle. In Robert Englebretson (Hrsg.), *Stance-Taking in Discourse. Subjectivity, Evaluation, Interaction*, 139–182. Amsterdam: John Benjamins.
Ebert, Robert Peter (1999): *Historische Syntax des Deutschen II. 1300–1750*. 2. überarbeitete Auflage. (Reihe Germanistische Lehrbuchsammlung, Bd. 6. Hrsg. von Hans-Gert Roloff). Berlin: Weidler.
Flores Flores, W. Amaru (2014): Zur Grammatik der Familiennamen im Luxemburgischen. Kombinatorik mit Rufnamen, Bildung des Plurals und Movierung. In Friedhelm Debus, Rita Heuser & Damaris Nübling (Hrsg.), *Linguistik der Familiennamen* (Germanistische Linguistik 225–227), 297–320. Hildesheim u.a.: Olms.
Fried, Eugen (1922): *Die Elwetrittschejagd. Gedichte in Pfälzer Mundart*. Landau/Pfalz: Verlag von Ed. Kauflers Buchhandlung.
Goossens, Jan (Hrsg.) (1973): *Niederdeutsch. Sprache und Literatur. Eine Einführung*. Bd. 1: Sprache. Neumünster: Karl Wachholtz Verlag.
Grieger, Harry (2006): *Schtoothööwa Plaut – Stutthöfer Platt. Kurze Einführung in einen erlöschenden westniederpreußischen Dialekt*. München: Lincom Europa.
Grimme, Hubert (1910): *Plattdeutsche Mundarten*. Leipzig: G. J. Göschen'sche Verlagshandlung.
Harnisch, Rüdiger & Manuela Krieger (2017): Die Suche nach mehr Sinn: Lexikalischer Wandel durch Remotivierung. In Florentine Dehm, Hans Ulrich Schmidt & Franziska Spranger (Hrsg.), *Jahrbuch für germanistische Sprachgeschichte 8: Wörter, Wortbildung. Lexikologie und Lexikographie, Etymologie*, 71–89. Berlin, Boston: de Gruyter.
Krier, Fernande (2014): Flektierte Familiennamen im Luxemburgischen. *Dialectologica et Geolinguistica* 22 (1). Berlin, Boston: de Gruyter, 5–15.

Kunze, Konrad (2004): *dtv-Atlas Namenkunde. Vor- und Familiennamen im deutschem Sprachgebiet*. 5. durchgesehene und korrigierte Auflage. München: Deutscher Taschenbuchverlag.
Lindow, Wolfgang et. al (1998): *Niederdeutsche Grammatik*. Bremen: Verlag Schuster Leer.
Macha, Jürgen (2005): *Deutsche Kanzleisprache in Hexenverhörprotokollen der Frühen Neuzeit*. Bd. 1. Berlin, New York: de Gruyter. 2005.
Mitterauer, Michael (2009): *Sozialgeschichte der Familie. Kulturvergleich und Entwicklungsperspektiven* (Basistexte Wirtschafts- und Sozialgeschichte Band 1). Wien: Braumüller.
Mitterauer, Michael & Reinhard Sieder (1991): *Vom Patriarchat zur Partnerschaft. Zum Strukturwandel der Familie*. 4. Auflage (Beck'sche Reihe 158). München: Beck.
Mottausch, Karl-Heinz (2004): Familiennamen als Derivationsbasis im Südhessischen: Bezeichnung von Familien und Frauen in Synchronie und Diachronie. *Zeitschrift für Dialektologie und Linguistik* 121 (3). Stuttgart: Franz Steiner Verlag, 307–330.
Müller, Richard (1984): *Mei Herz is uff die Palz geeicht. Gedichte in „pälzer Sprooch"*. Otterbach: Frainz Arbogas.
Münch, Paul (1981): *Gesammelte Werke*. Bd. 1. Neustadt/Weinstraße: Pfälzische Verlagsanstalt.
Nave-Herz, Rosemarie (2013): *Ehe- und Familiensoziologie. Eine Einführung in Geschichte, theoretische Ansätze und empirische Befunde*. 3. überarbeitete Auflage. Weinheim/Basel: Beltz Juventa.
Nübling, Damaris (2012): Auf dem Weg zu Nicht-Flektierbaren: Die Deflexion der deutschen Eigennamen diachron und synchron. In Björn Rothstein (Hrsg.) *Nicht-flektierende Wortarten*. (Reihe Linguistik – Impulse & Tendenzen 47), 224–246. Berlin, New York: de Gruyter.
Nübling, Damaris (2017): Funktionen neutraler Genuszuweisung bei Personennamen und Personenbezeichnungen im germanischen Vergleich. *Linguistische Berichte*, Sonderheft 23 "Namengrammatik", 173–211.
Nübling, Damaris & Renata Szczepaniak (2010): Was erklärt die Diachronie für die Synchronie der deutschen Gegenwartssprache? Am Beispiel schwankender Fugenelemente. In Hans-Ulrich Schmid (Hrsg.): *Perspektiven der germanistischen Sprachgeschichtsforschung. Jahrbuch für germanistische Sprachgeschichte*. Bd. 1, 205–224. Berlin, New York: de Gruyter.
Nübling, Damaris & Mirjam Schmuck (2010). Die Entstehung des s-Plurals bei Eigennamen als Reanalyse vom Kasus zum Numerusmarker. *Zeitschrift für Dialektologie und Linguistik* 77 (2), 145–182.
Nübling, Damaris, Simone Busley & Juliane Drenda (2013): *Dat Anna und s Eva* – Neutrale Frauenrufnamen in deutschen Dialekten und im Luxemburgischen zwischen pragmatischer und semantischer Genuszuweisung. *Zeitschrift für Dialektologie und Linguistik* 80 (2), 152–196.
Roolfs, Friedel H. (2016). *Anna Bergmann* und *Maria Witten*. Parentale Femininmovierung von Familiennamen in westfälischen Varietäten. In Friedel H. Roolfs (Hrsg.), *Bäuerliche Familiennamen in Westfalen*, 57–70. Münster: Aschendorf-Verlag.
Schirmunski, Viktor M. (2010): *Deutsche Mundartkunde. Vergleichende Laut- und Formenlehre der deutschen Mundarten*. Herausgegeben und kommentiert von Larissa Naiditsch. Frankfurt/Main: Peter Lang.
Schlücker, Barbara (2012): Die deutsche Kompositionsfreudigkeit. Übersicht und Einführung. In Livio Gaeta & Barbara Schlücker (Hrsg.), *Das Deutsche als kompositionsfreudige*

Sprache. Strukturelle Eigenschaften und systembezogene Aspekte (Linguistik - Impulse & Tendenzen 46), 1–25. Berlin, New York: de Gruyter.

Spangenberg, Karl (1998): *Die Umgangssprache im Freistaat Thüringen und im Südwesten des Landes Sachsen-Anhalt*. Rudolstadt: Hain.

Weiß, Helmut. (1998): *Syntax des Bairischen. Studien zur Grammatik einer natürlichen Sprache* (Linguistische Arbeiten 391). Tübingen: Niemeyer.

Weiß, Helmut (2014): Really weird subjects. The syntax of family names in Bavarian. In Günther Grewendorf, Günther & Helmut Weiß (Hrsg.), *Bavarian syntax. Contributions to the theory of syntax*. Amsterdam: Benjamins.

Index

Adressierung 340
Agentivität 231ff., 247f., 250
agentivity *Siehe* Agentivität
Altisländisch 22, 25ff.
animacy *Siehe* Belebtheit
Anrede 334f., 337, 339f., 342ff., 379
Anthroponym 4ff., 9ff., 15, 23, 36f., 39, 43, 46ff., 52, 56, 70, 83, 87, 89, 104, 114, 117f., 121, 125ff., 132f., 154, 162, 167ff., 171, 173f., 177, 179, 184, 202, 216, 226ff., 231ff., 247ff., 260, 263, 267ff., 279, 306f., 313ff., 322, 333, 337, 344, 347, 351f., 380, 398ff., 404

Befragung 380ff., 390
Belebtheit 225ff., 238, 243, 245ff., 250f.
Beziehung 280, 348f., 351f., 354f., 362, 368, 372, 377ff., 384, 386f., 394, 419
Beziehungsmarker 392

Catalan *Siehe* Katalanisch
Chuckchee 227

definit *Siehe* Definitheit
Definitartikel *Siehe* Definitheit
definiteness *Siehe* Definitheit
Definitheit 114, 116f., 199, 226, 228ff., 233f., 236f., 239f., 243ff., 250f., 267ff., 276, 279
Deflexion 43f., 48ff., 55ff., 60, 62f., 66, 70, 74
Degrammatikalisierung 353ff., 382
deity name *Siehe* Theonym
Deklinationsklasse *Siehe* Flexionsklasse
Deonymisierung 164ff., 173, 305, 307f., 313
Derivation 141, 143, 149, 151, 155, 163ff., 170f., 173f., 180, 184, 187f.
Dialekt 209, 221, 347f., 352, 356ff., 362ff., 368, 370, 372f., 377ff., 384, 389, 391, 393f., 397ff., 402f., 405f., 416f., 419ff.
Differential Object Marking (DOM) *Siehe* Differenzielle Objektmarkierung
Differenzielle Objektmarkierung 225, 227f.

Expressivität 187

Familienname 85f., 90, 98, 296
Femineutra 377, 380, 382, 389
Flexion 45, 52, 55f., 59ff., 65, 68ff., 72f., 83, 86, 95, 107, 116, 122, 134, 211, 261, 267, 273f.
Flexionsklasse 81, 83, 88, 93ff., 97ff.
Fnhd. *Siehe* Frühneuhochdeutsch
Französisch 229ff., 234f.
French *Siehe* Französisch
Frühneuhochdeutsch 43f., 47ff., 216, 219

Gattungseigenname 286ff., 292, 302
Genitiv *Siehe* Genitivmarkierung
Genitivmarkierung 45, 56, 73, 82ff., 88ff., 96, 102ff., 106ff., 121ff., 125, 397ff., 418
Genitivmarkierung 45
Genus 348ff., 356ff., 364ff., 377ff., 382ff., 388, 394
Genus-Inkongruenz 325
Genus-Schranke 82, 93ff., 104
Grammatikalisierung 219, 342
Grammatisierung *Siehe* Grammatikalisierung
Graphematik 24, 27, 29, 37, 126, 133
graphematische Variation *Siehe* Graphematik
Gumbaynggirr 226f., 251

Imperativ 335ff., 342f., 345
indefinit *Siehe* Definitheit
Indexikalität 263f., 279
Ingroup 279f.
Italian *Siehe* Italienisch
Italienisch 139ff., 145, 148ff., 154, 229ff.

Katalanisch 229ff., 233, 238ff., 245, 247ff.
kinship name *Siehe* Verwandtschaftsname
Kongruenz 359ff., 368, 384
Kongruenzbrüche 358, 385, 388
Kontaktonomastik 22
Kopula 195ff., 199, 203, 207, 209, 219ff.
Korpus 24, 43, 49f., 68, 84, 115ff., 119, 122f., 125, 127ff., 162, 175f., 178f., 238, 261f.,

266, 271, 274, 277, 305, 307, 315, 317, 382, 388, 404, 415
Kreativität 145, 156

Latein 61, 217

Markenname 137ff., 145f., 151f., 154ff.
Medio-Passiv 195, 209ff., 219, 221
Metapher 309, 312, 329
Mhd. *Siehe* Mittelhochdeutsch
Mittelhochdeutsch 21f., 29, 32, 34ff., 47f.
Modus 335, 342ff.

Namenflexion *Siehe* Flexion

Objektmarkierung 46, 52, 55, 73
Onymisierung 164ff., 298, 302
Onymizität 288

pejorativ 144, 179f., 185, 187f.
Person 206, 210, 333ff.
personal name *Siehe* Personenname
Personenname *Siehe* Anthroponym
Personenreferenz *Siehe* Referenz
Pfälzisch *397*, 399, 404
phonologische Integration 38
place name *Siehe* Toponym
Pluralmarkierung 84, 102, 105
Portugiesisch 230f., 234, 238ff., 244f., 247ff.
Portuguese *Siehe* Portugiesisch
Possessivartikel *Siehe* Possessivum
Possessivum 261, 274ff., 280, 378, 384, 392ff.
Produktivität 140, 143, 145, 156, 166, 173
Proprialisierung *Siehe* Onymisierung

qualitatives Interview *382*

Referenz 347, 351f., 355, 366f., 370ff., 377f., 380ff., 393f., 398, 408, 410ff., 414ff., 419f.

reiner Eigenname 286, 288
Remotivierung 413, 415f.
Rezipientendesign 259, 261f.
Romanian *Siehe* Rumänisch
Rufname 84ff., 90, 96, 98, 204
Rumänisch 230, 236, 238f., 241, 243ff., 247ff.

Schemakonstanz 4, 6, 8, 10, 14f., 46, 58, 74, 83, 182, 216f., 221, 279
Sexus-Inkongruenz 313f., 317f.
Sonderpronomen *ihnt* 378, 389, 393f.
Soziopragmatik 378, 397, 407, 415
soziopragmatische Genuszuweisung *378*
Spanisch 228ff., 237ff.
Spanish *Siehe* Spanisch
Sprachwandel 286, 303
Straßenname 285f., 288f., 292f., 296ff., 300ff.
Substantivgroßschreibung 126ff., 133
Superlativ 306, 309, 322, 327ff.

Theonym 113ff., 118, 121f., 125, 127f., 132f., 228, 231ff., 237ff., 247ff.
Toponym 226ff., 231ff., 235ff., 244ff., 285

Urgermanisch 208ff., 221

Varietät *Siehe* Dialekt
Verwandtschaftsbezeichnung 261, 266, 273f., 280, 358, 366f.
Verwandtschaftsname 228, 231ff., 235, 237ff., 240ff., 247f., 250
Vokativ 333ff., 337ff., 344f.

Wortbildung 139ff., 149, 153, 156, 161ff., 168, 170ff., 174ff., 187
Wortkörperschonung *Siehe* Schemakonstanz

www.ingramcontent.com/pod-product-compliance
Lightning Source LLC
Chambersburg PA
CBHW031844220426
43663CB00006B/485